Teneriffa

W0190162

»Gleichsam an der Pforte der Tropen und doch
nur wenige Tagereisen von Spanien gelegen,
hat Teneriffa schon ein gut Theil der Herrlich-
keit aufzuweisen, mit der die Natur die Länder
zwischen den Wendekreisen ausgestattet (hat)«

Alexander von Humboldt (1769-1859)

am 23.6.1799 in einem Brief aus Puerto de la Cruz
(damals Puerto Orotava) an seinen Bruder Wilhelm

Titelfoto: Über den Dächern von Garachico (Nordwestküste)

Aktuelle Reisetipps und Neuigkeiten
zu fast allen Reisezielen der Erde,
Ergänzungen nach Redaktionsschluss
und Büchershop:

www.reise-know-how.de

Dr. Hans-R. Grundmann GmbH
Verlagsgruppe Reise Know-How

Eyke Berghahn
Petrima Thomas
Hans-R. Grundmann

Teneriffa

Eyke Berghahn
Petrima Thomas
Hans-R. Grundmann

Teneriffa

8. komplett überarbeitete und aktualisierte Auflage 2017
mit Wander- & Bike-Taschenführer
und einer separaten Straßenkarte

ist erschienen im

REISE KNOW-HOW Verlag
Dr. Hans-R. Grundmann GmbH

ISBN 978-3-89662-299-0

© Dr. Hans-R. Grundmann GmbH

Gestaltung
Umschlag: Hans-R. Grundmann
Satz und Layout: Hans-R. Grundmann
Fotos: siehe Nachweis auf Seite 605
Karten: map solutions, Karlsruhe

Druck
Media Print Paderborn

Dieses Buch ist in jeder Buchhandlung
in Deutschland, Österreich und der Schweiz erhältlich.
Die Bezugsadressen für den Buchhandel sind

• Prolit Gmbh, 35463 Fernwald
• Buch 2000, CH-8910 Affoltern
• Mohr & Morawa GmbH, A-1230 Wien
• Barsortimenter

Wer im lokalen Buchhandel Reise Know-How-Bücher nicht findet,
kann diesen und andere Titel der Reihe auch im Buchshop des
Verlages im Internet bestellen unter www.reise-know-how.de

Zur Konzeption dieses Buches

Zur Zeit reisen über 600.000 Deutsche im Jahr nach Teneriffa (2016: 656.300). Die meisten haben eine Pauschalreise und hoffentlich den »richtigen« Ort und die »richtige« Unterkunft gebucht. Andere verlassen sich auf bereits gemachte eigene Erfahrungen oder gute Tipps von Freunden bei der Auswahl von Ferienort und Quartier. So oder so hat man nur rechte Freude im Urlaub, wenn Orts-, Hotel- oder Apartmentwahl den Vorstellungen entsprechen.

Viele Reiseführer bieten in dieser Hinsicht nur begrenzte Entscheidungshilfen, denn im Vordergrund stehen oft allgemeine, nicht selten zu freundliche Kennzeichnungen der Orts-charakteristika und Sehenswürdigkeiten. **Dieses Buch** hilft auch bei der Standortfrage durch sorgfältige Beschreibung der Hotelstruktur in den verschiedenen Touristenorten und mit begründeten Empfehlungen. **Besondere Berücksichtigung** erfahren veranstalterunab-hängige Häuser, Alternativen wie *Casas Rurales* (kleine Fincas und/oder Apartments im Hinterland) und die zunehmende Zahl schöner **Landhotels** abseits des Massentourismus.

Das Buch gibt außerdem Antworten auf alle weiteren Fragen der Urlaubsplanung und -ge-staltung. Das **Hauptgewicht** liegt auf den Kapiteln **»Teneriffa selbst entdecken«**. Alle reizvollen Ausflugsrouten, vornehmlich für Mietwagen, teilweise aber auch mit dem gut ausgebauten öffentlichen Bussystem, sind detailliert ausgeführt und eng verknüpft mit der Beschreibung von Städten, Orten, Naturschönheiten und geologischen Besonderheiten am Wegesrand. **Eine Straßenkarte** auf neuestem Stand liegt bei. Alle Kapitel wurden ergänzt mit zahlreichen informativen **Themenkästen** und **Essays**, die kulturelle und historische Phänomene dort erläutern, wo sie geographisch »passen«. Integriert in die Routenkapitel sind viele **Wanderhinweise** und – in einigen Fällen – auch genaue Wegbeschreibungen. Weitere Vorschläge für längere Wanderungen finden sich im separaten Heft **»Wandern auf Teneriffa«** von Götz Kampmann.

Für die Einkehr unterwegs gibt es eine große **Restaurantauswahl** entlang der beschriebe-nen Routen und in Orten mit Öffnungszeiten, Preisniveau und Lage. Dabei wurden sowohl einfache, preiswerte Lokale mit guter kanarischer Küche als auch Spezial- und Spitzen-restaurants berücksichtigt. Darüberhinaus haben wir ein ausführliches Kapitel den Eigen-heiten von **»Essen und Trinken auf Teneriffa«** gewidmet.

Im abschließenden dritten Teil des Buches findet sich unter der Überschrift **»Teneriffa Wissen«** alles Wissenswerte zu Geschichte, Wirtschaft und Kultur von den Ureinwohnern, den Guanchen, bis zur Gegenwart, zum Geheimnis des »ewigen« Inselfrühlings und zu neuen Erkenntnissen über die insulare Vulkankette am Rande Europas. Besonders breiten Raum haben wir der beachtlichen **Flora Teneriffas** eingeräumt. Was nicht bereits entlang der Routen behandelt wurde, ist in einem **Sonderkapitel zur Vegetation** dokumentiert und illustriert. Wir danken Hermann Schmidt aus Nürnberg für seine Mithilfe bei der Zusammen-stellung dieses Kapitels.

Unser Dank für ihre kenntnisreichen Artikel gilt ferner Hans Belei und Dr. Lothar Mayring, die auf Teneriffa leben, sowie Klaus Schwidrowski. Eine Übersicht aller Essays findet sich auf der Seite 10, aber auch integriert in die Inhaltsübersicht der Seiten 2-9.

Eine gute Zeit auf Teneriffa wünschen Ihnen

Petrima Thomas, Eyke Berghahn und Hans-R. Grundmann

TEIL 2   TENERIFFA SELBST ENTDECKEN

Themen und Essays rund um Teneriffa

TEIL 1
Ferienziel
Teneriffa

1.   Was bietet Teneriffa?

1.1   Teneriffa als Teil der Kanaren

Makaronesien Die kanarischen Inseln zählen zu Makaronesien (griechisch für
»glückselige Inseln«), einer Gruppe von Archipelen vor der nord-
westafrikanischen Küste, zu denen auch die portugiesischen Kapverden, Madeira und die Azoren mitten im Atlantik gehören. Sie
alle sind vulkanischen Ursprungs und wurden über Jahrhunderte
immer wieder mit dem versunkenen Kontinent **Atlantis** in Verbindung gebracht (➤ Seite 478). Das kanarische Archipel besteht
aus **sieben Inseln** (von Ost nach West: Lanzarote, Fuerteventura,
Gran Canaria, Teneriffa, La Gomera, La Palma und El Hierro), die
sich auf einer Fläche von 500 km x 200 km verteilen. Die kürze-
ste Entfernung (von Fuerteventura) nach Afrika beträgt knapp
100 km, nach Europa (Cadiz-Teneriffa) ca. 1.200 km.

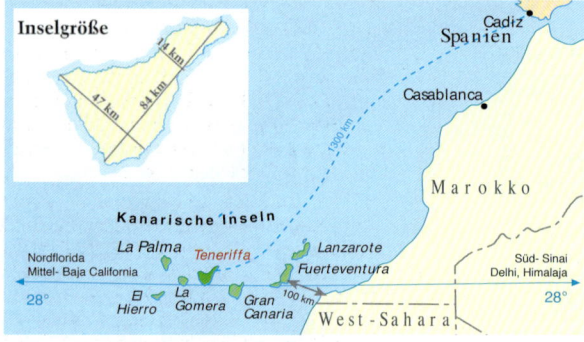

**Lage
und Klima** Die Inseln liegen um den 16. Längengrad und den 28. und 29. Brei-
tengrad (➤ Seite 14) und damit auf gleicher Höhe wie Florida (Orlando), die *Baja California* von Mexiko, Delhi, das Himalaya-
Gebirge und Ägyptens Süd-Sinai. Nur auf Hawaii findet man auf
dieser Breite (ca. 500 km nördlich des nördlichen Wendekreises
auf 23,5°) das ganze Jahr ein ähnlich mildes Klima. Grund dafür
sind die kühlen Luft- und Meeresströme (der Nordostpassat und
der Kanarenstrom), die wie eine Klimaanlage wirken. Im Sommer
frischen sie die Wüstenhitze der nahen Sahara auf. Von November bis Februar kommen mit angenehmen 23°C Frühlingsgefühle
im Winter auf. Bei beachtlich geringer Luftfeuchtigkeit (55%-
65%) sinken die Jahresdurchschnittstemperaturen an den Küsten
durchweg nachts kaum unter 15°C und klettern am Tag selten
über 30°C. Auch der Atlantik bietet bei Wassertemperaturen von
19°-24° das ganze Jahr über Badefreuden. Dazu lacht die Sonne am
Rande des beständigen Azorenhochs täglich 6-12 Stunden (3000/
Jahr), es bleibt 11 (Winter) bis 14 (Sommer) Stunden hell(➤ Seite
33), und je nach Jahreszeit gibt es maximal 5 Regentage/Monat.

Ganzjährige Saison

Während die mediterranen Urlaubsorte in Griechenland, Italien, der Türkei und auf der Iberischen Halbinsel von Mitte Oktober bis Mitte Mai ihren Betrieb einstellen oder auf Sparflamme setzen, herrscht auf den kanarischen Inseln ganzjährig Saison. Ab Oktober fliegen die Nord- und Mitteleuropäer ein, weil es ihnen zu Hause zu nass und kalt wird; im Sommer kommen die Festlandspanier, weil es ihnen daheim zu heiß ist. Ihren Aufstieg zu einem der beliebtesten Ferienziele Europas verdanken die Kanaren in erster Linie diesem traumhaften Klima. Sie haben im Winterhalbjahr sommerliches Wetter wir nirgendwo sonst in der EU und im Juli/August die frischeste Mittelmeer-Wärme.

Die zwei Seiten der Kanaren

Dieses Traumklima hat freilich zwei Seiten: Garantie für Sonne im Winter bieten die hohen und bergigen Inseln (Teneriffa, Gran Canaria, La Palma und La Gomera) nur auf der kargen Südhälfte und Wärme nur in Küstennähe. An den grünen Nordhängen dagegen lassen gelegentliche Regenschauer eine reiche kanarische Flora sprießen und drücken die Temperaturen um 3°-4°C.

Urlaubs-konkurrenten

Die kanarischen Inseln sind seit einigen Jahren außerdem Nutznießer der politischen Probleme um die früher stark mit ihnen konkurrierenden Reiseziele Türkei, Ägypten und Tunesien. Auch das nahe Marokko verlor an Beliebtheit. Politische Stabilität, perfekte touristische Infrastrukturen und die – zumindest bislang – fehlende Bedrohung durch Terrorismus haben zuletzt im Winter 2016/17 für Rekordzahlen gesorgt.

Nur mit Fernreisezielen weit im Westen (Karibik, Florida) oder Osten (Thailand, Indonesien) stehen die Inseln des ewigen Frühlings in Konkurrenz. Bei Strandqualität, Exotik, fremder Kultur und z.T. Preisniveau können sie nicht ganz mithalten. Dafür sind die Flugzeiten bei Reisen über den Atlantik doppelt und in den Fernen Osten bis zu drei Mal so lang. Je nach Reiseziel schmälert dabei oft der *Jetlag* den Erholungswert zu Urlaubsbeginn oder -ende um ein paar Tage. Der nur einstündige Zeitunterschied zwischen Mitteleuropa und den Kanaren ist dagegen nicht der Rede wert.

Sieben Inseln

Jede kanarische Insel hat ihre eigene Couleur, ein anderes Image und ihre spezifischen landschaftlichen Reize:

• **Lanzarote** ist die schwarze, vulkanischste, steinigste, exotischste und kahlste Insel, hat dunkle wie helle Sandstrände und nur wenig Flora.

• **Fuerteventura**, die windige, gilt mit ihren kilometerlangen hellen Sandstränden und Dünenlandschaften an einigen Küstenabschnitten als die gold-gelbe Insel.

• **Gran Canaria** ist die rotbraune, nach La Palma dritthöchste (bis 2.000 m) Insel mit weiten gelben Stränden und hohen Dünen im Süden. Außerdem fungiert sie als Handels- und Versorgungszentrum der gesamten kanarischen Inselwelt.

• **La Palma** ist die grüne, die *Isla Bonita* (schöne Insel), mit subtropischer Vegetation, Gebirge bis 2.500 m Höhe, und kaum Stränden. Sie gilt als Beispiel für (bisher) sanften Tourismus.

- **La Gomera**, die zauberhafte Insel, ist grüngrau, kegelförmig steil (1.500 m) mit abgelegenen Schluchten, ausgedehnten Lorbeerwäldern und 120.000 Palmen, das Traumeiland vieler Rucksacktouristen und neuerdings auch Geheimtipp für Superreiche.

- **El Hierro**, die eiserne (*hierro* = Eisen) Insel, ist schwarz-grün, windzerzaust und von herber Anmut. Die kleinste Kanareninsel am westlichen Ende Europas erinnert auf ihrem zentralen Hochplateau ein Stück an Irland.

- **Teneriffa** inmitten dieser Inselwelt ist die größte, die anderen überragende der feurigen Geschwister. Vielleicht hat sie deswegen von allem etwas. Sie gilt zu Recht als die vielfältigste Insel, die auch nach wiederholten Besuchen noch landschaftliche Überraschungen bereithält.

Entstehung der Insel Teneriffa

Ein Bruchsystem in der ozeanischen Platte in Form eines nach links unten gekippten Y formte Teneriffa. Die beiden Arme des Y, die Nordwestecke (Tenogebirge) und die Südwestecke (Gegend um Adeje) laufen in einem Winkel von etwa 120° dort zusammen, wo sich heute das Teidemassiv befindet. Das »Standbein« des Y bildet die *Cordillera Dorsal* (auf der Linie zwischen Teide und La Laguna) mit dem abschließenden Anagagebirge.

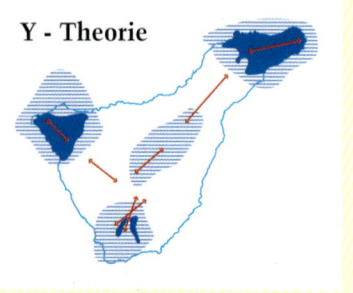

Y - Theorie

**1. Spalten-
vulkanismus**

Diese drei zunächst unverbundenen Gebiete (Teno/Adeje/
Anaga) wurden vor etwa 7-5 Mio. Jahren aus harten basalti-
schen Laven aufgebaut. Der Druck aus tiefer liegenden Magma-
kammern brach das Gestein immer wieder auf. In den entstandenen Spalten stieg Magma hoch.

Heute, nach vielen Millionen Jahren der Erosion, ist nur noch
das harte eingeschlossene Gestein in den Spalten übriggeblie-
ben. Die eng nebeneinander stehenden Felsen machen deutlich, daß immer wieder Spalten aufgebrochen wurden (➢
Diques bzw. Gänge, Seiten 168 und 280).

2. Rückgrat

Später, vor ca. 3-2 Mio. Jahren bildete sich das von Nordost
nach Südwest gerichtete Spaltensystem, auf dessen Kamm die
Straße von La Laguna zum Teide-Nationalpark verläuft (➢
östliche Teideauffahrt, Seite 397ff). Große Mengen Lava flossen punktuell seitlich nach Norden und Süden aus, welche
heute u. a. die Begrenzungen (*Laderas*) der Täler von Orotava,
Güímar und Icod bilden.

Eine andere Theorie besagt, das Orotavatal habe erst durch die
Zerstörung des riesigen Vulkans, einem Vorläufer des *Teide*,
sein jetziges Gesicht bekommen (➢ *Cañadas*, Seite 417ff).

3. Urvulkan

In der nächsten Phase verlagerte sich der Vulkanismus auf das
Ende der stetig ansteigenden *Cordillera Dorsal* (Rückgrat),
dem Gebiet des heutigen Teide. Im Gegensatz zu den bisher
linear aneinandergereihten »Öffnungsspalten« bildete sich
ein zentraler Vulkan mächtiger und höher als der Teide.

Auch die Zusammensetzung des vulkanisches Materials änderte sich. Waren es bisher basaltische Laven, trat jetzt trachy-
tische und phonolytische Lava aus (➢ Lexikon Seite 437f).

*Erdrutsche am
Calderarand,
➢ Seite 321*

**4. Zerstörung
des Urvulkans**

Vor etwa 170 000 Jahren stürzte der Urvulkan nach gewaltigen
Ausbrüchen ein und veränderte durch die ungeheure Menge
des sich neu verteilenden Gesteins die Gestalt Teneriffas.

5. Teide   Im entstandenen Kessel (*Caldera*) bildeten sich neue Vulkane, aus denen das heute bestehende Teidemassiv mit dem *Pico Viejo* hervorging (➤ Seite 417).

6. Jüngerer Vulkanismus   Vor allem zur östlichen und südlichen Flanke der Insel wurden während einer späteren Phase in explosiven Eruptionen Aschewolken und Lockermaterialen (Bimsstein, Tuffs, Lapilli, ➤ Seiten 408+437f) ausgestoßen, die das ältere Gestein überdeckten und neues Terrain vom Meer hinzugewannen. Außerdem bildeten sich bis in die Neuzeit hinein an den Hängen rund um die Insel – mit Ausnahme der Anaga-und Tenoregionen – in unterschiedlicher Dichte weit über 100 kleine Aschekegel heraus (➤ Seiten 407).

Der jüngste Vulkanismus der Insel stellte die Verbindung zwischen Teidemassiv und Teno her. Davon zeugen die schwarzen noch unverwitterten und nicht mit Erde bedeckten Gesteinsmassen der Ausbrüche der *Montaña Negra* (1706), der *Narices de Teide* (1798) und des *Chinyero* (1906); ➤ Seiten 279 & 350). Zur Entstehung des gesamten Archipels ➤ Seite 434.

1.2   Die Landschaften Teneriffas

1.2.1   Übersicht

Prägende Geologie   Teneriffa gleicht einem gleichschenkeligen Dreieck, dessen spitzer Winkel nach Nordosten zeigt. Etwas oberhalb des Dreieckschwerpunkts ragt der kegelförmige Teide (3.715m) aus einer riesigen, 2.200 m hohen Kraterebene (*Las Cañadas*), von der sich ein kiefernbewaldeter Bergkamm (*Cumbre Dorsal*) nach Nordosten zieht. Er läuft in einer ausgedehnten Senke aus, dem *Valle de Aguere* (ca. 500-600 m), in der der Nordflughafen (*Los Rodeos*) und die einstige Hauptstadt La Laguna liegen. Von den *Cañadas* bzw. dem Kamm fällt die Landschaft – durchbrochen von vielen z.T. tiefen Schluchten (*Barrancos*) – ins Meer; im Norden steiler als an der Süd- und Ostküste. Nur im äußersten Nordosten und Nordwesten ragen wiederum schroffe, wildromantische Massive bis zu 1.000 m Höhe auf, das Anaga- und das Tenogebirge.

Mikrokosmos   »Auf sieben Inseln um die Welt« heißt ein kanarischer Werbeslogan und beschreibt Teneriffa im Zentrum dieses kleinen Universums als besonders mannigfaltig: Das ganze Jahr über Sonnenbaden und Schwimmen im Meer (zuweilen November bis April Schnee auf dem Teidegipfel), pechschwarze Lavawüsten, helle Tuffstein-Felder, schroffe Schluchten neben bizarren Felsformationen (*Roques*), ausgedehnte Lorbeerbaum- (*Laurisilva*) und Kiefernwälder, senkrechte Steilküsten oder schwarze Sandbuchten und immergrüne, blühende Gartenlandschaften. Was im kanarischen Mikrokosmos fehlt, sind Seen, Flüsse und Auen.

Umbruch   Erst seit Mitte des 20. Jahrhunderts erlebte das Naturparadies Teneriffa radikale Eingriffe. Insbesondere an den Küsten und unteren

Hanglagen wurde eine moderne Infrastruktur geschaffen, die für die kleine Insel enorm ist: Ein im Norden und Süden extrem dichtes Straßennetz mit einer mittlerweile fast geschlossenen Ringautobahn rund um die Insel, zwei internationale Flughäfen und im Großraum Santa Cruz/La Laguna zahlreiche ambitionierte Großstadtprojekte internationaler Architekten.

Zersiedelung Viele Küstenabschnitte sind total zersiedelt, um die alten Dorfkerne herum drängen sich engstehende, manchmal unverputzte Zementblockhäuser, Ortskerne lassen sich kaum noch erkennen. Erst nach einem einjährigen Baustopp für neue touristische Anlagen im Jahr 2001, den man aber kaum einhielt, wurde forciert an einem inselweiten Raumordnungsplan gearbeitet. Bis dato baute man in jeder der 31 Gemeinden, wie es kam. Nur die höheren Lagen blieben dank ausgedehnter Naturschutzgebiete (47% der Inselfläche!) von der Bauwut verschont.

Keine Dorfromantik Um das ursprüngliche Teneriffa zu finden, muss man schon genauer hinschauen und nach altkanarischer Dorfromantik lange suchen. Liebliche Weiler sind selten. Eher trifft man auf Fischer- und Gebirgssiedlungen von unverwechselbarer Herbheit.

1.2.2 Strände, Pools und steiler Fels

Von Teneriffas 360 km langen Küsten bestehen nur 24 km aus schwarzem Lavastrand; der Rest ist steinig, steil oder felsig.

Gegensätze Die flachere Südküste ist bei weitem nicht so attraktiv wie die steile Nordküste. Dessen Hanglage über dem Meer und die Weite des Orotavatals bieten immer wieder herrliche Ausblicke auf den Atlantik oder das Teidemassiv und oft genug auf beides. Das Farbenspiel ist perfekt: **schwarze Lavafelsen an der Küste, umspült von blauen Wellen und weißer Gischt**, grüne Hänge und der im Winter schneebedeckte Vulkankegel vor blauem Himmel.

Natürliche Badepools zwischen schwarzer Lava findet man vor allem an der Nordkküste

Nordküste

Allerdings erschwert diese Steilküste den Zugang zum Wasser. Schwimmen ist meist nur in brandungsgeschützten **Meerwasser-Schwimmbädern** möglich. Die gibt es an vielen Orten der luvseitigen Nordküste, mal als schmucklose Betonbecken, mal als exotisch gestaltete Badelandschaft. Wenn die Wellen bei Seegang überschwappen, machen sie das Bad darin zum echten Vergnügen. Im Norden finden sich nur wenige leicht zugängliche **Lavasandstrände** (*Playa Jardín* und *Bollullo*/Puerto de la Cruz, Socorro und San Marcos, ➤ Strände, Seite 95ff, und für die Nordküste ab Seite 109).

Der Süden

An der leeseitigen Südküste Teneriffas geht es über Lavaklippen oder hellen Tuffstein flacher und optisch weniger spektakulär ins ruhigere Wasser. Bis auf El Médano und Los Cristianos gibt es keine längeren natürlichen Sandstrände. Doch wie im Norden hat der Mensch auch hier in den letzten Jahren nachgeholfen und im **Bereich Las Américas/Costa Adeje** lange **künstliche Strände** angelegt. Sie können sich sehen lassen. Riesige Stein-Schredder haben kartoffelgroße ovale Inselsteine (*Callaos*) feingemalen zu hellgrauem feinkörnigen Sand. Die neueren Strände sind durch Molen wellengeschützt, führen kinderfreundlich seicht ins Wasser und sind an der Promenade subtropisch begrünt.

Die Westküste

Nur an der Westküste ist die Strandarchitektur kaum entwickelt, so dass es am Wasser in Playa de la Arena und nebenan bei Los Gigantes mit seinem winzigen Strand zwischen Liegen und Laken eng werden kann. Während nördlich von Los Gigantes die Natur durch gigantische Steilfelsen jeglichen Strandfreuden ein Ende setzt, sind an der südlichen Westküste schwarze Strandabschnitte wie in Playa de San Juan und Alcalá zu erwähnen.

Die Ostküste

Die kleinen Sandstrand-Buchten mit oft starker Brandung zwischen El Médano und Santa Cruz sind untouristisch (Poris de Abona, Playa Grande). Einige Orte (Candelaria, Puertito de Guimar) verfügen über kleine Fischerhäfen und auch nette Ecken für Schwimmer und Sonnenhungrige. Nördlich von Santa Cruz lockt **Teneriffas Vorzeigestrand**, der 1,6 km lange *Playa de las Teresitas* beim Vorort San Andrés, wieder Wasserratten an. Der Strand wurde vor 30 Jahren mit 4 Mio Sack Saharasand aufgeschüttet und mit Palmen bepflanzt. Auch die städtische **Badelandschaft** beim Auditorium in **Santa Cruz kann sich sehen lassen.**

Im Blickfeld liegen hier die 800 m langen aneinander anschließenden künstlichen Strände Playa Torviscas und Fañabé an der Costa Adeje im Südwesten

1.2.3 Grüne Wälder, tiefe Schluchten, schroffe Gipfel

Cañadas
Während sich an den Küsten alles drängt, schlummern oberhalb von 800 m nur noch kleine Dörfer. In 2.200 m Höhe liegt der *Parque Nacional del Teide* (*Las Cañadas*), eine fast kreisrunde Hochebene von rund 16 km Durchmesser. Umringt von den Kraterwand-Resten eines riesigen eingebrochenen Urvulkans, erhebt sich aus dieser Ebene nochmals ein 1.500 m hoher Vulkankegel, der im Winter schneebedeckte *Pico del Teide* (3.715 m). In den *Cañadas* entfaltet das Eruptions-Gestein seine ganze wilde Schönheit. Eine **Seilbahn-Auffahrt** bis kurz unter den Teide-Gipfel gehört für viele Touristen zum Teneriffa-Muss.

Seilbahn auf den Pico del Teide hoch über den Wolken

Anaga- und Teno-Gebirge
Die geologisch ältesten Inselregionen, das Anaga- und das Tenogebirge im Nordosten bzw. Nordwesten, sind in ihrer bizarren Schroffheit von besonderem Reiz. Im Winter und Frühjahr sind sie ein grüner Magnet für Wanderer und Pflanzenkundler. Ein weites Netz an Rund- und Zielwegen in 800-1.200 m Höhe endet meist an Dorfkneipen oder einer Haltestelle des gut ausgebauten Bussystems (➤ Seiten 57 und 590f). Von den Aussichtspunkten bieten sich immer wieder neue, überwältigende Panoramablicke über tiefeingeschnittene Schluchten und skurrile Gipfelformationen auf den Atlantik – bei klarer Sicht bis hinüber zu den Nachbarinseln La Gomera, La Palma und Gran Canaria.

Kiefernwälder und Laurisilva
Unterhalb der *Cañadas*, zwischen 1.000 m und 1.800 m Höhe, liegt ein ausgedehnter **Kiefernwaldgürtel**, wenn auch ohne das uns vertraute Unterholz. Die hohen kanarischen Kiefern saugen mit langen Nadeln die Feuchtigkeit aus den Passatwolken und versorgen so mit Milliarden Tropfen Teneriffas komplizierten Süßwasserhaushalt (➤ Seite 447). Immergrün sind auch die *Laurisilva*-Wälder (➤ Seite 170), 2-3 m hohe Lorbeer-Bäumchen und 1-2 m hohe Baumheide, die in Farnen, Moosen und »Riesenlöwenzahn« (Gänsedistel) stehen.

Tufflandschaft Wo der Mensch in die beigefarbene Tufflandschaft im Osten und Süden der Insel eingriff, wirkt sie abstoßend wie eine Geröllhalde. Nur abseits der bewohnten Gebiete findet sich dieses poröse Gestein noch in skurrilen Formationen (➤ Foto Seite 28). An den Hängen zwischen Vilaflor und Arico wurde der **Tuff zu Lapillisteinchen** kleingemahlen und dient den Bauern zum Trockenanbau. Nach der Ernte wirken die kahlen Terrassenfelder wie gigantische Treppenstufen im Lande Goliaths.

Gartenbau und Landwirtschaft Teneriffas Norden beeindruckt auch im Winter mit blühender subtropischer Vegetation. Aus Zierpflanzen, Oleander, Tulpenbäumen und wahren Bougainvillea-Wasserfällen schießen die schlanken kanarischen Palmen mit Wedeln wie Struwelpeterhaare. Im Frühjahr blühen auch an den südöstlichen und westlichen Hängen Mandelbäume, Feigen, Margeriten und der orange glühende kalifornische Mohn. Nach wie vor werden diese Regionen landwirtschaftlich genutzt. An der Küste sieht man Bananen- und Tomatenplantagen, oft unschön zum Schutz vor Wind unter Plastik verpackt. Etwas oberhalb wird Wein angebaut.

Tuffsteinküste bei Tajao an der Südküste Teneriffas. Bauern streuen das zu kleinen Kieseln gemahlene Toscagestein (sog. hygroskopische Lapilli) gern auf ihre Felder (➤ Seite 408)

1.2.4   Kolonial- und Großstadtflair im Bereich Santa Cruz

Mit gut 380.000 Einwohnern hat der Großraum Santa Cruz/La Laguna Großstadtcharakter mit allen Vor- und Nachteilen.

Ausflugsziel Heftiges Gewerbegebiet sowie ein Labyrinth von Vororten und engen Straßen liegt beiderseits der dort 6-8 spurigen Nordautobahn zwischen der alten Hauptstadt La Laguna und der neuen, Santa Cruz. Während La Lagunas Zentrum als erste spanische Kolonialstadt zum UNESCO-Weltkulturerbe zählt, setzt Santa Cruz neben der Restauration seiner alten Fassaden mit ehrgeiziger Architektur (Messehalle, Auditorium, Hochhäuser) im ehemaligen Industriebereich *Los Llanos* auf die Zukunft. Vom zentral gelegenen Hafen spülen täglich Kreuzfahrer Touristen auf die Ramblas und Plazas, in die Parks und Fußgängerzonen; sie bummeln und shoppen in zahlreichen schicken Läden. Vor allem die in Santa Cruz reizvolle Mischung von Kolonial- und spanischer Großstadt lohnt einen Tagesausflug dorthin.

1.3 Teneriffas Klima: Ewiger Frühling?

Die Touristenzentren im Süden der Insel werben mit 360 Sonnentagen im Jahr, doch selbst auf der »Insel des ewigen Frühlings« scheint nicht immer nur die Sonne über wolkenlos-blauem Himmel. Auch Teneriffa kennt Jahreszeiten und wechselndes Wetter.

Gegensätze Da die Klimata an der Nordküste und im Süden erheblich voneinander abweichen, spielen die meteorologischen Daten für die Wahl des Ferienortes eine große Rolle. Der grüne Norden ist generell kühler als der karge Süden und Westen. Zusätzlich sorgen tiefe Schluchten und hohe Bergkämme auf beiden Inselseiten für vielfältige Mikroklima, so dass man bei einer Inselrundfahrt am gleichen Tag mal Sonne, mal Nebelschwaden, mal kräftige Fallwinde oder heftige Regenduschen erleben kann.

Teneriffa kennt auch Schlechtwetterlagen mit vielen Wolken oder Saharasand in der Luft (➤ Seite 447). Doch dass der Himmel wie bei uns in Nordeuropa über viele Tage grau und zugezogen bleibt, kommt kaum (im Süden nie) vor. Manchmal ändern sich Wind und Wetter mehrmals am Tag und zwar in den verschiedenen Inselbereichen in recht unterschiedlicher Weise.

Nordseite Wer in punkto Wetter sicher gehen will, sollte im Winter den Norden Teneriffas besser meiden, weil dort die Lufttemperaturen im Schnitt 4°C niedriger liegen als im Süden. Dabei ist mit doppelt so vielen Regentagen zu rechnen, und die Sonne scheint im Schnitt täglich eine Stunde weniger. Dafür ist es auf der Nordseite im Sommer – dann angenehme – 5°C kühler, Grund genug für die ältere (Residenten-)Generation, ihr Domizil im Orotavatal zu suchen (insbesondere in Puerto de la Cruz).

Passatwolke Wer im Norden Teneriffas nicht unmittelbar am Meer, sondern in etwas höheren Lagen wohnt, gerät zudem oft an den unteren Rand der dicken Passatwolkendecke, die oft mittags aufzieht und einem das Sonnenbad auf der Terrasse verderben kann. Sie hängt im Winter 500 m dick zwischen 900 m und 1.700 m und im Sommer 300 m dick in einer Höhe von 600-1.300 m.

Passatwolke über dem Tenogebirge von Süden aus gesehen. Der Norden liegt derweil unter dichter Bewölkung

Diese Wolken »schwappen« vor allem im Winter zwischen Güímar und Santa Cruz von Norden herüber auf die andere Inselseite.

Teneriffas Klimawerte in Zahlen

	Jan-März	Apr-Juni	Juli-Sep	Okt-Dez
NORDEN				
°C am Tag	19-20	21-23	24-26	24-20
°C nachts	13-14	14-18	19-20	19-14
Sonnenstd./Tag	5-7	8-10	11-8	6-5
Regentage	10-8	4-2	1-3	5-9
SÜDEN				
°C am Tag	21-22	23-27	28-30	26-22
°C nachts	15-16	16-19	21	20-16
Sonnenstunden	6-7	8-11	11-9	8-6
Regentage	4-3	2-0	0	5-4
°C WASSER				
Nord + Süd	19	20-21	24-21	20

Kühler ist es in höheren Lagen, z.B. in La Laguna (550 m):

La Laguna				
°C am Tag	15-17	18-22	24-25	22-16
°C nachts	9-10	10-13	15-16	14-10
Sonnenstunden	8-7	6-4	2-3	6-4
Regentage	11-12	8-5	3-5	11-14

Südseite Generell ist das Wetter im Süden ganzjährig sehr viel stabiler als im Norden. Nur im Winter kann es variable Perioden (2-3 Tage) geben, wenn feuchtkühle Nordwestwinde Nieselregen bringen. Kräftiger schüttet es, falls es aus der falschen, der südwestlichen Richtung weht (➤ Seite 445, Abschnitt »Schmuddelwetter«).

Wind Überhaupt ist eher der Wind für viele Urlauber das größere Problem als Sommerwolken und vereinzelte Niederschläge. Auch bei guter Wetterlage machen oft starke Fallwinde aus den Bergen Hochfrisuren und Zeitungslesern am Strand zu schaffen. Die böigen Brisen sind die Kehrseite der Feuchtigkeit spendenden Passatwolke im Norden, die nach dem Auftrieb an den nördlichen Berghängen auf der anderen Seite des Kamms ins Tal bläst. Los Gigantes und El Médano sind davon eher betroffen als das geschützter liegende Las Américas und die Costa Adeje.

An Teneriffas Südküsten haben Ferienapartments selten Klimaanlage und nie Heizung, denn beides wurde von der Natur vorinstalliert. Außer im Hochsommer erlauben die Nachttemperaturen aber selbst dort nicht jeden Abend das Trägerhemdchen. Doch ein leichtes Tuch um die Schulter reicht allemal – junge *Canarias* sind da weniger empfindlich und gehen auch nachts im nabelfreien Bustier aus.

Höhenlagen   Richtig kalt kann es in den Bergen werden. Die Fausregel lautet: 1°C kühler pro 100 Höhenmeter. Auch wenn unten in Puerto de la Cruz die Sonne lacht, können die Nordhänge tagelang in der Waschküche liegen. Aber selbst im Süden wird das Finca-Leben im Winter ab 500 m ungemütlich, und nicht nur nachts.

So flackert in den Berghotels (600 m -1.500 m) abends der Kamin, und in den *Casas Rurales* sorgt der Vermieter für ausreichend Holz vor der Hütte, falls die Heizung schwach ausgelegt ist. Die kleinen Poolanlagen der Berghotels sind gewöhnlich beheizt.

Die *Cañadas* (2.200 m) haben fast 6 Monate Nachttemperaturen unter Null – ganz zu schweigen vom Teidegipfel.

Hinweis   Wer sich für die meteorologischen Hintergründe des Klimas auf Teneriffa und die globalen Einflüsse interessiert, denen das Wetter der Kanaren unterliegt, findet ein **ausführliches Kapitel zum Thema »Klima auf den Kanaren«** auf den Seiten 441ff.

Teneriffa – Zahlen, Daten, Fakten (➤ auch »Noch mehr Zahlen ...«, Seite 214)

Die *Islas Canarias* bilden **zwei Provinzen:** Teneriffa (mit den westlichen Inseln La Gomera, La Palma und El Hierro) und Gran Canaria (mit Lanzarote und Fuerteventura). Die Inseln sind 4-5 Flugstunden (ca. 3.500 km) von Frankfurt, 100-500 km von Afrika und 1.300 km von Cadiz/Gibraltar entfernt, über dessen Hafen 80% aller Waren auf die Insel gelangen. Teneriffa ist die größte der Kanareninseln (84 km lang und bis zu 47 km breit).Von den 2.034 km² Fläche stehen 1.000 km² unter Landschafts-/Naturschutz. Die verbleibenden 1.000 km² teilen sich Landwirtschaft und Bevölkerung, so dass den 890.000 Einwohner (plus 5,5 Mio Touristen pro Jahr, d.h., bis zu ca. 155.000 gleichzeitig) rund 500 km² Wohn- und Nutzflächen zur Verfügung stehen.

Die Bevölkerungsdichte von 438 E/km² (Deutschland 231 E/km²) sagt wenig, denn die meisten drängeln sich am Meer. Oberhalb 600 m ist die Insel dünn besiedelt (15%). Fast jeder Zweite lebt im Großraum Santa Cruz/La Laguna, weitere 30% wohnen im Orotavatal. Kanarenweit explodierte die Bevölkerung seit Mitte des 20. Jahrhunderts, stabilisierte sich aber in den letzten Jahren (1770: 160.000; 1900: 364.000; 1950: 807.000; 2000: 1,7 Mio 2016: 2,1 Mio). Auf Teneriffa boomt in erster Linie der Zuzug in den Inselsüden. Auf dem gesamten Archipel leben etwa 15% Ausländer (331.000), rund die Hälfte davon sind Europäer, der Rest vor allem Lateinamerikaner.

36% aller Arbeitsplätze hängen direkt (25%) oder indirekt (11%) vom Tourismus ab, in denen 32% des BIP (2016: €11,3 Mrd) erwirtschaftet wird. Der Brutto-Durchschnittslohn beträgt auf den Kanarischen Inseln ca. €1.400/Monat, der Mindestlohn €655/Monat. 28% der Bevölkerung gelten als arm.

Die 2016 jährlich rund 5,5 Mio Touristen konzentrierten sich auf drei Zentralregionen: den Norden mit dem Großraum Puerto de la Cruz (ca. 29.000 Betten), den Südwesten mit Los Cristianos/Las Americas/Costa Adeje (ca. 115.000 Betten) und Los Gigantes/Puerto Santiago (ca. 12.000 Betten). Eine zunehmend wichtigere Rolle spielt Santa Cruz mit dem Nordosten (ca. 2.000 Betten).

1.4 _____ Urlaubsinsel Teneriffa

Wer nicht nur am Pool entspannen will, kann auf Teneriffa viel erleben. Das touristische Freizeitangebot ist – vor allem im Südwesten einschließlich der Region Los Gigantes – beachtlich.

1.4.1 _____ Baden und Bummeln

Nordseite

Die Kanaren haben zwar ganzjährig Badewasser-Temperaturen von 19-24° Celsius, trotzdem ist Teneriffa keine ausgesprochene Badeinsel. Im Norden sind die Küsten steil und felsig, die natürlichen Strände oft klein und steinig, die Brandung meist hoch und die (Unter-) Strömungen dort gefährlich. Echtes Badevergnügen beschränkt sich – Puertos *Playa Jardín* und *El Socorro* einmal ausgenommen – entlang der Nordküste vornehmlich auf Meerwasser-Schwimmbäder (➤ Seiten 108f).

Süden und Westen

Dagegen steht im Süden und Westen zwischen El Médano und Los Gigantes das Strandleben im Mittelpunkt. Felseinstiege über Leitern direkt in den tiefblauen Atlantik und flache Sandstrände – ob nun künstlich-hell oder natürlich-schwarz) – gelten als die Touristen-Magneten der Insel.

Strandspaziergang

Besonders lange Strandspaziergänge sind indessen selten möglich. Mit Ausnahme der natürlichen Strände um El Médano und den aufgeschütteten *Playas Las Vistas* (Los Cristianos), *Fañabé* (Costa Adeje), *Jardín* (Puerto de la Cruz) und vor allem *Las Teresitas* (San Andrés bei Santa Cruz) bringen es die übrigen bestenfalls auf nur wenige hundert Meter Länge.

Meerespromenaden

Statt barfuß im nassen Sand schlendert man in Sandalen auf breiten Meerespromenaden – denn die gibt es reichlich in den Urlaubszentren: im Süden, so vor allem zwischen Los Cristianos und La Caleta (10 km) und in Puerto de la Cruz (3 km). Die Touristenstädte eignen sich auch bestens fürs Shopping.

1.4.2 _____ Bus- und Bootsfahrten

Teneriffa hat als landschaftlich vielfältigste Insel des kanarischen Archipels jedoch noch erheblich mehr zu bieten als Strand- und Badeleben, Flanierpromenaden und Konsumtempel.

Ausflüge per Bus

Wer das Inselinnere nicht auf eigene Faust per Mietfahrzeug erkunden möchte, findet jede Menge Angebote von Busunternehmungen, die **Ausflugspakete** (Fahrt, Besichtigung und Mittagessen o.ä.) zu allen **Insel-Highlights** anbieten. Zu den beliebtesten Zielen der Tagestouristik zählen folgende Ziele:

• **Masca** im Tenogebirge (mit oder ohne Garachico-Abstecher)

• das **Anagagebirge** (mit oder ohne Stopps am Strand *Las Teresitas* zum Baden oder in Santa Cruz zum Einkaufsbummel)

• **Cañadas/Nationalpark Teide** (mit/ohne Seilbahn zum Gipfel)

Wer solche Angebote wahrnimmt, erhält einen guten Gesamteindruck von Teneriffas Landschaften, Orten und Kultur.

Ausflüge per Taxi

Per Taxi lassen sich derartige Inselrundfahrten auf vorher festgelegten Routen zu aushandelbaren Fixpreisen indessen individueller gestalten (➤ Seite 58).

Ausflüge per Boot

Abwechslung bieten auch die zahlreichen **Bootstrips** im Süden:

- **Bade- und Segelfreuden** mit dem Schoner zu einer einsamen Bucht mit anschließendem Deck-Picknick.
- Tagesausflüge zur **Nachbarinsel** (La Gomera, Gran Canaria) mit Turbo-Catamaran oder Autofähre.
- **Tiefseetauchen** oder *Blue-Marlin*-Hochseeangeln,
- **Wal- und Delfin-Beobachtung** zwischen Teneriffa und Gomera,
- **Wasserski** oder fröhlicher »**Bananenritt**« über die Wellen,
- am **Fallschirm hinterm Boot** zwischen Himmel und Wasser,
- **Glasbodenblick** auf Meeresschildkröten, Fischschwärme und kleine *Mantas* (Rochenart).

Originelle »Ein-Mann-U-Boote«, sog. Underwater Scooter, warten im Hafen von Puerto Colón (Las Américas) auf wagemutige Tripteilnehmer

1.4.3   Angebote in den Hotels

Die tinerfeñische Freizeit-Industrie weiß, was Touristen vom Urlaub erwarten. Jedes größere Hotel hat **Squash**- und/oder **Tennisplätze** (oder teilt sie mit dem Nachbarhaus) und offeriert **Fitnessprogramme**, morgendliche *Brunch*-Büffets, nachmittägliche **Tanztees** und abendliche **Animation**.

Der **Tauchlehrer** kommt mit Maske, Flasche und Flossen zum Schnupperkurs in den Hotel-Pool, die nächste **Minigolf-Anlage** liegt um die Ecke, die **Bingo-Halle** nur etwas weiter.

In allen Hotelrezeptionen liegt jede Menge Material über geführte Wanderungen, Ballonaufstiege, Nightlife und Discos, Jazz- oder Pianomusik in Bars und Shows à la Las-Vegas. **Jedes Bedürfnis wird befriedigt**, jeder Geschmack bedient und jedes Alter bedacht. Und mit Glück füllen Spielkasinos (Las Américas, Santa Cruz, Puerto de la Cruz) die ausgebrannte Urlaubskasse des einen oder anderen Touristen am Abend wieder auf.

1.4.4   **Besucherparks**

Süden   Die Mehrheit des kommerzialisierten Ferienvergnügens auf Teneriffa liegt im Bereich von Los Cristianos/Las Américas (➤ Seiten
249f): Vor allem sind das der spektakuläre *Siam Park*, der *Jungle
Park*, ein Zoo mit Showeinlagen, und der Plansch- und Rutschen-
park *Aqualand*. Zum Dinner bei Ritterspielen geht's ins *Castello
San Miguel*, einer »mittelalterlichen« Burg, und im *Camel Park*
warten Kamele auf zahlende Reiter.

*Firmeneigene
Busse fahren
Besucher von
den Großhotels
zu kommer-
ziellen Attrak-
tionen: hier der
Bus für Unter-
wasserfahrten
zum Yacht-
hafen San
Miguel
de Abona*

Norden   Sehr populär ist der *Loro Parque* in Puerto de la Cruz (➤ Seite 308)
nicht nur wegen seiner Papageien, sondern in erster Linie wegen der
Delfin- und Seelöwen-Shows.

In **Icod de los Vinos** beeindruckt in einem Park der berühmteste
Drachenbaum der Insel und im *Mariposario* flattern viele Arten
von Schmetterlingen(➤ Seite 345).

Der *Forestal Park Tenerife* auf ca. 1.000 m Höhe an der TF24 (La
Esperanza Richtung Teide) bietet Hochseilverbindungen und allerhand mehr in seinen Wipfeln.

1.4.5   **Wellness, Beauty und Kuren**

Angebote   Vom Alltagsstress entspannen, den Körper verwöhnen, mit sich
selbst im Reinen und schöner aus dem Urlaub nach Hause kom-
men – das ist ein Trend der Zeit. Teneriffa ist auch auf dieses Ur-
laubsbedürfnis eingestellt. Fast alle großen Hotels im Süden (z.B.
Mare Nostrum Resort, Villa Cortés) und im Norden *(Oceano, La
Quinta)* bieten **Wellness-Programme**: Ayurveda, Thalasso, Vul-
kanerde-Packungen, Aroma-Hydromassagen, Lymph-Drainage,
Wasser- und Elektro- oder sogar eine Diamanten-Therapie werden in Paketen wie »Meeresflucht«, »Antistress« oder »Wieder-
geburt« offeriert. Nicht zu vergessen Körper-Peeling, Gesichts-
masken und alles, was der Schönheit sonst noch dient. Auf
hohem Niveau asiatisch orientiert ist das *Oriental Spa* im *Hotel
Botánico* in Puerto de la Cruz.

Reha   Daneben wird Teneriffa immer beliebter für medizinische Kuren
und Reha-Programme. Los Cristianos z. B. hat seit langem ein an-
erkanntes Zentrum für MS-Kranke.

1.4.6   Kultur und Geschichte

Historische Städte

Der Wechsel von Sonne, Sand und Strand zu Kultur, Kunst und Museum ist auf Teneriffa nicht so fließend wie in Italien, Frankreich oder Griechenland. Teneriffa ist nicht Andalusien und Santa Cruz kein Barcelona. Doch einen kurzen Besuch sind die Inselstädte allemal wert: Die alte Hauptstadt **La Laguna** ist als Muster für die Kolonialstädte der Spanier ein UNESCO Weltkulturerbe. **Orotava** gilt als architektonisches Beispiel für reiche Patrizierstädte, ähnlich wie **Garachico**, das bis zum Vulkanausbruch 1706 die wichtigste Hafenstadt der Insel war. Die spannende Handelsgeschichte des Archipels lässt sich auf Teneriffa ebenso gut studieren wie die spanische Kolonialarchitektur in ihren speziellen kanarischen Ausprägungen.

Museen

Auch viele Museen lohnen einen Besuch. In Santa Cruz gibt das *Museo de la Naturaleza y del Hombre* eine gute Einführung in die Kultur der Ureinwohner (Guanchen). Dass die sogar Stufenpyramiden für kultische Riten gebaut haben, erfährt man in *Thor Heyerdahls* Museum in **Güímar**.

Das *TEA* (*Tenerife Espacio de las Artes*) gleich neben dem *Museo de la Naturaleza* hat wechselnde Ausstellungen moderner Kunst und eine Tag und Nacht geöffnete Bibliothek. Die Architektur ist zwar umstritten, aber vor allem innen eindrucksvoll.

Sehenswert ist auch das *Museo de Historia de Tenerife* und das **Iberoamerikanische Museum** in Orotava. Dazu gesellt sich eine ganze Reihe kleinerer Spezialmuseen wie das **Weinmuseum** in El Sauzal, das **Honigmuseum** gleich nebenan und das winzige **Guanchen-Keramik-Museum** in Arguayo.

Folklore

Fern vom Tourismus pflegen die Canarios in vielen Orten ihren Volkssport **Lucha Canaria** (Ringkampf) und ihre Folklore. Auf **Romerias** (eine Art Erntedankfest) singen sie in alten Trachten ihre Lieder zur *Timple* (Mini-Gitarre), schmücken zu **Fronleichnam** Straßen und Plätze mit Blumen- und Lavasand-Teppichen und hauen zum **Karneval** nächtelang so auf die Pauke, dass selbst Delegationen aus dem Rheinland ins Staunen kommen.

Kunsthandwerk (*Artesanía*), wie Lochstickereien und Töpferwaren werden nicht nur für Touristen gefertigt. In den geschwungenen *Artenerife*-**Pavillons** in Puerto de la Cruz, Santa Cruz und Las Américas und auch in entsprechenden Läden in Garachico und Orotava werden dem Käufer Güte und Echtheit der Produkte garantiert.

Lucha Canaria Museum in El Sauzal, ➤ *Seiten 371+ 386*

1.4.7   **Naturparadies und geologische Wunderwelt?**

Insbesondere die westlichen Inseln La Palma, El Hierro, La Gomera und Teneriffa sind ein Synonym für den Reichtum der kanarischen Flora und bis heute ungelöste geologische Rätsel.

Ungewöhnliche Botanik

Zahlreiche – auch deutschsprachige – Bücher führen durch die Welt der endemischen Pflanzen. **Hunderte von Arten** gilt es zu unterscheiden, sei es im feuchtgrünen Laurisilva-Wald des Anagagebirges, hoch oben in der Vulkanlandschaft der Cañadas oder im geschützten Ödland (*Malpaís*) im Süden (z.B. *Montaña Roja* bei El Médano). Aber nicht nur Hobby-Biologen schlägt auf Teneriffa das Herz höher, auch das Auge botanischer Laien kommt auf seine Kosten. So wurde ein einzelner Baum, der ***Drago Millenario*** von Icod, zum vielbesuchten Touristenkönig und die rote, blaue und weiße ***Tajinaste*** zur Königin der Insel (➣ Foto Seite 424).

Fauna

Selbst die weniger berühmte tinerfeñische Fauna wird bei genauerem Hinschauen spannend. Vornehmlich **kleine Tierchen** (Insekten, Käfer, Echsen) krabbeln an Halmen und krebsen in Felsspalten. Die **Vogelwelt** ist zwar wenig artenreich, doch unvermutet können einem selbst Reiher, Eulen und Falken begegnen – ganz zu schweigen von der endemischen Taube (*paloma turque*), dem blauen Finken (*pinzón azúl*) oder dem Kanarienvogel.

Fische und anderes Getier

Was unter Wasser lebt, sieht der Tourist im Restaurant auf seinem Teller (*Calamares*, Thunfische, viele Barsch-Arten und Brassen), auf dem Marktstand (Muränen, Kraken, Rochenarten) oder beim Bootsausflug und Tauchen: sogar Meeresschildkröten, die sich zwischen Delfinen und Europas größten Walbänken (Tümmler und Pilotwale) vor Teneriffas Südküste tummeln.

Geologie

Auch für geologisch Interessierte hält Teneriffa **Leckerbissen** bereit. Wer sich etwas einliest in die Gesetze des Vulkanismus und die Welt der Gesteine, wer Tuffsteine, Basalte, Bims und Obsidian unterscheiden kann und wer »Gänge«, »Türme« oder Lavatunnel

Wanderpfad entlang einer Felsformation vulkanischen Ursprungs im Teno Gebirge

erkennt, sieht die Insel plötzlich mit anderen Augen. Da werden selbst karge Steinwüsten zum spannenden Teil der Naturwerkstatt, skurrile Felsformationen zum aufschlussreichen Augenschmaus und die durch den Straßenbau freigelegten farbigen Gesteinsschichtungen zum Kunstwerk der Erdgeschichte am Autobahn- und Straßenrand. Die *Cueva del Viento* etwa, der längste Lavatunnel Europas oberhalb von Icod, ist ein spannendes Ziel nicht nur für geologisch Interessierte.

Biologische und geologische **Exkursionen** unter fachkundiger Führung erfreuen sich wachsender Beliebtheit.

1.4.8	**Aktivurlaub**

An dieser Stelle erfolgt nur ein **kurzer Überblick** über die Palette dessen, was Teneriffa Aktivurlaubern zu bieten hat. Genaueres dazu und Adressen finden sich im breiter angelegten **Kapitel zu Sport- und Aktivurlaub ab Seite 514**.

Wandern und Klettern

Wie La Palma und La Gomera verfügt auch Teneriffa über abwechslungsreiche Wander- und Klettergebiete. Wer sich die zerklüftete Bergwelt der Insel erwandern will, sollte nicht einfach drauf loslaufen. Steile Hänge, tiefe Schluchten und plötzliche Wetterumschwünge erfordern – neben viel Puste – eine gute Ausrüstung sowie angemessene Vorbereitung. Die meisten offiziellen Wanderwege wurden in den letzten Jahren nach europäischer Norm mit gelb-weißen Schildern ausgezeichnet.

Touren

Neben einer detailliert beschriebenen Tour (➤ Seite 184f) finden sich im Reiseteil dieses Buches zahlreiche weitere Hinweise für Wanderungen, deren Einstieg und Verlauf vor Ort hinreichend ausgeschildert und denen relativ leicht zu folgen ist (mit ungefährer Dauer, Einkehrmöglichkeit und ggf. Busanschluss). Ebenso wird auf viele lohnenswerte Spaziergänge und kürzere Ziel- oder Rundwege hingewiesen.

Tauchen und Schnorcheln

Teneriffa ist **kein Schnorchelparadies**. Nur an einigen Felsbuchten im Süden (z.B. an der *Costa del Silencio*) lohnt es sich, bei ruhiger See ins Wasser zu steigen. An der Nordküste gibt es gefährliche Unterströmungen. Nur gute Schwimmer sollten dort das Schnorcheln wagen.

Wer Teneriffas **Unterwasserwelt** richtig erleben möchte, braucht eine Taucherausrüstung. Zahlreiche **Tauchschulen** (vor allem im Süden und an der Westküste) bieten alles vom Schnupperkurs im Hotelpool bis zur Tiefsee-Tauchfahrt. In 30 m und mehr Tiefe trifft man (bei guten Sichtverhältnissen) auf Muränen, Rochen, Barracudas, Trompetenfische u.a.

Wind- und Kitesurfen

Die Kanaren sind Europas einzige Ecke, wo man auch im Winter windsurfen kann. Teneriffas (Kite-)Surfer-Treffpunkt ist El Médano im Süden. Dort gelten die Strände als überdurchschnittlich gute Surfreviere (für Fortgeschrittene!). Der Wind weht dort im Sommer noch kräftiger als in den Wintermonaten.

Die tinerfeñische Jugend liebt **Body-(Boogie-)boarding** noch mehr als Wellenreiten und findet vor allem an der Nordküste an abgelegenen steinigen (!) Stränden gute Brandungsbedingungen für ihre bunten Bretter (z.B. bei Taganana, Mesa del Mar und El Socorro). An den touristischen **Sandstränden im Süden ist Surfen** zum Schutz der Badenden **verboten**. In Las Américas sieht man Wellenreiter nur an der Lavafelsküste beim *Hotel Conquistador*.

Segeln   Die Kanaren sind ein schwieriges Segelgebiet. Mit starken und plötzlichen Windböen, raschen Wetterumschwüngen und wenigen Häfen kommen nur erfahrene Segler klar. Es gibt aber einige **Segelschulen** und **Charterfirmen** im Süden und in Santa Cruz.

Paragliding   Was fürs Segeln gesagt wurde, gilt auch für den **Gleitschirmflug** (*Parapente*). Wechselhafte Winde setzen eine sehr gute Kenntnis der Wetterlage, Thermik und Landemöglichkeiten voraus. Nur erfahrene Paraglider kommen im Winter voll auf ihre Kosten.

Reiten   Eine schroffgebirgige, geröllige Vulkaninsel gilt nicht eben als Reiterparadies. Dennoch finden sich Reitställe an den bewaldeten Nordhängen zwischen 600 m und 1.200 m Höhe und an den flacher abfallenden Hängen der Ost- und Südküste.

Die Reitschulen im Norden bieten für einheimische Clubmitglieder Wochenend-Ausritte und Reitstunden im Parcours an.

Besucher können Ausritte in einigen Fällen nur unter der Woche buchen. Besonders schöne Reitwege verlaufen in der Umgebung der *Finca Estrella* bei Icod und im **Esperanza-Wald**.

Golf   Teneriffa hat sich zu einer beachtlichen **Golfer-Insel** gemausert. Im Süden wurden binnen weniger Jahren sechs Golfplätze aus der Steinwüste gestampft, die sich sehen lassen können. Puerto de la Cruz verfügt nur über ein Übungsterrain. Besonders schön liegen die Plätze bei Buenavista und im Gelände des Hotel *Abama* (San Juan de la Playa an der Westküste).

Ausflug mit Seekajaks vor den Felswänden von Los Gigantes

Im Norden der Insel hatten die Engländer schon vor dem 2. Weltkrieg einen Platz angelegt (*Los Rodeos*), der heute vor allem von *Canarios* genutzt wird und nur wochentags auch Touristen offensteht. Wegen der steigenden Zahl der Plätze und Bedeutung des Golfspiels ist ihm im Rahmen des Sportkapitels besonders breiter Raum gewidmet, ➤ Seite 528f.

Tennis

4- und 5-Sterne-Hotels auf Teneriffa verfügen meist über eigene Plätze oder kooperieren mit Nachbarhäusern. Betonplätze sind sehr verbreitet. Nur in tinerfeñischen Clubs trifft man vereinzelt auf Sand oder PVC-Plätze.

Biken

Abgesehen vom Radeln in den städtischen Bereichen der flachen Urlaubszentren im Süden (El Médano, TenBel, Los Cristianos und Las Américas/Costa Adeje) schätzen Kenner die Kanaren als **Rennrad- und Mountainbike-Gebiet**, ➤ Wander-/Bike Beilage.

In unteren Lagen wird einem jedoch vielfach der Spaß durch den dichten Verkehr genommen. Nur in mittleren Lagen finden sich kleine verkehrsärmere, nicht zu steile Straßen und breite Forstwege. Krönende Erlebnisse bieten die kilometerlangen Abfahrten von den *Cañadas*, für Geübte gilt das auch für die sehr steilen Strecken im Anaga- und Tenogebirge.

1.4.9   Teneriffa-Trümpfe

Vielfalt

Teneriffa ist auf kleinem Raum für fast jeden touristischen Anspruch »gerüstet«: extreme landschaftliche Unterschiede (Strand, Wald, Wüste und Gebirgswelt) sind nur einige Autominuten voneinander entfernt. Wenige Kilometer Luftlinie trennen abgeschiedene Weiler von Bettenburgen oder kleinen spanischen Zentren. Baden, Wandern, Biken, Klettern, Paragliden, Surfen und Tauchen, ausgiebiges Shopping und Restauranthoppen – alles ist möglich.

Insektenfrei

Vor allem im Winter gibt es auf Teneriffa tagsüber kaum Fliegen und nachts nur vereinzelt Mücken. Das plagenfreie Leben erhöht die Lebensqualität auf den Kanaren ganz beträchtlich: wo sonst kann man das ganze Jahr über nach Sonnenuntergang ärmellos und barfuß auf der Terrasse beim Glas Wein sitzen oder bei offenem Fenster lesen ohne dass es ständig summt, piekt oder juckt?

Gefährliche Tiere?

Auch gibt es wenig lästige und praktisch gar **keine gefährlichen Tiere** wie Schlangen oder Skorpione. In ländlichen Regionen trifft man nur auf Eidechsen, manchmal robustere Exemplare als am Mittelmeer. Zwar gibt es **Bienen** in den Höhen (und dadurch köstlichen Honig) aber kaum Wespen und keine Hornissen. Und wenn sich im Sommer doch mal eine Mücke, Frucht- oder die gemeine Hausfliege ins Zimmer verirrt, schnappt ein verbreiteter Hausgenosse, der allenthalben an der Wand klebende **Gecko**, zielsicher zu. Diese behänd-scheuen Tierchen sehen aus wie graue Eidechsen mit dickem Bauch und Kulleraugen und können mit ihren Saugnäpfen an den Füßen die Wände hochlaufen. Sie sind völlig ungefährlich, mancher findet sie sogar süß und possierlich.

Nur in vernachlässigten Quartieren trifft man unangenehmere Gesellen: bis zu 5 cm große **Kakerlaken** (*Cucarachas*), denen die *Canarios* mit Spezialsprays und Fallen den Garaus machen.

Preisniveau

Die Preise auf den Kanaren sind **mit denen in Deutschland vergleichbar**. Für den Warenkorb im Supermarkt zahlt man mehr oder weniger soviel wie daheim. Nur frischer Fisch ist deutlich preiswerter als in Deutschland.

Dienstleistungen, Benzin, Tabakwaren und **Spirituosen** sind – dank der kanarischen Niedrigsteuer – entschieden **billiger als bei uns**. Bei elektronischem Gerät muss man aufpassen und die heimischen Preise einigermaßen im Kopf haben, bevor man bei vermeintlichen Schnäppchen »zuschlägt«.

Abseits der Touristenzentren findet man in Lokalen und Geschäften ein **günstiges Preis-Leistungsverhältnis**. Wer in einfachen Restaurants (➤ *Guachinches*, Seite 375) essen geht, bekommt für wenig Geld bodenständige, qualitativ gute Speisen in reichlichen Portionen: für Mittag- oder Abendessen zahlt man dort für Salat, Fisch oder Kaninchen mit *Papas* und *Mojo* (Kartoffeln mit Soße) und ein Dessert oder einen Café solo plus Wein oder Bier ca. €17-€20/Person. Auch das Glas Bier in der Kneipe (ab €1,50) oder offener Wein (gelegentlich unter €3) sind preiswert.

Infrastrukturrelle Aspekte

Viele EU-Standards gelten auch auf den Kanaren: die gewohnten **Geldautomaten** stehen an jeder Ecke, das **(Handy-)Telefonat** nach Hause klappt problemlos, die öffentlichen grünen TITSA-Busse (➤ Seiten 57+590f) sind preiswert, tip-top und pünktlich. Per Satellit kommen über 25 deutschsprachige TV- (und bei Bedarf noch mehr Radio-) Programme in viele Hotel-Zimmer.

Medizinische Versorgung

Immer mehr Nordeuropäer mit Allergien und Bronchialproblemen suchen und finden Linderung im kanarischen Klima. Für sie und ebenso die Touristen ist die **medizinische Versorgung** gut. Hinzu kommt, dass sich auf Teneriffa viele deutsche Ärzte angesiedelt haben. Für den **Notfall** weiß man, dass sommers wie winters täglich zahlreiche Jets in Richtung Nordeuropa starten.

1.5   Fazit

Weite Teile der Insel beeindrucken mit spektakulärer Landschaft und mannigfaltiger, oft endemischer Vegetation. In nur 4-5 Flugstunden ist man ohne Jetlag in einer politisch stabilen Region im besten Klima Europas: ganzjährig frühlingshaft mit vielen Sonnenstunden und wenig Regen. Das Atlantikwasser ist sauber und bringt selbst im Winter Badefreuden. Wer gern in frischer Bergluft wandert, ein Auge für seltene Flora und Geologie hat, wird die Insel trotz einiger Bausünden in sein Herz schließen. Wenn vielleicht auch erst auf den 2. Blick.

Kriminalität

Kriminalität ist auf Teneriffa kein Besorgnis erregendes Problem, wie in vielen vom Tourismus frequentierten Orten Taschendiebstahl aber nicht selten. Achtsamkeit bewahrt hier vor Schaden.

2. Urlaubsplanung und -vorbereitung

2.1 Zu welcher Jahreszeit nach Teneriffa?

Klimatische Aspekte

Die kanarischen Inseln sind das einzige europäische Reiseziel mit frühlingshaften Temperaturen in den Wintermonaten (Luft 20°C bis 24°C, nachts ca. 15°C). Bei Wassertemperaturen um die 19°C kann man sogar im Januar/Februar baden. Dabei darf man nicht vergessen, dass die Nordseite ganzjährig wolkiger, feuchter und 3°-4° Celsius kühler als die Südseite ist. Im Sommer sind die Tage kürzer (7-21 Uhr) als in Europa, dafür sind sie im Winter erheblich länger (8-19 Uhr).

Saisonale Aspekte

Nordeuropäer buchen die Kanaren vornehmlich im Winter (November-April). Bei den Veranstaltern gilt diese Zeit als Hauptsaison, wobei über Weihnachten, zum Karneval und zu Ostern Spitzenpreise verlangt werden. Die Monate Mai, Juni und September gelten als Nebensaison. Im Juli-August, wenn der Archipel von Festlandspaniern frequentiert wird, ziehen die Hotelpreise zwar noch einmal an, bleiben aber in unseren Katalogen unter dem höchsten Preisniveau im Winter.

Nordküste

Im Herbst braucht man im grünen Inselnorden meist noch keinen Schirm, denn die ab Ende Oktober/Anfang November einsetzenden Niederschläge fallen oft nachts und geben der Vegetation nach dem trockeneren Sommer ihr frisches Grün zurück. Besonders schön ist es im Norden ab Mitte Dezember, wenn die baumgroßen Weihnachtssterne in ihrer roten »Blüte« stehen.

Sukkulentenkomposition über der Plaza von El Sauzal

Obwohl es im Frühjahr etwas trockener ist als im Herbst, sprießen die Gräser und Wiesenblumen; die wenigen Laubbäume bekommen neue Blätter und die Obstbäume blühen. Ein Eindruck wie Anfang Juni in Deutschland.

Südküste

Erst Ende Dezember bis Anfang Januar erwacht die Vegetation des Südens aus dem Sommerschlaf. Bis Ende April haben die Wolfsmilchgewächse grüne Blätter; und Mandelbäume, Margeriten und Ginster blühen. So zeigt sich die karge Vulkanlandschaft etwas lieblicher.

Teide   Für Liebhaber von Wüstenvegetation ist das Gebiet der *Cañadas*
                Ende April bis Juni besonders reizvoll, wenn die roten Tajinasten
                und der weiße Teideginster blühen.

Klima im   Für Nordeuropäer ist Teneriffa eine Insel für den Winter. Die gän-
Sommer   gige Vorstellung ist, dass es in einer Region, die im Winter vor- bis
                hochsommerliche Temperaturen hat, im Juli-August so heiß sein
                muss wie am Roten Meer. Dabei sind die Inseln trotz der nahen
                Sahara im Sommer klimatisch angenehmer als die Mittelmeer-
                länder. 3 Millionen Festlandspanier machen im Juli-August auf
                dem Archipel Ferien, weil es ihnen zu Hause zu heiß wird. Das
                kanarische Sommerwetter ist absolut stabil, tagsüber steigt das
                Thermometer selten über 30°C und nachts kühlt es angenehm ab.
                Schlaflose Nächte zwischen nassgeschwitzten Laken braucht
                man auf der Atlantikinsel auch ohne Klimaanlage ebensowenig
                zu fürchten wie Moskito- oder Fliegenplagen. Dafür sorgt u.a. der
                ständig wehende Nordostpassat, der in den Sommermonaten
                stärker und regelmäßiger als im Winter bläst.

Wind   Was **Windsurfer** in El Medano anzieht, kann windempfindliche
                Menschen nerven, z.B. in Los Gigantes; sommerliche Fallwinde
                treten u.a. am Strand *Las Teresitas* auf. An der – in den Winter-
                monaten – brandungsstarken Nordküste gibt es aber viele ver-
                steckte Strände und Buchten, die in den Sommermonaten ver-
                gleichsweise ruhig sind und sich gut zum Schwimmen eignen.
                Dann haben indessen auch die *Tinerfeños* Ferien, und es kann an
                einigen Ufern eng werden.

                Für alle Sonnenhungrigen und Wasserratten, denen es im Som-
                mer am Mittelmeer zu heiß ist, kommt Teneriffa als Ferienziel
                daher unbedingt auch im Juli und August in Frage.

2.2   In welchen Ferienort?

2.2.1   Kriterien der Ortswahl

Reisekatalog- Da Teneriffa ein typisches Pauschal-Reiseziel ist, orientieren sich
Angaben   die meisten Urlauber bei der Auswahl des Ferienortes und der
                Unterkunft an den Angeboten der Veranstalter. Die üblichen
                Fotos, die Beschreibung des Objekts und natürlich die Kosten
                müssen dabei für die Entscheidung ausreichen. Nun finden sich
                echte Fehlinformationen zwar ziemlich selten, aber Realität und
                Prospekteindruck können doch erheblich voneinander abweichen.
                Z.B. geben die Kataloge kaum oder gar nicht Auskunft über das
                Umfeld der angebotenen Hotels, Apartments und Landhäuser.

Umfeld/   Auch kann man sich bei der Buchung meist kein realistisches Bild
Umgebung   von Größe und Atmosphäre des Urlaubsortes und der Landschaft
                ringsum machen. Die individuellen Vorstellungen vom »roman-
                tischen Fischerort«, einem »abgelegenen Dorf« oder vom »alten
                Kurort« können arg variieren: das »Fischerdorf« entpuppt sich
                vielleicht als nüchterne Siedlung am Meer und der »Kurort« als
                verkehrsreiche Mittelstadt. Man sieht zwar das Wasser, aber es

2

Ein guter Standort im Norden für Ausflüge ist das üppig »eingegrünte« Apartment-hotel Florasol im Stadtteil Taoro von Puerto de la Cruz (das Foto entstand im Februar)

ist weit weg und nur nach Über-/Unterquerung einer Autobahn zu erreichen. Da können Google Maps und Google Street View bei der Entscheidung helfen.

Gute **Badestrände** gibt es an allen drei Küstenlinien, (➢ Seiten 95ff) einige der besten liegen indessen etwas versteckt; um sie zu finden, benötigt man bisweilen ein wenig Spürsinn.

Bergwanderungen sind auf der ganzen Insel möglich. Die endemische Wüstenflora ist für Kenner nicht minder interessant, als es die Pflanzen in den immergrünen Anagawäldern sind.

Unterkunft am Meer? Für Inselerkundungen muss der Urlaubsort nicht unbedingt am Meer liegen. Wichtiger ist, dass das unmittelbare und weitere Umfeld des gebuchten Quartiers den persönlichen Urlaubsintentionen entspricht: Ein müder Wanderer ersehnt sich ein komfortables Hotel oder vielleicht nur eine einfache, für die Fortsetzung der Tour günstig gelegene Herberge. Ein Reiter sitzt nach seinem Ausritt durch die Wälder abends eventuell lieber auf der belebten Plaza einer Kolonialstadt als in einer stillen Hütte.

»Falschen« Ort vermeiden Unsicherheiten und Missgriffe bei der Wahl des Urlaubsortes lassen sich bei Beachtung der folgenden Hinweise vermeiden. Umfassendere Beschreibungen der Ferienorte und -regionen finden sich im Reiseteil ab Seite 116.

2.2.2   Touristenzentren

Städtische Hochburgen

Badeleben vor der Tür – an einem der wenigen Naturstrände, an einem der langen künstlichen Sandstrände oder an großen Meerwasserpools – findet man vor allem in oder im Umfeld von drei Tourismus-Hochburgen, die rund 90 % aller Unterkünfte Teneriffas beherbergen:

- im südlichen Ballungsraum in den ineinander übergehenden Orten Los Cristianos, Las Américas und Costa Adeje
- im Westen im ebenfalls zusammenhängenden Bereich der Orte (Playa) La Arena, Puerto Santiago und Los Gigantes
- im Raum Puerto de la Cruz an der Nordküste

Charakteristik

Zwar besitzen das historische gewachsenen Puerto de la Cruz und – deutlich kleiner – auch Los Cristianos einen alten Ortskern, aber das touristische Umfeld besteht überwiegend aus erst seit den 1970er-Jahren errichteten Hotelkomplexen einschließlich einer dazu passenden entsprechenden gastronomischen und sonstwie kommerziellen Infrastruktur.

Expansion

Die über Dekaden laufende weitgehend unkontrollierte Expansion führte vielerorts zu stadtplanerischem wie architektonischem Wildwuchs. Bisweilen stehen attraktive und für sich empfehlenswerte Anlagen in unattraktivem Terrain oder grüne Bungalow-Oasen in einem großstädtischen sie erdrückenden Umfeld.

Kleinere Touristenorte

In den wenigen kleineren Badeorten mit nennenswertem Quartierangebot für Feriengäste (z.B. El Médano, Bajamar/Punta de Hidalgo, Alcalá) geht es noch ruhig zu. Das lokale Umfeld ist schlicht bis unattraktiv und bietet meist wenig Abwechslung, sieht man vom einen oder anderen gastronomischen Geheimtipp ab. Auch »Fischerdorf-Romantik« darf man dort nicht erwarten; bestenfalls liegen noch ein paar bunte (Ruder-) Boote am schwarzen Strand oder auf die Molen gezogen.

2.2.3   Im Dorf und auf dem Land

Dörfer und Höhenlage

Wer dem Trubel der Küste entkommen will und die landschaftliche Vielfalt Teneriffas erkunden möchte, mietet sich auf dem Land ein. Da Dörfer meist in Höhenlagen von 500 m bis 800 m liegen, kann es im Winter selbst im Süden kühl und im Norden obendrein neblig sein (➤ Klima, Seiten 22/23).

Turismo Rural

Früher blieben die *Canarios* außerhalb der Touristenzentren unter sich. In den Dörfern gab es keine Unterkünfte, weder Hotels noch Privatzimmer. Erst seit den 1990er-Jahren entwickelte sich mit staatlicher Hilfe ein inselweites Netz von sog. *Turismo Rural*-Quartieren. Alte *Haciendas* wurden zum Landhotel umgebaut, kleine *Fincas* oft aufwendig renoviert. Fast ausnahmslos liegen solche Unterkünfte nicht direkt an der Küste; viele von ihnen bieten aber Meerblick.

Dorfromantik?

Ein urkanarisches Dorf verführt selten zu »Liebe auf den ersten Blick«. Den Inselorten fehlt – bis auf den Kirchplatz – so ziemlich jede Romantik. Hohe Mauern geben selten den Blick in die grünen Innenhöfe frei. Viele Fincas sind schmucklosen, 2-3stöckigen Neubauten aus *Bloques* (Betonsteinen) gewichen. Die ausgefransten Dorfränder erinnern oft eher an das nahe Marokko als an das ferne Andalusien. Der Dorfplatz ist meist verlassen, die Kirchtür verschlossen, der Hausstrand weit, und nur in der Bar an der Hauptstraße ist manchmal was los.

Ländliche Alleinlagen

Auch die Beschreibung einer Finca oder eines Landhotels »in weiten Bananenplantagen« oder »auf landwirtschaftlich genutztem Gelände« kann irreführen, verstecken sich doch viele Felder hinter hohen Zementmauern oder unter Plastikplanen.

Die grüne, blühende Nordseite der Insel präsentiert sich dabei – trotz dichterer Besiedlung – deutlich gefälliger als die karge, wüstenähnliche Südseite.

Ortsbeschreibungen

Es empfiehlt sich auf jeden Fall, **im Reiseteil dieses Buches** nachzulesen, was sich hinter den kurzen Ortsbeschreibungen der Kataloge und/oder Internetportale wirklich versteckt. Auch braucht man bei fast allen Quartieren in ländlichen Regionen ein Mietfahrzeug, Denn der Weg zu Stränden, Geschäften und Lokalen kann weit sein.

Fazit

Wer die richtige Unterkunft auf dem Land findet, erlebt mit ein wenig Glück eine »Liebe auf den zweiten Blick« und unvergessliche Ferien fernab vom »High Life« der großen Hotelkomplexe (➤ *Turismo Rural*, Seite 573f).

Naturschutzregionen

In höheren Lagen steht fast die ganze Insel unter Naturschutz. Es gibt kaum Siedlungen und bis auf ganz wenige Ausnahmen keine Unterkünfte (Ausnahmen sind das Dorf Vilaflor, der *Parador Nacional* in den *Cañadas del Teide* und einige besonders schöne Landhotels, ➤ Seite 579f und Foto Seite 41).

Playa Puerto Colón an der Nahtstelle zwischen Las Américas und der Costa Adeje in strahlender Nachmittagssonne, während – wie häufig – über den Bergen dichte Wolken hängen

Die Straßenbahn (Tranvia) sorgt für eine optimale Verbindung zwischen La Laguna und Santa Cruz

2.2.4   Städtisches Ambiente

Wer unter *Tinerfeños* wohnen und trotzdem Geschäfte und Restaurants zu Fuß erreichen möchte, findet sowohl in Teneriffas **Hauptstadt Santa Cruz** als auch in **La Laguna**, **La Orotava** oder in der Kleinstadt **Garachico** attraktive Hotelunterkünfte.

Garachico

Das kompakte Garachico im Nordwesten der Insel ist eine bedenkenswerte Wahl; es liegt auf einer Lavafelszunge direkt am Meer mit Pools zwischen schwarzen Felsen und daneben einem großen Schwimmbad. Das Zentrum beleben die Einwohner der Stadt, während zwei Straßen weiter an der Küstenstraße die Ausflugstouristen in Cafés und Terrassen-Restaurants sitzen.

La Orotava

Auch ins reizvolle La Orotava kommen tagsüber viele Touristen; dafür ist man abends weitgehend unter *Tinerfeños* und wohnt in fast 500 m Höhe keine 10 km entfernt von Puerto de la Cruz. Ebenfalls nur etwa 10 km fährt man bis zu den Wandergebieten in den weiter oben gelegenen Kiefernwäldern.

La Laguna

Das Leben in La Laguna wird von den Studenten der altehrwürdigen Universität geprägt. Die einstige Kolonialstadt liegt am Rand einer Hochebene auf ca. 600 m und bietet neben lebendigem *City Life* viele Möglichkeiten für Ausflüge (hier auch und gerade mit öffentlichen Bussen oder der Straßenbahn) an die Nordküste oder in die Hauptstadt Santa Cruz, außerdem zum Wandern im nahen Anagagebirge oder im Mercedes- oder Esperanza-Wald.

Santa Cruz

Das gut überschaubare Santa Cruz besitzt alle Vorzüge (und Nachteile) einer quirligen Groß- und Hafenstadt: viele Geschäfte, Kneipen, Restaurants und Kultur (Konzerte, Museen, Galerien) bei viel Verkehr und auch Lärm. Der **Hausstrand *Las Teresitas*** ist ganze 7 km entfernt (Bus alle 10-15 min), auch zum Esperanzawald und in das Anagagebirge ist es nicht weit (circa 12-15 km).

Unterkunft

Santa Cruz hat Unterkünfte für jeden Geldbeutel, die anderen Städte verfügen eher über einfache, mindestens aber eine noblere Unterkunft (➤ Seiten 552ff). **Garachico** besitzt drei feine Hotels.

2.2.5   **Urbanisationen**

Charakteristik

Zu beiden Seiten des größten Urlaubszentrums Los Cristianos/ Las Américas entstanden in den 1990er-Jahren an der Süd- und Westküste geschlossene *Urbanizaciones* (Siedlungen nach amerikanischem Vorstadtmodell mit Bungalows oder Reihenhäusern), speziell an der **Costa del Silencio** und **Callao Salvaje**. Frühe Vorläufer solcher Reihenbungalow-Siedlungen waren im Inselnorden *La Romántica* I und II an den terrassierten Hängen unterhalb von Los Realejos.

Urbanisationen bei Golfplätzen

Die grünen Rasenflächen der Golfplätze im Süden (*Urbanización Golf del Sur* und *Los Olivos* in La Caleta), verleihen den Siedlungen zwischen Meer und Bergen ein gepflegtes und distinguiertes Aussehen. Strände sind in dieser Gegend allerdings rar. Ins – dort sehr klare – Wasser geht es überwiegend über Leitern.

Viele solcher Siedlungen wirken wie aus dem Ei gepellt; sie haben einen eigenen Dorfkern mit picobello Läden, Restaurants und Gemeinschaftspool. In diesen Enklaven für Tennisspieler und Golfer braucht man für den Tapetenwechsel (wie beim Land-und Stadturlaub) ein Fahrzeug. Wen – je nach Windrichtung – gelegentlicher, aber dank moderner Düsentriebwerke heute erträglicher – Jetlärm der Einflugschneisen (über der *Costa del Silencio*) nicht stört, der wird sich dort durchaus wohlfühlen.

Zugang

In den Katalogen der Reiseveranstalter finden sich kaum Angebote für solche Urbanisationen (**Ausnahme**: Golfhotels). Denn die meisten Wohneinheiten dort gehören privaten Eigentümern. Ihre Vermietung läuft großenteils über spezielle Vermittlungsagenturen (➤ Unterkünfte, Seite 574).

Golfplatz des *****Hotels Abama an der Westküste bei Playa de San Juan

2.3   Wahl der Unterkunft

2.3.1   Überblick

Die folgende **nicht an der üblichen Sternekategorie orientierte Charakterisierung** der Unterkunftsmöglichkeiten soll helfen, das optimale Quartier am ausgewählten Ferienort zu finden.

Auswahl

Apartments und Zimmer gibt es in allen Kategorien, wobei viele Häuser beides anbieten. Das unterste Preisniveau (ab ca. €40) findet man – wenn überhaupt – nur selten über die bekannten Internetseiten. **Selbstbuchung** ist vor allem bei Hotels teilweise teurer als über die Reiseveranstalter und nur angeraten, wenn z.B. der bei manchen Pauschalreisen übliche Wochenturnus nicht in die eigene Urlaubsplanung passt. Auch alle Luxusherbergen können in der Regel über Veranstalter gebucht werden.

Reservierung

Ohne Reservierung nach Teneriffa zu fliegen ist nicht ratsam, da in Frage kommende Unterkünfte ausgebucht sein können. Direktbuchung vor Ort an der Rezeption klappen oft nur zu Bürozeiten, selbst wenn Zimmer frei sind. Wer eher preiswerte Quariere sucht, hat in den weniger touristischen Städten La Laguna, La Orotava und Santa Cruz bessere Aussichten als in den Touristenzentren.

Vermittlung

Die Touristenbüros in den Urlaubszentren vermitteln keine Unterkünfte, halten aber Adressenlisten parat. Die Information im Südflughafen (➤ Seite 55) schickt nachfragende Ankömmlinge ohne Buchung vorzugsweise nach Los Cristianos oder El Médano, kaum nach Las Américas oder Costa Adeje, wo die meisten Hotels fast ausschließlich von Reiseveranstaltern belegt werden.

Beschreibungen empfehlenswerter Quartiere finden sich auf den Seiten 552f, ebenso Adressen von Apartment-/Finca-Vermittlern.

2.3.2   Traditionelle Hotels

Beispiele

Traditionshotels mit dem Flair vergangener Tage gibt es auf Teneriffa kaum. Der einzige noch erhaltene Hotelbau aus dem 19. Jahrhundert, das **Hotel Taoro** in Puerto de la Cruz, beherbergte betuchte Engländer, bis es zum Spielkasino umfunktioniert wurde, das aber schon 2007 an den *Lago Martianez* umzog. Der Komplex steht seitdem leer und verkommt. Nur zwei alte Herrenhäuser, das **Marquesa** (in Puerto) und **Aguere** (La Laguna) dienten bereits Ende des 19. Jahrhunderts als Hotels und tun es immer noch. Das Nobelhotel **Mencey** in Santa Cruz geht auf das Jahr 1953 zurück.

Stadtpaläste

In den letzten Jahren wurden aber diverse klassische Stadtpaläste zu stilvollen Hotels umgewandelt, so das **San Roque** und **La Quinta Roja** in Garachico und das **Nivaria** (nur Apartments) in La Laguna. Seit der Jahrtausendwende dient auch in **Granadilla de Abona** eine alte *Hacienda* (1850) als kleines Edelhotel »**Senderos**«.

Auf dem Lande kann man in einigen zu Landhotels umgebauten Haciendas stilvoll wohnen (**El Patio** bei Garachico, **La Salada** bei Tejina und das sehr schöne **El Nogal** bei Vilaflor). Außer **El Patio** und **La Salada** liegen sie meistens aber weitab vom Meer.

Hotel Rural »Senderos de Abona«
im Städtchen Granadilla de Abona
im Hinterland hoch über der Südküste

2

2.3.3 Hotelklötze aus der Zeit des ersten Tourismusbooms

Preisgünstige Alternativen

Als Ende der 1960er-Jahre an den sonnigen Küsten Europas der Tourismus-Boom begann, wurden auch auf Teneriffa die damals üblichen Kästen mit bis zu 20 Stockwerken, winzigen Balkonen und schlichten, kaum begrünten Pools hochgezogen. Dieser heute antiquierte Hoteltyp war vor allem im zentralen Bereich von Las Américas anzutreffen, z. B. gehören dazu die mittlerweile renovierten Hotels **Palm Beach**, **Troya** und **Gran Tinerfe Park**. Die ehemals engen, verkehrsreichen Straßen zwischen den Hotels und Meer wurden zu begrünten verkehrsberuhigten Zonen und Fußgängerpromenaden. In Puerto de la Cruz, einem Ort mit sympathischen Altstadtresten, wirken die fantasielosen Klötze der touristischen Frühzeit heute ebenso störend wie an den Küsten im Süden und im Nordosten (Bajamar, Punta del Hidalgo, Mesa del Mar). Ein Pluspunkt vieler alten Bettenburgen ist zwar, dass sie am Meer liegen, doch selbst Toplagen und seit 2015 touristischer Aufschwung führte (noch) nicht überall zu einer Modernisierung.

2.3.4 Blühende Gärten

Taoro und La Paz

Auf dem Taoro-Hügel über dem Zentrum von Puerto de la Cruz wurden schon in den 1970er-Jahren »nur« noch 4-5-stöckige Hotels errichtet und mit parkartigen subtropischen Gärten umgeben, so dass in einigen Hotelanlagen sogar botanische Führungen stattfinden (z.B. im **Tigaiga**). Auch im ebenfalls hoch gelegenen Stadtteil La Paz wurden grüne Oasen geschaffen (**Hotel Botánico**). Diese Adressen sind eine teure, aber besonders gute Wahl mit dem kleinen Nachteil, dass sie weit entfernt vom Meer liegen.

2.3.5   Fünf-Sterne-Luxus

Postmoderne Hotelbauten

Seit den 1990er-Jahren und kaum gebremst durch die Wirtschaftskrise 2008-2012/13 entstanden zwischen Los Cristianos, Las Américas und an der Costa Adeje glitzernde postmoderne Luxusbauten. Dort, im Südwesten Teneriffas verfügte man über genug Platz für riesige Resorthotels: Marmor, viel Glas, Keramik und Holz sollten dem Bunker-Image der alten Hotels entgegenwirken.

Charakteristik der Luxus-Komplexe

Die Gäste dieser Komplexe werden in überdimensionalen Lobbys wie Könige empfangen, sonnen sich in karibischen Badelandschaften mit Bambusdach-Poolbar und dinieren an üppigen Büffets, bevor sie in ihren – meist durchaus geräumigen, aber dennoch 08/15-Zimmern – verschwinden. Immer binden gleich mehrere hotelinterne Restaurants und Ladenzeilen, Tennisplätze, Spabereiche mit Beauty- und Wellnessangeboten die Gäste ans Haus. Und täglich wechselt dazu die Abendunterhaltung von Akrobatik bis *Abba Revival*, das **Hotel als Event**.

Lediglich zum Baden im Meer und Spaziergänge auf der Promenade müssen die Gäste ihre Anlage durch die gesicherte »Gartenpforte« verlassen, z.B. in den Hotels ***Jardin Tropical, Jardines de Nivaria, Anthelia Park, Gran Tacande, Bahía del Duque, Villa Cortés, Costa Adeje Palace, Bahia Principe*** und in anderen mehr. Später gebaute Luxusanlagen liegen auch in der 2. und 3. Reihe. Manche durchaus mit Meerblick aus vielen Zimmern (z.B. ***Plantación Sur, Baobab Suites***) aber ohne Strandnähe. Nur das ***Abama*** an der Westküste bei San Juan hat eine Art Privatstrand.

2.3.6   Apartmentanlagen

Neben dem absoluten Luxus enstand bereits in den 1980er-Jahren ein etwas bescheidener wirkender, aber nicht weniger komfortabler Apartmentanlagen-Typ. Aufgelockerte und versetzt miteinander verbundene Flachbauten mit größeren Balkonen oder Terrassen sind dabei um eine üppig begrünte Poolanlage gruppiert. Das Ganze wirkt meist angenehm, hell und freundlich. Diese Bauweise bestimmt den Stadtteil **Fañabé** an der Costa Adeje (so

Hotelpark Bahia Principe in Costa Adeje am Nordende des touristischen Ballungszentrums Los Cristianos/Las Américas

z.B. *Parque del Sol, Lagos de Fañabé, Sol Sun Beach*) und die Süd(west)küste an der *Costa del Silencio* und *Callao Salvaje*. Einziger Minuspunkt ist dabei die »Backe-an-Backe-Bauweise« der in sich recht großzügigen Anlagen. In Fañabé sind sie in der ersten Reihe nur durch die Strandpromenade vom Meer getrennt. An der *Costa del Silencio* und *Callao* gibt es nur wenig Einstiege ins Meer und in *Callao Salvaje* einen kleinen schwarzen Strand.

Das Gara Hotel Rural in Garachico: gegenüber dem alten Kastell bei den Piscinas Naturales, eine interessante Option für Individualisten

2

2.3.7   Individuelle Hotels

Exklusivität im Kleinen

Erst seit Mitte der 90er-Jahre gibt es exklusive kleinere Häuser (Hotels oder Apartmentanlagen), die auf das Luxus verheißende Beiwerk (bombastische Lobby, Badelandschaften etc.) verzichten und mehr auf die individuelle Note setzen. Diese Häuser sind zwar alles andere als billig, finden aber zunehmend ihr Publikum. Typische Beispiele sind die Apartmentanlage **Jardín de la Paz** in La Matanza, das Hotel **Reverón** in Los Christianos, das Hotel **Alhambra** in La Orotava und die vorstehend schon genannten Stadt- und Landhotels in restaurierten historischen Gebäuden. Kaum eins davon liegt indessen unmittelbar am Meer, und wenn doch, dann nicht am Strand, sondern eher an Felsküsten.

2.3.8   Ferienwohnungen, Fincas und Villas

Wohnungen und ganze Häuser zur Miete

Wer sich im Urlaub eine Wohnung oder ein ganzes Haus leisten möchte, findet auch bei einigen Veranstaltern reichlich Angebote (Olimar, Jahn, TUI u.v.a.) und in besonders großer Auswahl – dabei insgesamt nicht sonderlich teuer – unter www.airbnb.de.

Neuere schicke Bungalows oder Luxusvillen gehören oft Ausländern, modernisierte Fincas – oft mit schönen Gärten oder Patios – zum *Turismo Rural*-Programm (➤ Seiten 573f). Viele bieten Weitblick auf den Atlantik. Größere Häuser sind oft so unterteilt, dass auch einzelne Apartments gemietet werden können und der Garten (gegebenenfalls mit Pool) gemeinsam genutzt wird.

2.3.9 _____ Einfache Pensionen

Häuser, die in keinem Katalog stehen

Die Zahl einfacher Pensionen (*Hostales*) nimmt ab. Diese Häuser offerieren karge Zimmer (z.T. Etagenbäder) in schlichten Altbauten. Solche Unterkünfte findet man eher in **La Laguna, La Orotava, Puerto de la Cruz** und **Santa Cruz**, kaum in kleineren Orten. Auch in **Los Cristianos** kommen z.B. La Gomera- und El Hierro-Durchreisende relativ preiswert unter (ab €40). Sie sind in keinem Katalog zu finden (➤ Seite 554). Die Entwicklung geht zu individuelleren Unterkünften abseits der großen touristischen Zentren. Aber die sind überwiegend teurer (➤ Seite 573f).

2.3.10 _____ Camping

Begrenzte Möglichkeiten

Es gibt auf Teneriffa nur drei kommerzielle Campingplätze, die in Ausstattung (Wasser, Duschen, Versorgung etc.) unterem Standard entsprechen und bis auf den Platz bei El Médano abseits der Küsten liegen. Die Stellplätze sind meist beengt; Schatten ist rar. Reizvoll und besser ist der von der Gemeinde verwaltete Platz *Camping Municipal* in **Punta Hidalgo** an flacher, aber lavaspitzer Felsküste, ➤ Seite 588.

»Wild« Campen

Im Sommer schlagen manche *Canarios* ihr Zelt in verschwiegenen Felsbuchten auf. Die Spuren sind am Ende der Saison deutlich sichtbar. Das schon länger – auch wegen Steinschlaggefahr – existierende Verbot, wild zu campen, wurde in den letzten Jahren indessen strenger kontrolliert und teilweise unterbunden.

Staatliche Einfachplätze zum Nulltarif

Ein Geheimtipp ist einfaches Zelten in den *Zonas Recreativas*, herrlichen staatlichen (Picknick- und) Campingplätzen in den waldigen, kühlen Höhenlagen der Insel. Im Winter ist es dort oben zu kalt, oft wolkig und neblig-regnerisch, im Sommer aber eine bedenkenswerte, dazu kostenlose Lösung der Quartierfrage.

Wegen der administrativen Regulierung der *Zonas Recreativas* erfordert das Campen dort gute Planung und einige Mühe. In den Monaten Juli/August sind die Zeltplätze oft vergeben, speziell an Wochenenden. Alle Details dazu stehen auf den Seiten 587f.

Grillgarten mit Picknick-tischen der Zona Recreativa Pedregales bei El Palmar am Nordwesthang des Tenogebirges. Diese Zona hat großzügig angelegte Areale mit Aussicht für Zelte und gute Sanitäranlagen

2.4   Die Reise nach Teneriffa

2.4.1   Pauschalurlaub inklusive Flug

**Fluggesell-
schaften**

Die Teneriffaflüge der Reiseveranstalter werden auch nach dem Rückzug von *Air Berlin* aus vielen Ferienflugdestinationen überwiegend mit deutschen Fluggesellschaften wie *Eurowings, Condor, Germania* oder *TUI fly* abgewickelt; ab Zürich fliegt *Edelweiss Air* mehrmals pro Woche. Die österreichische *NIKI Air* übernahm viele *Air Berlin*-Verbindungen und -Buchungen. Auch ausländische Fluggesellschaften wie *Sun Express* (Türkei) oder *Norwegian Air* mischen im Teneriffa-Flugverkehr mit. In ein- und demselben Fugzeug sitzen meist Kunden verschiedener Veranstalter und ebenso Passagiere, die nur das Ticket gekauft haben, weil sie z.B. privat unterkommen oder auf Teneriffa leben.

Abflughäfen

Da Charterflüge nach Teneriffa von allen nennenswerten Flughäfen starten, liegt es für den Urlauber nahe, den nächstgelegenen Airport ins Auge zu fassen. In Abhängigkeit von Veranstalter und Fluggesellschaft zahlt Zuschläge/Abschläge auf den/vom Katalogpreis (–€20 bis +€30), wer von anderen als von bestimmten «Basisflughäfen» abfliegen möchte.

Rail & Fly

Bei günstigen Zugverbindungen ist auch die Anreise per Bahn ggf. erwägenswert und bei vielen Veranstaltern im Reisepreis enthalten.

**Hotelüber-
nachtung
vor dem
Abflug**

Wenn Flüge von nähergelegenen Regionalairports ausgebucht sind – was zum jeweiligen Ferienbeginn der Bundesländer häufig schon lange im voraus der Fall ist – ergeben sich mitunter ärgerliche **Zusatzkosten** für eine auswärtige Hotelübernachtung. Denn bei Abflügen in nächtlicher Frühe/am frühen Vormittag sind passende Verbindungen mit der Deutschen Bahn zur Ausnutzung der *Rail & Fly* Vergünstigung in den ersten Morgenstunden desselben Tages selten vorhanden. Alternativ um 2 Uhr morgens mit dem Auto aufzubrechen, ist auch nicht jedermanns Sache. Einige Veranstalter bieten in Kooperation mit bestimmten Hotels Sondertarife für Übernachtung am Airport auch und gerade bei Anfahrt mit eigenem Fahrzeug z.B. unter der Bezeichnung ***Park, Sleep & Fly*** an. Während der Abwesenheit des Gastes bleibt das Auto dann zum Nulltarif oder einer geringen Gebühr auf dem Hotelparkplatz.

**Tarif-
unterschiede**

Für **scharfe Rechner** macht der Abflug von einem weiter entfernten Flughafen trotz der Anfahrt, ggf. anfallender Hotelkosten und des damit verbundenen Umstandes mitunter auch »freiwillig« Sinn. Wenn bei Buchung ab Airport X – wegen vom Bundesland abhängiger unterschiedlicher Ferienzeiten – eine andere Saison gilt als bei Abflug in Y, kann die Ersparnis pro Person über €100 betragen und die Unbequemlichkeit eventuell mehr als ausgleichen.

Einchecken

Die **Abflugzeiten** und das **Erfordernis sehr zeitigen Eincheckens** – bis zu 2 Stunden vor dem Start (Hinflug) und oft noch früher beim Rückflug – wobei der Abholzeitpunkt wegen des Einsammelns von 'zig Parteien in x Hotels auch schon mal 4 Stunden vor dem Rückflug liegt – sind der kleine Nachteil von Pauschalreisen.

Abflugzeiten   Bei längerfristiger Vorbuchung, was im Hinblick auf Urlaubstermine und Ferien der Kinder oft unerlässlich ist (und teilweise mit Frühbucherrabatt verbunden ist), wählt der Kunde häufig zunächst nur die **Wochentage** von Hin- und Rückflug. Exakte **Flugdaten** erfährt er dann später. Auch im voraus fixierte Abflugzeiten sagen noch nichts. Denn die Flugpläne werden zuweilen kurzfristig verändert und können ursprünglich erfreuliche Zeitkombinationen wieder über den Haufen werfen. Wer Pech hat, muss den Hinflug nachmittags und den Rückflug vormittags antreten. Dabei geht leicht ein voller Urlaubstag verloren.

Langfrist-rabatte und Last Minute Reisen   Bei langfristiger Vorausbuchung können Pauschalreisen und Flüge günstiger sein als Buchungen in letzter Minute, sagen die Veranstalter, die indessen ein Interesse daran haben, *Last Minute* zurückzudrängen. Was aber bis kurz vor Abflug noch nicht gebucht ist, wird letztlich doch wieder als *Last Minute* billiger verkauft. Sonderschalter der Veranstalter wie unabhängiger Reisebüros gibt es in allen Flughäfen. Aber Achtung, nicht alles, wo *Last Minute* drauf steht, ist wirklich billiger als der Katalogpreis.

Last Minute lässt sich auch **im Internet buchen**, entweder bei den Veranstaltern direkt (➤ Seite 48) oder bei Spezialanbietern w.z.B. www.last minute.de oder www.reisegeier.de.

2.4.2   ## Reisegepäckregelungen und mehr

Die Bedingungen der Airlines für die in der Überschrift des Kastens genannten Punkte haben sich in den letzten Jahren weitgehend angeglichen; die Angaben orientieren sich am Basistarif (Flug plus Handgepäck) der wichtigsten Ferienfluglinien.

Reise- & Sondergepäck, Umbuchung/Storno, Vorabend Check-in (Stand 2017)

Handgepäck max. 55x45x23 cm, oft 50x40x20 cm: 6-8 kg plus Tasche/Notebook Handgepäck ist generell beschränkt auf ein Stück mit den genannten maximalen Abmessungen und Gewichtsgrenzen.

Die Erfahrung lehrt zwar, dass man es mit den Obergrenzen nicht immer 100%ig genau nimmt und dabei nicht zu kleinlich ist, aber darauf verlassen sollte man sich nicht und unbedingt vor dem Flug die jeweils geltenden Vorgaben genau durchlesen.

Flüssigkeiten, Cremes, Zahnpasta u.ä. dürfen nur im Handgepäck mitgeführt werden, sofern der einzelne Behälter maximal 100 ml fasst. Zugleich müssen sich alle derartigen Teile in einem verschließbaren transparenten Plastikbeutel von maximal einem Liter Volumen befinden, der gesondert kontrolliert wird.

Laptops und alle elektronischen Geräte (inkl. Kameras) müssen aus dem Handgepäck herausgenommen werden und separat durch den Kontrolltunnel laufen.

Zusätzliches Gepäck ab €15 zubuchbar (Airline-Vergleich lohnt ggf.)

Übergepäck kostet ab 10 €/kg

Sondergepäck sollte man besser schon bei der Buchung anmelden, da bei Ankunft am Schalter oft höhere Gebühren entstehen (so dann überhaupt noch möglich) und die Frachtkapazität begrenzt sein kann; Kinderwagen, Buggys, Autositze etc. werden in der Regel ohne Anmeldung und kostenlos mitgenommen

Fahrrad (verpackt, keine E-Bikes!) je nach Fluggesellschaft €55-€70 (one-way)

Surf/Kiteboard/Kajak (in Hülle) ab €50

Tauchausrüstung, Golfschläger ab €50

Umbuchung: z.B. bei *TUIfly* €65

Flug-Storno: abhängig vom Zeitpunkt, kurzfristig entfällt jede Erstattung

Vorabend-Check-in bei Vormittagsflügen meist möglich 18-20/21 Uhr

2.4.3 Individuell nach Teneriffa fliegen

Wer seine Unterkunft selber organisiert, muss notwendigerweise den Flug gesondert buchen:

Linienflug

Faktisch spielen im Teneriffa-Flugverkehr ab Deutschland, Österreich/Schweiz Linienflüge keine Rolle mehr. Die *Lufthansa* fliegt z.B. im Winter Teneriffa-Süd nur einmal wöchentlich (samstags) ab München direkt an. An anderen Tagen sind nur Umsteigeverbindungen mit Partnergesellschaften möglich. Die spanische *Iberia* bedient mit ihren »Töchtern« (*Iberia Express/Vueling*) beide Flughäfen der Insel.

Ferienfluglinien und Low Cost Carrier

Die eingangs dieses Kapitels genannten Ferienfluglinien, die von vielen, auch kleineren Airports wie Rostock, Münster, Paderborn oder Erfurt zum Flug nach Teneriffa starten, sind für die meisten Reisenden neben den **Low Cost Airlines Ryan Air** und **Easy Jet** aber ohnehin erste Wahl. Normalerweise ist der Südflughafen *Reina Sofía* (TFS) Zielflughafen. Der Nordflughafen (TFN), der z.B. für Puerto-Urlauber erheblich günstiger liegt als TFS, ist nur mit Zwischenstopps in Madrid oder Barcelona erreichbar.

Buchung in Internet oder übers Reisebüro

Individuell buchen die meisten Reisenden ihre Flüge heute direkt über die *Websites* der Fluggesellschaften bzw. über Preisvergleichsportale, ➢ nächste Seite. Die Feststellung der Verfügbarkeit von Plätzen und Buchung ist eine prinzipiell einfache Angelegenheit, letzteres aber nur mit Kreditkarte oder Abbuchungsermächtigung möglich. Wer das nicht möchte, sucht sich am besten selbst einen geeigneten Flug und lässt ein Reisebüro die Sache abwickeln. Ist man dort als Kunde bekannt, kostet das einen kurzen Anruf und geht häufig fixer als Suchen und Buchen im Internet: keine langwierige Dateneingabe, kein »Absturz« und kein Zeitverlust bei nicht 100%ig ausgefüllter Buchungsmaske etc. pp.

Billigtickets

Die *Low-Cost Carrier* boomen dank ihrer extrem günstigen Basistickets an bestimmten Tagen. Die traditionellen Ferienflieger und die Lufthansa-Tochter *Eurowings* zogen indessen mit und bieten ebenfalls konkurrenzfähige Tarife und – ähnlich den »Discountern« – Zusatzkosten für Gepäck, Platzreservierung etc.

TUI fly-Boeing 737 im Anflug auf Teneriffas Südflughafen

Am günstigsten fliegt, wer nur mit Handgepäck reist und z.B. auf Platzreservierung vorab verzichtet.

Tarifvergleiche gibt's z.B. unter www.swoodoo.com, www.kayak.de oder www.skyscanner.net. Der Blick in diese Portale ist nützlich, um sich zunächst eine Übersicht zu verschaffen. Man kann aus ihnen heraus auch direkt zur Buchung weiterklicken.

Die Portale der 2017 wichtigsten *Airlines* für Teneriffaflüge sind

- www.flyniki.com; *NIKI* fliegt ab mehreren Airports in Deutschland, die bislang von *Air Berlin* bedient wurden

- www.tuifly.de; die konzerneigene Tochter des europaweit größten Reiseveranstalters *TUI* startet von vielen deutschen Airports, von dreien in der Schweiz und ab Wien

- www.flygermania.de; *Germania* fliegt von mehreren deutschen Flughäfen nach TFS und kooperiert mit TUI

- www.condor.de; *Condor* fliegt ab diversen deutschen Airports

- www.eurowings.de; *Eurowings*, eine Lufthansa-Tochter, stieg nach dem Rückzug von *Air Berlin* verstärkt ins Fluggeschäft mit innereuropäischen Ferienzielen ein

- www.ryanair.com; die irische *Ryanair* fliegt von sechs deutschen Airports zu teilweise erstaunlichen Tarifen nach TFS

- www.esasyjet.com; die britische *easyJet* fliegt ab Berlin und Basel

- www.edelweissair.ch; *Edelweiss Air* fliegt ab Zürich nach TFS

Die folgende Übersicht zeigt, wie Tarifangebote für Teneriffa einzuordnen sind (Angaben für jeweils eine Strecke inkl. Zuschläge):

bis +/- €100   sehr günstig
bis +/- €150   günstig
bis +/- €200   o.k.
bis +/- €300   geht noch gerade - je nach Saison
über   €400   ungünstig (Hochsaison Wochenenden/Schulferien)

Online kann man im Allgemeinen ab 24 Stunden bis 90 min vor Abflug über die Portale der *Airlines* einchecken (bei *Ryanair* und *TUIfly* sogar schon 30 Tage vorher). Die **Bordkarte** druckt man selbst aus, oder – wer auf Papier verzichten mag – lässt sie sich als ***Barcode*** auf sein Smartphone schicken (dann aber besser nicht mit leerem Akku am Flughafen auftauchen!).

Unter dem (Rückflug-) **Flexibilitätsaspekt** ist die Buchung bei einer *Airline* mit möglichst vielen Starts vom Flughafen in Heimatnähe empfehlenswert. Damit hat man bessere Chancen zur Realisierung von eventuell notwendigen Umbuchungen als bei einer Gesellschaft mit nur wenigen Abflügen.

2.4.4 Nach Teneriffa auf dem Land- und Seeweg

In 49 Stunden geht's einmal pro Woche per Autofähre ab **Cádiz** in Südspanien über Lanzarote und Gran Canaria nach Santa Cruz de Tenerife (zurück 60 Stunden). Von der benachbarten Hafenstadt **Huelva** fährt die Reederei **Naviera *Armas*** etwas schneller und günstiger ebenfalls auf die Kanaren:

Cádiz – Teneriffa – Cádiz (unbedingt frühzeitig reservieren)

ab Cádiz	Di 17.00 Uhr	an Teneriffa	Do 17.00 Uhr
ab Teneriffa	Fr 23.30 Uhr	an Cádiz	Mo 12.30 Uhr

2/3/4-Bett-Kabinen für 1-4 Personen mit/ohne WC; mit/ohne Fenster, ab € 680/Person (nur Sitzplatz: € 150); Autos nach Länge (Auto/*turismo* + Sitzplatz: € 360); ℂ (0034) 902-454645 (deutschenglisch); www.trasmediterranea.es

Huelva – Teneriffa – Huelva (dringend rechtzeitig reservieren)

ab Huelva	Sa 12.30 Uhr	an Teneriffa	Mo 01.45 Uhr
ab Teneriffa	Do 06.00 Uhr	an Huelva	Fr 20.00 Uhr

2/3/4-Bett-Kabinen für 1-4 Personen mit/ohne WC; mit/ohne Fenster; günstiger und schneller als die Verbindung aus Cádiz; (nur Sitzplatz: € 110, Auto bis 5m + Sitzplatz: € 290); mehrsprachige (auch deutsche) Information und Buchung unter: www.navieraarmas.com. Alle Interinsularfähren unter www.kanaren-faehre.de.

Autofähre der Reederei Armas im Hafen von Santa Cruz. Armas verkehrt von Teneriffa zu den anderen Kanareninseln und nach Huelva in Südwestspanien

2.5   Reisevorbereitungen

2.5.1   Papiere

Die Kontrolle der Personalpapiere ist zwar innerhalb der EU weitgehend entfallen, aber dies bedeutet nicht, dass man den Personalausweis (bzw. ersatzweise einen Reisepass) nicht mehr mitführen müsste. Es kann immer noch aus irgendeinem Grund am Airport bzw. an der Grenze kontrolliert werden; und auch in Spanien muss man sich auf Verlangen ausweisen können. Im Hotel erfolgt die Anmeldung ebenfalls anhand der Personalpapiere. Die Ausweise sollten noch mindestens drei Monate gültig sein.

Auch für den Besuch im Spielkasino und gelegentlich sogar bei Kreditkartenzahlungen, z.B. in einem Supermarkt, benötigt man auf Teneriffa schon mal den Personalausweis.

Wer ein Fahrzeug mieten möchte, muss neben dem Führerschein auch Ausweis/Pass und eine Kreditkarte vorlegen. Wer noch keinen neuen EU-Führerschein hat: der alte nationale genügt auch.

Sinnvoll ist, die **Kopien von Führerschein, Personalausweis/Pass** mitzunehmen oder eingescannt an die eigene Adresse zu mailen. Von dort sind sie dann im Notfall ausdruckbar.

Viel-Busfahrer laden sich schon zu Hause Teneriffas Busfahrpläne als PDF-Datei aus dem Internet herunter: www.titsa.com >descargas (nur spanisch/englisch; ➤ Seiten 57 und 591).

2.5.2   Versicherungen

Die Pauschalreisepreise einiger Veranstalter verstehen sich mitunter inklusive einer **Reiserücktrittskosten-Versicherung**. Alle anderen offerieren sie ihren Kunden zu mehr oder minder teuren Tarifen. Da auch bei kurzfristiger Buchung unvorherzusehende Ereignisse wie Erkrankung oder Unfall des Reisenden oder Angehöriger den Reiseantritt in letzter Minute noch verhindern können, sollte man das Angebot wahrnehmen. Bei individuellem Vorgehen – Flugbuchung und Unterkunft getrennt und in Eigeninitiative – kann man sich entsprechend der ggf. anfallenden Rücktrittskosten separat versichern lassen. Bestimmte **Kreditkarten der »Edelklasse«** (Gold und/oder Platin) bieten ihren Inhabern generell eine solche Versicherung – mal nur, sofern die Leistung mit der Karte bezahlt wurde, teilweise auch ganz ohnedem.

Bei Fragen, die Erkrankung und sonstige Notfälle betreffen, ➤ auch Kasten »**Notfälle**« auf Seite 549.

Bis vor einigen Jahren gab es für in Deutschland gesetzlich Versicherte keinen generellen Anspruch auf Ersatz für im Ausland angefallene selbst bezahlte Krankheitskosten durch die Kassen.

Heutzutage hat man eine Europäische Krankenversicherungskarte (*European Health Insurance Card* - **EHIC**) – siehe Aufdruck auf der Rückseite der Versicherungskarte (➤ www.krankenkassen.de).

Wenn bei ärztlicher Behandlung oder in privaten Krankenhäusern Rechnungen bezahlt werden müssen und diese Karte nicht akzeptiert wird, ersetzen die Kassen die Kosten nach deutschen Vorgaben (dazu gibt es ein Merkblatt). Darüber hinausgehende Kosten trägt der Versicherte.

Es bleibt daher auf jeden Fall bei der **Empfehlung an alle gesetzlich Versicherten**, eine **Auslands-Reisekrankenversicherung** abzuschließen. Zum Glück ist das nicht sehr teuer. Fast alle Privatversicherer bieten Auslandspolicen. Besonders günstige Tarife findet man u.a. bei der HUK-Coburg, www.huk24.de.

Privatversicherte interessiert die Frage meistens nicht, da die Kosten einer Heilbehandlung – zumindest im europäischen Ausland – voll ersetzt werden. Allerdings muss die Rechnung in deutscher Sprache verfasst oder anschließend übersetzt werden.

Weniger Sorgen in dieser Hinsicht brauchen sich wiederum die Inhaber bestimmter **Kreditkarten** zu machen. Viele **Goldkarten** (*Mastercard, VISA, American Express*) bieten ihren Kunden und ggf. Familienangehörigen bei Auslandsreisen bis zu 6-8 Wochen Dauer eine Krankenversicherung, unabhängig davon, ob die Reise mit der Karte bezahlt wurde.

Die gern angebotene Gepäckversicherung, die häufig auch in den von Veranstaltern angebotenen Versicherungspaketen enthalten ist, benötigen viele nicht. Denn bei Reisen ins europäische Ausland leistet eine bereits bestehende Hausratversicherung ggf. (in Grenzen) Ersatz. Im Übrigen sind die Ausschlussklauseln regelmäßig zahlreich. Das Risiko, in Teneriffa – außer durch eigene Unachtsamkeit – Verluste zu erleiden, ist insgesamt eher niedrig.

2.5.3 Die Finanzen

Geldautomaten funktionieren identisch perfekt wie bei uns. Sie sind in den Flughäfen, in allen Touristen- und größeren Orten unübersehbar und zahlreich. Schon seit längerem dürfen Banken bei direkter Zahlung mit Bank- und Kreditkarten in EU-Ländern keine Kosten mehr berechnen. Bargeldabhebungen an Automaten kosten meist €2-€5 pro Transaktion. Aber europäische Filialen der Deutschen Bank, sowie u.a. die DKB, Ing-Diba, SEB, und Netbank berechnen ihren Kunden bei Abhebungen im Euroraum keine gesonderten Gebühren. Das gilt auch für einige Kreditkarten, mit denen kostenfreie Abhebungen möglich sind.

Kreditkarteninhaber können auf Teneriffa ihre Karte genauso einsetzen wie gewohnt. Bisweilen (in Banken, Läden) möchte man jedoch zusätzlich den Personalausweis sehen.

Bei Verlust von Kredit-, und Bankkarten sowie Handys aller Anbieter kann man sich an die dafür eingerichtete zentrale

Notfallnummer wenden: ☎ 0049-116 116

(dabei Kartenart und -nummer bereithalten)

3. Ankunft auf Teneriffa

Airports

Fast alle Flugzeuge mit Ziel Teneriffa landen auf dem *Aeropuerto del Sur Reina Sofía* (TFS), auf dem kleinere *Aeropuerto del Norte* (TFN) nur ausnahmsweise. Internet für beide: www.aena.es.

Anflug

Je nach Route und Windrichtung benötigen die Flieger aus Mitteleuropa 4-5 Stunden non-stop, mit Zwischenlandung – etwa auf einer der anderen Kanarischen Inseln – leicht über 6 Stunden. Der Anflug auf den Südflughafen erfolgt normalerweise nördlich oder südlich am Teide vorbei; die Maschinen halten zunächst Kurs auf Gomera, um gegen den beständigen Nordostpassat zu landen. An betriebsamen Tagen der Hochsaison werden allein auf TFS über 200 Starts und Landungen abgewickelt, nächtliche Transportflüge nicht mitgerechnet.

Einreise

Trotz des Schengener Abkommens, das keine Ein- und Ausreisekontrollen zwischen Spanien und Deutschland bzw. Österreich mehr vorsieht, gibt es regelmäßig Stichproben. Wie oben bereits erwähnt, muss man daher einen gültigen **Personalausweis** oder den **Pass** mitnehmen. Bei Einreisen aus der Schweiz und anderen Nicht-Schengen-Ländern sowieso.

Gepäck, Service

Gepäckkarren sind **kostenlos**, die Koffer-Ausgabe funktioniert in der Regel flott. Der Airport Service (Geldautomaten, öffentliche Verkehrsanbindung, Infobüro etc.) entspricht üblichen Standards.

Zollkontrolle

Seit die EU-Zollschranken entfallen sind, finden nur in Ausnahmefällen Stichproben statt. Faktisch kann man fast alles als persönlichen Bedarf deklarieren. Die erlaubten Einfuhrmengen bei sog. »Genussmitteln zur privaten Verwendung« – wie vor allem Tabakwaren und Alkoholika – sind innerhalb der EU mittlerweile so hoch, dass sie im touristischen Flugreiseverkehr faktisch keiner Beachtung bedürfen. Das gilt auch für an Bord gekaufte »zollfreie« Artikel. Viele davon sind im Übrigen auf den Kanaren preiswerter als im Flugzeug.

Flughafen Reina Sofia, Tenerife Sur - TFS

Hoteltransfer	Pauschaltouristen, die von einem Repräsentanten »ihrer« Reisegesellschaft abgeholt werden, sind – je nach Urlaubsort – ab dem Südflughafen 10-90 min bis zu ihrem Hotel unterwegs.

Transferzeiten für die wichtigsten Orte:

Los Cristianos, **Las Américas**, **Costa Adeje**: 25-35 min
El Médano: 10 min; **TenBel**: 15 min
Los Gigantes/Puerto de Santiago: 60 min.
Nordküste (**Puerto de la Cruz** u.a.): 90 min oder mehr.

Wer auf dem **Nordflughafen** landet, ist per Bus in einer guten halben Stunde in seinem Quartier an der Nordküste oder in Santa Cruz, muss aber mit 70-90 min Busfahrt zu den Touristenzentren im Süden bzw. im Westen rechnen.

Autovermieter

In beiden Flughäfen sind die Schalter der Autovermieter hinter den Gepäckbändern unübersehbar. Nach der Vorlage von Buchungsvoucher (sofern reserviert wurde), Führerschein, Kreditkarte und Personalausweis ist der Papierkrieg rasch abgewickelt. Zur Automiete auf Teneriffa im Detail ➢ Seite 59f.

Rent-a-Car ab beiden Airports:

Hertz: ☎ 922-759319   www.hertz.com
Avis: ☎ 922-392056   www.avis.com
Auto Reisen: ☎ 922-260200 www.autoreisen.es
Europcar: ☎ 922-759313   www.europcar.es
Cicar: ☎ 922-759329   www.cicar.com
Orcar: ☎ 902-180902   www.orcarcanarias.com
Plus Car: ☎ 922 703 965 www.pluscar-tenerife.com

Öffentliches Busnetz

Das gut ausgebaute Bussystem Teneriffas (TITSA) funktioniert zuverlässig und pünktlich. Abgelegene Orte werden jedoch nur spärlich bedient. Gäste in Häusern des *Turismo Rural* benötigen für das letzte Stück zu ihrer Unterkunft meist ein Taxi, sofern kein Abholdienst organisiert wurde. **TITSA**-Busfahrpläne hat das Info-Büro (➢ unten). Die günstigen *BonoVia*-Karten (➢ Seite 590) bekommt man am Airport nicht mehr! Es gibt sie an Busbahnhöfen und an den städtischen Zeitungskiosken.

Die **Straßenbahn** (*Tranvia* Santa Cruz-La Laguna) bildet mit den **TITSA-Bussen** einen Verbund (die *Bono-Via*-Karten gelten für beide, ➢ Seite 57)

Taxis

Die kanarischen Taxis sind preisgünstig und ohne Nepp (➢ Seite 58). Mit etwas Spanisch kann man Fixpreise für Fahrten ohne Taxameter aushandeln.

Touristeninfo

Im Südflughafen befindet sich ein – insgesamt eher schwach sortiertes – Infobüro (Deutsch/Englisch; Mo-Fr 9-19, Sa 9-17 Uhr, ☎ 922-392037) mit Insel- und Wanderkarten, Unterkunftslisten und dem kostenlosen **Fahrplan aller TITSA-Buslinien** (➢ Seite 591f).
Nordflughafen: Mo-Fr 8-21, Sa+So 9-17 Uhr, ☎ 922-635999.

Wichtige Telefonnummern auf Teneriffas Airports

Flughafen Süd - Reina Sofia

	Zentrale:	✆ 922-759000
Taxis:	✆ 922-397074	Information:	✆ 922-759200 und -759510
Touristeninfo.: ✆ 922-392037	Polizei:	✆ 922-759357
Gepäckverlust: ✆ 922-759391 (Iberia); ✆ 922-759126 (Avia-Partner); ✆ 922-759126 (Ryanair)

Flughafen Nord   Zentrale: ✆ 922-635999

Fluggesellschaften

TUIfly:	✆ 902-012512	Ryanair(engl)	✆ 0044 871-2460011
Air Berlin:	✆ 922-333335	Iberia:	✆ 901-111500
Norwegian	✆ 902-848080	Iberia Express:	✆ 901-200424
Condor:	✆ 902-517300	Edelweissair:	✆ 610-754077

TITSA-Linienbusse ab Südflughafen (TFS) nach: (➤ Seite 57+590f)

Santa Cruz (50 min) Bus #111 jeweils zur vollen und halben Stunde; (€9,35; mit Bono-Via €6,35); täglich 6-22.30 Uhr sowie 0.30, 2.15 und 4.05 Uhr.

Costa Adeje via Los Cristianos (20-30 min) Bus #111 halbstündlich um x.20 Uhr und x.50 Uhr (€3,20; mit Bono-Via €2,80); täglich 6-23.20 und um 0.20, 1.20, 3.20, 5.20 Uhr.

Puerto de la Cruz (85 min) #343 €13,55; mit Bono-Via €9,55); täglich ab 8.40 Uhr ca. alle 40 Min. Wer mit dem Bus #111 nach Santa Cruz fährt und dort umsteigt, findet dort tagsüber häufiger Anschluss nach Puerto de la Cruz.

Präziser Haltestellen-Plan: www.titsa.com

Los Gigantes/Puerto Santiago. Ob im Norden oder Süden gelandet, die Westküste (Los Gigantes) erreicht man per TITSA-Bus nur durch Umsteigen im Busbahnhof von Las Américas (➤Seite 591). Preis ab Las Américas: €4,65; mit Bono-Via €3,05.

Rückfahrten zum Südflughafen (TFS) ab:

Puerto Linie #343: 85 min; ab 6.20, 7.45, 9.00, 10.30, 11.15, 11.55, 14.30, 15.25, 17.00, 18.00, 18.40, 21.20 Uhr; Sa-So: 6.20, 9.00, 10.30, 11.30, 15.25, 17.00, 18.00, 21.20 Uhr.

Santa Cruz Linie #111: 60 min; SC Busbahnhof-TFS-Las Americas Busbahnhof; fährt auf der Autobahn (TF1) und stoppt an folgenden TF1-Ausfahrten (*Salidas*): Caletillas, Candelaria, Guimar, Arico, Chimiche und San Isidro – aber nur, wenn man im Bus oder an den TF1-Haltestellen den roten Knopf drückt, jede volle und halbe Stunde..

Rückreise ab LA/LC Linie #111; jede volle und halbe Stunde; 30 min bis TFS.

TITSA-Busse ab/nach Nordflughafen (TFN) (➤ Seite 57 + 590f):

Linie #102 Santa-Cruz-TFN-Puerto Cruz (BotánicoBusbahnhof), ca. halbstündlich
Linie #107 Santa Cruz-TFN-Buenavista über La Orotava-Icod-Garachico-Los Silos
Linie #108 TFN-Icod über La Orotava
Linie #343 TFS-TFN-Puerto Cruz (Botánico-Busbahnhof); Abf. TFS plus 40 min, ➤ oben
Informationen/Fahrpläne (span./engl.) – auch zum Ausdrucken – unter www.titsa.com.

Taxi Tarife

Ab **TFS** nach El Médano €10, Las Américas €21, Los Gigantes €45; Santa Cruz €62, Puerto de la Cruz €89. Feiertags und nachts von 22-6 Uhr Zuschläge; ➤ Seite 58 592.

Ab **TFN**: La Laguna: €10, Santa Cruz: €16, Puerto: €29, TFS: €71, ✆ 922-255555

Öffentlicher Transport und Parken am Aeropuerto del Sur (TFS)

Busse und Taxis halten direkt vor dem Terminal; Privat- und Mietwagen parken gleich gegenüber dem Terminal (➤ Karte Seite 52); täglich 6-22.30 Uhr, 30 min frei; €13/Tag.

Mietwagenrückgabe am hinteren Ende dieses Parkplatzes (Wegweisung »Rental Cars«)

Offizielle Büros der Touristeninformation (✆ immer 922+Nr.)

Flughäfen	**TFS:** täglich 9-21 Uhr; ✆ -392037
	TFN: täglich 9-21 Uhr, 25.12., 1. und 6.1. geschlossen!; ✆ -635192
Santa Cruz	**Busbahnhof/Intercambiador**, Avenida Anaga sowie in der
	Calle Castillo/Calle Cruz Verde;
	Öffnungszeiten: Mo-Fr 8.30-14.30 Uhr; Sammel-✆ -289536
La Laguna	**Calle La Carrera 7** an der Plaza Adelentado; täglich 9-17 Uhr; ✆ -631194
	Camino Largo, Avenida Universidad 9; Mo-Fr 9-14 Uhr, ✆ -632718
Las Américas	**Plaza City Center**, Avenida Rafael Puig 19, Mo-Sa 9-16 Uhr; ✆ -797668
	Playa de Las Vistas, Paseo de Las Vistas am **Centro Comercial**;
	täglich 9-16.30 Uhr; ✆ -750444
Los Cristianos	**Omnibusbahnhof**, Avda Juan Carlos I; Mo-Fr 9-16.30 Uhr; ✆ -757130
Puerto de la Cruz	**Calle Puerto Viejo** 13; Mo-Fr 9-13.30 und 16.30-19.30 Uhr; ✆ -370243
	Casa de la Aduana,
	Calle Las Lonjas, Mo-Fr 9-20, Sa-So -17 Uhr; ✆ -386000
La Orotava	**Calle Calvario 4**; 8.30-18 Uhr, ✆ -323041
Icod	**Calle San Sebastian 6**; Mo-Fr 10-13 Uhr; ✆ -812123
Garachico	**Avenida República de Venezuela**,
	Kiosk an der großen BananenPackhalle; Mo-Sa 10-15 Uhr; ✆ -133461
Buenavista	**Calle Plaza Remedios**; Juli-Sept Mo-Sa 9-14.30 Uhr; ✆ -1298080
Candelaria	**Avenida de la Constitución 7**,
	Kiosk beim Parkplatz; sommers täglich 9-16, sonst 9-13 Uhr; ✆ -032230
El Médano	**Plaza Príncipes**; Sept-Juni Mo-Fr 9-15, Sa-So 9-13;
	Juli-Aug Mo-Fr 9-14, Sa-So 9-12 Uhr; ✆ -176002
Santiago del Teide	**Las Arenas**; CC Seguro Sol, Av Marítima; Mo-Fr 8-15 Uhr; ✆ -860348
Punta Hidalgo	**Ctra. Gral. La Laguna**, Punta del Hidalgo 271; Mo-Fr 9-13 Uhr; ✆ -860348
Güimar	**Avenida Obispo Pérez Cacerez 18**, Mo-Fr 8.30-14.30 Uhr; ✆ -511590
Für Änderungen	www.webtenerife.de/nutzliche-information/fremdenverkehrsburos

Besucherzentrum im Teno-Gebirge:

Die landschaftlich reizvolle Region um das Dorf **Erjos im Tenogebirge** besitzt seit kurzem ein eigenes Besucherzentrum. Es soll Besucher über die Sehenswürdigkeiten und Ausflugsmöglichkeiten in der Nordwestecke der Insel informieren. Im Mittelpunkt steht dabei »sanfter« Tourismus in Form von Wander- und Radtouren (Bike-Verleih vor Ort). Das **Centro de Visitantes de Erjos** öffnet wochentags von 9 bis 17.30 Uhr und an Wochenenden von 9 bis 17 Uhr, Carretera TF82 in Erjos; ✆ -136681.

Ankunft mit der Fähre (**Auto-)Fähren-Reisende** aus Cádiz oder Huelva (➤ Seite 49) legen im Hafen von Santa Cruz östlich der Estación Marítima an.

Von dort erreicht man das Stadtzentrum (Plaza Espana) rasch zu Fuß. Taxis stehen auch bereit. Zum TITSA-Busbahnhof (Estación de Guaguas) und Intercambiador (Tranvia-Straßenbahn nach La Laguna) sind es 2 km. Mit Fahrzeug geht's ohne Zollkontrolle zum Autobahnzubringer (Nord/Süd) übers südliche Hafentor in Richtung des unübersehbaren Auditorium, ➤ Foto Seite 114/115.

4.   Mobil auf Teneriffa

4.1   Ausflüge: organisiert oder individuell?

Ausflugsziele   Spätestens am ersten wolkenverhangenen Tag stellt sich die Frage, ob man dem Urlaubsort nicht zur Abwechslung 'mal den Rücken kehren sollte. Wie schon eingangs beschrieben, bietet Teneriffa **landschaftlich und kulturell eine Fülle von Zielen** für kleine und ausgedehntere Ausflüge. Hinzu kommen die mit dem Tourismus entstandenen **kommerziell betriebenen Attraktionen**.

Für Ausflüge in die Vulkanlandschaft der Cañadas im Nationalpark Teide geht nichts über den Mietwagen

Vorzüge selbst organisierter Ausflüge   Die Vorteile individueller Exkursionen liegen auf der Hand:
• **Gestaltung nach eigenen Vorstellungen**;
• **hohe zeitliche Flexibilität**;
• **intensiverer Kontakt zur Insel.**
Jeder größere Ausflug auf eigene Faust erfordert – zumindest ein bisschen – Planung. Alles Wichtige dazu kann man diesem Buch entnehmen. Wobei nur ein fahrbarer Untersatz etwa Urlaubern ohne gebuchte Hotelverpflegung auch eine Erweiterung des kulinarischen Aktionsradius' ermöglicht. Eine ganze Reihe guter Restaurants liegt abseits der Touristenorte (➤ Seiten 80ff).

TITSA-Bus oder Mietauto?   Individuell erkundet man Teneriffas Highlights außerhalb der Touristenzentren am besten im **TITSA**-Linienbus (➤ rechts) oder per Mietwagen, dessen Kosten bereits ab zwei Personen immer preiswerter sind als organisierte Ausflüge per Bus.

Vorzüge fremd-organisierter Ausflüge   **Ausflugsangebote** sind außerdem eine Alternative. Auf ihnen kann man sich entspannt ganz ohne Streckenkenntnis und andere Vorinformation zurücklehnen zu können und dennoch das Wichtigste geboten zu bekommen – bei Fahrten in den Nationalpark *Teide* sogar durch ausgebildete Experten. Auch Stress am Steuer auf engen Gebirgsstraßen oder in dichtem Verkehr entfällt.

4.2   Öffentliche Verkehrsmittel

Das Bussystem (TITSA) ist gut ausgebaut, zuverlässig und preiswert; auch Taxen sind billiger als bei uns, ➤ Seiten 58 und 592.

4.2.1   Linienbusse (www.titsa.com), weitere Details vor Ort ➤ Seite 590f.

**Vorzüge &
Bono Bus**

Busse sind auch bei Fahrten quer über die Insel allein oder zu
zweit das **billigste Verkehrsmittel**. Ab zwei Personen kommt man
bei ausgedehnteren Ausflügen dennoch in die Nähe der günstigsten Leihwagentarife. Es sei denn, man hat sich (an einem Busbahnhof oder an Zeitungskiosken) ein **BonoVia-Ticket** besorgt.
Mit *BonoVia* (ab €15; in Busbahnhöfen auch für €25) spart man
bei Strecken über 21 km 40% des Einzelfahrpreises und erhält in
staatlichen Museen auch noch 50% Ermäßigung auf den Eintritt.
Das Ticket ist übertragbar, zwei oder mehr zusammengehörende
Personen können im Bus ein- und dieselbe Karte nutzen.

Eine Anreise mit Linienbus hat bei Wanderungen und ggf. Boots-
ausflügen den Vorzug, dass man kein Fahrzeug am Ausgangspunkt zurücklässt und daher leichter Touren mit abweichenden
Endpunkten machen kann.

**Straßen-
bahn/Tranvia**

Eine Straßenbahn (*Tranvía*) verbindet Santa Cruz mit La Laguna
(➤ Foto Seite 38), für die auch die *BonoVia* Bustickets gelten. Das
erleichtert die Besichtigung dieser beiden Städte, denn wer sein
Fahrzeug in Santa Cruz im Parkhaus des *Intercambiador* (Zentraler Omnibusbahnhof) abstellt und in die Bahn bzw. den Bus umsteigt, erhält Rabatte auf den Parktarif (➤ Seite 591).

Fahrpläne

Auf Teneriffa sind mindestens 2-3mal täglich fast **alle Orte per Bus
erreichbar**. Das gilt bis in die äußersten Ecken wie Almáciga und
Chamorga im Nordosten (Anagagebirge) sowie Masca/Buenavista
im Nordwesten (Tenogebirge). Auch in den *Teide*-Nationalpark
geht es per Linienbus rauf und runter.

Fahrpläne gibt es in jedem Omnibusbahnhof und Touristenbüro.

*Alle TITSA-
Busse sind
auffällig
lindgrün.
Dieser steht
am Flug-
hafen vorm
Ankunfts-
bereich,
unverfehlbar
für Passagiere
nach Santa
Cruz*

4.2.2   Taxi

Zahlreiche Taxis warten bei den Flughäfen, in den Städten und Touristenzentren auf Kundschaft. Die Fahrzeuge sind allgemein in gutem Zustand, die Tarife wie folgt:

T1=Tarif1 (Mo-Fr 6-22Uhr): Basistarif €3,15; € 0,60/km; €15,10/ Stunde Wartezeit (€3,80/15 min).

T2=Tarif2 (Mo-Fr ab 22 Uhr, Sa+So+feiertags) liegen Basis- und Kilometertarife etwas höher. Flughafenzuschlag jeweils € 1,70.

Exkursionen   Auf Teneriffa gibt es **Taxi-Exkursionen** auf Standard-Routen und zu festliegenden Preisen über die Insel. Anmeldungen unter der jeweiligen Taxi-Rufnummer eines Ortes bzw. persönlich an den zentralen Taxiständen. Man findet im Allgemeinen gut Deutsch oder Englisch sprechende Fahrer.

Ganztägige Rundfahrten über die Insel etwa ab Puerto de la Cruz sind für 9 Stunden ausgelegt und kosten bei bis zu vier Teilnehmern ca. € 150; ➤ www.todotenerife.es >deutsch>suchen>Taxi.

Taxen auf Teneriffa sind weiß oder zweifarbig mit weiß als Grundfarbe. Offizielle Taxen tragen das Wappen der jeweiligen Gemeinde an den Vordertüren, weiter hinten oft Werbung

4.3   Mietfahrzeuge

Der Fuhrpark an Mietwagen, Motor- und -Fahrrädern ist riesig. Dank harter Konkurrenz sind die Tarife moderat.

4.3.1   Autos

Situation   Eine Armada von angeblich an die 50.000 Mietwagen steht auf Teneriffa für die Touristen bereit. Und das ist bisweilen immer noch nicht genug. An Spitzentagen der Hochsaison wie Weihnachten, Silvester oder Ostern sind alle Fahrzeuge ausgebucht.

Autotypen   In den Hotellobbys und an jeder Ecke stößt man auf Autoverleiher bzw. -vermittler. Das Angebot konzentriert sich in Anbetracht vieler enger, kurvenreicher Strecken und der allgemeinen Parkprobleme auf Kompaktwagen. Speziell für Fahrten auf Nebenstraßen ist von größeren Typen als solchen der Golf-Klasse auch eher abzuraten, solange man nicht vier Erwachsene unterbringen muss.

Selbst preisgünstige Vermieter bieten heute **tadellose, selten mehr als zwei Jahre alte Fahrzeuge mit Airbags und Klimaanlage**.

Automiete am Airport ohne Reservierung

Am **teuersten** mietet, wer ohne Reservierung einen der Airport-schalter aufsucht, gleich welchen Verleihers. Es besteht zudem die Gefahr, dass alle noch halbwegs preiswerten Typen ausgebucht oder – im Extremfall – gar keine Autos mehr verfügbar sind. Kurz: **Automiete ab Flughafen ohne Reservierung ist nicht zu empfehlen**.

Internet

Die besten Karten, sprich niedrigsten Kosten hat man bei individueller Suche, wenn man mindestens 3-4 zusammenhängende Tage, besser eine Woche oder mehr mietet. Hilfreich beim Aufspüren des persönlich besten Angebots sind Vergleichsportale wie z.B.

www.billiger-mietwagen.de/mietwagen-teneriffa.html

www.mietwagen24.de/autovermietung-teneriffa

Man spart sich damit m.E. viel individuellen Suchaufwand.

Inklusiv-Tarife

Das Gros der Fahrzeuge wird mit »**Alles-Inklusiv-Tarifen**« angeboten, die unbegrenzte Kilometer, Haft- plus Vollkaskoversicherung und Steuern beinhalten. In der kleinsten Wagenklasse (*Ford Ka, Fiat Panda*) sind €30-€35 bei Eintagesmiete, €25/Tag ab drei Tagen und €100 ab einer Woche in etwa die Tarifuntergrenze. Die Tarife für etwas geräumigere Kleinwagen (*Fiat Punto, Renault Clio, VW-Polo, Ford Fiesta, Citroen C3*) kosten nur wenig bis €50/Woche mehr. Bei steigender Nachfrage in der winterlichen Hochsaison können diese Tarife vermieterabhängig auch deutlich höher liegen und sich Weihnachten und Ostern schon mal verdoppeln.

»Falsches« Auto

Bei allen Vorausbuchungen und den meisten Vermietern ist nicht 100% sichergestellt, dass man am Ende tatsächlich das bevorzugte »eigentlich« gebuchte Modell erhält, sondern nur ein »ähnliches« Fahrzeug (z.B. statt einen Golf einen Ford Focus). Wenn bereits im Angebot die Kürzel »o.ä.« auftauchen, besteht immer diese »Gefahr«. Wer Wert auf ein bestimmtes Modell legt, findet auch Vermieter, die auf »o.ä.« verzichten und die Bereithaltung des gebuchten Fahrzeugtyps garantieren.

Flughafenservice

»Flughafenservice« heißt »Übernahme und Abgabe« des Autos am Airport, auch wenn der betreffende Vermieter dort über kein Büro verfügt, ➤ Liste folgende Seite. Der Kunde erhält nach Buchung bei einer solchen Firma Angaben über Typ, Farbe, Kennzeichen des Fahrzeugs und dessen Standort auf dem Flughafenparkplatz. Der Wagen ist nicht verschlossen; der Schlüssel liegt dann an versteckter Stelle im Fahrzeug. Ebenso wie das Gratis-Parkticket, mit dem der der Mieter die Ausfahrtschranke betätigen kann.

Der unvermeidlich noch anliegende kleine Papierkrieg wird erledigt, sobald der Mieter Zeit findet, im Büro des Vermieters vorbeizuschauen.

Die komfortablere und zunehmend häufigere Variante ist, dass ein Abholer den Kunden mit Namensschild erwartet und zum Mietwagen geleitet. Die Rückgabe des Autos am Flughafen ist im Allgemeinen ebenso unkompliziert.

Deckungs-summen der Haftpflicht	In Spanien gilt keine Limitierung der Haftpflichtdeckung, was konkret heißt, die Versicherung zahlt im Schadensfall bis € 50 Mio. Weitere Details im Kleingedruckten des Mietvertrages.
Vollkasko mit/ohne Selbstbehalt	Nur teurere Miettarife beinhalten indessen Vollkasko ohne Selbstbeteiligung, Billigtarife oft einen Selbstbehalt (€ 500–€ 1000). Diverse Vermittler übernehmen zwar laut Vertrag die Selbstbeteiligung im Schadensfall, es ist aber denkbar, dass die Durchsetzung eines solchen Erstattungsanspruchs Probleme macht. Ein Tarif ohne Eigenbeteiligung ist im Zweifel die klarere Lösung.
Glas- und Reifen-schäden	Nicht selten sind Reifen- und Glasschäden von der Deckung ausgeschlossen. Dann wird am Schalter darauf hingewiesen und man zahlt für den »Ausschluss Glas & Reifen« € 5–€ 7/Tag extra.
Tankregelung	Ein kleiner »Trick« bei günstigen Angeboten betrifft die Tankregelung. Der Tank ist voll und wird zusätzlich mit einem hohen Literpreis berechnet. Rückgabe »leer«, was Unsinn ist, denn wer riskiert schon, 2 km vor der Rückgabestation ohne Benzin liegenzubleiben. Aufpreis und Rest kassiert der Vermieter. Eine Variante davon ist, den Tank auf Stand Vormieter zu übergeben oder den Tankuhrstand zu notieren. So ist das Auto dann zurückzugeben. »Überschüssiges« Benzin bleibt unvergütet. Voller Tank und Rückgabe voll gibt's meist nur bei Verträgen mit höheren Tarifen.
Abrechnungs-rhythmus	Ab Airport und oft auch sonst gilt eine Abrechnung auf der Basis 24 Stunden = 1 Tag (1-2 Stunden Überziehung bei Rückgabe sind frei oder kosten eine Gebühr unter dem Tagessatz). Aber bei lokalen Vermietern erfolgt häufig eine Abrechnung im **Kalendertagsrhythmus** und nicht im 24-Stunden-Takt. D.h., am folgenden Morgen beginnt die neue Tagesmiete, auch wenn das Auto am Vortag erst um 14 Uhr übernommen wurde.
Teneriffa Autovermieter	Neben international bekannten und kanarischen Vermietern mit Airportschalter (➤ Seite 53) hier zusätzlich einige lokale Firmen:

www.bernardino-rentacar.com	Süden	-176205
www.hermanns-cars.com	Süden	-791110
www.auto-ernst.de	Süden	-791309
www.eurorenttf.com	Süden	-791222
www.tamayrentacar.com (englisch)	Los Gigantes	-861353
www.rentacarmolina.com	Nordküste	-324495
www.autosmertens.de	Puerto Cruz	-383069
twww.eneriferentacar.com	Puerto Cruz	-373537

Papiere/ Credit Card	Bei allen Vermietern ist eine **Kreditkarte** vorzulegen. Neben dem **Führerschein** muss auch der **Personalausweis** vorliegen. **Mindestalter** für Mieter ist **21 Jahre** bei mindestens einem Jahr Fahrpraxis (was heißt: Mindestens ein Jahr Führerschein).
Tankstellen	**Tankstellen** (*Gasolineras*) sind mit Ausnahme der Gebirgsregionen reichlich vorhanden. Große Tankstellen an den Autobahnen und in den Städten haben teilweise durchgehend geöffnet.

Straßen-karte

Bevor es losgeht, braucht man eine **Straßenkarte**. Die diesem Buch **beigefügte Teneriffa-Karte** mit Ortsplänen für die Touristenzentren im Südwesten und für Puerto de la Cruz leistet bereits gute Dienste für die hauptsächlich interessanten Routen. Empfehlenswert ist aber, sich eine größerformatige Straßenkarte zuzulegen. Mancher Supermarkt führt auch Karten, auf jeden Fall aber findet man sie in Tankstellen und Buchhandlungen. Wer ein **Navigerät Europa** besitzt bzw. mitgemietet hat, kommt ohne Karte klar.

Kaum irgendwo sonst ist die Fahrzeugübernahme am Airport so simpel wie in TFS: man läuft nach Erledigung der Formalitäten im Terminal nur ein paar Schritte über die Straße zu den Boxen »seines« Vermieters und los geht's

4.3.2   **Motorräder, Roller** (Fahrräder ➢ Seite 520f)

Motorrad/roller-Vermieter gibt es nur in größeren Ortschaften. Die Fahrerlaubnis entspricht den EU-Regeln:
- ab 16 Jahren mit Moped-Führerschein bis maximal 50 ccm
- ab 18 Jahren mit Führerscheinklasse B (Pkw) bis 125 ccm
- über 125 ccm nur mit Führerscheinklasse A1
- **Führerschein** Pass/Personalausweis, **Kaution/Kreditkarte**

Moped/Scooter

Ein Motorroller bis 50 ccm kostet bei Miete ab 7 Tagen um die €30 pro Tag. Mit A1-Motorrad-Führerschein zahlt man für größere Gefährte um €30 täglich, Versicherung inklusive – also leicht mehr als für die kleinsten Mietwagen.

Adressen ➢ auch Seite 593

- *Rent a Moto*, Las Amerícas, *Urbanisación Mareverde* im *Edifauchcio Tajinaste* (in der Nähe des Hotel *Columbus*), Avenida Ernesto Sarti, ✆ 922-752605, www.rentamototenerife.com.
- *Hobby Motor*, Las Amerícas, *Pueblo Canario*, Mountain-Bikes ab €15/Tag ✆ 922-794467, www.citygonow.com.
- *Canary Moto*, Playa Paraiso; ✆ 619628685, www.canarymoto.de
- *Motorrad-Touren* (auch nach/auf La Gomera) bietet *moto-sol*; ✆ 922-363846; www.moto-sol.de.
- *Teneriffa-on-Bike*: Veranstalter mit Sitz in Deutschland; Komplettangebote fürs BMW-Gerät und Touren; ✆ 05522-4767; www.teneriffa-on-bike.de.

5.   Essen und Trinken auf den Kanaren

Außerhalb der zentralen touristischen Bereiche trifft man vielerorts auf die Eigenheiten der kanarischen Küche. Sie werden im Folgenden beschrieben. Im Anschluss daran (➤ ab Seite 80) findet sich eine handverlesene **Restaurantauswahl mit typisch kanarischer und/oder guter spanischer oder internationaler Küche.**

Weitere empfehlenswerte Lokale werden unter »Restaurants« bei allen Ortsbeschreibungen genannt. Für die Empfehlungen spielen – neben dem Preis-/Leistungsverhältnis – auch der Service und insbesondere das Ambiente eine Rolle. Bei herausragender Küchenqualität kommt es auf Letzteres nicht unbedingt so an. Wenn jedoch das Ambiente (schöne Terrasse mit Aussicht o.ä.) stimmt, kann man gelegentlich auch schon mal über eine nur mittelprächtige Qualität der Speisen hinwegsehen. Die Details ergeben sich aus der jeweiligen Beschreibung.

5.1   Die kanarische Gastronomie

Imbiss

Eine spanische **Bar** ist eine Imbiss-Kneipe. Dort bekommt man Kaffee, Bier, Wein und Soft-Dinks sowie belegte Brötchen (*Bocadillos*) und kleine **Tellerhappen (*Tapas*).** Einfachster kanarischer Tapa-Standard sind marinierte Krakenstücke mit Zwiebeln und Paprika (***Salpicón de Pulpo***), Eiersalat mit Mayonnaise (***Ensaladilla Rusa***), Fisch- oder Fleisch-Kroketten (***Croquetas***), Hackbällchen (***Albóndigas***), Fleischwürfel mit Kartoffeln (***Carne fiesta***) und marinierte Sardellen (***Boquerones***).

Cafeterías sind größere, preiswerte Bars (oft an Tankstellen!) mit derartigen typisch-kanarischen *Tapa*-Gerichten. Sie ersetzen mittags das schnelle Kantinenessen. Heiße Würstchen (*Perros Calientes*) und   Hamburger gibt's in sog. ***Hamburgueserías***.

»Chiringuito« gehobenen
Standards an der Costa Adeje

Guachinche
»El Nervioso«,
➤ *1. Absatz*
unten,
speziell zu
diesem Lokal
Seite 388

Einfache Restaurants

Die kanarische Küche ist schlicht, wenig abwechslungsreich, aber natürlich und schmackhaft. Wer zu Fisch oder Fleisch mit Kartoffeln (*Papas*) und einem Salatteller offenen Inselwein, Bier oder Wasser bestellt und als Nachtisch kanarische Früchte oder Kaffee ordert, zahlt um €17 und ist für die nächsten Stunden pappsatt. Diese Art Insel-Gastronomie findet man u.a. in sog. **Guachinches** (➤ Seite 375), ursprünglich »Garagenlokalen«.

Restaurants/ Tasca und Comedor

Spanische Restaurants haben eine **Tasca** (Vorraum mit *Tapa Bar*) und einen Speiseraum (**Comedor**). Gehobene Restaurants verstehen sich nicht nur auf die jeweilige regionale Küche (baskisch, asturisch, galizisch oder katalanisch), sondern verfeinern auch traditionelle kanarische Gerichte.

International

Auf der Insel ist die komplette internationale Restaurantpalette vertreten, vom Italiener bis zum Libanesen und Thai. Und wer lieber wie zu Hause isst, braucht in den Touristenzentren auch gute mittel- und nordeuropäische Lokale nicht lange zu suchen.

Fleisch satt

Deutlich spürt man die historische Nähe des Archipels zu Südamerika. Allenthalben stößt man auf **Areperas** aus Venezuela (die »achte Insel«) mit gefüllten Maistaschen (*Arepas*), mexikanische Lokale und brasilianische **Churasquerías** (bei Los Rodeos und in Las Américas), in denen es Grillfleisch satt gibt.

5.2   Wie die Einheimischen essen und trinken

5.2.1   Übersicht

Frühstück

Viele *Canarios* nehmen ihr Frühstück (*desayuno*) nicht zu Hause, sondern auf dem Weg zur Arbeit. Zeitungsblätternd stehen sie am Tresen ihrer Stammbar – der Barkeeper weiß schon Bescheid. *Café solo* (Espresso) und ein **bocadillo** (belegtes Brötchen) mit *jamón* (Schinken – *cocido* oder *serrano* – gekocht oder roh), *pata* (Schweinebraten), *lomo* (Kassler) und/oder *queso* (Käse). Oder das

5

gleiche als Toast (*tostada*, auch *sandwich* genannt) mit einem *Café con leche* (Milchkaffee) oder einem *café cortado* (Espresso mit einem Schuss Milch). Unter **Milch** versteht man hier meist süße Kondensmilch. Wer das nicht mag, sagt »*con leche natural*« und bekommt oft H-Milch, denn frische Milch ist knapp auf den Inseln. Wie in ganz Spanien sind auch hier *Churros* beliebt, daumendicke, süße Spritzkuchenstangen, die – *con chocolate* – auch genüsslich in heißen Kakao getaucht werden.

Fruchtsäfte

Aus Südamerika stammen Fruchtsaftbars, die man nicht nur an der Bezeichnung *Zumería*, sondern oft auch an kleinen, mit exotischen Früchten gefüllten Netzbeuteln vor der Tür oder überm Tresen erkennt: mit Mangos, Papayas, Orangen (*naranjas*) und Bananen (*plátanos*). Die Säfte (*zumos*) werden vor den Augen des Kunden gepresst oder im Mixer mit Milch oder Wasser und viel Zucker zubereitet; sie schmecken köstlich und kosten ab €2.

Essengehen

Vamos a comer! (Gehen wir Essen: *almuerzo* = kleines Mittagessen, *cena* = großes Essen; außer am Wochenende immer abends). Nach dem Kellner (*camarero*) ruft man im Restaurant **nicht mit Hola!** (Hallo), sondern mit **Oiga, por favor!** (Hören Sie bitte!). Und »Guten Appetit« heißt »*Buen provecho*«.

An Wochenenden sind Städte wie Santa Cruz oder La Laguna ab Mittag wie ausgestorben. Dann fahren auch die weniger betuchten **Familien mit Kind und Kegel zum Essen**. Zuvor wird geklärt, ob die Fahrt bergauf oder bergab gehen soll, denn Fisch (*pescado*) gibt es überwiegend an der Küste, Fleisch (*carne*) in Höhenlagen. Zwischen 14 und 17 Uhr sind alle kanarischen Lokale und anschließend die Autobahnen gerappelt voll.

Vorspeisen

Tapas, die spanischen Antipasti, sind auf den kanarischen Inseln simpler als in Sevilla, Madrid oder Barcelona. Neben der oben aufgezählten *Tapa*-Standard-Palette finden sich *Embutidos* (Wurstsorten), z.B. ein Teller mit Oliven, Salami und *Jamón Serrano*, luftgetrockneter Schinken, der als *Jamon Ibérico* oder *Pata Negra* besonders köstlich und teuer ist. Beliebt ist auf Teneriffa **Morcilla**, gebratene Blutwurst mit Mandeln und Rosinen.

Tapas

Spanier kennen nur den Plural *tapas*, denn eine *tapa* ist so lecker, dass es selten bei einer bleibt. *Tapa* heißt »Korken, Deckel«. Andalusische Kellereiwirte sollen einst Salamischeiben auf das Weinglas gelegt haben, um lästige Fliegen am Nippen zu hindern.

Von diesen *Bodegas* kamen die *tapas* ins Restaurant. Spanische Lokale kreieren ständig neue, kanarische servieren rustikale Appetizer: eingelegte Sardinen, Eiersalat, kleine Klopse, Würfelfleisch, dünne Kasslerscheiben.

Am Tresen stehend verzichtet man oft darauf, danach noch in den *Comedor* (Speiseraum) zum Hauptgang zu wechseln. Dazu schmecken die Dinger in manchen Lokalen zu gut, z.B. im **Arcon** in Puerto de la Cruz (➤ Seite 87)

Besondere Tapas

Als *Tapa* zählen auch **Lenteja** (Linsensüppchen) oder gebratene **Chipirones** (Tintenfischchen), **Gueldes** (frittierte Jungfischchen) oder **Queso Blanco** (frischer Weichkäse) und **Tortilla** (ein Kartoffel-Gemüse-Omelett). Probieren sollte man **Pulpo a la Gallega** (dünne Krakenscheiben mit Cayenne) oder **Pimientos de Padrón** (kleine grüne Paprika mit grobem Salz gegrillt), und **Pan Catalán** (Toast-Häppchen mit Knoblauch-Tomaten-Sauce und Schinken). Der Übergang zwischen Vorspeise und *Tapa* bzw. halber Portion (*media ración*) eines Hauptgerichts ist fließend.

Mit mehreren Personen kann man »*para compartir*« oder »*a picar*« essen gehen: Dann serviert der Ober jeden Gang auf einer Platte, von der sich dann jeder nimmt. Das hebt die Geselligkeit.

Salate

Kanarische Salate (**Ensaladas**) sind einfach und rustikal. Da es nur wenige Blattsalat-Sorten (**Lechugas**) gibt, kommen Tomaten, Zwiebeln, Oliven, Mais, Paprika, Karotten, manchmal auch Kartoffeln, Avocados und Eier oder Ananas mit in die große Schüssel. Alles wird nur grob geschnitten; Essig, Olivenöl, Salz und Pfeffer werden getrennt gereicht. Eine Portion reicht für zwei, vor allem, wenn es ohnehin noch anderes geben soll.

Rustikaler kanarischer Salat, serviert in ortsüblicher Keramik

Suppen

In kanarischen Lokalen bekommt man häufig **Escaldón de Puchero** oder *Escaldón de Pescado*. *Escaldón* wird als klare Brühe separat gereicht und gewöhnlich mit *Gofio* angedickt. Verbreitet sind **Potaje** oder **Sopa de Verdura** (Gemüsesuppe), **Potaje de Berros** (Brunnenkresse) und die **Sopa de Pescado** (Fischsuppe).

Eintöpfe

Eintöpfe, die den Hauptgang ersetzen, sind **Garbanzas** bzw. **Garbanzo compuesto** (Kichererbsen mit Schweinefleisch), **Rancho Canario** (eine dicke Suppe aus Nudeln und Gemüse), **Ropa Vieja** (altes Zeug, d.h. zusammengekochte Reste) und der **Puchero**, eine kanarische Spezialität. Im **Puchero** werden diverse Gemüsesorten in Stücken gegart: **Calabaza** (verschiedene Kürbisse), die auch oben schon genannten Kichererbsen, **Bubangos** (Zucchiniart) sowie mindestens zwei Arten Fleisch mit Speck und Würsten.

Auf prunkvollen **Hochzeiten** wurde früher **Puchero Canario de las Siete Carnes** kredenzt: neben einem guten Dutzend Gemüsesorten und Speck kamen sieben Fleischarten: Kaninchen, Huhn, Rind, Kalb, Ziege, sowie Taube und Rebhuhn auf den Tisch.

Hauptgang

Zu einfachen Fisch- und Fleischgerichten kommen immer auch **Mojos** (Tunken) und **Papas** (Pellkartoffeln) oder **Batatas** (Süßkartoffeln). Gemüse als Beilage zum Hauptgericht kennt man nur in der gehobenen kanarischen Küche. Die Gemüsebezeichnungen stehen im Glossar ab Seite 76.

5

Mojos

In zwei Schälchen werden immer *Mojo rojo* und/oder *Mojo verde* (rote/grüne Soße) gereicht und über den Bratfisch oder das Grillfleisch geträufelt. Die **milde *Mojo verde*** wird mit viel Koriander (*cilandro*) und auch Kreuzkümmel hergestellt.

Die *Mojo rojo* (*picón*) **ist schärfer**, denn außer Knoblauch enthält sie auch rote Paprika und Chili. Ob rot oder grün, die *Mojo*-Zutaten werden erhitzt oder auch kalt ins Olivenöl eingerührt.

Papas arrugadas

Eine leckere Spezialität sind kleine **Runzelkartoffeln** (*arrugas* = Runzeln), die mit weißem Salzbelag als Pellkartoffeln gereicht werden. Sie wurden früher in Meerwasser (heute mit grobem Salz) gegart. Sind sie (nach 3 min!) halbgar, wird Flüssigkeit abgegossen, bis nur noch Salzwasser-Konzentrat auf dem nur zum *Papas*-Kochen verwendeten (<u>nie</u> abgewaschenen!) Topfboden verbleibt. Dann kocht man sie – mit einem Tuch bedeckt – schwenkend auf, damit der Dampf entweicht, das Salz aber im Gefäß verbleibt. Es schlägt sich als weiße Kruste nieder und verrunzelt die Pelle. Ein ovaler grauer *Callao*-Kiesel vom Strand im Topf verhindert das Anbrennen.

Nicht die weiße Salzschicht, sondern die Runzeln verraten also, ob die **Papas original-kanarisch** zubereitet wurden. Auf den Märkten findet man über ein Dutzend *papas*, wie *borralla*, *azucena*, *melonera*, *autodate* (aus dem Englischen: »*out of date*«) oder *chineguas* (= *King Edward*!). Als Delikatesse gelten unregelmäßig geformte Kartoffeln mit sehr dünner schwarzer Pelle (***Papas Negras***), die nach dem Kochen innen eigelb aussehen. Die nur kirschgroßen Exemplare heißen ***Bonitas*** (bis €5/kg).

Batatas

Erdartischocken sind urige Knollen kriechender Pflanzen, aber keine Kartoffeln. Zubereitung: waschen, schälen, mehrfach anstechen, einölen und kochen; oder in Folie eingewickelt backen. Sie schmecken süßlich und passen gut zu Fisch und Fleisch.

Im typisch kanarischen Restaurant

Puchero – <u>der</u> kanarische Gemüse-Eintopf

Zutaten (fehlendes Gemüse durch
andere – z.B. Möhren – ersetzen)

1 kg Suppenfleisch

350 g Schweinefleisch (Rippchen)

1 Paprikawurst

1 Weißkohlkopf

1 Tomate

1-2 Bubangos (große Zucciniart)

500 g Kürbis

3 Maiskolben

1 Zwiebel

1 rote Paprika

2 kg Kartoffeln

2 große Süßkartoffeln (*batatas*)

250 g Kichererbsen (*garbanzas*)

250 g grüne Bohnen

1/2 Knoblauchzwiebel

etwas Safran, Kümmel
und grobes Salz (Meersalz)

Die Kichererbsen schon am Vortag
einweichen. Den ausgepressten
Knoblauch, die gewürfelte Zwiebel,
Paprika und die Tomate mit dem
Kümmel und Safran in 4 Liter Wasser
geben. Wenn das Suppenfleisch darin
nach 30 Minuten halbgar gekocht ist,
gibt man das Schweinefleisch und die
anderen Ingredienzen ungeschält
dazu. Nur der zarte *Bubango* kommt
etwas später in den Topf. Bei Bedarf
nur heißes Wasser nachgeben.

Das nach weiteren 30 Minuten gar
gekochte Fleisch und Gemüse aus der
Brühe heben, trennen und warm halten. Die Brühe servieren; durch Ein-
rühren des *Gofio*-Mehls entsteht ein
dünner Brei (*escaldón*), den man mit
einem Teil des Fleisches (mit roter/
grüner *Mojo*) als Vorspeise isst.
Anschließend serviert man das Gemüse mit Essig und Olivenöl, sowie
den Rest des Fleisches.

Die kanarischen *Mojos*

Die kanarischen *Mojos* sind
im Mixer schnell bereitet:

Mojo Verde

1 Tasse Olivenöl
(*aceite de oliva*)

3 Tassen Pflanzen- oder Sojaöl
(*aceite de mesa*)

1/3 Tasse stilles Mineralwasser
(*agua mineral sin gas*)

1-2 Esslöffel Wein- oder
Kräuteressig (*vinagre*)

1 Bund Koriander (*cilantro*),
1 Bund glatte Petersilie (*perejil*)

1 ganze Knolle Knoblauch
(*cabeza de ajo*)

Meersalz (*sal gorda*) und weißer
Pfeffer (*pimienta blanca*)

Mojo Rojo

4 Tassen Oliven-/Pflanzenöl
(Mischung wie oben)

1/3 Tasse natürliches Mineralwasser

1 Esslöffel Wein- oder Kräuteressig

2-5 Schoten scharfe getrocknete
rote Pepperoni (*pimientos secos*)

2 gehäufte Teelöffel Rosenpaprika
(*polvo de pimentón*)

1 ganze Knolle Knoblauch

1 kleine Dose Tomatenmark
(*extracto de tomate*)

Meersalz u. etwas Kümmel (*comino*)

Beide Soßen werden mit den unvermeidlichen **Papas arrugadas** (➤ Text
links: Seite 66) zu jeder Art gebratenem Fisch oder Fleisch gereicht.

5

Fisch

Spanier essen traditionell viel Fisch. Da Tiefgefrorenes (*congelados*) in heißen Ländern lange als fortschrittlich galt, sollte man auf *Pescado fresco* bestehen; 25 % sind Zuchtfische.

Fisch wird auf den Kanaren seltener gekocht oder gedünstet (*guisado*), sondern meist gegrillt oder auf einer heißen Platte (*a la plancha*) kross gebraten. Wer den Fisch nicht so trocken mag, bestellt ihn *a la espalda*. Dazu wird er aufgeklappt und auf dem Rücken mit Kräutern und Knoblauch leicht gebraten.

Auf den Speisekarten stehen oft Goldbrasse (*Dorada*), Rotbrasse (*Sama*), Seehecht (*Merluza*), Barsch (*Cherne, Mero*), Kabeljau (*Bacalao*) und Seezunge (*Lenguado*). Als besondere kanarische Delikatesse gilt *Vieja* (die Alte), bei uns als **Papageifisch** bekannt. Dieser grätenreiche Fisch schillert rötlich-gelb und wird ungeschuppt serviert – ausnahmsweise (➤ oben), meist gekocht oder gedünstet.

Nicht zu vergessen ist auch **Bacalao** (getrockneter Kabeljau), der als *Tapa* oder Hauptgericht kommt. Er schmeckt leicht versalzen, wenn er nicht sorgfältig gewässert wird. Fein zubereitet (*a la vasca* oder *Pil Pil*) wird er mit großen Süßkartoffeln (*Batatas*) und mildem roten Paprika gereicht. Als **Arme-Leute-Essen** gelten **Sardinen** (*Sardinas* oder *Chicharros*), **Makrele** (*Caballa*) und **frische Kleinstfische** (*Pescado a la Playa*), kurz frittiert.

Wer *Pescado frito* (oder *mixto*) bestellt, bekommt einen bunten Teller mit gebratenem Fisch. Auch hier reicht eine Portion oft für zwei Personen, vor allem, wenn *Papas* und Salat dazugehören.

Gebraten wird auch *Atún* bzw. *Bonito* (Thunfisch) serviert.

Meeresfrüchte

Die Liste weiterer Meeresfrüchte (*Mariscos*) ist ziemlich lang: *Pulpos* (kleine Kraken), *Calamares* (Tintenfische), *Chocos* (*Sepia*-Tintenfische), *Chipirones* (kleine Tintenfische, frittiert), *Lapas* (kleine Meerschnecken), *Mejillones* (Miesmuscheln), *Almejas* (Venusmuscheln) und – relativ selten – *Gambas* oder *Langusten*.

5.2.2   Kanarische Fischgerichte

Tollo

Tollo (*Cazón*) ist an der Luft getrockneter **Dornhai** und nicht jedermanns Sache. Denn er ist hart und trocken und behält auch nach dem Braten seinen sehr eigenen Geruch. Auf *Romerías* (Wallfahrten, Prozessionen) gibt es oft *Tollo* gegrillt.

Salado

Sama, **Cherne** oder **Mero** werden zuweilen im dicken Salzmantel im Ofen (*al horno*) gebacken. Dadurch trocknet er beim Garen nicht aus und sein Fleisch bleibt saftig. Eine prima Zubereitungsart, die jedoch vom Gast Geduld verlangt (mindestens 30 min).

Thunfisch

Auf den kanarischen Inseln werden beide in spanischen (weniger in kanarischen) Gewässern vorkommende Arten gern serviert: der *Rote* und der *Weiße Atún* (*Bonito*). *Roter Atun* ist weltweit als Delikatesse gefragt und deshalb immer strengeren Fangregeln unterworfen. Das Rückenfilet isst man auch als *Tatar* oder *Capaccio*. Kanarische Restaurants aber servieren meistden **Bonito**, gegrillt oder das saftige Bauchstück (*Ventresca*) im Herd geschmort.

Gofio

Geröstetes und dann erst gemahlenes Farnwurz nannten die Guanchen *Gofio*; später aus Korn (Gerste, Weizen und Mais) gewonnen, blieb diese Mehlvariante bis heute ein Grundnahrungsmittel auf dem Archipel. Noch Mitte des 20. Jahrhunderts nutzte man zu seiner Herstellung Wassermühlen, deren Ruinen z.B. oberhalb von La Orotava zu sehen sind. Eine der letzten *Gofio*-Mühlen (von 1866) steht in La Laguna, Calle Nuñez de la Peña, westlich ab der Avenida Trinidad.

Lange Zeit galt *Gofio* als Arme-Leute-Essen, denn es ist billig, nahrhaft und sechs Monate haltbar. Es enthält weder Konservierungs- noch Farbstoffe. Dafür ist es reich an Vitaminen (B 1-3 und C), Proteinen und Mineralien (Eisen, Magnesium, Kalzium, Zink). Doppelt geröstet verdaut es sich besser.

Viele *Canarios* bereiten ihr Frühstück aus *Gofio*. Man isst es wie Cornflakes, verrührt es mit Wasser oder Milch und Früchten zu Brei und erhält eine Kraftnahrung, die lange vorhält. 1-2 Esslöffel voll im morgendlichen Müsli heben den Geschmack. Mit Palmenhonig, Datteln oder Nüssen in Leder- oder Leinensäckchen (*Zurron*) verknetet, wird *Gofio* zur Süßspeise.

Selbst in edlen Restaurants wird *Gofio* gereicht, z.B. als *Escaldón* (Gemüsebrühe); zuweilen reicht man *Escaldón* auf Süßkartoffeln (*Batata*). Zur Zeit feiert *Gofio* ein regelrechtes Comeback: kleine Kinder schlecken am *Gofio*-Eis, große bestellen sich zum Dessert ein *Mousse de Gofio*.

Cerdo Ibérico

Wie schön, wenn der Himmel voller Geigen hängt. In Spanien gilt das auch für dicke Schinken überm Kneipen-Tresen. **Pata negra**! Kopfüber mit dem schwarzen Huf oben – nach 3 Glas Wein könnte man sie glatt für Violinen halten. Angeschnitten liegt das gute Stück verschraubt im Gestell und geübte Hände säbeln dünne Scheibchen für den Tapas-Teller. Für allerbeste Qualtät dieses Schinken braucht man eine dicke Brieftasche; aber selbst die unterste Kategorie, der luftgetrocknete **Jamón Serano**, ist schon ein Genuss.

Der **Jamón Ibérico** hingegen stammt nicht vom rosa Hausschwein, sondern vom schwarzen Borstenvieh aus der Estremadura im Osten Spaniens; er hat schon den nussigen Geschmack vom »Schweine-Star«, dem **Pata Negra Bellota**. Dieser »Halbwilde« frisst kein Junk-, sondern ausschließlich *Gourmetfood*: leckere Gräser, Getreide und Kräuter, die zudem auf riesigen Weiden erlaufen sein wollen – gut für's Muskelfleisch. Im Winter fressen sie in Steineichen-Wäldern hochwertige Eicheln. Nur beim **Iberico** werden Zusatzmittel untergemischt und im Trog gereicht.

Der spanische **Bellota** gilt als der weltweit beste und teuerste Schinken – auf dem Markt zahlt man dafür zwischen €90 und €150 pro kg; im Lokal ist die Portion nur scheinbar günstiger ... wird ja auch nach Gramm berechnet ... aber Vorsicht: Süchtig macht schon das Schnuppern, ein – bei geschlossenem Mund – dem Grunzen verwandtes Einatmen über die Kehle.

Secreto Ibérico (Iberisches Geheimnis) auf der Speisekarte meint Schulter, Rücken oder Filet vom **Cerdo Iberico** – auch ein Genuss! Und erschwinglich.

5

5.2.3 _____ Fleischgerichte

Kaninchen/
Ziege
Fast ein kanarisches Nationalgericht ist **Conejo en Salmorejo** (in Kräuter/Weinsoße mariniertes und gedünstetes Kaninchen); so wird auch **Cabra/Cabrito** (Ziege/Zicklein) zubereitet.

Eine Spezialität in einigen wenigen Restaurants ist das **Cochino Negro**, ein kleines schwarzes Schwein, das es schon zu Guanchenzeiten gab und jetzt wieder gezüchtet wird. Ebenso die **Ovejas Pelibuey**, kurzhaarige kanarische Schafe.

Parillada
Ansonsten ist eine **Parillada** beliebt, ein Teller mit gemischtem Grillfleisch: **Chuletas de Cerdo** (Kotelett vom Schwein) oder **de Cordero** (Lamm), sowie **Salchichas** oder **Chorizos** (Wurst). Auch **Pollos** (Hähnchen) werden meist einfach gebraten oder gegrillt. Das ausgezeichnete **Solomillo** (Filetsteak) kommt vom Rind (*Ternera*) und wird sehr unterschiedlich zubereitet: mal *a la pimienta* (gepfeffert), mal *al queso* (in Käsesauce). Man ordert es **poco hecho** (englisch), **medio hecho** oder **bien hecho** (durchgebraten). In teureren Restaurants (z.B. *La Brasa*, ➤ Seite 237) reichen die großen **Chuletas de Buey** (Ochsen) oft für zwei Personen aus.

Lamm/Rind
Asados, Lamm- oder Rinder-Braten im Ofen gegart, kommen an Wochenenden in Ausflugslokalen auf den Tisch. Etwas einfachere Fleischgerichte sind die köstliche **Ropa Vieja** (altes Zeug, aus Resten zusammengekochter Eintopf mit Fleischeinlage, ➤ oben) und – hervorragend – der **Estofado**, geschmortes Fleisch/ Gulasch. **Carne Fiesta**, eine bereits oben erwähnte Art Gulasch mit Salzkartoffeln, kann da nicht mithalten.

Kanarisch essen auch in der Heimat

Im Urlaub süchtig geworden nach kanarischen Produkten? Unter den Internetadressen www.kanarische-lebensart.de, www.tucanarias.com oder www.productosdetenerife.info lassen sich Weine, Käse, Honig, *Mojos* u.a.m. in der Heimat direkt ins Haus ordern, wiewohl zu nicht ganz niedrigen Preisen plus Versandkosten.

5.2.4 _____ Getränke

Wasser
Agua (Mineralwasser) wird automatisch als *sin gas* serviert (ohne Kohlensäure, auch **agua natural** genannt). Wer das **Agua con gas** (sprudelndes Mineralwasser) bevorzugt, muss es ausdrücklich ordern. Im Supermarkt findet man es oft nur in den Kühlschränken.

Sekt und Wein
Cava (Sekt) und **Champán** (Champagner) wird auf den Kanarischen Inseln sehr viel weniger getrunken als bei uns. Neben **Vino Blanco** und **Tinto** (Weiß-/Rotwein) sind (kanarische) **Rosados** (Rosé-Weine) beliebt. Während bei uns liebliche Weine stark zurückgegangen sind, sollte man auf dem Archipel darauf achten, ob der Wein trocken (*seco, brut*), halbtrocken (*semi-dulce*) oder *dulce* (süß) ist. Wer offenen **Insel-/Hauswein** (*vino del país/de la casa*) zum Essen bestellt, bekommt ihn meist in der **Jarra** (Krug; sprich: »*Charra*«). Man bestellt Hauswein als *una cuarta* (1/4 l), *medio litro* (1/2 l) oder *un litro* (1 l).

Bier Die auf Teneriffa gebrauten Biermarken **Dorada** und **Reina** schmecken gut. Es gibt sie auch *sin alcohol*, also ohne Alkohol. Das **Dorada sin – con Limon** (mit Zitronensaft) ist erfrischend. Gezapftes Bier heißt **caña** oder **cañita** (0,3 l), im Krug **jarra** (0,4-0,5 l). In der Flasche oder Dose ordert man es als **cerveza**.

Teneriffas Weine www.teneriferural.org (> red de calidad: Bodegas)

Wie überall im Südeuropa gehört auch auf den Kanaren ein Glas Wein *(vaso* oder *copa de vino)* zu jedem Essen. Dabei wird in den dörflichen *Tapa Bars* oder einfachen Lokalen *(Guachinches*, ➢ Seite 375) der örtliche Tropfen immer noch direkt aus dem Fass *(barril)* ins schlichte Wasserglas gezapft.

Ist man bei uns zu zweit oder dritt, wird aus einem »Gläschen« schnell ein »Fläschchen«. Der Südländer aber bleibt oft bei seinem einen *vasito* (Gläschen). Das gilt weniger für die mehr zum Bier tendierende jüngere Generation.

Auf Speisekarten mit Ledereinband und Büttenpapier suchte man bis vor zehn, zwanzig Jahren vergebens nach kanarischen Weinen. Bekannte spanische Festlandsmarken beherrschten die heimische Gastronomie. Die kleinen dörflichen Weinbauern produzierten in ihrer *Bodega* (Weinkeller) nach Gutdünken nur kräftige Tropfen zu deftigen Gerichten. Heute sind Inselweine auch in den feinsten kanarischen Restaurants selbstverständlich. Einige Marken erhielten spanische und internationale Auszeichnungen. Bei letzteren werden oft die süßen Weine gelobt. Das mag an der Tradition der **Malvasier** Weine liegen.

Sie kommen abgefüllt mit Gütesiegeln *(Denominación de Origen Calificada/ DOC)*; und peu à peu entwickelte sich Teneriffa, wo der meiste kanarische Wein angebaut wird, zur Weinregion. Im **Museo del Vino** (El Sauzal, ➢ Seite 369) oder **Bodegas** (z.B. **Monjes**, ➢ unten, **Cumbre de Abona**/Arico, ➢ Seite 195) können Besucher bei einer Weinprobe die kanarischen Spitzenweine kosten, ob nun rot *(tinto)*, rosé *(rosado)* oder weiß *(blanco)*. Die insulare Weinwirtschaft hat es Dank vulkanischer Böden und idealer Klimata geschafft, ihren Agrarland-Anteil gegenüber der Banane (21 %) mit 42 % zu verdoppeln.

Vor 350 Jahren fehlte der kanarische **Malvasier** auf keiner Tafel der europäischen High Society. Anders als etwa in der Toskana, Provence oder auf dem spanischen Festland hat der dann folgende fast 300-jährige Weinboom aber keine verwurzelte Weinkultur auf dem Archipel begründet. Wie alle kana-

rischen Monokulturen (Zuckerrohr, Koschenille, Banane, Tomate) wurde auch der Weinhandel von Großgrundbesitzern und ausländischen Handelsgesellschaften initiiert, aufgebaut und kontrolliert. Dieselben wirtschaftlichen Kräfte waren es wieder, die beim Zusammenbruch des Zuckerrohrmarktes auf den Rebensaft als neuen Exportschlager setzten.

Restaurant im Weinmuseum

Schon **1496**, gleich nach der Eroberung Teneriffas, kam die süße **Malvasia-Rebe** aus Kreta auf die Inseln. Getreu der Devise »keine Taufe eines Wilden ohne Messwein« wurde der **12-15%ige** *Malvasia* dann beim letzten Stopp auf dem Weg zu den südamerikanischen Missionen geladen. Auch die dort stationierten spanischen Herrschaften fanden an dem schweren Tropfen Gefallen. Dies passte den andalusischen Weinhändlern nicht ins Geschäft. Neidvoll beäugten sie die dicken Gewinne der von ihnen als Kolonien betrachteten kanarischen Inseln. Die *Casa de Contracción y el Consejo de Indias* in Sevilla kontingentierte daraufhin die kanarischen Fässer, die ab sofort nur noch über den Hafen von Sevilla gehandelt werden durften.

Das wiederum öffnete den Schmugglern Tür und Tor. Das Mutterland war weit und die Beute leicht gemacht. Sie ging nicht nur über den Atlantik nach Amerika, sondern auch über die Biscaya nach Großbritannien, wo man just unter Malvasier-Entzugserscheinungen litt. Schon im Mittelalter hatten die Engländer den süffigen Wein schätzen gelernt. Aber seit das mediterrane Herkunftsland Kreta zur Mitte des 17. Jahrhunderts in türkische Hände gefallen war, darbten die Briten mit trockenen Kehlen.

Ein großer Malvasier-Markt waren auch Englands Besitzungen in Nordamerika und in der Karibik. Dem Bostoner Geldadel des späten 17. Jahrhunderts waren die Kanaren als »Wein-Inseln« wohlbekannt. Und so entwickelte sich ein reger Dreiecks-Handel zwischen England, Amerika und dem kleinen Archipel, bei dem zwar nicht alles mit rechten Dingen zuging, aber vieles unter Mithilfe der spanischen Handelsflotte. Kanarische Schiffe fuhren Schmuggelware nach Südamerika und bekamen dafür begehrtes Silber und exotische Waren. Die tauschten sie mit ihrem Wein gegen Luxusgüter wie feine englische Tuche. Und die Briten machten mit Wein, Silber und den südamerikanischen Exoten zu Hause gut Kasse. Ein *Cambuyonero* (auch: *cambullón*) ist seit dieser Zeit auf den Inseln das kanarisische Wort für »*come buy on*« (Los, zugreifen!), was man sich hinter vorgehaltener Hand zuraunte, wenn Schmuggelware eingetroffen war. Seither nennt man auch fliegende Händler und kleine Kaufleute *Cambullones* und dunkle Geschäfte *Bisne* (*business*).

Viel politisches Hin und Her innerhalb der europäischen Königshäuser machte diesem erfolgreichen Treiben ein Ende. Charles II. legte mit seinen Navigationsakten (1662 und 1663) den merkantilistischen Grundstein für strikte Regulierungen beim Handel zwischen England und seinen Kolonien. Der Export kanarischer Weine nach Amerika wurde zollpflichtig und durfte nur von englischen Häfen und unter britischer Flagge erfolgen. Den Portugiesen war weiterhin der direkte Weinhandel erlaubt; Charles war schließlich mit einer portugiesischen Prinzessin verheiratet. Und da damals die Adelshäuser noch zu den Trendsettern zählten, wurde bei Königs und Gefolge alsbald Madeira aus Portugal statt des Malvasiers aus Spanien kredenzt.

1665 hatten englische Kaufleute zur Rettung der festgefahrenen Geschäfte die *Compañía de Canarias* gegründet. Sie erlaubte es, die tinerfeñischen Preise und Transportkonditionen festzulegen. Der Protest der kanarischen Weinbauern gegen die fremden Handelsherren ließ nicht lange auf sich warten. Die **Weinausschüttung von Garachico** (1666, ➤ Seite 355), eine Art kanarische »*Boston Teaparty*« führte zur Auflösung der britischen *Compañía*.

Doch die goldenen Zeiten, in denen der *Malvasia* bare Münze war, mit der sogar ein Shakespeare entlohnt wurde und den er in seinen Dramen gebührend würdigte, waren vorbei. Die Konkurrenz von *Madeira* und *Sherry* machte dem Malvasier schwer zu schaffen. Durch Überproduktion ausgelaugte Böden erbrachten zudem nur minderwertige Kreszenzen. 1675 wurden die Anbauflächen beschränkt, da die Produzenten inzwischen auch ungeeignete Böden nutzten. Dazu kam eine Reblaus- und Mehltau-Plage, die dem flauen Handel spätestens Mitte des 19. Jahrhunderts den endgültigen Garaus machte.

Da die *Canarios*, wie eingangs erwähnt, keine eigene Weinkultur entwickelt hatten, verlor der Anbau mit dem Ende des Exporthandels an Bedeutung.

Erst in den 1980er-Jahren wagte Tacoronte im Norden Teneriffas einen Neuanfang. Die regionalen Weinbauern garantieren seither unter der gemeinsamen Herkunftsbezeichnung »***Tacoronte-Acentejo***« eine DOC (➢ oben) vergleichbare Güteklasse. Andere Anbaugebiete zogen nach. Inzwischen stellen sich Jahr für Jahr im Mai alle kanarischen DOC-Weinhersteller auf der berühmten Tacoronter **Alhondiga** (ursprünglich ein Kornmarkt) einer Qualitätsprüfung.

Während *Tacoronte-Acentejo* und *Valle de la Orotava* auch für ihre **Rotweine** (*Tintos*) Anerkennung finden (z.B. *La Isleta, La Palmera, Viña Norte, Eras de Marques, Gran Theyda*), kommen unter der Bezeichnung *Ycode-Daute-Isora* meist Weißweine auf den Markt (z.B. *Cueva del Rey*). Die Gegend im Nordwesten Teneriffas umfaßt neun Gemeinden um das Städtchen Icod de los Vinos herum, die früher zum Herrschaftsgebiet der *Menceys Ycode* und *Daute* gehörten. Auch zwei Anbaugebiete im Süden – Valle de Güímar und Abona – machen mit **Rosé- und Weißweinen** (*Rosados* und *Blancos*) von sich reden (*Brumas de Ayosa, Cumbres de Abona, Flor de Chasna*).

Die am häufigsten angebauten Trauben sind *Listan negro* (oft mit *Negramoll* verfeinert) und *Listan blanco*. Während auf Lanzarote noch größere Mengen *Malvasia* vorzugsweise in einer trockenen Variante gezogen werden, findet man ihn auf Teneriffa nur noch vereinzelt im Anagagebirge.

Die meisten tiñerfenischen Weine sind leicht bis frisch und gute Tafelweine. Das gilt auch für Rotweine, die in den ersten beiden Jahren getrunken werden sollten. *Canarios* schätzen ihren **Rosado**. Obwohl heute die Anbaufläche für Wein größer als die für Bananen ist, deckt die Produktion den Bedarf nicht.

Zwar sind Inselweine in jedem Supermarkt gut vertreten, spanische Festlandweine füllen jedoch die meisten Regale. Der hohe Weinkonsum geht auch auf

5

das Konto der jährlich heute über 5 Mio. Touristen. Umgekehrt werden aber im spanischen Mutterland keine kanarischen Weine vertrieben. Vor allem beim Rotwein reicht kein Inselwein an die iberischen Qualitätsweine heran. Zudem haben kanarische Weine wegen der kleinterrassierten Anbauflächen hohe Produktionskosten. Für einen Inselwein zahlt man mit Preisen ab €7,00 mehr als für einen vergleichbaren Festlandwein.

Das Interesse an kanarischen Weinen ist aber gewachsen. Beim internationalen Wettbewerb »*Bacchus*« in Madrid wurde Teneriffas *Cava* (Sekt) **Brumas de Ayosa Blanco Seco** und der **Brumas Afrutado** jüngst prämiert. Der spanische Weinführer »Guia Peñin« bewertete den **Humboldt Blanco Dulce Barrica 1997** und den **Humboldt Blanco 1997** aus Tacoronte-Acentejo mit der höchsten Punktzahl. Auf der New Yorker Weinmesse erhielten kanarische Weine aus kleinen Kellereien viel Lob, so dass aktuell einige Weißweine (z.B. *Bodega Monje*, Viñatigo, Viñamonte und Tajinaste) in US-Nobelrestaurants landeten.

Einen Überblick über Teneriffas Weine gibt das **Museo del Vino** in El Sauzal/ Ausfahrt 21 der Nordautobahn (➤ Seite 369). Fährt man von derselben Ausfahrt 21 auf der Calle Montaneta 1 km Richtung Süden, dann auf Calle Cruz de Leandro 500 m nach links, erreicht man die Kellerei **Bodega Monje**. Dort dreht sich alles um den Wein samt Besichtigung (nach Anmeldung im Internet). Bodega und Gastronomie sind ohnehin selbstverständlich; Zeiten Mo-Fr 10-19 Uhr, Sa bis14 Uhr; ✆ 922-585027; www.bodegasmonje.com.

Tinerfeñische Regionen mit Qualitätssiegel (Denominación de Origen/D.O.):
• *Tacoronte Acentejo* • *Valle de Orotava*
• *Ycoden Daute Isora* • *Valle de Güímar* • *Abona*

In Restaurants beliebt sind Weine folgender Kellereien

Weißwein: *Viña Zanata* • *Viñátigo* • *Brumas de Ayosa* • *Frontos* • *Monje*
Rotwein: *Viña Norte* • *Arautava* • *Miranda* • *Monje*

Kanarenweine versandkostenfrei ordern kann man unter www.vinos-canarias.de

5.2.5   Nachtisch - Postre

Verbreitet ist **Flan** (Vanillepudding mit Karamelsoße); hergestellt aus frischem Weißkäse heißt er auf den Kanaren **Quesillo**. Die **Leche Asada** (»gebackene« Milch) wird mit Palmhonig übergossen. Üblich ist auch **Frangollo** (Maispudding), beliebt **Príncipe de Alberto** (leichte Schokocreme mit Mandelsplittern) oder **Bienmesabe** (Mandelcreme mit Honig und Eigelb). Überhaupt werden die heimischen Mandeln (*almendras*) oft in zuckersüßem Gebäck und Torten (*tartas de almendra*) verarbeitet. Besonders lecker ist **Tocino de Cielo**, Yoghurtcreme mit Honig-Mandelsoße.

Canarios lieben es zum Abschluss süß; der Spruch »Käse schließt den Magen«, ist ihnen fremd. Nur sehr feine Lokale bieten eine Käseplatte mit (oft exzellenten) lokalen oder Festlandssorten.

Südländer wechseln auch gern ins nächste **Postre**-Lokal, einem Mix aus Eisdiele und Café mit Desserts und süßen Kalorienbomben, Obst und Eisbechern mit exotischen Namen und Früchten.

5.2.6 _____ Hochprozentiges

Ein opulentes Mahl endet mit Hochprozentigem. Was Whisky in Schottland und Obstler in den Alpen, ist in Spanien der **Brandy** (Cognac). Aber unsere kleinen Schwenker-Pfützen zum Nippen sind verpönt. Als Kenner erweist sich, wer gleich die Marke nennt, wie den edlen **Duque de Alba** oder **Carlos I** (*primero*). Ein *Carlos III* (*terzero*), *Magno* oder *103* (*ciento-tres*) tut's auch, bringt sich aber am nächsten Tag eher in Erinnerung.

Liköre werden aus allen Fruchtarten destilliert, insbesondere aus *Manzana* (Apfel), *Plátano* (Banane), *Melocotón* (Pfirsich – bei Damen als *Melocotón a la Crema* beliebt).

Zum Schluss ein **Café solo** (Espresso, als **Cargado**: doppelter Espresso), **Cortado leche leche** (Espresso mit gezuckerter Kondensmilch plus Milchschaum; mit Cognac **Carajillo**) oder gar ein **Barraquito completo**, eine Spezialität! Sie besteht aus süßer Kondensmilch, Espresso mit einem Schuss **Licor 43**, dem beliebtesten Likör Spaniens, und einem Schnipsel Zitronenschale. Die krönende Milchschaumhaube wird mit Zimt bestäubt.

5.2.7 _____ Trinkgeld-Propina

Hat der **Camarero** auf den Ruf »**La cuenta, por favor!**« die Rechnung gebracht, geht er zunächst wieder, holt darauf den vom Gast hinterlegten Betrag und bringt dann das Wechselgeld zurück; erst dann kalkuliert man stressfrei das Trinkgeld (*propina*), üblicherweise bis ca. 10 Prozent.

Kanarischer Käse

Verbreitet ist der weiße **Queso fresco**, feuchter, leicht gesalzener Frischkäse. Meist von Ziegen, aber auch Kühen oder als Mix, sollte er nicht älter als eine Woche sein. Beliebt ist er in Lokalen als **Tapa Queso Frito con tres Mojos**, leicht geräuchert mit **Mojo Rojo** und **Verde** sowie **Miel** (Honig) oder **Savia de Palma** (Dattelpalmensirup, ➢ Seite 370, *Casa de la Miel*).

Der **Semicurado** (halbgereift, weich) sollte nicht älter als 2-8 Wochen sein, wohingegen **Curado** (gereift, fester) über zwei Monate alt sein muss. Leicht angeräuchert (**Ahumado**) bekommt der leichte Frischkäse einen etwas herberen Akzent. Auch ihn gibt es in den oben bereits erwähnten drei Reifegraden.

Prämierter Teneriffa-Käse: **Maxorata curado Pimentón**, **Tofio semicurado Pimentón** und **Selectum**. Die Goldmedaille in der Kategorie »Ziegenhartkäse« bekam der lange gereifte **Maxorata curado Pimentón**, dem ein wenig Paprika eine eigene Note verleiht. In der Kategorie »mittelalter Ziegenkäse« wurde der ebenfalls mit Paprika verfeinerte **Tofio semicurado** ausgezeichnet. Der Dritte im Bunde der Ausgezeichneten ist eine ganz neue Kreation – nicht einmal ein Jahr ist der **Selectum** (Ziege, mittelalt, Paprika) auf dem Markt und konnte sich als kulinarisches Meisterwerk gleich mit einer Goldmedaille schmücken.

Als noch besser gelten die Käsesorten der Nachbarinseln Fuerteventura und Lanzarote, wobei nur feine eingeborene Gaumen die Unterschiede schmecken.

5

5.3 Kleines kulinarisch-gastronomisches Lexikon

Spanisch-kanarische Begriffe
(auf der Rückseite der Beilegerkarte durchgängig alphabetisch Spanisch-Deutsch)

Auf dem Markt

Die Bauernmärkte führen auf Tafeln/ Monitoren die Kilopreise aller Obst- und Gemüsesorten auf.

Obst (*Fruta*)

Albaricoque – Aprikose
Almendra – Mandel
Cereza – Kirsche
Ciruela – Pflaume
Dátil – Dattel
Durazno - ähnelt einem Pfirsich, schmeckt wie Birne
Fresa – Erdbeere
Guayaba – kleine gelbe Frucht, die sich fast wie eine Apfelsine schälen lässt. Orangefarbenes Fleisch, mit Kern essbar.
Higo de Leche – Feigen
Higo Pico – die gefährlich stachelige Frucht der Feigenkakteen (Opuntien, ➤ *Cochenilla*, Seite 546). Das Fruchtfleisch ist grünlich oder hell orangerot. Man kann es mit den Kernen essen. Man schält sie so: erst Kappe und Boden abschneiden und nach einem Längsschnitt die Stachelschale mit dem Messer ablösen
Limón – Zitrone
Mango – Mango
Manzana – Apfel
Melocotón – Pfirsich
Mora – Maul-/Brombeere
Naranja – Apfelsine
Níspero – Mispel
Nueces – Walnüsse
Papaya – Papaya
Pera – Birne,
Piña – Ananas
Plátano – Banane
Uva – (Wein-) Traube

Gemüse (*Verdura/Legumbres*)

Aguacate – Avocado (*para hoy* = reif)
Ajo – Knoblauch
Alcachofas – Artischocken
Batata – Süßkartoffel
Berenjena – Aubergine
Berro – Kresse
Brécoles – Brokoli
Bubango – eine große Zucchini-Art
Calabaza – Kürbis
Cebolla – Zwiebel
Cilantro – Koriander
Cól – Kohl
Cól de Brusela – Rosenkohl
Espárrago – Spargel
Garbanzas – Kichererbsen
Guisantes – grüne Erbsen
Hierbas – Kräuter
Judías – Bohnen
Kinegua (auch: *Chineguas*) – Kartoffelsorte (Verballhornung des englischen Königs - *King Edward*)
Lechuga – grüner Salat
Lentejas – Linsen
Millo – Mais
(*Piña de millo*: Maiskolben)
Papas – Kartoffeln
Pepino – Gurke
Perejil – Petersilie
Pimento – Paprika
Pimienta – Pfeffer
Rabanitos – Radieschen
Remolacha – rote Beete
Seta – Pilz
Trigo – Weizen
Zanahoria – Möhre
Puerro – Porree

Frühstück (*Desayuno*)

Kaffee

Café Solo – Espresso

Café con Leche – Milchkaffee
(*con/sin azúcar* = mit/ohne Zucker)

Cortado natural – Espresso mit
aufgeschäumter
Milch

leche y leche = *Cortado* plus gesüßte
Kondensmilch

Barraquito = *Cortado* mit Likör 43
und Zitronenschale

Caragillo = Café solo mit Cognac

Säfte

Batido – Milchshake (mit Früchten)

Jugo oder *Zumo* – Fruchtsaft

Zu essen

Bocadillo – belegtes Brötchen (*con
Pata, Lomo, Queso,
Jamon serrano/cocido,*
= Braten, Kassler, Käse,
Schinken roh/gekocht)

Sandwich = belegtes Toastbrot
(*Tostada*)

Churros con   salzige Schmalzgebäck-
chocolate   Stangen, die man in eine
herbe Kakaotunke taucht

Snacks

Tapas (➢ Kasten, Seite 64)

Aceitunas – Oliven

Albóndiga de Pescado – Fischbällchen

Albóndiga de Carne – Fleischbällchen

Boquerones – eingelegtes
Sardellenfilet

Camarones – Krabben

Churros de Pescado – frittierte
Fischstückchen

Croquetas de Pescado – Fisch-
kroketten

Croquetas de Jamón – Schinken-
bällchen

Embutido – aufgeschnittene Wurst

Ensaladilla Russa – Kartoffelsalat mit
Ei und Mayonaise

Pan Catalán – geröstete Toast-
häppchen mit Tomate,
Knoblauch u. Schinken

Pimentos de Padrón – gegrillte
kleine grüne
Paprika mit
grobem Salz

Pulpo a la Gallega – gekochte Krakenscheiben mit
Cayenne-Pfeffer

Salpicón – eingelegte Krakenstücke
de Pulpo   mit Zwiebeln und Paprika

Salpicón de Atún – Thunfischsalat

Suppen (*Sopas*) **und Eintöpfe**

Caldo – klare Brühe

Cazuela de Pescado – Fischsuppe mit
großen Fisch-
stücken in der
Kasserolle

Escabeche - Zwiebel/Pimieto-Soße

Escaldón – Gemüsebrühe mit *Gofio*
als Brei angedickt

Fabada – Bohneneintopf, meist mit

Judias – dicke Bohnen

Garbanzas – Kichererbsen
(*compuestas*) mit Schweinepfoten)

Lenteja – Linsensuppe

Potaje – Gemüsesuppe/Eintopf

Potaje de berros – Kressesuppe

Puchero – kanarisches National-
gericht: Gemüse-Eintopf
aus Kürbis, Gurke, Möhre,
Mais und Porree mit
Fleischeinlage; *Gofio* zum
Andicken (➢ Seite 65f)

Rancho Canario – dicke Suppe mit
Nudeln & Fleisch

Ropa Vieja   altes Zeug – aus Fleisch,
Gemüse und Kartoffeln
zusammengekochte
Reste

Sancocho – Trockenfisch mit Süßkartoffeln zusammen gegart;
dazu *Gofio* u./o. *Mojo*.

5

Aus dem Meer (*Fruta del Mar*)

Fisch (*Pescado fresco*)

* auf den Kanaren
empfehlenswerte Speisefischarten

Abadejo* – Pollack (weißer »Lachs«)
Alacha – Sardine
Anchoa – Sardelle, Anchovis
Atún – Tunfisch
Bacalao – Kabeljau,
　　　　　Dorsch/Stockfisch
Bocinegro* – Meeresbrasse
Bonito* – kleiner Thunfisch
Breca – Rotbrasse
Caballa – Makrele
Cherne* – Wrackbarsch
Chicharro – Sardinenart
(*Chicharrero* = Teneriffas Bewohner)
Chipirón – junger Tintenfisch
Choco – Tintenfischart
Congrio – Seeaal
Dorada* – Dorade (Goldbrasse)
Espada* – Schwertfisch
Lenguado – Seezunge
Longorón – Sardelle
Merluza – Seehecht
Mero* – Zackenbarsch
Morena – Muräne
Pez espada* – Schwertfisch
Potas – Tintenfische
Pulpo – Krake
Rape – Seeteufel
Rodaballo – Steinbutt
Salmoneta – kleiner Rotbarsch
Sardinas – Sardinen
Sepia – Tintenfischart wie *choco*
Tollo – Dornhai
Trucha – Forelle
Vieja* – Papageifisch
Gueldes – frittierte Winzfische

Kopffüßer

Calamar – Tintenfisch
Chipirón – junger Tintenfisch
Choco (ital: *Sepia*) – Tintenfischart
Pulpo – Krake, Oktopus

Krustentiere/Muscheln

Cangrejos – Krebse
Carabinieros – (*Gamberones*) große,
　　　　　rote, teure *Gambas*
Almejas – Venusmuscheln
Mejillones – Miesmuscheln
Lapas – Meer-Napfschnecken
Gambas – Gambas
Langostaros – Langusten

Fleischgerichte (*Carnes*)

Fleisch

Cabra/cabrita – Ziege/Zicklein
Cerdo – Schwein
Chorizo – Paprikawurst
Chuleta – Kotelett
Cochinillo – Spanferkel
Conejo – Kaninchen
Cordero (*lechal*)- Lamm/Hammel
　　　　　(Milchlamm)
Cordonices – Wachteln
Estofado – geschmortes Fleisch
　　　　　(Gulasch)
Hígado – Leber
Lomo – Schweinerücken
Morcilla – Blutwurst mit Rosinen und
　　　　　Mandeln
Perdices – Rebhühner
Pollo – Huhn
Salchicha – gebratene/gegrillte Wurst
Solomillo – Rinderfilet
Ternera – Rind

Zubereitungsarten

al aceite – mit Olivenöl
ahumado – geräuchert
al ajo – mit Knoblauch
a la plancha – auf heißer Eisenplatte
　　　　　gebraten (a la *parilla*)
a la espalda – Fisch bäuchlings
　　　　　geöffnet und auf dem
　　　　　Rücken gebraten
al horno – im Ofen gebacken
asado – gebraten
cocido – gekocht

escabeche – mariniert
frito – frittiert
guisado – gekocht
rebozada – paniert
relleno – mit Füllung, gefüllt
revuelto – vermischt (= Rührei)
sal, saltado – gesalzen/Fisch im
  Salzmantel gebacken
salmorejo – in Kräuterbeize
  geschmort
poco hecho – englisch (schwach)
  (durch-) gebraten
bien hecho – durchgebraten
vinagre – Essig

Beilagen

Mojo verde/rojo – grüner/roter Dip
Alioli – Mayonnaise mit
  viel Knoblauch
Papas arrugadas – Runzelkartoffeln
Legumbres – Gemüse, ➢ Seite 76

Süßes

Nachtisch (*Postre*)

Bienmesabe – (»es schmeckt mir
  gut«) Eigelb, Honig,
  Mandelcreme
Flan – Vanillepudding mit
  Karamelsoße
Frangollo – Gofiospeise, meist auf
  Maisbasis mit Rosinen
  und Honig

Helado – Eis
Leche asada – gebackene Milch
  (*Quesillo*-Art)
Príncipe Alberto – eine Art *Mousse
  au chocolat* mit
  viel Mandeln
Quesillo – wie ein *Flan*, aber mit
  Frischkäse (*Queso fresco*)
Quesadillas – goldgelbe
  bierdeckelgroße
  Käse/Zitronenkuchen
Tarta Andalucía – Sahne-Obstgelee
  auf dünnem
  Mürbeteig
  (auch *Tarta
  Arándanos*)

Gebäck

Galletas – Kekse
Tartas – Torten/Gebäck
Polverones – mürbes
  Weihnachtsgebäck mit
  Puderzucker bestreut,
  in verschiedenen
  Geschmacksrichtungen:
  z.B. »mit Nüssen«,
  «ohne Nüsse« etc.
Truchas – Forellen, aber auch
  Weihnachtsgebäck:
  Teigtaschen in Halbmond-
  form, gefüllt mit einer
  Paste aus Süßkartoffeln,
  gemahlenen Mandeln, Zimt
  und Zucker

Bestellung beim Kellner (*Camarero/a*) Messer: *cuchillo*; Gabel: *tenedor*; Löffel: *cucharra*

Para tomar/beber	zu Trinken: a*gua – cerveca* (sin/con gas - *alcól*), *vino tinto/blanco*
Que hay hoy aparte?	was gibt es heute außerhalb der Karte?
Para picar/compartir	das Gericht wird (aufgeteilt) in die Tischmitte gestellt und jeder nimmt davon seinen Teil
Sopa/menu del dia	Tagessuppe, -gericht
Una/uno mas/otro/a	noch ein (Bier, Wein...)
Un vaso/una copa	nur ein Glas (Wein); *jarra* - Karaffe/Humpen; *caña*: Bier gezapft
de la casa	hauseigenes, z.B. Haus-Tafelwein, loser Wein
Oiga, por favor!	zum Kellner (*camarero/a*): Hören Sie bitte; bei Bestellungen
La cuenta, por favor	Die Rechnung bitte
Me cobra, por favor!	Zahlen bitte! (*cuanto me cuesta?* - was kostet das bitte?)
Propina	Trinkgeld (*bote* = Trinkgeldkasse in Bars)

5

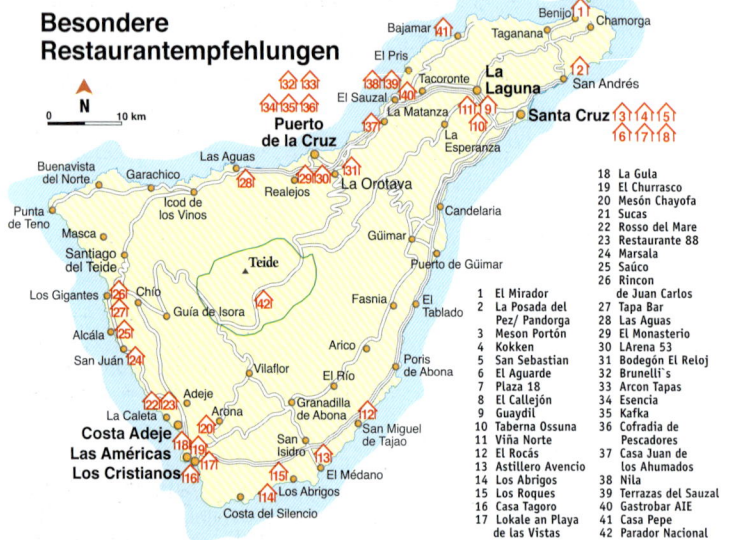

Besondere Restaurantempfehlungen

1   El Mirador
2   La Posada del Pez/ Pandorga
3   Meson Portón
4   Kokken
5   San Sebastian
6   El Aguarde
7   Plaza 18
8   El Callejón
9   Guaydil
10 Taberna Ossuna
11 Viña Norte
12 El Rocás
13 Astillero Avencio
14 Los Abrigos
15 Los Roques
16 Casa Tagoro
17 Lokale an Playa de las Vistas
18 La Gula
19 El Churrasco
20 Mesón Chayofa
21 Sucas
22 Rosso del Mare
23 Restaurante 88
24 Marsala
25 Saúco
26 Rincon de Juan Carlos
27 Tapa Bar
28 Las Aguas
29 El Monasterio
30 LArena 53
31 Bodegón El Reloj
32 Brunelli`s
33 Arcon Tapas
34 Esencia
35 Kafka
36 Cofradía de Pescadores
37 Casa Juan de los Ahumados
38 Nila
39 Terrazas del Sauzal
40 Gastrobar AIE
41 Casa Pepe
42 Parador Nacional

5.4   Besondere Restaurantempfehlungen

Wer gern essen geht, schätzt neben den kreativ-feinen auch die traditionell einfachen regionalen Gerichte. Für beide wie auch für die internationale Küche ist die Auswahl immens groß.

Bewertung   Da bei der Bewertung von Restaurants viele Aspekte eine Rolle spielen, kann bei über 2.000 tinerfeñischen Lokalen eine **Liste der besten nur selektiv-subjektiv** ausfallen. Die folgenden Empfehlungen decken ein breites Gastronomie-Spektrum ab. Neben Häusern mit gehobener internationaler Küche sind auch schlichte Restaurants in schöner Lage mit einem guten Preis-Leistungsverhältnis aufgeführt. Ein einfaches kanarisches Gericht mit frischen Zutaten kann prima schmecken und – vor allem – in geselliger Runde viel Freude bereiten.

Restaurants gehobener Kategorie   In vielen Spitzenlokalen liegt der Hochglanz-Restaurantführer *¡Que bueno!* aus. Auf dessen Homepage (auch in deutscher Sprache) erfährt man alles Wichtige zu den ca. 100 dort beschriebenen Inselrestaurants und kann sich dank der Fotos von Interieur und Speisen ein zutreffendes Bild machen und obendrein auch gleich reservieren: www.guiaquebueno.es.

Die gehobene Insel-Gastronomie bekommt inzwischen viel Lob: *Michelin* listet auf Teneriffa einige **Sterne-Restaurants** (darauf wird in der jeweiligen Beschreibung hingewiesen).

Zu Restaurants anspruchsvoller Kategorien ➢ auch den Kasten »Restaurants in führenden Hotels« auf Seite Seite 233.

Regionale Küche

Wer zur regionalen Küche tendiert und Spanisch versteht, findet unter www.larutadelbuenyantar.com detaillierte Beschreibungen und viele Fotos von zahlreichen Lokalen (nicht nur auf Teneriffa).

Die folgende preisliche Eingruppierung bezieht sich auf eine kleine Vorspeise plus Hauptgericht; Getränke kommen extra außer beim mittäglichen *Menu del Dia*, das oft auch noch Nachtisch (*Postre*) und immer ein Glas Wein oder Wasser mit beinhaltet.

Preisniveau €= €12-20   €€= €18-30   €€€= €30+

Die folgende »Gourmet-Reise« beginnt im Anagagebirge und läuft im Uhrzeigersinn um die ganze Insel und endet am Teide.

5.4.1   Bereich Anagagebirge

Östlich von Taganana

An der Straße TF 134 liegen drei Strände und drei kleine Dörfer: **Almáciga**, **Roque de las Bodegas** und **Benijo**. Letztere sind beliebte Ziele zum Baden, Surfen und Fischessen (zur Dämmerung schließen dort die Lokale schon). Heraushebenswert ist dort das

El Mirador (1)

Benijo

Dieses Restaurant ist das kleinste Haus in Benijo, hat eine Meerblick-Terrasse und von dort eine Treppe hinunter zum Anaga-Strand (aber Vorsicht: Gefährliche Unterströmung!). Wirtin *Alicia* zaubert in ihrer  winzigen Küche Gerichte mit Pfiff: *Pulpo a la Gallega*, *Caldoso*, Reis-Eintopf mit Meeresfrüchten, *Bacalao Paté*, knackige Salate, gebratenen Ziegenkäse und natürlich Fisch, Fisch, Fisch. Täglich 13.30-17.30 Uhr, ✆ 603-516332; €€.

San Andrés

La Posada del Pez & Pandorga (2)

San Andrés, fast noch ein östlicher Vorort von Santa Cruz, liegt unterhalb des Anaga-Gebirges auf der Südseite von Teneriffas Nordspitze. Auf die *Posada del Pez* stößt man hinter der Ortseinfahrt und gleich links ab nach Taganana im Haus #4. Das Lokal setzt einen hippen Akzent: modernes Interieur, kreative Meeresfrüchte, auch Fleisch und raffinierte *Postres*. *Silvie* bedient perfekt. Mo-Do 13-16.30 Uhr und 19-23 Uhr; Fr/Sa 13-23.30 Uhr, So Abend und Mo zu; ✆ 922-591948; €€/€€€.

Prima kanarisch und günstig ist **Pandorga** an der Bus-Haltestelle in der Calle Bartolomé Belza 4, Top ist der *Cherne* (eine Barschart); täglich 12-24 Uhr, ✆ 922-549082, €€.

5

5.4.2 _____ Santa Cruz

Meson Portón (3)

Beliebtes Kanarenlokal mit lebendiger _Tasca_ und großen Portionen: _Pulpos, Chopitos, Pimentos, Pescado Fresco a la Espalda_; auch Fleischgerichte. Beim Hotel _Mencey_ in der Calle Doctor Guigou 18 (Nebenstraße der Rambla Santa Cruz), täglich 12.30-16 Uhr und 19.30-24 Uhr; ✆ 922-280764; €€/€€€.

Kokken Gastrobar (4)

Die modern und funktional eingerichtete _Gastrobar_ ist nur ein paar Schritte von der Plaza Principe entfernt: Neben dem spitzen Bankgebäude die Calle La Luna bergan, dort #8. Höchst kreative Tapas. Die geräucherten _Foie_ in Salz sind köstlich, auch der Kabeljau mit Honig und Safran; täglich 13-16 Uhr und 20.30-23 Uhr, So und Mo Abend geschlossen; ✆ 922-280818; €€/€€€.

San Sebastian 57 (5)

Adresse und Name in einem liegt diese exquisite _Bodega_ etwas oberhalb des _Mercado_ (Haupteingang). Man serviert dort leichte Fleisch-/Fisch-gerichte in einem New-York-City-Ambiente; Mo-Sa 13-17 und 20-24 Uhr, So 13-17 Uhr; ✆ 822-104325, €€/€€€.

El Aguarde (6)

Elegantes Restaurant in der Calle Costa Grijalba 21 zwischen den Ramblas und Plaza Weyler. Sehr gute spanisch-kanarische Küche. Besonders empfehlenswert: _Bacalao Pil Pil_, auch Bohneneintopf; mittags und abends geöffnet; ✆ 922-289142; €€/€€€.

Plaza 18 (7)

Lokal für kreative _Tapas_ unter gigantischen Gummibäumen; Calle San Francisco 18, tägl. 11-23.30 Uhr; ✆ 822-173014, €€.

El Callejón (8)

Das Lokal in der Gasse Combate wurde mehrfach prämiert. Man kocht auf hohem Niveau »_para picar_« – nicht billig, aber perfekt. Von der Plaza Principe die Calle Suárez bergauf, dann erste Straße links, Mo-Sa 12-24 Uhr, So geschlossen; ✆ 922-244976; €€/€€€.

5.4.3 _____ La Laguna

Guaydil (9)

Eine junge Crew zaubert im _Guaydil_ variationsreiche Kost auf den Tisch; Calle Dean Palahi 26, 13.30-16.30 Uhr und 20-23 Uhr, So geschlossen; ✆ 922-289142; €€/€€€.

Taberna Ossuna (10)

Ein winziges grünes Häuschen in der engen Calle Manuel de Ossuna 3. Fantastische kanarische Küche, gute Produkte brauchen keine Schnörkel. Große Portionen; Sa-So 13-16.30 Uhr und 20-23.30 Uhr, So mittags 13-16.30 Uhr; €€.

Tasca Viña Norte (11)

Bodega mit Verkaufsraum für Weine und einer *Tasca* im Patio.
Tapas para compartir; sonntags spanische Gitarrenmusik live;
Plaza de la Concepción, täglich 12-23 Uhr; ✆ 922-630216, €€.

5.4.4 _____ Region Ost- und Südostküste

El Rocás (12)

San Miguel de Tajao

Das urkanarische Fischerdorf Tajao (*Salida* 46 von der Autobahn
TF 1) ist für seine Fischrestaurants bekannt. Besonderer Beliebt-
heit erfreut sich zu Recht das *El Rocás* (mit Terrasse, aber kein
Meerblick). Calle Charco/Ecke Callao Hondo; tägl. 12.30-17 Uhr
und 19-22.30 Uhr; Mi Abend und Do geschlossen; ✆ 922-164065,
€€/€€€. Falls *El Rocás* überfüllt sein sollte, geht man ein paar
Schritte weiter zum **Agua y Sal**; Mi-Mo ab 12 Uhr, €€.

Astillero Avencio(13)

El Médano

Dies Lokal hat Meerblick-Fenster und serviert frischen Fisch und
Meeresfrüchte, aber auch andere Gerichte. Im Paseo de Marcial
García 2 (Gasse zwischen den beiden großen Plätzen); Di-Sa 13-
22.30 Uhr und So 13-16 Uhr, Mo geschlossen, ✆ 922-178220, €€.

Los Abrigos (14)

Los Abrigos

Lokal mit – trotz fehlender Terrasse – Hafenblick. Der Fisch kommt
vom hauseigenen Kutter. Freundlich beraten bestellt man an der
Theke. Eingeflogene Muscheln (*Almejas*) oder Langusten sind
teuer. 12-22.30 Uhr; Mi geschlossen; ✆ 922-170264, €€/€€€.

Los Roques (15)

Dieses kleine feine Meerblick-Restaurant mit erlesener Fisch-
und Fleischkarte eignet sich für den besonderen Abend; 18-23.30
Uhr, So/Mo geschlossen; ✆ 922-749401, €€/€€€.

5.4.5 _____ Region Los Cristianos/Las Américas

Casa Tagoro (16)

Los Cristianos

Das Michelin-empfohlene Lokal basiert auf österreichischer
Küche mit kreativen Spezialitäten, leckeren *Montaditos* (Häppchen) und eigenem Gebäck; auch *Menu del Dia*. Abends bietet
man ein saisonal angepasstes Degustationsmenü. Die *Casa*
befindet sich in der Calle Valle Menendez 28 beim Kirchplatz
unterhalb des Hotels *Reveron*; durchgehend warme Küche,
Di-Sa 19-23 Uhr, So 13-23 Uhr, Reservierung empfehlenswert; ✆
822-660833, €€/€€€; www.casatagoro.com.

Restaurants an der Promenade der Playa de las Vistas (17)

Unter den Bistros oberhalb dieses Strandes mit ihren Meerblick-
Terrassen findet man wahre Perlen. Hervorzuheben sind: **Sal
Negra** (Mi geschlossen), die **Piccolo Paladar Pizzeria** (Di ge-
schlossen, sonst beide 13-24 Uhr) und **Water Melon** (täglich 10-2
Uhr) und **Sama Sama** (täglich 12-2 Uhr), ➢ auch Seite 223.

5

La Gula (18)

Las Américas

Große moderne Räumlichkeiten plus Terrasse. Reis- und Pasta-gerichte sind dort super, wie auch die *Ceviche* (kalte peruanische Fischsuppe). Perfekter Service. Im Hotel *Parque Santiago IV*, Avda Las Américas; täglich 13-24 Uhr, ✆ 922-752522, €€.

El Churrasco (19)

Dieses Steakhaus befindet sich neben dem Hotel *Jardin Tropical* an der Meerespromenade. Vorzugsweise serviert man dort *Angus Aberdeen* aus Patagonien, denn der Chef, *Mario Gil*, stammt aus Buenos Aires. Calle Gran Bretaña, täglich von 13-24 Uhr; ✆ 922-789761; wwww.elchurrascotenerife.es.

La Finca Mesón Chayofa (20)

Chayofa

Fisch, Fleisch und Gemüse kommt hier gegrillt, lecker und gün-stig in Großportionen auf den Tisch. Rustikal-gemütlicher Gast-raum und riesige Terrasse unter Bäumen. Anfahrt auf der TF 28, Ausfahrt Chayofa Centro, dann (ausgeschildert) auf Straßen Ar-miche und Tinguafaya zur Calle El Taroso 43, täglich 12-23 Uhr; ✆ 922-729189, €€; http://meson-la-finca-chayofa.com.

5.4.6   Region Costa Adeje

Sucas (21)

Costa Adeje

Im *Sucas* im Design-Hotel *Baobab Suites* ein paar hundert Meter oberhalb des Hotels *Bahia del Duque* führt Spitzenkoch *Lucas Maes* das Zepter (Details ➢ Seite 318); Calle Roques del Salmor 5; Mo-Do 19-23 Uhr, Fr/Sa 13-15.30 Uhr und 19-23 Uhr; ✆ 822-070035, €€€; www.baobabsuites.com/sucas.

Rosso del Mare (22)

La Caleta

Das Restaurant im Italo-Design wurde vor einiger Zeit als beste Auslandsküche im Bereich Costa Adeje prämiert. Nicht nur Pizza & Pasta, sondern auch Lachs und Kalbshaxe stehen neben perfek-ten Antipasti auf der Karte. 11-24 Uhr; ✆ 922-782374, €€/€€€.

Restaurante 88 (23)

Asia-Küche in modern-elegantem Design: Nudelbar, *Dim-sum*, *Sushi*, Suppen u.a.m; Avenida Las Gaviotas im *Edificio El Nido*, Mo-So 13.30-16.30 und 19-23 Uhr, Di zu; ✆ 922-785829 €€/€€€.

5.4.7   Region Westküste

Marsala (24)

Playa San Juan

Das Restaurant liegt an der zum Ort hin erweiterten Strandpro-menade mit Blick auf den Hafen. Fleischgerichte, Meeresfrüchte, darunter Carpaccio vom Thunfisch, Reis mit Hummer und *Scal-lops*, außerdem natürlich frischer Fisch. Mi-Sa 13-16.30 Uhr und 20-24; So-Di 13-16.30 Uhr; ✆ 922-134268, €€/€€€.

Saúco (25)

Alcalá

An der nördlichen Promenade (neben *Cash&Carry Jesuman*) liegt das Restaurant *Saúco* mit großer Meerblickterrasse. Prima kanarisch-internationale Küche. Abends Reservierung angebracht: ℂ 922-860744. 12-16.30 Uhr und 19-0.30 Uhr, Di zu; €€/€€€.

Das sieht hier nicht so einladend aus, oder? Aber drinnen ist es im Saúco ganz ansprechend. Von der Terrasse sieht man den Jesuman nicht und genießt den Blick übers Meer bis La Gomera

Rincón de Juan Carlos (26)

Los Gigantes

Im Zentrum an der Pasaje Jacaranda steht dieses Feinschmeckerlokal mit *Michelin*-Stern und breitem Gerichte-Spektrum. Man kocht fantasievoll verfeinert kanarisch, aber auch Heimisches wie Ochsenschwanz mit Selleriepüree. Besonders schön sitzt man im Garten, 19-22 Uhr, So geschlossen, ℂ 922-868040, €€/€€€.

Tapa Bar 23°(27)

Neben dem *Rincón* auf der Plaza Bouganvillea wartet diese einfache *Tasca* mit wunderbar fantasievollen Portiönchen und guten Zutaten; täglich 11-23 Uhr, So zu, ℂ 922-868493; €/€€.

5.4.8   Region Puerto de La Cruz

Las Aguas (28)

Las Aguas bei San Juan de la Rambla

Kuscheliges altkanarisches Häuschen mit Meerblick-Terrasse in der Calle de la Destila 20. Das Lokal ist bekannt für seine Reisgerichte (Tipp: *Caldoso de Pescado*); tägl. 13-15.30 Uhr und 19.30-22 Uhr, So-Di abends geschlossen; ℂ 922-360428; €€/€€€.

Mesón El Monasterio (29)

Los Realejos

Das Ex-Kloster überrascht durch Vielfalt: Gemütliche Räume, diverse Terrassen und Gärten, Küchen, und Büfetts. Lecker vorweg: Bauernbrot mit Griebenschmalz, Spezialität ist Ente. Aus der **Cafetería Mirador** schweift der Blick über das ganze Orotavatal. Anfahrt von *Salida 36* der Autobahn TF 5 in Richtung Los Realejos; nach ca. 3 km liegt der Komplex an der Kreuzung TF 333/322 etwas versteckt rechter Hand. Täglich geöffnet, nur einzelne Küchen mit Ruhetagen. Ab Puerto de la Cruz fährt stündlich der Bus #352 dorthin (15 min); ℂ 922-340707, €€/€€€.

5

LArena 53 (30)

Bei Salida 32 der TF 5 (TF 31)

Terrasse und Chill-out-Garten dieses Restaurants liegen gleich unterhalb der Ausfahrt 32 der Nordautobahn TF 5, Barranco de la Arena 53. Stilvoller Speiseraum in einem Kolonialstil-Herrenhaus. Degustations-Menüs (➤ *Sucas*, Seite 84); Di-Sa 13-15.30 und 19-23 Uhr; ✆ 922-321159, €€€; www.restaurantelucasmaes.com.

Bodegón El Reloj (31)

La Orotava

In einem alten Haus mit Terrasse kocht der baskische Küchenmeister (2012 bester Koch der Kanaren) – auf hohem Niveau bei moderaten Preisen. Camino Los Frontones 37; Zufahrt kompliziert: *Salida* 33 von der TF 5, dann per Navi. Di-Sa 13-16.30 Uhr; Do, Fr, Sa auch 19.30-23 Uhr, So 13-17 Uhr; Mo geschlossen; ✆ 696-386524, €€/€€€; www.tenerinfo.com/bodega-el-reloj.

Brunelli's (32)

Puerto de la Cruz (Playa Jardín)

Vis-a-vis der Einfahrt in den *Loro Park* an der Straße Puerto-Punta Brava kommen *Beefeater* auf ihre Kosten. Hier wird amerikanisch mit 800° Celsius sekundenschnell gegrillt: Die Steaks kommen außen kross, innen saftig-zart – auch Fisch wandert derart in die glühende Röhre. Da vergisst man glatt, aus dem versenkbaren Panoramafenster aufs Meer zu schauen. Täglich 13-15.30 Uhr und 19-23 Uhr; ✆ 922-062600, €€€; www.brunellis.com.

Arcon Tapas (33)

Puerto de la Cruz

Kleines *Tapas*-Lokal mit altkanarischen Rezepten. Der Besitzer lüftet gern seine Küchengeheimnisse. Tipp: *Pulpo, Conejo* und der *Saberosa* (*cortado* mit Likör). Oberhalb der Plaza Charco an der Plaza Cocejil, eine Oase fern von Gedränge; täglich außer So, 11-23 Uhr; ✆ 650-161025, €.

Esencia(34)

Klein, aber fein mit Brunnen-Terrasse und Wintergarten. Familiäres Ambiente, frische Köstlichkeiten, auch Ente und zarteste

Steaks. Auch Vegetarier sind begeistert. Moderate Preise. Avenida Venezuela/Calle Uruguay 7 gleich hinter dem *Lago Martiánez*; Mo-Fr 12-19 Uhr, ✆ 922-076678, €€.

Kafka (35)

In einem perfekt renovierten Haus mit Terrasse in der Calle Cruz Verde 4 (Ranilla). Moderne Einrichtung, leichte Küche; geöffnet 13-15.30 Uhr und 19-23.30 Uhr, Mi zu; ✆ 922-381283; €€/€€€.

Cofradía de Pescadores (36)

Fischereigenossenschaft in der Calle La Lonja am kleinen Hafen neben der Touristeninformation. Unten wird dort verkauft, oben gibt's auf der Meerblick-Terrasse prima Fischgerichte. So Abend und Mo geschlossen; ✆ 922-383409, €€.

Region Nordosten

Casa Juan de los Ahumados (37)

La Matanza Auch bei Spaniern beliebtes Restaurant (Schweizer Leitung) mit geschützter Terrasse im Garten; gute deutsche Gerichte, eigene Räucherei, gute Desserts. Anfahrt über *Salida* 23, dann meerseitig die Parallelstraße zur Autobahn Richtung Puerto de la Cruz, (*Carretera de Servicio*) ca. 1,25 km und dann rechts ab in die Calle Acentejo (Restaurant ausgeschildert); täglich 12-23 Uhr, Di geschlossen; ✆ 922-577012, €€; www.casajuan.net/de.

Nila (38)

El Sauzal Altkanarisches Restaurant in der Calle Iglesia 2. *Tapas*, primär Fleisch, im Herbst tinerfenische Pilze; Mi 18-23 Uhr, Do-Sa 13-16 und 20-23 Uhr, So bis 16 Uhr; ✆ 922-099864; €€.

Terrazas del Sauzal (39)

Zwei Terrassen mit Aussicht auf den Teide: Oben Cafeteria, Bar und *Tasca*, unten das Restaurant. Leichte Gerichte mit tagesfrischen Produkten. Das Haus liegt 100 m hinter dem *Nila* in der Calle Sierva de Dios. Durchgehend geöffnet 12.30-22.30 Uhr, aber Küche nur 13-16 Uhr und 19.30-22.30 Uhr; Mo-Di geschlossen; ✆ 922-571491, €€.

Gastrobar AIE (40)

Feines Restaurant mit Spitzenqualität im NewYork-City-Style: *Pinxos* und *Tapas* in zahlreichen Variationen. Autofahrer müssen einmal den *Mercado* umrunden, dann rechts neben dem blauen Schild *Colegio Británico* in die Avda Inmaculada Concepción 58. Reservieren ist sinnvoll. Mi-Sa 13-16 Uhr und 20-23 Uhr, So abends geschlossen; ✆ 922-560582, €€.

Casa Pepe (41)

Bajamar Hier sitzt man wie in einer Loge am Meer. Einfaches Fisch- und Fleischrestaurant mit Pfiff; Spezialitäten sind *Montaditos* (Toasthäppchen), *Puchero* und *Pulpo Gallego*, *Chicharros Alineados* (Sardinenart). Tipp: Drei in sich variierbare Menüs mit Getränk und Dessert für €14-€15; Paseo Werner Rautemberg 5, Di-So 12.30-16.30 Uhr, Mo geschlossen; ✆ 922-540958, €/€€.

Teide Nationalpark

Parador Nacional (42)

Rustikal-elegant am Fuße des Vulkankegels. Man sitzt am Kamin und speist kanarisch gediegen: Spezialitäten wie *Potajes*, *Puchero* (Eintopf) oder *Cabrito* (Zicklein) serviert die Bedienung in lokaler Tracht; Nicht-Hotelgäste müssen vorbestellen; täglich 13.30-17 Uhr und 19-22 Uhr, ✆ 922-368172; €€/€€€.

5

TEIL 2
Teneriffa
selbst entdecken

1 Küsten und Regionen

1.1   Konzeption des Reiseteils

1.1.1   Teneriffas Regionen

Nord, Ost, Süd oder West? Mit dem spitzen Winkel Richtung Nordosten liegt Teneriffa wie ein gleichschenkliges Dreieck im Atlantik. Manche erkennen in den Inselkonturen gar ein Huhn, das seinen Kopf nach Nordosten (Anaga) reckt. Ob nun Triangel oder Henne, bei der Frage nach der Himmelsrichtung kommt man leicht ins Schleudern. Selbst unter Teneriffa-Kennern kann es darüber nach dem zweiten Glas Wein Streit geben. Las Américas, Teneriffas Reiseziel Nr. 1, liegt eindeutig im Süden, aber eigentlich schon an der Westküste; Santa Cruz befindet sich an der Ostküste, aber irgendwie doch im Insel-Norden. Und Puerto de la Cruz, das etwas südlicher als die Hauptstadt liegt, gilt als »der« Touristenort im Norden.

Wetterscheide *Tinerfeños* unter sich lösen diese Orientierungsprobleme so: sie nehmen die Wetterscheide entlang Teneriffas Kammstraße (Chamorga-La Laguna-Cañadas-Teide) und nennen alles unterhalb davon »den Süden«, alles darüber »den Norden«. Ost oder West sind unbedeutend, was ja klimatisch auch weitgehend stimmt, ➤ Klima, Seiten 21f+ 444f. Wichtiger auf der gebirgigen Insel sind da schon oben und unten, was weniger Unklarheiten verursacht.

Aufteilung der Insel in diesem Buch

Teneriffa wurde in **7 Regionen** definiert (➤ nebenstehende Karte): Das Dreieck (grau) zwischen Vilaflor, Santiago del Teide und La Esperanza bildet den **zentralen Teil** der Insel: **Teide Nationalpark/ Cañadas** und **Cumbre Dorsal** (= Strecke Teide-La Esperanza).

Abgrenzung der Regionen Von diesen drei Städten wurden Linien zu folgenden Küstenorten gezogen: von La Esperanza nach Punta del Hidalgo und von Santiago del Teide nach Punta de Teno (das ergibt zusammen die **Region Nordküste**), von Vilaflor über Granadilla nach El Médano und über Adeje nach La Caleta (das ergibt den **Süden**).

Die Region **Westküste** resultiert gleichzeitig damit aus den Linien Punta de Teno über Santiago del Teide nach Vilaflor und von dort nach La Caleta. Die **Ostküste** erstreckt sich zwischen Vilaflor/El Médano und La Esperanza/Santa Cruz.

Eine letzte Verbindungslinie zwischen San Andrés und Punta del Hidalgo markiert zwei weitere Regionen:

• oberhalb/rechts der Linie den Bereich **Anagagebirge**
• unterhalb dieser Linie das Ballungsgebiet La Laguna/Santa Cruz bis La Esperanza, das hier **Großraum Santa Cruz (Metro)** heißt.

Bedeutung Diese Aufteilung zieht sich durch den gesamten Reiseteil; sie wird einer ganzen Reihe von geologischen, klimatischen und geographischen Aspekten gerecht.

Der überwiegende Teil der Urlauber wohnt im Süden und an der Nord- oder Westküste:

Die Regionen

Anaga
Punta del Hidalgo
Benijo
Chamorga
Bajamar
Taganana
La Laguna
El Sauzal
Tacoronte
San Andrés
Nordküste
La Esperanza
Santa Cruz
Puerto de la Cruz
La Orotava
Metro
Buenavista del Norte
Garachico
Icod de los Vinos
El Tanque
Teide-Auffahrten
Candelaria
Punta de Teno
Masca
Santiago del Teide
Güímar
El Portillo
Puerto de Güimar
Los Gigantes
Chío
▲ Teide
Cañadas
Fasnia
El Tablado
San Juan
Guía de Isora
Arico
Ostküste
Westküste
Vilaflor
El Río
Poris de Abona
Adeje
La Caleta
Granadilla de Abona
Tajao
Costa Adeje
Arona
Las Américas
San Isidro
Los Cristianos
El Médano
N
Süden
Las Galletas/
Costa del Silencio
0   10 km

Der Norden

An der Nordküste bieten drei Regionen ein unterschiedliches Urlaubsambiente: Im zentralen Abschnitt wartet die Tourismushochburg **Puerto de la Cruz** mit La Orotava und Los Realejos.

Westlich wie östlich davon schließen sich zwei touristisch weniger entwickelte Küstenabschnitte an: im Westen die Region um **Garachico**, **Icod de los Vinos** und **Buenavista del Norte** mit einem weitgehend kleinstädtischen Charakter und östlich davon **Tacoronte** und der relativ abgelegene Bereich um **Punta del Hidalgo** und **Bajamar** mit älteren Aparthotels in meist separater Lage.

Daraus ergibt sich die Dreiteilung der Nordküste in

• **Zentraler Norden** mit Puerto, La Orotava, Los Realejos
• **Westliche Nordküste** mit Garachico, Icod und Buenavista
• **Östliche Nordküste** mit Tacoronte, Bajamar und Punta Hidalgo

Der Süden

Im Süden gibt es ebenfalls drei touristische Zentren:

Allen voran das seit Ende der 1960er-Jahre aus kleinsten Anfängen entstandene touristische Ballungsgebiet **Los Cristianos/Las Américas/Costa Adeje**, das sich mittlerweile bis zum einstigen Westküsten-Fischerdorf La Caleta ausgedehnt hat.

Unweit des Süd-Airports liegen zwei ebenfalls schon in den 1970er-Jahren entstandene, weniger bekannte und zeitweise touristisch

»ausgebremste« Bereiche: die *Costa del Silencio* mit dem kleinen Hafenstädtchen **Las Galletas**, der Ferienanlage *TenBel* und neuen Hotel-Großbauten wie Chalet-Urbanisationen rund um zwei Golfplätze. Auch der **Surfer-Treffpunkt El Médan,** den jüngere Urlauber bevorzugen, hat in letzter Zeit wieder aufgeholt.

Der Süden wird entsprechend in folgenden Kapiteln behandelt:

• **Los Cristianos-Las Américas-Costa Adeje**
• **Costa del Silencio**
• **El Médano**.

Die Westküste

An der Westküste konzentriert sich der Fremdenverkehr auf die Retortenorte **Los Gigantes**, **Playa de la Arena** sowie **Puerto de Santiago**. Alle drei sind inzwischen übergangslos miteinander verwachsen. Südlich davon gibt es neuere Hotelresorts der Luxusklasse bei **Alcalá** (*Gran Melia Palacio de Isora*, ➤ Seite 276) und **San Juan** (*Abama*, ➤ Seiten 39 und 275; beide auch Seite 560).

1.1.2   Gliederung und Inhalt des Reiseteils

Reihenfolge der Kapitel

Ausgehend von dieser regionalen Aufteilung wird nach einer Übersicht über die besten **Strände, Buchten** und **Pools** zunächst

• der **Großraum Santa Cruz** mit der alten Hauptstadt La Laguna vorgestellt. Da das Anagagebirge an Santa Cruz grenzt und bei Ausflügen in dieses Gebiet die meisten Besucher – außer bei Ausgangsorten der Nordostküste (Punta del Hidalgo/Bajamar) – den Großraum durchfahren müssen, erscheint es konsequent,

• den **Bereich Anaga** unmittelbar zusammenhängend mit Santa Cruz und La Laguna zu behandeln.

Danach geht es im **Uhrzeigersinn** rund um die Insel:

• Dem kurzen Kapitel zum **Ostküstenbereich** folgt die ausführliche **Behandlung des touristischen Südens** und der sich daran anschließenden **Westküste** samt **Abstecher nach La Gomera**.

• Dann werden – ausgehend von **Puerto de la Cruz** – zunächst der **zentrale Teil** der Nordküste, anschließend die **westliche** und danach die **östliche Nordküste** beschrieben.

Den Abschluss des Reiseteils bilden die verschiedenen

• **Auffahrten in den Teide-Nationalpark** und ein Kapitel zur Erkundung der *Cañadas*.

Inhaltliche Konzeption

Alle Kapitel wurden gemäß der Vorgabe »**Teneriffa individuell entdecken**« konzipiert und sind sehr ausführlich. Der Leser findet genaue und – wo nötig -- kritische Darstellungen aller nennenswerten Urlaubsorte und aller gängigen Ausflugsrouten und - ziele. Außerdem werden auch weniger frequentierte Strecken und Abstecher in abgelegene Inselecken beschrieben. In erster Linie wenden sich die Autoren damit an Leser, die Teneriffa **per Mietfahrzeug** kennenlernen wollen, erläutern aber auch Möglichkeiten, sich die Insel **per Linienbus** zu erschließen.

Kästen, Essays und Informationen
Im Rahmen der Orts-, Strecken- und Landschaftsbeschreibungen ist den Besonderheiten der jeweiligen Region und den mit ihr verbundenen historischen, kulturellen und natürlichen Ereignissen und Gegebenheiten viel Raum gewidmet. Bedeutsame lokale und regionale Phänome sind in Themenkästen und Essays abgehandelt. Für größere Ortschaften finden sich im Anschluss an die allgemeinen Ausführungen in kompakter Form praktische Informationen einschließlich Restaurant- und Shopping-Empfehlungen.

Orientierung für Autofahrer

Verkehrsdichte
Den Autofahrer erwartet auf durchweg gut ausgebauten Straßen eine oft erhebliche Verkehrsdichte. Auf Teneriffa waren im Jahr 2016 – inkl. 50.000 Mietwagen – über 700.000 Autos zugelassen.

Straßennetz
Im Großraum Santa Cruz und im Inselnorden ist das Straßennetz sehr engmaschig, aber auch unübersichtlich. Unkonventionelle Ortsdurchfahrten und irritierende Streckenführungen machen selbst Ortskundigen das Leben schwer. Dazu gibt es extrem kurze Autobahnaus- und -auffahrten und viele Kreisel.

Autobahnen und Ausfahrten
Die Nummerierung der Autobahnausfahrten entspricht der Entfernung (in km) zur Hauptstadt; sie ist als nicht (mehr) fortlaufend wie noch bis vor kurzem auf der Südautobahn (TF 1) zwischen Santa Cruz und Adeje. Die **beiliegende Teneriffa-Karte** wie auch die Detailkarten im Buch nennen die 2017 korrekten *Salidas* beider Autobahnen TF 1 und TF 5.

Gewichtung
Ortschaften, Strände, Kaps und andere wichtige Punkte werden in den verschiedenen in Deutschland wie auf Teneriffa erhältlichen Karten ausgesprochen unterschiedlich gewichtet. So bleiben beliebte Strände und manch kleinerer Ort in einigen Karten unerwähnt, während gelegentlich sogar kaum erreichbare Buchten eingezeichnet und benannt sind.

Wander- und Spazierwege

Einige der schönsten **Rund- und Streckenwanderungen** – vornehmlich im Inselnorden – ergänzen die Reisekapitel an passender Stelle mit detaillierter Beschreibung. Darüber hinaus werden **weitere Ziel- und Rundwanderungen**, deren Startpunkte im Bereich der Routenbeschreibungen dieses Buches liegen, kurz erläutert. Wer sich dadurch animieren lässt, kann manchen einfachen Weg bei guter Ausschilderung ohne große Vorbereitung gehen. Weitere längere Wanderrouten sind im beiliegenden vom Wanderführer Götz Kampmann erstellten Heft detailliert beschrieben.

Auch auf schöne **Spazierwege**, die sich bei guten Wetterlagen spontan einschieben lassen, wird hingewiesen. Manche solcher Wege sind die ersten Abschnitte längerer Wanderrouten.

Gastronomie

Restaurant-empfehlungen

Dem Thema »Essen & Trinken« wurde bereits ein besonders umfangreiches Kapitel gewidmet. Die darin herausgehobenen Restaurant-Empfehlungen (Seiten 81-87) finden sich am passender Stelle auch noch einmal im Reiseteil, darüber hinaus zahlreiche weitere Hinweise auf Einkehrmöglichkeiten sowohl in allen größeren Orten wie auch entlang der beschriebenen Routen.

Weitere' Thematisierung

Über regionale Besonderheiten der Gastronomie Teneriffas gibt es weitere **Themenkästen** und **Essays** in den folgenden Kapiteln, etwa zu den »**Restaurantstraßen**« (TF 156, TF 217 und TF 237) zwischen Santa Ursula und La Laguna, ➤ Seite 161.

Öffnungszeiten/Telefonnummern

Öffnungszeiten und Telefonnummern von Informationsbüros, Restaurants, Museen etc. wurden für diese Ausgabe wieder gründlich recherchiert; kleine Veränderungen im Zeitablauf sind möglich.

Restaurants

Kanarische **Lokale** sind von 16-20 Uhr, sowie So abends und Mo (über Land) meist geschlossen. Ruhetage sind üblich, wechseln aber stark. In Touristenzentren gelten oft durchgehende Zeiten.

Touristeninformation

Die Öffnungszeiten von **Touristenbüros** weichen – je nach Ort – mehr oder weniger voneinander ab. Wird keine Siesta eingelegt, sind sie meist nur bis 17 Uhr geöffnet, sonst auch länger. Samstags sind Infobüros in vielen Fällen erst ab Mittag besetzt, sonntags durchweg ganz geschlossen; komplette Liste ➤ Seite 55.

Kirchen sind geöffnet, bevor Messen stattfinden bis kurz nach der Messe; ansonsten existieren keine verbindlichen Zeiten, selbst wenn sie am Eingangsportal angeschlagen sein sollten.

Bei **Museen** treten seltener Unregelmäßigkeiten auf; die angegebenen Zeiten werden im Allgemeinen eingehalten.

Ins Meer hineingebaute Pools, die oft bei hoher See überspült werden, findet man an allen Küsten rund um die Insel. Hier Crab Island bei Los Gigantes an der Westküste

1.2   An Teneriffas Küsten

Extreme Unterschiede

Die kanarischen Luft- (19-25°) und Wassertemperaturen um 20° erlauben ganzjähriges Schwimmen unter freiem Himmel – sei es im offenen Atlantik, im Hotelpool, in öffentlichen Badeparks, in natürlichen, durch Lavamauern geschützten Buchten (sog. *charcas*) oder in Meerwasser-Schwimmbecken, die in den Ozean hineingebaut wurden. In Anbetracht der extrem unterschiedlichen lokalen Bedingungen an Teneriffas Küsten wird diesem Punkt vorab ein eigenes Kapitel gewidmet.

Baden

Das Baden im Meer ist trotz des geringen Tidenhubs von im Durchschnitt nur 1,5 Metern nicht immer ungefährlich; am sichersten schwimmt man in Buchten, die durch künstliche Riffe geschützt sind (z.B. Strandnummer 4, 19 und 32, ➤ Übersicht Seiten 102/3).

Gefahren

An der Nord-Küste gibt es zudem gefährliche Unterströmungen, die selbst guten Schwimmern schon zum Verhängnis geworden sind (z.B. Strände unterhalb von Taganana im Nordosten der Insel). Wenn die Ebbe beginnt, sollte man nur noch strandnah baden und nicht 'rausschwimmen, denn die Sogwelle zieht einen mit Kraft hinaus aufs Meer. Ungefährlicher ist das Baden zwischen Ebbe und Flut: www.tablademareas.com > Islas Canarias.

Ernst nehmen sollte man die bunten Signalflaggen:

Grün = Baden frei

Gelb = frei nur für gute Schwimmer

Rot = Lebensgefahr, Badeverbot

1.2.1   Strände und Pools

Natürliche Sandstrände und Felsbuchten

Freizeitkarten von Teneriffa verzeichnen ringsum zahllose *Playas*, denn der Begriff ist dehnbar. So hat die Insel **nur wenige natürliche Sandstrände**, die man ohne Probleme erreichen kann und an denen sich gut baden lässt. An der Nordküste sind einige zudem nur bei Ebbe vorhanden. Die Badestrände der Ostküste liegen oft unterhalb relativ unattraktiver Fischerdörfer. Sie werden zwar in den Sommermonaten von Einheimischen teilweise zu buntem Badeleben erweckt, bieten aber touristischen Besuchern wenig. Es gibt andererseits viele prima Badestellen an felsigen Buchten mit und ohne steinigen Sandstrandabschnitten.

Künstliche Strände

Viele Strände wurden aus hochgepumptem Meeresboden bzw. geschredderten Steinen künstlich angelegt. Sie sind hellgrau-beige und feinkörnig (z.B. *Las Vistas* in Los Cristianos oder *Playa Bahía del Duque* an der Costa Adeje). Der einzige helle (gelbe) Sandstrand, die *Playa de Las Teresitas*, befindet sich 7 km nordöstlich von Santa Cruz bei San Andrés.

Meerwasser-pools

Vor allem entlang der Nordküste sind die Meerwasser-Schwimmbecken eine Attraktion, die sich großer Beliebtheit erfreut: entweder als aufwendige türkisblaue **Badelandschaft** mit Palmen und Inseln (z.B. *Lago de Martiánez* in Puerto de la Cruz) oder als

Piscinas Municipales, traditionellen Badeanstalten direkt am Meer (z.B. in Los Silos oder Punta Hidalgo) oder einfach als *Piscinas Naturales* (natürliche Pools), wo im Brandungsbereich hochgezogene Betonmauern selbst bei nur leichtem Seegang schon die Wellen abhalten und lediglich erfrischende Spritzer durchlassen (in Punta del Hidalgo, El Pris, Bajamar und die gelungene Lavatunnel-Anlage *El Caletón* in Garachico).

Oben ohne/ FKK

«Oben ohne» ist auf Teneriffa kein Problem (Ausnahme: die Strände von Arona = Los Cristianos und Las Américas), aber der großen Mehrheit der Spanier ist es fremd, sich völlig unbekleidet in der Öffentlichkeit zu zeigen.

Es gibt kaum offizielle FKK-Buchten, aber an folgenden Stränden baden auch Spanier(innen) nackt: *Benijo* (Taganana), *Las Gaviotas* (zwischen San Andrés und Igueste), *La Tejita* (El Médano).

Hinweis

Für felsige und/oder steinige Strände sollte man stets Badeschuhe (Seeigel!) und Isomatte im Auto haben.

Abgrenzung

Im Folgenden genauer aufgeführt sind alle gut erreichbaren, zumindest annehmbaren Strände, felsigen Badestellen und Meerwasserbecken mit Anfahrtbeschreibung und praktischen Hinweisen (Läden/Restaurants). Wenn Duschen, Umkleidekabinen und vor allem Toiletten fehlen, ist »ohne Service« vermerkt.

Systematik

Die Beschreibung erfolgt im Uhrzeigersinn rund um die Insel und beginnt im hohen Nordosten. Die Nummerierung entspricht der in der **Karte auf Seite 103**; auf der Doppelseite 102/3 befindet sich außerdem eine tabellarische Kurzkennzeichnung.

1.2.2   Teneriffas beste Strände und Badestellen im Bereich Santa Cruz und Anagagebirge

Taganana (1) Buslinie 246

Roque de las Bodegas, *Almáciga*, *Benijo*

Östlich von Taganana liegen drei Strände ohne Service bei Roque de las Bodegas unterhalb von Almáciga und Benijo.

Sie verfügen über schwarzen Lavasand (z.T. steinig) und gefährliche Unterströmungen. Zum Eintauchen sind alle drei o.k., aber Rausschwimmen ist riskant.

Roque de las Bodegas

Am ersten Strand, der **Playa San Roque**, liegen einfache **Fischlokale**, die an Wochenenden gut besucht werden.

Dem Strand vorgelagert sind kleine und große Felsen. Auf dem größten von ihnen gibt es eine von Land aus trockenen Fußes erreichbare Plattform mit Leitereinstieg ins Meer.

Almáciga

Etwas weiter östlich befindet sich die bei Canarios beliebte Surfbucht mit der teilweise steinigen Playa unterhalb des Weilers Almáciga. Im Sommer parken dort die VW-Busse der Surfer neben zwei Kiosken zwischen Straße und Strand; im Winter nur bei gutem Wetter und an Wochenenden.

Surfstrand unter-
halb von Almáciga

1

Benijo

Der wunderbare *Benijo-Strand* liegt etwas unterhalb des gleichnamigen 20-Seelen-Örtchens. Man erreicht ihn über eine Treppe
ab dem Restaurant *Mirador* (mit offener Terrasse). Oberhalb
davon steht das Restaurant *El Frontón* mit Terrasse und verglastem Speiseraum, dazwischen ein Open-Air-Lokal.

Antequera (2)

Per pedes beschwerlich, per Boot oft schaukelig erreicht man die
Playa Antequera, einen einsamen Lava-Sandstrand nordöstlich
von Igueste. Eine alte Mole dient dort einem Wassertaxi als An-
leger. Es verkehrt dorthin ab der *Darsena Pesquera*, dem Fischer-
und Yachthafen südwestlich von San Andrés. Wanderer, die von
der Anaga-Herberge (➤ Seite 572) kommen, können nach Online-
Buchung dort für die Rückfahrt zusteigen (➤ Seite 146).

Igueste/San Andrés bei Santa Cruz (3)

**Playa de las
Gaviotas (3)**

Eine steil-kurvige, asphaltierte Anfahrt führt zum Meer mit viel
Parkraum am Wasser. Steinschlag-sichernde Netze schützen den
bei Santa-Cruzern beliebten Lavastrand **Las Gaviotas** (viel FKK).
An sonnigen Wochenenden wird es dort schnell eng, besonders bei
Flut, wenn der Strand schmaler wird. Die vor einiger Zeit geschlossene gemütliche Restaurant-Bude soll irgendwann wieder
öffnen. Bis dahin gibt's nur eine Art *Food Truck* dort.

Wer am Ende des Parkplatzes um die Ecke geht, blickt auf die
kleinere ***Playa Chica*** unterhalb des gleichnamigen Hochhauses.

Man erreicht beide Strände über die Küstenstraße von San Andrés
Richtung Igueste de San Andrés (TF 121). Ca. 3 km nach dem
Aussichtspunkt über dem *Las-Teresitas*-Strand zweigt die Ab-
fahrt nach rechts ab (dort auch Stopp der Buslinie 245).

**Igueste de
San Andrés**

Nur bei allertiefster Ebbe gibt der Atlantik ein schmales feinsan-
diges Lavastrandstück frei. Wochentags hat man dieses schöne
Eckchen oft ziemlich für sich allein; an Wochenenden zelten dort
gerne junge Canarios.

Der Teresitas Strand dient auch sportlichen Veranstaltungen. Hier stürzen sich die Teilnehmer eines Triathlon ins Wasser. Immer ziehen dort auch Jogger ihre Bahnen

Gleich am Ortseingang hinter dem Kneipenrestaurant *Rincón de Anaga* kann man parken und den kleinen Treppenweg (rechts halten) in Richtung San Andrés hinuntergehen. Es gibt dort keine Serviceeinrichtungen.

Playa de las Teresitas (4)

Teneriffas Vorzeige- und Hausstrand der *Santa Cruzeños* liegt ca. 7 km nordöstlich der Hauptstadt gleich im Anschluss an das Fischerdorf San Andrés (ab Santa Cruz gut ausgeschildert). Vor über 40 Jahren wurde die Halbmondbucht mit gelbem Sahara-Sand aufgeschüttet und mit Palmen bepflanzt, ➢ Foto Seite 11.

Außer im Hochsommer und an Schönwetterwochenenden ist der breite 1,3 km lange Strand meist angenehm leer. An den vielen Parkplätzen kann man ermessen, was bisweilen hier los ist. Dann leidet auch die Wasserqualität. Eine begehbare Mole am Strandende (mit Blick hinüber nach Santa Cruz und auf die Teidespitze im Hintergrund) und eine Brandungsbarriere machen das Baden ungefährlich und kinderfreundlich, zumal der Strand nur langsam abfällt. Zahlreiche Buden sorgen für das leibliche Wohl (beliebt sind u.a. nahe der TITSA-Endstation **El Caracol** und die **Cofradía** der Fischergenossenschaft). Duschen, Umkleidekabinen und Toiletten komplettieren die Infrastruktur. Bus 910 pendelt bis 23 Uhr alle 15 min von/nach Santa Cruz (*Intercambiador*).

Santa Cruz (5)

Parque Marítimo, Karte auf Seite 127

Die große Badelandschaft mit drei Meerwasserpools und einem kleinen schwarzen Strand neben dem Auditorium wird vor allem im Sommer von den Bewohnern der Stadt frequentiert. Sie ist der letzte Entwurf des Lanzaroter Architekten *César Manrique*, der 1992 bei einem Verkehrsunfall ums Leben kam, Avenida de la Constitución, täglich 10-18 Uhr, Eintritt €3 (im Winter nur €1), Kinder/Senioren die Hälfte, Sonnenschirm und Liegen extra.

Das benachbarte *Palmetum*, ein Palmengarten auf dem Hügel der ehemaligen Müllhalde, ist zu einem Paradies für Pflanzen- und Landschaftsinteressierte geworden (➢ Seite 136).

1.2.3   Bereich Ostküste

Radazul (6)

Santa Cruz' Vorort Radazul (8 km östlich), vollgestopft mit Hochhäusern vor steiler Felswand, hat eine attraktive Uferzone mit Promenaden, Spielplätzen, Planschbecken, zwei aufgeschütteten kleinen Sandbuchten und Leitern ins Meer. Gleich zu Beginn liegt der Jachthafen mit Restaurants.

Anfahrt   An Sommer-Wochenenden lindert ein Pendel-Bus die Parkraumnot. Zufahrt über die Südautobahn TF1, *Salida 8*.

Las Caletillas (7) Buslinien 122-124, 126 und 131

Das Neubauviertel Las Caletillas wurde bereichert durch einen ansprechenden Meerwasser-Pool (Calle Piscina etwas nordöstlich des kleinen Hafens von Candelaria). Entlang der Meeresavenida (Einbahnstraße nach Norden mit vielen Restaurants) liegt auch ein sandiger Kieselstrand. Über Leitern geht's von einer Holzplattform – mit Liegen und Kiosk – ins Meer.

Candelaria (8) Buslinie 122

Der schwarze Sandstrand unterhalb des großen Platzes vor der Basilika in Candelaria (ohne Service, im Winter bei Flut sehr schmal) erstreckt sich bis zu Candelarias kleinem Hafen und bietet auch bei Wellen noch ungefährlichen Badespaß. Auf der Plaza hat man die Auswahl zwischen mehreren Terrassen-Cafés.

Anfahrt   Autobahn TF 1, *Salida* 17, dann nicht den Schildern *Basilika* folgen, sondern links halten und unten am Wasser gegenüber dem Rathaus auf dem großen Parkplatz am Meer parken.

Restaurant-Tipp für Candelaria: *Casa Oligario* (➢ Seite 82).

Wochenendbetrieb am schmalen schwarzen Strand von Candelaria unmittelbar hinter dem Ort

Puertito de Güímar (9) Buslinie 120

Der steinige Strand hat nur am Süd-Ortsende (*Club Náutico*) ein paar Meter schwarzen Lavasand. Besser badet man im Hafenbereich; Leitern und Treppen erleichtern den Einstieg ins kristallklare Wasser. Sonnenbaden kann man auf hölzernen Plattformen, ➢ Foto Seite 192. An der Plaza Las Indias gibt's Cafés und Fischrestaurants, ➢ Seite 199). Parkplätze sind in Puertito leider rar.

Anfahrt   Autobahn TF 1, *Salida 23* »Guimar/Puertito de Güímar«

Poris de Abona (10)

Der breite helle Sandstrand *Playa Grande* südlich von Poris de Abona ist oft windig und manchmal durch Treibgut zu ungepflegt, um sich wohl zu fühlen (ohne Service); auch über eine Leiter an der Mole kommt man ins Meer. Der alte Hafenbereich von Poris wurde mit einer Promenade, Liegestühlen und Leitern ins glasklare Wasser ausgestattet. Außer an Wochenenden hat man diesen Luxus oft fast für sich allein. Guter Platz für **Schnorchler**. Einfache Fischrestaurants im Dorf.

Anfahrt   Von der Autobahn TF 1 *Salida 39*, dann im Ort rechts halten (am Leuchtturm orientieren oder zum Hafen fahren).

Abades (11)

Bei der etwas verloren wirkenden Bungalowsiedlung Abades liegt östlich der Felsnase die *Playa Los Abrigos*; ein kleiner Fußweg führt zu einer weiteren kleinen sandigen Bucht (ohne Service). Kleine Terrassen-Restaurants mit Meerblick am Parkplatz. Wer bei Hitze Abkühlung braucht, ist hier richtig. Gut für Kinder.

Anfahrt   Von der Autobahn TF 1 *Salida 42* (Abades).

Tajao (12)

Vor der beigen Felsformation des Fischerdorfes Tajao (➢ Foto Seite 20) liegen nur dicke graue Sandsteine (*callaos*). Oft kräftige Brandung. Hinter der südlichen Dorfdurchfahrt finden sich glatte Felsen oder sandigere Buchten. Kein Service. Fischrestaurants im Ort. **Tipp**: *El Rocas*, von 17-19 Uhr und Do geschlossen.

Anfahrt   Von der Südautobahn TF 1 *Salida 46* Tajao/PIRS. Am Hafen parken.

1.2.4   Der Süden

El Médano (13) Buslinie 116, 470 und 483

Playa de El Médano   Der natürliche Strand von El Médano ist neben Tejita, ➢ unten der beste seiner Art: 2 km relativ heller Sand, flaches Wasser, Komplett-Service und Bistros entlang einer Promenade aus Holzbohlen. Felsüberhänge bilden beliebte Höhlen, die vorm Wind schützen. Der weht oft und kräftig im **Windsurfer-Paradies**.

Richtung Südwesten erstreckt sich das *Montaña Roja*-**Naturreservat** um einen roten Vulkan-Ascheberg (172 m).

Anfahrt	Von der Autobahn TF 1, *Salida 55*, geht's zur zentralen Plaza. Parken schwierig. Alternative: kurz vor El Médano rechts ab Richtung Los Abrigos (TF 643) und bis Hotel *Playa Sur Tenerife* fahren.
Playa de El Cabezo	Die relativ hellsandigen Strände **Playa de El Cabezo** und **Playa La Jaquita** erreicht man von El Médanos Zentrum zu Fuß am Meer entlang in 20 min. Beide Strände liegen offen vor dem flachen Hinterland. **El Cabezo** ist ein populärer Surferstrand. Von der parallel zur Küste verlaufenden Straße zu den bunten Brettern sind es nur ein paar Meter. Das Strandumfeld ist dort nicht attraktiv.

Östlich des Hotels *Arena del Mar* (nördlich im Blickfeld) schließen sich noch mehrere Felsbuchten an (alle ohne Service).

Anfahrt	Wie oben, aber die Zufahrt zur Plaza rechts liegen lassen und zunächst weiter geradeaus fahren, dann links halten.

1

Playa de la Tejita (14) Buslinien 470 und 483

Der 1,2 km lange helle Sandstrand **Playa de La Tejita** ist das Pendant zum **Playa de El Médano** am westlichen Fuß der *Montaña Roja*. Ein prima Plätzchen: der Wind verweht den Jet-Lärm des nahen Flughafens, Kioske an beiden Strandenden bieten Drinks und Brötchen – mit dem Gütezeichen *Blaue Flagge*. Wer um die *Montaña Roja* herumgeht, findet kleine FKK-Buchten. Die Wasserqualität ist blendend.

Anfahrt	Von Norden auf der TF 1 kommend *Salida 55* wie oben und kurz vor dem Ort auf TF 643 nach rechts; von Süden *Salida 62*, dann TF 65 über Los Abrigos auf die 643. Drei ausgeschilderte Parkplätze liegen unterhalb der *Montaña Roja* direkt an der vorbeiführenden Straße; von dort ist man gleich am Strand.

Meerwasser-Pool bei San Miguel (15)

Punta del Guincho	Unterhalb des Golfplatzes *Golf del Sur* an der *Punta del Guincho* liegt direkt vor der Bungalow-Siedlung San Miguel ein wunderbar in die Felsküste eingepasstes Meerwasser-Schwimmbad; wenige Meter weiter westlich gelangt man außerdem über Leitern in das kristallklare Atlantikwasser.

*Playa de El Médano; im Hintergrund
sieht man die Montaña Roja*

Strände und Pools im Überblick (*2017 mit blauer Flagge: www.blueflag.org)

Strandwetter: www.portal-de-canarias.com > Teneriffa > Strandwetter

Strand/Bucht/Pool (ab Anagagebirge im Uhrzeigersinn) Nähe von/bei	Name/Playa	Bemerkung
1 Taganana	San Roque, Almáciga, Benijo	Lava, natürlich, Surfen, gefährlich
2 Antequera	Playa de Antequera	abseits, mit Boot erreichbar, ruhig
3 Igueste/ San Andrés	Playa Chica Las Gaviotas	Lava, natürlich, Kiosk, steile Zufahrt, FKK
4 San Andrés	Las Teresitas	1,3 km Saharasand, seicht, gut für Kinder, Palmen,Kioske
5 Santa Cruz westl Auditorium	Parque Marítimo Badelandschaft (C. Manrique)	3 Pools, kleiner Lavastrand
6 Radazul 7 Caletillas 8 Candelaria 9 unterhalb Güimar 10 Poris de Abona 11 Abades	Playa de Radazul Piscina Municipal Candelaria El Puertito Playa Grande Playa Los Abrigos	Sandstrand, Promenade, Restaurants kleiner Pool, modernes Restaurant Lavastrand, schmal, mit Brandung Leiter ins Meer Lavasandstrand und Hafenpool Lavasandstrand
12 Tajao	Tajao	Felsbucht ohne Leitern
13 El Médano	Stadtstrand* La Jaquita* El Cabezo*	heller Sand, seicht, lange Promenade Kiosk, Restaurants, FKK, Felsbuchten bester Surfstrand
14 Tejita 15 Golf del Sur 16 Costa de Silencio/TenBel	Playa de Tejita* Punta del Guincho Montaña Amarilla Bellavista	Sandstrand, ruhig, mit Kiosk Meerwasserpool, Leiter ins Meer tolle Felskulisse, Leiter ins Meer Pontons im Meer
17 Los Cristianos	Los Cristianos (beim Hafen) de las Vistas*	relativ hell, seicht, touristisch hell, seicht, touristisch, Promenade
18 Las Américas	Camisón* Troja*, Torviscas* La Roca	relativ hell, geschützt, gepflegt eng, viel Trubel Pool-Landschaft am Meer
19 Costa Adeje	de Fañabé* Puerto Colón Duque*	recht heller Sand, seicht, touristisch, Promenade hellgrauer Sandstrand, gepflegt
20 La Caleta 21 El Puertito 22 San Juan/Alcalá*	a) Caleta b)Hernández Playa Paraiso	a) Felsen, Leiter b) 30 min Fußweg Lavasandstrand, tolles Tauchrevier kleine Strände im Fischerhafen
23 Santiago de Teide	de la Arena* Guios	Lavasandstrand, touristisch, kleine Gartenpromenade
24 Los Gigantes	Los Guios Laguillo, Oasis	winziger Lavastrand attraktive Pools (Crab Island gesperrt)

Strand/Bucht/Pool (im Uhrzeigersinn)		
Nähe von/bei	Name/Playa	Bemerkung
25 Faro de Teno		steinige Bucht mit Leiter-Einstieg
26 Buenavista	*Las Arenas + Piscina Natural*	Naturstrand und Meerwasserpools
27 Los Silos	*Piscina Municipal*	Meerwasserpool, wenig besucht
28 Garachico	*El Caletón + Pisc. Municipal*	Pools in Lavabuchten + großer Pool
29 Icod de los Vinos	*San Marcos*	Kleiner Lavastrand; Restaurants
30 Playa de Castro	*Nahe Socorro**	schattig, ruhig
31 Los Realejos	*Playa del Socorro**	200 m Lavastrand, Surfer
32 Puerto de la Cruz	*Playa Jardín**	großer künstlicher Lavasandstrand, Palmen, Gartenpromenade
	Lago Martiánez	tolle Meerwasser-Poollandschaft
	Playa Martiánez	grauer Sand, Surfer, touristisch
	Bollullo	versteckter Strand, Lavasand, Kiosk
33 Mesa del Mar	*Las Arenas*	steiniger Strand, Surfen, abgelegen
	Piscina Municipal	groß, relativ ungepflegt
34 El Pris	*Playa del Pris*	Meerwasserpool und Lavastrand
35 Tejina	*La Barranquera*	felsige Fischerbucht, urig, Leiter
	Jover	Meerwasserpool
36 Bajamar	*Piscina Natural**	großer Meerwasserpool, Hauptspaß bei Brandung
37 Punta del Hildago	*Pools Altagay*	mehrere gestaltete Pools
	Piscinas Naturales	Naturbecken (*El Arenisco*)

Baden im Meerwasser

Anfahrt und Zugang

Autobahn TF 1 *Salida 62* Richtung Los Abrigos, dann am zweiten Kreisverkehr auf die Avenida CM Galvian Bello Richtung *Golf del Sur*, aber die Golfplatzeinfahrt links liegen lassen, weiter geradeaus, die *Residencia San Miguel Golf* unterhalb umrunden und erst die Calle San Miguel nach rechts bis zum Ende (*Vincci Tenerife Golf Hotel*). Dort parken und Richtung Meer laufen (100 m) und noch einmal ca. 100 m nach rechts auf dem Uferweg.

Costa del Silencio (16)

Am östlichen Ende der *Costa del Silencio* (= östlich von Las Galletas) findet man Einstiege in den Atlantik (z.T. über Leitern), die für Schnorchler ideal sind. Badeschuhe nicht vergessen!

Montaña Amarilla

Die gelben Felsen *Montaña Amarilla* bilden dort eine attraktive Kulisse, die die eher unschöne Bebauung dahinter vergessen lässt. Neugierige schauen um die Ecken und finden verschwiegene »private« Plätzchen zum Sonnenbaden, ➢ Seite 243.

Anfahrt

Von der Autobahn TF 1 *Salida 62* (Los Abrigos) Richtung Meer; beim ersten Kreisel auf die TF 655 Richtung Las Galletas (parallel zur Autobahn), dann nach links auf die TF 652 und kurz vor Las Galletas links ab in die Avda José Antonio Tavio bis zum Kreisel, dann Calle Minerva rechts und Calle Eneas links bis ans Wasser. Wer von Süden kommt, nimmt *Salida 69* und fährt auf der TF 66 durch Las Galletas, erreicht derart die TF 652 von unten und fährt rechts in die Avda José Antonio Tavio zur *Montaña Amarilla*.

Beliebter Badeplatz vor der Montaña Amarilla

Los Cristianos (17)

Playa de Los Cristianos
Der natürliche, relativ helle Strandabschnitt entlang der quirligen Promenade mit jeder Menge Gastronomiie eröffnet die Folge einer ganzen Reihe von aufgeschütteten Touristenstränden zwischen Los Cristianos und dem über 10 km weiter nördlichen La Caleta.

Der Strand grenzt ans Hafenbecken mit Fischerbooten, Yachten, Ausflugsbooten und den Fähren nach La Gomera und La Palma. Natürlich steht es dort bei so viel Trubel und Schiffsverkehr um die Wasserqualität nicht immer zum Besten.

Anfahrt
Von der Autobahn TF 1, *Salida 72*, folgt man ganz einfach der TF 655 nach Süden geradeaus und landet automatisch am Strand. Die Parkplatzsuche ist dort oft schwierig. Wer der Wegweisung »Puerto« folgt (auf die Avda Chayofita rechts ab am großen Kreisel, nicht weiter TF 655), findet am Hafen einen gebührenpflichtigen Platz.

Playa de las Vistas
Die Hafenzufahrt folgt einer erhöhten Trasse, die die *Playa de Los Cristianos* von der etwas helleren 1000 m langen **Playa de las Vistas** trennt. Eine Unterführung sorgt für die Verbindung der Promenaden hinter beiden Stränden. Dieser Strand gilt als einer der besten im Süden. Er ist daher meist ebenso gut besucht wie die von außerhalb leichter zu erreichende *Playa de Los Cristiano*s.

Anfahrt
Von der TF 1, *Salida 72*, zunächst wie oben, aber am großen zweiten Kreisel von der TF 655 rechts auf die Avda Chayofita abbiegen und der Ausschilderung »*Playa Las Vistas*«/«*Puerto*« folgen.

Las Américas (18)

Playa del Camisón
Die helle **Playa del Camisón** im Ortsteil **Los Morritos** von Las Américas liegt vor den Hotels *Santiago III, Cleopatra Palace* und *Sir Anthony*. Dank der an diesem Promenadenabschnitt fehlenden Kioske und Läden wirkt dieser Strand besonders gepflegt.

Anfahrt
Von der Autobahn TF 1, *Salida 72*, auch wieder Avda Chayofita, aber erst an der Avda Antonio Dominguez nach links der Ausschilderung »Las Americas« folgen und über die Avda Luis Diaz de Losada bis zur Avda Las Americas fahren.

Playas de las Américas
Die Avda Rafael Puig de Lluvia verbindet die weiteren Strände des Bereichs: **Playa de las Américas**, **Troya I-II**, **Las Cuevitas** und und **Playa Bobo**. Im Blickfeld ihrer Besucher, die im wesentlichen aus den dahinterliegenden Großhotels kommen, liegt La Gomera.

Anfahrt
Wie oben oder von der *Salida 73* auf die Avda de los Pueblos und via Avenidas Barranco del Rey und Arquitecto Gomez Cuesta auf die Avda Las Américas, diese nach rechts an der *Pyramide de Arona* vorbei bis zur Rafael Puig de Lluvia (Hotel *Villa Cortés*).

Club La Roca/ Jardín Tropical
Ein wenig nördlich der *Playa Bobo* befindet sich die **Meerwasser-Schwimmlandschaft** *La Roca*. Sie gehört zum dahinterliegenden *Hotel Jardín Tropical*, ist aber öffentlich (Eintritt). Die Becken liegen am Steilufer unterhalb der Promenade und ziehen sich schmal und gestreckt durch hübsch gestaltete Terrassengärten. Anfahrt auch via *Salida 73* oder – von Norden kommend – auch *Salida 74*.

1

Costa Adeje (19)

Playas Puerto Colón und Torviscas
Die beige-graue Sandbucht unmittelbar im Anschluss an den Yacht- und Ausflugsboothafenhafen Puerto Colón ist meist mehr als gut besucht: ein typischer Touristenstrand mit allem, was dazu gehört: Geschäfte und Gastronomie dicht an dicht und große Hotelklötze dahinter.

Die gleiche Kennzeichnung gilt für die *Playa Torviscas* nur eine Felsnase weiter nördlich. Sie geht in die *Playa de Fañabé* über.

Anfahrt
Autobahn TF1, *Salida 76*, dann Ausschilderung »*Puerto Colón*«.

Playa de Fañabé
Die 800 m lange **Playa de Fañabé** gehört zum Ortsteil San Eugenio der diesen Bereich verwaltenden Gemeinde Adeje. Der grau-beige-farbene Strand wird durch Aufschüttungen gut geschützt. Kennzeichen dieses Strandes sind diverse Beach-Clubs mit weißen Lotterbetten und Strandservice sowie eine doppelstöckige Promenaden-infrastruktur. Die Wasserqualität ist hier hervorragend.

Anfahrt
Von der Autobahn TF 1, *Salida 76* der Ausschilderung zum Hotel *Jardines de Nivaria* oder zur *Plaza Playa del Duque* folgen.

Playa del Duque
Der hellgraue Strand vor dem Luxushotel beginnt hinter einer ihn gegen Seegang schützenden Felsnase. Gastronomie unter Palmen und Sonnenschirme; wäre der Strand weiß, könnte man sagen »wie in der Karibik«. Gepflegter und exklusiver als die vorstehend genannten Strände und damit bester der Costa Adeje.

Anfahrt
Wie oben und der Wegweisung Hotel »*Bahia del Duque*« folgen oder *Salida 78*, von der es auf der Straße Pie Cabezos Sau direkt zu den Hotelpalästen der nördlichen Costa Adeje geht. An diesen vorbei führt die Avda Virgen de Guadalupe bis nach La Galeta.

Playa de Enramada
Der letzte Strand vor La Caleta nennt sich *Playa de Enramada*. Hinter ihm schließt sich 2017 die letzte Baulücke der Costa Adeje.

La Caleta (20) Buslinien 416 und 418

Im alten Teil von La Caleta führen Leitern hinter den Apartments am westlichen Dorfrand hinunter zum Meer. Zugang über die Treppen – dazwischen führt ein **Pfad** zu unbebauten Buchten weiter nördlich, zunächst zur **Playa Hernandez** (ca. 20 min) an einer von ungewöhnlichen Sandsteinformationen eingefassten Bucht und diversen Höhlen, die jahrzehntelang »alternativ« von Hippies bewohnt wurden.

Anfahrt
Autobahn *Salida 78* wie beschrieben bis La Caleta oder über *Salida 79* (Adeje) dann Richtung La Caleta.

Der Strand des Abama Hotels, ein Sonderfall (➢ Seite 560)

Beim *Abama Hotel Resort* (➢ Foto Seite 39, knappe 3 km südlich der *Playa San Juan*, siehe Text rechts) gibt es einen aufgespülten gelben Sandstrand. Die Einschienenbahn ist den Hotelgästen vorbehalten, aber die Straße dorthin ist öffentlich (Anfahrt von der TF 47 über die Zufahrt zum Hotel). Das letzte Stück ist dann allerdings nur zu Fuß zu bewältigen.

Zweiter heller Strand der Insel beim
Resorthotel Abama bei San Juan.
Hotelfremde Besucher müssen
die Treppe nehmen. Die
»Monorail« ist nur für
Resortgäste

1.2.5   **Bereich Westküste**

El Puertito (21)

Unmittelbar vor dem Dorf El Puertito liegt auf einer Felsnase eine stillgelegte Bananen-Packanlage, dahinter ein 500 m langer schwarzer Strand (ohne Service). Im Sommer wird dort wild gecampt, doch im Winter ist es werktags ruhig. Diese Bucht wurde als »Maritimes Mikroreservat« unter Schutz gestellt.

Anfahrt   Die Südautobahn bei *Salida 81* verlassen und die **TF 47** Richtung Playa San Juan nehmen. Am Ortseingang von Armeñime geht es in einer Rechtskurve links ab in Richtung Meer nach Bahia Principe bzw. El Puertito (Carretera Acceso al Puertito).

Playa San Juan und Alcalá (22) Buslinien 473, 477 und 493

San Juan: Ruhiges Sandstrandleben mit Service am Hafen; mit Promenade, Cafés und Restaurants – ein Tipp, ➤ Seite 275.

Alacalá: Gut geschützte kleine Felsbucht. Der schwarze Steinstrand wird unterbrochen von einer Slipanlage für Fischerboote (dort Meereinstieg). Diverse Cafés und Restaurants.

Anfahrten   An der Küste entlang auf der **TF 47** (➤ oben) oder die **TF 1** bei den *Salidas 87* bzw. *93* verlassen und auf der TF 465 bzw. TF 463 nach Westen zur TF 47 bei/in Playa San Juan.

Playa La Jaquita   Die Playa La Jaquita nördlich von **Alcalá** oberhalb des Hotels *Melia Palacio Isora* besteht aus drei kleinen Stränden. Eine Promenade verbindet sie und passiert auch Naturschwimmbecken.

Puerto de Santiago (23)

Playa de la Arena (23)

Ein 400 m schwarzer, feiner Sandstrand in einer geschwungenen Bucht – das hat Investoren nicht ruhen lassen. Oberhalb der parkähnlichen Promenade wurde schon früh masssiv und eng gebaut. An der davor verlaufenden Durchgangsstraße reihen sich Shops und Restaurants aneinander. Für die vielen Gäste der Hotels und Apartmentanlagen ist der an sich schöne Strand (*Blaue Flagge*) ab mittlerer Auslastung der Ortskapazitäten zu klein.

Anfahrt

Von Norden wie von Süden über die **TF 47**

Tipp

Dem Betrieb der *Playa de la Arena* entkommt, wer die verschwiegene Bucht an der Felsnase **Punta Negra** findet: Unmittelbar südlich der *Playa de la Arena* zweigt von der TF 47 die Calle Punta Negra ab, von ihr die Calle El Drago; von deren Schleife nach rechts geht es über ein paar Stufen hinunter ans Wasser.

Los Gigantes (24)

Das eng bebaute Los Gigantes bietet **drei Badestellen** am Meer: Der kleine graue Sandstrand **Playa los Guios** liegt etwas versteckt hinter dem Sporthafen mit tollem Blick auf die namensgebenden gigantischen Felswände. Tretboote, Liegen und Sonnenschirme.

Außerdem gibt es zwei Meerwasserpools **El Laguillo** und **Piscinas Oasis** (Eintritt); sie liegen gleich südlich der Hafenzufahrt.

Anfahrt

Auf der **TF 47** bzw. **TF 454** (von Tamaimo/Santiago del Teide) nach Los Gigantes hinein und dort der Ausschilderung »Puerto« folgen.

Die Playa los Guios in unmittelbar an die gigantischen

Los Gigantes schließt namensgebenden Felswände an

1.2.6   Nordküste

Faro de Teno (25)

Wer an der äußersten Nordwestecke beim *Faro de Teno* baden möchte, findet den Weg ins Wasser bei den Fischerbooten über die Bootsrampe oder (noch schöner!) hinter dem Leuchtturm über Treppen und Leitern. Ein lauschiges Fleckchen besonders bei Sonnenuntergang. Nicht bei rauer See; keinerlei Service.

Anfahrt
Die **TF 445** westlich von Buenavista del Norte bis zum Kap fahren. Verkehrsschilder unterwegs warnen dort vor Steinschlag, bedeuten aber kein Durchfahrtsverbot. Nur bei akuter Steinschlaggefahr, meist nach Regenfällen, wird die Straße gesperrt.

Buenavista (26)

**Playa
las Arenas**
Ein versteckter Küstenabschnitt liegt unterhalb des **Mirador Don Pompeyo**: Der Straße **TF 445** zum *Punta/Faro de Teno folgen.* Nach ca. 2,5 km Richtung »*Buenavista Golf*« und dann Abzweig ans Meer zur **Playa las Arenas** und weiteren Bademöglichkeiten: nach ca. 1.000 m geht es links ab nach *Playa del Fraile, Charco Roque* und *Playa de las Mujeres.* Dort gibt's – neben dem steinigen schwarzen Sand – kleine, natürliche Meerwasserpools und ein öffentliches **Meerwasser-Hallenbad** (➤ Seite 360).

Außerdem lohnen ein Besuch im angrenzenden **Restaurant Burgado** (➤ Seite 360; herrliche Aussicht) und der Küstenpromenade. Sie führt westlich zu steinigen Stränden und Pools. Nach Osten gibt es einen Küstenweg bis Buenavista (60 min).

Los Silos (27) Buslinie 365

Die große *Piscina Municipal* von Los Silos ist einen kleinen Abstecher von der Küstenstraße wert. Man schwimmt mit Meerblick im Atlantikwasser, aber geschützt vor dessen Brandung. Es liegt zwar am Rande eines wenig animierenden Neubaugebietes, ist aber im Winter wenig besucht (Eintritt); Restaurants.

Anfahrt
Küstenstraße **TF 42** bis Los Silos und an der Avda el Mar zum Meer abbiegen und geradeaus Richtung »*Playa del Puertito*«.

Garachico (28) Buslinien 107, 363 und 368

El Caletón
Die tief eingeschnittene Lavafelsküste (ein eingestürzter Lavatunnel, ➤ Kasten Seite 357 und Foto Seiten 88+89) hat man zu einer Badelandschaft umgestaltet: Die offenen Becken (*charcos*) wurden mit schwarzem Vulkangestein unauffällig ergänzt, um vor der Brandung zu schützen. Dazwischen befinden sich Liegeflächen, Verbindungspfade und Treppchen. Weit schwimmen kann man dort nicht, aber es macht Spaß, in diesen »Sprudelbecken« zu planschen. Kostenlos; Toiletten und Gastronomie.

Piscina
Für ehrgeiziges Streckenschwimmen eignet sich das benachbarte städtische **Schwimmbad** besser (Eintritt). Beide Bäder liegen direkt an der Küstenstraße **TF 42** durch Garachico.

Playa de San Marcos (29) Buslinie 362

Der sehr geschützt liegende Lavasandstrand (150 m) unterhalb von Icod im Fischerdorf San Marcos ist nicht nur bei *Canarios* ein beliebtes Wochenendziel. Eine kurze Promenade läuft entlang der teilweise zu Restaurants umgebauten ehemaligen Fischerhäuser. Duschen, Kabinen, Toiletten und Läden.

Anfahrt   Von der **Küstenstraße TF 42/TF 5** die **TF 414** Richtung Meer nach San Marcos nehmen (ca. 3 km).

Playa de Castro (30)

Bei Ebbe ein **Tipp**. Kleiner, versteckter, schwarzer Sandstrand. Etwas beschwerlicher Abstieg ab *Mirador Pedro* (➤ Seite 337f). Im Winter früh schattig. Das exponiert auf Felsen liegende Meerwasser-Schwimmbad in Las Aguas ist zurzeit geschlossen.

Zum Baden laden drei kleine *Charcas* am westlichen Ortsausgang von **Juan de la Rambla** ein: die **Charca del Viento**, **Charca de la Arena** und die **Charca Verde**; alle drei sind ausgeschildert, die beiden letzten aber nicht ganz leicht zu finden.

Anfahrt   Von der **Küstenstraße TF 5** in San Juan de la Rambla auf die Ausschilderung achten.

Playa del Socorro (31) Buslinie 546

200 m schwarzer feiner Sandstrand an nicht geschützter Küste – an Sommerwochenenden ist mit Besuchermassen zu rechnen. Der im Winter noch stärkere Wellengang erschwert das Baden, dann wird hier das *Bodyboarding* groß geschrieben. Die Bucht (mit *Blauer Flagge*) ist unbebaut, hat aber Duschen, Toiletten und ein kleines Café. Wer bei Ebbe an der Küste Richtung Westen geht, erreicht eine weitere kleine Bucht.

Anfahrt   An der **Küstenstraße TF 5** zwischen San Juan de la Rambla und Los Realejos auf die Ausschilderung achten. Der TITSA-Bus 546 bedient im Sommer Sa/So 7x die Strecke Los Realejos- *Playa Socorro*.

Puerto de la Cruz

Playa Jardin (32)   200.000 m³ Sand wurden eigens für diesen 1.000 m langen und sehr breiten Strand aus dem Atlantik gepumpt. Die *Playa Jardín* ist nicht nur eine Meisterleistung der Strand-, sondern auch der Gartenarchitektur; die Promenade erhielt zwei Ebenen und wurde mit Pflanzen, Pergolas, Ruhezonen, Sitzbänken und Cafeterias ansehnlich gestaltet. Eine Brandungsmauer unterhalb der Wasserlinie ist so konstruiert, dass Abschnitte mit wechselnder Brandung entstehen.

Die ideale Lage der *Playa Jardín* zwischen dem *Castillo de San Felipe* und dem Fischerdorf **Punta Brava** auf einer Landzunge wird nur durch die starke Bebauung im Hintergrund gestört.

Anfahrt   Von der Autobahn TF 5, **Salidas 35**, **36** oder **39** »*por las Arenas*« nehmen und der Ausschilderung in Richtung Meer folgen.

Lago de Martíanez

Die Badelandschaft *Lago de Martíanez* auf einer aufgeschütteten Landzunge ist das Vorzeigeobjekt von Puerto de la Cruz. Vier kleine (eins für Kinder) und ein riesiges Becken (27.000 m³ Salzwasser) gehören zu diesem typischen *Cesar Manrique*-Komplex: Schneeweiße Beckenränder mit pechschwarzen Lavafelsen, hellblaues Wasser und viel Grün, Treppchen und kleine Brücken, die zu künstlichen Inseln mit Bambus-Kiosken führen. Spiele, Bars, Restaurants und ein davor liegendes Kasino.

Playa Martíanez

Gleich westlich schließt sich der 200 m lange Lavasandstrand *Playa Martíanez* an, der trotz wiederholter Umgestaltungen kein rechtes Image besitzt. Aber Surfer lieben diesen Strand.

Anfahrt

Von der *Autopista del Norte* TF 5 **Salida 33** nehmen und der TF 31 folgen. Die Straße führt direkt zu *Lago* und *Playa Martíanez*.

Playa Bollullo

Die feinsandige schwarze Playa Bollullo (250 m) liegt in einer geschwungenen gegen Wellen kaum geschützten Bucht, zu der von der Steilküste (30 m) Treppen hinunterführen.

Vom Puerto-Vorort La Paz kommen die Besucher in 30 min zu Fuß über einen kleinen Pfad durch ausgedehnte Bananenplantagen (genauere Wegbeschreibung ➤ Puerto/La Paz, Seite 311). Dieser einzige von Puerto leicht erreichbare Naturstrand in ländlicher Umgebung wird an Wochenenden schnell voll. Oberhalb liegt das *Restaurant Bollullo* (tägl. ab 12 Uhr), unten ein Kiosk.

Anfahrt

Von der TF 5, *Salida 33*, den Schildern »*Martíanez/Rincon*« folgen, dann im Kreisel »*Rincon/Bollullo*«. Der Camino Los Rechazos führt auf den Camino Bollullo, eine kurvenreiche Straße durch die Bananenplantagen. Parken beim erwähnten Restaurant.

Playas del Pozo und de los Patos

Die schmalen, nur bei Ebbe zugänglichen Lavasandstrände *Playas Pozo* und *de los Patos* in den sich östlich anschließenden Buchten sind Fortsetzungen der *Playa Bollullo* und nur über steile Treppen zu erreichen. Vor allem jüngere *Canarios* nutzen diese abgelegenen (FKK-)Stellen. Kein Service.

Badefelsen und Schutzmauer am Meer vor Puerto de la Cruz.
Im Hintergrund unter Palmen sieht man die
Poollandschaft des Lago de Martíanez

Mesa del Mar (33) Buslinie 021

Playa de las Arenas

Dieser zum Teil steinige Strand (ca. 350 m) in einer (fast) unbebauten Bucht ist im Sommer bei *Canarios* und Surfern beliebt. Nur bei Ebbe sind größere Sandstücke frei von Wasser, sonst überwiegen hühnereigroße, graue *Callao*-Steine, was das Sonnenbaden erschwert. Ein schöner Fußweg führt hinter dem Strand entlang. Autos kann man beim Hochhaus *Mesa del Mar* parken und die paar Schritte zur Bucht durch einen unerfreulichen Tunnel gehen. Toilette und Duschen sind vorhanden.

Naturbecken

Nördlich des Komplexes befindet sich ein gut angelegtes Meerwasserbecken, das bei stärkerer Brandung genau die richtige Menge schäumender Gischt in das geschützte Becken schwappen lässt, um das Badevergnügen perfekt zu machen. Leider ist die Poolanlage relativ ungepflegt und das Ambiente dank Hochhaus und großem Parkplatz etwas störend. Kostenlos, kein Service.

Ein Küstenweg läuft von Mesa del Mar nach El Pris (ca. 25 min).

Anfahrt

Von der Autobahn TF 5 *Salida 19* (Tacoronte), dann zunächst TF 16, dann links **TF 165** Richtung Valle de Guerra und nach etwa 5 km nach Mesa del Mar abbiegen; sehr steile Serpentinenabfahrt.

El Pris (34) Buslinie 023

Piscina/ Playa del Pris

Die Badestellen in El Pris sind erwähnenswert, weil sich dieses Fischerdorf (außer dem viel zu großen Apartmentkomplex) noch einen Rest ursprünglichen Charme bewahren konnte. Im kleinen **Meerwasserbecken** sammelt sich zuweilen Strandgut; aber für ein erfrischendes Eintauchen ist der Pool o.k. Ein kleiner steiniger **Strand** ist durch die Hafenmole vom Becken getrennt. Im *Restaurant Pescador* gibt's frischen Fisch.

Anfahrt

Anfahrt identisch wie Mesa del Mar, aber auf der TF 165 noch ca. 800 m weiterfahren, dann ebenfalls Serpentinenstraße hinunter zum Ort El Pris (Calle Prismar). An-/Abfahrt auch über die **TF 163** von Valle Guerra aus möglich.

Tejina (35)

La Barranquera und Playa Roquillo

In Tejina zweigt von der TF 16 (Tacoronte-Hidalgo) die **TF 161** Richtung La Barranquera/Jover zum Meer ab. Dieser asphaltierte Feldweg führt durch Plantagen und Gärtnereien, passiert Gewächshäuser und die Zufahrt zum *Hotel Rural Salada* (➤ Seite 579). Er endet auf einer Landzunge mit einer Handvoll Häuser.

La Barranquera lebt noch vom Fischfang; das Ambiente ist kanarisch-herb mit zwei Dorfkneipen und Teideblick. Über Leitern gelangt man bei ruhiger See in die kleinen lavafelsigen Atlantikbuchten. Auf einer hölzernen Liegeplattform riecht es nach Meer und nicht nach Sonnenmilch. Dusch- und Umkleideräume sind auch vorhanden.

Unmittelbar nördlich des Minidorfes liegt außerdem die 200 m lange *Playa Roquillo*. Alles zusammen ein Super-Eckchen!

Jover

Folgt man in einer Linkskurve nicht der **TF 161** nach La Barranquera, sondern fährt auf dem **Camino Playa de Jover** geradeaus, erreicht man nach einem guten Kilometer die eindrucksvolle Anlage des *Club Nautico de Tejina* und dahinter das **Minidorf Jover** mit einem weitgehend naturbelassenen vom Meer abgetrennten Schwimmbecken. Östlich erstreckt sich die steinige *Playa de Jover*. Neben der Gastronomie der Clubanlage verfügt das sturm- und salzwassergeschundene Dorf über ein Kneipenrestaurant und die *Bar San Andrés* mit Aussicht aufs Meer.

Bajamar (36) Buslinien 050 und 105

Piscina de Bajamar

Zwei riesige **Meerwasserpools**, an denen auch Streckenschwimmer ihre Freude haben, sind schon bei normaler Brandung ein kleines Abenteuer, weil die Wellen kräftig überschwappen. Bei starker Brandung (im Winter oft) kann es in diesen Pools sogar gefährlich werden. Duschen, Umkleidekabinen und Toiletten sind vorhanden, auch ein kleiner Sandstrand nebenan westlich.

Anfahrt

Nach Bajamar geht`s auf der bis Punta del Hidalgo führenden **TF 16**. Die *Piscinas* sind ausgeschildert (über Avenida del Sol).

Punta del Hidalgo (37) Buslinie 105

Die beiden **Meerwasserbecken** in Punta Hidalgo erlauben Baden und Schwimmen auch bei hohen Wellen im Atlantik.

Pools Altagay

Die ins Wasser gebaute Poolanlage des **Hochhauses** *Altagay* (eine Bausünde direkt am Meer) ist gut gepflegt und bietet selbst bei starkem Seegang totalen Schutz. Bei ruhiger See steigt man über Leitern ins Meer. Liegen und Schirme zur Miete; Eintritt.

Pool an der Promenade

Ein zweites Meerwasserbecken liegt an der autofreien **Promenade** unterhalb des *Hotel Oceano*. Der Pool ist natürlicher gestaltet, gepflegt und bietet ebenfalls Schutz. Zum Sonnenbaden gibt es Bänke und hölzerne Liegeflächen.

Anfahrt

Von der **TF 16** biegt man auf die Avda Marítima nach links ab und fährt durch den Ort bis zum unübersehbaren *Edificio Altagay*. Von dort geht's am besten zu Fuß weiter zur Promenade.

Riesiger Pool des Edificio Altagay direkt am Atlantik in Punta del Hidalgo

2
Großraum Santa Cruz, Anagagebirge und Ostküste

2.1   Santa Cruz   www.santacruzmas.com

2.1.1   Teneriffas Hauptstadt heute

**Kenn-
zeichnung**

Die Hauptstädte von Teneriffa und Gran Canaria haben sich zu
miteinander konkurrierenden Metropolen entwickelt. Las Palmas (380.000 Einwohner) ist dabei unstrittig das Handelszentrum
der Kanaren, während sich Santa Cruz de Tenerife als **kanarische
Kulturhauptstadt** bezeichnet. Da Santa Cruz (204.000 Einwohner) im Laufe der Jahre mit La Laguna (152.000 Einwohner), der
ehemaligen nur 9 km entfernten Hauptstadt auf 600 m Höhe, zu-
sammenwuchs, entwickelte sich in Teneriffas Nordosten ein groß-
räumiges Ballungsgebiet, in dem fast jeder zweite *Tinerfeño* lebt.
Erst seit 2007 verbindet eine Straßenbahn (*Tranvia*) Santa Cruz mit
La Laguna. Sie entschärfte die Verkehrsprobleme ein wenig.

Stadtbild

Santa Cruz ist
Hauptstadt der
gleichnamigen
Provinz der
Inseln
Teneriffa,
La Gomera,
La Palma
und El Hierro

Da Santa Cruz erst **1823 die Hauptstadtfunktion** von La Laguna
übernahm, finden sich nur wenige repräsentative Kolonialbauten.
Die Hauptstadtepoche wurde eingeleitet durch den Bau von klassizistischen Regierungs- und Verwaltungsgebäuden (2. Hälfte des 19.
Jahrhunderts), die sich in der Stadt bunt vermischen mit jeder Art
Baustil bis hin zu üblen Bausünden in den 1960er- und 1970er-Jah-
ren. Die südwestliche Stadteinfahrt ist durch architektonische
Großkomplexe wie die Messehalle, das *Auditorium* (großes Foto
umseitig), moderne Wohnblocks und kleine »Wolkenkratzer« gekennzeichnet. Daran schließen sich Hafenanlagen an.

**Stadtent-
wicklung**

Die Stadtväter bemühen sich seit den 1990er-Jahren recht erfolgreich, das Image der Stadt mit Konservierungsarbeiten, imposanten Bauwerken und Freizeitangeboten zu verändern. Weitgehend
restauriert ist der älteste Stadtteil um die *Iglesia de la Concepción* herum mit einem Karree altkanarischer Häuser.

Im verkehrsberuhigten Zentrum östlich der Calle Castillo bieten
sich heute Blicke auf sehenswerte Häuserfassaden, immergrüne
Alleen (*Ramblas*) und wunderschöne Plätze und Parks.

Erst kürzlich gestalteten die Stararchitekten *Herzog* & *De Meuron*
die zentrale Plaza España neu; wichtigstes Element ist ein kreisför-
miger, flacher Teich. Der Platz öffnet der Stadt den – dank der hier

in einen Tunnel verlegten Avenida Marítima – direkten Zugang zu den Fähr- und Kreuzfahrtterminals und zum Yachthafen.

Touristen und Spanier

Santa Cruz de Tenerife ist vom Hotel-Tourismus kaum berührt. Fremde trifft man in Santa Cruz fast nur als Tagesbesucher, die sich auf Sehenswürdigkeiten im Zentrum konzentrieren und nach ein paar Stunden wieder auf ihre Kreuzfahrtschiffe oder in die Touristenorte zurückkehren. Und ausländische Residenten wohnen oder überwintern im Inselsüden bzw. im Orotavatal im Norden. So sind die **Chicharreros**, wie sich die Santa Cruzeros nach einer Makrelenart »bekosenamen«, abends ganz unter sich.

Situation heute

Santa Cruz besitzt heute drei Gesichter: Zum Meer hin zeigt die Stadt eine aufgelockerte **Hafenfront** mit Promenade und signifikanter Architektur (Kreuzfahrtterminal, Messehalle, *Auditorium* und Badeanlagen). Im **Zentrum** gibt es typisch spanisch-kanarische Winkel, lebendige Fußgängerzonen voller schicker Läden, schöne Wohnstraßen, Villenviertel und Parks. Rundherum dominieren verbaute, slumartige **Vororte** und Gewerbegebiete.

Kultur

Außerhalb der Narrenzeit besitzt die Stadt ein **bemerkenswertes kulturelles Angebot** mit Galerien, Kinos, Messen und (*Open-air*) Konzerten. Für das klassische Musikleben sorgen ausländische Gastspiele (im Januar im Rahmen eines Festivals) und vor allem ein über die Kanaren hinaus bekanntes Symphonieorchester.

2.1

Karneval – *Carnaval*

Das närrische Treiben beginnt mit einem höllischen Knall. Der Startschuss gilt dem Auftakt des Straßenkarnevals. Schon lange vorher dreht sich alles um diesen großen Moment. Der Faschings-Marathon flackert inselweit immer wieder auf und die Pappnasen können bis April tanzen. Jeder Inselort hat seine eigenen Karnevalstermine – unabhängig vom offiziellen (religiösen) Kalender.

Santa Cruz fühlt sich während der (ca. 10 tollen Tage) als Rio Europas. Der Auftakt in Santa Cruz ist – 3 Wochen vor Rosenmontag – die Prämierung der *Murgas* (= Straßensänger). Rund 40 Bänkelsänger in uniformen Clownskostümen tragen politsarkastische Chöre vor, gesungene Büttenreden. Einige *Murgas* wie **NiFú-NiFá** kennt jedes Kind. Es folgt die Inthronisation der Kinder- und der Alterskönigin (*Reina de la Tercera Edad*, des 3. Lebensabschnitts) und schließlich am Mittwoch vor Aschermittwoch die Wahl der Karnevals-Königin.

Gekürt wird nicht die Schönste, sondern das schönste Kostüm. Und zwar kein Prinzessinnenkleidchen aus weißer Seide mit Rüschen und Goldborte wie im Kölner Karneval, sondern ein luftiges Federgesteck wie unterm Zuckerhut in Rio de Janeiro, das lange Beine und schwingende Hüften zu Samba- oder Merengue-Rythmen optimal zur Geltung kommen lässt. Zentnerschwere Kreationen, die nur das Antlitz freilassen, sind heute out.

Kleine, rollende Kulissen mit »Meeresfeen« oder »Schmetterlingen« folgen den Aspirantinnen. Närrische Begleiter sind zudem *Comparsas*, die choreographisch das lebende Kunstwerk einrahmen. Die Kriterien der Jury bleiben geheim, verfehlen aber nie den einheimischen Geschmack.

Die eigentlichen tollen Tage beginnen in Santa Cruz am Freitag vor Rosenmontag mit dem Umzug (*Cabalgata*) der Königinnen, *Murgas* und anderen
Bailarines, begleitet von umgebauten Uralt-Vehikeln (*Carrozas*), mit überbor-
dender Dekoration, dröhnenden Lautsprechern und bald torkelnder Besatzung.
Jedes Jahr steht unter einem anderen Motto: »Piraten«, »Ägypten«, »1001 Nacht«
oder »Horror«. Aber auch jede andere Verkleidung ist gern gesehen. Hauptsache, man kommt nicht ohne – ein buntes Hütchen tut's zur Not auch. Mit
von der Partie sind jedesmal die drei *Look-a-likes*: *Charly Chaplin, Fidel
Castro* und *Groucho Marx. Miss Gran Canaria* von der rivalisierenden Nachbarinsel wird als pottfette Sau dargestellt, eingezwängt ins viel zu enge Ballett-
Kleidchen. Beliebt bei Paaren ist der Partnerlook. Auch Freundesgruppen oder
ganze Schulklassen kommen gern im gleichen Fummel. Kids und Teens lieben
Katzen als Teddyfell-Overall; halbgeöffnet hängt das Oberteil zum Tanzen runter; später schließt man es per Reißverschluss und fertig ist ein Schlafsack fürs
kurze Nickerchen auf der nächsten Kühlerhaube.

Die City ist dann autofrei. Um die Plaza España, dem Epizentrum, reiht sich
eine Bude an die andere; sie sichern die Dauerversorgung mit Bier, Soft- und
Longdrinks und liefern megawattweise *Samba, Salsa* und *Merengue* – Tänze,
die den Einfluss der »achten Insel« (Venezuela), der Karibik und Brasiliens ver-
deutlichen. Am Wochenende tanzt man sich warm für die Nacht der Nächte
von Rosenmontag auf Dienstag. Jeder dritte *Tinerfeño* kommt frühestens ab
Mitternacht in seine Hauptstadt zu einer der größten Feten Europas. Durch-
feiern ist Ehrensache. Hartgesottene hängen ihr Katerfrühstück gleich hinten-
dran – und irren verkleidet durch die Straßen. Oft genug auch frisch verliebt.

Als heidnisches Relikt und Kontrapunkt zur christlichen Fastenzeit wurde der
Kanaren-Karneval von der katholischen Kirche verfolgt und von **Franco** verboten. Nicht nur wegen der (männlichen) Vorliebe zur Geschlechtsverdrehung in

Karnevalsparade »Coso Apoteosis« auf dem Paseo Marítimo

obszönen Kostümen, was bis heute Tradition blieb. Jedes Jahr sieht man mehr Kerle in Weiberklamotten, die in Puerto Cruz auf Pumps um die Wette laufen. Als *Charleys Tante* lebt man sich tuntig aus.

Weniger erotisch, aber mit deftigem Männerhumor: Röckchen heben, Dildos zeigen, Riesenbusen schütteln. *In* sind auch männliche Stubenmädchen mit zweideutigem Staubwedel und Polizistinnen mit riesigen Gummiknüppeln.

Dienstagnachmittag findet ab 16 Uhr der große Umzug auf der Meeres-Avenida von Santa Cruz statt. Anschließend herrscht erstmal ein bisschen Ruhe, um die Batterie für neue Höhepunkte aufzuladen.

Die Beerdigung der Sardine (*Entierro de la sardina*, Aschermittwoch, Calle Pilar ab 18 Uhr) ist originell. Das gleichnamige *Goya*-Gemälde (ca. 1815, Madrid: *Real Academia de Bellas Artes de San Fernando*) zeigt den grotesken Totentanz des Madrider Karnevals Anfang des 19. Jahrhunderts: Ein alles verulkender Trauerzug strebt zum Meer: Man heult, tanzt, trinkt und krümmt sich schluchzend zu Boden – im sterbenden Trommelwirbel, der sogleich zum Weitertanzen erwacht.

Am Hafen endet die mitgeführte riesige Papp-Sardine auf dem Scheiterhaufen (danach beginnt ein Feuerwerk). Ursprung des Rituals sind vermutlich gegrillte Schweinerippen (*cerdinas*), die zu Beginn der 40-tägigen fleischlosen Zeit verspeist wurden. Durch Verballhornung wurde dann aus *cerdina sardina*. Aber keine Sorge: Teneriffas Karneval feiert schon in der übernächsten Nacht inselweit Auferstehung.

Feste Karnevalsveranstaltungen (Höhepunkte)
Santa Cruz
1) Mittwoch vor Rosenmontag um 21.30 Uhr Kongresshalle: Wahl der Königin
2) Freitag vor Rosenmontag ab 19 Uhr: Umzug mit Karnevalswagen (*Cabalgata*). Ab Plaza Weyler, Calle Méndez Nuñez, dann Richtung Hafen.
3) Samstag und Sonntag vor Rosenmontag: ab 23 Uhr Tanz zwischen Plaza Candelaria und Plaza Príncipe.
4) Rosenmontag: ab 23 Uhr, Riesentanz (wie 2 Tage zuvor)
5) Fastnacht (Di.): Feiertag, d.h., alles hat geschlossen. Ab 16 Uhr Umzug mit den Karnevalsgruppen/-wagen (*Coso Apoteosis*). Von Ecke Rambla/Avenida Marítima Richtung Zentrum, danach Party in allen Gassen und Kneipen.
6) Aschermittwoch: Beerdigung der Sardine; ab 21 Uhr trauernder Umzug (Rambla Pulido bergab zur Plaza Weyler, dann Teatro Guimerá und Hafen) mit Verbrennung der Sardine am Hafen; ab 23 Uhr Tanz und Feuerwerk.
7) Freitag und Samstag nach Aschermittwoch: ab 21 Uhr letzte Tanzabende mit Live Musik (Samstag – genannt *Piñata* – 18 Uhr: Umzug der Kinder zur Plaza Candelaria, lautstarke »*Traca*« mit nächtlichem Feuerwerk).

Für **Santa Cruz** sollte man sich nach der genauen Strecke der Umzüge erkundigen (*Cabalgata*/*Coso Apoteosis*/*Entierro de la sardina*) – am Freitag vor Rosenmontag, Dienstag danach, sowie am Aschermittwoch.

Der Umzug am Faschings-Dienstag (*Coso Apoteosis*) läuft immer entlang der Avenida Marítima. Aber die Plätze, auf denen die verschiedenen Orchester zum Tanz aufspielen, ändern sich oft. Das Zentrum allen Treibens jedoch ist und bleibt die Gegend am und um die Plaza España.

Der Karneval in **Puerto de la Cruz** findet fast zeitgleich mit dem in Santa Cruz statt, alles aber eine Nummer kleiner.

Die närrischen Tage in **Los Cristianos** beginnen meist innerhalb der ersten zehn Tage nach Aschermittwoch.

Die **Termine anderer Inselgemeinden** variieren. Man muss sie jeweils vor Ort im Touristenbüro erfragen.

In der ganzen Zeit finden begleitend Theater-Veranstaltungen und Auftritte der Karnevalsgesellschaften statt (*NiFú-NiFá*, *Los Fregolinos*, u.a.).

Tolle Eindrücke, viele Bilder und Infos (auch auf deutsch) bietet die Website: www.carnavaldetenerife.com.

Nicht die Schönste, sondern das schönste Kostüm wird gekrönt

2.1.2   Generelles zur Stadtbesichtigung

Systematik und Geographie

Als Tourist in Santa Cruz
Santa Cruz ist einen Tagesausflug wert, mindestens aber einen Stopp auf dem Weg zum »Hausstrand« *Las Teresitas*. Englisch und mehr noch Deutsch hört man vormittags auf dem bunten Lebensmittel- und Blumenmarkt mit dem melodischen Namen ***Mercado de Nuestra Señora de Africa*** und sonntagmorgens auf dem angrenzenden Flohmarkt. Auch in der **Fußgängerstraße *Castillo*** (➤ unten) erkennt man die Touristen zwischen den sommerlich, aber immer korrekt gekleideten Spaniern auf Anhieb.

Chillen mit und ohne Café-Service am »Ufer« eines die Plaza España dominierenden Wasserbeckens. Darunter befindet sich eine Parkgarage (Ein- und Ausgang auf der Rückseite des Café Piazza de Lago)

Rundwege
Im folgenden werden zunächst die Lage des Stadtkerns, die **optimale Stadtzufahrt**, sowie gute Park- und Ausgangspunkte für eine Stadtbesichtigung beschrieben, danach **drei Rundwege** durch Santa Cruz mit Tipps zum Shoppen und Pausieren. Zum Schluss folgt eine **Abstecher-Empfehlung** zur 7 km nordöstlich gelegenen *Playa de Las Teresitas*, weiter zum Strand *Las Gaviotas* und eventuell nach Igueste de San Andrés.

Stadtzentrum
Die für Touristen interessanten Viertel befinden sich alle nördlich des *Barranco Santos*. Der Altstadtkern mit Szenekneipen für den Abend und die ruhige Einkehr mittags findet sich oberhalb der *Iglesia de la Concepción* (10/11). Das geschäftige Zentrum zum Flanieren, Kaffeetrinken auf Plazas und Einkaufen wird im Norden von der Rambla Santa Cruz und im Osten vom Park *García Sanabria* (21) und der Plaza del Príncipe (6) begrenzt. Eine neue *Downtown* ist zwischen der Avenida 3 de Mayo und dem *Parque Marítimo* (23) südlich des *Barranco Santos* entstanden.

Wichtigste **Fußgängerzone** ist die autofreie **Calle Castillo**. Sie verläuft von der zentralen **Plaza de España** (1) sanft aufwärts zur **Plaza General Weyler** (15) und geht dann über in die **Hauptgeschäftsstraße Rambla de Pulido**, die an der **Plaza de la Paz** auf die Prachtallee **Rambla Santa Cruz** (19) stößt.

Santa Cruz expandiert mit seiner *Downtown* nach Südwesten. Seit den 1990er-Jahren wird deswegen mit viel baulichem Aufwand versucht, auch das bisherige Gewerbegebiet südlich des *Mercado* (13) attraktiv zu gestalten: mit Messehalle, *Parque Marítimo*, *Auditorium* (24) und dem *Palmetum*.

Anfahrt per Auto

Von Norden/ Südwesten
Nur mutige Abenteurer wagen sich ins enge und immer zugeparkte Zentrum. Aus Richtung Puerto/La Laguna kommend sollte man daher nicht die Spur »*Ramblas*« oder »*Tres de Mayo*« oder »*Salle*« nehmen, sondern »***Puerto***«, »***Muelle***« oder »***Avenida Maritima***«, auf die man auch stößt, wenn man auf der Autobahn TF 1 anfährt.

Einfahrt/ Parken
Von Süden kommend hält man sich auf der *Avenida Maritima* (zunächst noch *Constitución* genannt) auf der rechten Spur und biegt hinter dem ***Auditorium*** (➢ Karte Punkt 24; Foto Seite 115) den zweiten kleinen Abzweig in einen meerseitigen Bypass rechts ab (gratis!). Die Tiefgarage der **Plaza España** ist – von Süden kommend – wegen umständlicher Streckenführung nur schwer zu erreichen.

Alternativ parkt man in der ***Mercado-Tiefgarage*** (➢ Seite 127, Punkt 13). Dazu fädelt man sich in die linke Spur ein, um alsbald links in den großen Kreisel (mit *Tranvia*-Gleisen) abzubiegen, den man bei der 1. Ausfahrt verlässt (Calle de José Manuel Guimerá), um am Straßenende geradeaus in die Tiefgarage zu gelangen. Nach dem sehr lohnenden Marktbesuch (tägl. bis 14 Uhr) findet man vom Haupteingang (➢ Seite 129) nach Überquerung der Brücke (zuvor rechts das pechschwarze, sehenswerte ***TEA*** von *Herzog & de Meuron*, ➢ Seite 128, Punkt 29) den Anschluss an einen der drei Stadtrundgänge (➢ Seite 126).

Anfahrt von Osten
Von San Andrés kommend: am Meer entlang und am Tunnel rechts vorbei zur **Plaza España**, davor rechts ab in die Tiefgarage.

Anreise per Bus

Aus Nord oder Süd steigt man am *Intercambiador* (ZOB) aus und gelangt – als Seiteneinsteiger für die Altstadtschleife (➢ Seite 126) – über die Calle José Hernandéz Alfonso zum *Mercado* (13). Zur *Plaza España* (1), wo die »kleine Runde« startet, ist es von hier aus ein etwas weiterer Weg am Hafen entlang.

Oficinas de Turismo/Touristenbüros

Touristinfo an der **Plaza Espanä** (am runden Teich): Auskunft zu ganz Teneriffa, Mo-Fr 9-18 Uhr, Sa 9-14 Uhr; ✆ 922-281287.

Info für Santa Cruz am Ende der **Plaza Candelaria, Ecke Calle Cruz Verde/Castillo** und im **Busbahnhof**; Mo-Fr 9-18 Uhr, Sa 9-14 Uhr.

Viel Material zu Santa Cruz gibt es auch im ***Oficina de Turismo***, Calle Afilarmónica Nifú-Nifá 32 nahe der ***Iglesia Concepción*** (**10**). Mo-Fr 8-14.30 Uhr; ✆ 922-299749.

Stadtgeschichte

Einige Straßen und Plätze in Santa Cruz wurden nach Tagen wichtiger Ereignisse benannt, dem 3. Mai (Mayo) und dem 18. und 25. Juli (Julio). Der folgende historische Abriss orientiert sich an diesen drei historischen Daten (➤ auch Geschichte Teneriffas ab Seite 478).

Santa Cruz de Tenerife. TENERIFE

An den **3. Mai 1494** erinnert die untertunnelte Allee *Tres de Mayo* (am Kaufhaus *Corte Inglés*). An diesem Tag segelte *Alonso Fernández de Lugo* heran, um die letzte kanarische Insel für die spanische Krone zu unterwerfen. Aber erst in der dritten Schlacht konnte er den erbitterten Widerstand der Guanchen brechen. Er gründete die Hauptstadt La Laguna und rammte 1496 dort, wo er die Insel betreten hatte, ein hölzernes Kreuz in die Erde – das »*Santa Cruz de Tenerife*«. Hier wurde später (ab 1500) das heutige Wahrzeichen der Stadt, die Kirche *Iglesia de Nuestra Señora de la Concepción* errichtet, in der *Lugos* Kreuz in einem Seitenschiff zu sehen ist.

Die folgenden 300 Jahre führte Santa Cruz nur ein Schattendasein. La Laguna kontrollierte den Handel und wickelte den Warenverkehr (Zucker, später Wein) über die Nordküsten-Häfen Garachico und Puerto de la Cruz ab. Doch die nautisch günstigere Lage verschaffte dem aufstrebenden Hafen auf der anderen Inselseite einen kontinuierlichen Aufstieg als Drehscheibe zwischen der Alten und Neuen Welt.

Endgültig wendete sich das Blatt, als zwei Ausbrüche des Vulkans *Arenas Negras* Garachicos Hafen verschütteten und Santa Cruz so zum konkurrenzlosen Umschlagplatz für Im- und Exporte avancierte und 1778 sogar als einziger Hafen Spaniens das Recht zugesprochen bekam, mit Amerika Handel zu treiben.

Das gelbe Oval in der Wappenmitte von Santa Cruz (➤ Foto oben) fasst weitere Meilensteine der Stadtgeschichte zusammen: Die drei Löwenköpfe unter *Lugos* grünem Kreuz stehen für die drei erfolglosen Versuche Englands, Santa Cruz zu erobern: 1667 durch *Robert Blake*, 1706 durch *John Jennings* und 1797 durch *Horacio Nelson*.

Am **25. Juli 1797** besiegte der tinerfenische Admiral *Antonio Gutiérrez* den Engländer *Lord Nelson* vor Santa Cruz. Welchen berühmten Gegner sie da bezwungen hatten, realisierten die Canarios erst acht Jahre später, als *Nelson* die französisch-spanische Flotte vor Trafalgar bezwang. Seit einigen Jahren wird dieses Ereignis mit einem historischen Spektakel und Salutschüssen im Hafen gefeiert (➤ Seite 489). Dieser 25. Juli 1797 gab einem der schönsten Plätze der Stadt (im Volksmund: Entenplatz, *Plaza de los Patos*, ➤ Foto Seite 132) seinen Namen: Plaza Veinticinco de Julio, an der Avenida de Veinticinco de Julio.

Horatio Nelson verlor bei dem Angriff durch einen Schuss aus der Kanone *El Tigre* (➤ Seite 137, Militärmuseum) seinen rechten Arm.

*Unter-
zeichnung
des
Kapitu-
lations-
dokuments
durch die
Briten im
Juli 1797*

Bei dieser Schlacht ging man aber sehr respektvoll miteinander um: *Gutiérrez* ließ *Nelson* medizinisch versorgen und tauschte englisches Bier gegen kanarischen Wein. Wenige Tage nach *Nelsons* Kapitulation erhielt *Antonio Gutiérrez* in Madrid von *Carlos IV* für seinen Sieg und die geringen Verluste (23 Tote, 38 Verletzte) den Ritterorden. Santa Cruz wurde im Dezember 1803 der Titel »*Villa – sehr loyal, nobel und unbesiegt*« zugesprochen und stand fortan unter königlicher Schutzherrschaft.

Anschließend lief Santa Cruz La Laguna auch politisch den Rang ab, wurde 1822 die Hauptstadt des Archipels und 1859 statt »*Villa*« eine »*Ciudad*« mit modernen Stadtrechten und Freihandelszone.

1927 wurden die sieben Inseln in zwei Provinzen geteilt. Santa Cruz trat die Hauptstadtrechte für die drei östlichen Inseln (Lanzarote, Fuerteventura, Gran Canaria) an Las Palmas ab, blieb aber *Capital* der westlichen Kanaren (Teneriffa, Gomera, Hierro, La Palma). Santa Cruz behielt das Kanarische Parlament als ständige Einrichtung, während der Sitz des Präsidenten alle vier Jahre zwischen Teneriffa und Gran Canaria alterniert.

*Büste des Nelson-
Bezwingers Admiral
Gutiérrez*

Auch der **18. Juli 1936** hat einen militärhistorischen Bezug. Die Calle 18 de Julio (heute: Calle Juan Pablo II) bildete die Verbindung zwischen dem Plaza Weyler und der Rambla de General Franco (heute: Rambla de Santa Cruz). *General Weyler* startete am 18. Juli 1936 auf Geheiß von *Franco*, dem selbsternannten »*Caudillo*« (Anführer/Führer – in bewusster Anlehnung an den deutschen und italienischen Faschismus) bei Las Raices (➤ Seite 401) den Putsch gegen die republikanische Regierung, der den Spanischen Bürgerkrieg auslöste. Erst 2008 begann man unter dem spanischen Ministerpräsidenten *José Luis Rodríguez Zapatero*, die frankistischen Straßennamen peu-a-peu umzubenennen, das *Franco*-Denkmal in *Las Raices* wurde erst Ende 2015 abgerissen.

2.1.3   Sightseeing

Ausgangspunkte und Bummelstrecken

Rundfahrt   Ein knallroter **Doppeldeckerbus** bedient auf seiner City-Tour 13
Stationen, Abfahrt von der Plaza España. Aber nur die das Zen-
trum begrenzende **Rambla de Santa Cruz** lohnt die Fahrt tatsächlich. Details ➤ Seiten 57 und 586; tägl.10-18 Uhr alle 30 min,
Dauer 60 min; €18, Kinder €8, Ticket gilt für 24 Stunden und auch
für TITSA-Bus 910 zum Strand *Las Teresitas*; ✆ 902-101081.

*Rundfahrtbus
an der Plaza
España*

Den Stadtkern erlebt man per pedes intensiver.

Rundgänge   Die **Plaza de España** (1 auf der Karte Seite 127) ist der beste Ausgangspunkt für eine Stadtbesichtigung. Die folgenden drei **Rund-
wege** (die historische Altstadt-Schleife, ein kleiner und ein großer
Rundweg) werden deshalb ab dort beschrieben.

Wer mit dem Bus an der *Estación de Guaguas/Intercambiador*
(25) ankommt oder sein Auto dort bzw. am *Mercado* (13) parkt,
muss zunächst den *Barranco de Santos* überqueren. Am Ende der
Barrancobrücke hat man zwei Möglichkeiten: entweder geht man
weiter geradeaus und steigt bei der Calle de Castillo (3) in die
kleine bzw. große Runde ein oder man besucht erst die Anlaufpunkte 12, 11 und 10 der Altstadtschleife und läuft danach zur
Plaza de España, Ausgangspunkt der kleinen und großen Runde.

Zentralgebiet   Wer eine Stadtbesichtigung nach eigener Reihenfolge vorzieht,
könnte sich auch auf das Gebiet zwischen Plaza España (1), *Mercado* (13), Plaza de Toros (18) und *Parque García Sanabria* (21)
beschränken. Innerhalb dieses ca. 600 x 1000 m großen Recht-
ecks befinden sich fast alle Sehenswürdigkeiten der Stadt.

**Shopping-
Bummel**   Für eine Shopping-Stippvisite findet man die meisten Geschäfte
entlang der Calle de Castillo (3) samt ihrer Verlängerung Rambla
Pulido. Die meisten Spezialgeschäfte und Cafés liegen in der Fußgängerzone zwischen Plaza del Príncipe (6) und dem *Parque García Sanabria* (21). Warenhäuser und Supermärkte ➤ Seite 138.

Plaza de España (1)

350 Jahre lang stand hier die Festung *San Cristóbal* (1575). Sie war Glied einer fast 10 km langen Befestigungskette vom *Castillo de San Juan* (heute Teil des *Parque Marítimo*) an der Küste entlang bis nach San Andrés. 1929 wurde die Festung abgetragen und 1944 das **obeliskartige Kreuz** »*Monumento de los Caídos*« errichtet, ein Denkmal für die im spanischen Bürgerkrieg gefallenen Frankisten.

Seit 2008 besetzt das erwähnte Wasserbecken den Zentralbereich der Plaza fast vollständig. Es ist umgeben von einem seither hochgewachsenen Baumbestand. Auf der Nordseite des »Sees« wartet das *Café Piazza del Lago* unter einem geschwungenen Dach auf Besucher (➤ Foto Seite 121), die von seiner Terrasse das Regierungsgebäude *Cabildo* südlich des »Sees« (*Lago*) im Blick haben. Auch ein Kinderspielplatz ist vorhanden. Dank der Verlegung der Avda Marítima unter die Erde gelangt man heute von der Plaza España direkt zum neuen – architektonisch beachtlichen – Kreuzfahrtterminal unterhalb der Avenida de Anaga.

Altstadtschleife

Rundgang mit Kartenpunkten 1-10-11-12-13-14-3-1

Plaza de la Iglesia (10)

Verlässt man die Plaza España (1) nach Süden, erweitert sich die Avda Bravo Murillo nach rechts zur Plaza de la Iglesia. Dieser Platz gehört zum ältesten Teil der Stadt. Rechts oben an einer Fassade kündet eine Inschrift von der Vergangenheit als Tabakfabrik. Jetzt sind darin Bingo-Spielsäle untergebracht.

Iglesia Nuestra Señora de Concepción (10)

Die Kirche *Iglesia Nuestra Señora de la Concepción* ist an ihrem markanten Turm zu erkennen (eine Replik des Turms krönt auch das Edel-Hotel *Bahía del Duque*; ➤ Seite 230). Vom achteckigen Turmaufsatz wurden früher Brände und Piraten ausgespäht. Die Kirche ist das einzige in Santa Cruz erhaltene Beispiel für die kanarische Ausformung des barocken Baustils (hölzerne Balkone, Walmdächer mit Klosterziegeln, ➤ Architektur Seite 504).

1502 stand an dieser Stelle eine kleine Pfarrkirche, die 150 Jahre darauf ausbrannte. Die neue *Concepción* von 1653 wurde auf fünf Kirchenschiffe erweitert, die versetzt aneinander stehen.

Innenraum

Die unbemalte Kassettendecke aus dunklem Holz, der braunrote Stein der Säulen und Mauerecken und das gedämpfte Licht, das durch die bunten Glasfenster einfällt, geben dem Hauptschiff eine warme Atmosphäre. In einigen Kapellen sind die Decken kunstvoll bearbeitet und bunt bemalt. Neben kleineren Silber- oder Gold-Altären sind die Silberarbeiten des barocken Hochaltars bemerkenswert. In einer Seitenkapelle steht das mit Silber beschlagene Kreuz des Teneriffa-Eroberers **Alonso de Lugo**.

Besichtigung: Generell eine halbe Stunde vor den Messen: Di-Fr 9, 13 und 18.30-19.30 Uhr, Sa-So während der Gottesdienste, Mo geschlossen; Messen So: 9, 11, 12, 13, 18 und 20 Uhr.

N
0 250 m

San Andrés
Playa de las Teresitas

Hospital Rambla

27 Museo Militar Regional

Hotel Mencey/ Kasino

20 1H

Centro Médico

Parque García Sanabria

19

21

Clínica Capote

Plaza de Toros

18

16

17 Plaza Los Platos/ Veinticinco de Julio

Clínica Parque

5 Caja Canaria

Círculo de Amistad 12. de Enero

7 Museo Bellas Artes

8 Iglesia San Francisco

Kreuz-fahrt-schiffe

Estación Marítima (Fähren Kanaren und Festland)

30

Tiefgarage

Muelle Sur

Plaza de la Paz

15

6 Plaza del Príncipe de Asturias

4

Parlamento de Canaria

Calle Castillo

3

2 i

1

Plaza de España

Yacht-Hafen

Plaza del General Weyler

Plaza Pedro Swartz

Centro la Recova Teatro Guimerá

La Noria 11

14 Plaza / Iglesia Concepción

10

Barranco de los Santos

TEA

29

12 Museo de la Naturaleza y el Hombre

Fußball-Stadion

Calle San Sebastián

Tiefgarage

13 Mercado Nuestra Señora de Africa

Parque Don Quijote

Avenida de Buenos Aires

Container-Hafen

Amb. Seguridad Social

Policía Lokal

Avenida del Tres de Mayo

Kaufhaus "El Corte Inglés"

26

Busbahnhof Intercambiador (mit Tranvía)

25 i

La Laguna Autopista del Norte

EKZ Meridiano mit Supermarkt "Carrefour"

Fuente de Santa Cruz

Raffinerie C. E. P. S. A.

Recinto Ferial de Tenerife (Messehalle)

22

Avda. de la Constitución

Auditorium 24

Castillo de San Juan

Barranco del Hierro

23

Parque Marítimo

Palmetum 28

Airport (TFS) Autopista del Sur

i Info

Klinik

Postamt (Correos mit @)

Tranvía (Straßenbahn) mit Haltestellen

Rundgang

Santa Cruz

2.1

Altkanarisches Viertel (11)

Dem Hauptportal der Kirche gegenüber liegt die altkanarische Straße *La Noria*. Die **Calle Antonio D. Alfonso** (keiner kennt sie beim Namen, alle sagen »*Noria*«) ist ein bekannter Treffpunkt. Immer schon waren dort in den kleinen Häuschen die **Karnevals-Musikgruppen** (*Murgas*) ansässig. Mittlerweile ziehen *Tapa*-Restaurants und Bars mit Discoambiente Besucher an. Alle Lokale sind bis spät in die Nacht geöffnet, mittags aber nur wenige. Wegen ihrer guten Küche beliebt sind das *La Buena Vida* und etwas weiter die Straße hinauf das *Baobab.*

Am Ende der »*Noria*« geht es treppauf zur **Puente Serrador** – dann entweder links über den *Barranco Santos* zum *Mercado* (13) oder rechts zum *Centro Recova* und *Teatro Guimerá* (14).

Museo de Naturaleza y Hombre (12)

Besuchenswert ist auch das **Museo de Naturaleza y Hombre** (12). Es liegt nahe der Kirche *Concepción* (andere *Barranco*-Seite in der Calle Fuente Morales). Das klassizistische, frühere Militärhospital informiert vorbildlich über **Teneriffas Ureinwohner** (Guanchen), aber auch über Flora, Fauna und Geologie der Kanaren. Zu archäologischen Themen wurden Exponate aus aller Welt zusammengetragen. Neben Guanchen-**Mumien** und ihren primitiven Werkzeugen wird auch der 30 cm große sog. *Zanata*-Stein/Lanzarote (2. Stock, Area 2) gezeigt. Umstritten ist, ob er vom Berberstamm *Zanata* graviert wurde, von denen die Guanchen abstammen sollen. Jede Abteilung hält ein Infoblatt bereit (deutsch); Di-Sa 9-20 Uhr, So-Mo 10-17 Uhr, €5. **Tipp**: Die **Cafeteria** des Museums bietet abends kleine Gerichte, ✆ 922-083043 (➤ Seite 86).

TEA-Kulturzentrum (29)

Oberhalb des Museums erstreckt sich bis zum *Mercado* das Zentrum für zeitgenössische Kunst, *TEA*. Außen eher dunkel und abweisend, innen aber lichtdurchflutet, sind die Säle auf mehreren Ebenen durch trapezförmige Rampen und freitragende Treppen verbunden – ein erhebendes Raumgefühl stellt sich ein.

Dieser Bereich wie auch die sehenswerte *Biblioteca Municipal*, die jedermann täglich 24 Stunden (!) zur Verfügung steht, sind frei zugänglich. Gratis-Wifi, Cafeteria und Museumsshop. Die wechselnden Ausstellungen kosten Eintritt. Di-So 10-20 Uhr, ✆ 922-849057; www.teatenerife.es.

Mercado de Nuestra Señora de Africa (13)

Nicht nur von außen wirkt das terracottafarbene maurische Gebäude des **Mercado de Nuestra Señora de Africa** wie aus »1001er Nacht«. Auch das Treiben an den bunten Marktständen – schattig hinter umlaufenden Arkaden – erinnert an einen Basar. Exotische Früchte, mediterrane Pflanzen und seltene Gewürze ferner Länder liegen liebevoll sortiert neben Birnen, Bohnen und Speck. **Käsefans** sollten die kanarischen Schafs- und Ziegensorten beachten. Der herzhaftere Geschmack der lokalen (= *del pais*) gelb-grünen Orangen, Papas und Bananen wurde schon im Kapitel »Essen und Trinken« erwähnt (➤ Seite 62f). **Fischstände** (mit dem typischen Geruch) und Supermarkt befinden sich im Souterrain; täglich 8-14 Uhr. **Sonntags**, wenn in den Straßen ringsum der populäre Flohmarkt stattfindet, erklingt auch schonmal Live-Musik.

Kulinarische Angebote	Die *Tinerfeños* kaufen uns »spanisch« anmutende Meerestiere: Muränen, meterlange silbrige Plattaale und Dornhai (*Tollos*), Kraken (*Pulpos*), uns unbekannte Krebs- und Langustenarten. Zwei Stände bieten Erlesenes zum Sofort-Verzehr am Bartresen: Entweder Krustentiere oder Gourmet-Sushi – jeweils mit Sekt, versteht sich. Jeden Sonntagnachmittag wird das Marktende in der Fischhalle mit Musik gefeiert. In der Außenfassade des Marktes sind kleine Stehrestaurants eingerichtet. Dort isst man an der Theke deftig und günstig; einige haben auch Stühle und Tische.
	Verlässt man den Markt durch den Haupteingang und geht 2x links, steht man vor dem etwas exklusiveren ***El Gusto por el Vino***, Avenida de San Sebastián 55. Empfehlenswert: Sekt (*Cava*) zu Häppchen (*Montaditos*). In der ***GastroBar Sinestesia*** in der Calle de Darias y Padron 1, Local No 7 (auf der Rückseite des *Mercado*) sitzt man schön und speist delikat; Do/Fr ab 13.30 Uhr, Sa/So ab 11.30 Uhr, ✆ 822-175842; www.sinestesiagastroclub.com.
Churros	In Kakao getunkte ***Churro*-Spritzkuchenstangen** gibt's in der ***Bar Presidente*** in der linken Frontfassaden-Ecke des Gebäudes.
	Marktöffnung: täglich 6-14 Uhr (Mo weniger Stände).
Sonntäglicher Flohmarkt (13) »*Rastro*«	Rund ums *Mercado* bauen die Tinerfeños **sonntags bis 14 Uhr** Stände auf. Holzschnitzwerke, Billigklamotten und viel Nippes. Erlesenes sucht man vergeblich, aber Trödelfans kommen hier auf ihre Kosten. Der *Rastro* ist ein Highlight und gut besucht.
La Recova (14)	Wer dem *Mercado*-Portal (wieder) den Rücken kehrt, gelangt hinter der Brücke (*Puente Serrador*) rechts (Calle Miraflores) zum ***Centro de Arte la Recova*** und zum dahinterliegenden ***Teatro Guimerá*** – beide mit klassizistischer Fassade. Die *Recova*, früher Markthalle, hat gelegentlich temporäre Ausstellungen.

2.1

Eingangsportal zum Mercado de Nuestra Señora de Africa mit Flohmarkt im Vordergrund

Teatro Guimerá (14)

Die sieben Musen oberhalb der Portale weisen auf die Bedeutung des Gebäudes für Teneriffa hin. Benannt nach dem in Santa Cruz geborenen Schriftsteller und Poeten *Angel Guimerá* (1845-1924) war es lange Zeit kultureller Mittelpunkt für Schauspiel und Konzerte, die heute aber mehr im Auditorium stattfinden, ➤ Seite 136.

Nach der Umrundung von *Recova* und Theater erreicht man die links vom *Mercado* kommende Calle Valentin Sans, die auf die Calle del Castillo trifft. Folgt man der Castillo bergan, findet man Anschluss an die im Folgenden beschriebene kleine oder große Runde (bergab führt sie wieder auf die Plaza España), folgt man der Calle Valentin Sans geradeaus, gelangt man zur baumbestandenen Plaza Príncipe (**6**) mit ihren Cafés.

Kleine Runde

Rundgang mit Kartenpunkten 1-2-3-4-5-6-7-8-9-1

Plaza de Candelaria (2)

Oberhalb der Plaza España (➤ Seite 125f) steigt die Plaza de Candelaria sanft an. Sie ist der ehemalige Exerzierplatz der Festung San Cristóbal und wird heute begrenzt vom klotzigen Hochhaus der *Banco de Santander*. Die Statue »*Triunfo de la Candelaria*« in der unteren Platzmitte symbolisiert die Bekehrung der Guanchen zum Christentum: *Candelaria*, die Schutzpatronin der Kanaren (Carrara-Marmor, 1778) steht lichtbringend mit Kerze und Kind auf einer Wolke und blickt auf ihr huldigende Guanchen.

Casino

Das rechte vordere Eckgebäude des Candelaria-Platzes beherbergt das *Casino de Tenerife*, heute der älteste Privatclub der Insel. Früher haben dort reiche Santa Cruzeros ihr Geld nicht verspielt, sondern für wohltätige Zwecke gespendet und über Kunst und

Café El Águila an der Plaza Príncipe; davor steht ein Drachenbaum und die Skulptur einer Chicharro (= Sardine, »Pate« für die Bezeichnung der Bürger von Santa Cruz als Chicharreros, ➤ auch Seiten 132 und 546)

Kultur philosophiert. Im gleichen Gebäude um die Ecke ist der Jugendstil-Innenraum der **Bar Atlántico** einen Blick wert.

Palacio Carta

Der graue neoklassische **Palacio de Carta** (1721), an der **Plaza de Candelaria**, vis-a-vis *McDonald's*, ging schon durch viele Hände (Militär, Regierung, Bank). Vor allem der *Patio* beeindruckt mit umlaufenden Holzbalkonen. Für 2017 wurde für den Bau die Eröffnung einer (weiteren) Touristeninformation angekündigt.

Calle de Castillo (3)

Die anschließende **Calle del Castillo** eignet sich gut für den Einkaufsbummel. Hier residieren *Zara, Benetton, H&M, Mango, Foot Locker* – und viele weitere Textil- und Schuhgeschäfte. Ferner Juweliere, Uhrenläden und Optiker, sowie Elektronik.

Souvenirgeschäfte bedienen u.a. die vielen Kreuzfahr-Passagiere. Neben viel Nippes findet man auch kleine feine Läden, die kanarische Spezialitäten anbieten: Ziegenkäse, Palm-Sirup, Wein etc.

Karnevals-artikel

Zu Jahresbeginn sind auf ca. halber Höhe zwei Läden mit Karnevalsartikeln und -kostümen interessant. Ihre Stoffauswahl erfüllt ausgefallenste Träume vom selbstgeschneiderten Kostüm.

Feierabend

Nach Geschäftsschluss ist die Calle del Castillo wie ausgestorben. Dann treibt es die *Chicharreros* in die »*Noria*« (➤ oben), in die schicken Lokale beim Hotel *Mencey*, die Terrassen an der Avenida Anaga unten am Meer und in die Bars und Restaurants im weiteren Kreuzungsbereich der Rambla Santa Cruz/Pulido, wo sie weitgehend unter sich bleiben.

Parlamento de Canarias (4)

Die Calle Teobaldo Power biegt mittig von der Castillo rechts ab und führt am **Parlamento de Canarias** vorbei. Dieser mit Säulen wie ein antikes Tempelchen anmutende Bau (Ende 19. Jahrhundert) ist parlamentarischer Sitz der kanarischen Region. Er wurde ursprünglich als Konservatorium entworfen. Von dem Architekten *Manuel de Ora* stammen auch viele andere klassizistische Gebäude aus der Mitte des 19. Jahrhunderts wie z.B. das **Teatro Guimerá** und die **Recova** (**14**), das **Museo** (**12**) und die **Plaza Príncipe** (**6**). Der moderne Anbau macht das Parlament attraktiver.

Calle Teobaldo Power

Die Calle Teobaldo Power kreuzt dann die elegante Calle Perez Galdos; an der größeren Kreuzung (Pilar) danach lohnt ein Blick nach links zu einer riesigen ockerfarbenen (ehemaligen) Tabakfabrik. Wer noch ein paar Schritte weiter (zurück) nach links geht, entdeckt die beliebte **Kneipengasse Callejón de Combate**. Hier oberhalb der Plaza del Patriotismo und der Plaza Príncipe finden sich zahlreiche Läden aller Art.

CajaCanarias (5)

Nach Überqueren der Calle Pilar sind es wenige Schritte zur Plaza del Patriotismo mit dem postmodernen Gebäude des **Espacio Cultural** der Bank *CajaCanarias*, das sich wie ein spitzer Schiffsbug auf den Platz schiebt.

Bars

Seitlich vorbei führt die autofreie **Calle la Luna** mit vielen Terrassen-Cafés und Bistros, wie der **GastroBar Kokken**, modern und kreativ; Di- Sa 13.30-16 Uhr und ab 20.30 Uhr, So abend und Mo zu; © 922-280818; www.kokken.es.

Plaza Príncipe (6)

Als Alternative zu all dem kommt für eine Pause der charakteristische eiserne Pavillon gleich an der Ecke der etwas erhöht liegenden Plaza Príncipe in Frage: *Tapas* und guter Mittagstisch (€10); Küche von 13-23 Uhr. Die Kronen der gewaltigen **Lorbeerbäume** sind so dicht, dass kaum ein Sonnenstrahl den Boden erreicht. Die eingemauerte quadratische Plaza war früher der Garten des unterhalb angrenzenden ehemaligen Franziskanerklosters *San Pedro Alcántara*. Im Karneval ist der Platz mit Girlanden geschmückt und dient *Murga*-Männerchören als Bühne (danach ist dann dort der Teufel los). Seit der Verkehrsberuhigung haben der Platz und die beliebte *Cafetería El Águila* gewonnen. Populäre Fotomotive sind zwei Skulpturen: vorm Café eine Sardine (*Chicharro*) aus Bronze, von der sich der Spitzname für die Bürger von Santa Cruz, »**Chicharreros**« (➤ Seite 546), ableitet, sowie ein silberner Fischschwarm am anderen oberen Platzende (vor der Caja Canarias).

Círculo de Amistad XII de Enero (7)

An der südöstlichen Ecke der Plaza Príncipe befindet sich der Sitz des traditionellsten privaten Kunstvereins der Insel. Die prachtvollen Räume sind nur während einer Kunstausstellung zu besichtigen. Die kitschig-überladene Gebäudefassade (Anfang 20. Jhdt.) ist ein typisches Beispiel für den hier *Modernismo* genannten eklektizistischen Baustil, der den strengen Klassizismus ablöste und ebenfalls in vielen Stadtvillen Ausdruck findet (➤ Architektur, S. 507).

Museo Municipal de Bellas Artes (8)

Das »Museum der schönen Künste« wurde 1929 auf Grundmauern des Franziskaner-Klosters an der Südseite der Plaza del Príncipe errichtet. Es zeigt Werke kanarischer Maler des 16. bis 19. Jahrhunderts (*Gaspar de Quevedo, Juan de Miranda, Pedro Gonzáles*), ferner auch spanische, italienische und flämische Meister (*Guido Reni, Jordaens, van Loo, Brueghel, Madrazo, Ribera* und *Joaquin Sovolla*); Calle José Murphy 12; Di-Fr 10-20, Sa-So 10-15 Uhr, Eintritt frei, ✆ 922-274786. Die Werke von **Oscar Domínguez** befinden sich im **TEA** (29).

Iglesia de San Francisco (9)

An den rückwärtigen Teil des Museums schließt neben dem *Tribunal Superior de Justicia de Canarias* (Oberster Gerichtshof) die Klosterkirche **Iglesia de San Francisco** an. Sie wurde 1620 erbaut. Man betritt sie durch das säuleneingefasste Portal im spanischen Kolonialbarock vom unterhalb gelegenen Platz aus. Blickfänge im dreischiffigen Inneren mit rötlichen Basaltsäulen und Marmorfußböden sind die in vielen Farben bemalten (polychromen) Holzaltäre und die Kanzel sowie die dunkle Mudéjar-Holzdecke (➤ Seiten 506 und 547), die nur noch in den Seitenschiffen kunstvoll koloriert ist (*Artesonado*-Stil). Meist bis 13 Uhr offen. Der gleichnamige autofreie Platz ist mit seinen archaischen Gummibäumen mit Luftwurzeln und Lianen sehr attraktiv. Für das leibliche Wohl sorgen dort die Lokale **Rebotica**, **Santo Pecado** und **Plaza 18** – alle mit Terrasse.

Die mit Flammenbäumen (*Flamboyant*) bestandene **Calle Bethencourt** führt von der Plaza Principe zur Plaza España. Im Schatten dieser im Sommer leuchtend rot blühenden Bäume kann man in einem der Terrassen-Cafés gut entspannen. Nahe der Plaza España liegt die Tapas-Bar *Cambullón* mit gleichnamigen Geschäft für inseltypische Lebensmittel. Neuerdings machen sich hier auch Souvenirläden und internationale Fast-Food-Ketten breit.

Große Runde

Rundgang mit Kartenpunkten
1-2-3-15-17-16-18-19-20-21-5-6-7-8-9-1

(2) und (3) ➤ »Kleine Runde«, Seite 130.

Plaza Weyler (15)
Am oberen Ende der autofreien Calle Castillo (3) gelangt man zur Plaza Weyler. Dieser Ende des 19. Jahrhunderts klassizistisch erneuerte Platz befindet sich fest in militärischer Hand, wie die stattlichen Gebäude an der oberen Seite des Platzes belegen: *Gobierno Militar* (Militärverwaltung), *Capitanía Generál* (Hauptquartier) und *Parque de Artillería* (jenseits der Rambla de Pulido) stehen dort in Reih und Glied. *General Franco* residierte hier bis zum Ausbruch des spanischen Bürgerkriegs 1936. Trotz der lärmenden Autos rundum ist die Plaza Weyler mit dem Marmorbrunnen »*Fuente del Amor*« (1897) eine kleine grüne Oase – **mit Café**.

2.1

Restaurants
Wer richtig Hunger hat, geht ins *Mesón Castellano* in der Calle de Callao de Lima, die in nordöstliche Richtung vom Plaza Weyler abzweigt. **Tipp:** Sonntags um 14 Uhr, wenn viele Lokale und der (Floh-) Markt geschlossen sind, öffnet das *Castellano*. Prima sind dort die Linsen (*lentejas*) und die Lammkeule (*cordero*).

*»Kachelbank«
an der Plaza
de los Patos*

Plaza de los Patos/ Plaza del 25 de Julio (17)
Man verlässt die Plaza Weyler an der oberen Ecke über die breite Avenida de Veinticinco de Julio und gelangt zum gleichnamigen Platz. Das Datum erinnert an die Nelson-Niederlage 1797; aber alle *Tinerfeños* nennen ihn *Plaza de los Patos*, **Entenplatz**, weil in der Mitte des Brunnens aus Sevilla-Kacheln eine Ente hockt, die von ringsum sitzenden Fröschen mit Wasser besprüht wird. Bunte Kacheln verleihen den robusten Bankformen Leichtigkeit.

Grand Hotel Mencey (20): Nostalgisch, eindrucksvoll und teuer (mit Casino).

Wer die abzweigende Calle Viera y Clavijo hochschaut, erkennt das ehemalige **Hotel Quisisana**, (jetzt eine Privatschule), auch ein Beispiel des *Modernismo* (➤ Seite 507).

Villenviertel (16, 18)
Wer noch Zeit, Lust und Kraft in den Beinen hat, sollte von der Plaza de los Patos einen Abstecher durch Santa Cruz' Villenviertel machen. Es liegt zwischen der Plaza de Toros (18) und dem *Hotel Mencey* (20) links und rechts der Rambla Santa Cruz (19).

In der Calle de Robayna und im oberen Teil der **Calle Jesus y Maria** (16) stehen kleine, aber **prächtige Stadtvillen** – viele im **Bauhausstil** – in blühenden Gärten (➤ Seite 508 *Racionalismo*).

Plaza de Toros (18)
Die Plaza de Toros (18), ein kreisrunder Bau, fasst 6000 Personen. Seit Stierkampf (*Corrida*) auf den Kanaren verboten ist, wartet die Arena auf ihre neue Bestimmung als »*Plaza de Todos*« (für alle).

Nobelviertel
Hinter den Häuserfronten der **Calle de Enrique Wolfson** (parallel/oberhalb der Rambla) verbergen sich großbürgerliche Wohnungen mit üppig begrünten Patios. Oberhalb liegen die steil ansteigenden Wohlstandsviertel **Finca Salamanca** und **La Mimosa**. An grünen Hängen stehen dort herrschaftliche Villen, von deren Terrassen man Panoramablicke über die ganze Stadt aufs Meer genießt.

Rambla Santa Cruz (19)
Man verlässt die Plaza de los Patos wieder über die Avda del Veinticinco de Julio Richtung Rambla Santa Cruz, die zum *Hotel Mencey* (20) führt. Diese 2 km (mit ihrer Verlängerung bis zur Autobahn fast 3 km) lange Prachtallee ist die Visitenkarte der Stadt. Der von alten Lorbeerbäumen und Blumenbeeten gesäumte Mittelstreifen vermittelt nach den engen Straßen im Stadtzentrum wohltuende Weite. Anlässlich eines internationalen Bildhauerwettbewerbs wurden dort zahlreiche Skulpturen aufgestellt. Zwei Blocks unterhalb des *Mencey*, auf der *Plaza del Arquitecto*, erfreut sich die **Rote Lady Teneriffa** von *Martín Chirino* aus Gran Canaria besonderer Popularität.

Gran-Hotel/Casino Mencey (20)

Das *Mencey* (➣ Foto links) wurde 1953 gebaut, um *General Franco* Logis zu bieten (sic!). Hier nächtigten auch schon *Sophia Loren, Joan Miro, Diego Maradona und Liz Taylor* – damals noch mit *Richard Burton*. Der Hotelgarten ist paradiesisch: Pool, Gym und erlesenes **Gastro-Gartenhaus**. Im *Salon Tenerife* genehmigt man sich einen Cognac oder samstags zwischen 12-15 Uhr einen Aperitif mit *Tapa* in der neuen **Vermutería**. Wenn das Geld dafür nicht reicht – das **Kasino** ist integriert.

In der Nähe des *Mencey* hat sich ein Reihe feinerer, modern ge-stylter Restaurants etabliert. Auf der anderen Seite der Ramblas befinden sich das **Macusamba** und das **Cocina Urbana** im Hotel **Contemporáneo** (gutes Frühstück und Snacks); außerdem pas-siert man in der gegenüber liegenden Calle Dr. Guigou feine Res-taurants (➣ Seite 142).

Parque Municipal García Sanabría (21)

Diese grüne Lunge der Stadt atmet seit 1920 und ist fast ein bota-nischer Garten. Die Artenvielfalt von 200 Pflanzen aus aller Welt ist überwältigend. Endemiten aus den (Sub-)tropen säumen die sternförmig auf einen Brunnen zulaufenden Wege. Die wasser-umspülte Frauenskulptur **Fecundidad** (Fruchtbarkeit) des Expres-sionisten *Francisco Borges Sale* (1926) ist ein bekanntes Foto-motiv, wenn auch nicht jedermanns Geschmack.

Skulpturen

Viele Skulpturen (u.a. *Óscar Domínguez*) stehen unter den Bäu-men. Als Attraktion gilt eine »**Blumenuhr**«. Nebenan im Garten-café werden auch *Tapas* serviert.

Von der Blumenuhr führt die Calle Pilar bergab und man findet bei der *Caja Canarias* (5) oder bei der Plaza del Príncipe (6) wieder **Anschluss an die kleine Runde**, ➣ Seite 130.

2.1

Café am Park García Sanabría; unten die Blumenuhr

Sehenswürdigkeiten außerhalb der Rundgänge

Llanos

Im Stadtteil **Llanos**, dem westlichsten Teil der Stadt (jenseits der Avenida Tres de Mayo), entwickelt sich eine neue *Downtown* mit Geschäften, Wohnblocks und Freizeitanlagen. Dazu gehören: *Auditorium* und **Messehalle** (**24/22**) am *Parque Marítimo* (**23**); die beiden *Torres*, Zwillings-Wolkenkratzer, sowie das gläserne *Hotel Silken Atlantida*, das Kaufhaus *El Corte Inglés* (**26**), das *EKZ Meridiano* (mit Supermarkt *Carrefour*) oberhalb des Bus-bahnhofes (25) mit der *Tranvia*-Endstation (*Intercambiador*), zugleich Verkehrsknotenpunkt der Insel. Ferner stehen zwischen ZOB und *Mercado* (**13**) u.a. der spitz zulaufende Justizpalast und der Sitz des Regierungspräsidenten, ein festungsähnlicher Klotz mit grauer Fassade aus Lavaplatten.

Messehalle und Auditorium (22, 24)

Die auffälligsten Gebäude am unteren Rand der neuen *Downtown* sind die **Messehalle** (genannt *Cucaracha*/Kakerlake) und das schneeweiße *Auditorium* – getrennt durch die breite Avenida de la Constitución. Auf ihrem meerseitigen Bürgersteig wurden **alle bisherigen Karnevalsplakate der Stadt eingefliest**.

Beide **Prestigeobjekte**, die Messehalle wie das **wellenartige *Auditorium*** – mit hippem Bistro (siehe rechts) und Blick auf *Parque Marítimo* (**23**) und *Palmetum* (**28**), ➢ Foto unten und Seite 137 –, wurden vom bekannten spanischen Architekten *Santiago Calatrava* konzipiert. Das *Auditorium* dient als Opern- und Konzerthaus. Führung nach Anmeldung; ✆ 922-568625, Mo-Sa 12.30 Uhr.

Parque Marítimo mit dem alles überragenden Auditorium

Parque Marítimo (23)	Die **Badelandschaft** *Parque Marítimo* (Foto links) unterhalb der Messehalle wurde nach Plänen von **César Manrique** gestaltet, von dem auch das 15 m hohe rombenartige Monument **Hommage à Santa Cruz** mit im Wind rotierenden Ringen stammt. Die weitläufige Poollandschaft am Meer erinnert an den ebenfalls von *Manrique* konzipierten *Lago Martiánez* in Puerto de la Cruz. Täglich geöffnet 10-18 Uhr, Sommer bis 19 Uhr; Eintritt €2,50/€1,50; Winter werktags €0,50, hinzu kommt ggf. Liegen- und Sonnenschirmmiete. Auch für das leibliche Wohl ist dort gesorgt; http://parquemaritimosantacruz.es.
Castillo	Zu dem gelungenen Ensemble von Alt und Neu an der Küste gehört auch das **Castillo de San Juan**, ein Pulverhaus von 1641, und daneben das alte **Lazarett** von 1765.
Palmetum (28)	Der grüne Hügel neben dem *Parque Marítimo*, eine frühere Mülldeponie, wurde unter der Bezeichnung **Palmetum** zu einem 12 ha großen botanischen Garten mit 2.000 exotischen Gewächsen aller Art – darunter 400 Palmenarten – umfunktioniert. Täglich 10-18 Uhr; Eintritt: €6, unter 12 Jahre €2,80; http://palmetumtenerife.es.
Militär-museum (27)	Bei Interesse lohnt auch ein Besuch des **Museo Militar Regional**. Auf zwei Etagen sind Waffen, Fahnen, Uniformen und Dokumente der letzten Jahrhunderte ausgestellt. Prunkstück ist die **Kanone El Tigre**, die Admiral *Nelson* 1797 den rechten Arm wegschoss. Anschaulich: Santa Cruz' Entwicklung in den letzten 500 Jahren; Calle San Isidro (Ende der Rambla), Di-Sa 10-14 Uhr, frei.

2.1.4   Praktisches

Allgemein

Post/Postbank	*Correos y Telégrafos* (1), Plaza de España (Calle General Gutiérrez; Mo-Fr 8.30-20.30, Sa nur bis 14 Uhr).
Polizei	**Notruf 112**, (auch Deutsch/Englisch), ➤ Seite 549.
Kliniken	• *Clinica Parque*, Calle Méndez Núñez 40 (am unteren Ende des Parks *Garcia Sanabria*), ✆ 922-274400.
	• *Hospital Rambla*, Rambla Santa Cruz 115, ✆ 922-291600 (dt)
Auditorium	Tickets an der Kasse (*Taquilla*) unter dem Portal; Mo-Fr 10-15 Uhr; Sa 10-14 Uhr. Außerdem immer ab 2 Stunden vor Beginn der jeweiligen Veranstaltung sowie online: auditoriodetenerife.com.
	TIPP: Das *Bravo!*, ein Bistro & Café des Sternekochs *Lucas Maes* (➤ Seite 317f), der hier kleine Köstlichkeiten im nach Süden weit geöffneten Foyer des Auditoriums zaubert, mit Meerblick-Terrasse, Brunch und Live-Musik; Küche 12.30-16; So-Do 9-16, Fr/Sa 9-19.30 Uhr, ✆ 922- 568600; www.facebook.com/MagAuditorio.
Zentraler (25) Busbahnhof	*Estación de Guaguas/Intercambiador* (25), Telefonauskunft 7-21 Uhr: ✆ 922-218122, unterhalb Kaufhaus *Corte Inglés* (26) gegenüber *Parque Marítimo* an der Via de Penetración.
Taxis	Taxis gibt es viele in Santa Cruz: ✆ 922-621313 und 922-311012.

2.1

Fähren	**(Auto-) Fährhafen-Terminal** für Cadiz und Huelva in Spanien (via Gran Canaria, Lanzarote) ist die *Estación Marítima* (**30**); Zugang über Fußgängerbrücke, Treppen und Fahrstuhl ab der Plaza España. Mit Autos am besten auf der Avda Marítima von Süden aus.
Kasino (20)	Im *Hotel Mencey*, Rambla Santa Cruz an der nordöstlichen Ecke des *Parque Sanabría*. Täglich geöffnet 21-05 Uhr, Automaten nur 18-03 Uhr. Eintritt frei; Personalausweis nötig; © 922-290740.

Einkaufen

Santa Cruz' Haupt-Einkaufsbereich um die Calle de Castillo (3) mit ihren Nebenstraßen – man nennt sich stolz »Größte autofreie Shopping-Meile der Welt« – lädt ein zu sonnigem und ausgedehntem Einkauf. Schattige Gastro-Betriebe erweitern das Event. Nur während der *Siesta* sind viele Geschäfte geschlossen: Erwähnenswert ist die *Zumería Viva Maria*: Die frischen Fruchtsäfte (*Jugos* auf Wasser- und *Batidos* auf Milchbasis) sind einzigartig. Ecke Calle Pérez Galdós und Suarez Guerra, von 10-21 Uhr geöffnet.

Supermarkt	• *Mercadona*, sehr gut, frischer Fisch, freie Tiefgarage (Zufahrt vom Meer über Avenida Tres de Mayo, vis a vis *El Corte Inglés*); Mo-Sa durchgehend bis 21 Uhr.
Kaufhäuser	• *El Corte Inglés*, Avenida Tres de Mayo (oberhalb des Busbahnhofs/*Intercambiador*); Tiefgarage, Supermarkt und Panoramarestaurant; Mo-Sa 9.30-21.30 Uhr.
	• *Media Markt*, Avenida Tres de Mayo, etwas oberhalb des *Corte Inglés*, mit ähnlichen Öffnungszeiten. Zwischen den beiden Häusern breitet sich – über der Tiefgarage – seit 2016 eine kleine **Gastro-Meile** mit leckeren *Tapas* auf schönen Terrassen aus: Ein schöner Zwischenstopp beim Shoppen.
	• *Carrefour* (im *Centro Comercial* **Meridiano**); Avda La Salle (oberhalb *Corte Inglés*), Tiefgarage, 120 Shops; Mo-Sa 10-22 Uhr.
Märkte	➢ Seiten 129 und 536 ff
Buchhandlungen	•*La Isla Libros*, Calle Imeldo Seris 79 (im oberen Drittel der Calle de Castillo, Querstraße Calle Suárez Guerra); Mo-Sa 9-21 Uhr, © 922-285481; www.laislalibros.com.
	• Viele Bücher über die kanarischen Inseln haben die *Libreria de Cabildo* (Avda Islas Canarias 4), und *Libreria Canarias* (Calle de los Sueños 18). Die *Libreria El Atril* (Calle Suarez Guerra 23) und die *Libreria Pa So* (Calle San Clemente 10) sind gut sortiert.
Naturkost	• *HiperDino*, Calle Heliodoro Rodríguez López 34, unterhalb des Fußball-Stadions, 8.30- 21.30 Uhr; © 922-204680.
Internet	• Internetplätze findet man in der Calle de Valentin Sanz 21, etwas unterhalb der Plaza Principe gegenüber der *Cafetería América*, Mo-Fr 9-20 Uhr, Sa 9-14 Uhr
Konditoreien	Das beste Gebäck hat *El Aderno*, Av Bravo Murillo 16, nahe dem *Mercado*, rückseitig des grauen »Präsidial-Klotzes«; eladerno.com. Außerdem empfehlenswert: Die *Pastelaria Diaz* mit schönem Café und Geschäft an der Plaza del Principe.

Puros – Blauer Dunst

Politiker haben aufgehört -oder machen's nur noch heimlich, jedoch auf den Kanaren gehört sich das Rauchen (eigentlich immer) noch. Zigaretten (*cigarros*) sind billig, kanarische spottbillig, und Kippen liegen überall. 2010 jedoch verordnete Madrid kurzerhand eine Rosskur: Die nach 2006 gesetzlich noch möglichen Raucherzonen in Lokalen wurde im Jahr 2011 »kassiert«. Seitdem ist das Qualmen in »öffentlich zugänglichen Räumen« (auch auf Spielplätzen, vor Schulen und Krankenhäusern) strikt verboten.

Im Automaten kosten US-Marken nur +/- € 2. Günstiger sind sie stangenweise im Supermarkt, und spottbillig spanische Sorten, wie *Coronas* und *Fortuna*: ab € 0,80 die Packung. Bei der Marke *Krüger* (sprich: krucher) geht die Ersparnis gleich wieder für Streichhölzer drauf, weil die groben Dinger kaum glimmen.

Eine Zigarette heißt *Cigarro*, aber eine Zigarre *Puro*, was für *puro tabacco* steht, reinen Tabak. Der kanarische Tobak – überwiegend von der Nachbarinsel La Palma (*El Paso*) – ist eine Spezies für sich; nicht unbedingt zu vergleichen mit einer *Sumatra*, *Virginia* oder gar einer *Cohiba Torpedo* aus Havanna, sondern milder und heller – eher wie eine *Brasil*. Aber sie hat die gleichen Formate: *Corona*, *Lonsdale*, *Panetela* und *Flor de Punto*. Die dickste heißt *Churchill*, denn der Dauerpaffer bevorzugte *Puros* aus La Palma.

Auf dem Archipel gibt es noch eine Handvoll Zigarrenwickler (*torcedores*), einsame Männer, die *puro* für *puro* mit den Händen rollen. Bis zu 100 Stück am Tag. Dabei ist das wichtige erste Blatt (*tripo*) quasi die Seele des Stengels. Es sorgt dafür, dass sich beim Rauchen die Asche lange hält. Deswegen wird es kunstvoll gebrochen und gelegt, so dass sich feine Luftkanäle gleichmäßig über die volle Länge und den ganzen Querschnitt der *puro* verteilen können.

Dieser Rohling wird dann Lage für Lage, Blatt für Blatt weiter umwickelt, indem man ihn zwischen Oberschenkel und Handfläche ausrollt. Halbfertig kommt das gesamte Tageswerk über Nacht in eine hölzerne Presse. Krönender Abschluß ist das Deckblatt (*capo*), das nur geschickte Finger mit meisterhaftem Schwung hinkriegen. Es bestimmt Design und den Geschmack. Geschmacksneutral dagegen ist der natürliche Gummileim des Tragacántha-Baums, der das präzis zugeschnittene Blatt für das Mundstück (*perilla*) hält.

La Palma-Bewohner gehörten zu den ersten Tabakpflanzern auf der spanischen Insel Kuba. Doch als die Antilleninsel im Krieg 1898 an die USA fiel, kamen sie mit viel Know-how in ihre Heimat zurück. Das traf sich gut, denn dort war gerade wieder ein anderer Wirtschafts-

Zigarrenwickler bei der Arbeit Anfang des 20. Jahrhunderts

2.1

zweig zusammengebrochen: die Zucht der *Cochenille*-Laus (➤ Seite 544) war von den künstlichen Anilin-Farben verdrängt worden.

Die kleinen Setzlinge wachsen in drei Monaten mannshoch und werden von den *Vegueros* (Pflanzern) nach sechs verschiedenen Etagen eingeteilt. Die oberen aromatischen Blätter werden von den unteren geschmacklich leichteren Blättern getrennt, von Hand geerntet und wochenlang an Stangen getrocknet; danach für einen Monat in Holzfässern gelagert oder zu Bündeln verpackt. Wieder an der Luft verlieren sie durch selbst erzeugte Hitze Nikotin, verändern ihre Farbe und erhalten ihren milderen Geschmack. Dieser Prozess der Fermentierung kann bis zu drei Jahre dauern.

Als Kolumbus 1492 in der Karibik landete, sandte er Botschafter aus, das Land zu erkunden. Einer von ihnen, *Rodrigo de Jérez*, berichtete anschließend, die Eingeborenen würden glimmende Kohlen in ihren Händen halten; Taino-Indianer rauchten die Blätter einer Pflanze namens *cohiba* und die Medizinmänner inhalierten den Rauch gar durch die Nase, um mit den Göttern Kontakt zu bekommen. Die katholische Kirche verteufelte daher den Tabakgenuß. Deswegen schickte die Inquisition den inzwischen nikotinsüchtigen *Rodrigo* als teufelsbesessen in den Kerker – seine Frau hatte ihn denunziert.

In Santa Cruz findet man nur noch Relikte der einst blühenden Tabakkultur. Einige der prächtigen Fabrikgebäude stehen noch und haben heute andere Funktionen. Es gibt auch die kleinen Geschäfte nicht mehr, in denen früher Zigarren gedreht wurden – auf Teneriffa kann man das noch in Icod de los Vinos bei *Tabacos Arturo* beobachten; oberhalb des Drachenbaumes in der *Bar Gloria*. Auch in der *Casa de las Balcones* und der *Casa Turista* in Orotava kann man manchmal Zigarrendrehern auf die Finger schauen (➤ Seite 330).

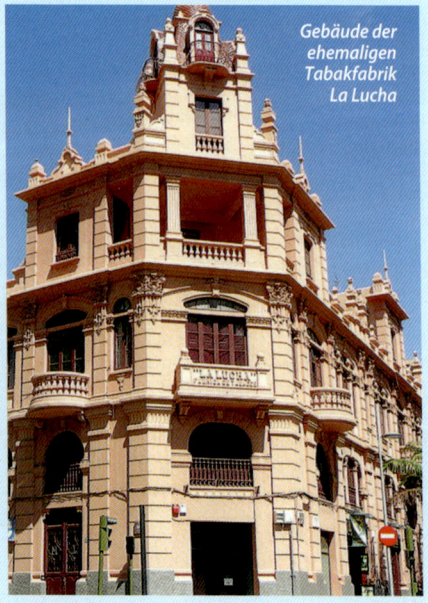

Gebäude der ehemaligen Tabakfabrik La Lucha

Imposanter Zeuge der damals mächtigen Tabakwarenindustrie ist in Santa Cruz das rötliche *La Lucha*-Gebäude, auf das man (von der Plaza Príncipe bergauf) in der Calle Adelantado stößt. Der Qualm-Adel orderte seine persönliche Mischung mit eigener Banderole. Feine Restaurants kredenzten dem Gast ihre *Cubanitos*, *Candela*, *Vargas* oder *Marques* aus dem Zedernholz-Kasten oder aus einer eleganten Schatulle, die für ideale Luftfeuchtigkeit sorgt.

Wein	*Vinoteca el Gusto por el Vino* am *Mercado*, Calle Sebastian 55, bietet in modernen Räumen 800 Weine, davon 80 kanarische, Mo-Sa 11-21 Uhr; ✆ 922-882890.
Nachtleben	Das Hauptstadt-Nachtleben hält sich in Grenzen, die Teens und Twens zieht es mehr in La Lagunas Uni-Kneipen (➤ dort). In Santa Cruz ist das Karree *Noria* »in« (➤ Seite 128), aber mehr für *Copas & Tapas* (Gläschen & Häppchen) bei Musik im Sitzen oder Stehen, ab 20 Uhr; nur Fr/Sa brummt es hier ab 23 Uhr. Auch die *Avenida Anaga* (am Hafen entlang) mit Bars und Discos wird immer lebendiger, insbesondere am Wochenende.
Bars, Chill Out	• Beliebt sind Dachterrassen in *La Noria*: z.B. *Baobab* (➤ Seite 128) • Das *Hotel Taburiente* ist zwar keine Chill-Out-Adresse, bietet aber kulturelle Veranstaltungen (Ausstellungen, Jazz-Frühschoppen, etc.) und ist deshalb erwähnenswert. Es liegt schräg gegenüber dem *Hotel Mencey*, Eingang von der Calle Doctor Guigou oder (besser) von der Calle Doctor J. Naveiras; ✆ 922-276000.
Unterkunft	➤ Hotels, Seite 552.

Restaurants, Cafés, Cafeterías, Bars und Tapabars

Im Zentrum finden sich Restaurants, Tascas, Cafés und Bars allerorten, meist geöffnet von 13-16 Uhr und 20.30-23 Uhr. Wer im Lokal nicht allein sitzen möchte, sollte erst gegen 21 Uhr kommen. Viele Lokale sind So geschlossen.

Szeneviertel	Spät am Abend trifft man sich in den urbanen Szenevierteln: Das sind vor allem die **Avda Anaga/Marítima** östlich der Plaza España und *La Noria* (Calle Antonio D. Alfonso). Beliebt sind auch die Kneipen und Bars in der Calle Clavel (versteckt zwischen *Noria* und Calle Castillo) – ein brummender Lokalstrip in alter Gasse.
Gastronomie im zentralen Bereich	• Das *La Fuente* residiert in einem stilvoll hergerichteten Herrenhaus. Auf drei Ebenen isst man edel und elegant; Calle Doctor Allart 28/Ecke Nicolás Estévanez; 12-20 Uhr, Do zu; ✆ 822-172984; www.lafuentetenerife.com. • Auch das *La Hierbeta*, ein volkstümliches Lokal mit einfacher kanarischer Küche, ist ein Restaurant mit mehreren Stockwerken. Viel los an Wochenenden, preiswert; Calle Clavel 19, 12-16, 20-24 Uhr, So zu; ✆ 922-244617.

In der Calle Bethencourt Alfonso (auch San José genannt) befinden sich mehrere gut besuchte **Tapas-Restaurants**, prima ist die

• *Taberna El Cambullón* (➤ Seite 133) mit angeschlossenem Delikatessengeschäft am meerseitigen Anfang der Straße; ✆ 667-750700.

• Auch das *El Lateral 27* in derselben Straße weiter oben erfreut sich zur Mittagszeit großer Beliebtheit.

Gastronomie unterhalb Parque Sanabria	• *El Puntero*, in einem alten kanarischen Haus; einfaches, traditionelles, vor allem mittags viel besuchtes Restaurant. Tellergerichte (*Garbanzas, Cherne!*); Calle San Clemente 13, östlich Calle Castillo, tägl. 12-16, 20-23 Uhr, So zu; ✆ 922-282214.

2.1

- *El Águila,* das große Straßencafé bei der Plaza Príncipe am oberen Ende der autofreien Calle Bethencourt Alfonso (meist Calle San José genannt) ist ein beliebter Treffpunkt der *Chicharreros.* Vom Eisbecher über Torten zu Fleischgerichten und Tintenfischen gibt es fast alles (➣ Foto Seite 130).

- *Cafe del Príncipe,* gusseiserner Pavillon auf der Plaza Príncipe; draußen Cafeteria, täglich außer So Abend, von morgens bis spät geöffnet. Zwei Mittagsmenüs für € 10, ✆ 922-247440.

Die kleine Fußgängergasse Callejòn de Combate hat sich dank einiger moderner Restaurants zur angesagten Adresse gemausert. Man erreicht sie von der Plaza Principe, dann die Calle Suárez Guerra aufwärts, danach die erste Straße links. Hier bietet die empfehlenswerte *Tasca el Callejon* Gutes (➣ Seite 82).

Weitere Bars oder moderatere Lokale befinden sich ebenfalls in diesem Ortsbereich, alle mit Terrasse.

Gastronomie in der Rambla Santa Cruz

Etwas gehobener isst man an der Rambla Santa Cruz, im Dunstkreis des *Hotel Mencey,* u.a. in diesen Restaurants:

- *GOM, Macusamba, Cocina Urbana* und *Mesón El Portón* – jeweils mit guter kanarischer Küche

Weitere Restaurants befinden sich etwas südlich der Plaza Toros.

TIPP: Fast in Sichtweite zum *Hotel Mencey* an der Rambla Santa Cruz im exotischem *Parque Municipal García Sanabria* liegt die Top-Café-Terrasse des Bistros

- *Strasse Park* (9-24 Uhr). Im Erdgeschoss wird auch serviert; die Karte hat einen asiatischen Touch

- In der *Bar Ramon* brummt es jeden Abend, gute bodenständige Küche; Rambla Santa Cruz 56/Plaza Toro; ✆ 922-241367, Mo-Sa mittags und abends

Weitere empfehlenswerte Restaurants in Santa Cruz ➣ Seite 82.

Verlauf der Straße TF 12 von San Andrés durchs Valle de las Huertas hinauf ins Anagagebirge, ➣ nebenstehenden zweiten Absatz von oben

2.1.5 Abstecher von Santa Cruz

Von Santa Cruz nach San Andrés

Anfahrt

Nur 7 km sind es auf der Schnellstraße von Santa Cruz nach San Andrés. Sie führt am Hafen entlang durch Gewerbegebiete. Am Ende des Fischereihafens *Darsena Pesquera* öffnet sich hinter einer Felsnase der Blick auf San Andrés und einen der schönsten Inselstrände, die *Playa de las Teresitas*.

Über San Andrés ins Anagagebirge

Wer zügig ins Anaga-Gebirge weiterfahren will, biegt unmittelbar nach dem Ortseingang San Andrés links ab, durchquert den Ort und nimmt auf der kurvenreichen TF 12 nach 8 km entweder den Rechtsabbieger Richtung Taganana/Benijo oder fährt weiter und erreicht die La Laguna und Teneriffas östlichsten Ort Chamorga verbindende Kammstraße TF 123; ➤ Seite 172ff.

Kenn-Zeichnung San Andrés

San Andrés war bis zum 2. Weltkrieg nur auf einem hoch in den Fels gehauenen **Treppenpfad** zu erreichen. Durch den Bau der Schnellstraße wurde das Dorf zwar zum Vorort, doch die Bewohner fühlen sich bis heute von Santa Cruz vernachlässigt. Nur die Geschäfte direkt am Meer profitieren vom *Las Teresitas*-Strand.

Ein Blick hinter die Kulissen zeigt, dass San Andrés ein armes Fischerdorf von 4.000 Seelen geblieben ist. Enge Gassen, einfache Läden, schlichte Häuser – eine noch typische kanarische »Idylle«.

Auf dem Weg zum Strand auf der Straße am Meer entlang passiert man links einen durch Unwetter 1740, 1769 und 1896 zerborstenen Festungsturm von 1706. An einer Ampel gabelt sich die Straße: bergauf geht es nach Igueste und rechts zum Strand.

Playa de las Teresitas

Die *Playa de las Teresitas* ist der **Hausstrand** der *Santa Cruzeros*. Bis 1972 war hier nur eine einsame Bucht mit schwarzem Sand. Vier Millionen Sack Saharasand verwandelten dann 1973 diesen 1,6 km langen Küstenstrich in Teneriffas Vorzeigestrand. Hier stimmt das Panorama: blaues Meer, gelber Strand und grüne Palmen vor steil aufsteigenden rotbraunen Felsen.

Das ganze Jahr über kommen die *Santa Cruzeros* schon frühmorgens; sie joggen, schwimmen oder laufen barfuß – gern in kleinen Gruppen heftig kommunizierend – am Ufer auf und ab. Im Hochsommer sind die kostenlosen Parkplätze, obwohl reichlich vorhanden, Kioske und der Strand proppenvoll. Die Liegen sind billig (€3) und statt Mietschirmen spenden die Palmen den Schatten. Eine vorgelagerte künstliche Barriere fängt die Brandung ab und macht die Bucht dadurch kinderfreundlich, ein perfektes Naherholungsgebiet für den Normal-*Chicharrero* im Ballungsgebiet.

Von Beginn an waren Strand und Hinterland das Objekt spekulierender Begierden mächtiger Baulöwen und ehrgeiziger Politiker, die das Insel-Kleinod vermarkten wollten. Bisher gottlob vergeblich, denn vor einigen Jahren stoppte das höchste kanarische Gericht Umbaupläne am und hinter dem Strand. Der Staatsanwalt ermittelte unter anderem gegen den Ex-Bürgermeister von Santa Cruz und 15 Mittelsmänner wegen Korruption.

2.1

Restaurants

- **Bar Churritos/Casa Fernando** serviert nur Fisch-*Churros* und *Pulpos* – die besten weit und breit; die drei Tische reichen nie. Man isst am Tresen; vier Originale schmeißen den Laden; gleich am Ortseingang das erste Haus, Sa+So geschlossen.

- **Cofradía**, einfaches Restaurant auf der ersten Mole; Terrasse zum Meer, *Tapas* gibt's am Tresen. Fangabhängige Fischqualität, Meerblick; täglich 12-23.30 Uhr, ✆ 922-549024.

- **La Pandorga**, gemütlicher Raum, prima kanarische Küche. Von der Meeresavenida in die Calle Bartolomé Beleza gehen. Mittags und abends, Di zu; ✆ 922-549082.

- **Rincón de Pescadores**; sympathisch, klein und einfach. Ab Bushaltestelle/Bäcker **Anaga Horno** im Dorf in die Calle Benigno Ramos gehen, 13-17 und 20-23 Uhr, Mi zu; ✆ 922-591044.

- **La Posada del Pez** ist sehr zu empfehlen, ➢ Restaurant-Tipps Seite 81; www.restaurantelaposadadelpez.es.

An den **Strandkiosken** gibt es nur Kleinigkeiten. **Tipp**: *El Caracol* (Schnecke) am Strandanfang bei der TITSA-Bus-Endstation. Eine weiße Bude (*Chiringuito*) mit köstlichen *Tapas*, leckeren Drinks und guter Musik; ✆ 648-490405; www.facebook.com > elcaracol.

Das Foto zeigt den von Palmen gesäumten Strand Las Teresitas, darüber San Andrés, dessen Gastronomie man ausnahmslos im zentralen Bereich hinter der Straße am Meer findet. Im Hintergrund erkennt man Santa Cruz und ganz in der Ferne die Spitze des Teide.

Unterkunft
In San Andrés wie auch im übrigen Anagagebirge gibt es noch kein Hotel und keine Pension, nur einige wenige privat vermietete Apartments und Häuser, ➤ Seiten 575 und 552.

Erweiterung des Abstechers von San Andrés nach Igueste

Auf dem Weg von San Andrés nach Igueste liegt auf dem höchsten Punkt rechts ein Aussichtspunkt mit sagenhaftem Blick über den Palmenstrand *Las Teresitas*, San Andrés, Santa Cruz und – bei guter Sicht – den obersten Teidegipfel. Oft ankern vor der Küste Frachter, da die Schiffe hier Ankergrund (200 m) haben. Geht man ein paar Schritte weiter nach Nordosten, sieht man unter sich den schwarzen, wegen Steinschlags lange gesperrten **Strand *Las Gaviotas***. Aber **Achtung**: Hier riecht's manchmal recht streng, da die Ruinen auch schon mal als Toilette missbraucht werden. Auch sollte man auf sein Auto bzw. die Wertsachen achten.

Playa de las Gaviotas
Auf dem Weg nach Igueste passiert man bei Kilometer 3,3 in einer Rechtskurve den Abzweig der gut ausgebauten, aber engen und steilen Zufahrt hinunter zum schönen Strand mit Parkplätzen, der zur Zeit ohne Service ist (manchmal, jedoch unregelmäßig, verirrt sich ein Kiosk-Wagen hierher).

Von der Las Gaviotas-Zufahrt schlängelt sich die Panoramastraße noch weiter bis Igueste, immer hoch über dem Meer und vorbei an besonders intensiv rot-braun-gelblichen Felsen.

Igueste de San Andrés
Das vom Tourismus unberührte Dorf ist eines der schönsten Teneriffas. Es liegt fast am Ende der Insel langgestreckt an einem *Barranco*. Am besten verlässt man den Wagen bzw. Bus (Linie 245 aus Santa Cruz) gleich am ersten Haus des Ortes. Von dort schlendert man bequem über Dorfpfade zum Meer. Das Tal ist immer grün, denn der *Barranco* trocknet selbst im Sommer selten aus; im Winter rauscht es nach Regenfällen.

Von der Bus-Endstation auf der anderen Seite der Schlucht führen schmale Wege über den Kirchplatz – erst umsäumt von Häuschen, später von Bananen, Papayas, Avocados und Mangos – bis an den grobsteinigen (Surf-) **Strand**. Baden ist hier praktisch unmöglich. Eine kleine Strandkneipe ist etwas unregelmäßig, im Winter äußerst selten geöffnet. Iguestes Bewohner verzichten offensichtlich gerne auf Tourismus. Wanderer sind willkommen.

Wandern
In Igueste beginnen anstrengende **Wanderwege**. Ab Kirchplatz geht es sehr steil hinauf, dann hinab – zum **Strand von Antequera** (➤ Seite 97) und nach **Lomo Bermejo** (➤ Wanderbeilage, Seite 32).

Tipp: Wassertaxi San Andrés – Antequera – San Andrés, entlang der farbenreichen Steilküste zum Baden in der schwer zugänglichen aber nicht mehr ganz so unberührten Natur. In Kooperation mit der Anaga-Wanderherberge (➤ Seite 572). ℂ Lucio: 600-701832, €30, Kinder €25; www.nauticanivaria.com.

Unterkunft
Keine Hotels/Pensionen, nur private Unterkünfte ➤ Seite 575.

2.1

*Blumenteppichanfertigung in den Straßen von La Laguna, ein Brauch, der in der Fron-
leichnamswoche überall auf der Insel gepflegt wird, ➢ auch Seite 327 + Essay Seite 329*

2.2   (San Cristóbal de) La Laguna

2.2.1 _____ Koloniale Kapitale und Universitätsstadt

_____ **Kennzeichnung**

Eine Lagune ist für gewöhnlich ein Gewässer, das durch seine Verbindung zum Meer salzhaltig ist (Brackwasser). Im Spanischen versteht man unter *la laguna* auch ein stehendes Süßwasser. An so einem 900 m breiten See gründete Teneriffas Eroberer *Lugo* 1496 die erste spanische Kolonialstadt **La Laguna**. Ihr Wahrzeichen, die *Iglesia de la Concepción*, stand damals nur einen Steinwurf vom südlichen Schilfufer der Lagune entfernt in der bukolischen Landschaft.

Der Ort war mit Bedacht gewählt. Weitab vom Meer lag die Stadt in 600 m Höhe geschützt vor Angriffen von See her und mitten in einer landwirtschaftlichen Schatzkammer, der fruchtbaren Hochebene von Aguere. Die Lagune ist längst ausgetrocknet und bebaut, doch günstig liegt die Stadt immer noch. Die Autobahn Santa Cruz-Orotavatal verläuft hier als nahe Stadttangente, an der auch der internationale Flughafen **Tenerife Norte** liegt. Die frische Bergluft tut vor allem im Sommer gut. Im Winter sind die dort häufigen Passat-Nebelschwaden nicht jedermanns Sache.

Universitäts- und Bischofsstadt

Steht Santa Cruz, das La Laguna 1823 den Rang als Hauptstadt ablief, mehr für das handeltreibende Bürgertum, so ist La Laguna mit ca. 152.000 Einwohnern das altehrwürdige **intellektuelle und religiöse Zentrum der Insel** geblieben mit einer großen Universität (25.000 Studenten) und dem einzigen Bischofsitz des Archipels. Die Stadt wetteifert nicht mit den Santa Cruzer Ambitionen, durch städtebauliche Kraftakte Touristen anzulocken, sondern die Stadtväter konzentrieren sich geschichtsbewusst auf die sorgfältige Restaurierung ihres Zentrums, das bereits 1999 zum Weltkulturerbe ernannt wurde. Die UNESCO würdigt damit das Siedlungskonzept als Anknüpfung an den platonischen Polis-Gedanken, wonach die Bewohner ohne Stadtmauern in einem harmonischen Raum friedlich zusammenleben. Der schachbrettartige Stadtkern von La Laguna wurde Vorbild für alle spanischen Kolonialstädte in Südamerika.

Ballungsraum

Alte und neue Hauptstadt sind mittlerweile zu einem Ballungszentrum mit ca. 500.000 Einwohnern verwachsen, das in seinen Übergangszonen mit hässlichen Slums und Gewerbegebieten das Armenhaus Teneriffas bildet. EU-Gelder helfen seit kurzem bei der Sanierung von Problemzonen.

Villenviertel

Doch gibt es in La Lagunas Norden auch angenehme, einfache wie reiche Vororte mit herrlichen Alleen, in denen kleine Stadthäuser und große Villen in blühenden Gärten auf ein gutes Leben der hier wohnenden Tinerfeños schließen lassen.

Metro Santa Cruz

Karwoche

Wie überall in Spanien wird die **Semana Santa**, die Vor-Osterwoche, auch in Teneriffa mit großen Prozessionen begangen. Christus und die jeweiligen Heiligen werden unter düsterem Trommelwirbel und schneidenden Klängen der Kornette durch die Stadt getragen. Sogenannte »Bruderschaften« (*Hermandades*, auch *Cofradías*), deren Herkunft man an den Farben der langen Pilgerkutten erkennt, begleiten den Zug. Sie bedecken – bis auf Sehschlitze – ihr Gesicht mit unheimlich wirkenden spitzen, schwarzen Kapuzen.

Die berühmteste *Semana Santa* der Insel wird in La Laguna begangen. Ein Höhepunkt ist Gründonnerstag die Zurschaustellung der Heiligen, der Grabmäler und Retabeln aus feinstem Silber, die vom Reichtum der Stadt zeugen. Eindrucksvoller Höhepunkt ist am (Kar-) Freitagabend die – die Bezeichnung sagt es – schweigende *Procesión de Silencio*.

Anfahrt per Auto

Zufahrt nach La Laguna von Süden

Von Süden/Santa Cruz auf der TF 2/TF 5 kommend nimmt man am besten *Salida* 8a (La Laguna/Tegueste) und folgt zunächst der um La Laguna herum autobahnartig ausgebauten TF 13. Nach ca. 2,5 km (Abfahrt »Zentrum«) geht's links zur **Plaza del Adelantado**. Unterhalb östlich der Plaza liegt ein **Parkplatz**.

Parken

Über *Salida* 8b erreicht man die **Tiefgarage** unter der Avda Calvo Sotelo an der **Plaza San Cristobal**: von der Autobahn gelangt man zunächst auf die Calle Lora Tamayo Richtung Zentrum. Nach dem Verkehrskreisel heißt die Verlängerung Avda Calvo Sotelo. Die Garageneinfahrt befindet sich am unteren Ende des Platzes (unverkennbar wegen kandelaberartiger Laternen). Von dort läuft man auf der Calle Santo Domingo vorbei an der gleichnamigen Kirche bis zur Plaza del Adelantado noch ca. 300 m.

Von Norden

Von Norden bzw. Puerto kommend nimmt man ebenfalls am besten **Ausfahrt 8b** (»Guajara/Tegueste«), überquert die Autobahn und folgt der vorstehenden Beschreibung.

Anmerkung: Die Parkhinweise sind hier so ausführlich, weil La Laguna meistens komplett zugeparkt ist. An den Straßen findet man nur mit viel Glück freie Kurzzeitparklücken.

Park & Ride ab Santa Cruz mit der Tranvia

Eine gute Alternative zum Besuch von La Laguna per Auto bietet die *Tranvia* ab Santa Cruz. Im *Intercambiador* kann man parken (➢ Seiten 58 & 591f) und dort in die Bahn steigen (Endstation »Trinidad«). Die *Tranvia* braucht bis La Laguna 35 min.

2.2

Anfahrt per Bus

Der *Intercambiador de Guaguas* (ZOB) liegt am unteren Ende der **Avenida Trinidad** ganz nahe der Autobahn.

Zwischen Santa Cruz und Puerto de la Cruz verkehrt neben der *Tranvia* der TITSA-Bus #102 mit Stopps am **ZOB La Laguna** und **Flughafen**.

Ermita de San Miguel, eine alte Kapelle im Kolonialstil. Sie wird heute nur noch für Ausstellungen genutzt

2.2.2   Stadtbesichtigung

Orientierung

Information/
Führungen

Verlässt man die **Plaza Adelentado** neben dem Rathaus/*Ayunta-miento* (➤ Seite 153) Richtung Nordost über die **Calle Obispo Rey Redondo**, findet man im Haus #7 (Alvarado, auch *Casa de los Capitanes* genannt) das **Tourismus-Büro**; es bietet nach telefonischer oder Internet-Anmeldung 60-minütige Stadtführungen – auch auf Deutsch: www.todotenerife.es > Erbe > Historische Gefüge. Dort gibt's auch **Eintrittskarten** für die Sehenswürdigkeiten der Stadt, z.B. ein Kombiticket für die *Iglesia de Concepción*, das *Convento Santa Catalina* und die *Casa Salazar*.

Altstadt

Heute ist der kleine Altstadtkern (ca. 500 m x 200 m) fast autofrei: **Calle Herradores**, **Obispo Rey Redondo**, **Dean Palahi**, **Viana** und **San Augustin** – Straßen und Plätze gehen dort ineinander über. Man bummelt in Ruhe und ungestört vorbei an traditionellen und schick-modernen Läden, an zahlreichen Terrassenrestaurants und -cafés (keine Plastikstühle, sondern Holzausstattung) und kann dabei zugleich die alten Kolonialbauten bewundern. Vormittags bis 13 Uhr und nachmittags ab 17 Uhr herrscht dort reges Treiben. Dazwischen – in den Stunden der *Siesta* – ist es ruhiger. Auch die **Calles Bencomo**, die **Capitán Brotóns** mit schönen alten Häusern und die **Calle Anchieta** zählen zum Altstadtkern; dort ist aber noch Autoverkehr zugelassen.

In den in die Altstadt führenden parallelen Straßen **Heraklión Sánchez** und **Avenida Trinidad** gibt es zwar viele Geschäfte, sie sind aber eher unattraktiv.

Am Abend

Für junge Leute lohnt ein spätabendlicher Besuch an Wochenenden. Die Studenten amüsieren sich gern in der Nähe der alten Uni. In der und um die **Calle Heraclio Sánchez** herum herrscht reges Nachtleben in Musikkneipen, Cafés, Restaurants und Discos. Spät heißt bei der spanischen Jugend sehr spät – also keinesfalls vor Mitternacht (➤ Seite 160).

Blick auf das grüne Hochtal von Aguerre mit La Laguna vom Anagagebirge aus gesehen. Im Hintergrund der Teide

**Straßen
und Plätze**

La Lagunas traditionelle **Hauptschlagader** ist die **Calle Obispo Rey Redondo**. Sie verbindet die drei wichtigsten Plätze miteinander: die fast quadratische **Plaza del Adelantado** im Osten, die zentrale **Plaza de la Catedral** und die dreieckige **Plaza de la Concepción** im Westen.

Fassade des Convento Santa Catalina, dahinter des Palacio de Nava (Seite 152); rechts die Bäume der Plaza del Adelantado

2.2

Rundgang

**Plaza de
Adelantado**

Diese **Plaza**, nach dem Stadtgründer *Adelantado* (Pionier) *Alonso Fernández de Lugo* benannt, war so etwas wie La Lagunas gute Stube. Ein Drachenbaum, Palmen, Laub- und Lorbeerbäume stehen so dicht, dass kaum ein Sonnenstrahl auf Beete und die steinernen Bänke mit geschwungenen Armlehnen fällt.

**Mercado de
San Miguel**

Seit das baufällige alte Marktgebäude (neben dem neu errichteten Justizpalast) abgerissen wurde, hat der Platz an Lebendigkeit verloren. Der Markt soll jedoch ebendort wiedererrichtet werden. Bis es so weit ist, findet man ihn am anderen Ende der Altstadt an der **Plaza del Cristo** mit großer Parkkapazität. Der Marktbesuch lohnt sich auch an diesem Standort.

**Start
Rundgang**

Gegenüber der durch den Abriss entstandenen Baulücke befindet sich das *Convento Santa Catalina*. Von dort ausgehend sind im Folgenden die Gebäude rund um die **Plaza de Adelantado** im Uhrzeigersinn beschrieben.

**Convento
Santa Catalina**

Schwere dunkle Holzportale und ein hölzerner Turmaufsatz (*Ajimez*, ➤ Foto oben), wie man ihn des öfteren in der Stadt sieht, schmücken das *Convento* aus dem 17. Jahrhundert. Sein Gitterwerk gewährte den Nonnen freie Sicht von oben, ohne sich selbst den weltlichen Blicken von unten und der Plaza gegenüber auszusetzen zu müssen. Die Einrichtung geht auf den jahrhundertelangen arabischen Einfluss auf der iberischen Halbinsel zurück.

| Palacio de Nava | Der **Palacio de Nava** aus schwerem grauen Stein (1585) rechts neben dem *Convento* hatte ursprünglich eine klassische Renaissance-Fassade und ist im Laufe der Jahrhunderte durch etliche manieristische, barocke und klassizistische Stilelemente verändert worden. Eine Besichtigung ist zur Zeit nicht möglich. |

| Ermita San Miguel | Gleich rechts neben der Baustelle des *Mercado* steht die kleine **Ermita San Miguel** (1506, ➤ Foto Seite 149). Sie bietet als *Sala de Exposiciones* wechselnde Ausstellungen. |

| Casa de Padre Anchieta | Die Hausnummer 10 neben dem *Hotel Nivaria* trägt den Namen des Jesuitenpaters *Anchieta*, dem Gründer Sao Paulos, der durch die Christianisierung Brasiliens in die Kirchengeschichte einging (➤ »Persönlichkeiten«, Seite 498). |

| Hotel Nivaria | La Lagunas bestes Hotel bezieht seinen Namen aus der früheren kirchlichen Bezeichnung des Archipels, **Obispado Nivariense** (Bistum Nivaria). Erste Seefahrer hatten Teneriffa die »Schneebedeckte« genannt (Schnee heißt auf Spanisch *nieve,* ➤ Seite 547).

Das graue Gebäude nebenan gehört der spanischen *Telefónica*. |

| Iglesia de Santo Domingo | Wer neben dem *Hotel Nivaria* in die Calle Santo Domingo einbiegt, sieht bald die **Iglesia Santo Domingo**. Die Anbauten der ursprünglichen Kapelle wurden im 17. Jahrhundert durchbrochen und erweiterten als Seitenschiffe diese einfache Kreuzkirche. Die Prozessionsmonstranz **Custodia** aus dem 18. Jahrhundert (*Ildefonso de Sosa*) gilt als die kunstvollste der Kanaren. Die expressionistischen Fresken in Hauptschiff und Presbyterium stammen |

vom Kastilianer *Mariano de Cossio*. Die hohen Mauern an der Kirche gehören zum Dominikanerkloster, dessen Lehrstuhl für Grammatik, Logik und Philosophie (seit 1532) die erste höhere Bildungsanstalt in La Laguna war. Heute finden hier Ausstellungen statt; es lohnt ein Blick vom umlaufenden Holzbalkon.

Ayuntamiento und Casas Consistoriales
Das graue klassizistische Eckgebäude in der Calle Consistorio, Ecke Calle Obispo Rey Redondo an der Plaza Adelantado ist La Lagunas **Rathaus** (*Ayuntamiento*) und gehört zum Gebäudekomplex der *Casas Consistoriales* (Stadtverwaltung), der sich in der gleichnamigen Straße ans *Ayuntamiento* anschließt.

Das rosafarbene Haus mit neogotischen Fensterornamenten links vom *Ayuntamiento* (Anfang 20. Jahrhundert) war das *Antiguo Colegio de las Domenicas* und beherbergt heute das **Stadtarchiv**.

Casa del Corregidor
In der sienafarbenen *Casa del Corregidor* (Haus des Vogts, Calle Obispo Rey Redondo) residiert heute der Bürgermeister (*Alcalde*). Das beeindruckende Portal (1545) wirkt durch seinen kunstvollen Steinaufsatz besonders prächtig (➢ Architektur, Seite 505).

Casa del Alhóndiga
Dieses blaue Gebäude aus dem 18. Jahrhundert neben der *Casa del Corregidor* war früher ein Speicher für Weizen und Wein.

Casa de los Capitanes/ Information
Aus der ersten Hälfte des 17. Jahrhunderts stammt das benachbarte »Haus der Kapitäne« (auch *Casa Alvarado Bracamonte*). Es war bis 1723 Residenz des Feldmarschalls von Teneriffa. Besonders schön ist der Patio mit Säulen aus rötlichem Stein. U.a. befindet sich darin das Büro der **Touristeninformation**.

Calle Obispo Rey Redondo
Im weiteren Verlauf nach Westen wird aus der Obispo Rey Redondo eine Einkaufsstraße vor allem mit Textil- und Schuhgeschäften. Typisch kanarisch ist die dort zu besichtigende bedenkenlose Mischung von historischen und neuen Gebäuden.

Plaza de la Catedral
Schlanke Palmen, eine große Schirmtanne (*Araucaria*) und Drachenbäume prägen die Plaza de la Catedral. Schon seit 1511 stand dort eine kleine Ordenskapelle. 1820 erhielt die **Santa Iglesia Catedral** ihre heutige klassizistische Fassade.

2.2

Amaro Pargos Schatz

Der aus La Laguna stammende *Amaro Rodriguez Felipe Tejera Machado* ging als **Amaro Pargo** in die Inselgeschichte ein. Nach einem Streit mit seinem Vater heuerte er als Pirat an. Er beraubte nur reiche Leute und kaufte viele Grundstücke bei Punta del Hidalgo. Seine Freundin, die Nonne *Sor Maria de Jesús* aus dem Kloster *Santa Catalina*, beschenkte er regelmäßig.

Drei Jahre nach *Sors* Tod wollte er sie exhumieren und in einem Sarg beerdigen. Überraschenderweise fand er ihren Leichnam unverwest. Seither kann dieser alljährlich am 15. Februar in der Klosterkirche besichtigt werden.

Amaro Pargo starb am 4. Oktober 1747 und liegt im rechten Teil des Kirchenschiffs der **Santo Domingo**. Sein Haus, die wegen eines angeblichen Schatzes einst von Besuchermassen heimgesuchte *Casa Pirata*, ist zerfallen.

*Iglesia
la Catedral
auf der
gleichnamigen
Plaza an der
Straße Obispo
Rey Redondo*

Kathedrale

Die massiven Innensäulen sind aus grauem Basalt. Rechts in der Seitenkapelle findet man ein barockes *Retablo* mit flämischen Gemälden, das der im Zentrum stehenden *Virgin de los Remedios* geweiht ist, etwas abseits den Grabstein des Eroberers von Teneriffa, *Lugo*. Von außerordentlichem Reichtum zeugt auch die **Marmorkanzel**. Nur die Treppe ist aus dem hier sonst üblichen Baustoff Holz. Die vielen feinen Silberschmiede-Arbeiten stammen aus Córdoba und Südamerika.

Teatro Leal

Im Jugendstil-Bau des Theaters finden wechselnde Veranstaltungen statt. Unter anderem mit Beteiligung des Symphonie-Orchesters Tenerife. Calle Obispo Rey Redondo 50; Kasse (*Taquilla*) Mo-Sa 11-13 Uhr und 18-20 Uhr, bei Veranstaltungen auch bis 21 Uhr; ✆ 922-265433, www.teatroleal.com.

Hotel Aguere

Gegenüber das **Hotel Aguere** mit lichtem, verglastem Patio und schönem Mamorboden (mit Café). Hier traf sich Anfang des 18. Jahrhunderts eine der inselweiten **Tertulias**, Diskutierzirkel (➤ Seite 497), die für aufklärerische Ideen offen waren. Man reichte indizierte Bücher weiter, verfasste politisch-satirische Flugschriften und förderte Schulwesen und Handwerk (➤ Seite 553).

Plaza de la Concepción

Im spitzen Winkel trifft hier die Obispo Rey Redondo auf die Calle Capitán Brotóns und gibt der kleinen Plaza de la Concepción ihre dreieckige Form. Die bereits erwähnte Schirmtanne auf diesem Platz wird alljährlich zur Weihnachtszeit über und über mit bunten Paketen geschmückt.

Gourmets sollten einen Blick in die traditionsreiche Konditorei (*Pasteleria*) **La Princesa** werfen, wie auch in das **Rincón de Extremeño/Exquisiteces Ibericos** mit Bar-Tischen fürs Lunch; im Außer-Haus-Verkauf gibt's **Jamon Iberico** (Schinken), Weine und kanarische Käsearten.

Iglesia de la Concepción

Schon von der Plaza sieht man das Wahrzeichen der Stadt (➤ Foto nächste Seite 156), den fast freistehenden Turm der *Iglesia de la Concepción*, der ältesten Kirche La Lagunas (1496). Sie wurde fortwährend baulich verändert. So finden sich neben Merkmalen der Renaissance auch gotische und barocke Stilelemente. Der Glockenturm wurde 1697 aus *piedras molinos* hochgezogen, besonders hartem Basalt, der sonst an sich für Mühlsteine verwendet wurde. Seine Kanten bestehen aus dunkelgrauem Basalt. Man kann hinaufsteigen und den Blick über La Laguna genießen.

Das Hauptschiff ist durch Torbögen mit gelblichen und rosafarbenen Tuffstein-Säulen von den beiden Seitenschiffen getrennt. In den zum Turm aufschließenden Seitenkapellen sind kunstvoll geschnitzte Holzaltäre zu sehen. 1972 stürzte ein Teil des *Mudéjar*-Daches ein und wurde durch eine Kassettendecke ersetzt.

Besonders fein gearbeitet ist die barocke **Kanzel** aus Kiefernholz. Beeindruckend sind auch die **Silberarbeiten**, vor allem an dem wunderbaren Altar für die *Señora de la Concepción*. Und Keramik aus Sevilla schmückt das Becken, über dem sogar schon Guanchen getauft wurden.

Seit 1947 hat die *Concepción* den Status eines nationalen Kulturdenkmals. Besuchszeit für die Kirch- und Turmbesichtigung: Di-So 10-12 Uhr und 17-19.15 Uhr; dort hat man auch **Tickets** für die *Casa Salazar*, ➤ Seite 156.

Plaza Junta Suprema

Gegenüber dem Kirchturm zweigt die Calle Belén vom Ende der Obispo Rey Redondo ab. Sie führt auf die Plaza Junta Suprema, einen mit *Araucarias* bestandenen Platz.

2.2

Restaurierte Fassaden an der Plaza de Concepción

Turm der Iglesia de la Concepción am »Kopfende« der Straße Obispo Rey Redondo

Paseo Camino Largo/ Avda la Universidad

Von der Plaza Suprema ist es nicht weit zu einem schönen **Wohnviertel** La Lagunas. Über die Calle Belén trifft man geradeaus auf die Avenida Silverio Alonso, die einen über den *Parque de la Constitución* zur »*Paseo Camino Largo*« genannten **Avenida la Universidad** bringt. Diese bis auf Anlieger autofreie, dicht mit Palmen bepflanzte Allee führt vorbei an alten Villen in üppigen Gärten: Wohnen in einer Oase mitten in der Stadt.

Zurück zum Stadtrundgang geht's über die Calle Rodríguez Moure, die auf die Calle San Augustín stößt.

Convento de San Augustín oder Cabrero Pinto

Ohne Abstecher hinauf zum Camino Largo folgt man gleich von der Plaza Junta Suprema der Calle San Augustín. An der Ecke Calle Rodríguez Moure steht das *Convento de San Augustín.* Dieser Gebäudekomplex mit vielen Bäumen im Eingangsbereich war bis zur Säkularisierung im 19. Jahrhundert Augustinerkloster und früher Sitz der ersten kanarischen Universität. Bis ins 20. Jahrhundert hinein wurde dort ganz weltlich studiert. Im Hauptteil des Konvents (schöner Patio) finden Ausstellungen statt.

Casa Salazar/ Palacio Episcopal

Auf derselben Seite der Calle San Augustín (Hausnummer 28) folgt die *Casa Salazar*, ein Palast reicher Kaufleute aus dem 17. Jahrhundert, mit einer imposanten, aber verschlossen wirkenden Fassade aus der Übergangszeit von der Renaissance zum Barock (1664-81). Seit 1861 dient der Bau als Bischofsresidenz der Diözese Teneriffa (*Diócesis Nivaria*). Nach einem Brand 2006 wurde es nur teilweise restauriert; der Patio kann besichtigt werden: Mo-Fr 9-13.30 Uhr; Tickets gibt's in der *Iglesia de la Concepción.*

Geschichts-museum

An der Ecke Calle Tabares de Cala) steht die nach einer genuesischen Kaufmannsfamilie benannte *Casa Lercaro* (1593). Sie ist das einzige alte Patrizierhaus in La Laguna, das man besichtigen kann, da es das *Museo de Historia y Antropología de Tenerife* beherbergt. Allein deshalb lohnt sich ein Besuch des Museums.

Dessen Abteilungen wurden mit viel Liebe gestaltet. Thematisiert sind die Guanchenzeit, *Conquista* (Eroberung Teneriffas), Christianisierung, Sozialgeschichte als spanische Kolonie, Kartographie, Entwicklung von Handwerk wie Landwirtschaft, Emigrationswellen und ökonomische Umbrüche. Auch die Geologie Teneriffas wird eingängig behandelt.

Alle Erläuterungen an Objekten und Schaukästen erfolgen auf Spanisch, aber man hat leihweise Übersetzungen. So-Mo und an Feiertagen 10-17, Di-Sa 9-20 Uhr, Eintritt €5, © 922-825949.

Fundación Cristino de Vera

Nebenan befindet sich die *Fundación Cristino de Vera*. Das alte Gebäude wurde zu einer Kunstgalerie umgebaut, die Bilder des Stifters und wechselnde Ausstellungen präsentiert. Calle San Augustin 18, Mo-Fr 11-14 und 17-20, Sa 10-14 Uhr, Eintritt €3.

Zurück zum Ausgangs-punkt

An der Ecke Calle Augustin/**Calle Nava de Grimón** kann man die beachtliche Fassade des ehemaligen Kasinos von La Laguna nicht übersehen. Das Gebäude wurde Anfang des 20. Jahrhunderts im damals »modernen« Sammelsurium von Stilen errichtet. Die Calle de Grimón führt zurück zum Ausgangspunkt Plaza Adelantado.

Abseits des Rundgangs

Santuario de La Laguna

Die auf den Kanaren meistverehrte Darstellung der Kreuzigung Jesu, das *Santuario del Santísimo Cristo de la Laguna*, befindet sich in der Kapelle des Franziskanerklosters. Sie steht an der Plaza del Cristo (oder de San Francisco) in Nachbarschaft des provisorischen Marktes, ➢ unten und Seite 151.

Dort wird alljährlich am 14. September die kunstvoll geschnitzte Holzskulptur *Cristo de La Laguna* im höchsten religiösen Fest der Insel verehrt. Sie soll ein Geschenk des Eroberers *Alonso de Lugo* sein, der es 1520 nach Teneriffa brachte, ➢ unten und Seite 487. Experten halten es für das Werk eines Brabanter Künstlers, andere ordnen es der Sevillaner Gotik zu; geöffnet Mo-Sa 8.30-12.30 und 16.30-20 Uhr; Fr-So 8.30-20 Uhr.

Ersatzmarkt

Das riesige **Marktzelt** an der Plaza del Cristo (Ersatzstandort für den abgerissenen *Mercado de San Miguel* an der Plaza Adelantado) erreicht man in 10 Gehminuten über die autofreie Calle Viana. Außen pfui, aber innen hui: An hoch aufgetürmten Ständen mit vielfältigem Angebot drängeln sich vor allem samstags und sonntags zahllose Besucher; täglich bis 13 Uhr, Do auch 17-20 Uhr (Tiefgaragen-Zufahrt über die Calle Nava de Grimón).

Museo de la Ciencia y del Cosmos

Eine gewaltige Parabolantenne macht das **Wissenschaftsmuseum** unübersehbar. Nach amerikanischem *hands-on*-Vorbild bringt man dort jung und alt physikalische Gesetzmäßigkeiten nahe. Auf

Knopfdruck sozusagen werden naturwissenschaftliche Phänomene und Zusammenhänge sonnenklar; ein gutes Ziel für Eltern mit Kindern; Di-Sa 9-20, So-Mo 10-17 Uhr; €5, ✆ 922-315265.

Am besten erreicht man das Museum mit der *Tranvia*. Die Bahn hält direkt vor dem Eingang (gleichnamige Haltestelle). Zu Fuß braucht man vom Zentrum La Lagunas 15 min (den Straßenbahnschienen Richtung Santa Cruz folgen). Das Museum liegt südwestlich am Schnittpunkt der Avda de los Menceyes und Camino de la Hornera. Auch per **Auto** ist die Anfahrt unkompliziert: Nordautobahn *Salida 8A* und 200 m auf der TF 13.

Die Tranvia La Laguna-Santa Cruz hält direkt vor dem Wissenschaftsmuseum (➤ Karte Seite 148)

2.2.3   Praktisches

Unterkunft

Je mehr La Laguna seine Restaurationsarbeiten als UNESCO-Weltkulturstätte vollendet, desto interessanter wird die Stadt als Standort für Reisende. Bisher gibt es indessen **nur zwei Hotels** (*Nivaria* und *Aguere)* und eine einfache Pension, ➤ Seite 553.

Allgemein

Information   Infobüro ➤ Seite 150.

Post   Postamt bei der Kirche *Santo Domingo* in gleichnamiger Calle.

Polizei   Polizeiwachen neben dem *Ayuntamiento* in den Calles Consistorio und de Nava y Grimón (kurz vor der Plaza San Francisco).

Kliniken mit *Tranvia*-Stopp (➤ Seite 592)   *Hospital Universitario de Canarias (HUC)*, direkt an der Autobahn; von La Laguna kommend, *Salida* 5A, *Urgencias* (**Notaufnahme**), ✆ 922-641011. Eine Ausfahrt weiter (4B) geht's zum *Hospital Candelaria* (gehört zum *HUC*), ✆ 922-602000, *Urgencias*.

Einkaufen

Markt
- Lebensmittel, Fisch, Obst und Gemüse gibt's im »provisorischen« **Mercado** an der Plaza de Cristo; täglich bis 13 Uhr, Do auch 17-20 Uhr.

Wein
- **El Lagar** (großes Sortiment) hinter der *Iglesia de Concepción* links in die Calle San Antonio 6, ℂ 922-259752.

Fischverkauf im Mercado von La Laguna

Buchläden
- **Librería Lemus**, größter (Uni-) Inselbuchladen. Calle Heraclio Sánchez 64, ℂ 922-251145 und Calle Catedral 29, ℂ 922-251461.
- **El Águila**, Calle Obispo Rey Redondo 43, ℂ 922-259732.
- **Atlantida Artesanía,** viele Bücher über die *Islas Canarias* und landestypische Produkte, Calle Augustín 55, ℂ 922-252928.

Einkaufs-center
- Nordautobahn Ausfahrt #7a, dem Schild **Parque Comercial** folgen. Großkomplex mit **Al Campo** (Kaufhaus + Lebensmittel), **C&A**, **IKEA**, **Leroy Merlin** (Baumarkt), **Toys-R-Us**, **Decathlon**, **Lidl** (unterhalb) und **MultiCine** mit 20 Kinos.

Outdoor-Bekleidung
- **Valle Verde**, Outdoor-Ausrüster: Hier findet der Wanderurlauber tolle Beratung und nützliche Ausrüstung, Calle Ascanio y Nieves 6, 10.30-14 Uhr und 17-20 Uhr; www.valleverde-canarias.com

Restaurants

Nur in den Touristenzentren im Süden gibt es mehr Restaurants als in La Laguna und Umgebung (➤ Kasten »Restaurantstraßen«, Seite 161 und Kasten »*Guachinches*« auf Seite 375). In Lagunas Zentrum liegen die guten Lokale zuweilen etwas versteckt.

Im Bereich des Stadtrundgangs zu empfehlen sind:
- **Bodegon Viana**, typisch kanarisches Lokal; studentisch, beliebt; Calle Viana 35; Mo zu, Di-So 11-0.30 Uhr, ℂ 922-264213.

- *La Casa de Oscar*, *Taberna*, gemüliche *Tasca*; variationsreiche *Montaditos* (belegte Häppchen) zum Wein oder Bier, gute *Croquetas* und *Pinchitos* (Spießchen); Calle Heradores 66, Mo-Sa 8-24 Uhr; ✆ 922-265214.

Die beiden ersten der folgenden Lokale sind auch im Kapitel »Besondere Restaurantempfehlungen« hervorgehoben, ➢ Seiten 82f.

- *Guaydil*, Calle Deán Palali in der Nähe des Büros der Touristeninfo; variationsreiche Küche mit frischen Zutaten.

- *Tasca Viña Norte*; diese renommierte *Bodega* hat einen Verkaufsraum für Weine und eine *Tasca* im schönen Patio; man isst die kanarischen *Tapas para compartir* (die Runde teilt sich einen Teller). Auf der Galerie gibt's zuweilen Ausstellungen; sonntags begleitet live gespielte spanische Gitarrenmusik das Essen; Plaza de la Concepción; täglich 12-23 Uhr.

- *Fusion*, modernes Kneipenlokal mit guten *Tapas* und Gerichten, preisgünstig, sehr beliebt; Calle San Juan 10, 19.30-2 Uhr, ✆ 922-257600.

- *Café Palmelita* an der Plaza de la Concepción; beste Filiale der auf Teneriffa beliebten Café-Kette, schöne Terrasse. Gutes Frühstück und heißbegehrte »deutsche« Kuchen zur Kaffeezeit.

Universitätsviertel

Studenten-Nightlife-

Das (studentische) Nachtleben pulsiert oberhalb der alten Universität innerhalb des Straßendreiecks **Heráclio Sánchez, Sierra Rafols** und **Dr. Zamenhoff** (*Esperanto*-Erfinder) mit den zentralen Kneipen/Disco-Straßen **Antonio Gonzales, Catedrál** und der **Plaza Dr. Regulo Pérez**.

Freitags und samstags wird es zu später Stunde allerorten rappelvoll. Für »Zugereiste« fährt die *Tranvia* in diesen Nächten halbstündlich von und nach Santa Cruz.

- *Club Buho*, an der Plaza Dr. Regulo Perez, Calle Catedral 3; Mi-Sa 21-3.30 Uhr, Drinks und Live-Musik, ✆ 686-479388.

- *Blues Bar*, Calle Dr. Zamenhoff 9.

- *Cerveceria Lagunita Country*, Calle Rector Angel M. Gutierrez Navarro 98, populäres Clublokal; www.lagunitacountry.com.

- *Pub Kapitel*, allgemein beliebter Treff, Cocktails, diverse Kaffeesorten und Tees, bisweilen Live-Musik, täglich ab 18 Uhr; Calle Dr. Antonio González/Ecke Catedrál.

- *Pub Strasse*, Studentenkneipe mit Tanz ab 18 Uhr bis spät in die Nacht, Calle Dr. Antonio González 15, ✆ 922-891411. Einen Ableger gibt es in Santa Cruz, ➢ Seite 142.

Für die Kneipenkieze existieren unterschiedliche Bezeichnungen: *Zona Copas, Zona Pubs* und modisch originell: *Cuadrilatero* (»Bermuda Dreieck«).

Restaurantstraßen um La Laguna

Der familiäre Exodus aus den Städten am Samstag- und Sonntagmittag gilt nicht nur den **Guanchinches** (➢ Kasten Seite 375), sondern auch den unglaublich vielen feinen oder rustikalen und einfachen Restaurants, wie man sie insbesondere nordöstlich der Linie La Laguna–La Esperanza an den Hängen findet.

Im Sommer entfliehen viele *Tinerfeños* gern der sommerlichen Küstenhitze. Aber auch in den Wintermonaten wundert sich jeder Fremde über Autobahnstaus sonntags 17-19 Uhr. Dann fahren die *Canarios* mit Kind und Kegel wieder nach Hause zurück – gut gelaunt und wohlgenährt.

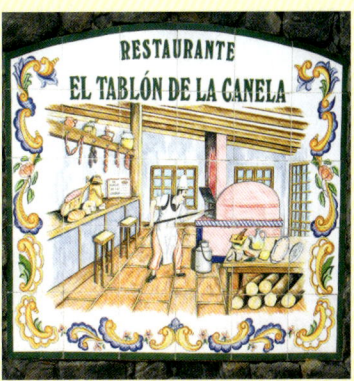

Einladendes Kachelbild vorm Restaurant Tablón de la Canela

2.2

Inselweit gilt die **Faustregel: am Meer Fisch, am Berg Fleisch**. Und da man eher in Küstennähe wohnt, müssen Meeresfrüchte nicht auch noch am Wochenende sein. Kurz, beim Bergausflug sind Kaninchen, Huhn, Schwein und Ziege die Favoriten. Auch das *Solomillo de tenera* (Rinderfilet) steht auf den Karten und kommt oft von der »achten Insel« des Archipels (sprich: Südamerika), also ein qualitativ besonderer Leckerbissen.

Die Bestellung ist nicht selten kurz und bündig. In Kenntnis der durchschnittlichen Vertilgungsmenge seiner vielköpfigen Lieben ordert der Familienvater beispielsweise »**tres**« und prompt kommt eine 3 kg-*Parillada* (gemischte Grillplatte) auf den Tisch und dazu das kanarische Beiwerk Wasser, Wein, ein gemischter Salatberg, *papas arrugadas con mojo*, *postres* und *café*. Für den autofahrenden Papa gibt's zum Schluss noch eine Zigarre (*puro*), wiewohl nur noch draußen vor der Tür, und einen doppelten Brandy, damit er auf der Heimfahrt die Kurven besser nehmen kann. Neuerdings sorgen aber – zum Glück – strengere Alkoholkontrollen dafür, dass das Gros der Fahrer dem Alkohol weitgehend abschwört. Wer mit Promille erwischt wird, zahlt extrem hohe Bußgelder (*Multas*).

Beispiele für Restaurantstraßen

Von Guamasa nach Tacoronte (fast alle an der TF 152)

Die küstenseitige Parallelstraße zur Autobahn (Carretera General del Norte = TF 152) hat zwischen deren Ausfahrten 14 und 21 viele beliebte Restaurants.

Da in der Region die betuchtere Klientel wohnt, denen weniger der Sinn nach Landarbeiterportionen an Plankentischen mit Holzhockern steht, haben sich zwischen Guamasa und Tacoronte an der alten Landstraße die vornehmeren Restaurants angesiedelt. Sie bieten verfeinerte kanarische Küche, aber auch kontinentale Gastronomie.

Weitere Empfehlungen (von La Laguna aus beschrieben):

- *El Campo*, klassisches Fleischlokal mit *Chuletas de Buey*, *Secreto Iberico*, südamerikanischem *Solomillo* (Filet), in rustikal-dunkler Atmosphäre; Ausfahrt 17 (Naranjeros), von der TF 5 Richtung Tacoronte in die Carretera General del Norte (TF 152), unauffälliges Haus (#350) auf der linken Seite. Täglich 12-24 Uhr, So abends geschlossen; ✆ 922-561761.

- *El Empedrado,* kleines Haus bergseitig der TF 15. Gute verfeinerte Küche, z.B. *Secreto Ibérico* vom schwarzen Schwein. Stilvolle, einfache Räume mit schlichter Terrasse. Von der Nordautobahn Ausfahrt 17 nach Westen, Nr. 2284 auf der linken Seite, 12-24 Uhr, Mo Abend und Di zu; ✆ 922-570435.

- *El Rincón de Tenerio*, etwas abseits der TF 152, Ecke Calle Waque, links. Prima *Tasca*-Restaurant mit etwas anderer preiswerter kanarischer Küche in einem modern-gemütlichen Ambiente (Empfehlung *Escaldón* auf *Batata*, Salat aus *Bacalao* mit *Pimentos*, saftige *Tortillas*). Mittags und abends, So Abend und Montag zu; ✆ 922-571618.

Zwischen Tacoronte und El Sauzal (an der TF 152)

- *Tacoa*, Minibrauerei nach deutschem Reinheitsgebot mit kanarisch/deutschen Gerichten; tolle Terrasse, Küche ab 12.30 Uhr bis *open end*; donnerstags Blues/Jazz live ab 21 Uhr; in El Sauzal an der TF 152 Carretera General del Norte 122, ✆ 922-564173.

Vom Nordflughafen nach Agua García (TF 237, alte Bezeichnung »Camino Real«)

Man nimmt die Autobahnausfahrt 11 zum Nord-Flughafen und folgt der Beschilderung »Agua García«. Von dieser bergseitigen Autobahn-Parallelstraße Richtung Puerto de la Cruz zweigt links (bergauf) die **TF 237 nach Agua García** ab (von der *Autopista* bis dorthin ca. 6 km).

- Die volkstümlichen Restaurants **Mi Merced** und **Los Junquitos** haben deftige Fleischgerichte. Zwischen KM 4 und KM 5; ✆ 922-567156.

- *Mercadela* verfügt über eine mit rustikal-traditionelle und moderne Küche (Mutter und Sohn). Spezialität sind Kabeljau (*Bacalao*) und Wolfsbarsch (*Cherne*). Auch der Salat mit gebratenem Käse und Rosinen kann sich sehen lassen. Carretera Agua Garcia-La Esperanza 44 (TF 226) relativ nah bei Agua Garcia; täglich 13-23 Uhr, Mi zu; ✆ 922-567310.

Von El Portezuelo über El Soccorro nach Tegueste

Zufahrt über die *Autopista del Norte* TF 5, Ausfahrt 11 wie oben. Dann folgt man der meerseitig parallel zur Autobahn verlaufenden Straße Richtung Westen, von der nach wenigen hundert Metern rechts die TF 154 nach El Portezuelo/Tegueste abzweigt; ➢ Empfehlungen Seite 388.

Von La Laguna nach Esperanza

Zufahrt über die Autobahn Richtung La Laguna. Dann die Ausfahrt 9 »*Parque Nacional del Teide*« (TF 24) nehmen. In etwa 900 m Höhe beginnt Kiefernwald. Auf dem Weg dorthin liegen mehrere rustikale Restaurants, ➢ Teide-Auffahrten von Osten bzw. ab La Laguna Seite 397f.

Bereich
Anagagebirge

2.3   Bereich Anagagebirge

2.3.1   Das »andere« Teneriffa

Landschaftsbild

»Besuchen Sie das andere Teneriffa!« – so werben Bus-Unternehmen für ihre Tagesausflüge ins Anagagebirge. Der Slogan stimmt, denn der Nordosten der Insel ist der Kontrapunkt zu den Urlaubszentren im Süden: abgeschieden und untouristisch in wildromantischer, spektakulärer Natur. Die Berge sind kantiger und grüner, die Gipfel schroffer und zackiger, die Schluchten tief und schmal, die Küsten zerklüftet und die wenigen Strände klein und unzugänglich. Ein Anaga-Ausflug an einem schönen Tag mit oft klarer Sicht bleibt ein unvergessliches Erlebnis.

Der Grund für diesen abrupten Landschaftswechsel ist geologischer Natur. Die beiden äußeren Inselzipfel im Norden, das Teno- und das Anagagebirge, sind die ältesten Teile Teneriffas und waren zwei separate Eilande, bevor sich Millionen Jahre später das Teidemassiv aus dem Atlantik erhob und alles überragend dazwischen schob (➤ »Entstehung Teneriffas« auf Seiten 14f).

Enge Straßen, viele Kurven

Die geologischen Bedingungen haben die Menschen jahrhundertelang extrem gefordert und tun es auch heute noch: Zwar gibt es schon seit 50 Jahren eine asphaltierte Kammstraße, aber so mancher abgeschiedene Weiler wurde erst in den 1960er-Jahren für Pkw erschlossen. Das Fahren auf den engen Straßen erfordert volle Konzentration, denn in den unzähligen Serpentinen kommt das Lenkrad – und oft auch der Magen – nicht zur Ruhe. Ein Bus von vorn heißt zuweilen: zurücksetzen zur Ausweichstelle.

Wichtig!

In der Anagaregion gibt es **keine Tankstelle** und kaum eine **Handy-Deckung**. Abends und montags sind fast alle **Lokale geschlossen**.

Beste Ausblicke

Auf den Aussichtspunkten, den *Miradores* an der Kammstraße, wird man für alle Anstrengung reich belohnt. Wie aus dem Flugzeug schaut man aus 1.000 m Höhe über Berge und Täler, mal zur einen, mal zur anderen Inselseite, auf kleine weiße Dörfer, die Hafenanlagen von Santa Cruz oder Puerto de la Cruz, mal auf den Teide-Kegel, mal übers Meer bis Gran Canaria. Mit einer einzigen Körperdrehung sieht man alles zugleich.

Monteverde

Wie ein Wall stellen sich diese Berge dem feuchten **Nordostpassat** in den Weg und zwingen ihn aufzusteigen. Dabei kühlt er ab und kondensiert zu **Wolken**, die die Nordhänge einhüllen oder fetzenweise in Schwaden über den Kamm jagen. Dies ist die Welt der *Monteverde*, der immergrünen Berge, mit feucht-kühlem Klima, wo im Schutze des dichten Lorbeerwaldes viele Farnarten und Moose gedeihen. Auch auf die südlichen Berghänge schwappen die Wolken noch ein wenig über. Diese Nebel erwärmen sich auf der südlichen Anagaseite schnell wieder und erreichen die Küste als warmer Fallwind. Entsprechend karg sind die Südhänge, die nur nach den ersten Winterregen von sprießenden *Tabaibas* (Wolfsmilch) mit einem grünen Schimmer überzogen werden.

Höhlen- und Anlehnhäuser unter Steilhängen bei Chinamada (Seite 176)

Infrastruktur

Ein Dutzend kleiner Weiler liegt im Anagagebirge. Es sind keine Fischer- sondern **Bergdörfer**, alle auf der grünen Nordseite, eingebettet in fruchtbare, aber winzige **terrassierte Felder**, die durch mühsames Aufschichten von Lavageröll entstanden sind. Viele ihrer Mauern sind zerfallen und die Felder liegen brach, denn die Jugend von Anaga hackt lieber am Computer als in der Scholle. Man sieht hier überwiegend ältere Menschen, die dem gewohnten Leben treu geblieben sind. Davon profitieren die relativ wenigen Touristen. Sie finden in jeder Ortschaft zumindest einen Laden, ein einfaches Restaurant oder eine *Tapa*-Kneipe. Und immerhin verbinden zwei bis drei Busse pro Tag selbst noch das kleinste Kaff mit dem Rest der Welt.

Frisch und kühl

Selbst im Sommer sollte man besser eine wärmende **Windjacke** oder einen **Pullover** dabei haben. Auch wenn die Sonne scheint, kann es hier oben merklich kälter sein (bis ca 10°C), als unten an der Küste. Abends im Frühjahr und Herbst wissen die Bergbewohner ein wärmendes Kaminfeuer zu schätzen – im Winter sowieso.

Für einen Anaga-Ausflug sollte man früh aufstehen, denn meist setzt die Passat-Wolkenbildung schon mittags ein.

Wandern

Unter Wanderern ist das Anagamassiv populär. Doch muss gut zu Fuß sein, wer sich die landschaftlichen Schönheiten erwandern will. Die Wege sind schmal und steil, die Höhenunterschiede enorm. Die Beschilderung wurde gemäß EU-Richtlinien erneuert (➤ Seite 516). Neben einer angemessenen Ausrüstung sollte man die Wetteraussichten im Kopf und die Bus-Fahrpläne in der Tasche haben, wenn man keinen Rundweg, sondern von A nach B gehen will.

Wer auf eigene Faust aufbricht, muss sich also schon etwas vorbereiten und mit An- und Rückfahrt einen ganzen Tag einplanen, denn Unterkünfte sind selten (➤ Seite 571 und Seite 553). Wer sicher gehen möchte, schließt sich einer geführten Wanderung an. So spart man sich auch die teilweise nötigen Genehmigungs-Formalitäten, die zwei der landschaftlich besonders geschützten Regionen auf Teneriffa betreffen; ➤ Seite 169.

Einige **leichte Wanderungen** werden im Folgenden empfohlen. Eine längere ist am Kapitelende beschrieben. Weitere finden sich im beiliegenden Wanderführer.

Geologie

Entstehung des Anagagebirges

Die bizarren Felsformationen im Anagagebirge wecken spontane Assoziationen an Urgestein und Dinosaurier, aber mit den ersten Ausbrüchen oberhalb des Meeresspiegels vor 7 Mio Jahren sind sie – erdgeschichtlich gesehen – jung. Dieses Gebirge ist geradezu ein geologisches Küken, wenn man bedenkt, dass es erst vor 3-4 Mio Jahren seine heutige Form ausbildete. Das Zentrum der Lava-Emissionen lag entlang des Bergrückens, auf dem heute wie auf einem Spitzdach die Kammstraße entlangläuft.

Die Eruptionen ergossen sich nach beiden Kammseiten, phasenweise mal als leichtflüssiger, mal als zähflüssiger Lavastrom. Die auffällig hellgelbliche Farbe vieler Bergkuppen geht auf die letztgenannten Laven zurück. Dazu kamen explosionsartige Ausbrüche vor allem im Gebiet zwischen Taganana und dem verlassenen Las Palmas de Anaga, bei denen große Mengen Gestein und Gas herausgeschleudert wurden. Den Rest erledigten über die Jahrmillionen Wind, (Regen-) Wasser und wechselnde klimatische Bedingungen. Denn die vielen skurrilen Zacken, Felsfinger und Höhlen sind das Ergebnis zäher, aber beständiger Verwitterung.

Roques

Charakteristisch sind die *Roques* (»Turm« beim Schachspiel, ➤ »Lexikon Geologie«, Seite 437), mächtige Felsen, die bei späteren Ausbrüchen wie Raketen aus der Tiefe in die oberen weicheren Basaltschichten geschossen wurden und dort wie Pfropfen steckenblieben. Freigelegt wurden sie erst, als der Basalt erodierte, während sie als jüngeres und härteres Gestein Wind und Wetter widerstanden. Jetzt ragen sie wie Monolithe aus den Abhängen der Schluchten heraus. Manchmal erinnern sie an Zuckerhüte, z.B. der **Roque de Taborno** und der **Roque de Animas** bei Taganana. Einige *Roques* stehen im Meer; und im Fall des **Roque de las Bodegas** gegenüber großer Fischrestaurants.

2.3

Roque de las Bodegas an Teneriffas Nordküste

Gänge

Ein sogenannter **Gang** (span: *dique*, engl: *dike*) ist ähnlich wie die *Roques* entstanden, hat aber nicht die Form eines hochgeschossenen Felsklotzes, sondern erscheint als langgestreckte, **aufrechtstehende Schicht**: junges, hartes **Tiefengestein**, das bei späteren Ausbrüchen in den Spalten weicherer Erdschichten hochstieg, blieb wie eine Wand stehen, während das umgebende Gestein langsam verwitterte. Im Anagagebirge lassen sich solche Gänge gut ausmachen. Sie erinnern an eine mal mehr, mal weniger freigelegte chinesische Mauer (➤ Seite 280 f).

Barrancos (Schluchten)

Ein weiteres Charakteristikum im (Teno- und) Anagagebirge sind die vielen steilen **Barrancos**, weil es auf kleinem Raum viele Bruchspalten gab, durch welche Magma aufstieg. Wie tiefe Scharten liegen sie eng nebeneinander. Der Wechsel von Trocken- und Nassperioden führt bei tropischen Platzregen zu gewaltiger Abtragung. Gesteinsmassen, die durch die Schluchten hintergespült werden, schneiden sie immer tiefer ein. Am Ausgang der Schluchten lagern sich die Gesteinsmassen ab.

Auch die **Eiszeiten** wirkten sich aus. Durch das Sinken des Wasserspiegels in den Kälteperioden verlagerten sich die Mündungen der *Barrancos* deltaartig nach außen und wurden beim späteren Wiederanstieg des Wasserspiegels überschwemmt – Steilküsten waren die Folge.

Zeitgenössische Darstellung der Sklavenarbeit in den sog. Zuckermühlen

Wirtschaft und Bevölkerung

Zuckerrohr und Kohle

Bereits Anfang des 16. Jahrhunderts errichteten die Spanier auf Teneriffa große Zuckerrohrplantagen – so auch im äußersten Nordosten der Insel. Das kleine abgelegene Bergdorf **Taganana** erlebte damals eine Blütezeit. Dort gab es Wälder und sprudelnde Bergbäche und damit die entscheidenden Rohstoffe für die Zuckerrohrverarbeitung: Holz und Wasser.

Mit **Wasser** wurden die Zuckermühlen betrieben und mit **Holz** der Zuckersirup (Melasse) verkocht. Zudem eigneten sich die harzhaltigen Baumstämme zum Bau und Abdichten von Wasser-leitungen. Darüberhinaus gab es billige Arbeitskräfte ganz in der Nähe: alte Stiche zeigen, wie Sklaven (aus Westafrika) die harte Arbeit in den Plantagen verrichten, ➤ Abbildung links.

Holzkohle   Doch schon nach wenigen Jahren intensiver Zuckerproduktion waren Anagas Holzreichtümer erschöpft und die Wälder kahlge-schlagen, zumal man sie obendrein nutzte, um Holzkohle für die Küchenherde der Insel herzustellen. Die Köhler-Wirtschaft gab Tagananas Nachbardorf **Las Carboneras** (»Die Kohlenmeiler«) seinen Namen.

Weinbau/   Die Konkurrenz aus Amerika beschleunigte Teneriffas Nieder-
Malvasia   gang als Zuckerproduzent. Tagananas Plantagenbesitzer sattelten um auf Rebstöcke. Ihr roter, süßer **Malvasier** (Dessertwein, heute auch trocken erhältlich) war bald vor allem an den europäischen Höfen und in England begehrt. Ein kanarisches Fass Wein kommt in Shakespeares »*Fallstaff*« vor, und Sir Walter Scott erwähnt den Tropfen in »*Ivanhoe*«.

Doch Geschmäcker ändern sich, und als die adligen Kehlen jäh-lings andere Sorten bevorzugten, war Tagananas ökonomisches Schicksal besiegelt. Es fiel in einen 300-jährigen Dornröschen-schlaf, als die Anbindung an den Rest der Insel und die inter-nationalen Märkte nicht mehr von Bedeutung war.

Über die   Die Bauern ackerten nur noch für den Eigenbedarf auf den frucht-
Jahre kaum baren, aber schweißtreibenden Terrassenfeldern. Viele wanderten
Veränderungen ab, teils bis Südamerika. Die alte, einfache Infrastruktur verfiel, aber für die wenigen, die in dieser Abgeschiedenheit blieben, reichte es zum Überleben. Erst nach dem 2. Weltkrieg wurden Anagas Bergdörfer mit Bulldozern und Asphalt aus ihrem Schlaf geweckt. Heute pendeln die Enkel der Berg- und Ziegenbauern zu ihren Arbeitsplätzen in den Städten und betreiben in ihren Gemüsegärten Weekend-Landwirtschaft.

Nach wie vor leben aber Menschen in der Landwirtschaft nach alten Traditionen. Dazu gehören die immer noch zu sehenden hellen Filzumhänge (*mantas*). Ärmellos und knöchellang schüt-zen sie vor kühlem Wind und kriechender Kälte.

Parque Rural Die Verlockung, auch das Anagagebiet für den Tourismus zu öff-
de Anaga   nen, war groß. Doch der Bau von Ferienhäusern und Hotels hätte die Schönheiten der Gebirgswelt zerstört. Daher wurde Anaga schon 1987 zur geschützten Zone erklärt und sieben Jahre später der *Parque Rural de Anaga* ins Leben gerufen.

Biosphären- Obendrein erklärte die UNESCO das Anaga-Massiv 2016 zum
reservat   *Biosphären-Reservat*. Spezielle Entwicklungsprogramme unter-stützen seitdem die Wiederaufnahme landwirtschaftlicher Akti-vitäten, Aufforstung, Fischfang und Umweltschutzmaßnahmen.

Daraus ergab sich eine **wichtige Änderung für Wanderer:**

Wander-   Wanderungen im Gebiet *El Pijaral* nördlich der TF 123 (Bailadero-
restriktionen Chamorga) sind genehmigungspflichtig! Die Beantragung eines

2.3

Anmeldung
Wandern im
Gebiet Pijaral

Termins ist im Internet wie folgt möglich: www.todotenerife.es > deutsch > Aktivitäten > Wanderungen > Anaga: Gebiete mit kontrolliertem Zugang. **Infos auch telefonisch unter © 922-633576.** Hohe Strafen drohen Wanderern in diesem Gebiet (➤ gestrichelten Bereich auf der Karte Seite 165), die keine Genehmigung (*Permiso*) vorweisen können.

Quartiere

Bislang waren Übernachtungen in diesem Landschaftsschutzgebiet wegen der bereits bestehenden Auflagen eher begrenzt. Mittlerweile hat die Kanarenregierung aber **Viviendas Vacacionales** (Ferienhäuser, Wohnungen und Appartements) zugelassen, die sich z.Zt. als spürbare Erweiterung des Unterkunftsangebotes etablieren, ➤ Seiten 553 und 575f.

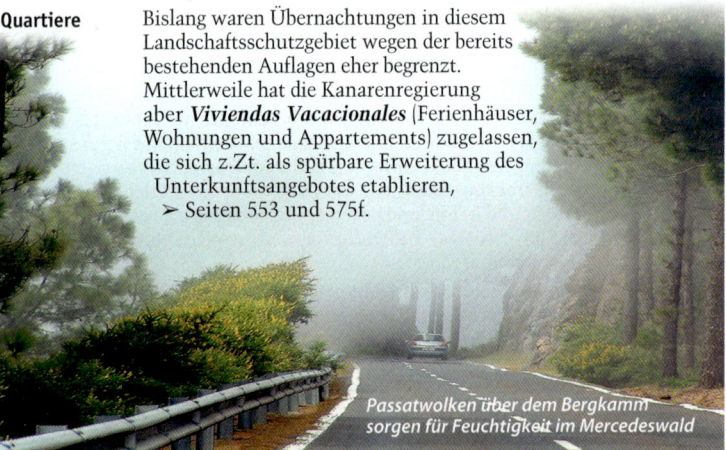

Passatwolken über dem Bergkamm sorgen für Feuchtigkeit im Mercedeswald

Flora und Fauna im Mercedeswald

Monteverde, die grünen Berge, verdanken ihren Namen der sehr speziellen Vegetation in den Höhenlagen des Anagagebirges. Auf Wanderungen vom Kamm die Nordseite hinunter erlebt man herrlich intakte Gebiete dieser immergrünen Pflanzenwelt (vor allem um die *Vueltas de Taganana* und um die besonders geschützte Enklave **El Pijaral** herum, ➤ oben).

Laurisilva

Die Flora des *Monteverde* besteht hauptsächlich aus dem **Fayal-Brezal** und der **Laurisilva**, von der nur noch 15% der einstigen Bestände erhalten sind. Zum *Laurisilva* zählen 15-20 Lorbeer-Baumarten, die durchschnittlich 8-10 m hoch sind, vereinzelt aber auch bis zu 20 m hoch werden können. Ihre Blätter sehen aus wie die von Gewürzlorbeer, sind aber für Wildbraten ungeeignet. Sein entfernter Verwandter, der *Fikus Benjamin*, steht bei uns in jedem größeren Hotel- und Bankfoyer. Dort muss man ihn im Winter hegen und pflegen, denn die trockene Zentralheizungswärme bekommt ihm nicht.

Konden-sation

Die *Laurisilva*-Blätter brauchen viel Feuchtigkeit, die sie auf den Kanaren aus den Passatwolken ziehen. Da ihre elliptische Blattform einer flachen Sauciere ähnelt und ihre Oberfläche lederartig-wasserabweisend ist, kann das Kondenswasser gut über die kleine Tülle in der Blattspitze in den Boden abtropfen.

Dort versickert es, bis es ein natürliches Reservoir erreicht hat.
Folglich hat der Lorbeerwald für die Insel eine ähnliche Funk-
tion wie die kanarische Kiefer (➢ Seite 414). Früher war dieses
Hartlaubgewächs im ganzen Mittelmeerraum heimisch, bis es
in der Eiszeit in wärmere Gefilde, nämlich auf die makaronesischen Inseln im Atlantik (Azoren, Madeira, Kanaren, Kapverden) vertrieben wurde – und in so manche deutsche Wohnstube.

Riesenfarne   Der **Lorbeerwald** wirkt auf
den ersten Blick monoton,
die verschiedenen Arten ähneln einander sehr und sind
für den Laien oft nur an den
Blüten oder Früchten zu unterscheiden.

Beim Durchwandern richtet
sich der Blick in erster Linie
auf die ungeheure Pflanzenvielfalt, die unter dem Blät-
ter-Baldachin der Lorbeerbäume in Schatten und Feuchtigkeit prächtig gedeiht:
Farne, **Moose**, **Flechten**,
Sträucher, **Kletter**- bzw.
Rankpflanzen und **Pilze**.

Frucht des Lorbeerbaums
(Laurus azorica)

Besonders eindrucksvoll ist ein Riesenfarn (*Pijaral*), dessen
Wedel 2,50 m lang und 50 cm breit werden. Die durch Verwe-
sung der Pflanzen entstehende Biomasse führt zu stärkerem
Wachstum der vielfältigen Flora, bremst die Erosion und regu-
liert den Wasserhaushalt der gesamten Region perfekt.

Blütenpracht   Die meisten der *Laurisilva*-Bäume blühen zwischen Januar und
März weiß. Besonders schön sind die weißen, traubenförmig an-
geordneten, duftenden Blüten der *Hija* (rote Beeren) und des
Tejio (rosarot); beliebt ist die *Reina del Monte*, ein Strauch mit
intensiv-gelben Blüten, ebenso die **Kanarenglockenblume**, ein
leuchtend rotes Kriechgewächs. Besonders giftig ist der im
Frühjahr orange-rot blühende **Kanarenfingerhut**.

Fayal-Brezal   Oberhalb des Nebelwolkenfeldes oder auch unterhalb, auf der
nicht so stark eingenebelten Südseite, schließt die *Fayal-Brezal*,
auch (Gagelbaum-) Baumheide genannte **Vegetationszone** an.
Sie ist weniger artenreich als die *Laurisilva*. Dafür ist sie nicht
so empfindlich, kann größere Temperaturschwankungen, mehr
Sonne und Trockenheit ertragen. In weiten Teilen des Monteverde ist sie zur bestimmenden Vegetation geworden. Weil die
edleren zur *Laurisilva* gehörenden Hölzer (z.B. *Naranjero Salvaje*, *Hija*, *Viñatigo*, *Tejo*, *Palo Blanco*) abgeholzt wurden oder
der Landwirtschaft wichen, haben die robusten **Gagel**- und
Heidebäume als Pionierspezies das Bergterrain erobert.

2.3

Gänsedistel

**Riesen-
Löwenzahn**

Am Wegrand des *Monteverde* sieht man viele Arten von rosettenförmigen **Dickblatt-Gewächsen** (*Aeonium*) und Pflanzen,
die zwar viel Feuchtigkeit brauchen, aber nicht unbedingt
typisch für Teneriffa sind. Beispielsweise die leuchtend gelbblühende **Gänsedistel**, die wie ein Riesen-Löwenzahn aussieht. Sie
ist zwar auch ein Korbblütler, hat aber mit dem uns vertrauten
(und auch auf den Kanaren in 250 Arten vertretenen Löwenzahn,
Taraxacum officiale) wenig gemein. Bei den überdimensionierten
gelben Gänseblümchen (bis zu 2 m) handelt es sich um eine der
27 endemischen **Gänsedistel-Arten**, deren Ahnen sich vor allem
auf den Nachbarinseln El Hierro und La Gomera wohlfühlen.

Fauna

Da die Tierwelt auf den kanarischen Inseln bei weitem nicht so
artenreich ist wie die Flora, findet sie weniger Erwähnung.

Neben einer Vielzahl von Schmetterlingen und Käfern auf den
weichen Waldböden fühlen sich in der *Laurisilva* vor allem
zwei grau-grün-rötlich gefärbte endemische **Taubenarten** wohl,
die **Paloma Turque** und die **Paloma Rabiche**. Bei den Raubvögeln ist es der **Gavilán**, ein kleiner Falke. Selbst **Reiher** kann

man bisweilen sehen; sie
schnappen sich ihr Futter
gerne an offenen Zisternen
(*embalses*) an den unteren
Hängen.

Einen guten Überblick
über Flora und Fauna
geben auch die Abbil-
dungen im **Centro Visi-
tantes** beim *Mirador Cruz
del Carmen*, ➤ Seite 175.

*Ein Monarchfalter, Beispiel
der Artenvielfalt im Laurisilva*

2.3.2   **Routen und Wanderungen durchs Anagagebirge**

Bei Las Mercedes, 5 km nördlich von La Laguna, beginnt die Auffahrt durch den Mercedeswald auf den Kamm des Anaga-Massivs.
Diese atemberaubende Kammstraße, die TF 12 (ab Bailadero TF
123), windet sich knapp unter 1.000 m Höhe bis nach Chamorga,
dem letzten Dorf im nordöstlichen Inselzipfel. Von der Kammstraße zweigen vier Stichstraßen nach Norden ab, aber nur eine
(nach Taganana/Almáciga/Benijo) führt bis hinunter ans Meer.
Für den Heimweg gibt es also nur zwei Möglichkeiten: entweder
man fährt den gleichen Weg über Las Mercedes wieder zurück
oder nimmt ab dem Abzweigpunkt *El Bailadero* die Fortsetzung
der TF 12 nach San Andrés/Las Teresitas hinunter zur Südküste
und gelangt über Santa Cruz wieder auf die Autobahn.

Empfehlung   **Rundfahrt im Uhrzeigersinn**

Eine solche Anaga-Rundfahrt ist aus zwei Gründen im Uhrzeigersinn empfehlenswert. Erstens bilden sich in diesem Gebirge oft
schon mittags Passatwolken und behindern die herrlichen Aussichten (➢ Foto Seite 170). Man sollte also die schnellere Zufahrt
über La Laguna wählen. Zweitens ist der schöne *Las Teresitas*-
Strand im Anschluss an die Bergtour ideal fürs nachmittägliche
(Sonnen-) Bad. Danach ist noch Zeit zum Bummeln oder Essengehen in Santa Cruz, da die Geschäfte erst um 20 Uhr schließen.

Die Strecke La Laguna–Cruz del Carmen–*El Bailadero*–San
Andrés–Santa Cruz misst 40 km auf zwar guten, aber engen und
kurvenreichen Straßen. Wer im Anagagebirge dann noch eine der
Stichstraßen (nach Las Carboneras, Afur, Taganana oder Chamorga) einplant, um einzukehren, zu baden (unterhalb Taganana)
oder einen Spaziergang zu machen, muss sich sputen, denn
spätestens um 17 Uhr (im Sommer 19 Uhr) ist die Sonne am Strand
von *Las Teresitas* hinter den ersten Bergen verschwunden.

2.3

Terrassenfelder bei Las Carboneras

_____ **Von La Laguna in den Mercedeswald**

Anfahrt   **Vom Inselsüden kommend** führt die **Ausfahrt 8a** (Tegueste, TF
(Karte Seite 148)   13) über die **Stadttangente** (Abstecher La Laguna ➤ Seiten 149 ff)
zur Landstraße nach Las Canteras in den Mercedeswald.

Von Puerto kommend verlässt man die Autobahn am besten
ebenfalls erst bei **Ausfahrt 8a**, »**Tegueste**«, und folgt den Schildern der TF 13 nach Tegueste, dann TF 12 nach Las Mercedes.

Bei **Las Canteras** teilt sich die Straße: links geht es über Tegueste
und Tejina nach Bajamar und Punta del Hidalgo, rechts durch den
Mercedeswald, *Monteverde,* ins Anagagebirge bis Chamorga.

1. Mirador: **Valle de Aguere**

Die Straße (TF 12) verläuft zunächst in relativ weiten Kurven
durch dichten Wald bergauf. Rechterhand, in einer Linkskurve
mit Parkfläche, erlaubt der *Mirador Jardines* einen ersten Blick
über die sanft hügelige, intensiv kultivierte Landschaft um La
Laguna. Wenn sie im Frühjahr mit frischen Pflanzentrieben
bedeckt ist, erinnert diese Hochebene von Aguere mehr an Irland
als an ein südliches Archipel. Der Augenschmaus ist perfekt,
wenn sich der Teide auch noch schneebedeckt gegen das leuchtende Frühlingsgrün und das himmlische Blau abhebt.

Wandern   Der Lorbeerwald entlang der Straße geht nun in dichter werdende
Baumheide über. Kurz darauf liegt links ein Picknickplatz, die
Zona Recreativa Llano de los Viejos. Von dort startet ein **Spazier-
gang** zum *Mirador Cruz del Carmen* (30 min).

Stichstraße A: Batán de Abajo

Etwas oberhalb der bereits erwähnten *Zona Recreativa* an der TF 12 zweigt die TF 143 zum lauschigen Picknickplatz **Pedro Alvarez** nach links ab und führt dann nach Tegueste. Eine sehr kurvige kleine Straße windet sich – vorbei an Höhlen – durch den Wald hinunter nach Batán de Abajo und endet hier.

2. Mirador: Cruz del Carmen, Centro de Visitantes

Von der kurparkartigen Aussichtsplattform an der TF 12, *Cruz del Carmen* (920 m), hat man einen wunderbaren Blick auf Teide und Meer beiderseits der Insel. Vorn am Parkplatz befindet sich die **Ermita Cruz del Carmen**, gegenüber das gut gemachte **Informationszentrum** über den *Parque Rural de Anaga*; täglich 9.30-16 Uhr, im Sommer bis 15 Uhr, ✆ 922-633576.

Die klimatischen, geologischen und biologischen Besonderheiten des Parks werden dort recht anschaulich erläutert (Infomaterial gibt's auch auf Englisch). Am Eingang kennzeichnen kleine Schilder die wichtigsten Bäume der *Laurisilva*.

Im auch von *Tinerfeños* gern besuchten rustikalen **Ausflugsrestaurant Cruz del Carmen** auf der anderen Straßenseite gibt's am Wochenende kanarische Eintöpfe (z.B. *Garbanzas, Puchero*).

Wandern Links am Lokal beginnen Wanderwege steil bergab nach **El Batán** (70 min), nach **Punta del Hidalgo** (135 min) und nach **Tegueste** (100 min). Rechts hinter dem Lokal geht es nach **Las Carboneras** (45 min) und **Taborno** (90 min). **Achtung**: Es gibt jeden Tag nur wenige Busse zurück zum *Cruz del Carmen*.

2.3

*Panoramablick von der TF 145
Richtung Taborno/Carboneras*

Mirador Cruz del Carmen. Ganz weit hinten im Dunst der Teide

3. Mirador: **Pico del Inglés**

Zwei Kilometer weiter, vom berühmt-spektakulären **Mirador Pico del Inglés** (1 km südlich der Straße) hat man eine atemberaubende Sicht aus 992 m Höhe auf die tief eingeschnittenen Anagatäler und das Meer. Lediglich der höchste Anagaberg, der 1.024 m hohe **Taborno**, verstellt einen 360°-Panoramablick: Bei klarer Sicht erkennt man hinter La Laguna den aufsteigenden Wald von La Esperanza und den *Teide*, das Afur-Tal, den »Anaga-Finger« *Roque de Taborno* (707 m) im Norden und über dem Hafen von Santa Cruz am Horizont sogar Gran Canaria.

Stichstraße B: Las Carboneras (4 km)

Die zweite Stichstraße (TF 145) führt links ins hübsche Dorf Las Carboneras (»Köhlerei«). Es ist umgeben von terrassierten Feldern. Der weiter oben erwähne *Parque-Rural*-Plan reaktivierte hier die Landwirtschaft bereits erfolgreich. Ganz hübsch ist der Kirchplatz, von dem aus ein **5-min-Rundweg** durchs Dorf führt.

Höhlendorf Chinamada

Von Las Carboneras läuft eine kaum befahrene Straße zum Höhlendorf Chinamada (2,5 km, gut zum Füße vertreten). Auf einem Bergsattel in toller Landschaft wohnen immer noch einige Bauern in den Felsen wie einst ihre Guanchen-Vorfahren – inzwischen allerdings mit gemauerten Fassaden, Alufenstern und Strom aus der Steckdose.

Auf einem **15-min-Spaziergang** gelangt man von der Kirche in Chinamada zum **Mirador de Aguaide**. Das **Restaurant** *La Cueva* sorgt für Stärkung und Erfrischung. Mi-So 11-19 Uhr, Fr-Sa 11-22 Uhr, Mo-Di geschlossen, ✆ 922-690076.

Chinamada-Hidalgo

Abstieg nach Punta del Hidalgo
Von Chinamada führt ein beliebter, steiler **Wanderpfad** an die Küste nach **Punta del Hidalgo**. Der Abstieg ist aber nur für Wanderer sinnvoll, die mit dem Bus kommen (Linie 75 um ca. 13 Uhr ab La Laguna), da sonst der abgestellte eigene Wagen am gleichen Tag nur schwer wieder zu erreichen ist. Besser ist es, erst rauf und dann runter zu gehen – morgens los von Punta del Hidalgo (etwa 3 Stunden), zurück dann nochmals gut 2 Stunden.

Restaurant
Wieder an der Kammstraße (TF 12), kurz hinter der Abfahrt nach Las Carboneras, liegt links das einfache **Restaurant** *Casa Carlos*. Dort hat man schmackhaftes *Conejo* (Kaninchen) und andere einfache kanarische Gerichte. Bei gutem Wetter stehen auch Tische und Stühle draußen; Mo geschlossen, sonst bis 19 Uhr; ✆ 922-690305 und ✆ 629-828365.

Wanderwege
Hinter dem Restaurant beginnen **Wanderwege**: nach **Taborno** (45 min), nach **Afur** (60 min, ➤ Foto unten) und nach **Taganana** (2 Std 30 min). Alle Orte werden von Bussen bedient (Linien 75, 76, 946).

Wanderung von Casa Carlos nach Taborno
Von der *Casa Carlos* geht es 45 min abwärts auf dem immer klar erkennbaren Weg mit Ausblicken über die *Barrancos*. Taborno sollte man dann noch durchqueren und ab dem Kirchplatz im Uhrzeigersinn den Felsen umrunden (weitere 20 min). Nach ein paar hundert Metern teilt sich der Weg: Vor einigen Häusern geht es hoch zum *Roque de Taborno* (nur für Schwindelfreie ca. 2 Stunden, ➤ Wanderbeilage). Sonst nach rechts und kurz darauf links zu einem *Mirador*. Nach wenigen Metern ist man wieder im Dorf. Rückmarsch auf dem gleichen Weg (45 min).

2.3

Blick auf den Roque de Taborno

In Afur – im Hintergrund sieht man auch von dort den alles überragenden Roque de Taborno

Stichstraße C: **Afur (6 km)**

Diese Abzweigung von der Kammstraße (TF 136) endet in Afur, klein und verträumt, wie alle Ortschaften im Anagagebirge. Ein winziges Kirchlein, eine Zwergschule und ein Dutzend Häuser bilden den Ortskern. Wer Kontakt zu seinem Dorfnachbarn im Vorort will, kann ihm zwar winken und zurufen, braucht aber wegen der tiefen Schlucht dazwischen zu Fuß eine halbe Stunde, um ihm die Hand zu schütteln.

Restaurant Nene

Der weite Weg zum herb-romantischen Afur lohnt fast schon allein wegen eines verstaubten Krämerladens, hinter dessen Verkaufsraum José täglich Käse und Wein reicht, ☎ 922-690141. Wem der Magen knurrt, der kehrt kurz vor Afur in einer Rechtskurve im Lokal *»Nene«* ein, und bekommt Bäuerlich-Kanarisches; nur Mi-So 10-22 Uhr, So abends zu, ☎ 922-690048. Jugendliche *Canarios* gehen von Afur gern hinab zum steinigen Strand *Playa de Tamadite* (45 min) und campen dort im Sommer wild.

Wandern

Die Dörfer Afur und Taganana sind durch 2 Wanderwege – einer unten an der Küste, der andere weit oberhalb – miteinander verbunden. Beide Wege (eine Richtung 2 bzw. 3 Stunden) bieten herrliche Ausblicke entlang der Nordküste Teneriffas, ➢ Seite 184f.

Casas de la Cumbre

Weg nach Taganana

Die Kammstraße TF 12 führt weiter vorbei an den verstreut liegenden Häusern von Casas de la Cumbre und passiert nach 1.000 m links ein rotes Haus mit grünem Zaun, das ehemalige Forsthaus *Casa Forestal*. Hinter dem Haus beginnt der reizvollste **Abstieg nach Taganana**, der wegen seiner vielfältigen Vegetation

(Moose und Farne) vor allem Biologen begeistert. Statt der oft angegebenen Stunde sollte man eher gut 90 min veranschlagen. Bei der Weggabelung den kleineren rechten Pfad nehmen, denn links geht es nach Afur. Vorsicht, bei Nässe ist der Pfad rutschig!

Straßen-
gabelung

Schließlich gelangt man auf der Kammstraße nach vielen Kurven an eine Gabelung: **links** geht es auf dem Kamm weiter über El Bailadero **nach Chamorga** (12 km, TF 123), **geradeaus** verläuft die Straße TF 12 nach **San Andrés**/Las Teresitas an die Ostküste; von der TF 12 biegt nach 1,5 km **links** die TF 134 **nach Taganana** (ca. 4 km) ab, die anschließend noch 3,5 km an der Nordküste entlang nach Benijo führt (➢ unten). Über einen ungesicherten Weg geht es von Benijo mit dem Auto zur Not noch bis El Draguillo, doch danach geht es nur noch zu Fuß weiter – und das auch nur mit einem guten Wanderführer.

Vom Bailadero nach Chamorga (12 km)

4. Mirador:

El Bailadero

Auf der Kammstraße Richtung Chamorga erreicht man kurz vor einem malvengrünen Haus den *Mirador El Bailadero*. Von dort schaut man aus 735 m Höhe nach Nord und Süd übers Meer. Kein Wunder, dass die Guanchen hier ihre Rituale pflegten. Sie trennten die Lämmer von ihren Müttern, fasteten drei Tage zusammen mit den blökenden Tieren, um dann tanzend (*bailar!*) die Götter anzuflehen. Daher die Bezeichnung dieser Stelle.

Nach
Charmorga

Von der kleinen *Casa de Domingo* (gegenüber dem grünen Haus) kann man in klaren Tagen Gran Canaria sehen. Der Restaurantbetrieb darin wurde 2016 (vorläufig?) eingestellt. Wer nach Chamorga weiterfährt, passiert ein kurzes Stück weiter die Wanderherberge *Montes de Anaga* mit Cafe-Terrasse und Superblick.

2.3

Wanderung

Bailadero-Almáciga

Nur wenige Meter hinter (östlich) den Restaurants am Kreuzungspunkt Bailadero kreuzt ein Wanderweg die Straße (TF 123), der kurz vor dem Tagananatunnel durch den Anagakamm (TF 134) mit einem 30 min steilen Aufstieg beginnt (➢ Seite 183). Es macht für Busfahrer trotzdem Sinn, die Wanderung von dort dort zu starten, da die Busse nach Taganana acht Mal, nach Chamorga nur drei Mal am Tag verkehren.

Abstieg
nach
Almáciga

Der **Wander(wieder)einstieg beim** *Bailadero* **liegt versteckt** und zugewachsen am linken Straßenrand. Ein dicker Holzpfahl und Pflaster auf den ersten Metern markieren den 90 min-Abstieg nach Almáciga. Man geht durch Lorbeerwald und stößt nach 30 Minuten auf die kurvenreiche Straße nach Taganana (TF 134), geht ca. 250 m zur nächsten Parkausbuchtung, von der der Wanderweg weiter nach Almáciga verläuft. Links unten erkennt man die verstreut liegenden Häuser von Taganana. Rechts halten!

Wer eine Finca mit hoch aufgestapelten Felsbrocken sieht, ist auf dem richtigen, breiter werdenden Weg.

Baden, Einkehr, Rückfahrt

Wer vor der Busrückfahrt von Almáciga noch Zeit hat, findet ein wenig links unterhalb in **Roque de las Bodegas** (➤ Seite 184) einen kleinen **Strand** (Unterströmung) und **mehrere Lokale**, die von der Buslinie 946 passiert werden (Achtung: Bus 946 verlässt Almáciga ca. 10 min vor Abfahrt aus Taganana).

Nach Chamorga

Es ist empfehlenswert, gerade diesen viel weniger frequentierten Kammstraßen-Abschnitt bis Chamorga zu fahren, auch wenn die Straße noch enger wird und es keine weiteren Ausblicke auf den Atlantik gibt. Am Ende der Straße wartet das **verschlafene Dorf Chamorga**. Auf den 12 km dorthin wird die *Laurisilva*-Vegetation niedriger, buschartiger und dichter, durchwachsen mit Wurzeln, Riesenlöwenzahn und vielen Farnen.

Weitere Wanderungen

Zum Cabezo del Tejo

Die folgenden beiden Beschreibungen zum *Cabezo del Tejo* betreffen die besonders geschützte Region *El Pijaral* und sind genehmigungspflichtig (➤ Seite 169f und Karte Seite 165).

Zwischen Kilometerstein 4 und 5 befindet sich links ein Parkplatz, von dem mehrere Wanderwege starten. Empfehlenswert ist der bergseitige Weg (zunächst parallel zur Straße, beim Abzweig nach rechts geradeaus halten) zum *Cabezo del Tejo* (45 min), einem der schönsten Panoramapunkte des Anaga. Von dort überblickt man einen langen Küstenstrich mit bizarren Felsformationen und erkennt tief unten Almáciga. Der Weg ist dank dichter Vegetation sehr schattig.

Blick auf den Strand bei Benijo und Almáciga

Auf dem Weg von Chamorga nach Roque Bermejo (folgende Seite)

2.3

Vom *Cabezo del Tejo* geht man entweder den gleichen Weg zurück oder einen breiten, ebenen Forstweg zur Kammstraße (40 min, ➤ unten den anschließenden Spazierweg), auf der man dann noch 30 min weiter zum parkenden Auto am Picknickplatz laufen muss. **Diese Rundwanderung dauert 2 Stunden**. Sie ist 30 min kürzer, wenn man den gleichen Weg zurückgeht.

Spazierweg

Kurz nach **Kilometerstein 6** zweigt in einer Rechtskurve nach links an einer eisernen Schranke ein bequemer, breiter und schattiger Feldweg ab, der u.a. in 45 min zum *Mirador Cabezo del Tejo* (764 m) führt (**genehmigungspflichtig**, ➤ Seite 169/70 und Karte Seite 165). Am Wegesrand sieht man im Frühjahr die prachtvolle rote **Kanaren-Glockenblume**, die *canarina canariensis*.

Nach Igueste

Kurz nach **km 9** startet rechts ein anderer schöner Wanderweg zum 1 km entfernten Friedhof (*Cementerio de las Bodegas*). Er führt in 90 min nach Igueste de San Andrés (an der Gabelung rechts halten). Von dort verkehrt Bus 945 über San Andrés nach Santa Cruz (letzte Busse: 15, 17, 19 und 21 Uhr, Sa/So jeweils 30 min später). Wer am schonen *Las-Teresitas*-Strand pausieren möchte, kommt von dort alle 15 min mit der Linie 910 ebenfalls zurück nach Santa Cruz.

Den Wander-Startpunkt an der TF 123 erreicht man ab Santa Cruz mit Bus 947 (tägl 15 Uhr, außer So, Dauer 70 min). Der Fahrer hält auf Wunsch 3 km vor Chamorga bei **KM 9** (*Cementerio*).

Chamorga

Chamorga

Hat man den Abzweig zum kleinen Weiler **Lomo de Las Bodegas** passiert, erreicht man – nach einem kurzen Tunnel – **Chamorga, das Ende dieser Inselwelt** mit schönen Palmen und Drachenbäumen. Der Ort ist ein beliebter Ausgangs- bzw. Endpunkt für mehrere **Wanderwege** nördlich von Chamorga. Die *Casa Alvero* hat keine Speisekarte; man muss nach dem Tagesgericht fragen (täglich 10-18 Uhr). Ansonsten befindet sich neben der Kneipe ein kleiner uriger Dorfladen mit dem Nötigsten.

An die Küste nach Roque Bermejo

Wer zum Meer hinuntergeht, braucht 90 Minuten und findet unten ein paar Fischerhäuschen auf den Klippen (Roque Bermejo). Im Winter sind sie unbewohnt. Wenn die Wellen nicht zu hoch schlagen, kann man am schwarzen Strandstückchen ins Wasser springen. Geschützter schwimmt man hinter der Mole. An der Bude erfrischt – nur im Sommer – ein kühles Bier den Wanderer. Für den Rückweg sollte man mindestens 120 min rechnen. Wanderung von Chamorga, ➤ Seite 179 und Wanderbeileger.

Von der Kammstraße nach Taganana (4 km)

Nach einer Tunneldurchfahrt unterhalb des *El Bailadero* erkennt man die kurvenreiche, erst Ende der 1960er-Jahre in die Berge gefräste Abfahrt nach Taganana. Das Dorf liegt hoch über dem Meer. Seine Häuser muten aus der Ferne an wie ausgestreute weiße Bauklötze.

Straße vom El Bailadero nach Taganana
durch die wilde Landschaft des Anagagebirges

Nach Almáciga

Wandern

Unmittelbar vor dem Tagananatunnel durch den Anagakamm beginnt eine schöne 2-stündige Wanderung nach Almáciga (Bus 946 hält dort auf Wunsch von Wanderern). Nach 30 min steilem, aber schattigem Aufstieg zum Bailadero geht es 700 m bergab zur Nordküste (➢ oben Abstieg vom Bailadero nach Almáciga auf gleicher Strecke, aber bequemeren Einstieg, Seite 179)

Taganana

Ein Bergrücken, der wie ein Schiffsbug in Richtung Meer weist, trägt die Siedlung Taganana. Beim *Ausflugsrestaurant Xiomara* geht's nach links, man parkt aber besser noch auf der TF 134, bevor es eng wird. Nach einigen Schritten steht man auf dem zentralen Platz mit der dreischiffigen **Kirche *Nuestra Señora de las Nieves***, mit charakteristischer *Mujedar*-Decke aus dem 17. Jahrhundert. Sehenswert ist dort ein flämisches Triptychon.

Zucker und Malvasia

Die auch sonst reiche Ausstattung geht auf den früheren Wohlstand Tagananas zurück. Der begann damit, dass im 16. Jahrhundert portugiesische Investoren dort Zuckerrohr-Mühlen einführten (➢ Seite 168, »Bevölkerung und Wirtschaft«). Als dann Rebstöcke den Zucker ablösten, fielen sie in diesem abgeschiedenen Winkel nicht – wie sonst auf der Insel – dem Mehltau zum Opfer. So überlebte dort der berühmte hochprozentige **Malvasia-Wein**.

Tagananas Bewohner sind das Treppensteigen gewohnt, denn die Häuser sind durch tiefe, grüne *Barrancos* getrennt: dort wachsen auf kleinen, fruchtbaren Terrassenfeldern nicht nur Rebstöcke, sondern auch Avocados, Apfelsinen, Nisperos und Bananen.

2.3

Wanderweg Taganana-Afur

Die Wanderung von Taganana nach Afur und zurück dauert – reine Wanderzeit – ca 6-7 Stunden (➤ Seite 187, Taganana-Playa Tamadite-Afur-Taganana). Der Anfang dieser Wanderung auf ebener Strecke ist auch als Spaziergang geeignet (eine Richtung ca. 30 min). Mit weiten Meerblicken, aber schattenlos.

Gegrillter Tintenfisch (Calamares/ Pulpo) im Restaurant El Mirador in Benijo (➤ rechts und Seite 81)

Roque de las Bodegas

Lässt man bei der Fahrt hinunter nach Taganana den Ort links liegen, erreicht man nach 3 km Roque de las Bodegas mit einem ersten schwarzer **Sandstrand** und vorgelagerten Felsen. Meist surfen jugendliche *Canarios* in der Bucht. **Beim Baden** ist wegen der starken Unterströmung **äußerste Vorsicht** geboten, wie auch an den noch folgenden Stränden.

Große und kleine **Fischrestaurants** (mit Blick aufs Wasser und einen wellenumspülten Felsbrocken mit Aussichtsplattform) säumen die andere Straßenseite. Beliebt ist die *Bar Playa*, besser bekannt als *Casa Africa*, ✆ 922-590100. Sonntags spielt ab und zu eine lokale Musikgruppe kanarische Lieder.

In Roque de las Bodegas kann man im *La Mecha* übernachten (bei schäumender Gischt vorm Fenster), ➤ Seite 575. *Emilia* sorgt für **kanarische Hausmannskost**, freitags geschlossen, ✆ 922-590154.

Almáciga

Die Buslinie 946 von Santa Cruz endet kurz hinter Roque de las Bodegas etwas oberhalb der Küstenstraße. Bei einem 10 Minuten-Rundweg durch Almáciga erhält man einen Eindruck von diesem schlichten Ort fast am Ende der Stichstraße in die Nordostecke.

Am Meer liegt ein weiterer schwarzer Surf- und Badestrand. Im Sommer campt man hier trotz offiziellem Verbot immer noch wild. In **Benijo**, dem nächsten Dorf, endet die Straße.

Benijo   Unterhalb von Benijo liegt ein wildromantisches Stückchen
Strand (➤ Foto unten), das man über eine Treppe ab dem **Restaurant El Mirador** gleich am Ortsanfang erreicht (➤ Seite 81).

Im Wasser stehen kleine Felsen und hinter dem schwarzen Strand
steile Kliffs. Bei Flut findet man nur wenige trockene Fleckchen.
Für potenzielle Schwimmer gilt: wegen der Unterströmung ist
äußerste Vorsicht geboten.

Hoch über dem Strand befindet sich das Restaurant **Bar El Frontón**. Die verglaste Terrasse bietet einen der schönsten Küsten-
blicke im Nordosten Teneriffas. Vor allem, wenn die Abendsonne
hinter den bizarren Felsen steht; ✆ 922-590238, Mo geschlossen.

Alle hier erwähnten Restaurants haben einfache, aber schmackhafte Fischgerichte: Pulposalat, *Abadejo*, *Sama* – immer mit
Papas arrugadas und *Mojos (verde/rojo)*.

Übernachten   Wer den Sonnenuntergang bis zu Ende genießen möchte und die
kurvenreiche Rückfahrt scheut, kann hier auch übernachten,
➤ Seiten 553 und 575f.

Treppe
hinunter
zum Strand
von Benijo,
unterhalb des
Restaurants
»El Mirador«

2.3

Wanderung   Benijo ist einer der Ausgangs- bzw. Endpunkte für Wanderwege in
Teneriffas Nordosten – von Benijo über El Draguillo, den *Cabezo
del Tejo* und den **Faro de Anaga** nach Chamorga.

Wer nur einen **Spaziergang** machen möchte, geht vom Restaurant
El Frontón auf dem Feldweg (30 min) bis zum Weiler El Draguillo,
und wieder zurück – immer mit unverstelltem Meerblick.

Die letzte Siedlung vor dem **Faro de Anaga** ist Las Palmas, ein –
bis auf ein Haus – verlassenes Nest. Die abermals ca. 30 min-
Strecke ist etwas anstrengend. Sie führt durch einen *Barranco*
und über Geröll-Felder.

Auf dem
Weg zum
Faro de
Anaga

Vom Bailadero nach San Andrés (12 km)

Über unzählige enge Kurven schraubt sich die Straße (TF 12) aus
1.000 m Höhe hinab zum Meer. Ab 500 m hört die Laurisilva-
Vegetation auf, denn die feucht-kühlen Nordostpassat-Nebelwol-
ken verwandeln sich hinter dem Gebirgskamm in warme Fallwinde. Dadurch halten sich auf dieser Seite zunehmend nur noch
Kandelaber-Kakteen und andere Sukkulenten auf dem braun-
schwarzen Lavagestein, das die Sonne an diesen Südhängen
enorm aufheizt. Die zahlreichen ***Tabaibas*** (Wolfsmilchgewächse)
sehen im Sommer und Herbst staubig und vertrocknet aus; aber
nach den ersten Regenfällen ab Oktober erwachen sie aus ihrem
Sommerschlaf und bekommen grüne Blätter. Dann überzieht ein
saftig-grüner Schleier die südlichen Anagaberge. Für die Abfahrt
nach San Andrés/*Playa de Las Teresitas* benötigt man ca. 30 min
(➤ auch »Abstecher von Santa Cruz«, Seite 145).

Nordküste bei der Playa Amadite

Rundwanderung Taganana-Afur-Playa Tamadite-Taganana

Route	Taganana (200 m) – Pass (607 m) – Afur (250 m) – *Playa del Tamadite* – Taganana (200 m); der gesamte zu bewältigende Höhenunterschied im Auf und Ab beträgt 1.207 m.
Gehzeit	5 Stunden (davon 2 Stunden Taganana–Afur)
Anfahrt per Auto	Hinfahrt auf der TF 12 (San Andrés–La Laguna). Für Taganana in die TF 134, für Afur in die TF 136 einbiegen. Parken: Taganana am Friedhof, in Afur Parkplatz am Straßenende.
Anfahrt per Bus	**Bus 946** (Santa Cruz–Taganana), **Bus 076** (La Laguna–Afur). Aktuelle Buspläne (separaten Anaga-Fahrplan) vorab prüfen!
Einkehr	**Afur:** der Bar-Laden (Mo zu) führt Wein, Käse etc. In **Taganana** *Casa Picar* im Zentrum; 3 km unterhalb von Taganana am Meer in **Roque de las Bodegas** gibt es urige Fischrestaurants.
Unterkunft	Quartiere gibt es nur in **Benijo** und **Roque de las Bodegas** am Meer, ➢ Seite 553.
Charakteristik	Wanderung durch mehrere Vegetationszonen: Beim Aufstieg geht es über Terrassenfelder und durch typische Baumheide-Lorbeerlandschaft. Beim Abstieg nach Afur passiert man eine wilde Kakteenlandschaft und überquert einen fast ganzjährig wasserführenden *Barranco*. Panoramablicke auf Meer und Malvasia-Weingärten wechseln sich ab.
Schwierigkeit	Nicht schwierig, einige längere Anstiege. Bei Nässe benötigt man Trittsicherheit; schwindelfrei muss man hier nicht sein.

2.3

Verlauf der Wanderung

Schon auf der Hinfahrt sind nach der Tunneldurchfahrt von der Landstraße (TF 134) aus im Nordwesten drei wichtige **Orientierungspunkte** für diese Wanderung deutlich zu erkennen:

- Tagananas Friedhof im oberen Ortsteil mit Zypressen und einer hohen weißen Mauer (Anfangs- und ggf. auch Endpunkt der Wanderung).
- Zwei Strommasten, welche die Passhöhe markieren.
- Der Küstenstreifen unterhalb von Taganana (Rückweg)

Für Wanderer, die mit dem **Bus** ankommen, beginnt der Weg bei der Haltestelle vor dem Ausflugslokal *Xiomara* an der TF 134 am Ortseingang von Taganana. Beim Restaurant *Casa Picar* geht es in enger Durchfahrt im Links-Rechts-Schwenk bergab (Autofahrer brauchen dafür etwas Mut, aber es geht).

Rechts liegt dann der Kirchplatz, während unser Weg nach links über eine kleine Brücke führt. Nach steilem Anstieg hält man sich bei der nächsten Möglichkeit links (geradeaus Schild »Sackgasse«). Nach maximal 15 Gehminuten ist der Friedhof erreicht (**Autofahrer parken spätestens hier**).

Drei nach rechts abzweigende Straßen lässt man unbeachtet.

Zum eigentlichen Wanderweg gelangt man wenige Minuten später.

Auf der rechten Seite weist ein Schild mit Bus- und Restaurant-Symbol auf die Gehzeit bis Afur hin (1 Stunde 30 min). Der Weg (*Los Naranjos*) ist zunächst gepflastert. Mäßig steil läuft er in Kehren aufwärts. Wie oben erwähnt, sieht man Leitungsmasten, von denen die beiden höchststehenden eine zu überquerende Passhöhe markieren. Bis dorthin muss man ab Bushaltestelle ungefähr 50-60 min kalkulieren. Ab Friedhof 10-15 min weniger.

Dem ersten Abzweig folgt man unter Missachtung (!) der offiziellen, durchkreuzten gelb-weißen Markierung nach rechts. Kleinere Pfade, die erst nach links, dann nach rechts führen, bleiben unberücksichtigt. Des weiteren hält man sich links in Richtung Pass. Kurz darauf mündet der Wanderweg auf eine gepflasterte Fahrstraße. Nach weiteren ca. 300 m geht es rechts ab über eine fünfstufige Treppe auf die Passhöhe zu.

Man läuft nun durch terrassierte Felder, später durch Farne und Brombeersträucher, danach durch Baumheide und Lorbeerbäumchen. Beim Aufstieg sieht man hinter sich den mächtigen Höhenzug des Anagagebirges mit dem **Roque de Anambro**, der wie ein Finger aufragt.

Vom Pass führt der Weg nach rechts abwärts durch eine Allee aus Baumheide. Nach weiteren 20 Minuten, unmittelbar nach Überquerung eines Gehöfts, geht der bisher zum Laufen angenehme Weg in eine steil abwärts führende Betonstraße über. Dabei erweitert sich der Blick ins Afurtal.

Rechts liegt der **Roque de Taborno** im Blickfeld, eine Miniaturausgabe des Matterhorns (➤ Foto Seite 177), links davon bereits die weißen Häuser von Taborno, noch weiter links die Kammstraße. Die Betonstraße mündet auf die TF 136 und es geht rechts bergab in Richtung Afur.

Ca. 15 min später, 200 m hinter dem Straßenschild TF 136 (Kilometerstein 6), zweigt auf der linken Seite nach rechts eine Treppe ab und führt auf einen zur

Straße parallel verlaufenden Weg. Bis Afur läuft man jetzt nur noch ein paar Minuten. Nach insgesamt etwa 2 Stunden Gehzeit schmecken Wein und Käse in der Ladenbar *Casa José Cañón* auf der Terrasse vorzüglich (Mo geschlossen).

Für die **Fortsetzung der Wanderung bzw. einen Beginn in Afur** folgen wir der Straße TF 136 bis zum Ende (Wendekreis/Parkplatz und Bushaltestelle).

Unübersehbar steht dort ein Schild mit den Hinweisen *»Playa de Tamadite«* *45 min*, Taganana *1 hora 30 min* (faktisch braucht man leicht 2,5 Stunden!). Der Wegweisung folgend wandert man nach links auf einem breiten Weg (der Verlängerung der Straße) weiter. Rechts vor uns ist talwärts ein markanter dunkler Felsen zu sehen, der das nächste Teilziel markiert. Man erreicht ihn, wenn man nach 200 m auf einen Trampelpfad scharf nach rechts abbiegt. Nach nur 10 m geht es wieder nach links direkt in Richtung Felsen, an dem man rechts vorbeigeht, ihn also links liegen lässt.

Nur 5 min später gilt es aufzupassen: Der Weg läuft auf einen weiteren (nun hellen) Felsblock zu. Jetzt nicht geradeaus weiter laufen, sondern kurz vor dem Felsen einige Meter nach rechts bergauf gehen, und schon ist die dann wieder abwärts verlaufende Fortsetzung des steinigen Pfades gefunden! Ein Schild *»Playa Tamadite«* erleichtert bei diesem Richtungswechsel die Orientierung

Mehrere Felsrücken sind noch zu überqueren: auf dem ersten Grat hält man sich rechts, den zweiten und dritten erreicht man jeweils innerhalb einer Viertelstunde. Bald ist zum ersten Mal die *Playa Tamadite* zu sehen; auf den Berghängen davor stehen mehrere kleine Bauern- und Fischerhäuschen. Auf der rechten Seite des *Barranco Afur* ist am Meer eine alte Scheune zu erkennen, vor ihr eine Steinmauer. Der wasserführende Teil der Schlucht kommt beim Abstieg immer näher; nach ca. 20 min gelangt man an einen kleinen Wasserfall. Ein paar Meter weiter überquert man den *Barranco* und geht weiter bergab. Kurz vor der *Playa Tamadite* (Strand mit groben Kieseln, an dem *Canarios* an Sommer-Wochenenden gern zelten), stößt man auf eine Steinhütte.

Unmittelbar davor führt auf der östlichen Seite des *Barranco* ein Pfad steil nach oben in Richtung auf einen Bergsattel, der nach kurzem Anstieg bereits zu sehen ist und den man binnen 15 min erreicht. Oben angekommen, liegt vor einem das eindrucksvolle Anaga-Gebirgspanorama. Nach unten erkennt man steile Felsformationen, die dieser Küste einen besonderen Charakter verleihen. Es folgt ein 45-minütiges, unvergessliches Wandererlebnis.

Der Wanderweg verläuft nun mehrere 100 m oberhalb der Küste, ist mindestens einen Meter breit und gut ausgebaut. Wellenförmig führt der Pfad um einige *Barran*cos herum und bietet dabei immer wieder spektakuläre Ausblicke. Nach einer guten Viertelstunde ist in der Ferne bereits wieder der Friedhof von Taganana zu sehen.

Das Ende dieses langen Teilstückes bildet links ein großer Felsen.

Der Weg geht nun über in eine breite, zunächst nicht asphaltierte Straße, die durch viele Weingärten führt, in denen Tagananas berühmter Malvasia-Wein angebaut wird. Nach weiteren ca. 45 min erreicht man den asphaltierten Abschnitt des Weges, dem man geradeaus folgt und Abzweigungen nicht beachtet. Bis zum Friedhof und – ca. 800 m weiter – bis zur Bushaltestelle der Linie 946 an der TF 134 ist es dann nicht mehr weit.

2.3

**Bereich
Ostküste**

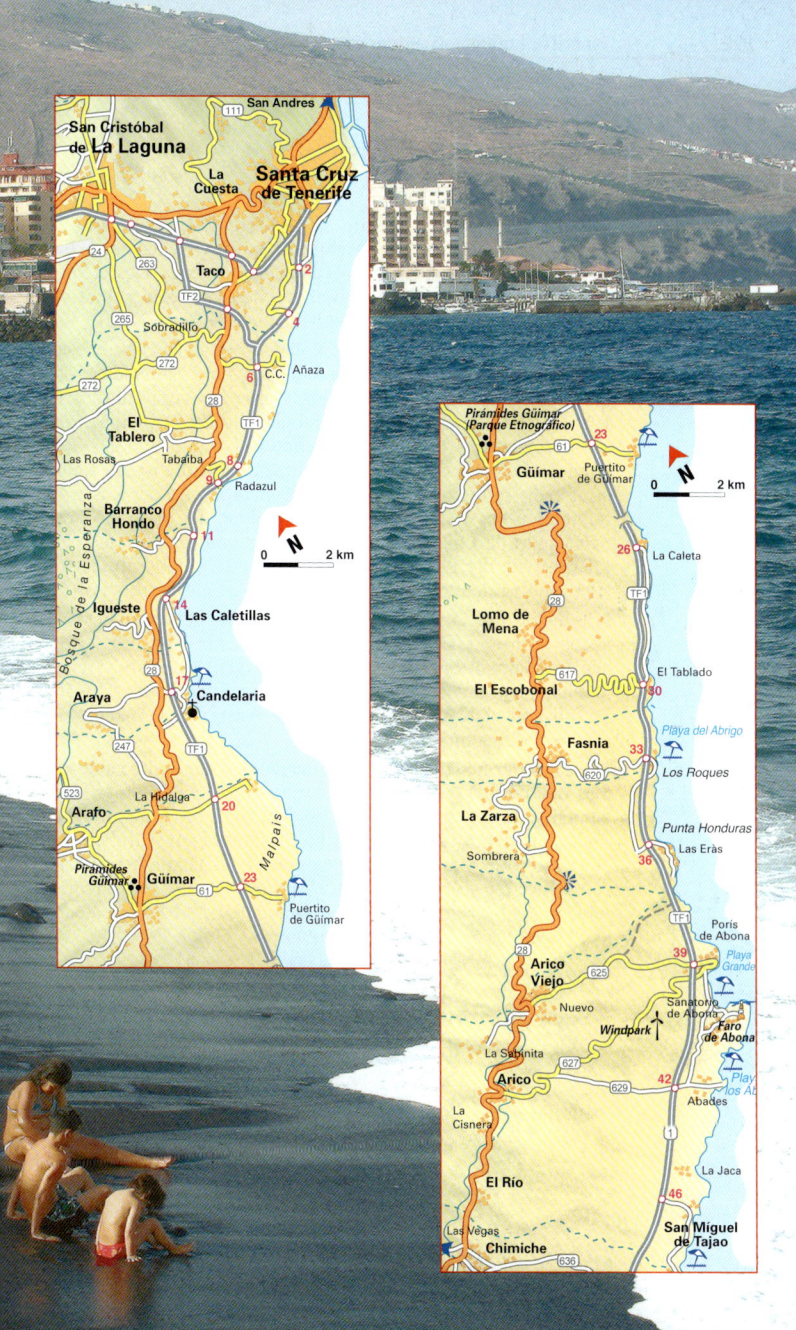

San Andres

111

San Cristóbal
de La Laguna

Santa Cruz
de Tenerife

La
Cuesta

24

263

Taco

2

TF2

265

Sobradillo

4

272

272

C.C.
Añaza

6

28

El
Tablero

TF1

Las Rosas

Tabaiba

8

Barranco
Hondo

Radazul

9

11

Bosque de la Esperanza

Igueste

14

Las Caletillas

0   2 km

N

Araya

28

17

Candelaria

247

La Hidalga

TF1

20

523

Arafo

Pirámides
Güímar

Güímar

23

61

Puertito
de Güímar

Malpaís

Pirámides Güímar
(Parque Etnográfico)

23

Güímar

61

Puertito
de Güímar

0   2 km

N

26

La Caleta

Lomo de
Mena

28

TF1

El Tablado

El Escobonal

617

30

Playa del Abrigo

Fasnia

33

620

Los Roques

La Zarza

Punta Honduras

Sombrera

Las Erás

36

TF1

Poris
de Abona

28

39

Playa
Grande

Arico
Viejo

625

Nuevo

Sanatorio
de Abona

Windpark

Faro
de Abona

La Sabinita

627

Playa
los Ab...

Arico

42

629

Abades

La
Cisnera

1

El Río

La Jaca

46

Las Vegas

Chimiche

636

San Miguel
de Tajao

2.4   Bereich Ostküste

2.4.1   Kennzeichnung des Bereichs

Ziele und Routen

Als Ostküste wurde auf Seite 91 (➤ Karte dort) der gesamte Bereich südlich des zentralen Gebirgskamms zwischen Santa Cruz bis El Médano bezeichnet. **El Médano** im äußersten Westen dieser Zone gehört indessen touristisch gesehen zum Süden und wird daher auch erst im Folgekapitel behandelt (➤ Seite 245ff).

Highlights

Die Ostküste ist nicht die Schokoladenseite der Insel und weist nur wenige *Highlights* auf. **Von Süd nach Nord** zählen dazu oberhalb der Autobahn der verschlafene Weiler **Las Vegas** (nordöstlich von Granadilla), die **Arico-Gemeinde**, die Stufenpyramiden in *Thor Heyerdahls* **Parque Etnográfico** in Guimar und das Städtchen **Arafo**, Ausgangspunkt für eine schöne Auffahrt zur Kammstraße, die in die Cañadas führt (➤ Seite 402). An der Küste sind zu nennen der **Windpark** *Eólico* (➤ rechts), der urige Fischerort **San Miguel de Tajao** mit Fischrestaurants und einer schönen Felsküste sowie die Pilgerstadt **Candelaria**. Als geologische Attraktion gebührt dem gewaltigen Güímartal Aufmerksamkeit.

Nördlich Candelaria beginnen bei Tinerfeños beliebte, aber touristisch uninteressante Vororte von Santa Cruz. Erwähnt sei **Radazul** mit einem Sporthafen und attraktiven Bade- und Freizeitbereichen vor dichter Hochhausbebauung. Ein schöner schwarzer Strand und viele Leitern in das klare Wasser locken auch viele Stadtbewohner an (➤ Seite 99).

Anfahrten

Die erwähnten Sehenswürdigkeiten werden der Reihe nach – von Süd nach Nord – beschrieben. Dazu sind die jeweiligen **Autobahnausfahrten** genannt; von dort führt eine Ausschilderung meist leicht zum Ziel. Die gesamte – parallel zur Autobahn verlaufende – kurvenreiche **Höhenstraße TF 28** abzufahren, ist sehr zeitaufwendig (ca. 3 Stunden). **Attraktiv** ist ihr landschaftlich reizvollster Abschnitt zwischen **Granadilla und Fasnia,** der auf den folgenden Seiten beschrieben wird.

Am kleinen Hafen von Puertito de Güímar, ➤ Mitte rechts

Baden

Wer auf einer Fahrt von Los Cristianos/Las Americas nach Santa Cruz mal eben ins Meer springen will, hat nur wenige attraktive Punkte zur Auswahl, obwohl viele Landkarten jede zweite Bucht als *Playa* kennzeichnen. Neben El Médano mit seinen langen Stränden (➤ Seite 245) bieten sich ggf. an:

Strände

- **Los Abades**, (*Salida* 42), Siedlung mit geschütztem Strand.

- **Poris de Abona** (*Salida* 39 & 42), karger Ort mit Sandstrand *Playa Grande* (oft starke Brandung). Am kleinen Hafen (mit Promenade) geht's über Leitern ins glasklare Wasser.

Schiff in der »Wüste« an der Autobahnausfahrt Poris de Abona

- **Puertito de Guimar** (*Salida* 23) Leitern ins Wasser, Liegeflächen; weiter südlich schwarzer Strand und Promenade; ➤ Seite 198.

- **Candelaria** (*Salida* 17), schwarzer **Sandstrand** am Basilika-Platz (im Winter bei Flut schmal und wellenausgesetzt), ferner – Richtung Las Caletillas – ein modernes **Meerwasser-Schwimmbad**, sowie der links schon erwähnte Strand in **Radazul**.

Parque Eólico/ITER (Instituto Tecnológico de Energías Renovables)

Besucherzentrum

Die Rotoren der **Windkraftwerke** unterhalb der Autobahn an der *Montaña Pelada*, etwas nördlich von El Médano (Ausfahrt 51 oder 52), sind unübersehbar. Unter den schlanken Türmen liegt der **Parque Eólico**, Di-Fr 8-14, So 10-14 Uhr; ✆ 922-747735. Mit Besucherzentrum und Ökopfad, dem *Paseo Ecológico* zu den Themen »Erneuerbare Energien« und »Bioklimatische Häuser«; www.iter.es/portfolio-items/parques-eolicos.

Im Besucherzentrum stehen 25 Niedrig-Energiehaus-Modelle, die man sogar mieten kann: 2-6 Personen: ab €100/Tag, ✆ 922-747758; http://casas.iter.es/de.

Paseo Ecológico

Der **Paseo Ecológico**, eingebettet in Südflora, vermittelt Grundwissen über alternative Energiequellen. Nach @-Anmeldung Gruppenführungen möglich (spanisch/englisch).

Öko-bewegung

Der ständig steigende Bedarf überfordert die Kraftwerk-Kapazitäten der Insel mehr und mehr. Die (bisher) schwache kanarische Umweltbewegung kämpft für Solar- und Windenergie, gegen mehr Asphalt, Beton, einen neuen Süd-Großhafen und Überlandleitungen, außerdem für unterirdische Stromleitungen sowie eine staatliche Förderung von Alternativenergie. In Anbetracht des Sonnenklimas und günstiger Windverhältnisse erscheinen diese Forderungen auch sinnvoll.

2.4

2.4.2   Von Granadilla nach Arico

(Ortsbeschreibung von Granadilla ➤ Seite 409f)

Landschaft   Die Straße von Granadilla nach Arico Viejo führt durch eine ziemlich fremd anmutende Landschaft. Am schönsten ist die Fahrt im Frühjahr (Februar/März), wenn in dieser sonst kargen Gegend viele Margeriten blühen und dichtstehende *Tabaibas* (Wolfsmilchgewächse) wie lichte Laubwälder im Zwergenland wirken.

Toscagestein   Auffällig sind die vielen Stützmauern aus lehmfarbenem Tosca-Stein (➤ Seiten 20 und 408), die die terrassierten Felder von Stufe zu Stufe begrenzen. Dieses poröse Gestein bestimmt hier mehr als anderswo auf der Insel das Bild. Auch in der Architektur wird er zunehmend verwendet, bei repräsentativen Bauten, Bushaltestellen und sogar Hundehütten. Auffällig sind auch die zahlreichen in das weiche Gestein geschnittenen Höhlen.

Höhlenlager bei Chimiche

_____ **Las Vegas** (Salida 49 Richtung Chimiche)

Vegetation   In Chimiche, 7 km östlich von Granadilla, lohnt ein kleiner Abstecher von der TF 28 nach Las Vegas (keine 3 km bergauf am Ende der Straße TF 555). In dieser winzigen Ortschaft mit fantastischem Blick über das Meer mischen sich **mehrere Vegetationszonen** der Insel: Orangen-, Mandel-, Apfel- und Laubbäume stehen neben Kakteen, Palmen und mächtigen Kiefern. Etliche verfallene Fincas stehen in verwunschenen Gärten. Ansonsten kein Lärm, kein Laden, keine Bar. Als Filmkulisse könnte Las Vegas glatt mit dem großen Namensvetter in Nevada konkurrieren – allerdings nur für einen mittelalterlichen Heimatfilm.

_____ **Barranco El Rio/Galeria**

Galeria   Kurz hinter El Rio führt vor einer kleinen Brücke ein Feldweg links ab und den schroffen ***Barranco El Rio*** hoch. Nach etlichen Kilometern schlechter Strecke liegt eine stillgelegte ***Galería*** (Wasserstollen, ➤ Essay Seite 447) in einsamer Umgebung. Der

Kraftwerk   Eingang ist vergittert, doch man sieht noch die Gleise und Loren der Schmalspurbahn, die die herausgesprengten Felsbrocken einst nach draußen befördert hat. Neben dem Stollen erkennt man in einer besonders imposanten, vielfarbigen Felswand die ehemaligen Maschinenräume eines Wasserkraftwerks, das bis vor 80 Jahren das Güímartal mit Elektrizität versorgte. Rodungen im Valle Güímar ließen später diesen Wasserlauf völlig versiegen.

Am Barranco El Rio

Arico (Salidas 42 & 39)

Die 3 Aricos   Die Gemeinde Arico besteht aus drei Ortschaften: **Lomo de Arico**, dem auch *Villa de Arico* genannten Hauptort, sowie ein paar Kilometer weiter **Arico Nuevo** und **Arico Viejo**, die sich zusammen als ein kleines Zentrum für den *Turismo Rural* (➢ Seite 578) einen Namen machten.

Pfarrkirche   In Lomo de Arico lohnt ein Blick in die *Iglesia San Juan Bautista* mit einer sehenswerten Holzdecke im Mujedarstil. Der Hauptkapelle (1747) wurden mehrfach neue Elemente hinzugefügt, wie die Renaissance-Fassade und der erst Ende des 18. Jahrhunderts errichtete Barockturm. Im 19. Jahrhundert bekam der Turm noch einen kleinen modischen Tempel aufgesetzt. Der Seiteneingang zur Kirche ist meist geöffnet.

Wein, Oliven und Käse   Zwischen Lomo de Arico und Arico Nuevo befindet sich eine der größten und traditionsreichsten Bodegas der Insel, die *Cooperativa Arico Cumbres de Abona*, eine moderne Weinkellerei. Ein kurzer Stopp zur Weinprobe ist keine schlechte Idee, man verkauft dort auch an Einzelkunden.

Blick auf Arico Nuevo

2.4

Naiv bemalte grüne Plaza in Arico Nuevo

Der **Weißwein** *Flor de Chasna* schmeckt besonders gut, etwas preiswerter und ähnlich gut: ***Cumbres de Abona***. Die Kooperative gewann auch Preise für das Olivenöl ***Oleo Teide***; Mo-Fr 8.30-14 Uhr.

Arico Nuevo

Der schönste Ort an der TF 28 ist Arico Nuevo, das sich entlang eines *Barrancos* Richtung Meer erstreckt. Das 150-Seelen-Dorf steht unter Denkmalschutz und lohnt unbedingt eine kleine Pause. Die weiß-getünchten altkanarischen Häuser mit grünen Fenster- und Türrahmen wirken wie aus einem Guss. Nur zur Messezeit wird's dort lebendig.

Restaurants/ Unterkunft

Kein Wunder, dass sich hier sanfter Tourismus (*Turismo Rural*) etabliert hat. Auf dem Kirchplatz stehen die Tische und Stühle der ***Tasca Sarras*** mit verschiedenen Gerichten und *Tapas*. Bei etwas kälterem Wetter schmeckt es auch in der kleinen gemütlichen Gaststube; 12-21 Uhr, Mo geschlossen.

Restaurants am Wege

An der TF 28 findet man in diesem Straßenabschnitt nur ein paar einfache Restaurants:

• ***Casa Fito***, Chimiche, etwas abseits der TF 28, ➢ Restaurant-Tipps Seite 237

• ***Mencey Yumar***, Cisnera, einfache Bar mit Fisch, Käse, Fleisch, Blick auf die Südküste; geöffnet 6-21 Uhr, Mo zu, ✆ 630 561253

• ***Las Cuevas de Ramón***, einige Kilometer in Richtung Icor, km 45,9; gemütliche Höhle, einfache Gerichte. Geöffnet Do, Fr, Sa und So 12.30-16 Uhr und 20.30-23 Uhr, ✆ 922-161056.

• Einfache Fischgerichte gibt es im kleinen Fischerdorf **San Miguel de Tajao**, unterhalb der *Salida* 46 der *Autopista del Sur*. Bis zum Hafen herunterfahren (TF 632) und dann rechts. Dort liegen einige beliebte Restaurants.

2.4.3   Valle de Güímar

**Kenn-
zeichnung**
Wer auf der Autobahn aus Süden kommt, erreicht das *Valle de Güímar* hinter einem kurzen Tunnel. Um den Blick von oben in das 18 km lange und 8 km breite Güímartal zu erleben, fährt man am besten zum **Mirador de Don Martín**. Der befindet sich neben dem großen weißen Gebäudekomplex (einem ehemaligen Hotel), das in der südlichen Steilwand (*ladera*) des Tals weithin sichtbar ist. Anfahrt: TF 28 über Granadilla/Arico.

Geologie
Das Tal ist das erdgeschichtliche Pendant des jenseits liegenden Orotavatals – also ebenfalls durch Erdrutsch (➤ Seiten 321 und 418) entstanden –, nur weniger bekannt. Beide haben »das gleiche Rückgrat«, die *Cordillera Dorsal*, auf der die Kammstraße zum Teide verläuft und werden im Osten wie im Westen von steilen *Laderas* begrenzt. In beiden finden sich klassisch geformte Vulkankegel, wie der 276 m hohe **Montaña Grande** (**Malpaís**), der direkt aus der Ebene am Meer wuchs.

Wandern
Wanderung im **Malpaís**: Ein für Biologen höchst interessanter Küstenpfad führt von den letzten östlichen Häusern von Puertito de Güímar zur **Punta de los Altillos** (ca. 45 min). Von dort geht's wieder am Wasser zurück oder landeinwärts über den *Morros del Corsco* (175 m) zurück nach Puertito (2,5 Stunden Rundweg).

Geschichte
In der vorkolonialen Zeit waren die »Tal-Geschwister« – Orotava und Güímar – in Macht und Ansehen gleichberechtigt, nur dass *Añaterve*, der *Mencey* von Güímar, zu den »reinos de paz« gehörte, den Friedenskönigen, die zusammen mit den spanischen Eroberern gegen *Bencomo*, den Herrscher über das Orotavatal, zu Felde zogen, der sich mit den »reinos de guerra«, den Kriegsfürsten, der Unterwerfung widersetzte (➤ Seite 487).

Vegetation
Die Vegetation unterscheidet sich wegen der regenarmen Südlage erheblich vom Norden. Soweit das Land nicht landwirtschaftlich genutzt wird, überwiegen Wolfsmilchgewächse. Die *Barrancos* oberhalb der bewirtschafteten Gebiete und das *Malpais* am Fuß des Vulkans von Güímar sind eine Fundgrube **endemischer Pflanzen**. Die Wassermengen, die für die starke landwirtschaftliche Nutzung des Gebietes gebraucht werden, liefern die Kiefernwälder (➤ Seiten 415+457) der Höhenlagen, von denen aus ein weitverzweigtes Bewässerungssystem die tieferen Lagen versorgt.

Wirtschaft
Nicht der Tourismus, sondern Handel und Landwirtschaft stehen im Valle de Güímar im Mittelpunkt. Unterhalb der Stadt werden Bananen geerntet. Wegen der oft starken Fallwinde sind die Felder in graue Plastikplanen verpackt, was nicht gerade einen idyllischen Anblick bietet. Große Mango-, Avocado- und Papayaplantagen verstecken sich hinter Zementmauern. In den höheren Lagen werden von Kleinbauern auf immer schmaler werdenden terrassierten Feldern Wein, Kartoffeln und Zwiebeln angebaut.

Wandern
Auch wenn es kein eigentliches Wanderweg-System gibt, führen doch viele Forst- und Versorgungswege zu einsamen *Barrancos* mit abwechslungsreicher Vegetation. Bei der **Zona Recreativa**

2.4

Auf der Promenade in Puertito de Güímar

Los Frailes oberhalb von Arafo (➤ Seite 404) findet man – in weitgehend ebenem Verlauf – schöne Waldwege mit Meerblick.

Industrie   Man hat auch dieser herben Tal-Schönheit heftige Bausünden zugefügt. Bis oberhalb der Ortschaften ist das Tal planlos zersiedelt und entlang der Autobahn entstanden Gewerbesiedlungen. Die Gemeinde Güímar versucht neuerdings, vom großen Kuchen »Tourismus« etwas mehr ab zu bekommen und betont die schönen höheren Tallagen weitab vom Meer.

Fincas/Hotels   Die saubere, klare Luft der höheren Lagen wurde um 1900 von Lungenkranken geschätzt. Heute gibt es dort einige Häuser des ***Turismo Rural*** und zwei **Landhotels** (*Finca Salamanca und Casona Santo Domingo* ➤ Seite 581). An der Küste existiert nur noch ein älteres größeres Hotel, das ***Catalonia Punta del Rey***, in dem inzwischen von hohen Apartmenthäusern beherrschten Las Caletillas (➤ Seite 553).

Güímar

Kennzeichnung   Die Stadt zählt zu den ältesten Teneriffas, hat aber kaum Ausstrahlung. Längst sollten die alten Wohnhäuser von 1900 wieder aufgemöbelt werden. An der zentralen Plaza del Ayuntamiento und der Plaza San Pedro wurde das koloniale Erbe noch bewahrt.

Zentrum   Neben der ***Iglesia del Convento de Santo Domingo*** (17. Jahrhundert) ist – in einem früheren Dominikanerkloster – das **Rathaus** untergebracht. Ein noch älteres Herrenhaus wurde zum ***Hotel Domingo*** mit **Restaurant** umgewandelt (➤ Seite 581). Sonntag Vormittag findet ein kleiner, aber feiner Bauernmarkt vor dem Rathaus statt. Etwas unterhalb steht die ***Iglesia de San Pedro*** aus dem 18. Jahrhundert. Touristen sieht man kaum im Städtchen. So doch, kommen sie meist zu den nahen »Pyramiden«, ➤ rechts.

Puertito de Güímar	Nach beschaulichem Winter erwacht der Ort rund ums Hafenbecken (Autobahn, *Salida* 23). Über Leitern gelangt man ins Wasser oder sonnt sich auf Holzplanken. Einheimische bestellen hier sonntags in den **Terrassenlokalen** einfache Fischgerichte. Platzhirsch ist das riesige Lokal ***Chef Padilla***. Eine Promenade läuft entlang des schwarzen steinigen Strandes bis zum *Club Nautico*. Dorthin »verirren« sich Touristen kaum. Ort, Strand und Promenade sind fest in tinerfenischer Hand.

Pyramiden und Museum von Güímar

Heyerdahl	Wichtigstes touristisches Ziel im Valle de Güímar sind die erst 1990 entdeckten Stufenpyramiden (weitere stehen in Santa Barbara bei Icod). Um sie herum gestaltete der norwegische Forscher ***Thor Heyerdahl*** den ***Parque Etnográfico Pirámides de Güímar***, einen Themenpark zu seiner Theorie, nach der vorgeschichtliche Kulturen weltweit Kontakt miteinander hatten (➤ Seite 201). Vermutungen, nach denen hier der phönizische Königssohn *Exekias* bestattet ist (oder war) sind bisher nicht belegt.
Entdeckung	1993 wurde *Heyerdahl* auf die Form von sechs Hügeln in Güímar aufmerksam, unter deren Erdreich bis zu 50 m x 16 m große Stufenpyramiden mit einem rechteckigen Grundriss zu Tage traten.
Interpretation	Kanarische Bauern – so glaubte man früher – hätten diese Steinhaufen von ihren Feldern aufgesammelt, um den kargen Boden besser bearbeiten zu können; auch das Stapeln der Steine zu Stützmauern für Terrassenfelder ist inselweit an den Hängen seit Jahrhunderten Usus.
Erkenntnis	Erst *Heyerdahls* Vermessungen ergaben, dass die Steinhaufen mit großer Präzision errichtet worden waren. Der unebene Felsgrund war abgeflacht, um die beschlagenen Lavasteine besser schichten zu können. Die Pyramidenkanten konnten nur mit Hilfe von Bändern so schnurgerade entstanden sein, und man fand heraus, dass die Eck- und Basissteine besonders sorgfältig bearbeitet wurden.

2.4

Darstellung eines Menschenopfers im Museum von Güímar

Religiöse Stätten ?

Für Heyerdahl ist der Standort der Stufenpyramiden im Güímartal ein Beleg für ihre religiöse Bestimmung, gilt es doch seit jeher als *Valle Sagrado*, als heiliges Tal, nicht erst seit dem Fund der Schwarzen Madonna (1390, ➤ Seite 205).

Wer von hier Richtung Teide schaut, erkennt eine klaffende Lücke im Kraterrand der *Cañadas*, durch die die widerstreitenden »roten Elemente« sichtbar werden: Die lebensspendende Abendsonne am Himmel, wie auch das »zerstörende Böse« des Feuergottes *Guayota* aus dem Höllenschlund des Vulkans.

Bauweise

Ferner hat jede Pyramide oben eine Plattform mit Kieseln und eine Außentreppe in der westlichen Stufenwand, so dass man beim Besteigen der aufgehenden Sonne entgegenschreitet.

Auch die abgestuften Tempelanlagen der Inkas und Mayas repräsentieren den stufenförmig gedachten Aufbau des Kosmos. Sie dienten nicht wie bei den Ägyptern als Gräber, sondern kultischen Handlungen, bei denen man dem Himmel näher sein wollte.

Ausstellung

Auf dem Parkgelände befindet sich – neben dem Besucherzentrum mit Cafetería und Shop – in einer altkanarischen Finca ein **ethnologisches Museum** und ein Auditorium, in dem ein 15-Minuten-Film über Heyerdahls Ozeanfahrten und seine Theorien gezeigt wird. Ferner gibt es eine Replika der legendären *RA II*, des Papyrus-Segelschiffs, mit dem Thor Heyerdahl 1970 den Atlantik überquerte. Vier Aymara-Indianer von der kleinen bolivianischen Insel Suriki hatten eigens für den Nachbau Totora-Schilf vom Titicacasee hierher gebracht und 1999 dieses riesige Segel-Kanu nach Art der Tiahuanaco-Inkas rekonstruiert.

Zwei weitere Attraktionen sind in den Park integriert: Eine Ausstellung über die Kultur der Osterinseln (*Rapa Nui*) und ein »Giftgarten« (*Jardin Venenoso*) mit 70 giftigen Pflanzen und dazugehörigen Mordgeschichten (jeweils Extra-Eintritt). Seit 2016 erweitert ein neuer *Eco-Garden* das Angebot (im Basispreis enthalten).

Parque Etnográfico Pirámides de Güímar, täglich von 9.30-18 Uhr, letzter Einlass um 17.30 Uhr; ☎ 922-514510; Eintritt €11, Kinder ab 8 Jahre €5,50; €18 mit den Ausstellungen Osterinsel und Giftgarten, €16 mit nur einer der Ausstellungen; ☎ 922 514 510, www.piramidesdeguimar.es/de

Anfahrt

• Von der Autobahn *Salida* 23, Güímar, dann ausgeschildert
• Von der Autobahn *Salida* 20, Arafo, dann an der großen Kreuzung in La Hidalga links in die Straße nach Güímar biegen oder bei Einfahrt in Arafo unterhalb des modernen Marktes links in die TF 525 nach Güímar, dann ausgeschildert.

MoringaPark

In La Hidalga befindet sich der *MoringaPark Tenerife* mit Bio-Plantage und Shop. Dort hat man unter anderem verschiedenste Öle, Kräuter und Kapseln des Moringabaums, einer Pflanze der Superlative mit über 90 Nährstoffen. Mo-Sa 10-18 Uhr, auch Führungen; ☎ 922-510677; http://moringapark.eu/de. Anfahrt: Autobahn ab *Salida* 20 auf der TF 281 ca. 3 km nach Westen und ab auf der TF 28 ca. 800 m nach Süden La Hidalga, dort Calle Chinguaro 26.

Thor Heyerdahl

Thor Heyerdahl, geb. 1914 in Narvik/Norwegen, wurde bekannt durch seine Migrationstheorie, nach der die Kulturähnlichkeiten in der Alten und Neuen Welt (Keramik, Sonnengottverehrung, Stufenpyramiden) kein Zufall sind, und nahm die Pyramiden von Güímar als ein weiteres Glied in die weltumspannende Pyramidenkette auf, die von Babylonien über Ägypten, Altamerika und Java bis Hinterindien reicht. Diese Kulturen hatten nach *Heyerdahl* dank ihrer Schiffbau-und Navigationskunst schon damals untereinander Kontakt.

Um seine Hypothese der Kulturverkettung zu stützen, unternahm *Heyerdahl* mehrere Expeditionen mit selbst gebauten einfachen Schiffen. Mit dem Floß **Kon Tiki** segelte er 1947 vom Lima-Hafen Callao in Peru in 101 Tagen 7000 km zum Tuamotu-Archipel in Polynesien.

Um zu belegen, dass auch die Ägypter vor 4000 Jahren die Azteken- und Inka-Kultur beeinflusst haben könnten, überquerte er mit 7 Mann 1970 – nach einem ersten erfolglosen Versuch – mit der **RA II**, einem 12-m-Segelschiff **aus Schilf**, in 57 Tagen den Atlantik von Safi/Marokko nach Bridgetown/Barbados. Als er noch im gleichen Jahr mit dem **Binsenboot Tigris** die 10.000 km vom Irak über den Indischen Ozean zurücklegen wollte, weil er eine Wanderungsroute von dort nach Sumatra vermutete, wurde ihm wegen des Bürgerkriegs in Äthiopien die Weiterfahrt im südlichen Roten Meer untersagt.

Thor Heyerdahl lebte bis kurz vor seinem Tod im April 2002 auf Teneriffa.

Arafo

Anfahrt	Man verlässt die *Autopista del Sur* über Ausfahrt 20 »Arafo« und folgt der Ausschilderung zum 5 km entfernten Ort (5000 Einw.).
Kenn-zeichnung	Arafo ist ein schmuckes, kaum touristisches Dorf. Es liegt in einer landwirtschaftlich intensiv genutzten Senke mit einem imposanten **Bergpanorama**. Am unteren Ortsrand gruppieren sich postmoderne Markt- und Ausstellungshallen für Kunsthandwerksmessen ums Karree. Die Rinne auf hohen Stelzen soll daran erinnern, dass die einst üppig bewaldete Umgebung von der Holzwirtschaft lebte. Der Dorfplatz von Arafo heißt bis heute noch **El Aserradero** (Wassersägewerk).
Das »musika-lischte« Dorf Teneriffas	Auf dem Weg zur Dorfmitte passiert man in der Calle Conde Belascoain das Konservatorium mit viel Platz für klassische Konzerte und Volksmusik-Festivals im großen **Auditorium Juan Carlos I**, das der königliche Namensgeber 1994 persönlich eingeweiht hat (➤ auch Essay Seite 502). Den Kirchplatz (voller Lorbeerbäume) schmückt im »musikalischsten« Dorf Teneriffas eine Grazie, die von einem Notenband umschlungen wird.

In Arafo ist die Welt noch in Ordnung. Man pflegt kanarische Traditionen (➤ z.B. *die Lucha Canaria*, Seite 386); und wer am letzten Samstag im August nach Arafo kommt, erlebt eine der attraktivsten **Romerías** der Insel (➤ Thema »Romerías«, Seite 399).

Arafo hat nur einfache Lokale; aber unterhalb im Gewerbegebiet am Meer das prima Fischrestaurant **Casa Tato**, ➤ Seite 80ff.

Außer einigen **Casas Rurales** gibt's keine Quartiere (➤ Seite 578).

2.4

2.4.4   Candelaria

**»Mekka«
Teneriffas**

Candelaria ist das **Mekka Teneriffas**. Jedes Jahr zu Mariä Lichtmess (14./15. August) pilgern Tausende Tinerfeños – viele immer noch zu Fuß – zur Schwarzen Madonna in der Basilika von Candelaria (➤ Seite 205).

**Anfahrt/
Parken**

Salida 17 Richtung Meer, den Schildern *Basilica/Ayuntamiento* folgen. Die besten Parkplätze sind unten am Meer (nördlich schließt sich der Fischereihafen an). Vom Parkplatz geht man über **Fußgängerstraße** *Obispo Pérez Caceres* südlich zur Basilika.

**Verkehrs-
freier Bereich**

An Wochenenden und feiertags bummeln Canarios zur Basilika, vorbei an Konditoreien, Eisdielen, Läden mit Devotionalien und Kunsthandwerk (Sa/So geöffnet). Der Basilika-Platz hat mehrere **Terrassen-Cafés** mit *Tapas* oder einfachen Gerichten. Auch bei regem Betrieb herrscht eine ruhige, entspannte Atmosphäre.

Blick auf Candelarias Basilika am Meer; unten links am Wasser sieht man die erste der neun Mencey-Statuen, ➤ Kasten und Text rechts

Die Mencey-Statuen

Vom tinerfeñischen Bildhauer *José Abad* stammen die neun eindrucksvollen Bronze-Statuen neben der Basilika in Candelaria, die die Guanchenfürsten (*Menceys*) idealisieren.

Sie zeigen *Añaterve* vom *Menceyato* (Gebiet) Güímar, *Beneharo* (Anaga), *Tegueste*, *Acaymo* (Tacoronte), *Bencomo* vom mächtigsten Menceyat Taoro, *Pelicar* (Icod), *Romen* (Daute), *Pelinor* (Adeje) und *Adjona*, den *Mencey* (König) von Abona.

Herrschaftsinsignien oder Symbole würdigen ihre überlieferten Charaktere. So gesellte *Abad* zum kampflos unterwürfigen *Añaterve* von Güímar zwei Friedenstauben.

Nach der Unterwerfung wurden die **Menceys zur Gemeinschaftstaufe gezwungen** und erhielten christliche Namen, wie *Juan*, *Pedro*, *Antonio* oder *Gonzalo*. Mit diesem Akt vom **29. September 1496** wurde die Eroberung Teneriffas durch die Spanier endgültig abgeschlossen (➤ Seite 480f und 487ff).

Die **ursprünglichen Guanchen-Statuen**, klein und gedrungen, wurden versetzt und stehen heute entlang der Mencey-Allee, die oberhalb von Caletillas zwischen Autobahn und Küste parallel zum Meer läuft.

Kirchplatz	Der Blick vom Kirchplatz auf die hohe See wird gebrochen von neun überlebensgroßen Bronze-Statuen der *Guanchen-Menceys*
	Sie stehen mit dem Rücken zum schmalen schwarzen Candelaria-Sandstrand und blicken auf den baumlosen Platz vor der Basilika, von dem breite Treppen hinauf zum alten Ortskern führen. Von oben schaut man wie von Theaterrängen und -logen über das gelungene Ensemble von Kirche, Plaza, Statuen und Meer.
Basílica de Nuestra Señora de Candelaria	Die Wallfahrtskirche birgt die Schutzheilige des Archipels, die **Morenita** (kleine Schwarze), wie die *Canarios* »ihre« Madonna nennen. Von Guanchen einst in einer Höhle »gefunden« wurde sie 1826 samt der Kirche in einer Sturmflut fortgerissen. Ein Jahr später schuf der Bildhauer *Fernando Estévez* aus Orotava die heutige **Virgen de Candelaria**, die jetzt in einer Nische über dem Hauptaltar der neuen, im kanarischen Stil gebauten Basilika (1958) steht. Unter dem Holzbalkon rechts vor der Kirche befindet sich eine heilige Quelle, mit deren geweihtem Wasser sich die Pilger zu Mariä Lichtmess benetzen. Die Basilika ist geöffnet Mo-Fr 7.30-13 und 15-19.30 Uhr, Sa und So durchgehend bis 20 Uhr.
Kapelle Cueva de San Blas	Bei der letzten *Mencey*-Statute geht es hinter der Basilika zu der besagten Höhle am Wasser, wo die Guanchen die *Morenita* fanden. Die Christen adaptierten die Figur, sprachen sie heilig und bauten den Höhleneingang zur heutigen Kapelle *San Blas* um, dem Schutzheiligen der Hirten. Dort fand die Madonna zunächst ihren Platz, bevor die Replika 1958 in die Basilika kam.

2.4

14/15. August/ Mariä Empfängnis

Am 14./15. August findet man in Candelaria keinen Parkplatz. Schon am Vortag strömen die *Tinerfeños* zum **Wallfahrtsfest der Morenita**, einer kanarischen Mischung aus religiösem und Volksfest. Tagsüber findet eine der größten **Romerías** statt (➤ Seite 399). U.a. wird auch nachgespielt, wie die zwei Guanchenhirten wegen des Verhaltens ihrer Ziegen die *Morenita* in der Höhle fanden, ➤ Kasten rechts. Abends folgt eine Prozession mit der Madonna. Viele der Pilger nächtigen anschließend am Strand.

Keramik-Museum

Im winzigen, aber liebevoll gestalteten **Centro Alfarero** wird nach Guanchenart ohne Scheibe getöpfert. 2 Vitrinen, 2 Öfen, 15 min-Video; am Basilikabrunnen treppauf, dann 100 m geradeaus; Di-So 9-14 Uhr, 15-17.30 Uhr, ✆ 922-505216.

Unterkünfte, Lokale und mehr (➤ auch Seiten 553, 554 + 578)

Land-Hotels und **-Fincas** liegen in **Arico Nuevo** und im **Valle de Güímar**. In **Caletillas** gibt es eine ältere Hotelanlage mit Meerzugang. Die **Finca La Paz** in **Cuevecitas** hoch über Candelaria hat Apartments, Bungalows und das Top-Restaurant *Auténtico* ➤ S. 82.

Vom Parkplatz gen Osten (nach Caletillas) ist es nicht weit zur **Casa Olegario** ein paar Schritte von der Hafenmole entfernt. Das Lokal ist populär wegen seiner guten Fischküche, ✆ 922-500557; 12-24 Uhr; Di+Mi geschlossen, ➤ Seiten 80ff.

Die erste von neun Mencey-Statuen an der großen Plaza vor der Basilika

Die schwarze Madonna von Candelaria

»*Als einst (ca. 1390) zwey Hirten ihre Heerden nach einer Höhle an der anderen Seite des Steinthals treiben wollten, um sie zu melken, sahen sie, daß die Ziegen auf einmal still standen, und erschrocken zurückkehrten. Die Hirten fiengen gleich an zu rufen und zu pfeifen. Einer der Hirten gieng hierauf hin und sah voller Erstaunen das heilige Bildniß, welches auf einem großen Steine stand. Endlich legte er seine Furcht ab, weil er es für eine Frauensperson hielt, und gab ihm Zeichen, daß es aus dem Wege gehen sollte, damit seine Heerde vorbeigehen könnte; und dies that er, weil es Gebrauch in Teneriffa war, daß eine Mannsperson, wenn sie einer Frauensperson allein begegnete, sie nicht anreden durfte, sondern ihr aus dem Wege gehen mußte. Da sie sich aber gar nicht rührte, nahm er einen Stein auf, um sie damit zu werfen, aber sein Arm, den er dazu schon aufgehoben hatte, erstarrte, und blieb unbeweglich und mit großen Schmerzen in dieser Stellung.*

Als der andere Hirt dies sah, gieng er dreist auf das Bild zu und wollte ihm mit einem scharfen Kiesel die Hand abhauen; aber stattdessen versezte er sich selbst einen solchen Hieb in die Hand, daß ein Strom von Blut herausstürzte. Die Hirten schlossen endlich, das Bildniß sey wohl vom Himmel gekommen, giengn zu dem König von Güimar, und erzählten ihm, was vorgegangn sey.

Endlich gab der König diesen beiden Leuten Befehl, sich dem Bildniß mit Ehrfurcht zu nähern. Sie thaten dies, und kaum hatten sie es angerührt, als sie zum Erstaunen der Zuschauer plötzlich vollkommen geheilt wurden.«[*]

Wegen ihrer Kerze (*candela*) in der Hand nannte man die nur 1 m große Figur »Unsere liebe Frau Candelaria« und beließ sie in der Höhle, wo sie weitere Wunder vollbringen sollte.

Von dort wurde sie auf Veranlassung von *Diego de Herrera*, dem König von Lanzarote, geraubt und auf dessen Insel verschleppt. Doch die Madonna drehte sich jedesmal über Nacht mit ihrem schwarzen Gesicht zur Wand, sooft man sie auch wieder geradestellte. Also brachte man sie aus Furcht vor ihrem dadurch zum Ausdruck gebrachten Zorn nach Teneriffa zurück, wo sie fortan als wundertätig verehrt wurde.

[*] Quelle: George Glas, Geschichte der Entdeckung und Eroberung der Kanarischen Inseln, Leipzig 1777, in *Bibliotheca Canaria* – Nachdrucke alter Texte über die Kanarischen Inseln, Santa Cruz de La Palma 1976.

Weiter östlich, an der Meeresavenida von Caletillas mit ihrer ansprechend gestalteten Promenade gibt es diverse Terrassenrestaurants und Möglichkeiten, über Leitern ins Wasser zu steigen oder sich auf Holzplateaus zu sonnen.

• Biertrinker lieben die **Cervecería del Gourmet** (Nr. 33) mit Biersorten aus aller Welt und belgisch-französischer Bistroküche (alles *para picar* oder *compartir*, ➢ Seite 65). Ab 18.30 Uhr, So ab 13.30 Uhr, So Abend und Mo zu, ✆ 922-501362.

• **Piscina Municipal**; etwas östlich des Hafens von Candelaria befindet sich ein moderner Meerwasserpool, ✆ 922-504700.

• **Bauernmarkt**, Mi 17-21 Uhr, am Parkplatz neben dem *Ayuntamiento*; Sa-So Wochenmarkt von 8-21 Uhr.

3 + 4
Teneriffas Süden und die Westküste

3.   TENERIFFAS SÜDEN

3.1   Boom und kein Ende ...?

3.1.1   Der karge Süden

Landschaft Anflug auf den Inselsüden: Beim Blick aus dem Kabinenfenster sind Erstbesucher geschockt. Grün ist nur das Green der Golfanlagen, der Rest wirkt überwiegend grau-braun schmuddelig wie ein Schuttplatz.

Tosca Diese **Tuffstein-Landschaft** geht auf die zweite vulkanische Entstehungsphase der Insel vor 2-3 Millionen Jahren zurück, als helle, saure Laven aus dem Südhang quollen (➢ Seite 14 und 464). Das geschah in der Gegend von Fasnia/Arona und war begleitet von heftigen Explosionen. Herausgeschleuderte glühende beigegraue Asche und Felsbrocken verkitteten beim Abkühlen unter Einschluss von Luftblasen. Es entstand Tuff (*tosca*), poröses Gestein, das auch wegen der fehlenden Vegetation in dieser regenarmen Gegend sehr erosionsanfällig ist. Auf dem locker verstreuten Material entwickeln sich nur kleine kriechende Sträucher wie Dornlattich-Gewächse, süße Wolfsmilch (*Tabaiba Dulce*) und – weiter oben – Kandelaber-Kakteen. Das bisschen Krume, das die Pflanzen bilden, verweht der Wind im Nu, so dass sich keine nutzbare Erde bilden kann.

Guanchen und Besiedelung Die Guanchen siedelten zunächst trotzdem im kargen Süden, da das flache Ufer für den Fischfang eine bessere Anlandung bot, als die Steilküsten im wasserreichen, fruchtbaren Norden. Sie betrieben neben der Fischerei Viehwirtschaft mit Ziegen, Schafen, aber auch Schweinen in Höhenlagen von 400 m bis 600 m, wo sie in nicht allzu steilem Gelände eher kultivierbaren Boden und Terrain für Staubecken fanden. Jedenfalls reichte es für eine Subsistenzwirtschaft (Gerste, Weizen) und später auch für Kartoffeln. So erklärt sich die Lage der Inselsiedlungen, die wie aufgereiht weit oberhalb der Küste liegen.

Tuffsteinküste

Wasser	Nur im tiefer gelegenen Adeje gab es ganzjährig natürliche Oberflächengewässer (z.B. den *Barranco del Infierno*, ➣ Seite 239) – kein Zufall also, dass sich hier der erste Guanchen-*Mencey*, der *Gran Tinerfe* ansiedelte, bevor er die Insel unter seinen neun Söhnen in gleichberechtigte Fürstentümer aufteilte. Sein zehnter – unehelicher – Sohn musste sich mit dem kleinen, abgelegenen Punta del Hidalgo in der nordöstlichen Inselspitze am Anagagebirge begnügen (➣ Seite 383).
Armer Süden – reicher Norden	Dank der zugänglicheren Ufer hatten die ärmeren *Menceys* im Süden schon vor der spanischen Eroberung mehr Kontakt mit europäischen Seglern, als ihre naturverwöhnten und deswegen beneideten Verwandten im Inselnorden. Ohne Argwohn reichten sie den Fremden die Hand. *Reinos de Paces* – Königreiche des Friedens – nannten die Spanier deswegen die *Menceys* von Adeje, Arona, Güímar und Anaga, um sie von den mächtigeren, feindlich gesinnten *Reinos de Guerra* – den Königreichen der Krieger im Norden – abzugrenzen. Nach der Eroberung blieb der versöhnliche Süden trotzdem arm, denn für ihre koloniale Ausbeutung der Insel mit Zuckerrohr- und Weinanbau war für die neuen Herren der fruchtbare Norden die bessere Wahl.
Wassertunnel/ Galerías	Da die Tuff- und noch porösen Bimssteine (*pomez*) kein Wasser halten, war die Anlage von Staubecken oder Oberflächenbrunnen schwierig. Die Idee, die reichen unterirdischen Wasserreserven nicht durch Brunnen von oben, sondern durch kilometerlange **Tunnel** (*galerías*) von der Seite zu erschließen, d.h. den Berg horizontal anzubohren,

Hundehütte aus Tosca/Tuffstein, ein vielfältig verwendetes Baumaterial

ermöglichte es ab 1860, auch küstennahe Regionen im Süden urbar zu machen (➣ Essay Seite 447f). Durch den Bau des **Canal del Sur** (1952/53), einer **Wasser-Pipeline** von der nördlichen Inselseite, konnte der weitläufige Plantagenanbau im Süden die terrassierte Orotavatal-Landwirtschaft zeitweise sogar überflügeln.

Monokulturen	Denn endlich war es möglich, ausreichend Wasser zu den flacheren Küstenstreifen unterhalb der ursprünglichen Siedlungslinie zu leiten. Sie sind weit bequemer zu bestellen als die höheren, steilen Lagen. Die Investitionen für die weitverzweigten Rohrleitungen und Kanäle lohnten aber nur bei hohen Gewinnaussichten mit einem neuen Exportartikel. Die Wahl fiel auf die Tomate. Und mit ihr schlidderte die Insel Mitte der1950er-Jahre nach Zucker, Wein und Cochenille, aber noch vor Banane und Tourismus – zum vierten Mal in die Risiken einer Monokultur.

3.1

**Tomaten-
und
Bananen-
anbau**

Obwohl die kleine kanarische Tomate der europäischen Fest-
landstomate geschmacklich überlegen ist, wurde sie von der Konkurrenz aus Holland und Italien ausgebootet, eine Entwicklung,
die sich mit dem Bananenanbau zu wiederholen drohte (➢ Seite
466). Schlimmer noch, denn die neue Frucht brachte wieder neue
Probleme. Bananen brauchen immens viel Wasser: bis zu 400 l
pro Kilo Ernte. Da sie zudem sehr windempfindlich sind, wurden
die Plantagen (heute auch Schnittblumen-Anpflanzungen) hoch
eingemauert oder mit Plastikplanen abgedeckt – wahrhaftig kein
Lichtblick in der Gesteinswüste.

3.1.2   Wirtschaftsfaktor Tourismus

**Stetige
Entwicklung
seit den
60er-Jahren**

Seit 1968, als noch keine 500.000 Feriengäste jährlich auf die Kanaren reisten, stiegen die Zahlen – abgesehen von kurzen Krisen
1973, 1980 und 1990 – über die Dekaden stetig. Zum Jahrtau-
sendwechsel kamen erstmals über 10 Mio Urlauber innerhalb
eines Jahres auf die Inseln, davon 4,7 Mio nach Teneriffa.

Nach dem 11. September 2001 stagnierten Teneriffas Besucherzahlen vorübergehend, sanken sogar in einigen Orten, erholten
sich aber schon bis 2004 rasch auf 5 Mio und 2006 auf die Rekord-
zahl von 5,45 Mio, darunter 25 % Festlandspanier. Mit der europäischen – von Griechenland, aber teilweise auch von Spanien ausgehenden – Wirtschaftskrise reduzierten sich die Zahlen ab 2007
über gleich mehrere Jahre. Hauptfaktor dafür waren ausbleibende
spanische Sommerurlauber.

**Aktuelle
Situation
2012-2017**

Als Folge der 2012 beginnenden langsamen innerspanischen Er-
holung und der politischen Entwicklung in der Türkei und Nordafrika freut sich Spanien über einen wieder boomenden Tourismus. Überproportional profitierten davon die Balearen und Kanaren. Teneriffa verzeichnet seit 2013 einen starken Aufwärtstrend
und übertraf 2016 mit über 5,5 Mio. Besuchern erstmalig den bisherigen Rekord des Jahres 2006. Auch für 2017 rechnet man nach
gutem Beginn mit weiter steigenden Besucherzahlen.

*Costa Adeje im Februa; Playa Torviscas
im Vordergrund, dann die Playa Fañabe*

*Beach Club
an der
Playa
Fañabe*

**Grüner
Norden,
sonniger
Süden**

Bis in die 1970er-Jahre hinein konzentrierte sich die touristische Infrastrukur Teneriffas überwiegend auf die Nordküste. Ihren danach einsetzenden Höhenflug auf über 5 Mio Urlauber pro Jahr verdankt die Insel in erster Linie der Erschließung des Inselsüdens und -westens. Nachdem der Süden mit dem Norden gleichgezogen hatten, war er nicht mehr zu bremsen. Binnen 20 Jahren drehte sich die geographische Touristenverteilung komplett um: bevorzugten im Jahr 1975 noch 67% der Reisenden den grünen Norden, buchten ab Mitte der 1980er-Jahre 80% aller Urlauber die Sonne des Südens. Und bei dieser Verteilung blieb es. Interessanterweise nahm der Norden in der letzten Dekade einigermaßen konstant um ca. 1 Mio. Besucher/Jahr auf, während die Schwankungen sich im Wesentlichen aus den Besucherzahlen des Südens ergaben.

**360 Sonnen-
tage im Jahr**

Der Grund für den Erfolg der Urlaubsregion Teneriffa-Süd ist eitel Sonnenschein. Dort zählt man 3.200 Sonnenstunden im Jahr bei einer mittleren Jahrestemperatur von 23°C. Puerto de la Cruz und die anderen Orte der Nordküste kommen auf nur 20°C oder sogar weniger im Jahresdurchschnitt. Denn man muss sich dort mit nur halb soviel wärmenden Sonnenstrahlen begnügen.

**Entwicklung
des Südens**

Viel Sonne und wenig Niederschlag erschweren Landwirtschaft oder machen sie ganz unmöglich. Der Inselsüden galt daher als *Malpaís*, unbrauchbares Land. Der Sonnenhunger der Nord- und Mitteleuropäer zwischen Oktober und März kehrte indessen diesen Nachteil in einen Vorteil um. Aus einst wertlosem Grundbesitz wurde in kurzer Zeit wertvoller Baugrund. Viele Landeigentümer verkauften ihr brachliegendes Land gern. Und die Kleinbauern und Landarbeiter tauschten die Plackerei auf der Scholle gegen einträglichere und leichtere Jobs als Kellner, Koch oder Kioskbetreiber. Da man keine Abrissbirne oder Enteignungsverfahren brauchte, war die Infrastruktur für den Gästeansturm in der Wüste relativ schnell erstellt: Erste Hotels samt der dazugehörigen Infrastruktur, geteerte Straßen und die Süd-Autobahn (1971) und vor allem der Südflughafen (Bau 1973-78). Ganze 12 Peseten/Quadratmeter (ca. 7 Eurocent) kostete damals dessen Baugelände.

3.1

Poolanlage des Hotels Plantación Sur im Bereich Costa Adeje

Künstliche Strände

Die zwei großen Probleme der Region – fehlender Strand und Wasserknappheit – wurden mit viel Geld und fest zugedrückten Öko-Augen gelöst: **Sand und Gestein pumpte man vom Meeresboden nach oben und zermahlte alles feinkörnig**. Damit die künstlichen Strände von der Atlantik-Brandung nicht wieder weggespült würden, schüttete man zu ihrem Schutz massive Steindämme auf.

Wasserprobleme

Selbst Anhänger eines wachstumsorientierten Tourismus kommen über den Trinkwasserbedarf für Duschen, Pools, Gartenanlagen und Golfplätze – fünf der acht Plätze Teneriffas liegen im Süden – so langsam ins Grübeln.

Zwar hat Teneriffa – anders als die östlichen Nachbarinseln – bisher noch Frischwasser-Reserven (➤ Seite 447f), doch immer neue Luxusresorts benötigen zur Deckung ihres enormen Wasserbedarfs eigene stromfressende Entsalzungsanlagen.

Besitzverhältnisse

Ursprünglich gehörte das Gebiet um Los Cristianos/Las Américas samt höher gelegenen Arealen im Hinterland der Küste dem Adligen *Don Pedro de Ponte Ivergara*. Er hatte es im 16. Jahrhundert von der spanischen Krone als Dank für treue Kriegsdienste bei Feldzügen des Königs in Europa erhalten. Dieses *Malpaís* blieb über Jahrhunderte Brachland, das niemanden interessierte.

Noch im 20. Jahrhundert war Landnahme in diesem abgelegenen Winkel Europas gang und gäbe, zumal im spanischen Bürgerkrieg und nach 1945 Dokumente einfach verschwanden. Und so gebar der Massentourismus über Nacht manchen Großgrundbesitzer wie *Antonio Dominguez*, der weitsichtig zu 600 ha Land gekommen war. Vom einfachen Bauer mutierte er rasch zum autokratischen Gutsherrn in einem immer schneeweißen Dress.

Erste Pläne für Tourismus im Süden

Als die Idee der Tourismus-Erschließung des Südens 1956 langsam Fuß fasste, befand sich daher die ganze Region im Besitz der *Dominguez* und vier weiterer Familien. Auf deren Betreiben hin teilte man die Küste zwischen Los Gigantes und El Médano in vierzehn Projektzonen auf. Dort war das unfruchtbare Ufergebiet flach und man erkannte, dass sich die noch kleinen Strände mit wenig Aufwand vergrößern lassen würden. Trotz aus heutiger Sicht unglaublich geringer Arbeitskosten gerieten die Pläne aus Kapitalmangel und anderen Gründen aber zunächst ins Stocken.

Das große Geld

Erst mit dem Einstieg katalanischer Geschäftsgenies wie dem Seifen- und Deo-Fabrikanten *Rafael Puig*, dessen Familie heute u.a. Eigentümer der Hotels *Jardin Tropical* und *SantiagoI-IV* ist, kamen 1966 die großen Deals ins Rollen. Natürlich mischten auch tinerfeñische Geld-Clans bei der Verteilung des Kuchens mit. Als danach galizische, deutsche, französische und britische Unternehmer loslegten, ging schon fast alles legal zu.

Staatliche Eingriffe

Positiv zu vermerken ist, dass zunächst nicht geklotzt wurde; man ging eher kanarisch zu Werke. So wurden in der Anfangsphase weniger als 30% der Pläne realisiert, obwohl der Staat infrastrukturell zuarbeitete: 1971 Baubeginn der Süd-Autobahn, 1975 des Hafens von Los Cristianos und 1978 – nach dem katastrophalen Jumbo-Crash 1977 auf dem Nordflughafen *Los Rodeos* mit 583 Toten – forcierte Fertigstellung des sicheren Süd-Flughafens.

Kaum waren die Las Américas-Pläne fertig, bremste ab 1973 die Ölkrise zunächst alle Privatinitiativen in den Projektzonen. Der Staat nahm daraufhin die weitere Planung ganz unter seine Fittiche und sorgte für strukturierte Urbanisationspläne.

Expansion

Er hatte leichtes Spiel mit dem Bauland, denn gewachsene Strukturen wie in Puerto de la Cruz oder polit(ökolog)ische Proteste existierten nicht. Auch war die *Franco*-Diktatur (bis 1975) noch zu nah und Bürgerinitiativen zu fern. Und so gab es Ende der 1970er-Jahre bereits 26.000 Betten im Süden. Zwar noch nicht ganz so viele wie im Norden, aber in den 1980er-Jahren kam der Ausbau richtig in Gang. Die 2016 fast 130.000 Betten im Süden wurden von gut 4,3 Mio. der über 5,5 Mio. Teneriffa-Besucher gebucht.

Bürgerproteste und neue Entwicklung

Zwar gab es immer wieder Widerstand in der Bevölkerung gegen die »Zementierung der Insel«, gegen Prestige-Großprojekte, die allgemeine Bauwut und die damit verbundene Korruption. Das tat der expansiven Entwicklung indessen keinen Abbruch. Nur die Euro-Krise ab 2007 ließ die Baukräne vorübergehend verschwinden. Immerhin verminderte sich in den letzten Jahren die Bettenkapazität inselweit um 15%, weil veraltete Anlagen eliminiert oder mit geringerer Bettenzahl modernisiert wurden.

Zugleich setzte sich die Bebauung mit Luxusanlagen fort – etwa im Bereich der Costa Adeje, wo die Promenade jetzt bis La Caleta läuft und die letzen freien Meter zwischen der Playa del Duque und dem ehemaligen Fischerdorf bald ebenfalls von – Anfang 2017 in Bau befindlichen – Großkomplexen besetzt sein werden.

3.1

Noch mehr Zahlen zu Teneriffas Tourismus

Fast ein Viertel aller Besucher stellen die Festlandspanier, die vor allem im Juli/August kommen; in den übrigen Monaten dominieren Mittel- und Nordeuropäer, allen voran Engländer (33%), gefolgt von Deutschen (12%), Benelux-Bürgern, Franzosen und Italienern. Die Zahl russischer Besucher verminderte sich in letzter Zeit um 50%. Rund 80% aller Inselgäste logieren im Süden.

Der Durchschnittstourist ist 49 Jahre, hat ein Jahreseinkommen etwas unter €50.000, braucht 400 Liter Wasser/Tag (zu Hause 130 l) und gibt im Schnitt für den Teneriffa-Aufenthalt €1100 bis €1200 aus, wobei etwa zwei Drittel vorab anfallen (Unterkunft+Flug) und ein Drittel vor Ort ausgegeben wird. Im Trend liegen Aktivurlaub, aber auch Freizeitparkbesuch, Walbeobachtung und Inselerkundung per Mietwagen.

Spanier bevorzugen 4 bis 5-Sterne-Häuser (mit 25% aller Betten), ausländische Gäste mehrheitlich Apartments (45% der Betten). Die restlichen 30% entfallen auf 2-3 Stern-Hotels, Pensionen/*Hostales* und *Turismo-Rural-Fincas*.

Bei ca. 890.00 *Tinerfeños* kommen bei über 5,5 Mio. Touristen pro Jahr ca. sechs Touristen auf einen Einheimischen. Zum Vergleich: Deutschland müsste – übertrüge man diese Zahlen – jährlich fast 500 Mio zahlende Gäste bewirten. Im Jahresmittel befinden sich ca. 122.000 (im Winter bis 158.000) Gäste auf der Insel, also jeweils ca. 13% bis fast 18% der Inselbevölkerung (2016).

Zahlen im Überblick

Jahr	Anzahl Touristen	Betten	Ø Aufenthalt	Ø Auslastung %
1975	1.003.000	51.000	10	54%
1985	1.600.000	69.000	11	72%
1990	2.700.000	115.000	10	65%
2000	4.700.000	170.000	9,0	71%
2006	5.450.000	185.000	8,0	65%
2009	4.700.000	186.000	7,8	54%
2012	4.901.000	165.000	7,9	65%
2013	4.973.000	163.500	7,7	65%
2015	5.186.000	161.000	7,6	68%
2016	5.537.000	158.000	7,9	73%

Der Tourismus erwirtschaftet fast ein Drittel des kanarischen Bruttoinlandsproduktes (Festland 12%), beschäftigt 35% der Erwerbstätigen und ließ die Arbeitslosenquote binnen 13 Jahren von 28% (1993) auf etwa 12% (2009) fallen, bevor sie 2012/13 wieder auf 33% (Jugend: fast 50%) anstieg. Der auch nach 2013 weiter zunehmende Besucherstrom hat entgegen aller Erwartung nicht zum Abbau der hohen Arbeitslosenquote beigetragen. Denn die Bettenzahl wurde wegen Abriss alter Quartiere und Bau neuer Häuser der gehobenen Kategorien mit geringerer Kapazität aber größeren und teureren Zimmern reduziert. Dennoch konnten dank besserer Verteilung aufs Jahr und dadurch höherer Auslastung insgesamt mehr Touristen versorgt werden. Zusätzliche Arbeitsplätze entstehen bei dieser Konstellation zumindest im Beherbergungsgewerbe kaum.

3.2 Touristische Stadtlandschaft
Los Cristianos/Las Américas/Costa Adeje

3.2.1 Überblick

Verwaltung Das größte Touristenzentrum der Insel liegt auf einer Landnase im Süden der Westküste. Es erstreckt sich über einen 10 km langen Küstenstreifen und wird von den beiden oberhalb liegenden Gemeindestädtchen Arona und Adeje verwaltet.

Entstehung Diese Touristen-Großstadt (bei Vollauslastung weit über 200.000 Menschen) beidseitig der Autobahn entstand nicht durch ganzheitliche Planung, sondern durch ständiges Hinzufügen von Neubaugebieten. Eine Orientierungshilfe tut deswegen Not.

10 km Küsten-promenade Von **Los Cristianos**, Aronas ehemaligem Fischerhafen, wuchsen die Hotels Richtung Osten bis zum Vulkanberg *Guaza*. Er bildet mit seinen 428 m Höhe den Schlusspunkt der touristischen Ausdehnung. Richtung Nord(westen) schloss die Bebauung beim *Barranco del Rey* längst an die Bettenburgen der Gemeinde Adeje an, wo die Retortenstadt **Las Américas** entstand. Und in 30 Jahren unentwegter Bautätigkeit entwickelte sich nördlich von Las Américas schließlich noch die **Costa Adeje** genannte Region. Sie erstreckt sich 4 km nach Norden bis La Caleta. Nach und nach wurde eine heute über **10 km lange Uferpromenade** vom Berg *Guaza* bis La Caleta angelegt, die – von Süden nach Norden – die folgenden Stadtteile übergangslos miteinander verbindet:

3.2.2 Die Bereiche

Los Cristianos **Los Cristianos** besitzt einen modernen kleinstädtischen Stadtkern. 2-4stöckige Wohnhäuser stehen entlang von *Paseos*, Straßen, die zu Fußgängerpassagen umgestaltet wurden. Trotz des quirligen Touristentreibens vermittelt Los Cristianos durchaus noch den Eindruck einer spanischen Stadt.

Avenida de Las Américas Westlich des Hafens und der *Playa Las Vistas*, liegt **das »neuere«** **Las Américas** auf einer Landzunge um die **Glitzermeile Avenida de Las Américas**. Aufwändige, teilweise kitschige Hotelanlagen der 1980er-Jahre (*Santiago III & IV, Mare Nostrum Resort* mit Kongresszentrum, *Hard Rock Café* und Shows) und das puristische Hotel *Mediterranean Palace* aus den 1970er-Jahren säumen die Palmenallee. Zur Meerespromenade führen nur Stichstraßen.

Las Americas Das »alte« **Las Américas** aus der ersten Bauphase zu beiden Seiten des *Barranco del Rey* (Grenze zwischen Arona und Adeje) wird beherrscht von Hochhausklötzen mit Wabenbalkonen und wenig Grünflächen. Das eher schäbige »**Vergnügungsviertel**« (*Veronicas*) und die ehemalige Hauptverkehrsader **Avenida Rafael Puig** sind Relikte des Massentourismus der 1970er-Jahre. Letztere wurde zu einer begrünten Promenade mit einer Einbahnspur umgestaltet und die Hotels bekamen ein *Facelift*, ➤ Seite 227/Strände.

3.2

**San Eugenio/
Torviscas**

Die nördlich angrenzenden Stadtteile *San Eugenio* und *Torviscas* sind nur wenig später entstanden und kranken ebenfalls an einer zu dichten und konzeptlosen Bebauung mit nur knappen Grünflächen als Feigenblättchen. Vor allem in dieser Region schwappt die Bebauung weit über die Autobahn hinaus und zieht sich mit Würfel-Apartments die Hänge hinauf (Ortsteil *Colina Blanca*).

Fañabé

Nördlich von Torviscas, im Stadtteil **Fañabé**, wird die Szenerie großzügiger. Dort wurden kleinere Hotel- und Apartmentanlagen mit mehr Grünflächen errichtet. Durch Rundbauten um den Gemeinschaftspool entstanden in sich geschlossene Gebäudekomplexe, zwischen denen nur Stichstraßen oder Fußgängerpassagen zum Meer führen – meist mit Ladenzeilen und Straßencafés.

**Costa Adeje/
Costa Caleta**

Im letzten Küstenabschnitt bis zum früheren Fischerdorf **La Caleta** schließen sich Luxushotels der neueren Architektur an. Allen voran das *Gran Hotel Bahía del Duque*, ein Ferien-Mikrokosmos im Disneystil. Weitere Edelquartiere mit weitläufigen Garten- und Poolanlagen sowie luxuriösen Shoppingcenters in durchgestyltem Outfit dokumentieren Teneriffas Streben, vom Massentourismus alten Typs wegzukommen.

**Verbindende
Promenade**

Der Charakter der Stadtteile spiegelt sich wieder in der Gestaltung der Küstenpromenade, die hier alle Bereiche verbindet. Die alten Regionen sind bunt, eng und dicht bebaut mit Kneipen, Discos, Läden und T-Shirt-Shops. Aufgelockerte und grün gestaltete ruhige Abschnitte bestimmen dagegen in den neueren Ortsteilen um die Avenida Las Americas bis nach La Caleta das Bild.

Strände

Die Strände im Süden entstanden nicht auf natürliche Weise, sondern sind Elemente der Stadtplanung nach dem Motto: **neue Viertel brauchen neue Strände!** Diese aufgeschütteten oder erweiterten und durch Molen gesicherten *Playas* reichen für die Touristenmengen bei hoher Belegung nur aus, weil viele den Hotelpool vorziehen. Generell gilt: je feiner und neuer der Stadtteil, desto großzügiger und begrünter ist der künstliche Strand.

Restaurants

Die **Speisekarten** sind in diesem Bereich durchweg mehrsprachig und bebildert, aber uniform. Nicht nur die Küchen der Besucher-Heimatländer, sondern alles ist vertreten, was es bei uns in Großstädten auch gibt. Los Cristianos und Las Américas verfügen über gute und Spitzenrestaurants auch außerhalb teurer Hotels. Sie liegen oft versteckt; man findet sie nicht im Vorübergehen.

Es lohnt die **Lektüre von Restaurantführern**, wie »*Que Bueno*« oder »*La Ruta del Buen Yantar*«, letzteres nur noch im Internet. Auch das mehrmals im Jahr erscheinende aufwändige *Booklet* »*Mi Gusto*« macht Appetit. Im Gegensatz zu den erstgenannten Führern beschränkt es sich aber auf den Süden. Als Geheimtipps gelten vor allem Lokale, die außerhalb der reinen Touristengebiete liegen und hauptsächlich von Einheimischen besucht werden (➤ Liste »Gute Restaurants im Süden abseits der Touristenzentren« auf Seite 236f). Um diese Empfehlungen wahrzunehmen, benötigt man einen fahrbaren Untersatz.

Der Süden

Golfplätze
1 Costa Adeje
2 Las Americas
3 Los Palos
4 Amarilla
5 Del Sur
6 Abama
— Wanderwege

3.2.3 — Orientierung, Transport und Information

Infobüros
➤ **Seite 55**

Lernt man den kleinen Stadtkern von **Los Cristianos** am besten zu Fuß kennen, so erfährt man **Las Américas** und insbesondere die weitläufige *Costa Adeje* besser per Auto. Wer zum Bummeln, Shopping oder Essengehen nach Las Américas kommt, sollte »seinen« Stadtteil gezielt vorab auswählen.

Einmal dort, fragt man nicht nach Straßen, sondern orientiert sich an den Hotelnamen. Das vereinfacht die Verständigung z. B. im Taxi: »*Palm Beach*«, »*Eldorado*« oder »*Orlando, por favor*« – Straßennamen und Hausnummer sind überflüssig.

Tipp

Im ebenen Bereich Los Cristianos/Las Americas/Costa Adeje/La Caleta bieten sich **Leihfahrräder** (auch Elektroräder) für die Fortbewegung an (➤ Seite 520).

Anfahrten

Von der **Autobahn** erreicht man die verschiedenen Stadtteile über folgende **Ausfahrten**:

• Von der *Salida 72* (Los Cristianos/Arona) geht es nicht nur nach **Los Cristianos**, seinen Stränden (*Playa de Los Cristianos* und *de las Vistas*) und dem **Hafen** für die Fähren nach La Gomera und La Palma, sondern auch weiter zum heute zentralen Ortsteil von Las Américas **Los Morritos**

• Über die *Salida 73* (Playa Las Américas) erreicht man die älteren Bereiche von **Las Américas** beidseitig des *Barranco del Rey* mit der »Kneipen- und Restaurantmeile« *Veronicas* und den Stränden *Bobo, Cuevitas, Troya* und die lange *Playa de Las Americas*

3.2

- **Salida 74**: Strand/Yachthafen **Puerto Colón**, **Siam Park** mit der **Siam Shopping Mall** (auch *Salida* 73) und Wasserpark **Aqualand**
- **Salida 76** (Torviscas/Fañabé): Zentraler Teil der Costa Adeje hinter dem Nordende der *Playa Fañabé* mit einigen Fünf-Sterne-Hotels wie **Jardines de Nivaria**, **Anthelia** und **Gran Tacande**, außerdem Shopping Center **Plaza del Duque** mit **Touristinfo**, auch *Playa del Duque* und im Folgenden genannte Hotels
- **Salida 78** (Costa Adeje/La Caleta): **Playa del Duque** und **de Enramada** mit den **Grand Hotels** **Plantación del Sur**, **Bahia del Duque**, **Sheraton**, **Costa Adeje Palace** u.a.m. und das einstige Fischerdorf **La Caleta** mit beliebten Restaurants
- **Salida 79** (Adeje): Stadt/Golfplatz **Adeje** und Zufahrt zum Startpunkt der Wanderung in den **Barranco del Infierno**

Parken Wenig Parkprobleme hat, wer sein Auto an einem der beiden **Häfen** abstellt (Ausfahrten 72 oder 74) oder an der **Playa Bahía del Duque** mit Tiefgarage (Ausfahrten 76 oder 78). In Los Cristianos parkt man auch günstig in der **Tiefgarage »Valle Menendez«** in der gleichnamigen Straße beim *Centro Cultural*. Im Stadtteil um die Avenida de Las Americas findet man auf den breiten Boulevards nur mit Glück einen Parkplatz. Die meisten **Centros Comerciales** (Einkaufszentren) haben eine **Tiefgarage**.

Bus/Taxi Zwischen Los Cristianos und der Costa Adeje verkehren mehrere Buslinien mit unterschiedlichen Haltestellen. Die **Linie 416** hat die meisten Stopps in diesem Bereich, ähnlich die **Linie 111** nach Santa Cruz mit **Stopp am Südflughafen**. Die **Linien 342** mit Ziel El Portillo (Cañadas), die **472** nach Callao Salvaje, die **470** nach El Médano/Golf Sur eignen sich gut als Transportmittel im Großraum Cristianos/Costa Adeje . In allen Infobüros gibt es TITSA-Faltpläne für den regionalen Bereich, außerdem einen ebenfalls kostenlosen TITSA-Busfahrplan (➤ Seite 591).

Taxiruf: ✆ 922-747511 (Arona) und 922-714462 (Adeje).

Touristenbahn Eine »Bimmelbahn«, der **Tren Turistico** durch Las Américas und Los Cristianos (45 min), startet vor den **Apartamentos Colón II**, Ecke Avda Rafael Puig/Avda Santiago Puig je zur vollen Stunde zu einer Besichtigungstour (10-22 Uhr), €10/Person, Kinder €5.

Belebter Strand von Los Cristianos im Februar; im Hintergrund die Fähre nach La Gomera

Los Cristianos

Hotels:
1. Arona Gran Hotel
2. H10 BigSur
3. Andreás
4. Reveron Plaza
5. Mar y Sol

Restaurants:
1. El Cine
2. La Cava
3. Atlanticus
4. Casa Tagoro
5. Rincon Arroz
6. Bistro Alain

3.3   Los Cristianos

3.3.1   Besichtigung

Hafen

Infobüro
➢ **Seite 55,**
www.arona.
travel

Touristischer Brennpunkt ist der Hafenbereich von Los Cristianos mit Strand, Strandpromenaden, einer Fußgängerzone rund
um den **Paseo Pablo Abil** und regem Schiffsverkehr. Die Fähr-
reederei *Fred Olsen* bedient insbesondere die greifbar nahe Nachbarinsel La Gomera (aber auch El Hierro und La Palma), hinter der
sich allabendlich die untergehende Sonne versteckt. Bei einem
Bummel auf der Hafenmauer oder dem Fähranleger schaut man
über Segel- und Fischerboote, eine kleine Werft, eine *Cofradía*
(Fischereigenossenschaft) und Verkaufsstände mit fangfrischem
Fisch. Kioske werben für Touren auf dem Wasser wie »Safaris« zur
Wal- und Delphinbeobachtung unter nostalgischen Segeln, im
Katamaran oder mit schnellen Motorbooten, *Paragliding* im
Schlauchboot-Schlepp, *Jet Water Bikes* und mehr.

**Der
Hafenstrand**

Der zentrale Sandstrand im Anschluss ans Hafenbecken ist 500 m
lang, durch die lange Kaimauer gut wellengeschützt und verläuft
flach ins Wasser. Nur eine Stufe trennt ihn von der Promenade.
Das (Sonnen-) Baden findet inmitten der Betriebsamkeiten zwischen Hafen und bummelnden Touristen statt. Erst als dieser
Strand einst aus allen Nähten zu platzen begann, schaffte man
»um die Ecke« zur Entlastung die *Playa de Las Vistas*.

3.3

Promenade	Vom Hafen läuft die palmenbestandene Strandpromenade (*Paseo Marítimo*) – vorbei an Hotels und Apartmenthäusern der Mittelklasse – in südliche Richtung bis zum Ende der Wohnanlagen, die überwiegend aus Zeiten des frühen Tourismus stammen.
Südende Los Cristianos	Der Küstenstreifen unterhalb der *Llano de las Mesas* (➤ **Wanderung 14** ab Seite 51 des Wanderbeilegers) zwischen dem letzten Apartmentkomplex (*Costa Mar*) und dem Dorf Palm-Mar sollte ebenfalls »erschlossen« werden, aber daraus wurde nichts. Der Naturschutz siegte in diesem Fall.
Plaza del Carmen und Fußgänger-straßen	Vom Hafenbereich (Plaza Galdos) führen schmale, weitgehend verkehrsberuhigte und zu Fußgängerzonen umfunktionierte Straßen sanft bergan bis zum Herzen der Stadt, der Plaza del Carmen. Sie wird dominiert von der **Iglesia del Carmen** und – gegenüber – dem Hotel *Reverón Plaza*. Im Dreieck zwischen dem Kirchplatz und den beiden Stränden lässt es sich wunderbar bummeln und in zahlreichen Läden stöbern. Dort haben sich auch noch einfache Pensionen gehalten, die gern von Wanderern und Rucksacktouristen auf dem Weg nach La Gomera gebucht werden (➤ »Unterkünfte Rundreise«, Seite 571f).
Playa de las Vistas und Promenade	Die Promenade führt in Richtung Las Américas durch einen Tunnel, über den der Verkehr zum und vom Fährhafen rollt. Jenseits des Tunnels beginnt einer der bestgestalteten Küstenabschnitte des Südens mit der gut 1 km langen **Playa de las Vistas** vor dem Hintergrund des vulkanischen Aschekegels *Montaña Chayofita*.
	Die breite, nur flach bebaute **Las-Vistas-Strandpromenade** beherbergt in ihrem ersten (südöstlichen) Abschnitt ein Lokal mit Meerblick-Terrasse neben dem anderen, ➤ Liste Seite 223. Viele werden zu späterer Stunde zu Musikbars.

Playa de las Vistas zwischen Las Americas und Los Cristianos

Behinderten gerechte Einrichtungen	Am westlichen Ende der Las-Vistas-Promenade liegt die schwedische **Klinik Vintersol**, die hier schon seit 1963 Körperbehinderte (vor allem MS-Kranke) betreut. Rollstuhlfahrer finden im Umfeld dieses Hauses ideal auf sie zugeschnittene Bedingungen und Einrichtungen. Los Cristianos setzte damit Maßstäbe in punkto behindertengerechte Strände, Promenaden und Bürgersteige.
Playa Camisón	Der *Vistas*-Strand endet an der Landzunge *El Embarcadero*. Daran schließt sich die **Playa Camisón an**. Sie gehört schon zu Las Américas, Ortsteil **Los Morritos**.

Aufgehellte Playa de Camisón in Los Morritos unmittelbar nördlich von Los Cristianos

3.3.2   Praktisches

Allgemein

ZOB	**Busbahnhof** (*Estación Guagas*) am Autobahnzubringer *(Salida 72)* Avenida Juan Carlos I, bergseitig des **Centro Cultural**.
Post	Gegenüber dem *Centro Cultural* hinter der Tankstelle in der kleinen Straße zwischen den *Edificios El Arenal* und *El Verodal*.
Polizei	**Policía Local** im *Centro Cultural* in der Calle General Franco
Kliniken	• **Centro de Salud Los Christianos**, *Edificio Valdés Center*, Local B-13, unterhalb des ZOB, ℡ 922-787840 (8-22 Uhr) • Das nächste Krankenhaus ist das **Hospiten Sur** (➤ Seite 230) Weitere medizinische Dienste (deutschsprachig) ➤ Seite 230/531.
Behinderte	Das behindertengerechte **Hotel Mar y Sol** ist die beste Kontaktstelle, ➤ Seite 555. Rollstühle, Ausflüge, Beratung ➤ Seite 532. Notrufnummer **Cruz Roja**, ℡ 922-753939 und ➤ Seite 549.
Internet	In den Einkaufszenren gibt es WiFi-Zonen, sonst ➤ Seite 230.

3.3

Shopping (➢ Einkaufen Seite 532)

Märkte

Sonntags von 9-14 Uhr. Neben dem *Grand Hotel Arona* am Meer: Billig-Kleidung, Taschen etc. (keine Lebensmittel).

**Einkaufs-
zentren**

• *Centro Comercial San Telmo* am *Las Vistas*-Strand

• *CC Valdés Center*, *CC Multicenter*, beide beim *Centro Cultural*, mit Reformhaus, **CC Apolo** nahe dem Busbahnhof

Die EKZ in Los Cristianos können mit denen an der Avenida de las Américas (z.B. *Safari*, gegenüber Hotel Santiago IV) und an der Costa Adeje (➢ Seite 230) nicht mithalten.

Buchladen

Libros Barbara im Zentrum, Calle Juan Pablo Abril 6; führt deutsche/englische Literatur sowie Kanaren-Material; ✆ 922-792301.

**Ausflüge/
Fähre**

Schiffsausflüge ➢ Seite 234.

Fähre nach La Gomera ➢ Seite 259.

*Preise 2017
für Liegen und
Sonnenschirme
an den
Stränden von
Los Cristianos;
vergleichsweise
(z.B. Mallorca)
nicht sehr teuer*

Restaurants

Im Hafenbereich und an der Calle General Franco gibt es zahlreiche Terrassenrestaurants. Beliebter (und oft auch besser) sind die Lokale an der *Playa Las Vistas*-Promenade.

➢ **Ortsplan
Seite 224/225**

Die Nummerierung der folgenden Bars/Restaurants findet sich in der Karte auf der Doppelseite 224/25 und hilft so bei der Suche.

• *Bar/Restaurante El Cine (1)*, mit volkstümlicher Küche, viel Fisch und Kanarisches zu fairen Preisen. Mit Fischerdorf-Flair liegt es doch etwas versteckt: wo der Los Cristianos-Strand auf den Hafen stößt, führt neben der Apotheke ein Durchgang aufwärts; täglich 12-23 Uhr, Mo geschlossen; ✆ 609-107758.

• *La Cava (2)*, gediegenes Restaurant mit tschechisch/internationaler Küche, ca. 100 m vom Tunnel zur *Playa Vistas* in der kleinen Calle El Cabezo 22; von April bis September geschlossen; ab 18.30 Uhr, So zu, ✆ 922-790493.

Immer gut besetztes Strandlokal am Südostende der Playa de las Vistas

- *Chiringo Atlanticus (3)* ist ein prima Strandlokal in der hintersten südöstlichen Ecke der Playa Las Vistas mit bester Übersicht. Beliebt und daher immer voll. Keine kulinarischen Genüsse, aber für ein Strandlokal o.k. Täglich geöffnet.
- Die *Casa Tagoro (4)* – vom *Michelin* empfohlen – ist, wie auch das *El Rincón del Arroz (5)*, unbedingt erwähnenswert. Zusätzliche Infos zur *Casa Tagora* ➤ Restaurant-Tipps auf Seite 83.
- *Le Bistro d'Alain (6)*, klein aber oho, kreativ-moderne französische Küche; eine Kollektion aus 120 kleinen Porzellan-Köchen »kontrolliert«, was auf den Tisch kommt; Calle Valle Menendez 23; ℂ 922-752336, ab 19 Uhr; Mo geschlossen.

Restaurants an der Playa Las Vistas

Die Lokale an der Playa Las Vistas sind überwiegend klein und haben Strand- und Meerblick-Terrassen. Man bummelt dort an der Promenade entlang oder an der Avenida La Habana:

- *Piccolo*: Pasta, Pizza, italienische Gerichte
- *Sal Negra*, gleich nebenan, dieselben Besitzer wie *Piccolo*; sehr gute *Tapas* und Weine
- *Water Melon*, ebenfalls *Tapas* auf hohem Niveau und überaus süffige Cocktails
- Das *Sama Sama* hat prima Carpaccios, Pizzen und Cocktails, wie auch das schon zu Las Américas gehörende
- *Gula* mit prima Reis- und Pastagerichten

Mehr Einzelheiten zu allen finden sich auf den Seite 84f. Öffnungszeiten jeweils 13-24 Uhr (und ggf. länger).

Nachtleben **Discos, Bars, Jazz und Shows** ➤ Seite 234.

3.3

Hotels:

Los Cristianos:
1. Arona Gran Hotel
2. H10 BigSur
3. Hotel Andreás
4. Reveron Plaza
5. Mar y Sol

Las Américas (Los Morritos):
7. Mare Nostrum Resort
8. Parque Santiago III
9. Parque Santiago IV
10. H10 Conquistador
11. H10 Las Palmas
13. Europa Villa Cortés
14. Park Club Europa (Aparthotel)
15. Spring Hotel Vulcano
17. Parque Cristobal
18. Vistasur (A)
19. Apartements Paraiso del Sol
20. Bungamerica

San Eugenio:
21. Jardin Tropical

Fañabé:
22. Sol Sun Beach
23. Parque del Sol (Aparthotel)
24. Colon Guanahani

Costa Adeje:
25. RIU Adeje
26. Bahía del Duque
27. Anthelia Park
28. Jardines de Nivaria
29. RIU Palace Arecas
30. Dreamplace Gran Tacanda
31. Costa Adeje Palace
32. Sheraton Caleta
36. Baobab Suites/ Victoria Suite/ Plantacion del Sur

La Caleta:
33. Jardin Caleta
34. Suite Villa Maria
35. Royal Garden Villas

Restaurants:

Los Cristianos
1. El Cine
2. La Cava
3. Atlanticus
4. CasaTagoro
5. Rincon Arroz
6. Bistro Alain
7. Vistas Strand (4x)

Las Americas
1. El Gomero II
2. Castellano
3. La Fresuera
4. Sugar & Spices
5. Mama Rosa
6. El Faro
7. Kong Isha
8. CC Safari
9. CC America Plaza

Los Cri
Las An
Costa

0

Colina Blanca

Torviscas Alto

San Eugenio Alto

Siam Park

Magr Kon zer

Santiago del Teide

76

Autopista del Sur

Aqualand

74

Parque San Eugenio

Calle Gran Bretaña

Costa Adeje

Torviscas

San Eugenio

Fañabe

CC Plaza Duque

Playa Bobo

P

Playa del Duque

Playa de Fañabé

Playa Torviscas

Playa Puerto Colón

Puerto Colón

Santa Cruz
Aeropuerto

Oasis del Sur

Berg
Guaza
428 m

Los Cristianos

Markt

Avenida Juan Carlos I

Polizei

Autopista del Sur

Plaza
Galdos

Golf Las Americas

Avda Chayofita

Montaña
Chayofita

Calle Finlandia

Avda La Habana

Restaurant

Las Américas

Hospital
Sur

Playa de Las Vistas

Estacio
Olympico

Avda Arquitecto Gomez Cuesta

Playa
Camison

Los Morritos

Avda Santiago Puig

Avda Las Américas

Pyramide Arona
Casino + Show

CC
Europa

Avda Rafael Puig Lluvina

Playa
de Las
Américas

Atlantischer Ozean

3.2

3.4   Las Américas und Costa Adeje

3.4.1   Besichtigung Las Américas

Playa del Camisón

Eine kleine Landzunge trennt die *Playa Las Vistas* von der hellen *Playa del Camisón* (➢ Foto Seite 221). Dort beginnt Las Américas. An der schön begrünten Strandpromenade hinter der relativ breiten *Playa del Camisón* fehlen ausnahmsweise die sonst unvermeidlichen Shops und Restaurants.

Infobüro ➢ Seite 55

Da Las Americas bis zum *Barranco de Troya* am Nordende der *Playa de Las Americas* verwaltungstechnisch zur Gemeinde Arona gehört, bezieht sich der unter Los Cristianos genannte Internetauftritt www.arona.travel auch auf **Los Morritos**, den Südteil von Las Americas mit der *Playa Camisón*.

Abendspaziergang

Ein schönes Ziel für einen Spaziergang zum Sonnenuntergang ist das kleine **Cap Camisón** am Ende des Paseo Orinoco (zwischen *Hotel Santiago IV und Europe Villa Cortés*) mit freiem Blick bis nach La Gomera.

Avenida de Las Americas

Auch wenn die neueren Paläste der *Costa Adeje* die Architektur und Exklusivität der Großhotels an der Küste von Los Morritos inzwischen übertreffen, sind die immer noch ziemlich eindrucksvoll. Auch das gastronomische Angebot und die schicken Geschäfte beeindrucken vor allem an der Avenida de Las Américas, auch **Gran Via** oder **La Milla de Oro** (»Goldmeile«) genannt, mit den *Centros Comerciales Safari, Américas Plaza, Oasis* und den besten Supermärkten, lädt Touristen und *Canarios* gleichermaßen zum Bummeln ein, ➢ Seite 231ff.

Mare Nostrum Resort

Nicht zu übersehen ist das **Mare Nostrum Resort**, ein Komplex wie aus Las Vegas importiert. Im Mittelpunkt steht die *Pirámide de Arona*, ein bombastisches Kongresszentrum für über 2.000 Personen mit Kasino, *Hard-Rock-Café* und Showpalast. Umgeben wird das Resort von drei Hotels: *Cleopatra Palace, Mediterranean Palace* und *Sir Anthony*. Vor der funkelnden Stufenpyramide plätschern Brunnen und sexy Dianas auf antiken Kapitellen, halten Wacht in Reih und Glied mit Pfeil und Bogen.

Am kleinen dunklen Strand am Cap Camisón; man erkennt über dem Horizont – verschwommen im nachmittäglichen Dunst – La Gomera

Hotel Europe Villa Cortés

Römische Statuen zieren auch das Interieur des *Mediteranéan* –
ganz in blau – in lieblichen Posen. Vom eleganten Foyer gelangt
der Gast übergangslos in eine ebenfalls blaue Badelandschaft, Ton
in Ton mit dem Belag der hoteleigenen Tennisplätze. Der Blick
zum Atlantik irritiert: die himmelblaue Farbe ist nicht das Meer,
sondern das sich in der verspiegelten Rückwand des *Sir Anthony*
reflektierende *Mediteranéan*. Das Schwesterhotel – zur Abwechslung ganz in rosé – ist etwas kleiner, dafür teurer.

**5 x Hotel
Santiago**

Fünf Erben hatte der Besitzer der *Santiago*-Hotels, also wurde 5 x
gebaut. Die Aparthotel-Anlagen liegen in Blickweite, sind unterschiedlich alt, groß und schön. Das größte mit weitläufiger Poollandschaft ist das **Santiago III**. Das jüngste, **Santiago V**, ist mexikanisch gestylt und hat zwei Dutzend Apartments, dazu einen ex-
klusiven Supermarkt, ein luftiges Terrassencafé und eine kunter-
bunte **Minigolfanlage** umgeben von einem tollen **Kaktusgarten**
(freier Eintritt). Das Hotel **Europe Villa Cortés** ist ebenfalls im
mexikanischen Stil angelegt, ein Palast der jüngeren Generation,
der seine 5 Sterne verdient. Auch das beliebte Hotel **Park Club
Europe** vis-a-vis hat einen fabenfrohen Erweiterungsbau – das
Centro Comercial Arcade Europa.

**Küste Los
Morritos**

Der Küstenabschnitt zwischen den Hotels **Parque Santiago III**
und **Parque Santiago II** hat keine nennenswerten Sandstrände
und kaum Wellenbrecher. Surfer finden daher dort oft eine gute
Brandung. Den Spaziergängern auf der mit Skulpturen aufgelock-
erten Promenade wird dann eine prima Show geboten. Dass die
Sonnenuntergänge mit Gomera-Blick abends immer viel Publikum in diesen Bereich locken, wurde oben schon erwähnt.

3.4

Avenida de Rafael Puig Lluvina/Las Veronicas

Der *Barranco del Rey* bildet die Grenze zwischen den Gemeinden Arona und Adeje. Dort schwenkt die breite, von Fußgängern dominierte begrünte Avenida de Rafael Puig Lluvina für einige hundert Meter an die Strände *Troya I* und *II*. Dieser älteste Teil von Las Américas wurde in den letzten Jahren ersichtlich schick modernisiert. Auch die Hotelsilos (z.B. *Sol Tenerife*, *Troya*, *H10 Las Palmeras*) erhielten ein »*Facelifting*« und die breite Avenida wurde zur verkehrsberuhigten Einbahnstraße. Die einst billige »Vergnügungsmeile« entlang der Avenida und Nebenstraßen mit der Bezeichnung *Las Veronicas* (Spielhöllen, Discos, Striplokale und *British Pubs*) wurde mittlerweile aufgepeppt und steht heute eher für *High Life*.

Jardín Tropicál

Etwas weiter nördlich, noch vor dem monströsen *Hotel H10 Gran Tinerfe*, wendet sich die Avda Rafael Puig wieder landeinwärts in Richtung San Eugenio, einem älteren Stadtteil. Dort verdient nur das arabisch anmutende *Hotel Jardín Tropicál* Beachtung, die aber in hohem Maße. Es liegt unmittelbar an der Promenade und hat eine öffentliche Meerwasser-Badelandschaft (Eintritt).

3.4.2   Besichtigung Costa Adeje

Yachthafen Puerto Colón

Der Yachthafen *Puerto Colón* markiert am Wasser den Übergang von Las Americas zur Costa Adeje, exakter vom Ortsteil San Eugenio (noch Las Americas) zum **Bereich Torviscas** der **Costa Adeje**.

Der Hafen liegt voller Boote für den großen Wasser- und Wellenspaß und für hier startende Wal- und Delphinbeobachtungstrips.

Für Nachtschwärmer ist im Umfeld des *Puerto* auch allerhand los, das riesige *El Faro Chill Art* ein Muss (➤ Seite 234). Insgesamt säumt dort aber reichlich Beton die Promenade. Dahinter erstreckt sich eine enge Apartment-Bebauung bis in die Hänge jenseits der Autobahn in den Stadtteil Colina Blanca hinauf.

Playas Puerto Colón und Torviscas

Die Promenade entlang der nördlich anschließenden kleineren Strände *Puerto Colón* und *Torviscas* zeichnet sich durch lückenlose kommerzielle Bebauung aus. Ein Lokal grenzt ans nächste.

Nur eine kleine Felsnase trennt die *Playa Puerto Colón* von der *Playa Torviscas*, die nahtlos in den rund 800 m langen Strand von Fañabé übergeht.

Fañabé

Der **Stadtteil Fañabé** ist ebenso wie Los Morritos eine gute Wahl für den Pauschalurlaub im Süden, zugleich weniger bombastisch und im Bereich hinter dem gleichnamigen Strand zunächst auch noch nicht so luxuriös und teuer wie weiter oben.

Von der Promenade in Fañabé zweigen mehrere Shopping-Durchgänge in Richtung der Unterkünfte in der »zweiten« und »dritten« Reihe ab. Spektakuläre Architektur findet man dort keine.

Playa de Fañabé

Die *Playa de Fañabé* ist ein breit angelegter hellgrau bis beigefarbener Strand. An ihm war Platz genug für gleich mehrere *Beach Clubs*, deren weiße Luxusliegen mit und ohne Verschleierung samt Service ein paar Euro mehr kosten als die Standardliegen nebenan.

Eine unverzeihliche **Bausünde** ist dort die doppelstöckige Bebauung des Streifens zwischen vorderer Strandpromenade und der hinteren hochgelegenen Fußgängerstraße an der ersten Aparthotelreihe. Unten liegen Läden und Lokale eher preiswerter Kategorien dicht an dicht, darüber warten große Terrassen der gastronomischen Mittelklasse auf Gäste.

Costa Adeje Die Küste zwischen Fañabé und dem alten Fischerdorf La Caleta war noch bis Mitte der 1990er-Jahre unerschlossene Steinwüste. Erst dann errichteten dort clevere Hotelkonzerne einen Fünf-Sterne-Komplex mit riesigen Gärten und Pool-Landschaften nach dem anderen. Den Anfang machte 1995 das seinerzeit bahnbrechende, innovativ als »Luxusdorf« am Hang konzipierte Hotel *Bahía del Duque*, eine der bis heute ersten Adressen der Insel. Inzwischen ist es umgeben von weiteren Großresorts wie dem *Vincci Selección La Plantación del Sur* in höherer Position etwas strandferner, dem *Iberostar Grand Hotel El Mirador* und *Dreamplace Gran Tacande*, letzteres mit vielen Stilelementen klassischer kanarischer Architektur. Den Anschluss in Richtung Fañabé stellen das – architektonisch die italienische Renaissance aufgreifende – bombastische *Iberostar Anthelia* und »eins weiter« das *Jardines de Nivaria* mit geheiztem Meerwasserpool in einem herrlichen kleinen Park her. Der *Riu Palace* mit arabischen Akzenten, das rostrote *Sheraton La Caleta* und der *H10 Costa Adeje Palace* bildeten bis 2016 den Schluss der Grand-Hotel-Kultur in der ersten Reihe. Die noch bestehende kleine Baulücke an der *Playa de Enramada* unterhalb La Caleta wird bis Ende 2017 durch das Aparthotel *Barceló Corales Suites* auch geschlossen werden.

Blick auf Gebäudeensemble und Park der Hotelanlage Bahía del Duque. Mittendrin steht ein Nachbau des Turms der Iglesia de Concepción in Santa Cruz

3.4

Hinter den ersten Reihe klotzt die Costa Adeje mit breiten Avenidas und schicken Shoppingzentren für teure *Label Shops* wie dem *Plaza del Duque* und mauserte sich zur »Vorzeige-Küste« für den anspruchsvollen Pauschaltourismus.

Promenade Costa Adeje

Auch die Promenade zeigt sich auf ihren letzten beiden Kilometern ab dem Ende des *Fañabé*-Strandes äußerst attraktiv. Meerseitig passiert sie nach Umrundung der Felsnase mit den Pools des Grand Hotels *Anthelia* zunächst die kleine Halbinsel mit der **Casa del Duque**, einem alten Adelssitz aus schwarzem Lavagestein, und die **Playa del Duque**, bevor sie hinter weiteren Stränden am einstigen Fischerdorf La Caleta endet. Landseitig erfreut die ununterbrochene Reihe der Hotel-Poolparks das Auge. Außerdem warten dort einige empfehlenswerte Restaurants (**La Hacienda**, **La Torre de Mirador**), ein paar Bar- und Caféterrassen und das auf alt-kanarisch gemachte kleine Einkaufszentrum **El Mirador** auf Kundschaft. Vor allem zur Zeit des Sonnenuntergangs über La Gomera lohnt sich ein Spaziergang auf diesem Abschnitt.

Das Hotel Bahia del Duque

Einer Fata Morgana gleich erhob sich 1995 der Komplex des Hotel **Bahia del Duque** aus den Geröllfeldern an der Costa Adeje: ineinander verschachtelte typisch spanische Herrenhäuser in perfekt abgestimmten Farbtönen von Weiß über Sienagelb bis Ockerrot (➤ Foto umseitig), die sich um eine Turm-Replik der *Iglesia de la Concepción* von Santa Cruz drängen.

Einige der **Restaurants** des Hotels stehen auch auswärtigen Gästen offen. Da zu viele Neugierige das *Bahia del Duque* »nur mal« besichtigen wollten, kommt man aber ohne einen Tischreservierung nicht mehr am Pförtner vorbei. Nach dem Dinner bietet sich ein Bummel durch die abends romantisch illuminierte Park- und Poolanlage hinunter zur Promenade bzw. zum Strand an.

Playa del Duque

Der künstliche, seinerzeit ergänzend zum Hotel angelegte Tuffkörner-Strand **Playa del Duque** ist öffentlich. Man erreicht ihn – außer über die Promenade – mit Fahrzeug über *Salida 76* (Fañabé) und folgt dann den Schildern Richtung **Bahia/Plaza del Duque**. Vom Verkehrskreisel um das Ladenzentrum herum führt die Calle Unterhaching (sic!) bis zur Südecke des Strandes. Wer an der Straße keinen Platz findet, kommt meist noch gut in den Parkgaragen des Umfeldes unter (z.B. des *Plaza del Duque*).

La Caleta

Die Bewohner von La Caleta hätten sich wohl kaum träumen lassen, dass die Bauwut an der Costa Adeje in wenigen Jahren ihr Dorf mit dem einst weit entfernten Touristenmoloch nahtlos verbinden und der Ort selbst sich dank zahlreicher Apartmentanlagen beachtlich vergrößern würde.

Zugleich änderte sich mit der Expansion der Dorfcharakter. Die im Wesentlichen von ausländischen Eigentümern und ihren Gästen bewohnten Apartments rund um den alten Ortskern und die bis hierher führende Küstenpromenade sorgten dafür, dass die einst »urigen« Fischlokale zu Ausflugsrestaurants wurden und sich auf die Ansprüche der touristischen Klientel einstellten; sie sind entlang der Ortspromenade nicht zu verfehlen (➢ Seite 233).

Unterhalb der Restaurantzeile verfügt La Caleta über flache Felsen mit Badeleitern. Nur zu Fuß (ca. 20 min) erreicht man über leicht zu findende Pfade hinter der Calle las Artes (Treppenaufgänge) die wegen ihrer Sandsteinformationen an den Flanken besonders reizvolle *Playa Hernandez* (➢ oben und Seite 106).

Von den Felsflächen geht's in Las Caletas per Badeleiter ins glasklare Wasser

3.4.3   Praktisches für Las Americas und Costa Adeje

ZOB/Busse   *Estación de Guaguas* (Busbahnhof/ZOB) beim *Palacio de Congresos MAGMA*; Südautobahn, *Salida* 73, Las Americas.

Buslinien ➢ Seite 218, Fahrpläne gibt's in den Info-Büros

Post   *CC Pueblo Canario* beim **Hotel Gran Tinerfe** in San Eugenio

Polizei   Notruf ✆ 112, *Policia Nacional* ✆ 091, beim *Palacio de Congresos* nahe ZOB; **Guardia Civil** ✆ 062, bei der Kirche **Iglesia Nuestra Señora de Guadelupe** nahe *Hotel Coral Beach*.

Kliniken   • *Hospiten Sur* zwischen Los Cristianos und Las Americas, *Salida* 73, dann Richtung Playas de las Américas, beim *Parque Central* und dem *Edificio Camisón* im Kreisel rechts in die Avda Arquitecto Gómez Cuesta, ✆ 922-750022.

• *Hospital Costa Adeje* in San Eugenio, *Salida* 76, *Edificio Garajonay*, mit mehreren deutschen Fachärzten (Orthopädie/Traumatologie u. a.), ✆ 922-752626, für Deutsch »3« wählen.

Shopping Center   Jeder Stadtteil hat zumindest ein Einkaufszentrum/*Centro Comercial* (*CC*). Je teurer das Hotelumfeld, desto kostspieliger das Sortiment. Noch ganz neu ist die *Siam Mall* mit über 70 Läden und 17 Restaurants. Sie liegt neben dem *Siam Park* an der Südautobahn, *Salida* 73, täglich 10-22 Uhr, Gastronomie 11.30-24 Uhr; <u>http://ccsiammall.com</u>. (➢ Seite 252). Nur wenig nördlich davon befindet sich das **Centro Comercial Gran Sur** mit einem Kinopalast (auch 3D) östlich der Autobahn, *Salida* 76 Calle Lisboa, Mo-Sa 10-22 Uhr, So ab 11.30 Uhr, Gastronomie bis 3 Uhr; <u>www.ccgransur.com</u>.

3.4

Internet im Hotel	Die meisten Touristen in Los Cristianos, Las Américas und Costa Adeje wohnen in **Hotels**, in denen sie je nach Ausstattung (meist freien) Zugang zum Internet haben.
Bücher	• *Libreria Barbara*, nur in Los Cristianos: ➤ Seite 222
Kunsthandwerk	• *Artenerife* neben dem Infocentrum beim *Hotel Park Troja*
Fahrrad-/ Scooter-/ Motomiete	• *Bike Experience Tenerife*, Avn. V Centenario, 2 Local 5, Playa de la Américas, ✆ 922-088188; bikeexperiencetenerife.com
	• *Bike Point Tenerife*, Av. Quinto Centenario s/n, *Edificio las Terrazas*, Las Americas, ✆ 922-796710; bikepointtenerife.com/de.
	• *Hobby Motor*, im *CC Las Flores*, Playa de las Américas, ✆ 922-794467; hobbymotor.es

Restaurants

• *El Gomero II (1)*, einfach, preiswert, gut; bodenständige kanarische Küche und mittags Tagesmenü oder Tellergericht; Avenida Antonio Dominguez, im *Edificio Portosin*; Sa zu; ✆ 922-787305.

• *Mesón Castellano (2)*, kastilisches Ambiente mit abwechslungsreicher Karte, *Tapa*-Buffet; zwischen Los Cristianos und Las Américas in der Avda Antonio Dominguez im Komplex *El Camisón*, *Local 40*, täglich 13-01Uhr, ✆ 922-796305.

• Im *La Fresquera (3)* nebenan geht es ebenfalls traditionell spanisch zu mit Schwerpunkt auf baskischer Küche (*Bacalao al pilpil*, *Pulpo Gallego*, *Caldosos*). Das Restaurant ist auch *Vinoteca* und Delikatessengeschäft; ebenfalls im *El Camisón*, *Local 35-36*; 13-16 Uhr und 19-23.30 Uhr, So zu; ✆ 922-793008.

• *Sugar and Spices (4)*, leichte mediterrane Küche, großes Angebot an Pastas, Ambiente in edlem Weiß, Avenida Rafael Puig im *Village Club Los Cardones* neben der Touristeninformation; vor allem jüngere Gäste; tägl. 12-24 Uhr, ✆ 922-792271.

La Caleta ist Standort mehrerer beliebter Fischrestaurants mit Terrassen direkt am Meer (➤ Empfehlungen auf Seite 234)

Restaurants in führenden Hotels

Besonders die neuen Luxusherbergen an der Costa Adeje offerieren dem Gast nicht nur die üblichen – wenn auch vielseitigen – Buffetts, sondern eine ganze Reihe stilvoller Restaurants mit feiner, leichter Küche aus Fernost, Italien, Frankreich, Mexiko usw. Man geht mit der Mode, kreative Bistroküche ist angesagt. Die führenden Häuser sind *Jardin Tropical*, daneben *Churrasco Angus, Bahia del Duque, Gran Tacande, Jardines de Nivaria* und *Hotel Suite Villa Maria*. Je neuer das Hotel, umso anspruchsvoller die Gastronomie. Das *Abama* in San Juan de Playa hat sogar 14 Restaurants, Bars und Cafés.

VIP-Niveau haben die *Baobab Suites* mit dem *Sucas* und *The Oriental* im *Hotel Botánico* in Puerto de la Cruz.

Gegenüber vielen durchaus empfehlenswerten und auch in diesem Buch empfohlenen Lokalen bieten Restaurants dieser Kategorie nicht nur das hochwertigere Ambiente, sondern meist einen besseren Service zu oft nur geringfügig höheren Preisen als die gastronomische Mittelklasse des Umfeldes. Wenn dann die Terrasse in lauer Nacht auch noch einen Weitblick übers Meer im Mondschein und die Lichter der »Großstadt« liefert, ist das schwer zu überbieten.

Eine gute Hilfe bei der Auswahl derartiger Lokale ist der spanisch-englisch verfasste Restaurantführer *Que Bueno* (jährlich neu), ➤ Seite 216.

- *Mama Rosa (5)* im Komplex *Apartamentos Colón II*, Kreuzung Avda Santiago Puig und Rafael Puig, gepflegtes Ambiente, italienische-europäische Küche; täglich13-24 Uhr, ✆ 922-794819.
- *El Faro (6)* im *Parque Santiago V*, ganz oben mit Dachterrasse. Klassische internationale Gerichte auf hohem Niveau. Fleisch, Fisch, Miesmuscheln – gedämpft oder in scharfer Soße. Die Lammkoteletts zergehen auf der Zunge. Auch Hummer, Austern und Venusmuscheln. Tägl. 12-24 Uhr, ✆ 922-753827.
- *Kong Tsha (7)* im *Parque Santiago III*, modernes Ambiente. Chinesische, Thai- und japanische Gerichte. Täglich 13-16 Uhr und 18.30-23 Uhr, ✆ 922-753796.

Alle folgenden Restaurants befinden sich in der Avenida de las Américas (➤ Karte Seite 225), die sich zum **lukullischen Anlaufpunkt** entwickelt hat. Vor allem die Restaurants und Bars auf der **Dachterrasse des CC Safari (3)** sind wegen ihres großstädtischen Flairs bei jüngeren *Canarios* wie auch Touristen beliebt:

- Restaurant *Imperial Tai-Pan*, populär wegen großer Auswahl und oft Zubereitung am Tisch/an der Sushi-Bar, ✆ 922-795395
- *Bianco* hat gute Pasta- und Pizza-Gerichte, ✆ 922-788697
- Im *Thai Botanico* gibt es klassische Thaigerichte. Subtropisches Dekor, offene Küche mit Stil, ✆ 922-797759.
- Im riesigen *Bombay Blue* geht es hoch her, vor allem Engländer finden dort ihre Lieblingsgerichte, ✆ 922-797190, ab 17 Uhr.
- Ähnlich, wiewohl mexikanisch, ist die *Tex-Mex Hacienda*

3.4

• Das **Domus Aurea** (italienisch) gibt sich eher traditionell.

Die **America Plaza (9)** nebenan wird dominiert von **Mamma Mia**, dem **Oriental Garden** und dem **Asador Argentina**.

Auch mit Pasta und sonstigem italienischen Einfluss präsentiert sich der **La Martina Grill** mit Tango-Live-Musik.

Alle genannten Lokale bieten gute Qualität und sind relativ preisgünstig. Geöffnet durchweg täglich ca. 13-23 Uhr.

Die besten **Restaurants in La Caleta** liegen alle an der Ortspromenade um die kleine Hafenbucht und haben Tische draußen:

• **Masia del Mar** mit riesiger Terrasse; immer frischen Fisch, professionell. **Tipp**: *Pescado Salado* (Fisch im Salzmantel, ab 2 Personen, mindestens 20 min Zubereitung); auch Fleischgerichte und Pizza; täglich 12-23 Uhr, ✆ 922-710895.

• Das **Celso** am anderen Ende der Bucht wird von vielen *Canarios* geschätzt; frischer auf den Punkt gegarter Fisch, 13-23 Uhr, Mo geschlossen, ✆ 922-710189.

• **La Vieja**, nach dem kanarenweit beliebten *Vieja* (Papageifisch) benannt, bietet verfeinerte Fischgerichte und *Carpaccios* vom fangfrischen Fisch täglich 12.30-23 Uhr, ✆ 922-711548.

• **Rosso del Mare** ist gut von Frühstück bis zum späten Dinner: (mit Pizza-, Pasta- und Fischküche), ➤ auch Seite 85

• **Restaurant 88**; asiatisch elegant: *Dim-sum, Sushi-* und *Noodle Bar*, Suppen und ausgesuchte Gerichte. Gleich neben dem **Rosso** und ebenfalls auf Seite 85 gesondert empfohlen

Nachtleben

Discos

Es gibt eine Unmenge an Abendunterhaltung zwischen Las Américas und Costa Adeje; hier nur eine kleine Auswahl. Vor Ort sorgen die Anbieter schon dafür, dass man von ihnen erfährt. In vielen Clubs und Discos feiert man nur einen Sommer lang; dann sind sie schon wieder verschwunden; folgende halten sich länger:

• **Disco/Club TIBU**, die Top-Adresse für Nachtschwärmer in *Americas Shopping Center* neben dem Hotel *H10 Las Palmeras*, ab 23 Uhr; www.tibutenerife.com.

• **Monkey Beach Club** an der Playa Troya mit italienischem Restaurant; viel Chill-out-Musik, aber auch Live-Bands; Tanz am Strand & Animation; www.monkeybeachclub.com.

Disco-Bars

An der *Playa de las Vistas*, besonders in und um das *CC San Telmo*, findet man zahlreiche Pubs, Bars und Discos mit Musik von Samba bis Techno. Besonders beliebt – beim meist aber sehr jungen Publikum (am Wochenende viele *Canarios*) – sind die Disco-Pubs **Casablanca** und **Zona 21** sowie die Cocktailbar **Ukulele**.

Shows

• **Pirámide de Arona**, *Mare Nostrum Resort*, **Shows** auf hohem Niveau. Informationen liegen in den Hotels aus.

Kasino

• **Casino Playa Las Américas** im *Hotel Gran Tinerfe*; täglich Automaten 11-13.30 Uhr, Spieltische 20-04 Uhr, ✆ 922-793758.

Ausflüge

Bootstouren

Fast alle Schiffe ab Los Cristianos und Puerto Colón fahren an die Steilküste von Los Gigantes zur **Walbeobachtung** (➢ Kasten Seite 255f). Oft überwiegt dabei der Spaßfaktor: Baden vor den Küstenfelsen, Lunchbufett mit Sangria u.a.m. Die vor der Westküste beheimateten **Pilotwale** sieht man fast immer, **Delfine** seltener.

Der Reiz von **Glasbodenbooten** ist begrenzt; in den tiefen Gewässern an Teneriffas Küsten ist nicht viel zu sehen (keine Riffs etc); per U-Boot kommt man da den Fischen schon näher.

- *Submarine Safaris*, ab **Yachthafen San Miguel de Abona** geht's hinab in glasklare Tiefen; man fühlt sich wie in einem Aquarium. *Urbanisación Golf del Sur, Galeria Comercial Agua Marina*; Dauer 60 min; Abfahrten 10, 11, 12 und 14 Uhr. Inkl. Zubringerbus von Süd-Teneriffa €45/€27; vom Norden (Puerto de la Cruz, Garachico)€55/€33,50; www.submarinesafaris.com.

- *Royal Delfin*, Glasbodenkatamaran für Trips an die Gigantes-Steilküste und die Bucht von Masca. *Fun* und *Whalewatching* ab Puerto Colón 2, 3 und 4,5 Stunden; €22-€56, Kinder €11-€28; www.tenerifedolphin.com.

Tipp

- Auf dem Katamaran **Bonadea II** (Gütesiegel »*Barco Azul*«) geht es beschaulich zu (max. 22 Personen). 2 Std.-Trips *Whalewatching* ab Puerto Colón €25/€13; www.bonadea2catamaran.com.

Hochseefischen/ Charter

- *Yate Sofia*, das klassische Boot fürs *Big Game Fishing*, täglich 10 Uhr ab Los Cristianos. Thun- und Schwertfisch, mit Glück sogar Barracuda, ☎ 607-69998; www.yatesofia.com.

- *Sailfisher* hat es auf den legendären *Blue Marlin* abgesehen. Ab Puerto Colón; halber Tag €550 für 8 Personen, ganzer Tag €950; www.sailfisher-tenerife.com.

Farbenprächtig einladende Angebote für Bootstrips finden sich im Süden und Westen Teneriffas allerorten, besonders aber entlang der Uferpromenade von Los Cristianos bis Fañabé

3.4

Sport

Wandern/ Mountain Biking

Ausgangspunkte für Wanderungen und Radtouren erreicht man mit Leihwagen oder den TITSA-Bussen. Wer allein laufen/radeln möchte, sollte sich gute Karten und Wegbeschreibungen besorgen (➤ Seiten 29 und 514ff). Geführte Touren bieten:

• *Diga Sports*; mittelschwere bis schwierige Wanderungen und Bike-Touren von verschiedenen Inselpunkten unter deutscher Leitung; Info: *Hotel Park Club Europa* in Las Americas; Kosten ca. €50 in Abhängigkeit vom jeweiligen Ausgangspunkt, ✆ 922-793009; www.diga-sports.de.

• *Diga* macht auch **kombinierte Bus-Wander-Schiffstouren nach Masca**. Per Abholbus nach Masca, dann 3 Stunden Abstieg und per Boot/Bus zurück: €54/€27 inkl. Picknick. Eine Besonderheit ist die Tour umgekehrt: man wandert die Schlucht hinauf, anstrengend aber gegen den Strom. Auch geführte *Seekayak Tours* mit Zubringer nach Los Gigantes sind im Angebot.

Paragliding

➤ Sport auf Seite 527

Tennis, Golf, Reiten, Biken

➤ Seiten 525f und Seiten 528f

Fahrräder/Scooter/Motos, ➤ Seite 230, Bikes auch im Beileger.

Surfen

• *Escuela de Vela*, Segel- und Surfschule am Strand von Los Cristianos, vom Meer aus ganz rechts; ✆ 610-801200 (10-18 Uhr).

Wellness

U.a. in folgenden Häusern kann man Spa-Service/Thalasso buchen:

• *Mare Nostrum Resort* (✆ 922-757540)

• *Spa Villa Cortés* (✆ 922-794383)

• *Spa Aequor* im Hotel *Jardines de Nivaria*

• *Spa Vitanova* im Hotel *Gran Tacande*

• *Aqua Club Termal*, in Torviscas Alto, Calle Galicia, neben *CC Cosmos*, *Salida* 76. Diverse Saunen, Thermalbäder, warmer Meerwasserpool, Wellness- und Fitness. Täglich 8-22 Uhr, Eintritt €26. Physiotherapie, Massagen und Kosmetik kosten extra; ✆ 922-716555; www.aquaclubtermal.com.

Restaurants im Süden und Westen abseits der Touristenzentren

Noch um die Jahrtausendwende galt die Gastronomie im Süden und Westen der Insel als uninteressant. Einzige Alternative zu den Touristen-Menus oder Bufetts nach dem Geschmack der Engländer, Deutschen oder Skandinavier waren die oft schwer zu findenden urkanarischen Restaurants im Hinterland.

Die gehobenen Ansprüche der Gäste in den neueren Luxushotels an der Costa Adeje sowie der massive Zuzug vieler *Canarios* in die Nähe ihres Arbeitsplatzes hat das Gastronomieangebot im Laufe der Jahre nicht nur erweitert, sondern auch stark verändert.

Zu den Tipps im Einzelnen

Die meisten der hier genannten Lokale werden auch bei den besonderen Empfehlungen auf den Seiten 81-87 bzw. in den Ortsbeschreibungen im Reiseteil erwähnt und genauer gekennzeichnet. Für sie finden sich hier deshalb nur Verweise. Restaurants, die nicht bereits explizit im Reiseteil vorkommen, sind etwas ausführlicher beschrieben. Sie sind grob von Ost nach West geordnet. Nicht alle glänzen durch eine umwerfende Küchenqualität, lohnen aber wegen der Aussicht oder ihres Ambientes.

Bereich San Isidro/Granadilla (Bereich El Médano)
- *Casa Fito*, in **Chimiche**, Ctra. General TF 28, gemütliche Kneipe, Holzofen, Grill, Mo-Sa 11.30-22.30 Uhr, So bis 17.30 Uhr, Mo zu, ✆ 922-777179.
- *Mirador de Fogón*, Ctra. Granadilla/**San Isidro**, KM 1; modern-rustikale Einrichtung, Südlandschaft-Ausblicke; traditionelle Küche, wie Lehmofen-Braten, auch moderne Kreationen; 13-16 und 20-23 Uhr, Di zu; ✆ 922-774343.

Bereich San Miguel/San Lorenzo/Arona
(östlich von Los Cristianos/Las Américas an den Teide-Auffahrten über Arona/Vilaflor)
- *La Tasquita de Niño*, **San Miguel de Abona**, Calle Estanco 3 und der
- *Mirador Centinela*, TF 28 zwischen **San Miguel** und **Lorenzo**, ✆ 922-764088, ➢ beide Seite 410.
- *La Brasa*, oberhalb der Autobahn, *Salida* 69 Guaza, TF 66 Richtung in San Lorenzo/ **Buzanada**, ➢ Seite 83.
- *Guachinche Canario El Cordero*, Spezialität Biolamm, ➢ Seite 241.
- *Café Biblioteca* am Ortseingang gleich rechts in **Camella**, oberhalb von Chayofa; Details ➢ Seite 405; 12-24 Uhr, ✆ 922-728270.
- *Era Las Mozas*, zentral in **San Lorenzo**, Di-So von 13 -23 Uhr, ➢ Seite 410.
- *El Cerro de la Luna*, TF 51 unterhalb von Arona und La Camella beim **Camel Park**, Di geschlossen, ➢ Seite 405.

Drei beliebte Ausflugsrestaurants (daher Sa und So Nachmittag meist voll) oberhalb von **Arona** in/bei **Escalona** an der TF 51 sind:
- *El Chamo*, gute kanarische Fleischküche; zu empfehlen *Cabrito al Horno* (im Ofen gebratenes Zicklein) und *Puchero*, tägl. 12-23 Uhr, ✆ 922-726116.
- *La Barrica*, etwas oberhalb des *El Chamo*, großer Gastraum, gemütlich, täglich 12-23 Uhr, Mo Abend zu; ✆ 922-725057.
- *Bar Dornaje*, oberhalb von Escalona am Ende der TF 567, ➢ Seite 409.

Bereich Adeje/Guia de Isora/San Juan
(nördlichvon Las Américas/Costa Adeje und südlich Puerto de Santiago)
- *Bodegon Irache Gara*, TF 82 zwischen **Tijoco de Abajo** und **Guia de Isora** auf der TF 465 Richtung Vera de Erque, ➢ Seite 277.
- *Bodega Vargas*, auch Ende TF 465 in Vera de Erques, ➢ Seite 277.
- *Las Goteras*, TF 82 in Tejina, ➢ Seite 277.
- *Casa Mon* in Alcalá, ➢ Seite 276.
- *Marsala* in Playa San Juan, ➢ Seite 85.

3.4

3.5   Adeje

Kennzeichnung der Gemeinde Adeje

Nördlich von Fañabé liegt landeinwärts die Ortschaft Adeje in 350 m Höhe unterhalb eines imposanten Gebirgspanoramas. Touristisch von Interesse ist sie in erster Linie, weil dort der Wanderweg zum *Barranco del Infierno* beginnt bzw. endet, ➢ rechts.

Von den Gemeinden Adeje und Arona wird mit dem Gebiet um Los Cristianos, Las Américas und die Costa Adeje eine der größten Tourismus-Zonen Spaniens verwaltet, wobei Adeje (ca. 50.000 Einwohner in der Gemeinde) der größeren Nachbargemeinde Arona (ca. 81.000 Einwohner) voraus hat, dass an ihren Küsten noch Terrain zur weiteren touristischen Expansion vorhanden ist.

Geschichte

Von Adeje aus hatte einst der mächtige *Mencey* (Fürst) *Tinerfe* die ganze Insel beherrscht, bevor er sie unter seinen Söhnen aufteilte. Nach der *Conquista* (Eroberung) durch die Spanier gehörte die Gegend nicht zu den begehrten Regionen der Guanchen-Bezwinger. Sie suchten sich ihre Latifundien lieber im kühleren grünen Norden bei La Laguna und La Orotava.

Fürstentum Adeje

So konnte eine der reichsten Familien des Nordens, die *Pontes* aus Genua, auch lange nach den ersten Landverteilungen noch große Besitzungen im Bereich Adeje von der spanischen Krone erwerben. Sie errichtete ihr Herrenhaus etwas oberhalb des alten Stadtkerns als fortartige Anlage (*Casa Fuerte*), da ihnen die königlichen Festungen im Norden und Osten keinen Schutz vor Überfällen boten – etwa durch den Briten *Francis Drake*, der Ende des 16. Jahrhunderts die Meere unsicher machte. 1655 entstand ein von der Zentralregierung separiertes **Fürstentum Adeje** mit eigenen Privilegien.

Tourismus

Die großflächigen Ländereien erleichterten später die Expansion des Tourismus, der in wenigen Jahrzehnten zum mit Abstand größten Wirtschaftszweig der Gemeinde weit vor dem Agrosektor wurde. Nirgendwo auf Teneriffa klotzte man derart ungehemmt und protzig wie an der Costa Adeje. Auch der Ort selbst expandierte stark von wenigen tausend auf heute ca. 17.000 Einwohner. Ein Großteil der im Tourismusgewerbe entlang der Küste beschäftigten Arbeitskräfte lebt in dieser – nach Teneriffa-Maßstäben – Mittelstadt, die dank ihrer beachtlichen Infrastruktur (Einkaufszentren, Restaurants, Schwimmbad etc.) zur beliebtesten Wohnregion Teneriffas wurde.

Iglesia Santa Ursula

Aus touristischer Sicht gibt es im Ort selbst indessen wenig zu »holen«, neben dem Einstieg in die erwähnte Wanderung verdient nur die **Iglesia Santa Ursula** aus dem 16./17. Jahrhundert Beachtung. Der auch äußerlich eher schlichten Kirche fehlt zwar die früher übliche Üppigkeit, aber eindrucksvoll sind die alten Fliesen und Mudejardecken.

Aussicht	Vom Vorplatz unterhalb der Kirche öffnet sich ein weiter Blick aufs Hinterland. Angrenzend steht das Rathaus (*Ayuntamiento*).
Anfahrt/ Parken Barranco del Infierno	Von der Autobahn dorthin gelangt man über die **Salida 79**. Von der Abfahrt geht es rechts über zwei Verkehrskreisel, an denen man sich ebenfalls rechts hält, hinauf in Richtung Altstadt. Die anfängliche Avda Palo Mayor geht über in die Calle Tinerfe Grande bis zur Plaza de la Cruz del Llano und weiter auf der grünen Calle Grande. Ab der Autobahn sind es bis zur *Iglesia Santa Ursula*. ca. 2 km. Dort folgt man der Straße nach links und biegt an der Ecke Calle Castillo/Calle de los Molinos nach rechts ab (Schild) und fährt noch ein paar hundert Meter steil bergauf. Die Straße endet am Eingang der »Höllenschlucht«. **Parken** ist auf dem großen Platz beim **Restaurant Otelo** möglich (nur für Gäste), in der Straße ist das oft schwierig.

Durch die – an Formationen im Anaga- und Tenogebirge erinnernde – Schlucht (➤ Seiten 14 und 464) des *Barranco del Infierno* fließt der einzige ganzjährig Wasser führende Bach Teneriffas. Noch vor hundert Jahren sprudelten Quellen und Flüsschen überall auf der Insel, versiegten aber in den letzten Dekaden wegen der durch den Tourismus verursachten Wasserentnahme. Mehr zu dieser Problematik im Kasten auf Seite 448.

3.5

*Gleich oberhalb der Restaurants Otelo beginnt der 3,2 km lange **Pfad zu einem mehrstufigen Wasserfall** von insgesamt 200 m Höhe. Der Weg ist weder besonders rau noch schwierig und weist nur moderate Steigungen auf. Retour benötigt man 2-3 Stunden*

Zugang zum Barranco

Die Schlucht war lange wegen Steinschlags gesperrt und wurde nur mit Auflagen wieder freigegeben:

Der Zutritt ist auf 300 Personen/Tag begrenzt und kann per Online-Anmeldung unter Angabe von Tag und Uhrzeit reserviert werden. Diese Quote wird nicht täglich vorab ausgeschöpft. Die Chancen stehen daher bei nicht zu später Ankunft gut, sich auch ohne Reservierung auf den Weg machen zu dürfen. Ticketkiosk und Wegschranke sind 8-14.30 Uhr geöffnet. Bis 18 Uhr muss man wieder zurück sein. **Eintritt €8/Person**, Kinder 5-12 Jahre €4 nur in Erwachsenenbegleitung (bis 15 Jahre). Darin eingeschlossen ist eine Schutzhelmleihe. An ausgewählten Tagen gibt es Führungen (Start 9.30 Uhr), Kosten €15 bzw. €7,50. Mehr Infos und Anmeldung unter www.barrancodelinfierno.es (auch auf Deutsch).

Gastronomie

• Das Restaurant *Otelo* unmittelbar am Wegbeginn hat eine schöne Terrasse mit Blick auf die Schlucht. 11-23 Uhr; Di zu.

• Zentral im Ort sitzt man gut im *La Tasca* an der grünen Plaza de Venezuela 9, Di-So 12.30-16.30 Uhr und 19-23 Uhr.

3.6   Costa del Silencio (mit Urbanisación Ten Bel und Golf del Sur)

3.6.1   Geographie und Charakteristik

Kennzeichnung

Das 20 km lange, von Lagerhallen gesäumte Autobahnstück von Los Cristianos nach El Médano schneidet Teneriffas Südspitze ab. Die Bezeichnung – Küste der Ruhe – spottet der Realität. Die »*Costa del Silencio*« liegt in der Einflugschneise des *Aeropuerto Sur* mit bis zu 370 Fliegern täglich; Durchschnitt sind 150 am Tag.

Mal Pais

Landschaftliche Romantik sucht man hier vergebens. Die wenig attraktive Wüstenregion hat viel Platz, aber auch viel Wind und keine natürlichen Strände. Es ist *mal país* (»unfruchtbares Land«) voller Lavageröll und – abgesehen von einzelnen kleinen Vulkankegeln – flach und kahl. Die beiden Fischerorte **Las Galletas** und **Los Abrigos** liegen an schroffen schwarzen Lavabuchten. Sie begrenzen die **Costa del Silencio**; dazwischen liegen *Ten Bel*, die *Urbanisación Golf del Sur* und der Yachthafen *San Miguel*.

Entwicklung der Costa Silencio/ Golf del Sur

Wie ein Paukenschlag traf 1964 der Bau der Feriensiedlung *Ten Bel* gleich neben Las Galletas die *Costa del Silencio*. Es war ein kühnes Projekt, was der belgische Industrielle dort für seine Arbeiter in die Tat umsetzte (➤ Seite 242). Doch als man sich Jahre später für den Bau des Südflughafens entschied, wandten sich die landfressenden Begehrlichkeiten für einen Tourismus großen Stils weiter nach Westen. Dort gab es windgeschütztere Küstenregionen und – zumindest kleine – natürliche Strände. Damit war das Schicksal der Südspitze Teneriffas als verkehrsgünstiges

Hinterland der Touristenzentren besiegelt. Die Region wurde mit Versorgungseinrichtungen und Schlafsiedlungen fürs wachsende Servicepersonal völlig zersiedelt.

Umstruk-turierung

Dennoch gelang es in den 1990er-Jahren, die *Costa del Silencio* touristisch aufzuwerten. Es entstand eine grüne Oase. Die beiden Golfplätze *Golf del Sur* und *Amarilla Golf* setzten neue Akzente. Drumherum wuchsen Hotels und Apartments im Stil amerikanischer Vorstädte. Die noch relativ neue Urbanisation San Blas hat mit dem *Centro Comercial San Blas* eine eigene Einkaufs- und Restaurant-Meile; nur eine Schlucht trennt sie von Los Abrigos. Dort beginnt ein Küstenpfad bis nach Las Galletas.

An- und Abfahrten

Die tristen Ausfahrten (***Salida 69*** und TF 66 für Las Galletas von Norden kommend sowie ***Salida 62*** und TF 65 für Los Abrigos) durch Gewerbegebiete lässt man gerne rasch hinter sich. Wer von Osten nach Las Galletas/*TenBel* möchte, nimmt die Ausfahrt 62 und vom Kreisel dahinter zunächst die TF 655 in westliche Richtung; zum Ziel geht es dann auf der TF 652 über **Guargacho**.

Biofinca

Die Guachinche ***Canario El Cordero*** in Guargacho (vorm Haus ein zum Schaf gestutzter Baum) serviert im luftigen Pergola-Ambiente ***Pelibuey*** (urkanarisches Lamm) mit frischen Produkten aus der angrenzenden Bio-Finca. Geöffnet Di-So 10-23 Uhr, Küche ab 13 Uhr, ☎ 922-734171.

Badebuchten

Die felsige Silencio-Küste gilt als gutes Tauchrevier, aber Sandstrände fehlen ganz. An der *Punta El Guincho* liegen ein wunderbarer Meeresspool und schwerer zugängliche Felsbuchten.

U-Boot

Von der ***Marina San Miguel*** bei der Urbanisation *Amarilla Golf* kann man mit dem U-Boot ***Sub Fun Cinco*** Tauchfahrten unternehmen; ➤ Seite 235; www.submarinesafaris.com.

3.6

TenBel - Pionierprojekt der 1960er-Jahre

Seine Tagestouristen verdankt Las Galletas überwiegend dem Ferienkomplex *TenBel*. Der Name steht für Teneriffa-Belgien und war die Idee des belgischen Industriellen *Goeders*, der einen Urlaubsort für seine Angestellten und ihre Familien suchte. Eine für die frühen 1960er-Jahre bravouröse Tat, obwohl die Beton-Frontfassade aus heutiger Sicht schaurig wirkt. Auf dem weiten Gelände dahinter stehen aufgelockert sieben 4-6stöckige Apartmenthäuser mit 5000 Betten. Für Aktivitäten gibt`s Parks, Fahrrad-, Spazier- und Trimmwege sowie Gemeinschaftsanlagen (Restaurants, Sport- und Tennisplätze).

Die am Meer gelegenen Wohnbereiche (wie das gestreckt massive *Maravilla*) sind durchaus beliebte Quartiere. Großzügig wirkt der optisch in den Atlantik übergehende **Pool** mit einem vorgelagerten schwarzen Strand. Vom Pfad über der Steilküste geht's hinab zu **Badefelsen** am Meer.

Die TenBel-Konzeption galt zu Zeiten, als man Massentouristen noch vorzugsweise in enge Waben stopfte, als sozialutopische Tat. Auf Dauer wird es aber ohne kräftige Renovierung schwer sein, gegen die Glitzerhotels hinter dem *Guaza*-Berg zu bestehen. Dafür ist es hier preiswert.

Hinter der dichtbebauten Siedlung TenBel verbirgt sich ein Kleinod der Südküste, die Montaña Amarilla (Gelber Berg), deren farbige Schichten meerseitig von Wind und Wellen freigelegt und auf Meereshöhe geglättet wurden. Ein idealer Platz zum Sonnenbaden und den Sprung ins hier türkisfarben glasklare Wasser (Zufahrt über die Avda José Antonio Tavio)

3.6.2   Las Galletas

Hafen/ Infobüro auf der Mole
Blickfang ist in Las Galletas der Fischerei- und Yachthafen *Marina del Sur*, an dessen Mole hinter der Schutzmauer die Fischer morgens ihren frischen Fang anbieten. Dort findet man auch die Anbieter von **Bootstouren** und *Jet Bikes*.

Restaurants
Außer dem *Punto Azul* (➤ Foto) warten weitere (kleine) Restaurants entlang dieser Mole und ganz am Ende im Gebäude der Hafenmeisterei im Obergeschoss (mit Weitblickterrasse), das auch die lokalen **Touristeninformation** beherbergt.

Restaurant Punto Azul am Hafen von Las Galletas mit einer wunderbaren Dachterrasse mit Blick auf Boote, Promenade und den Atlantik

Paseo Marítimo
An der 300 m langen **Meerespromenade** stehen Lokale ohne besonderes Flair dicht an dicht. Dort ist der bei Flut schmale oder kaum vorhandenen Strand steinig, aber am ruhigen Wasser der Hafenbucht einigermaßen »steinbereinigt«. Die Promenade setzt sich als verkehrsfreie Calle de Varadero noch 200 m nach Osten fort und endet auf einem großen Parkplatz im Blickfeld des Meerwasserpools von *TenBel*.

Wanderung
Um die südlichste Spitze von Teneriffa führt durch das *Malpaís de la Rasca* ein Uferpfad bis zur Urbanisation Palm-Mar unterhalb der *Llano de las Mesas* (➤ Wanderung 14 im Beileger auf Seiten 51f). Den Startpunkt des Weges findet man bei der Segelschule am Westende der Hafenbucht (direkt an der TF 66); dort kann man auch gut parken. Der Weg hat keine Steigungen und bietet nirgendwo Schatten. Auf halber Strecke steht der Leuchtturm *Faro de Rasca* (ca.4 km).

Unterkunft
Neben der Großanlage *TenBel* mit den sich anschließenden Apartments der *Costa de Silencio* (➤ Unterkünfte, Seite 559) gibt es hier nur eine einfache Pension: **Los Vinitos**, €24/Nacht. Calle Venezuela 4, ℰ 647-717179. Die Pension ist mit der Tauchschule **Ocean Diving Tenerife** verbunden (➤ Seite 522).

3.6

3.7   Los Abrigos

Kenn-
zeichnung

Das Fischerdorf Los Abrigos versteckt seine felsige Bucht hinter glatten Fassaden. Zwischen 12 und 17 Uhr ist die dort auch dicht an dicht liegenden Gastronomie überwiegend in Touristenhand; danach dominieren wieder die Einheimischen. Alle Lokale an der heute verkehrsfreien attraktiven Promenade hoch über dem Hafen haben Tische draußen mit Meerblick.

Besonders schön sitzt man im *Perlas del Mar* (© 922-170014, Mo zu) auf der Felsspitze. Gut isst man nebenan, in den luftigen Räumen des *Los Abrigos* – zur Qualität kommt dort die Superaussicht (nur durchs Fenster).

Zu empfehlen ist auch das Restaurant *Los Roques*, ➢ die besonderen Restaurant-Tipps auf den Seiten 80ff.

Transport
Tipps

Bus 470 verbindet Las Américas und El Médano über Los Abrigos.

Im grausamen Industriegebiet Chafiras, meerseitig der *Salida* 62, findet man den »*Dinkelbäcker*«: vom 2. Kreisel Richtung Los Abrigos geht es rechts in die Avda TenBel. Im Haus Nr. 32 gibt's deutsches Brot und Backwaren, die in Naturkostläden auch inselweit zu haben sind, Mo-Fr 8-14 Uhr, Sa bis13 Uhr, © 922-735626.

Ca. 300 m weiter gibt es Sa und So 8-13 Uhr Obst und Gemüse auf dem *Mercadillo de Agricultor* (Bauernmarkt).

Frischfisch

Als »Kenner« weist sich der Gast im Fischlokal aus, wenn er an die Vitrine geht, auf den Fisch seiner Wahl zeigt und fragt: *pescado fresco* (fangfrisch), *congelado* (tiefgefroren) oder *aguacultura* (Fischzucht)? Schau' mir in die (hell-roten!) Kiemen und in die Augen, empfiehlt der Meeresbewohner. Denn nur ein klares Fischauge ist auch ein frisches. Mehr zu Fischgerichten ➢ Seite 68.

Minihafen von Los Abrigos, dahinter die Promenade

Die höhlenartigen Felsüberhänge am Strand von El Médano werden gerne als Wind- und Sonnenschutz genutzt

3.8   El Médano (*medano* = Düne, Windwelle im Sand)

Anfahrt   Von Los Abrigos auf der TF 643 ca. 7 km nach Osten oder Autobahnausfahrt 56, dann 5 km TF 64 (Parken ➤ Seite 246 und 247).

3.8.1   Ort und Strände

Anfänge   1519 setzte *Fernando de Magallanes* in dieser Bucht die Segel zur ersten Weltumrundung. 450 Jahre später, in den 1960er-Jahren, war El Médano auf dem Sprung zum touristischen *Shooting Star* im Süden: Flache Küsten, weite Buchten, unbebautes Hinterland, Teideblick und ein 3 km langer Sandstrand. Damals standen nur ein paar Wohnwürfel am Fischerhafen, und auf dem Weg nach Gomera machten Rucksacktouristen Station im einzigen *Hostal*.

Fehlstart   1963 fiel mit dem damals modernen **Hotel El Médano** – es steht heute abrissbedroht auf Betonpfeilern im Wasser – der Startschuss zu einem kurzen Hurra. Die Großinvestoren setzten bereits zehn Jahre später voll auf Las Américas. Und mit dem Bau des Süd-Flughafens 1978 verflogen dann Médanos Ambitionen endgültig. Der Wind ist einfach zu lästig, der Jetlärm zu laut.

Surfer-   Für **Surfer** indessen waren die steifen Brisen (290 Windtage/Jahr)
paradies   das A und O. Vor allem im Winter gibt es in punkto »*Spots*« europaweit kaum Alternativen für internationale Meisterschaften. So entstand **das neue El Médano**: sportlich, jung, unkonventionell mit besonderem Flair: Beinharte Kite-Surfer nehmen das Neopren gleich als Isomatte.

Neues Image Während Las Américas in den 1990er-Jahren boomte, bekam das Städtchen ein neues Gesicht: Statt Hotels wurden dort Apartmenthäuser gebaut. Einfache für Kellner, Köche und Konditoren, die eine Wohnung nahe bei Las Américas brauchten; aber auch schmucke für das mittlere Hotelmanagement, Selbstständige

3.8

und Künstler. Zwar entwickelte sich El Médano nicht zur architektonischen Perle, aber der heute fast 8000 Einwohner-Mix aus dienstleistenden Canarios und leistungsportlichen Urlaubern führte zu einem interessanten Cocktail: Neben der traditionell einfachen Kanaren-Tasca gibt's jetzt urban-hippe, sogar vegetarische Bistros. Zum alten Tante-Emma-Laden gesellten sich der gut sortierte Naturkost-Shop und große Supermarkt.

»Boardwalk« und Badestrand

Tagsüber ist die geschwungene Holzbohlen-Promenade mit ihren Lokalen Treffpunkt für (Kite-) Surfer und Sonnenbadende an der **Playa del Médano**. Mit kleinen, windgeschützten Fels-Separées (die Frisur bleibt unzerzaust, die geölte Haut unpaniert) läuft sie von der zentralen Plaza (mit **Infobüro** und Kinderspielplatz) bis zum **Hotel Playa Sur Tenerife** (dort gibt's meist noch Platz zum Parken), um sich dann bis zum Fuß der **Montaña Roja** zur kleinen Wüste aus 1000 kuscheligen Sandkuhlen zu erweitern.

Nicht-Surfer zieht es zu den Buchten jenseits der *Montaña Roja* (➤ **Playa de la Tejita**, ➤ Seite 101 und rechts).

Surfstrand

Den echten Windsurfer zieht es zu den steinigen **Playas Cabeza** und **El Salado** ein gutes Stück nordöstlich des Stadtkerns Richtung **Hotel Arenas del Mar**. Wer noch weiter fährt, findet einen trostlosen Parkplatz mit Pfad hinab zur sandigen Badebucht am Fuße der **Montaña Pelada**.

Montaña Roja

Wie viele kleine Vulkane im Süden ist der 170 m hohe Aschekegel *Montaña Roja*, der die *Playa del Médano* südlich begrenzt, erst vor wenigen Jahrtausenden entstanden, ein Krater aber nicht mehr zu erkennen. Faszinierend ist vor allem die Westseite des Berges bei Sonnenuntergang, wenn die in ihm enthaltenen Mineralien wie eine Palette von gelb über viele Rottöne bis violett schillern.

Médano Dünen	Die **Simitas**, Mikro-Dünen zwischen *Hotel Playa Sur Tenerife* und *Montaña Roja*, entstanden vor 2000 Jahren durch heftige See- und Erdbeben im östlichen Archipel-Bereich.
Vegetation	Dort entdeckt man seltene Pflanzen, die der Trockenheit und dem salzhaltigen Wind trotzen. Neben der typischen Süd-Flora (➢ Wanderbeilage Foto Seite 54, *Montaña Guaza*) fällt die flach am Boden wachsende, zart-orange bis grau-grün blühende **Guanchentraube** auf, vor allem wenn sie Beeren trägt, ➢ Foto Seite 453. Gelbe Blüten hat der ebenfalls kriechende **Sitzblatt-Hornklee**, während dickblättrige Pflanzen wie **Meer-/Strand-Knöterich** und die **Vielfrucht** weiß blühen.
Naturschutz- gebiet	Diese sensible Pflanzenwelt steht heute unter Naturschutz. Die strapazierten **Buckeldünen** wurden neu angelegt. Seit sich hinter den Steinhaufen wieder Flugsand ablagerte, rasten hier Zugvögel.
Zur Playa de la Tejita	Lavasteine markieren einen leichten Fußweg (30 min) vom *Hotel Playa Sur Tenerife* zur **Playa Tejita**. Beliebt sind die FKK-Buchten mit Imbiss-Kiosken in Bergnähe.
Parken	Drei Strandparkplätze liegen unweit der *Montaña Roja* an der TF 643 Los Abrigos-El Médano:
	1) Der Parkplatz des **Hotel Playa Sur Tenerife** ist ein prima Startpunkt für den 30 min-Weg zum *Tejitas*-Strand. Vom Hotel kann man auch gut auf der Promenade ins Ortzentrum laufen (10 min) oder nur kurz ins Meer tauchen (3 min).
	2) Am Fuß des Berges führt ein Pfad vom **Parkplatz *Montaña Roja*** in 10 min in die Nähe der erwähnten FKK-Felsbuchten.
	3) Der kürzeste Weg an den Strand beginnt am ***Estacionamiento Playa Tejita*** (letzter Parkplatz Richtung Los Abrigos).
Aufstieg	Von diesem Parkplatz führt ein Weg auf die Bergspitze **Montaña Roja**. An besonders windigen und/oder heißen Tagen ist er ziemlich anstrengend. Als Belohnung winkt ein toller Teide-Blick.

Playa Tejita mit Montaña Roja

3.8

Ebenfalls von der TF 643 zweigt 500 m westlich des Hotels *Playa Sur* die Straße Hermano Pedro landeinwärts zur Höhle **Cueva del Santo Hermano Pedro** ab, in der Bruder *Pedro* (➤ Seite 412) bis zu seiner Abreise nach Südamerika lebte. Sie liegt unmittelbar östlich der Start-/Landebahn des Flughafens. Immer sonntags um 17 Uhr findet dort eine Messe statt.

3.8.2   Praktisches

Infobüro

Info-Büro auf der Plaza, ℂ 922-176002; Mo-Fr 9-14 Uhr (im Winter bis 15 Uhr), Sa 9-13 Uhr; Zimmervermittlung und vieles mehr; www.el-medano.com.

Mecadillo del Agricultor

Unterhalb der Autobahn Ausfahrt 56/El Médano findet an der TF 64 ebenfalls (➤ unter Los Abrigos, Seite 244) Sa und So 8-14 Uhr ein Bauernmarkt statt.

Unterkunft

Neben drei mittelgroßen Hotels, ➤ Seite 559, gibt es eine Pension, ein paar Apartmentanlagen und drei einfache *Hostales*. Preiswerte Quartiere existieren auch in **San Isidro** oberhalb der Autobahn, ➤ Seite 560. Ein **Campingplatz** liegt an der TF 643, unterhalb des Flughafens am Fuß der *Montaña Roja*, ➤ Seite 588.

Sport

Surfen/Biken ➤ Seiten 523/520

Restaurants in El Médano

- *El Templete*, köstliche kanarische Kost, variantenreich kombiniert: Schwarzes Schwein, altkanarisches *Pelibuey*-Lamm, Inselweine und Canario-Käse. **Tipp**: Apfeltorte mit Gofiocreme und Vanille-Eis. Prämiert als beste moderne Küche; *Centro Comercial El Médano*, Calle Argentina, große Dachterrasse. 13-16 Uhr und 19.30-23.30 Uhr; So Abend und Mo zu. ℂ 922-176079.

- *Tasca La Lata del Gofio*, Paseo Marcial Garcia 23, gegenüber Restaurant *Playa Chica*, ℂ 609-884375. Auswahl an lokalen Käsearten, Weinen und Tapas. Ab 18 Uhr Vollmond-Parties mit kanarischer Musik und zuweilen spontanem Singsang. Der Chef produziert bei Arico Käse und hat einen Verkaufsstand auf dem *Mercadillo* in San Isidro.

- *El Astillero de Avencio*, seit langem in El Médano, Paseo Marcia Garcia 3; keine Terrasse, aber Meerblick, sehr gute Fischküche, auch mit Rezepten aus Nordspanien (Galizien, Baskenland), Di-Sa 13-22.30, So 13-17 Uhr; Mo geschlossen, ℂ 922-178220.

- *Flashpoint* an der Promenade nahe dem *Hotel Playa Sur Tenerife* ist eine Institution. Von morgens bis spät in die Nacht gibt's was für alle: Essen, Trinken, Surfunterricht, Party und lockere Atmosphäre; ℂ 922-176111.

- *Café M* an der Strandpromenade, prima Frühstück; sonst Suppen, Salate, leichte Snacks, deutsche Leitung, ℂ 618-610735.

- *Agua Cáfe* am Anfang der Holzpromenade ist auch bei Surfern beliebt; Tagesmenüs, *Tapas*, aber auch eine lange Speisekarte. Freundlich, kompetent. Kaffeespezialitäten und Kuchen; gute *Sundowner Cocktails*. So-Sa 8-23.45 Uhr, ✆ 922-178467.
- *Timón* am Paseo Marcial Garcia; traditionelle *Tapa*-Bar
- *Manfreds Soul Café*; *Tapas*, Cocktails, Musik; beliebt bei Sonnenuntergang; Avda Galván Bello 10; ✆ 618-610735.
- *Pub Goiter* mit exotischem Ambiente, unweit *Manfreds*

Lokale in der Umgebung ➢ Restaurant Tipps Seite 80ff, sowie die Seite 237 (Restaurants abseits der Touristenzentren).

3.9 Touristenattraktionen im Süden

Im Bereich Los Cristianos/Las Américas/Costa Adeje findet man oberhalb der Autobahn (Ausfahrten 56-76) das Gros der kommerziellen Touristenattraktionen der Insel. Kostenlose Zubringerbusse sorgen fahrplanmäßig für den Transport zu den einzelnen Parks. Deren Werbeflyer liegen in allen Hotels und Info-Büros.

Übersicht über die aktuell aktiven Parks

- *Aloe-Park*: (sub-) tropische Nutzpflanzen, speziell *Aloe Vera*
- *Monkey Park*: gemischte Kleintierwelt, speziell Affen, in Kombination mit einem Kaktus-Garten
- *Jungle Park*: Vergnügungs- und Tierpark
- *Camel Park*: Kamelausritte
- *Siam Park*: Top Hightech-Wasserspaß für Jung und Alt
- *Aqualand*: normaler Planschpark für Groß und Klein
- *Castillo San Miguel*: Mittelalterliche Mahlzeit und Ritterspiele

Kurzkennzeichnung

Besonders gut angelegt sind *Jungle* und der *Siam (Wasser-) Park*. *Camel Park* (Gelände und Ausritte) und *Monkey Zoo Park* eignen sich eher für Kinder. Das *Aqualand* entspricht den Wasserrutschen- und Planschparks, wie man sie auch anderswo kennt, und bietet viel Spaß für Jung und Alt. Im *Castillo San Miguel* speist man zu Vorführungen mit Schwert und Lanze über der Kampfbahn der Ritter. Im *Aloe Park* geht's um Flora, Fauna und Landwirtschaft gestern und heute auf den Kanaren.

3.8

Zu den Parks im Einzelnen:

Aloe Park

Auf einer *Hacienda* mit viel altem landwirtschaftlichen Gerät wird man gründlich informiert über *Aloe Vera*, den Anbau von Südfrüchten (Bananen, Orangen, Papayas) und über die kanarische Wasserversorgung.

Eintritt mit Führung: €12, Kinder €6, Mo-Fr 9-16.30; Führungen 10, 11.30, 13, 15.30 Uhr, Sa und So geschlossen; ✆ 922-720403.

Anfahrt: ab *Salida* 69 ca. 1,5 km Richtung San Lorenzo (TF 66), dann Camino Vivitos rechts; mehr Infos: www.aloepark.eu.

Monkey Park

Dieser Zoo mit überwiegend kleineren Tieren und dem **Schwerpunkt Affen** zielt vor allem auf Familien mit Kindern. Das Ambiente für die Tiere ist angemessen. **Eintritt** €10, Kinder €5; täglich 9.30-17 Uhr; **Anfahrt** über *Salida* 69 auf die TF 662 (oberhalb parallel zur Autobahn), auf ihr ca. 2 km nach Westen; ✆ 922-790720; www.monkeypark.com.

Jungle Park

Stars dieses aufwändig gestalteten Freizeitparks sind u.a. **Raubvögel** (*Aves Rapaces*) und **exotische Vogelarten**, die in vielen

Adlervorführung

Shows bewundert werden können. Besonders die frei fliegenden Adler, Falken und Habichte beeindrucken das Publikum (12/16 Uhr). Die anderen bunten Exoten erfreuen sich wegen ihrer Zutraulichkeit besonders bei Kindern großer Beliebtheit.

Als Kontrastprogramm wartet eine **Seelöwenshow** im Wasserbecken.

Orang im Jungle Park

Wie in einer Wüstengegend mit ein bisschen Wasser und Pflege üppige Landschaften entstehen können, zeigt der *Jungle Raid*. Nicht nur Kinder und Jugendliche haben ihren Spaß auf dem ca. 300 m langen **Dschungelpfad** über Hängebrücken, an Seilen und durch Netz-Tunnel.

In viel zu kleinen Gehegen sind außerdem Löwen, Tiger, Orang-Utans und andere Tiere zu sehen. Und ob sich die Pinguine auf Teneriffa wohlfühlen, ist zweifelhaft.

Allerlei Kindervergnügen wie eine **Alupisten-Rodelbahn** ergänzen das Angebot. Eine passende Gastronomie fehlt natürlich auch nicht.

Anfahrt: *Salida* 72, TF 28 Richtung Arona – ausgeschildert.

Eintritt online: €24, Kinder 5-10 Jahre €15,50 , darunter €7; täglich 10-17.30 Uhr; Kombiticket mit *Aqualand* €35/€25, ✆ 922-729010; www.junglepark.es.

Siam Park mit Siam Mall

**Kenn-
zeichnung**
Spontan könnte ans Lübecker Holstentor mit seinen gedrun-
genen Doppeltürmen denken, wer vor dem mächtigen *SIAM
Park*-Portal im *Thai-Look* steht. Den Besucher erwartet eine
Art Klein-Thailand auf fast zwei Quadratkilometern: Ein öko-

entsalzter See mit dem absolut weißesten Kanaren-
Strand (von Portugals Algarve herbeigeschafft) samt
Brandung in regelmäßigen Abständen, 24°C
warme öko-beheizte Karibik-Gewässer, tief im
Dschungel versteckte Miethütten aus Schilf und
jede Art Wasser-Achterbahnen, ein Labyrinth von
Röhren und Steilrutschen, Tempolimit 75 km/h.

Der *Siam Park*, nach dem *Loro Park* der zweite Coup des Be-
sitzers *Wolfgang Kiessling* (➤ Seite 306f), setzte mit seiner Eröffnung 2009 auf Teneriffa neue Maßstäbe für Familienparks:
Alles ist noch größer, grüner und gepflegter, steiler, schneller
und schöner; vieles auch innovativer und vor allem: besser.

Sensationen
Echte »Kicks« sind **Tower of Power**, eine fast vertikale 28 m
hohe Rutsche, quasi eine Sprungschanze, und **El Dragon**: im
Gummiboot rotiert man zu Viert an einer Riesentrichterwand
bis man im »Schwarzen Loch« verschwindet. »Body-gebildete«
Lifeguards stehen rettungsbereit an den Rutschenenden.

**Wasser-
rutschen**
Neben den adrenalinhaltigen Wasserrutschenrohrsystemen
gibt es auch Beschauliches: Seehunde, Alligatoren und Piran-
has aalen, dösen oder tummeln sich in ihrem Element. Im *Mai
Thai River* floatet man gemächlich auf einem langen Fluss
durch den Thai-Dschungel und am türkis-karibischen See mit
einer schneeweißen *Playa Siam* erfrischen und sonnen sich
Dad und Mom, während sich die Kids in **Lost City** mit Wasser-
kanonen befeuern oder kreischend auf den
nächsten donnernden Guss von oben
aus dem riesigen Monkey-
Bottich warten.

3.9

Shopping, Restaurants und mehr

Wieder Angetrocknete bummeln zum *Mercado Flotante*, ein schwimmendes Einkaufszentrum mit Shirts, Souvenirs und Sonnenmilch. Milchshakes und was zu beißen bieten fünf Bars und Restaurants. Wer es sich leisten kann, zieht sich zurück in eine der tropischen deluxe *Cabañas* aus Schilf mit WiFi und TV über dem Strandsee. Superreiche feiern dort ihren runden Geburtstag mit Bühnenstars im Amphitheater, und Megareiche buchen gleich das komplette *Water Kingdom* – *online* und *all inclusive*.

Fest steht: Diese Reise nach Thailand – ohne irgendeinen Thai gesehen zu haben – ist defintiv ein Schnäppchen.

Tower of Power

Fast Pass: Häufig bilden sich an den Rutschen und Attraktionen lange Schlangen. Dagegen hilft das *Fast-Pass-Wristband*, das man im Park direkt für zusätzliche €15 erhält, »so lange der Vorrat reicht«. Damit darf man dann bei jeder Attraktion (ausgenommen sind nur *Tower of Power* und *Mai Thai River*) genau einmal an der Schlange vorbei – und bei einer selbst ausgewählten zwei Mal.

Anfahrt mit Kfz über die Autobahn *Salida* 73 und 74 (die nur aus östlicher Richtung) auf die Avda Siam Park (dort unverfehlbar ausgeschildert). **Parkraum** gibt es begrenzt an der Avda Siam Park, mehr zwischen dem Parkgelände und der *Siam Mall* und üppig vor dem Einkaufszentrum.

Gratisbus alle 30 min ab den *Centros Comerciales Duque, Pasarela* und *Fañabe Plaza* sowie ab den Hotels *Dorado, Princess, Troya* und *Dacil*.

Zu Fuß: Vom **zentralen Bus Terminal in Las Americas** sind es nur ca. 800 m bis zum Eingangsportal des Parks, die man locker in 10-15 min laufen kann.

Zeiten   Täglich 10-18 Uhr, im Winter bis 17 Uhr

Eintritt   Das Basisticket für einen Tag kostet €34, Kinder bis 11 Jahre €23; das *Twinticket* für *Loro* und *Siam Park* €58/€38; mit Bus-Service €72/€48. Darüberhinaus gibt es alle möglichen Abstufungen inkl. Schließfach und/oder Mittagsteller, Jahreskarten, die sich schon ab drei Besuchen bezahlt machen etc.; weitere Details dazu unter www.siampark.net.

Bombastische Siam Mall gleich neben dem Siam Park, modernstes und eindrucksvollstes Einkaufszentrum Teneriffas; ➢ auch Seite 231 unten

Camel Park   Der Kamelpark ist eine in die Jahre gekommene Anlage auf weitläufigem Farmgelände mit Eseln, Ziegen, Schafen, Enten, Hühnern, Gänsen und Kaninchen. Auf Sattelbänken kann man sich zu beiden Seiten des Kamelhöckers 20-50 Minuten lang durch die Gegend schaukeln lassen, wer will mit Beduinenkopfschmuck.

Eintritt €5/€3, Kamelreiten ab €15/€8; täglich 10-17 Uhr, im Winter So geschlossen, ☎ 922 721121. Dort wartet das **Restaurant El Cerro de la Luna** auf Gäste, ➢ Seite 405; www.camelpark.es.

Anfahrt: *Salida* 72, dann TF 28, zwischen Chayofa und La Camella rechts ab (ausgeschildert).

3.9

Aqualand Das *Aqualand* bietet nach Erweiterungen in den letzten Jahren viel **Wasserspaß** (Rutschen, Strömungskanal, Kamikazes, Trampolin, Kinderschloss und Wasserfälle) und obendrein auch noch eine Delfin-Show. Einziger »Nachteil« der Anlage ist die nahe Konkurrenz durch den grandios gestalteten *Siam Park*.

Eintritt online: €23; Kinder €15,50; Kombiticket mit *Jungle Park*: €35/€25; www.aqualand.es.

Zeiten: Täglich 10-17 Uhr, im Juli und August bis 18 Uhr; täglich um 15.30 Uhr Delfin-Show, Juli und August auch 12.45 Uhr.

Anfahrt: *Salida* 74, San Eugenio Alto/Avda Austria; Parken frei

Castillo San Miguel Aus gelblich-grauen Tosca-Quadern entstand eine Burg mit Wassergraben, Zugbrücke und Schießscharten. Drinnen gibt's eine Kampfbahn mit Zuschauertribünen. Dort genießen die Besucher ihr mittelalterliches Dinner bei lanzenbewehrten Zweikämpfen verfeindeter Ritter in Rüstung und Kettenhemden hoch zu Ross und simulierte Schwertduelle. Zuweilen gibt's zum Schluss noch eine musikalische und/oder Flamenco-Show.

Eintritt inkl. Dinner und Getränk bei eigener Anfahrt und Online-Kauf €39, Kinder €19; inkl. Bustransport €45/€23; ✆ 922-700276; mehr Details unter www.castillosanmiguel.com.

Zeiten: Di-Do und Sa Show 20.30 Uhr; Einlass ab 20 Uhr

Anfahrt: *Salida* 66, TF 62 in Richtung San Miguel; in Aldea Blanca links ab in die TF 657, noch ca. 1 km.

Wale und Delfine bei Teneriffa und »sanftes« Whale Watching

Die Wale und Delfine im Süden Teneriffas sind nicht so berühmt wie die im kanadischen St. Lorenz Strom oder vor der mexikanischen Baja California, jedoch beherbergen die Kanaren die größte Vielfalt: hier gibt es mehr Arten als irgendwo sonst. Von den weltweit etwa 80 Wal- und Delfinarten wurden bisher 30 in kanarischen Gewässern gesichtet, darunter Stars wie der Orca und der Blauwal – mit bis zu 30 m Länge das weltgrößte Säugetier.

3.10

Viele Walarten passieren die Inseln auf ihrer Wanderung; fest ansässig sind auch mehrere Arten, u.a. der Große Tümmler (einige Hundert Tümmler leben im gesamten Archipel) und etwa 600 Kurzflossen-Grindwale (auch Pilotwale genannt), die in 30 Kerngruppen hier leben. Zur Nahrungssuche tauchen Grindwale bis zu 600 m tief und ernähren sich dort überwiegend von Tintenfischen. Der aus dem Nordosten heranziehende, relativ kalte und von den stetigen Passatwinden angetriebene Kanarenstom verwirbelt sich im Windschatten der Inseln. Das führt dazu, dass sich besonders viel Plankton bildet – mit entsprechend großem Fischreichtum. Am Grundnahrungsmittel der Meeressäuger mangelt es also nicht, wobei Überfischung und die Verschmutzung des Meeres zugenommen haben.

Die größte Bedrohung der Walbestände war jahrhundertelang der Walfang, welcher Buckel-, Grönland- und Blauwale fast ausrottete. Nach schrittweisen Fangrestriktionen wurde 1986 der kommerzielle Walfang verboten. Ausnahmen werden aber nach wie vor durchgesetzt: Japanische Walfänger schlachten massenweise Delfine und jagen Wale sogar im antarktischen Schutzgebiet zu »wissenschaftlichen Zwecken«. Das Fleisch landet zumeist auf den Tellern, es gilt vielfach als Delikatesse. Auch in Island und Norwegen wird heute noch Walfang betrieben.

Im Dreieck Gran Canaria-Teneriffa-La Gomera sind die lauten Motoren von Powerfähren und Tragflächenbooten, vor denen die Tiere dann nicht schnell genug abtauchen können, eine große Gefahr: Wale orientieren und verständigen sich vor allem mittels ihres ausgezeichneten Gehörsinns. Ähnlich wie Fledermäuse »sehen« sie mit den Ohren. Der unter Wasser weit tragende Lärm dieser Schiffe schädigt ihren sensiblen Gehörsinn, was zu Kollisionen, Orientierungsverlust und Anstrandungen führt. Immer wieder werden Wale angespült, die von den scharfen Rümpfen der Katamaranfähren in der Mitte zerteilt wurden. Inzwischen setzen aber einige Reedereien auf Walortungssysteme, die ein frühzeitiges Ausweichen ermöglichen sollen.

In den 1990er-Jahren boomte Teneriffas *Whale-Watching*-Geschäft. Täglich stürzten sich bis zu 3.000 Touristen in 60 Booten auf die Säuger. Mittlerweile werden Lizenzen vergeben, die jedes Jahr erneuert werden müssen und die Anzahl der Touren einschränken. Autorisierte Tourenanbieter, die an der gelben Flagge mit der Aufschrift »Blue Boat« zu erkennen sind, verpflichten sich explizit, die gesetzlichen Regularien einzuhalten. Verstöße werden indessen nur selten geahndet. Ein Walbeobachtungsboot muss mindestens 60 m Distanz zu den Tieren halten und im Umkreis von 300 m dürfen sich höchstens drei Boote gleichzeitig bei einer Walgruppe aufhalten. Gedrosselte Geschwindigkeit in der Nähe der Tiere ist Pflicht, Schwimmen mit den Tieren, Lärm und Anfüttern sind verboten.

Heute sind vor Teneriffa noch rund 30 Boote im Einsatz, die ca. 500.000 Besucher pro Jahr an die Wale und Delfine heranführen. Viele Veranstalter fahren trotz aller Vorschriften aber noch zu nah an die Tiere heran – oder sogar mitten in Gruppen hinein. Durch ein derartiges aggressives *Whale-Watching* wird das Leben der Meeressäuger massiv gestört. Sie geraten unter Stress und werden anfällig für Krankheiten. Langfristig führt das zu einem Rückgang der Population durch geringere Reproduktionsraten und Abwanderung.

Eine Reihe von Bootseignern hat sich zum Glück ausdrücklich den artgerechten Beobachtungstouren verpflichtet. Beim sogenannten »sanften« *Whale Watching* laufen die Begegnungen zwischen Menschen und Walen rücksichtsvoll ab. Das Projekt *M.E.E.R. La Gomera*, das mit dem internationalen Preis »Umwelt und Tourismus« des Deutschen Reisebüro- und Veranstalterverbandes ausgezeichnet wurde, gilt seit langem als »best practice«.

Wer also während seines Kanarenurlaubs Wale und Delfine erleben möchte, sollte genau hinschauen, in welcher Form ein Anbieter z.B. die Touren vermarktet und wie viele Boote täglich zu den Tieren rausfahren. Eine tierfreundliche Alternative kann durchaus sein, ganz auf dieses »Vergnügen« zu verzichten. In jedem Fall muss aber auf das Vorhandensein der »Blue Boat«-Flagge geachtet werden; und man sollte sich als Tourist nicht scheuen, unsensibles Verhalten anzusprechen und kritische Fragen zu stellen.

Mehr Infos und Tipps im Internet dazu unter: www.m-e-e-r.de.

3.10   Ausflug zur Nachbarinsel La Gomera

3.10.1   Das Wichtigste in Kürze

Zum Urlaub am Meer gehört auch eine Schiffspartie – was liegt da näher als ein Ausflug zur Nachbarinsel? Von Teneriffas Südwesten ist sie an klaren Tagen zum Greifen nahe – die täglichen Turbo-(Auto-)Fähren der **Reederei** *Fred Olsen* schaffen die knapp 40 km in 40 min. Beschaulicher – und viel billiger – erreicht man La Gomera in 60 min mit dem Fährschiff der **Linie** *Naviera Armas* (siehe Kasten »Praktisches«, Seite 259). Beide Fähren verlangen beim Ticketkauf die Vorlage eines Ausweises.

3.10

Gomeras Highlights: Wälder und das Valle Gran Rey

Parque Nacional Garajonay

Vom kargen Inselsüden Teneriffas aus erreicht man Gomeras *Parque Nacional Garajonay* (UNESCO-Weltnaturerbe) mit Europas größtem Laurisilva-Wald in ca. 1.000-1.400 m Höhe genau so rasch per Dampfer wie per Auto Teneriffas Anaga-Gebirge mit ähnlich üppiger Vegetation. Hier wie dort lädt sie zum Spazieren und Wandern ein (➤ Seite 170). Von Gomeras Südostküste sieht man den Teide in voller Pracht – und während der Hin- und Rückfahrt zeigen sich manchmal Delfine oder gar Wale, die vor der Turbo-Fähre schnell und tief abtauchen (➤ Essay links).

Valle Gran Rey

Das *Valle Gran Rey*, ein besonders tief eingeschnittenes, palmenreiches Tal, kennt jeder Alt-68er. Damals kamen scharenweise Hippies ins »Valle« – und so manches alternative Pärchen fand oder trennte sich hier am Strand. Der Deutsche *Capitano Claudio* pflegt das alte Insel-Image immer noch in seinem skurril-sarkastischen Magazin »Der Valle-Bote« (www.valle-bote.com). Und während etablierte Ex-Hippies inzwischen längst mit Kind und Kegel auch gern gehobener auf Teneriffa urlauben, bleibt Angela Merkel La Gomera treu – und wandert in ihrem Osterurlaub immer wieder gern auf ihrer Lieblingsinsel.

Ortschaften ausgangs des Valle Gran Rey:
unten links das gleichnamige Dorf,
rechts davon Hotelkomplexe,
am Hang rechts La Calera,
unten Playa La Puntilla

San Sebastián de La Gomera;
im Hintergrund Teneriffa
mit dem Teide

Auf der zweitkleinsten Kanareninsel sind die Uhren stehen geblieben. **Hermigua**, **Agulo** und **Vallehermoso** im Inselnorden
haben ihren ländlichen Charme bewahrt und werden kaum vom
Tourismus berührt. Die über die Insel hinaus berühmten *Órganos*, riesige Basaltsäulen an der Nordküste (➤ Lexikon Geologie,
Seite 437), sind nur vom Meer aus zu sehen. Leider fehlt Gomera
eine Rundum-Küstenstraße; immer wieder geht's rauf-und-run-
ter, um im nächsten *Barranco* ans Meer zu gelangen.

Wer vergessen hat, seine Badehose einzupacken, versäumt meist
nichts – Teneriffa hat bessere (z.T. künstliche) Strände als Gomera; das gilt auch für das »Valle«.

Individuell oder organisiert?

Die Ausführungen in diesem Kapitel ersetzen keinen Gomera-
Reise- oder gar Wanderführer, reichen aber für eine lohnenswerte
2-tägige Stippvisite.

Gomera ist nicht Teneriffa, d.h. nicht so durchorganisiert wie die
Teide-Insel. Die Hauptstadt ist ein größeres Dorf (9.000 Einwohner), die Bevölkerungsdichte beträgt 47 Menschen/km^2 (Teneriffa
335/km^2); 122 Buslinien verkehren auf Teneriffa (ohne die inner-
städtischen Verbindungen), auf Gomera ganze sechs.

Auf der Insel selbst gibt es keine kommerziellen Besichtigungs-
touren. In Teneriffas Touristenzentren werden aber Gomera-
Tagesausflüge angeboten: per Bus mit oder ohne Wanderung, ganz
oder halb um die Insel oder als Fotosafari.

Tipp: *Götz Kampmann*, der Autor des diesem Buch beiliegenden
Wanderführers, organisiert Wanderungen auf Teneriffa und La
Gomera. Tagesablauf, Route, Schwierigkeitsgrad, Länge und ggf.

auch Essenswünsche etc. werden bei ihm vorher individuell festgelegt; informative Erläuterungen runden das Programm ab; Anfragen unter ☏ (+34) 644-244 118 oder info@movida-events.com.

Wer individuell fährt, sollte vorher **drei Entscheidungen** treffen:

1) Mache ich einen **Tagesausflug** nach Gomera **oder** bleibe ich
über Nacht? Mindestens 1 Nacht bleiben in Valle Gran Rey!

2) Verlasse ich mich in Gomera auf Taxis und Busse oder erkunde
ich die Insel per Mietwagen? **Besser ist ein Mietauto!**

3) Nehme ich meinen Mietwagen aus Teneriffa mit auf die Fähre
oder buche ich ein Auto in San Sebastián? Bei einer oder mehr
Gomera-Übernachtungen besser mitnehmen; das ist bequemer und billiger; ➢ **Fährtarife unten.**

3.10

Praktisches

La Gomera im Internet
www.lagomera.de, www.gomeralive.de, www.gomeraforum.de

Touristeninfo
San Sebastián: Calle Real 4, Mo-Sa 9-13.30 und 15.30-18 Uhr, So bis 13 Uhr; ☏
922-141512, E-Mail: turismo@lagomera.es; **Valle Gran Rey**: ☏ 922-805458

Gomera-Fähren
www.gomera.de/faehre.htm

Fred Olsen Auto-Schnellfähre (40-45 min)
Los Cristianos–San Sebastián:
Mo-Do und Sa 9, 14 Uhr und 19 Uhr; Fr 9 und 19 Uhr; So 9.30 und 19 Uhr
San Sebastián–Los Cristianos: Mo-Do und Sa 7.30, 12, 17.30 Uhr, Fr 7.30, 14,
und 17.30 Uhr; So 8 und 17.30 Uhr
Tarife: €40, Kinder (4-11) €20, unter 18 Jahre €30, Senioren ab 60 Jahre €30,
PKW inkl. zwei Personen €90; ☏ 902-100107; www.fredolsen.es

Naviera Armas Autofähre (ca. 60 min)
Los Cristianos–San Sebastián: Mo-Do um 8.45, 14, 18.30 Uhr; Fr um 8.45,
14.30 und 18.30 Uhr; Sa um 8.45 und 19 Uhr; So um 8.45 und 20.30 Uhr
San Sebastián–Los Cristianos:
Mo-Fr 7, 11.30, 17 Uhr; Sa um 7 und 17 Uhr; So um 7, 10.15 und 19 Uhr
Tarife €31, bis 26 Jahre und über 60 Jahre €25, Kinder (4-11) €15; PKW plus
Fahrer €32, 2 Pers. €45, Krad €35, ☏ 902-456500; www.navieraarmas.com

Etwas abweichende Winterfahrpläne gelten ab Oktober und werden über die
Websites bekannt gegeben. **Achtung**: Ausweise nicht vergessen!

Transport auf der Insel
Von den **6 Buslinien** (www.lagomera.de/busplan.htm) sind für Tagesbesucher
die Linien 1 und 3 interessant. Mit ihnen erreicht man die Highlights **Valle
Gran Rey**, den **Nationalpark** und die **Playa Santiago**. Ins Dorf **Agulo** im Norden der Insel geht's besser per Mietwagen.

- **Buslinie 1**: San Sebastián-Hermigua-Valle Gran Rey (2 Stunden; durch den Nationalpark). Hinfahrt 10.30, 12, 15.30, 18.30, 20.30 Uhr; So/feiertags nur 10.30 und 21.45 Uhr; Rückfahrt 5, 8, 13, 14.30 und 18 Uhr; So/feiertags nur 8 und 16.30 Uhr.

- **Buslinie 3**: San Sebastián-Playa Santiago (70 min; fährt weiter bis Alajeró); Hinfahrt Mo-Fr 7, 10.30, 12, 15.30, 17.45 und 20.30 Uhr; Sa wie an den Wochentagen nur letzte Fahrt 21.30 Uhr; So/feiertags 10.30 und 21.45 Uhr; Rückfahrt 5.30, 7, 13.30, 15.30, 19 Uhr; So/feiertags 7, 17.30 Uhr; mit Verbindung zur **Buslinie 6**: Flughafen-Valle Gran Rey

Autovermieter mit Büro in San Sebastian (La Gomera):

Wer nicht bei den international tätigen Firmen (www.billigermietwagen.de, www.europcar.de etc., ➢ Seite 55) buchen will, bucht kanarisch bei:

- *Aviacar*, Calle Cañada Herrero 42; ✆ 922-141334; www.aviacar.com
- *Autos La Rueda*, Calle de Medio 19, ✆ 922-870709; www.autoslarueda.es
- *Cicar*, am Fährhafen-Terminal, ✆ 922-1411334; www.cicar.com

Unterkünfte in San Sebastián

- *Parador Nacional de La Gomera*****, altkanarische Haus mit Innenhöfen und Gärten, Meer-, Teideblick und Pool. Es liegt auf den steilen Klippen über der Stadt. DZ/F ab €120, ✆ 922-871100; www.parador.es
- *Hotel Torre del Conde****, zentral in der Calle Ruiz de Padron 19, am Park mit dem Turm (*torre*); modern, Parkblick-Zimmer, DZ €65, ✆ 922-870000
- *Hotel Garajonay*, neben dem *Torre del Conde*, etwas einfacher; DZ €45, ✆ 922-870550

Restaurants in San Sebastián

- *El Charcón*, *Paseo Marítimo* hinter dem Felsen an der Hafenmole; tolle Lage, Meer- und Teideblick-Terrasse, prima Fischküche, 12.30-22.30 Uhr, So zu; ✆ 922-141898; www.restauranteelcharcon.com
- *Tasca La Salamandra*, Gastro Bar, zentral, mit kreativen *Tapas* und Terrasse, Calle Real 16, Mo 19.30-23, Di-Sa 12.30-16 und 19.30-23 Uhr; ✆ 626-223301

Unterkünfte im Valle Gran Rey

Häuser in Strandnähe: www.gomera.de/playa.htm

- *Gomera Lounge*, in La Playa, DZ-Apartments €60; in La Calera Studios €40-€70, ✆ 922-805195; www.gomera-lounge.de
- *Jardin del Conde*, in La Puntilla, Apartments gegenüber der *Charco del Conde*, einem geschütztem Tidenpool; €60-€65

Häuser am Hang, im Ortsteil **La Calera**: www.gomera.de/calera.htm

- *Hotel Playa Calera*; Calle Punta Calera, 2, 38870 Valle Gran Rey, ✆ 922-805779; www.hotelplayacalera.com und die **Casa Nicolas**

Noch höher liegen die **Casa Rojo** und **Casa Amarilla** im Ortsteil Taguluche.

Restaurants im Valle Gran Rey

- *Charco del Conde* in La Puntilla gegenüber dem Tidenpool *Charco del Conde*. Das Restaurant bekam 2012 einen Preis als beste kanarische Küche der Insel. Man sitzt sehr romantisch auf der Terrasse oder im tropischen Patio, 10-22 Uhr, So zu; ✆ 922-805403.

- *Abisini* in der kleinen Straße La Questa Abisinia 7 mit schönem Garten in Vueltas. Prima kanarische Küche; es gibt frischen Fisch und andere kanarische Gerichte wie *Conejo* (Kaninchen) und *Queso Asado* mit *Mojos* (gebratener Käse); Mo-Sa 18-24 Uhr; ✆ 922-805893.

- In derselben Straße befindet sich auch das **El Pescador**; dessen Spezialität sind Brathähnchen mit Kräutern und wunderbare Salate. So-Fr 18-23 Uhr, Sa geschlossen, ✆ 922-805003.

- *Restaurante Tuyo* offeriert *Fusion Food* aus asiatischen, mediterranen und kanarischen Gerichten. Auch die Dekoration ist ein kultureller Mix. Rind, Lamm und Fischgerichte sind ein Genuß. In der Calle del Puerto fast am Hafen von Vueltas an einem Platz mit kleiner Kirche; ✆ 922-805299, Mo zu;

- *Cofradía de Pescadores* am Hafen in Vueltas, *Restaurante* wie die Fischer es mögen; gute Stimmung, schöner Blick; 5.30-24 Uhr; ✆ 922-805681

- *La Islita* an der Carretera Playa del Inglés 10, *Edificio Casanova Local* 2&3; empfehlenswerte italienische Küche. Vor allem die hausgemachte Pasta und die Steinofen-Pizza sind prima; Di-So ab 18 Uhr; ✆ 922-805500.

3.10.2   Gomera-Programm für 2 Tage

Gut zu wissen   Hat man seinen Mietwagen in San Sebastian abgeholt, sollte man sich in der **Touristeninformation** (altes Zollhaus an der baumbestandenen *Plaza Américas*, Ecke Calle Real N°4) mit Inselmaterial (einzelne Wanderweg-Faltblätter, Busfahrpläne, Unterkunftslisten – gute Inselkarten bekommt man an den Zeitungskiosken) eindecken, um dann auf der **GM2** Richtung Valle Gran Rey (»Tal des großen Königs«) aufzubrechen (50 km, 70 min reine Fahrzeit).

Im Infobüro lohnt auch ein Blick in den Patiobereich des alten Zollhauses mit kleinem **Columbus-Museum** (➢ Personen, Seite 495). Aus dem Brunnen entnahm er die Wasservorräte für seine Reisen.

Auf der Calle Real passiert man die Kirche **Nuestra Señora de Asunción**, in der einst *Columbus* um Gottes Segen für seine Reise gebetet hatte. Danach biegt man zweimal links ab, um in einer der Parallelstraßen ans Meer zu gelangen. Kurz erblickt man rechts den quadratischen **Torre del Conde**, der schon 1447 den Spaniern bei der Eroberung der Insel als Festung diente.

Einen längeren Stadtrundgang durch San Sebastian hebt man sich besser für den Abreisetag auf. Denn um die **Fährabfahrt** (➢ Seite Kasten Seite 259) **nicht zu verpassen**, sollte man einen Zeitpuffer (für Stau, Mietwagen-Rückgabe etc.) einkalkulieren, den man auch für ein spätes Mittagessen nutzen kann (zentral: **Tasca Salamandra** in der Calle Ruiz de Padrón 54 oder **El Charcón** am Hafen; beide So zu; die Küchen schließen immer 16 Uhr).

3.10

La Gomera

Los Órganos

Puerto de
Valle Hermoso

AGULO

N

0   3 km

VALLE
HERMOSO

Las
Rosas

Alojera

Besucherzentrum
"Juego de Bolas"

HERMIGUA

Los Aceviños

Arure

Las
Hayas

*Parque Nacional
Garajonay*

TF 711

Mirador del
Palmarejo

El Cercado

*Roque Zarcita
1212 m*

La Laja

Chipude

*Garajonay
1487 m*

*Roque Agando
1250 m*

TF 713

SAN SEBASTIÁN

VALLE
GRAN REY

Imada

Vueltas

ALAJERÓ

Los Cristianos
(Teneriffa)
90 bzw. 60 Min.

Playa de Santiago

Anreisetag auf La Gomera

Die Fahrt auf der GM 2 Richtung Valle Gran Rey führt zunächst durch karge Kakteen-Landschaft und taucht dann bei ca. 1.000 m Höhe meist (wie auch im Anaga-Gebirge auf Teneriffa) in Wolken ein. Nachdem man die mächtigen *Roques de Agando* (links, 1.250 m) und den *Roque de la Zarzita* (rechts, 1.212 m) passiert hat, erreicht man einige Kilometer hinter dem Abzweig nach Alajeró auf der Höhenstraße rechts den Parkplatz **Alto de Contadero**, einen alten Ziegen-Sammelplatz der Hirten (*contar* = zählen). Hier beginnen zwei gut ausgeschilderte Wanderwege. Der erste und längere eignet sich für den Ankunftstag, der zweite, kürzere für den Rückreisetag:

Wanderung 1

Auf einem der schönsten Wanderabstiege Gomeras läuft man durch den bemoosten **Laurisilva-Märchenwald** (zum Thema *Laurisilva* ➤ Seite 170) in knapp 2 Stunden zum Weiler **El Cedro** mit dem urigen **Restaurant La Vista**. Spezialität: Brunnenkresse und *cabra/conejo*; täglich 9-20 Uhr, ✆ 922-880949. Laufzeit retour 2,5 Stunden bei 545 m Höhendifferenz. Nimmermüde Wanderer können von *El Cedro* nach zunächst steilem Abstieg noch weiter bis Hermigua gehen; von dort per Taxi zurück (✆ 922-880047, €60), alternativ auch ab *La Vista* zurück mit dem Taxi (€20 für 2 Personen, ✆ 922-880949 oder 922-880804).

Wanderung 2   In einer guten Stunde (leicht, viel Schatten, 200 m Anstieg) steht man auf dem höchsten Gipfel Gomeras, dem ***Alto de Garajonay*** (1.487 m, benannt nach dem gomerischen Romeo & Julia-Liebespaar »*Gara* & *Jonay*«) mit herrlichem Weitblick auf Teneriffa, La Palma und El Hierro.

Weiterfahrt ins Valle Gran Rey

Auf der Höhenstraße GM 2 erreicht man dann den Ort Arure und hat dort (hinter dem ersten Tunnel) vom ***Mirador El Palmarejo*** einen großartigen Blick auf das schönste Tal des Archipels, das berühmte **Valle Gran Rey**: weit und immer grün; dazu weiße Häuser, locker verstreut zwischen den zahllosen, kleinen terrassierten Feldern und den schlanken Palmen.

An dem Aussichtspunkt liegt das **Restaurant/Cafetería** *Cesar Manrique*; Täglich außer Mo von 11-22 Uhr ✆ 922-807045. Die Anlage wurde von *César Manrique*, dem Lanzaroter Künstler, an die Umgebung angepasst (➤ Seite 498).

Anschließend windet sich die Straße, gesäumt von schlichten Fincas, bergab bis ans Meer.

Blick
ins Valle
Gran Rey

Das Valle   Am »westlichen Ende Europas« ist die Atmosphäre entspannt wie an einem magischen Ort. Hier traf sich einst die links-alternative Szene, aß Müsli, strickte Pullover, war gegen Atomenergie und den Vietnamkrieg. Das Geheimnis seiner Faszination für alte und junge Generationen gibt das «Valle» jedoch bis heute nicht preis: alles ist kanarisch-normal: kleine Strände, zwei Dutzend Unterkünfte, Restaurants und ein paar Kneipen.

Ortsteile   *La Calera*, 100 m hoch am Hang, ist die älteste Siedlung mit dicht gedrängten altkanarischen Fincas an autofreien Gassen.

La Playa, das Ex-Epizentrum des Hippie-Tourismus, liegt direkt am Meer; es vereint Ortsteil und schwarzen Sandstrand (genannt *Babybeach*) und ist umringt von Lokalen; einen Katzensprung weiter nordwestlich liegt der schönste Strand, *Playa de Inglés*, mit vielen kleinen Dünenbuckeln unter einer gewaltig steilen Felswand.

La Puntilla, etwas südöstlich von *La Playa*, ist das heutige Mini-Zentrum des «Valle» mit neueren Hotels, Apartmentanlagen und vielen Restaurants.

Las Vueltas erreicht man zu Fuß in ca. 30 min südöstlich von Puntilla entlang eines schmalen Strandstreifens auf einer kaum befestigten Straße am Meer; das Viertel hat einen attraktiven Bootshafen, einen Strand und ein paar populäre Restaurants.

Abreisetag auf La Gomera

Wer morgens in Valle Gran Rey aufbricht, kann bis zur Abfahrt der Fähre unter Berücksichtigung einer guten Stunde Fahrzeit bis zum Hafen in San Sebastian ggf. noch Folgendes einplanen:

- 2 Stunden Wandern auf den *Garanjonay*-Berg
  (➤ Wanderung 2 auf Seite 263)
- 1 Stunde Stadtbummel und Autorückgabe
- 1 Stunde spätes Mittagessen in San Sebastian
  (➤ Seite 261 und Kasten, Seite 260)

El Silbo – ich pfeif' drauf

Schon die Ureinwohner der Kanarischen Inseln verständigten sich zuweilen pfeifend, zunächst in ihrer eigenen Sprache, *Guanche*, um sich während der *Conquista* der Spanier zu erwehren; nach der Eroberung wurde kastellanisch gepfiffen. Über Gomeras tief eingeschnittenen Schluchten überbrücken die mal lang, mal kurz gezogenen, mal hohen, mal tiefen Töne bis zu 8 km. Die Pfeifsprache *El Silbo* kann 4000 Worte ausdrücken – Zeige- und Mittelfinger unterstützen das Gezwitscher, die andere Hand gibt dem Schall die Richtung. Das **kanarische Mobiltelefon**: nur Display, Batteriefach und Tastatur fehlen ... Als UNESCO-Weltkulturgut ist *El Silbo* heute tatsächlich Pflichtfach an allen Grundschulen auf La Gomera; ➤ www.youtube.de > Silbo Gomera.

4.   BEREICH WESTKÜSTE

4.1   Kennzeichnung des Bereichs

Geographie   Die über 40 km (Luftlinie) lange Westküste ist im nördlichen Bereich kaum besiedelt. Denn dort versperrt das unwegsame Tenogebirge mit seinen massiven 15 km langen und 500 m hohen Steilklippen *(Acantilados de los Gigantes)* fast ganz den meerseitigen Zugang. Abgeschieden und schwer zugänglich liegt mittendrin **Masca**, das schönste Bergdorf Teneriffas.

Am abrupten südlichen Ende jener Klippen hat sich das vierte und – unter den vier großen nach Los Cristianos, Las Americas/Costa Adeje und Puerto de la Cruz – kleinste Tourismuszentrum *Los Gigantes* entwickelt. Auf Kosten der Landwirtschaft wurden hier Luxushotels wie das erfolgreiche **Hotel Abama** (Playa San Juan) und das **Gran Melia Palacio de Isora** (Alcalá) gebaut; weitere sollen folgen. Der Charakter der kleinen sympathischen Fischerstädtchen hat sich dadurch schon verändert.

Die weiten Hänge sind bis zum Tenogebirge nur wenige hunderttausend Jahre alt; helle und dunkle Lavaschichten unterschiedlicher Ausbruchphasen (d. h. bis vor 500.000 Jahren während der Formung des *Pico del Teide* und *Pico Viejo*) sind übereinander geschichtet. Wie an der Südküste liegen alte Siedlungen wie Tijoco de Abajo, Guía de Isora und Chio auf 500-600 m Höhe.

Landwirtschaft   Dort ermöglichten erst kilometerlange Wassertunnel ab Ende des 19. Jahrhunderts eine intensivere Landwirtschaft (➤ im Kapitel »Süden«, Seite 209). Auf großflächig angelegten Terrassen werden in den unteren Lagen hauptsächlich **Tomaten und Bananen** angebaut. Auch Teneriffas größte Anbaugebiete für den Export von **Blumen und Zierpflanzen** (➤ Seite 266) haben sich dort entwickelt – ein expandierender Wirtschaftszweig. Die arbeitsaufwendige Floristik braucht zwar mehr Beschäftigte, aber weniger Raum bzw. Wasser und bringt daher mehr Gewinn.

Tenogebirge   Das Tenogebirge gehört – neben dem Anagagebirge und einigen Bergen um Adeje – zu den drei ältesten Gebirgsformationen der Insel. Da es noch zerklüfteter und wasserärmer ist als das dem Nordostpassat direkt ausgesetzte Anagagebirge, war die nordwestliche Inselecke lange von der wirtschaftlichen Entwicklung abgeschnitten. Bis in die 1970er-Jahre gab es keine asphaltierte Straße, und immer noch führen (bis auf *Punta de Teno*) nur Trampelpfade ans Wasser. Die wenigen Bewohner zogen auf steilen Terrassen Gemüse für den täglichen Bedarf und hielten ein paar Ziegen. Die meisten solcher Höfe sind jetzt verlassen. Nur im nordwestlichsten Teil gibt es auf der Hochebene (*Teno Alto*) verstreut liegende Fincas mit Viehwirtschaft.

Geologie   Eine Reihe von neueren Vulkanen bildet westlich des *Pico Viejo* (neben dem *Teide*) eine Verbindung zum Tenogebirge. Zu ihnen gehören der zuletzt 1706 ausgebrochene **Montaña Negra**, der

Die Westküste

(map of the west coast of Tenerife with the following labels)

Punta del Casado
Burgado
Buenavista
Faro de Teno
Teno-Hochebene
Teno Alto
Montaña de Taco ▲ 320 m
Los Silos
El Palmar
Tabaiba-Pass
Las Portelas
Erjos
Masca
Playa de Masca
Los Pajares 1039 m
Puerto de Erjos 1117 m
Santiago del Teide
Tamaimo
Bilna 1372 m
Los Gigantes
Puerto de Santiago
La Arena
Gran Meliá Palacio Isora
Alcalá
Arguayo
Keramik-Museum
Chío
Aripe
Chirche
Guía de Isora
San Juan
Playa de San Juan
Hotel Abama
El Jaral
Tejina
Vera de Erque
Marazul
Callao Salvaje
Playa Paraíso
Armeñme
Taucho
Casas el Puertito
Adeje
La Caleta
Fañabé
Costa Adeje
Las Américas
Siam Park
Los Cristianos

0   2 km   N

Die Streli(t)zie

Die **Strelitzia regina** kommt ursprünglich aus Südafrika. Sie ist benannt nach Königin *Charlotte Sophia* (1744-1818), der Gemahlin König Georg III von England und gebürtige Tochter des Herzogs von Mecklenburg-Strelitz. Das wissen aber nur die wenigsten Berliner aus Strelitz, die heute diesen – auch Paradiesvogel- oder Papageienblume genannten – Exportschlager Teneriffas in Kartons oder alufolienverpackt aus ihrem Urlaub mit nach Hause nehmen.

Dass diese bis zu 1,50 m hohe ausdauernde Pflanze eine Verwandte der Banane ist, erkennt man an ihren ovalen, bis zu 1,20 m langen Blättern. Aus diesem Blätterwerk ragen viele Blüten tatsächlich wie die Köpfe eines Vogels hervor. Drei orangefarbene Kelchblätter und drei dunkelblaue Blütenblätter werden von einem über 20 cm langen purpurroten kahnförmigen Hochblatt eingefasst. Wer ihren Pflanzenschaft hin und wieder kürzt, kann sich zu Hause immerhin 4-6 Wochen lang an diesem Blickfang in der Vase freuen.

damals Garachico verschüttete, und der erst 1906 aktiv gewordene *Chinyero* westlich von Santiago del Teide, dessen für geologische Verhältnisse noch »frisches« schwarzes Geröll die Hänge
oberhalb von Guía de Isora, Chio und Arguayo bestimmt.

Touristische Historie

Lange war die (nord-)westliche Inselecke noch touristisches Ent-
wicklungsgebiet. Grund dafür war ihre geographische Lage weitab von den historischen Städten und die unwegsame Landschaft
im Dreick zwischen Teno, Garachico und Los Gigantes. Die
Standortentscheidung für den Südflughafen gab den Ausschlag
für den Ausbau der Region um Las Américas.

Touristische Perspektiven

Jetzt, da die Costa Adeje bis La Caleta/El Paraíso bebaut und die
Autobahn bis Santiago del Teide fertiggestellt ist, wird auch dieser westlichste Teil der Insel immer stärker urbanisiert. Die Sonnenstunden sind hier kaum weniger als im Süden und die Fallwinde vom Teide nicht stärker als dort. Das Fehlen natürlicher
Strände bzw. natürlicher Vegetation wird seit Jahren überall durch
aufwendige landschaftsarchitektonische Eingriffe korrigiert.

4.2 Westküste und Hinterland

4.2.1 Touristenzentrum Los Gigantes/Puerto de Santiago

Anfahrt von Norden

Von Garachico/Icod führt die TF 82 serpentinenreich hinauf
Richtung Santiago del Teide und dann in überaus kurviger Abfahrt
(etwa 600 Höhenmeter auf wenigen Kilometern) über Tamaimo
(ab dort TF 454) bis Los Gigantes hinunter.

Küsten- und Höhenstraße von Süden

Der Westküstenbereich zwischen Adeje und Santiago ist durch
drei teilweise parallel verlaufende Straßen erschlossen:
• die Küstenstraße TF 47 über San Juan, Alcalá, Playa Arena/
Puerto de Santiago nach Los Gigantes
• die TF 82, die auf 500 m Höhe von Adeje nach Tamaimo führt,
wo sie auf die TF 454 trifft (➤ Adeje–Santiago, Seite 276ff) und
• den nunmehr von Adeje bis Santiago del Teide fertiggestellten
Abschnitt der Südautobahn TF1 (*Anillo Insular*).

Mirador

An der oberen Ortsgrenze von Los Gigantes, kurz unterhalb der
Kreuzung TF 47/454, bietet der *Mirador Archipenque* (mit Cafeteria) einen Stadtüberblick und vor allem einen schönen Ausblick
auf die Steilküste *Acantilados*.

Touristische Zentren

Der Tourismus verteilt sich weitgehend auf drei Brennpunkte:
• das schon vor über 30 Jahren im Stil eines mediterranen Hafens
angelegte **Los Gigantes**
• das erst in den 1990er-Jahren voll zum Touristenort ausgebaute
ehemalige Fischerdorf **Puerto de Santiago** und
• die Retortensiedlung *Playa de la Arena* mit viel zu massiver
touristischer Bebauung. Sie erstreckt sich halbmondförmig um
einen sehr schönen schwarzen, etwa 200 m langen Sandstrand.

Kennzeichnung der Orte

Alle drei Zentren liegen auf Lavazungen und gehen ineinander über. Stichstraßen führen in Schleifen von der Durchgangsstraße Richtung Meer. Gute Orientierungspunkte sind dabei die **Hotels Los Gigantes** und **Barceló Santiago**. Während die küstennahen Bereiche längst restlos zugebaut wurden, drehen sich bis heute weiter oberhalb immer noch Baukräne.

Briten stellen die Mehrheit der Besucher in dieser Ecke der Insel, u.a. deutlich zu erkennen an den Speisekarten mit *Fish* & *Chips* und *Shepherds Pie*. Auch Ausflugs- und Sportprogramme werden überwiegend mit englischsprachiger Betreuung und Anleitung angeboten – vor allem in Los Gigantes.

Los Gigantes

Charakteristik

Das Städtchen und sein kleiner dunkler Strand liegen unterhalb der namensgebenden **Acantilados de los Gigantes** *(Acantilado =* Steilküste). Nur am Hafen und auf einer zweiten Stufe um den zentralen Kirchplatz ist das Terrain eben. Die meisten Ortsteile von Los Gigantes sind in die Hänge hinein »gefräst« worden; die Straßen verlaufen daher in stetem Auf und Ab. Fußgänger brauchen dort viel Puste. **Parken** ist in Los Gigantes ein noch größeres Problem als anderswo. Wer nicht am Hafen unterkommt (Einfahrt auf der Calle Poblado Marinero), muss oft lange suchen.

Ortskern und Hafen

Trotz seiner Retortengeburt hat Los Gigantes im unteren Bereich durchaus Charme. Kleine Apartmentanlagen, Hotels – allen voran das *Hotel Stil Los Gigantes* mit großem Pool (Calle Flor de Pascua 12) in gepflegtem Grün – und Villen liegen in blühenden Gärten. Shops und Restaurants vermitteln eine fast dörfliche Atmosphäre. Am zentralen Kirchplatz (Plaza Bouganvillea) sitzt man z.B. in den **Restaurants Sinatra** oder **Asturias** angenehm unter schattigen Bäumen. Das touristische Treiben konzentriert sich aber auf den in Nachbarschaft zur Steilküste liegenden **Yachthafen** mit zahlreichen Lokalen an der Hauptmole.

Meerwassernaturpool bei der Freizeit- und Badeanlage El Laguillo, ➤ Karte und Text rechts

Strand	Der kleine Sandstrand *Playa los Guios* (gleich nördlich des Hafens, ➢ Foto Seite 108) ist in der Saison für die vielen Gäste seit langem zu eng. Daher sind die folgenden Anlagen ein wichtiger Bestandteil des Angebots:
El Laguillo	Gleich hinter der Kaimauer liegt das Meerwasser-Schwimmbad *El Laguillo* mit einem großen Pool (Eintritt) und – durch eine Mauer geschützt – einer Felsecke zum Baden im Meer. Die Anlage gehört zu den *Apartamentos Poblado Marinero*.
Club Oasis	Die zweite öffentliche Poolanlage, der *Club Oasis*, ebenfalls mit Treppeneinstieg ins Meer, hat Liegewiesen, Tennisplatz, Café-Bar und einen Massageservice. Man erreicht den Club über die Sackgasse José Gonzalez Forte, die beim Hotel *Los Gigantes* endet.
Crab Island	Zwischen den Hotels *Barceló Santiago* und *Los Gigantes* liegt mit *Crab Island*, ein Villenviertel mit einem beliebten Meerwasserschwimmbecken (frei). Am besten fährt man über die Calle Flor de Pascua vorbei am *Hotel Los Gigantes* und gelangt auf die Calle Gonzalo Forte, der man nur ca. 80 m

Plastische Fassadengestaltung über dem Eingang des Museo del Pescador in Puerto de Santiago

folgt. Wenn diese nach links schwenkt, bleibt man geradeaus und folgt der hier beginnenden Calle el Hibisco bis fast ans Ende und biegt links in die Calle Magnolia ein und auf ihr gleich wieder rechts bis zum Ziel. Parkplätze sind dort rar. Wegen eines Badeunfalls war der Pool 2016 geschlossen; Wiedereröffnung unklar.

Schiffs-Exkursionen
Neben Puerto Colon ist Los Gigantes Teneriffas bester Ausgangspunkt für Schiffsausflüge mit antiken oder neueren Seglern (Foto und Anbieter ➢ Seite 272), Powerbooten, Yachten mit oder ohne Wal-/Delfin-Beobachtung. Viele Trips bieten Badepausen vor eindrucksvollem Panorama. Taucher finden im Bereich Los Gigantes reizvolle Reviere. Alle Ausflüge/Aktivitäten lassen sich vor Ort am Hafen buchen. Auch die Boote, die Wanderer nach Durchquerung der Mascaschlucht wieder zurückbringen, liegen im Hafen.

Beurteilung
Der kleine Ferienort hat viel vom einstigen Reiz verloren: Die pompösen Apartmentanlagen wie *Royal Sun* und *Club II* hängen wie Fremdkörper an den Bergen über der früheren Idylle.

Und trotzdem ist das kompakte Los Gigantes eine gute, zudem ruhigere Alternative zum großstädtischen Las Américas mit nahen Wanderwegen vor allem im Tenogebirge.

Puerto de Santiago

Kennzeichnung
Der Ort schließt übergangslos an Los Gigantes an. Nur die Bucht mit den letzten kleinen Fischerbooten hat noch ein wenig alten Charme. Zentrum des Tourismus ist die zwischen *Crab Island* und der Bucht von Puerto de Santiago gelegene Landzunge mit dem Großkomplex des Hotels *Barceló Santiago*. Im Umfeld stehen, hübsch und flach, aber – wie so oft – viel zu eng, viele Apartmentanlagen und drumherum die übliche Infrastruktur.

Eine Promenade führt (zunächst als Calle de Vica) von Puerto um die kleine Halbinsel herum in Richtung Los Gigantes. Von der Terrasse des Lokals **El Barco del Niño** hat man einen herrlichen Blick aufs Meer und die bizarre schwarze Felsküste. Eine Treppe führt hinunter zu einigen sog. **Charcas**, kleinen Badebuchten.

Playa de la Arena

Auch der einzige größere feine Lava-Sandstrand der Westküste, **Playa de la Arena** (250 m), wurde massiv zugebaut. Die *Apartamentos Seguro de Sol* und *Hotel Playa La Arena* erschlagen förmlich die Umgebung. Hinzu kommt die laute Durchgangsstraße unmittelbar über dem an sich schönen Strand. Lichtblicke sind eine begrünte Promenade und das **Terrassen-Restaurant** *Pancho* (13-16 Uhr und ab 20 Uhr, Mo geschlossen).

4.2.2   Praktisches

Busse

Busse fahren nicht in das Zentrum von Los Gigantes. Sie halten oberhalb an der Carretera General (TF 47/454).

Touristen-information etc.

• **Puerto de Santiago**, (gegenüber Playa Arena im *Centro Comercial Seguro Sol*); Mo-Fr 7.30-14.30 Uhr, ☏ 922-860348.

• **Los Gigantes**: Am Hafen (*Poblado Marinero*) Information über Schiffsausflüge und Tauchen. Infokiosk: Mo-Fr 9.30-16.30 Uhr.

• **Policía Local**, Los Gigantes, nahe dem *Cruce de Caldera*, der Kreuzung nach Tamaimo (TF 454) und der Straße nach Alcalá/Costa Adeje (TF 47); ☏ 922-867033.

Post und CC

• **CC** *Vigilia Park*, an der Straße zwischen Gigantes und Puerto de Santiago, dort gegenüber auch die Post.

Arzt

• **Medizinisches Zentrum** Los Gigantes (*Centro Medicos Salud Canarias*), Avenida Maritima 43; ☏ 922-860432.

Playa de la Arena; bei Wind entsteht dort eine starke Brandung

Ausflugsboot Flipper Uno bei der Ausfahrt aus dem Hafen von Los Gigantes

- **Centro Médico** (CMS – *Centros Médicos del Sur*), Puerto de Santiago, zwischen Puerto de Santiago und Playa de la Arena gegenüber der Plaza beim Hotel *Dragos*, ℡ 922-860593.

Bootstrips ab Los Gigantes

- Delfine und Schildkröten, manchmal auch Wale sieht man vom gemütlichen – einstmals Büsumer – **Krabbenkutter Katrin**; kein *Fun Boat* mit Essen, Drinks und Musik, keine sensationellen Versprechungen, sondern sanftes *Whale Watching* mit Badepause. Start zur 2-stündigen Tour So-Fr 11 und 13.45 Uhr, €25 (Kinder 50%); ℡ 922-860332, www.dolphinwhalewatch.com.

- Mit Katamaran *Nashira Uno* auf **Wal- und Delfinsafari**; 3-Stunden-Trip €35 (11 Uhr), 2-Stunden-Trip €25 (nur Delfine, 14 Uhr), mit Badepause in der Masca-Bucht. Eine Stunde Küstenfahrt (16 Uhr) €15; ℡ 922-861918, www.maritimaacantilados.com.

- Seit über 20 Jahren segelt die **Flipper Uno** durch die Bucht; im Sommer legt sie 3x zur 3-stündigen Tour ab (11.30, 14.30, 17.30 Uhr, im Winter 11.30 und 14.30 Uhr); www.flipperuno.com.

Abholung der Masca-Wanderer

Wer nach dem Abstieg durch die **Mascaschlucht** mit einem Wassertaxi nach Los Gigantes will, meldet sich besser vorher an. Die Überfahrt kostet stets €10, jeweils 2-4 Abfahrten pro Tag (abhängig von den Wetterbedingungen). In Masca werden Tickets in Restaurants und Souvenirgeschäften verkauft. Ein Taxi zurück nach Masca kostet €40. Am sinnvollsten ist es, das Auto in Los Gigantes zu parken und per Taxi nach Masca zu fahren. Eine (direkte) Busverbindung existiert nicht. Das Transportproblem löst einfacher, wer sich einer geführten Masca-Wanderung anschließt (➤ zur gesamten Thematik Seite 284).

Sport

Tauchen ➤ Seite 521, **Surfen** ➤ Seite 523.

Unterkunft

Die **Hotels Los Gigantes** und **Santiago Barceló** sind wegen ihrer Lage und Ausstattung empfehlenswert; das gilt ebenso für die **Apartamentos Poblado Marinero** (➢ Seite 560f).

Restaurants

Los Gigantes

Die Gastronomie in Los Gigantes ist eher mäßig. Die Hafenlokale sind aber o.k. für einen Drink/Snack. Das **Harbour Lights** dort hat immerhin Atmosphäre.

• Das **Rincón de Juan Carlos** im Zentrum (Pasaje Jacaranda 2) gilt als Feinschmeckerrestaurant und wird wie auch die **Tapa-Bar 23°** an der *Plaza Buganvilla* auf Seite 85 genauer beschrieben.

• Das Restaurant **Jardin del Sol**, ebenfalls auf der zentralen *Plaza Buganvilla*, hat solide spanische Gerichte; auch die Atmosphäre stimmt, 12-15 und 18-23 Uhr, So zu; ✆ 922-860504.

Puerto de Santiago

An der Hafenbucht gibt es noch ein letztes einfaches Fischlokal von wechselnder Qualität (**Casa Pedro**, ✆ 922-860164, So zu).

• **El Barco de Niño** an der Calle la Hondura unweit Hotel *Barceló* Santiago, ein gutes Fischlokal mit prima Terrasse über dem Meer, Reisgerichte, ✆ 922-868339, 13-22 Uhr.

Playa de la Arena

• **Pancho**, in punkto Ambiente und Qualität das beste am Platz; man sitzt unter Bäumen am Strand; auch bei Einheimischen populär, 13-16, 19.30-23 Uhr; ✆ 922-861323; Mo zu.

Von dort ist es auch nicht weit zu Alternativen, ➢ Seiten 236f.

Die Poollandschaft abschließender Wasserfall des Hotels »Be Live Experience Playa La Arena« mit einem außerordentlich guten Preis-/Leistungsverhältnis (Meerblick-Zimmer)

4.2.3   Küstenstraße von Adeje nach Los Gigantes

Die Hauptroute durch Teneriffas Westen war bislang die weit hinter der Küste verlaufende TF 82. Parallel dazu läuft nun die bis fast nach Santiago del Teide verlängerte Autobahn TF 1 (fürs rasche »Durchkommen«). Die nördlich von Adeje von der TF 82 bzw. der Autobahn abzweigende Küstenstraße TF 47 bietet kaum Ausblicke aufs Meer. Aufstrebende Städtchen wie **Playa San Juan** und **Alcalá** sind aber einen Stopp wert, außerdem – zum Baden und Schnorcheln – das kanarisch-urige Fischerdorf **El Puertito**.

Playa Paraíso/El Puertito/Callao Salvaje

Playa Paraiso

Mit biblischen Vorstellungen hat **Playa Paraíso** (Stichstraße von der TF 47) wenig gemein. Das Terrain gliedert sich in zwei Bereiche: die 15-stöckigen Klötze mit winzigen Balkonen (aus den 1970er-Jahren) und eine veraltete, öffentliche Poolanlage mit kleinem schwarzen Strand (*Playa El Pinque*). Etwas südlich davon steht der Hotelkomplex *Bahía Principe*, quasi das *Bahía del Duque* (Costa Adeje, ➤ Seiten 206f) des kleinen Mannes mit Einkaufszentrum und Poolanlage am Meer (aber ohne Strand). Anfahrt: Von der TF 47 beim Ortseingang von Armenime der Ausschilderung folgen.

El Puertito

Wer – statt nach rechts in die Avda Playa Paraíso zum *Bahía Principe* abzubiegen – geradeaus weiterfährt, kommt zum erwähnten **El Puertito** mit einem kleinen grauen Sandstrand hinter einer ausgedienten Bananenpackanlage und Kneipe. Im Winter ist es dort wochentags sehr ruhig, im Sommer entwickelt sich in El Puertito eine Art »alternatives Leben«.

Callao Salvaje

Callao Salvaje nördlich von Playa Paraíso ist eine reine Hotel-, Bungalow-Siedlung mit Restaurants und Shops. Der graue, aber feine **Sandstrand Ajabo** liegt geschützt in einer Bucht mit Beton-Plattform (Einstieg über

An der Playa de San Juan, ➤ rechts

Treppen), ein beschaulich-ruhiges Plätzchen mit etwas Grün und einer Apartment-Häuserfront im Rücken. Mit **Restaurant *Sansibar Ajabo***, täglich 9-23 Uhr; ℅ 922-723430.

Hotel Abama

Das massive pinkfarbene, einer marokkanischen Kasbah nachempfundene **Hotel *Abama*** südlich von Playa San Juan, eines der mittlerweile vielen Luxusresorts Teneriffas (Foto Seite 39, Details ➤ Seite 560), liegt von der TF 47 aus unübersehbar im Blickfeld. Der aufgespülte helle Sandstrand beim Hotel ist einer der schönsten im ganzen Süden, öffentlich und eintrittsfrei (➤ Seite 107).

(Playa) San Juan

Der attraktivste Ort in diesem Küstenabschnitt ist Playa San Juan (auch von Guía de Isora über TF1/TF 82 und TF 463 zu erreichen).

Kennzeichnung

Die in den letzten Jahren entstandenen Apartments wurden nicht nur von wintermüden Nordeuropäern erworben, sondern zum größeren Teil von Tinerfeños, die im und um den Südtourismus arbeiten. Dadurch wirkt das Städtchen recht spanisch.

An der Meeresavenida (mit Promenade am Wasser) findet man viele Straßenlokale. Vom sich anschließenden (aufgeschütteten) ersten Strandabschnitt blickt man auf einen Fischerei- bzw. Werfthafen. Dahinter beginnt die autofreie Promenade mit Terrassenlokalen. Strand und Promenade setzen sich südlich noch gut 300 m fort. Von deren Ende führt ein **Fußweg** den Hang hinauf – in Richtung, aber nicht ganz bis zum Hotel *Abama*.

Unterkunft

Im Ort gibt es keine Hotels und nicht einmal kleinere Pensionen, aber diverse Ferienapartments; Vermittlung z.B. unter

•*Apartments Carlomar*, www.apartamentoscarlomar.com

Restaurants

Die Restaurantszene hat sich in Playa San Juan in den letzten Jahren stark entwickelt, zu empfehlen sind:

• *El Aljibe*, an der Meeresavenida, junges Publikum, moderne *Tasca*, spanische Küche, auch Café; ℅ 922-138675.

• *Jamon Jamon* ist ein beliebtes Restaurant ebenfalls unverfehlbar an der Meeresavenida; spanisches Dekor, spanische Gerichte; Küche 12.30-23 Uhr, Mo zu; ℅ 663-271735.

• Im schattigen Bereich der Promenade am Hafen stößt man von der Meeresavenida als erstes auf das *Marsala* (Spezialität *Mariscos*); es gilt als eines der besten Restaurants der Insel und wird in den Restaurant-Empfehlungen (➤ Seite 84) beschrieben.

• Das Restaurant *Playa San Juan* mit hoher Kapazität draußen gleich nebenan hat eine üppige Speisekarte mit allem, was Meer und Land bieten: täglich 10-21 Uhr, ℅ 922-138496.

Markt

Mittwochs 10-14 Uhr kommen Besucher in den sonst ruhigen Ort zum **Touristenmarkt**; u.a. gibt's dort auch Stände mit lokalem Obst, Gemüse, Wein und Käse; ➤ Seite 537f.

Tauchen

San Juan hat gleich zwei gute **Tauchschulen**, ➤ Seite 522.

Alcalá

Charakter

Auch dieses Fischerstädtchen ist in den letzten Jahren stark gewachsen. Den Ortskern erreicht, wer – von San Juan kommend – Richtung Meer zur **Plaza Llanos** abzweigt, einem schattigen Platz mit Cafés und Bars. Nur ein paar Schritte sind es von der Plaza zum kleinen **Hafen**. Schwimmer können über Leitern ins Meer klettern oder bei Ebbe am feinkörnigen Lavastrand baden.

Palacio de Isora

Gleich nördlich des Ortes überrascht das Luxushotel **Gran Melia Palacio de Isora** (➤ Seite 560) durch enorme Größe. Vom Park der 8 ha-Anlage blickt man über riesige Wasserflächen bis La Gomera (➤ Foto unten; verbundene Becken mit über 200 m Länge).

Promenade/ Infos

Eine breite Promenade führt vom Ortskern an der felsigen Küste entlang weiter nach Norden. Parkplätze findet man zwischen dem *Palacio de Isora* und Alcalá, ebenfalls einen **Info-Kiosk**. Nach Süden Richtung Hafen und dann wieder hoch zum Ortskern folgt die Promenade einem alten Küstenweg.

Restaurants

• Bestes Restaurant des Ortes ist das **Saúco** an der Promenade am nördlichen Ortsende hoch über dem Meer (gleich neben dem Supermarkt *Jesuman*). Von der Terrasse – praktisch auf der Promenade – fällt der Blick hinüber nach La Gomera. Leichte variationsreiche und moderne Küche zu dafür recht passablen Preisen, daher ist es oft voll. Reservierung angebracht. Geöffnet 12-16.30 und 19-0.30 Uhr, Di zu; ✆ 922-860744.

• *Lúpulo*, kleines Restaurant an der zentralen Plaza; klassische Gerichte mit modernem Einfluss: Lammhaxe, Entenbrust; 13-16 und 19-22.30 Uhr, Mo zu; ✆ 922-83227.

• **Casa Mon**, kleines, ziemlich einfaches Fischlokal oberhalb der Plaza (Calle La Plaza 5), aber Geheimtipp für frischen Fisch und Meeresfrüchte; mittags und abends, Di zu; ✆ 922-865443.

Markt

Touristenmarkt, Mo 9-14 Uhr.

Tauchschule

Diving Center/Escuela de Bucear im Ortskern, ✆ 922-866817.

Geheizter Pool des Hotels Gran Melía Palacio de Isora bei Alcalá ; ein weiterer 200 m langer Pool schließt das Gelände von der Meerespromenade Alcalá-Playa de La Arena ab

4.2.4 **Die Höhenstraße TF 82 und Autobahn TF1 von Adeje bis Santiago del Teide**

Straßen- verlauf und Weiter- führung an die Nordküste

Attraktiver als die Küstenroute verlaufen die parallele die Ort- schaften in der Höhe verbindende alte Hauptstraße TF 82 und die neue Autobahn. Aus 500 m Höhe sieht man fast immer das Meer und in der Ferne La Gomera. Nördlich von Chio durchqueren beide Straßen die schwarze Lava des 1909 zuletzt ausgebrochenen Vul- kans *Chinyero*. Kurz vor Santiago del Teide endet zur Zeit noch die Autobahn. Der Verkehr der TF1 endet (beginnt) dort an einem überdimensionalen Kreisel an der TF 375. Die TF 82 über die Ausläufer des Tenogebirges fungiert nach wie vor als Hauptver- bindung zwischen der West- und Nordküste und läuft unter die- ser Nummer bis El Tanque. Danach wird sie über Icod de Los Vinos zur verlängerten dreispurigen *Autopista TF 5*, bevor bei Los Realejos mit *Salida 39* die »richtige« Autobahn beginnt.

Landschaft/ Vegetation

Die Vegetation ist hier bereits in Höhen von 500-700 Metern dünn. Unterhalb der Grenze des Kiefernwaldes stehen die kanarischen Pinos nur noch vereinzelt. Zwischen Guía de Isora und Chio blü- hen Ende Januar/Anfang Februar aber zahlreiche **Mandelbäume**. Die Bauern hoch oben in Bergdörfern wie Taucho und Vera de Er- que verkaufen dann Mandeln direkt an der Straße. *El Cardón NaturExperience* bietet um diese Zeit geführte Wanderungen auf der *Ruta del Almendros en Flor*, dem Mandelblütenweg, durch die weiße Pracht; www.elcardon.com.

Nach üppigen Regenfällen – und nur dann – bildet sich strecken- weise ein dichter Teppich aus dunkelroten, fleischblättrigen **Eiskrautgewächsen** (verschiedene Arten der Mittagsblume).

Ab dem Frühjahr wird die Vegetation in diesem Gebiet von den dort buschartig wachsenden **Margeriten** beherrscht, auch und besonders von zahlreichen **Feigenkakteen** und der allgegenwärti- gen **Tabaiba** in ihren bäumchenförmigen Arten.

Orte am Wege/TF 465

Die Ortschaften **Tijoco de Abajo**, **Guía de Isora** und **Chio** (von dort führt die TF 38 in die Cañadas) verfügen kaum über erwäh- nenswerte Sehenswürdigkeiten. Immerhin könnte man zwischen Tijoco und Tejina einen kleinen **Abstecher** auf der Straße TF 465 über **Vera de Erque** einlegen. Diese Route bis an die Waldgrenze lohnt wegen der Aussicht und einiger populärer Restaurants:

Restaurants

• *Bodegón Irache Gara*. Aus einer Garage entwickelte sich dieser typische Treffpunkt für Tinerfeños mit Kind und Kegel. Lange Tischbänke, deftige Fleischgerichte, gute Desserts, Mo-Sa 12- 22.30, So 13-16 Uhr; von der TF 82 nach Osten in Richtung Vera de Erque; ☎ 922-857025.

• *Bodega Vargas*, noch oberhalb der *Bodega Irache Gara* in Vera de Erque liegt in 700 m Höhe dieses Natursteinhaus mit Terrasse und tollem Blick bis Gomera. Fleischgerichte; Ambiente und Qualität bestens! Geöffnet 12-16 Uhr und 19-23 Uhr, Di geschlos- sen, ☎ 922-857570, Calle Puerto Rico, 38688 Vera de Erque.

• **Las Goteras** in Tejina an der TF 82; prima Fleischrestaurant (immer gut das *Solomillo!*); gemischtes Publikum. Am westlichen Ortseingang weist das Schild bergauf, von dort noch ca. 100 m; 12-16 und 19-23 Uhr, Mo zu, ℰ 922-857056 (➤ Seite 236f).

Guía de Isora

Das Dorf lässt sich – wie viele kanarische Orte – ohne anzuhalten durchfahren. Bestenfalls die verschlafene Plaza mit einer Pfarrkirche aus dem 19. Jahrhundert wäre Motiv für Zwischenstopps.

Chirche

Oberhalb von Isora liegt **Chirche**, das man nur über eine steile Kurvenfahrt erreicht bzw. als Abkürzung der Auffahrt über Chio in Richtung Teide mühsam durchfährt. Immerhin liegt nördlich (unweit der TF 38) nur wenig abseits der Straße das *Restaurant Mirador de Chirche* mit Aussichtsterrasse.

Chio

In Chio genießt man vom Kirchplatz weite Blicke über Landschaft und Meer. Beim Abzweig nach Chirche wartet das *Delicias del Sol* (*Chutneys, Mojos* u.a.); Mo-Fr 10-15, Sa bis 14 Uhr.

Routen-überlegung

Gleich nördlich von Chio zweigt die TF 38 in Richtung Teide Nationalpark von der TF 82 ab (➤ Teideauffahrten, Seite 415). Bei Anfahrt von Süden bieten die Calle Pinto und der Paseo Indiano kleine Abkürzungen für eine Weiterfahrt auf der TF 38.

Auf der TF 82 geht es über Tamaimo und von dort in weiten Serpentinen nach **Santiago del Teide**. Die und 15 min Fahrt spart, wer hinter Chio die Autobahn TF 1 vorzieht (ab Auffahrt 97).

Alternativ zur TF 82 bzw. TF 1 folgt man ab Chio der landschaftlich attraktiveren und ruhigen **TF 375** nach Santiago del Teide:

Lavafeld zwischen Chio und Santiago del Teide, Zeugnis des letzten Ausbruchs des Vulkans Chinyero im Jahr 1909

TF375   Auf tiefschwarzen scharfkantigen Geröllfeldern an dieser Route wächst kaum eine Pflanze. Nur dem Dachwurz bekommt die frugale Kost; auch die Margerite hält sich und sorgt mit zarten weißen Blüten für einen unerwarteten Kontrast auf dem schwarzen Steingrund. Nur vereinzelt stehen in diesem Bereich Kakteen, Mandelbäume und Kiefern.

Guanchen-   Die TF 375 führt über das Dorf **Arguayo** auf 900 m Höhe. Dort ist
Töpferei in   das verwunschene *Centro Alfafero-Museo Etnográfico* einen
Arguayo   Besuch wert. Es liegt abseits der Dorfumgehung TF 375 (ausgeschildert). In zwei kleinen geduckten Häusern bewahren Frauen aus einer Familie das Töpferhandwerk in seiner ursprünglichen Guanchen-Art. Töpfe, Krüge und Schalen werden ohne Töpferscheibe geformt und im Lavaofen gebrannt. Eine kleine Ausstellung zeigt klassisch-einfache Haushaltsgefäße. Die klassisch-einfachen, überwiegend dunkelbraunen Töpferwaren sind relativ preisgünstig.

Wer Glück hat, kann einer Töpferin bei der Arbeit zuschauen; Carretera General 35 (frühere Hauptstraße), Di-Fr 10-13 und 16-21; So 10-14 Uhr; Eintritt frei; ✆ 922-863465.

Hinweis   Für Nutzer der TF 82: **Tamaimo** ein langes Straßendorf ohne Reiz.

Santiago del Teide

Lage   Umgeben von Feldern und Weinstöcken liegt das langgezogene Städtchen Santiago del Teide 14 km nördlich von Los Gigantes geschützt in der Senke einer 900 m hohen Ebene, die im Osten in sanft ansteigende Kiefernwälder übergeht. Der Krater des *Pico Viejo* und der Teidekegel darüber bilden den Abschluss. Westlich liegt das Tenogebirge mit tief eingeschnittenen Tälern und steil aufragenden kahlen Felsformationen.

Landschaft/   Der Straßenverlauf der TF 82 in diesem nordwestlichen Bereich
Vulkan   markiert in etwa die Trennlinie zwischen zwei unterschiedlichen
Chinyero   Landschaften; der vom jungen Vulkanismus geprägten Region des nordwestlichen Teideabhangs und dem viel älteren Tenogebirge. Beim Ausbruch des 1556 m hohen Chinyero wäre die Stadt 1909 fast verschüttet worden, denn der Lavastrom hielt genau auf sie zu, wurde aber von dem 1.366 m hohen Berg *Montaña Bilma* zum Stehen gebracht. Der Volksglaube überliefert indessen, dass der glühende Strom erstarrte, als Gläubige ihm die Statue des Heiligen Santiago entgegenhielten.

Ortsbild   Santiago del Teide macht einen beschaulichen Eindruck. Auf der Hauptstraße durch den Ort passiert man gegenüber der Abzweigung der Straße nach Masca (TF 436) die klassische Kombination Rathaus und Dorfkirche an einer fotogenen offenen Plaza.

Wein/Markt   Die meisten Touristen durchfahren Santiago del Teide auf dem Weg von Süden nach Norden und umgekehrt oder mit dem Ziel Masca/Tenogebirge ohne Stopp. Aber an der unteren Ortseinfahrt lohnt ein Halt am Restaurant *Chinyero* mit zugehöriger *Bodega*, in der die Weine dieses Anbaugebietes sowie lokale Produkte gekostet und gekauft werden können.

4.3   Tenogebirge und Masca

4.3.1 _____ Nach Masca

_____ **Anfahrten**

Von Süden   Die Anfahrt von Süden bis Santiago del Teide auf der TF 82 bzw. TF1 wurde vorstehend beschrieben. Von den Westküstenorten geht es auf den Straßen TF 47, dann TF 454 nach Tamaimo.

Von Santiago nach Masca (TF 436) sind es 6 km auf schmaler, oft stark befahrener Straße voller enger Serpentinen (viele Busse).

3 Routen von Norden   Von der Nordküste kann man Masca über drei verschiedene Routen erreichen. Die Strecken 2) und 3) sind die schöneren:

1) Von der **Nordküste** am schnellsten geht's via Santiago auf der TF 5 und ab El Tanque deren Weiterführung TF 82. Wer auf dieser Route einen **Abstecher nach Garachico** macht, muss sich auf der TF 421 nach San Juan del Reparo/El Tanque (8 km) über zahlreiche enge Serpentinen wieder zurück auf die Hauptstraße »quälen« oder über Buenavista weiterfahren (➤ Route 3). Die TF 82 ist zwar auch kurvenreich, aber recht gut ausgebaut.

2) Die Strecke von Icod de los Vinos über **San José de los Llano**s (TF 373) ist deutlich weniger befahren, gut gepflegt und landschaftlich attraktiv; sie verläuft in einer Höhe von ca 1.000 m ohne viele Kurven bis Puerta de Erjos, dann TF 82 bis Santiago.

3) Für die TF 436 von **Buenavista** nach Masca/Santiago del Teide muss man zunächst auf der TF 42 über Garachico und Los Silos anfahren und wird dafür mit einem wunderbaren Streckenverlauf vor allem im oberen Bereich ab Las Portelas belohnt. Die schmale Straße samt ihren scheinbar endlosen Serpentinen erfordert indessen für Autofahrer volle Konzentration.

_____ **Tenogebirge**

Vergleich Teno- und Anagagebirge   Das Teno- und das Anagagebirge im Westen bzw. Osten sind zur gleichen Zeit – vor ca. 7 Mio Jahren – als älteste Teile Teneriffas zusammen mit einigen Gebirgsformationen bei Adeje entstanden. Sie weisen viele Ähnlichkeiten auf. Das gilt auch für alle erosionsbedingten Merkmale, insbesondere in der Region um Masca. Beide Gebirge sind mit 1.000 m zwar etwa gleich hoch, Teno hat aber weniger Niederschläge und folglich teilweise eine ganz andere Vegetation; es fehlen der Lorbeerwald und die Baumheide.

Besonderheiten   Die kilometerlange, bis zu 500 m hohe Steilküste _Acantilados de los Gigantes_, die _Caldera_ bei der Ortschaft El Palmar und die Hochebene _Teno Alto_ besitzen wiederum andere Strukturen. Zudem erlebte das Tenogebirge nie blühende wirtschaftliche Entwicklungsphasen wie das wasserreiche Anagagebirge im 17. Jahrhundert mit der Zuckerrohrverarbeitung.

Barrancos   Ab Santiago steigt die TF 436 Richtung Masca erst nur mäßig an. Bei einem ersten _Mirador_ (nach 2 km) öffnet das Tenogebirge seinen Vorhang mit einem Paukenschlag: Eng beieinander liegende, tief eingeschnittene, fast senkrecht abfallende *Barrancos* und bizarr geformte Felsnasen bilden eine atemberaubende Naturkulisse. Die Zerfurchung ist hier noch stärker ausgeprägt als im Anaga-Gebirge. Trotzdem sollte man nicht vergessen, noch einmal auf die sanft ansteigenden Hänge im Osten und den Teide zurückzublicken!

Geologie Tenogebirge

Von mehreren *Miradores* aus kann man von der Straße an den fast unbewachsenen Berghängen Erdgeschichte studieren. Charakteristisch sind die vielen Gänge (*diques*), die die ursprünglich horizontal übereinander abgelagerten Schichten aufeinanderfolgender Ausbrüche vertikal durchschneiden. Sie liegen noch enger nebeneinander als im Anagagebirge. Durch den Druck einer in der Tiefe liegenden Magmakammer bricht das darüber liegende Gestein auseinander. Das Magma steigt in diesen Bruchstellen auf und erstarrt bei abfallendem Druck, ohne die Oberfläche erreicht zu haben. Steigt der Druck wieder, wird ein neuer Gang aufgebrochen etc. Wenn das umgebende Gestein am Ende verwittert ist, wirken die »Gänge« wie Mauern in der Landschaft. Dieses Phänomen ist vom *Mirador »El Baracán«* auf dem **Tabaiba Pass** nördlich von Masca besonders gut zu sehen: ein Gang, der sich eine fast horizontale Bruchstelle gesucht hat.

Blick vom Tabaiba Pass aus ins Teno Gebirge

Flora

Im Frühjahr (ab Ende Februar) stehen einige der für diese Region typischen Büsche in Blüte. Wenn es dann noch viel geregnet hat, sind die Farben besonders kräftig und an manchen Stellen stürzen sich kleine Wasserfälle in die *Barrancos*. Die schönste Wolfsmilch der Insel ist die wie ein Baum gewachsene *Tabaiba Mojorera* (Euphoria atropurpurea), in deren blaugrünen Blättern sich oft ein roter Streifen findet. Die unauffälligen gelblichen Blüten sind geschützt von pupurroten Hochblättern. Ein Prachtexemplar der Pflanzenwelt! Schön anzusehen sind auch der weißblühende einsamige **Ginster** (Retama reatam oder Retama monosperma), der ebenfalls weißblühende **Stechende Natternkopf** (Echium aculeatum) und der rosa-violett blühende **Grünliche Natternkopf** (Echium virescens).

Flora im Tenogebirge

Dazu kommen etliche kleinere Pflanzen, wie das weiß-rosa blühende **Kanaren Knabenkraut** (Orchis canariensis), der **Kanaren-Salbei** (Salvia canariensis) mit weiß bis rosa gefärbten Blüten und natürlich die allgegenwärtigen Hauswurze, deren fleischige Rosetten direkt aus dem Gestein wachsen. Der Fels ist mit diversen Sukkulenten wie dem **Vielblättrigen Felswurz** (Monanthes polyphylla) übersät, die den Biologen-Ehrgeiz nicht ruhen lassen. Ein umfangreiches Bestimmungsbuch für kanarische Pflanzen ist hier für biologisch Interessierte ein Muss (➤ Seite 601).

Tabaiba Mojorera - Euphoria atropurpurea

In Masca

Tipp zur Ankunft

Wie der Teideausflug gehört ein Besuch des aus mehreren Ortsteilchen bestehenden Bergdorfes Masca (600-800 m) zum Standardprogramm für Teneriffa-Urlauber. Wegen des Andrangs sollte man die Mittagszeit meiden, also möglichst früh oder erst nachmittags ankommen. Nur dann kann man genießen, was sonst nur hartgesottene Wanderer erleben: die wirklich überwältigende Landschaft und Vegetation des Tenogebirges, zudem die Vorzüge des für den Tagestourismus herausgeputzten, aber noch nicht/nicht mehr so stark frequentierten Dorfes. Vorsicht: Ab Abenddämmerung ist alles geschlossen.

Mascas Umfeld

Der Absturz einer Muligruppe vor 60 Jahren führte zunächst zur Anlage eines befestigten Weges in das abgelegene Dorf. Erst 1970 entstand die Asphaltstraße. Die vielen verlassenen Terrassenfelder unterstreichen, dass die wenigen Bewohner heute fast alle überwiegend oder ganz vom Ausflugstourismus leben.

Mascas unmittelbare Umgebung wirkt durch die vielen schlanken kanarischen Palmen und Agaven fast schon lieblich-südlich, nicht so rauh wie das übrige Tenogebirge. Auf den terrassierten, mit Lavasteinen aufgeschütteten Hängen wachsen Orangen-, Zitronen- und Obstbäume, je nach Jahreszeit auch viele Blumen und Gartenpflanzen wie Geranien und Bougainvilleas.

El Catán/ Schlucht	Der Hauptteil des Dorfes (Lomo del Medio) schmiegt sich an einen Bergrücken, der auf einen schornsteinähnlichen Felsen, den 618 m hohen **El Catán**, zuläuft. Noch bevor die beiden äußeren Inselteile – Anaga und Teno – dank der Cañadas und des Teide – zusammenwuchsen, gab es im heutigen Gebirgskessel von Masca einen **Kratersee** mit dem Vulkanschlot *El Catán* in der Mitte. Als die Kesselwand meerseitig durchbrach, lief der See aus und hinterließ die **Masca-Schlucht**, durch die früher immer wieder Piraten zum Plündern heraufkamen. Touristen bevorzugen heute die andere Richtung, in der man nach 3-4 anstrengenden Stunden das Meer erreicht (➤ umseitig).
Besichtigung	Dem Besucher stehen zwei für den täglichen Ansturm nur recht kleine Parkplätze entlang der TF 436 zur Verfügung.

Ausläufer von Mascas Lomo del Medio; dort geht's los zum Pfad durch die Schlucht

Zwischen den Hauptweilern Lomo und Lomo del Medio unterhalb der Straße schlängelt sich ein mit Lavasteinen gepflasterter, ebener **Fußweg** (15 min), den man nicht auslassen sollte.

Der von Santiago aus anreisende Besucher passiert zunächst das ursprünglichere **Lomo**, in dem die Häuschen noch geduckter und kleiner sind als im Hauptteil. In einigen werden Honig oder Kräuter angeboten. Ein herrliches Fleckchen ist die Terrasse der **Casa Riquelme** mit Landwein und *Tapas*.

Der Hauptteil des Dorfes, **Lomo del Medio**, hat sich stärker herausgeputzt. Auf dem schattigen Platz bei der *Ermita*, ein wenig unterhalb der Straße, verkauft man Kunsthandwerk, Keramik und Honig. In der kleinen Bar nebenan löschen Wanderer ihren Durst.

Shop+Info	Im **Souvenirgeschäft** mit Restaurant unterhalb der *Ermita* findet man örtliche Produkte, Postkarten, Bildbände und Informationen über geführte **Wanderungen** in die Schlucht (➤ Seite 272 unten).
Restaurants	• Das Restaurant »*El Guanche-Alte Schule*« liegt abseits des Hauptbesucherstroms. Gerichte nach alten kanarischen Rezepten, selbst gebackenes Brot; vegetarische Küche. Mo-Sa 10-18 Uhr, So zu.

4

- Sehr schön sitzt man im *Chez Arlette* etwas weiter oben auf übereinandergelegenen, berankten Terrassen; internationale Snacks (Sa geschlossen); ✆ 922-863459.
- *La Piedra* auf dem zentralen Platz hat auch eine schöne Terrasse; gute *Tapas*; Mo-Sa 9-18 Uhr, So geschlossen, ✆ 922-863113.

Alle Lokale in Masca schließen abends zwischen 18 und 19 Uhr.

Wanderung Barranco de Masca

Berühmt und mittlerweile überaus populär – mit der Folge, dass zu bestimmten Zeiten im Gänsemarsch marschiert wird – ist die (anstrengende) **Wanderung im *Barranco*** hinunter zum Masca-Strand (ca. 6 km, 2,5-3 Stunden, bergauf ca. 4 Stunden). Wanderschuhe und Trittsicherheit sind erforderlich.

Mirador El Baracán

Den Aufstieg vermeidet, wer vom Masca-Strand ein Boot nach Los Gigantes nimmt (➤ auch Seite 272). Unbedingt reservieren – wer das letzte Boot des Tages anpeilt, sollte mit viel Puffer loswandern, um es nicht zu verpassen. Auch eine ganze Tour kann man buchen: Transfer nach Masca, Wanderung und Schiff nach Los Gigantes, danach Transfer zurück zum Ferienort, ➤ z.B. www.trekkingmasca.com oder www.ihoppers.com > Teneriffa > Hiking.

Restriktion in Planung

Zwecks Naturschutz soll – wie im *Barranco del Infierno* (➤ Seite 239) – noch 2017 eine Tageshöchstquote eingeführt werden. D.h., der Weg ist dann nur noch nach Anmeldung zu begehen.

4.3.2   Von Masca nach Buenavista

Teno Alto

Auf der Strecke von Masca nach Buenavista (TF 436, 17 km) geht es zunächst noch weiter über viele Serpentinen bergauf. Die Vegetation wird wie gehabt beherrscht von dicht stehenden Ginsterbüschen. Vom *Mirador Cruz de Hilda* bei km 14,7 blickt man zurück auf Masca. Dort auch *Cafeteria* Sa-Do 10-19 Uhr, Fr zu.

Mirador El Baracán

Vom *Mirador El Baracán* am *Tabaiba Pass* (kurz nach dem Abzweig Richtung Los Carrizales) sind beide Gesichter des Tenogebirges zu sehen: die schroffen Formationen Richtung Masca und vorn die flacher abfallenden Täler in Richtung Buenavista.

Wandern

Ein leichter Weg führt vom *Mirador Baracán* zurück nach Masca (ca. 4 km). Man hält sich erst ein Stück auf dem Kammweg Richtung Santiago del Teide, dann immer rechts. Meist geht es abwärts. **Ein zweiter Weg** erreicht in 2,5 Stunden Teno Alto auf einem alten Kammweg, der auch für ungeübte Wanderer wegen seiner nur mäßigen Steigungen gut zu schaffen ist.

Abfahrt aus der Höhe

Auf der Weiterfahrt öffnet sich dem Blick bald ein weites Tal, ein einstiger Vulkankessel, in dem sich mittendrin ein heute grüner Aschekegel bildete. Die schroffen Schluchten werden abgelöst von leicht geschwungenen Hängen, die nach Regenfällen intensiv grün leuchten. In sanfteren Kurven führt die TF 436 hinab und durchquert die Dörfer Las Portelas, Las Lagunetas und El Palmar.

Herberge

Unmittelbar unterhalb des Restaurants *Mesón El Norte* (➤ Seite 360) zweigt rechts die Zufahrt zur Wanderherberge *Albergue El Bolíco* (2 km) ab, ✆ 922-127938, ➤ auch Seite 572.

**Abstecher
nach
Teno Alto**

In El Palmar zweigt von der TF 436 eine Straße zum 7 km entfernten **Teno Alto** ab. An ihr liegt – nur ca. 1 km vom Ort entfernt etwas erhöht – der großzügig gestaltete **Camping- und Picknickplatz Los Pedregales** mit Grillrosten und Toiletten. Nur an Wochenenden ist dort viel los, ➢ auch Seite 589.

Die **Vegetation** an der Strecke ist ähnlich wie im Anagagebirge bestimmt von Indischem Lorbeer und Baumheide. Sie wurde an vielen Stellen verdrängt von der Landwirtschaft, die aber heute meist brachliegt. Ab dem winzigen, hauptsächlich von der Viehzucht lebenden Weiler Teno Alto kann man auf Wegen durch grüne Weiden gut kurze Spaziergänge, aber auch längere **Wanderungen** machen:

Wandern

• Auf leichter Route geht es in 2,5 Stunden zum **Mirador Baracán**, wie bereits oben für die umgekehrte Richtung erwähnt.

• Mittelschwer ist die Wanderung hinunter (aus ca. 800 m Höhe) nach Teno Bajo bzw. zum **Faro de Teno** (4,2 km; ca. 2 Stunden).

Auf der Hochebene hat die **Venta** (kleiner Laden) frischen Ziegenkäse und Tisch und Stuhl draußen. Gegenüber in der **Bar Los Bailaderos** gibt es *Conejo* (Kaninchen) oder *Potaje* (Suppe). Unten am Meer erkennt man auf einem großen, flach auslaufenden Lava-Delta die Orte Los Silos und Buenavista, umgeben von großen Bananenplantagen, aus denen sich die 320 m hohe **Montaña del Taco** erhebt. Ihr Krater ist heute eine Zisterne.

**Nach
Buenavista**

Von El Palmar nach Buenavista (➢ Seite 358) sind es nur noch wenige Kilometer.

Durch die Entnahme von Baumaterial »angeknabberter« vulkanischer Aschekegel im Tal von El Palmar. Im Hintergrund unten erkennt man den Berg Montaña del Taco am Meer, im Vordergrund La Laguneta

5
**Zentrale
Nordküste:
Puerto de la Cruz
La Orotava
Los Realejos**

5.1   Puerto de la Cruz   www.puertodelacruz.es
5.1.1   Touristisches Zentrum des Nordens

Ziemlich genau in der Mitte der Nordküstenlinie liegt Teneriffas drittgrößte Stadt **Puerto de la Cruz**. Im Großraum von Puerto (mit La Orotava und Los Realejos) leben heute etwa 110.000 Menschen, davon 32.000 in Puerto. In Hotels und Apartmentanlagen in und um Puerto warten an die 29.000 Betten auf Gäste. Trotz wiederholter Krisen (Verkehrschaos, schlechte Winter, veraltete Hotels und Rentnerimage) erkannte man erst spät die strukturellen Probleme der Stadt. Die Konkurrenz im Süden und Westen zog an Puerto vorbei. Zwischen 2007 und 2009 büßte Puerto 200.000 Besucher jährlich ein – viele Hotels waren nicht einmal zu 50% ausgelastet. In der Folge gab es daher eine ganze Reihe von Schließungen. Um einer Fortsetzung dieser Entwicklung entgegenzuwirken, machte man sich an die Renovierung vernachlässigter Bereiche, sorgte für mehr Begrünung und Fußweg-Verbreiterung mit Ruhezonen. Diese Bemühungen, vor allem aber die für alle Kanaren generell günstige Entwicklung des Tourismus führten seit 2014 zu wieder steigenden Besucherzahlen. Manche Projekte liegen aber immer noch auf Eis, darunter die Erweiterung der Badelandschaft und der Bau eines neuen Yachthafens.

Lage   Die Lage Puertos am Fuße des sanft auslaufenden Orotavatals ist schwer zu überbieten. Die Stadt hat vor sich das Meer und hinter sich den zwischen Dezember und April zuweilen schneebedeckten Teide, der sich aus grünen Waldhängen erhebt.

»Hafen von Orotava«   Der Name gibt Aufschluss über die Geburt und Kindheit der Stadt: Puerto war ursprünglich Hafen des 300 m höher gelegenen La Orotava, denn wie bei La Laguna und dessen Hafen Santa Cruz siedelten die europäischen Export-Kaufleute zunächst lieber in

Autobahn-Ausfahrten

- 19 Tacoronte: Bauernmarkt
- 21 El Sauzal: Weinmuseum
- 23 La Matanza
- 27 La Victoria
- 28 Santa Ursula
- 29 Santa Ursula/La Quinta
- 31 Cuesta de la Villa: Humboldtblick
- 32 Puerto Ost: Martiánez, La Paz, Botánico
- 33 Orotava: Cañadas/Teide
- 34 Orotava, Mayorazgo
- 35 & 36: Puerto-West: Loro Parque, Playa Jardín, Taoro, Plaza de Charco, Hafenparkplatz
- nur 36: Los Realejos, Centro Comercial La Villa
- 38 La Higueritas
- 39 Puerto/Los Realejos

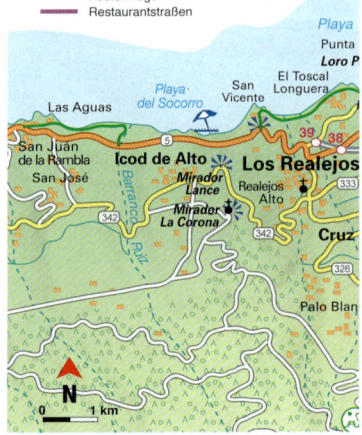

der Höhe in kühlerer Luft und geschützt vor (Piraten-) Angriffen von See. Und so finden sich die prächtigeren Patrizierhäuser naturgemäß nicht etwa im heute wohlhabenderen Puerto, sondern in La Orotava. Richtig »abnabeln« von der »Mutter« konnte sich die Hafenstadt aber erst in den 1960er-Jahren dank der wachsenden wirtschaftlichen Bedeutung des Tourismus.

Trotz seines Namens hat Puerto nur einen sehr kleinen Naturhafen. Aber die Nähe der landwirtschaftlichen Anbaugebiete im Orotavatal machte ihn einst – neben dem Hafen von Garachico – zu einem regen Umschlagplatz. Als Garachicos Hafen 1706 bei einem Vulkanausbruch verschüttet wurde, übernahm Puerto die führende Hafenrolle an Teneriffas Nordküste. Erst als befestigte Straßen von der Ostküste nach La Laguna gebaut wurden, gewann die Verschiffung aus Santa Cruz Bedeutung.

Erste Blütezeit Der kanarische Exporthandel wurde zu Beginn wesentlich von ausländischem Kapital getragen. Außer den Spaniern waren es zunächst Flamen, Genueser, Florentiner und schließlich Engländer, die Zucker, dann Wein und später Bananen ins Mutterland verschifften. Abgesehen vom guten Geschäft gefiel den Kaufleuten auch das Leben auf der Insel.

Klimatische Aspekte

Die Kunde vom gesunden Klima, etwa für Lungenkranke, und der herrlichen Vegetation verbreitete sich in Großbritannien, und so setzten ohnehin Teneriffa anlaufende Bananendampfer bereits Ende des 19. Jahrhunderts die ersten Pauschaltouristen für zweiwöchige Aufenthalte in Puerto de La Cruz ab.

Schon ein Jahrhundert zuvor waren Reisende auf das Archipel gekommen. Wissenschaftler wie *Sabine Berthelot* und *Alexander von Humboldt* oder Künstler, meist Maler wie *Marianne North* und *Elizabeth Murray*, die sich nicht zuletzt vom spanischen Großbürgertum in Puerto angezogen fühlten.

Erster Tourismus

Für die völlig neue Art von Reisenden, die nicht zum Missionieren, Erobern, Ausbeuten oder Forschen kamen, wurde mit dem *Taoro* **1892 das damals größte Hotel Spaniens** erbaut, überwiegend mit englischem Know-How und Kapital. Es war die Geburtsstunde Puertos als Touristenhochburg. Aber es sollte noch einige Jahrzehnte dauern, bis dieser neue Wirtschaftszweig die Stadt völlig in seiner Hand und grundlegend verändert hatte. Richtig Fuß fassen konnte der Fremdenverkehr auf der abgelegenen Insel erst durch die Flugtouristik ab Ende der 1950er-Jahre. Und auch das nur zögernd, denn fehlende Strände und die Passatwolke als Sonnenfilter waren ein klares Handicap, seit es nicht mehr so *en vogue* war, in luftigen Gewändern durch Hotelgärten zu wandeln, sondern Sonnenbraten im Bikini das Schönste am Urlaub wurde. Von Ozonlöchern und Melanomen sprach damals noch keiner.

Bauboom

In den 1960er-Jahren wurden mit Francos Förderung hemmungslos Billig-Hochhäuser gebaut. Die Planung von 1958 für Puerto sah die Urbanisation der Stadt zum touristischen Nutzen vor. Die Euphorie einer armen Insel im Hoffnungstaumel auf das große Geld ließen eine landwirtschaftliche Fläche nach der anderen verschwinden. Den alten Stadtkern prägte plötzlich das *Bel-Air*, bis heute das höchste und hässlichste Hochhaus weit und breit.

Umbruch

Als immer mehr Menschen immer mehr Sonne wollten, die Land(wirt)schaft aber dem Hotellerie-Boom Grenzen zog, entdeckte man den wüstenhaften, praktisch unbewohnten Süden der Insel und begann ihn zu betonieren. Puerto hielt in den 1970er-Jahren zunächst mit grandiosen Projekten mit. An einem strandlosen Küstenstrich wurde ein facettenreiches Badeparadies aus dem Ufer gestampft: Der schwarze, durch eine Mole geschützte Sandstrand *Martiánez* neben einer künstlichen **Meerwasserlandschaft von** *Cesar Manrique*, die Felsküste von San Telmo und der **Gartenstrand** *Playa de Jardín* – all das sind gelungene Kraftakte.

Planlosigkeit

Aber statt nun den alten Stadtkern herauszuputzen, baute man Hotelklötze und zerstörte durch chaotische Verkehrsführung die Romantik der kleinen Gassen. Zwar entstanden Ende der 1990er-Jahre Fußgängerzonen im Zentrum und am Meer, aber auch klimatisierte Einkaufszentren und unterirdische Parkgaragen. Die Stadt wollte mit den Konkurrenten mithalten und verzettelte sich in nach allen Seiten ausufernden Stadtteilen.

Struktur In Puerto trifft man im Winter überwiegend auf ältere Urlauber aus Nord- und Mitteleuropa und Residenten, denen die Stadt dann eine zweite Heimat bietet. Im Sommer jedoch bilden Spanier meist die Mehrheit. Die bei den Sonne suchenden Nordeuropäern gar nicht populäre, aber in den Sommermonaten oft besonders dicke Passatwolke schreckt die Iberer nicht.

Der Lebensrhythmus von Puerto ändert sich bei spanischer Dominanz komplett. Nach Feierabend und an Wochenenden zieht es spanische Teenies in die Discos, Familien zum Schaufensterbummel und Senioren zum »Touristengucken«. So hat die »*Ciudad turística*« im Sommer noch spanisches Flair.

Gastronomie Neben relativ wenigen Quartieren der Spitzenklasse findet man in Puerto sehr viele gesichtslose Apartmenthäuser, ältere Hotels und Pensionen (*Hostales*). Die **Gastronomie** ist vielfältig und weist dank starker Konkurrenz ein eher **günstiges Preisniveau** auf. Neben kanarischen Lokalen warten Restaurants jedweder Provenienz samt solchen mit Veggie-Küche. In Supermärkten gibt's Rezeptzutaten aus aller Welt und an den Kiosken **Presseprodukte** aus den Ländern der Besucher.

Mit dem modernen Luxus des »neuen Südens«, speziell der Costa Adeje und der aufstrebenden Westküste im Bereich Guia de Isora kann Puerto jedoch nicht mithalten – weder beim Hotelstandard, noch was die Gastronomie betrifft. Puerto spricht eher ein jüngeres und weniger ausgabeorientiertes Publikum an.

Vegetarisches Restaurant im Stadtteil La Paz

5.1

Johannisnacht (23. Juni – Noche de San Juan)

In letzter Zeit wurden die Sonnenwenden- bzw. Johannisnachtfeste wieder ins Leben gerufen. *La Mágica Noche de San Juan* wird hauptsächlich in der Umgebung von Icod gefeiert. Am Strand von San Marcos werden große Johannisfeuer (*hogueras*) und Fackeln (*hachitos*) entzündet. Auch in anderen Orten begeht man diese Nacht mit Illuminationen.

Im **Hafen von Puerto de la Cruz** werden in den frühen Morgenstunden Ziegen ins Wasser getrieben, ein Symbol für Reinigung und Fruchtbarkeit. Einige der Bauern treiben ihre Herden nach alter Sitte durch Puertos Hauptstraßen, andere bringen sie auf Lastwagen zum Meer. Die Stadtväter versuchen aus dieser rituellen Reinigung der Ziegen eine touristische Attraktion zu machen, schicken Folkloregruppen und bieten allerlei Rambazamba.

Advents- und Weihnachtszeit/Silvester

Obwohl die Blumen blühen, bemühen sich die Geschäfte mit Lichterketten um Advents-Stimmung. In größeren Orten stehen aufwendig gestaltete **Weihnachtskrippen** (sehenswert im Cabildogebäude in Santa Cruz), wo das Jesulein oft in kanarischem Ambiente liegt.

Alles ist ein bisschen anders: Statt Lebkuchen gibt es *Polverones* (*polvo* = Staub), ein bröseliges Nuss-, Anis- oder Mandel-Schweineschmalzgebäck mit Puderzucker. Statt Nougat knabbert man an *Turrón*, Tafeln aus Mandel-Nuss-Honig-Schokolade in 1000 Varianten; statt Marzipan munden *Truchas* (Forellen), halbmondförmiges mit Mandel- oder Apfelcreme gefülltes Blätterteiggebäck. Überall sprießen knallrote **Adventssterne** – nicht nur in Töpfen, auch als Bäume am Straßenrand.

Das ganze Jahr über ziehen Blinde durch Spaniens Straßen und verkaufen die **Lose** der *Primitiva* und der *Once*. Der *Jackpot* (*Gordo*) kommt zu Weihnachten ins Spiel, und die gezogenen Losnummern werden von Kinderchören ausgesungen.

Das Silvester-Feuerwerk in Santa Cruz kann gigantisch sein, je nach Wirtschaftslage. Zu Mitternacht verdrückt jeder Tinerfeño pro Gongschlag eine Weintraube, und die Frauen tragen rote Dessous. Beides, glaubt man in Spanien, bringt Glück.

Krippenspiele mit Betonung der Ankunft der heiligen 3 Könige (*Reyes Magos*, ➤ Kapitel 6.1.) locken viele Zuschauer. In **El Sauzal** ist das ganze Dorf auf den Beinen, Straßen und Plaza dienen als Bühne. Die Geschäfte bleiben am 5. Januar bis 24 Uhr geöffnet; die *Canarios* verfallen in den *Reyes*-Kaufrausch. Anschließend klagen sie über die ungeheure *Cuesta de Enero*, den kostspieligen Januar, bis Monatsende, wenn es endlich wieder Gehalt gibt.

Spanische Kinder müssen länger auf ihre **Geschenke** warten als deutsche, denn beschert wird **erst am 6. Januar**. Am Abend zuvor erscheinen die **drei Heiligen Könige** aus dem Morgenland. Oft kommen sie tatsächlich **hoch zu Kamel** geritten. Wo es keine Höckertiere gibt, muss ein Laster herhalten. In Santa Cruz schweben die Heiligen per **Helikopter** ein. Erst nach der Landung steigen sie auf die Trampeltiere um und werden im kindervollbesetzten Fußballstadion mit Riesenkrakeel empfangen. Auch Arme in Kranken- und Waisenhäusern werden (meist aus Spendenaktionen) bedacht.

Kleine Weihnachtsmänner in Santa Cruz

5.1.2   Orientierung

Die Ortsbereiche

Puerto de la Cruz lässt sich in **fünf Bereiche** aufteilen:

Neues Zentrum

Das **neue Zentrum** erstreckt sich entlang der autofreien Promenade am Meer, der Avenida Colón, von der *Playa Martiánez* über die Schwimmbecken der *Costa Martiánez*. Gut zum Bummeln, Baden und Shoppen. Wer dorthin möchte, parkt am besten in der Tiefgarage des *Centro Comercial Martiánez*. Anfahrt ➤ umseitig.

Altes Zentrum

Zum alten Zentrum zählen die beiden **Plazas del Charco** und **de la Iglesia**, der kleine **Fischerhafen**, die **Plaza Europa** und das daran westlich anschließende alte Fischerviertel «*Ranilla*» mit vielen Restaurants. Diesen Bereich, das Herz von Puerto, sollte man als Erstbesucher auf keinen Fall auslassen; er eignet sich zum Schaufensterbummel und Essengehen.

Altes und neues Zentrum sind durch eine Promenade am Meer (Avenida Colón-San Telmo) und Calle Quintana verbunden.

Taoro Park

Vom hochgelegenen Ortsteil *Parque Taoro* mit Kongresszentrum neben dem ehemaligen Casino und Hotels kann man gut zu Fuß durch den Park hinunter in die genannten Stadtteile gehen.

Playa Jardín/ Punta Brava/ Loro Park

Der Bereich *Playa Jardín* erstreckt sich bis zum Stadtteil *Punta Brava* auf einer Felsnase und dem dahinter liegenden *Loro Parque* (Papageien, Tiere, Unterhaltungsshows). Durch Aufschüttung wurden zwischen der *Playa Jardín* und dem Hafen **neue Flächen** gewonnen, deren Gestaltung seit Jahren umstritten ist. Sie dienen als **Ausweichparkplatz**, da die Ortsstraßen und angrenzende Parkbuchten meist ziemlich zugeparkt sind, und als eine – nicht sonderlich reizvolle – »Verbindungspromenade« am Meer.

Auch wer an der *Playa Jardín* keinen Parkplatz sucht, fährt von dort nach Osten zum Aufschüttungsgebiet, ➤ Karte Seite 298.

La Paz/ Jardín Botánico

Der höhergelegene Vorort La Paz ist – fest in deutscher Hand – gut zum Einkaufen geeignet. Schöne Spaziergänge bieten der Botanische Garten sowie der Weg am Steilufer entlang und durch Bananenplantagen zur *Playa Bollullo*. Über Treppen gelangt man von La Paz in zehn Minuten hinab zur *Costa Martiánez*.

Parken

Kostenlos parkt man am *Jardín Botánico (CC Copula)* oder in den benachbarten Nebenstraßen, sofern Platz ist; ➤ umseitig.

Anfahrten

Verkehrssituation

Autofahren in Puerto ist ein Thema für sich. Der jahrzehntelange Hotelwildwuchs rächt sich nun mit Dauerstaus in viel zu engen Straßen. Der Ausbau von Fußgängerzonen läuft zwar seit Jahren, kam und kommt aber nur schleppend voran. So kann man fast noch jeden Punkt der Stadt per Auto erreichen, oft aber nur über schwer durchschaubare kuriose Einbahnstraßenführungen.

Vier Autobahn-Ausfahrten

Der Verkehr wird von der Autobahn über die Ausfahrten 32, 35/36 und 39 in die Stadt geleitet. Von Santa Cruz nimmt man:

5.1

Ausfahrt #32   *Salida 32* »Puerto de la Cruz, Martiánez, El Rincón«. Diese Ausfahrt teilt sich später in Richtung

- *Zona Martiánez* (Strand und **Badelandschaft**/Av de Colón)
- *El Botánico/La Paz* (Botanischer Garten im Vorort La Paz).

Man kann über die *Salida 32* auch jeden anderen zentralen Punkt in Puerto erreichen, oft jedoch durch sehr dichten Verkehr.

Auf der Avenida Marqués Villanueva del Prado (auch Carretera del Botánico genannt) gelangt man

- über einen Rechtsabbieger (die jetzt auch verkehrsberuhigte Calzada de Martiánez) zum *Centro Comercial Martiánez* (mit Parkhaus) und zur *Costa Martiánez*
- geradeaus zum alten *Centro Ciudad* (Plaza de Europa), **Taoro**, *Playa de Jardín* und den *Loro Parque*.

Ausfahrten #35 & #36   Die *Salidas* 35 und 36 sind die **wichtigsten Ausfahrten** für einen Besuch in Puerto de la Cruz. Von Osten kommend (Santa Cruz/El Sauzal) erreicht man die gleichen Ziele über die Ausfahrt 35 wie von Westen (Icod de Los Vinos) kommend über die Salida 36: **Taoro-Hügel**, *Playa Jardin*, *Loro Parque* und das alte **Zentrum**.

Ausfahrt #39   *Salida 39* ist die westlichste Ausfahrt für Puerto und führt auch zum *Loro Parque* und zur *Playa Jardín* (dort eigene Parkbereiche). Zunächst »*Puerto/Centro*«, dann »*Punta Brava*« folgen.

- Wer **aus Richtung Icod** kommt, nimmt diese Ausfahrt auch für eine Weiterfahrt in die Altstadt. Der Weg ergibt sich dann automatisch wie unter »Parken« (*Salida 36)* beschrieben. Wer indessen zur *Costa Martiánez* möchte, sollte besser bei #32 abfahren.

Parken
- Als Ausgangspunkt für den hier beschriebenen Stadtrundgang empfiehlt sich die **Tiefgarage** im *Centro Comercial Martiánez* (*Salida* 32 Richtung Martiánez/Avda de Colón; am Meer links auf die Avda Águilar und Quesada oder weiter zur Plaza Europa).
- Gratis parkt man auf dem **Aufschüttungsgelände am Meer**: Man nimmt *Salida 35/36*, folgt dann den Schildern »*Playa Jardín/Loro Parque*« bis zum Meer und fährt dort nach rechts; nach ca. 250 m biegt man hinter dem weißen, erhöht liegenden Tempelchen links ab in Richtung Parkplatz.
- Zur *Playa Jardín/Loro Parque/Punta Brava* geht's ebenso wie vorstehend beschrieben, aber unten am Meer nach links. Für den Strand und am Papageienpark gibt es **eigene Parkplätze**.

Infobüro
- *Casa de la Aduana* (altes Zollhaus) beim Fischerhafen im alten Zentrum, Mo-Fr 9-20 Uhr (Juli-September bis 19 Uhr), Sa und So 9-17 Uhr, ✆ 922-386000.

Folgende **Buslinien sind für Touristen interessant**:

Buslinien   **#381** Von der *Plaza Reyes Católicos* über Punta Brava, *Loro Parque* bis La Longuera (Stadtteil von Los Realejos). Der Bus quert die Stadt von Ost nach West

#382 Von der *Plaza Reyes Católicos* zum Barrio San Antonio (über Plaza Charco, Mercado).

#103 Busterminal Puerto direkt nach Santa Cruz (Stationen auch im Stadtteil La Paz).

#348 Busterminal Puerto–*El Botánico*/La Paz–Orotava–*Las Cañadas del Teide/Portillo–Parador* (nur 1 mal täglich um 9.15 Uhr vom Busterminal, 16 Uhr vom *Parador* zurück nach Puerto). Auf der Linie gilt die *Bono-Via*-Karte nicht.

#345 Busterminal Puerto-Orotava-Aguamansa-Caldera

#350 Busterminal-Orotava

Fahrpläne sind am Busterminal **erhältlich** (oder www.titsa.com).

Innerhalb Puertos kann man gut ein Taxi nehmen und damit viel Warterei vermeiden. Die kurzen Entfernungen sind vergleichsweise billig; um die € 5 bringen einen schon durch die halbe Stadt. Neuerdings wird angedacht, Sammeltaxis einzuführen – wie es in anderen Kommunen Teneriffas schon verwirklicht wurde.

5.1.3   Besichtigung

Die **Beschreibung startet mit Ausgangspunkt Einkaufszentrum *Martiánez*.** Wer bis zum *Loro Parque*/zur Punta Brava zu Fuß geht, kann gut per Bus oder Taxi zurückfahren.

Neues Zentrum

Anfahrt via Salida 32

Wer mit Fahrzeug kommt: Zum **Centro Comercial *Martiánez*** geht's über die Autobahnausfahrt 32.

Playa Martiánez

Bergab gelangt man entlang des ***Barranco Martiánez*** über die palmenbestandene Calle Águilar y Quesada an die ***Playa Martiánez***. Dieser Strand war früher der einzige in Puerto; ➤ Foto Seite 319.

Costa Martiánez

Mit einem architektonischen Geniestreich hatte *César Manrique* mit der **Lago *Martiánez*** schon Anfang der 1970er-Jahre für Puerto ein brandungs- und strömungsgeschütztes Meerwasserbad geschaffen. Diese großzügige, weit ins Meer ragende Badelandschaft verbindet auf 18.000 m^2 mehrere Becken mit begrünten Inseln. Angesichts des schäumenden Meeres und des Teide liegt man unter Palmen, Agaven und *Dragos* und schwimmt in zartblauem Wasser zwischen weißen Ufern und schwarzer Lava.

5.1

César Manriques Mobile

Diese für *Manrique* tyische Farbkombination grün-blau-weiß-schwarz weckt Südseefantasien und rettete nach umfassender Renovierung und Erweiterung Puertos Ruf als Seebad. Im Winter stehen jetzt auch ein geheiztes Becken und ein Jacuzzi zur Verfügung.

Mehrere *Manrique*-Plastiken unterstreichen den exotischen Eindruck; sein Mobile etwa, eine Baum-Skulptur mit Zweigen wie Wurzeln – eine Hommage an *Wilhelm Reich* – und in der äußersten Spitze der Anlage im Wasser das riesige **Monumento del Mar**.

Tagesticket (24 Stunden gültig) €5,50/€2,50; Abokarte mit 15 Besuchen €60, Sonnenliege/-schirm €2/€2,50; 10-18 Uhr, Winter bis 17 Uhr; ✆ 922-385955.

Auf der Avenida Colon vor dem *Lago Martiánez* befindet sich das **Casino Puerto de la Cruz**. Es ist So-Do von 20-3 Uhr und Fr-Sa von 20-4 Uhr geöffnet. Tagsüber nur Automaten (*Slot Machines* etc.); Mindestalter 18 Jahre, Dresscode; ✆ 922-386843. **Restaurant**: 12.30-0.30 Uhr, ✆ 922-370217.

Zum *Casino* gehört auch die **Sala de Maquinas** mit Bar (Spielautomaten, 11-02 Uhr) am westlichen Ende der Badelandschaft, Avenida de Colón/Plaza Reyes Católicos. Eintritt frei.

Avenida Colón

Von der *Playa Martiánez* zieht sich die autofreie Promenade *Avenida Colón* entlang der Costa *Martiánez*. Dort stehen eine Reihe älterer Hotels wie *Tenerife Playa*, *Valle Mar* und *Las Vegas* sowie große Terrassenrestaurants. Nicht nur zum Tanztee beliebt ist das **Café de Paris** im *Valle Mar*.

Plaza Reyes Católicos

Westlich der Plaza Reyes Católicos wurde die steinig-zerklüftete Lavaküste durch Wellenbrecher, Plattformen und Molen in eine Reihe kleiner strudelnder Pools gegliedert, die bei ruhiger See über Treppen zugänglich sind.

Ermita San Telmo

Gleich am Anfang dieser neugestalteten Promenade steht die *Ermita San Telmo* (jetziges Gebäude von 1780, 1968 restauriert) auf einem sehr kanarisch anmutenden begrünten Platz. Sie ist dem Dominikanerpater und Schutzpatron der Seefahrer, **San Pedro de Telmo**, gewidmet. Die kleinen Wachttürmchen und Holzpalisaden-Mauern sind Reste einer früheren Befestigung.

In der *Ermita* hält die deutsche katholische Gemeinde ihre Gottesdienste ab. Aktuelle Termine sind am Portal angeschlagen.

Paseo San Telmo

Am autofreien *Paseo* gibt es jede Menge Souvenirs, Juweliere, T-Shirt-Shops und Fast-Food-Lokale. Das große **Rancho Grande** führt Schwarzbrot, Marzipan, Torten und den ganzen Tag über deftige Teller-Gerichte.

Altes Zentrum (Anfahrt über Salida 35/36)

Punta del Viento

Die windige *Punta del Viento* trägt ihren Namen zu Recht. Ausgerichtet auf den Nordostpassat schmückt den Platz eine mannshohe Eisen-Plastik mit wehenden Locken: *Spectador*.

Calle Quintana

Mit der *Punta* erreicht man den alten Teil von Puerto de la Cruz. Der direkte Weg zur zentralen Plaza del Charco führt von der *Punta* über die schräg links einbiegende Calle Quintana.

An dieser autofreien Straße liegen rechterhand zwei **klassische Hotels** von Puerto: das **Marquesa** und das **Monopol** (zur Zeit geschlossen.) Letzeres ist Geburtshaus von *Agustín de Betancourt y Molina* (1758), einem bedeutenden lokalen Ingenieur der Aufklärung (➤ Essay Seite 497). Altkanarisch wirkt es nur noch durch seine Holzbalkone und den üppig begrünten Patio. Aber mit Blick auf Berge und Meer. Stilvoller und authentischer ist das *Marquesa*, 1712 mit viel dunklem Holz erbaut. Hier schlief im Juni 1799 Alexander von Humboldt. Besonders ist die umlaufende Balkongalerie über dem gefliesten Patio. Im Restaurant gibt es gelegentlich kanarische Live-Musik zum Dinner (➤ Seite 562/3).

Plaza de la Iglesia

Gegenüber dem *Hotel Monopol* erweitert sich die Calle Quintana zur Plaza de la Iglesia, einer Ruheoase unter Bäumen mit der Kirche **Nuestra Señora de la Peña de Francia**. Sie wurde Ende des 17. Jahrhunderts errichtet. Erst 1898 kam der Turm dazu. Im Inneren lohnt sich ein Blick auf das prunkvolle Inselbarock mit drei goldmarmoriert-traubenberankten Holzaltären.

Auf der Nordseite der Plaza de la Iglesia erinnert eine Büste an den oben bereits erwähnten Gelehrten **Agustín de Betancourt y Molina** (➤ auch letzten Absatz auf der Seite 497).

Iglesia de la Pena de Francia

5.1

Restaurants
1) Arcon
2) Cofradia
3) Casa la Carta
4) Esencia
5) Kafka
6) Don Camilo
7) Casa Mika
8) Casa Pache

9) Rosa di Bari
10) Maná
11) Regulo
12) Bodeguita Algarrobo
13) The Oriental (im Hotel Botanico)

14) Durazno (im
15) LArena53 (im
16) Abaco
17) Titos Bodegu

Puerto de la Cruz

——	Rundgang mit Abstechern
- - -	Abstecher zum Taoro Park
······	Camino de la Costa - Spaziergang zur Playa Bollullo
▓▓	verkehrsberuhigt

razno)
urazno)

Casino Taoro + Restaurant

Badelandschaft Costa Martiánez

Playa Martiánez

Avenida de Colón

Ermita San Telmo

za Reyes Católicos

Avenida Betancourt y Molina

Avenida de Colón

Acantilados Martiánez

Laja de la Sal

31

Autobahn-Ausfahrt 32

C. Aguilar y Cuesta

Centro Comercial Martiánez

Plaza Vieja y Clavijo

Valois

Camino de Cabras

Calle Martiánez

Camino de San Amaro del Prado

Plaza Mirador de La Paz

Capilla San Amaro

Leopoldo

Cólogan

Calle de Aceviño

Pfad zur Playa Bollullo

LA PAZ

Canary Centre

Jardin de Orquídeas

Barranco

Av. Marques Villanueva

din uático

Avenida Marques

C. Villanueva

C. Luis Rodriguez Figueroa

Centro Comercial La Cúpula

Jardin Botánico

C. de Bégica

Martiánez

C. Rector Benito

Calle Camelia

SAN RNANDO

Club de Tenis

312

Carretera Taoro Ocoana

Autobahn-Ausfahrt 32, La Orotava, Santa Cruz

Hospiten Bellevue

DURAZNO

Casa Grande

el Durazno

5.1

Auf dem Kirchplatz sitzt man gut bei Kuchen im *Café Ébano*. Abends wird der Hinterraum des schönen Hauses zur viel besuchten **Kneipe mit Tapas**. Gleich um die Ecke (Calle Esquivel 4) bietet das *El Limón* **vegetarische Gerichte**; Mo-Sa 10.30-23 Uhr.

Das **Instituto de Estudios Hispánicos de Canaria** (Ecke Calle Quintana und Calle Agustín Betancourt) bietet neben Sprachkursen Vorträge, Workshops und Ausstellungen zu lateinamerikanischen Themen; ✆ 922-388607.

Kloster San Francisco

Das gelbe Gebäude des *Parque San Francisco*, gleich das erste Gebäude links in der Calle Agustín Betancourt, gehörte ursprünglich zum Komplex des Franziskanerklosters und ist heute ein Veranstaltungszentrum. Vis-a-vis steht ein klassisches altkanarisches Bürgerhaus aus dem 18. Jahrhundert mit einem schönen Patio. Es beherbergt jetzt das Rote Kreuz.

Iglesia San Francisco

An der nächsten Straßenecke rechts (Calle San Juan Damas) trifft man auf die Kirche *San Francisco*; zusammen mit der angrenzenden *Ermita San Bautista* ist sie das älteste erhaltene Bauwerk (1599-1608) der Stadt. Die **Iglesia San Francisco** war zunächst eine Johannis dem Täufer gewidmete Einsiedelei, bis sie Kirche des angrenzenden Franziskanerklosters wurde. Sie besteht, ganz im Stile der früheren *Ermitas*, aus einem ganzen und einem halben Kirchenschiff. Neben der Kassettendecke aus Holz und dem zweiteiligen Michaelsaltar fällt ein sitzender, nachdenklicher Jesus auf, der Christus der Demut und Geduld. Die geschnitzten Kunstwerke sind in warmen gold-blau-grünen Tönen gehalten.

Abstecher

Viele Straßen, die von der Calle de Quintana beidseitig abzweigen, sind verkehrsberuhigt. Einige **Paläste** von Puertos Bourgeoisie sind dort noch erhalten oder restauriert. Neben der lauschigschattigen **Plaza Concejil** und Geschäften gibt es auch dort zahlreiche Restaurants, z.B. die **Tasca Arcon** auf eben diesem Platz.

Restaurant

In den kleineren **Hotels** der Gegend (z.B. *Chimisey, Maga, Marte*) kommt man einfach, preiswert und ruhig unter (➤ Seite 563).

Casa Iriarte

Die **Casa Iriarte** (Ecke Calle Juan/Iriarte), Wohnhaus der Familie *Iriarte* (➤ Seite 290), aus dem frühen 18. Jahrhundert hat einen besonders schönen Holzbalkon-Patio, kann aber schon seit Jahren nicht besichtigt werden.

Palacio Ventoso

Schräg gegenüber der *Casa Iriarte* fällt der wuchtige Turm des *Palacio Ventoso* aus der wirtschaftlichen Blütezeit Puertos im 18. Jahrhundert auf; ansässige Kaufleute hielten von hier Ausschau nach einlaufenden Schiffen.

Plaza de Charco

Dieser Platz ist lebendiger Stadtmittelpunkt und nicht nur bei Touristen beliebt. Hohe Palmen und prächtige, 1852 aus Kuba eingeführte Lorbeerbäume spenden reichlich Schatten.

Nach langem Hin und Her heißt der Platz heute offiziell wieder **Charco de los Camarones**, weil sich früher dort, wo jetzt der Brunnen steht, nach Hochwasser kleine Tümpel mit Garnelen (= *Camarones*) hielten. Der zentrale Kiosk ist immer gut besucht.

Alte Befestigungen, Reste der Bateria Santa Barbara, schließen die Plaza Europa zum Meer ab (➤ Seite 303)

Ringsum in altkanarischen Häusern mit großen Holzbalkonen und geräumigen Patios befinden sich Restaurants. Den schönsten Innenhof hat der Bau **Rincón del Puerto** (vis-a-vis Calle Quintana) mit vielen Pflanzen, Restaurants und einer Riesenpalme.

Das **Centro Comercial Columbus** an der Ecke zur Calle Quintana ist eine gelungene Verschmelzung von alt und neu.

Fischerhafen/ Casa Aduana
In dem von zwei Molen geschützten Becken liegen meist nur ein paar Fischerboote im Wasser oder am Kieselstrand. An Puertos Blütezeit als Exporthafen erinnert noch die imposante **Casa de la Real Aduana** mit Naturstein-Ecken, klassischen Fenstern und Balkonen. Sie ist das älteste weltliche Gebäude der Stadt, war das Wohnhaus einer reichen Familie und dient heute in erster Linie **mit Infobüro** als **Touristeninformation**.

Artenerife
Nebenan befinden sich *Artenerife*-Verkaufsräume mit kanarischem Kunsthandwerk, Lebensmitteln und Weinen (gleiche Öffnungszeiten wie das Infobüro). Im ersten Stock, in den man über einen Patio gelangt, residieren Galerien.

Kunst-museum
Dort ist neben wechselnden Ausstellungen das kleine **Museo de Arte Contemporáneo Eduardo Westerdahl** hervorhebenswert. Es wurde surrealistischen Pariser Künstlern gewidmet (z.B. *André Breton* und seinem Landsmann *Oscar Dominguéz*, ➤ Seite 498); Führungen Di, Mi, Do, Sa 10-14, Fr 17-20 Uhr (teilweise je nach Ausstellung abweichend); www.iehcan.com.

Calle de las Lonjas
Rechts neben dem alten Zollhaus führt die enge Calle de las Lonjas zur Plaza Europa. Das ockerfarbene Haus, die **Cofradia de Pescadores**, früher die *Lonja* (Fischbörse) ist nicht nur Treffpunkt der Fischer, sondern hat auch einen Verkaufsraum und ein gutes Restaurant mit Hafenblick-Dachterrasse; Di-Sa 13-23, So bis 16 Uhr, Mo geschlossen, ✆ 922-383409.

5.1

Das alte Fischerviertel La Ranilla

Abstecher

In dem sich westlich an die Plaza del Charco anschließenden alten Fischerviertel *La Ranilla* sind die Straßen enger und die Häuser kleiner. Vor allem abends wird es dort lebendig, denn *Ranilla* ist <u>das</u> Restaurantviertel von Puerto. Autos sind aus den meisten Gassen verbannt und haben Restaurants, Sonnenschirmen, Pflanzen und Bänken Platz gemacht.

Meist isst man in typisch kanarischem Ambiente in lichten, pflanzenüberrankten Patios. Aber auch leichte internationale Küche in modernerem Ambiente setzte sich im Bereich der Calles del Lomo, Cruz Verde und Zamora mittlerweile durch (*Kafka*, *Mil Sabores* und *Templo del Vino*).

Traditionell kochen das *Regulo*, *La Papaya* mit *Patio* und die Italiener *Mamma Rosa* und *Rosa de Bari*. Nicht zu vergessen das Restaurant **Don Camilo** am hübschen Platz *Peréz Benito Galdos* und das *Regulo* mit einem Michelin BIP (BIP = »Sorgfältiges« Menü unter €25). Alle Restaurants ➤ Seite 316.

Unterkunft

Wer in *La Ranilla* wohnen möchte, findet dort auch eine Reihe von preiswerten **Unterkünften**. Ganz gut ist man im ***Puerto Azul*** und im ***Eden Trovador*** aufgehoben, ➤ Seiten 562+563.

**Projekt
Sporthafen**

Das Aufschüttungsgelände (seit Jahren ein rumpeliger Parkplatz) zwischen Fischerhafen und *Castillo*, das dem alten Viertel *La Ranilla* vorgelagert wurde, sollte eigentlich zu einem *Parque Maritimo* und dann zu einem Yachthafen umgestaltet werden. Die Wirtschaftskrise sorgte aber dafür, dass diese ehrgeizigen Pläne für einige Jahre in der Schublade verschwanden. Langsam beginnt man nun wieder, die Umsetzung des Projektes voranzutreiben.

Restaurantgasse in Puerto de la Cruz

Casa Miranda	Im spitzen Winkel der beiden Straßen Calle Las Lonjas und Calle Santo Domingo steht die 1730 erbaute stattliche *Casa (Francisco) Miranda* eines aufgeklärten Sohnes der Stadt (1758-1806), der sich besonders für Venezuelas Befreiung von der spanischen Kolonialherrschaft einsetzte.
Plaza Europa	Wo früher die Festung *Batería Santa Barbara* stand, mündet die Calle Lonjas heute in die weitläufige Plaza Europa. Ihre exerzierplatzmäßige Gestaltung mit mächtigen Natursteinmauern, Betonplatten und nur wenig Grün hat also Tradition. Zwischen den beiden Wachhäuschen kann man auf der Stadtmauer schlendern und den Blick aufs Meer genießen.
Rathaus	Das Rathaus (**Ayuntamiento**) wurde erst 1973 erbaut, fügt sich aber gut in die altkanarische Umgebung ein. Am Eingang prangt das mit historischen und mythologischen Symbolen geschmückte Stadtwappen Puertos (Calle Augustin Betancourt 21).

Puertos Stadtwappen

Puertos bedeutungsvolles Wappen hat viel zu erzählen:

Auf gelbem Grund faucht ein grüner Drache mit flammendroter Zunge als allegorischer Wächter der goldenen Äpfel des paradiesischen Hesperiden-Gartens jenseits der Säulen des Herkules (damit gemeint sind Gibraltar und das Atlasgebirge Marokkos). Über ihm sieht man das rote Passionskreuz. Es steht zugleich für den Namen (*cruz = Kreuz*) und die christlich-religiösen Traditionen der Stadt.

Unter den Drachenkrallen erkennt man im blauen Schildfuß silbrige, geschwungene Streifen sowie das Blau des Ozeans. Sie symbolisieren die Wurzeln der Stadt, die Seefahrt und den Handel, die den Aufstieg von Puerto de la Cruz ermöglichten.

Außerdem liegt ein schwarzer Schlüssel im Meer, Symbol des von Columbus entdeckten Seeweges nach (West-) Indien. Er öffnete damit die Route über den Ozean nach Amerika auch von den Kanaren aus. Über allem wacht majestätisch eine Krone, Sinnbild für die Monarchie der Katholischen Könige.

5.1

Rückweg	Über die Calle Santo Domingo gelangt man wieder auf die *Punta del Viento*, die man dann stadteinwärts über die verkehrsberuhigte Calle Hoya, die kürzlich einer Verschönerung mit Ruhezonen und Begrünung unterzogen wurde, an der Ecke Calle Enrique Taig verlässt. Die vielen kleinen Geschäfte und auch das wegen seiner guten *Tapas* beliebte Lokal **La Muralla** profitieren dort vom neuen Flair des Bereichs.
	Auf der Calle Enrique Taig gelangt man zum Ausgangspunkt des hier beschriebenen Rundweges, dem *Centro Comercial Martiánez* – oder über die Treppen, den *Camino de Cabras* hinauf – in den Ortsteil La Paz.

Taoro Park

Weg dorthin

Wer die vielen Stufen nicht scheut, erreicht die Hotels und das ehemalige Casino auf dem Taoro-Hügel über steile Treppen durch den Taoro Park. Die ersten Stufen findet man in der Verlängerung der Calle Cologán hinter dem Hochhaus *Bel Air*. Per Auto gelangt man am einfachsten über die Ausfahrten 35 und 36 Richtung *Playa Jardín* auf den Hügel (➢ auch Seite 294).

Grand Hotel/ Kasino

Hier oben begann vor über hundert Jahren Teneriffas internationaler Tourimus. 1892 wurde das **Grand Hotel Taoro** als seinerzeit größte Hotelanlage Spaniens mit attraktiven Parkanlagen eröffnet. Für die englisch-kanarischen Betreiber war das *Taoro* eine lukrative Investition, denn das erste Gebäude der Insel mit fließend kaltem/warmem Wasser sowie elektrischem Strom lockte die damalige *High Society*, vornehmlich europäischen Adel. 1929 ging das *Taoro* in Flammen auf und erreichte seitdem nie wieder seinen alten Glanz. Nachdem das in dem Bau viele Jahre betriebene Spielkasino an den zentraler gelegenen *Lago Martiánez* verlegt wurde, gab es zwar einige Ideen zur neuen Nutzung, aber noch keine konkreteren Pläne.

Hotelgarten

Der ehemalige **Hotelgarten** ist heute ein Park mit subtropischen Pflanzen, Brunnen, Wasserfällen und Ruhebänken.

Hotelhügel im Grünen

Der grüne Hügel hat sein frühes Flair bewahrt. Einige der noch heute beliebtesten Hotels liegen in großen Gärten: Allen voran das hochgeschätzte **Tigaiga**, außerdem das **Miramar** und das Hotel **Atalaya**. Ein schöner Park mit dem palmenbestandenen *Camino de la Sortija* hinter dem einstigen *Casino Taoro* bringt Fußgänger zu den etwas weiter landeinwärts liegenden Hotels; ➢ Seite 564.

Im Taoro Park

Anglikanische Kirche

Das englische Publikum hatte sich schon vor Zeiten sein eigenes Umfeld geschaffen: die anglikanische Kirche aus Naturstein (hinter dem ehemaligen Kasino) an der Carretera Taoro wurde bereits 1905 vom *Foreign Office* gesponsert. Heute finden hier die Gottesdienste der Evangelischen Gemeinde statt.

Risco Bello

Im **Gartencafé** des **Risco Bello** sitzt man wie in einem kleinen Park zwischen Pflanzen auf grünem Rasen. Der angeschlossene **Jardín Acuático** ist ein schön gestalteter Garten mit Teichpflanzen und Wasservögeln; täglich 9-18 Uhr, €4 Eintritt. Wer sich nur in das Gartencafé setzen möchte, zahlt keinen Eintritt.

In den – an den *Taoro Park* – grenzenden Stadtteilen San Antonio und San Fernando wird heute viel gebaut: große Apartmentanlagen in San Antonio sowie kleine und größere Villen in San Fernando und Guacimara. Dort gibt es auch einige kleinere Hotels, wie **Don Candido**, **Casa del Sol** und **7PinesResort** (➤ Seite 565).

Sandbuddha an der Playa Jardín

5.1

Playa Jardín, Loro Parque und Punta Brava

Anfahrt über Salida 35/36

Der **Loro Parque** und die **Playa Jardín** sind zwar Touristenmagneten, aber durch die weniger attraktive Region rund um die Hauptpost und den Busbahnhof (*Correos/Estación de Guaguas*, Calle del Pozo) und den aufgeschütteten Küstenstreifen von den bis hierher beschriebenen Touristenzonen getrennt. *César Manrique*, künstlerischer Gestalter der *Playa Jardín*, würde sich beim Anblick der Hochhäuser entlang des *Barranco San Felipe* vermutlich im Grabe umdrehen.

Dafür ist der Blick vom **Castillo de San Felipe** dank der wunderbar begrünten Strandpromenade oberhalb der **Playa Jardín** und des großen subtropischen Geländes des darüber gelegenen **Loro Parque** sehr viel anregender.

Castillo de San Felipe

Das massive *Castillo de San Felipe*, ein kleines Kastell des 17. Jahrhunderts aus Naturstein, ist der älteste erhaltene Teil der Hafenbefestigung. In ihm finden heute Konzerte und Ausstellungen statt. Da es immer wieder anders genutzt wurde – als Lazarett, Lagerhaus, Restaurant – waren langwierige Restaurierungsarbeiten notwendig, um die ursprüngliche Gestalt wiederherzustellen.

Playa Jardín

Die heutige fast 1 km lange *Playa Jardín* war früher eine steinige Bucht mit vorgelagerten Felsinseln. Sie wurde mit einem enormen finanziellen Aufwand umgestaltet. U.a. pumpte man den feinen schwarzen Sand aus dem Meer und verteilte ihn entlang der Ufer. Nach jedem Sturm müssen aber erneut hoch- und angespülte Steine mit Hilfe von Spezialmaschinen zu Sand zermahlen werden. Unterwassermolen brechen die Brandung und sorgen für Badezonen mit unterschiedlich hohen Wellen. Bei Surfern beliebt ist der westliche Bereich nahe den *Punta Brava*-Felsen.

Abwechslungsreich gestaltete Promenaden führen hinter dem Strand durch terrassierte Grünanlagen (17.000 m^2) mit Snackbars, Cafés und Restaurant inmitten von Palmen, Bananen, Blumen, Skulpturen und kleinen Wasserfällen. Am westlichen Ende geht die Promenade in den **Vorort Punta Brava** über.

Loro Parque

Egal, wie viele Insel-Kilometer einen von Puerto trennen, der **Loro Parque** ist stets ein Ziel für Jung und Alt. Kein Wunder, wird der *Parque* doch seit Jahren zum besten Zoo Europas gewählt.

Auch die jährlich über 1,5 Mio Besucher (32 Mio seit der Eröffnung 1972) können nicht irren und machen den Park zu einem »Muss«. Wer aber mit zu großen Erwartungen hineingeht und etwas absolut Einmaliges erwartet – könnte auch ein wenig enttäuscht sein. Zu den ursprünglich 300 Papageienarten kam ein ganzer Zoo, von Flamingos über Jaguare bis hin zu Gorillas (hier dokumentiert der Zoo stolz einen Besuch von *Michael Jackson*).

Shows

Vier **Shows** (**Delfine**, **Seelöwen**, **Papageien**, *Orcas*) finden bis zu 6x täglich statt. Höhepunkte sind ferner der schnee- und eisreiche ***Planet Pinguin*** und ein gläserner **Tunnel durch das Aquarium** (➤ Seite 308).

Blick über die Playa Jardín, im Hintergrund das Hotel Maritim und rechts davon das ehemalige Fischerdorf Punta Brava

Diese »Gummibahn« befördert Besucher von Haltepunkten in Puerto gratis zum Loro Parque

Attraktionen Beliebt bei den Kleinen ist *Kinderlandia*, bei den Großen das Por-zellan-Papageienmuseum, der **Orchideengarten** und das **Thai-dorf**, sowie das **Naturvision-Kino** mit ferner Natur hautnah.

Preis-/ Leistung Billig ist das alles nicht, aber man bekommt – neben Gedränge – allerhand geboten. Dafür sollte man 4-5 Stunden Zeit haben und gut planen, um die zeitlich versetzten Shows alle zu erleben.

An Tierpflege und der aufwändigen Technologie des Parks Inter-essierten erlaubt man einen Blick hinter die Kulissen (»*Discovery Tour*«, € 10, Kinder € 7). Anmeldung am Eingang oder unter ✆ 922-376901 und im Internet unter www.loroparque.com.

Für den kleinen und großen Hunger sorgen acht Restaurants.

Anfahrt, Preise, Öffnungs-zeiten Der Park liegt oberhalb Punta Brava/*Playa Jardín* (Autobahnaus-fahrten 35 und 36), durch das blau-rot-schwarze (Delfin-Ara-Wal) Logo ausgeschildert; Parkplätze unterirdisch reichlich vorhanden.

Eine gelbe **Gratis-Bimmelbahn** pendelt alle 20 min von der Plaza Reyes Católicos (westliches Ende der Avda Colón bei der *Ermita San Telmo*, letzte Rückfahrt 18.45 Uhr). Täglich 8.30-18.45 Uhr, letzter Eintritt 16 Uhr. Die folgenden Preise beziehen sich auf Erwachsene/Kinder bis 11 Jahre; Kinder bis 5 Jahre sind frei. **Ein-tritt** € 34/€ 23; Kombiticket mit *Siam-Park*: € 58/€ 39,50; ➢ S. 253.

Punta Brava Unterhalb des *Loro Parque* grenzt das Fischerdorf **Punta Brava** an die *Playa Jardín*. Dort sind die Einheimischen weitgehend unter sich. Touristen sieht man vor allem im Restaurant *Tambo* (unte-res Ende des Platzes mit kleiner Meerterrasse), ➢ Seite 316.

Punta Brava ist der westlichste Teil von Puerto. Einen Kilometer weiter westlich steht unübersehbar der Hotelturm des *Maritím*. Dort beginnt ein schöner Küstenweg, der zum **Mirador San Pedro** führt (ca. 90 min, ➢ Kasten auf Seite 337).

5.1

Loro Parque www.loroparque.com

»Eisberg vor Teneriffa gesichtet«, meldeten die Inselzeitungen zur Eröffnung des **Planet Pinguin** 1999. Der Aufmacher zog, denn die befrakkten Vögel wurden zur kontrastreichen Sensation an der subtropisch grünen Inselküste.

Der Coup war von langer Hand geplant: vom Washingtoner Artenschutzabkommen abgesegnet wurden 174 Pinguin-Eier von Falkland nach Teneriffa geflogen – das erste Küken war eine Frühgeburt, *Santi* schlüpfte bereits unterwegs. Voraussetzung für die Zustimmung der Umweltschützer war der Bau einer riesigen Tiefkühltruhe auf der Insel des ewigen Frühlings.

Für Wirbel sorgten auch 4 Schwertwale (**Orcas**), die einst aus Florida geholt wurden (für »wissenschaftliche Zwecke«, da die EU Wal-Importe verbietet). Die weltweite Kritik an der Dressur dieser Tiere scheint sich auch der *Loro Parque* zu Herzen genommen zu haben. Zudem führten einige Todesfälle von Trainern in den USA und auch Zwischenfälle in Europa wohl dazu, dass die Show heute reduziert (keine Trainer mehr im Becken) und artgerechter über die Bühne geht. Das Highlight ist heute das Nassspritzen der Zuschauer in den ersten Reihen.

Aus dem kalten Wasser geht's in tropisch-luftige Höhen: **Katandra Treetops** ist eine begehbare Freiluftvoliere, groß wie der Pariser Opernsaal, in der man auf Hängebrücken und verschlungenen Dschungelwegen hunderte Vögel (Loris, Kakadus, Emus), wie auch Fasane, Pelikane und Fruchttauben im freien Flug oder Nektar fütternd beobachten kann.

Der Besitzer des *Loro Parque*, *Wolfgang Kiessling* aus Deutschland, setzt sich für den Erhalt bedrohter Papageienarten ein. In einer Volière züchtet er sie mit dem Ziel, sie im brasilianischen Regenwald auszuwildern. So wurden der fast ausgestorbene *Spixara* und der Rotrückenara gerettet. Wer Kiesslings Arbeit unterstützen möchte, kann Mitglied seiner Stiftung *Fundación Loro Parque* werden.

La Paz/Jardín Botánico

Vom Vorort La Paz (Anfahrt über *Salida* 32) kann man sich einen guten Überblick über die Stadt verschaffen. Der dort hoch über dem Meer gelegene **Mirador La Paz** bietet eine herrliche Aussicht über die Stadt und das grüne Orotavatal.

Deutscher Vorort

La Paz vermittelt den Eindruck eines gepflegten Kurortes. Gute und beste Hotels (➤ Seite 565), Apartmentanlagen und private Villen stehen an sanften Hängen inmitten üppiger subtropischer Vegetation. Die Haupteinkaufsstraßen besitzen breite begrünte Bürgersteige, so dass der Stadtteil trotz oft starken Verkehrs zum Bummeln einlädt. Ein großer Teil des vornehmlich deutschen Publikums sind keine Urlauber, sondern Residenten mit eigenen Häusern bzw. Apartments. Man kennt sich aus, hat sein Lieblingslokal, seinen Friseur, seinen Kiosk und trifft beim Einkaufen lauter Bekannte – ganz wie daheim.

Lokale, Shops und mehr

Wer lange von zu Hause fort ist, bekommt Appetit auf Heimisches. Und so lesen sich viele der vor den Restaurants ausgehängten Speisekarten wie ein Streifzug durch die deutsch-österreichisch-schweizerische Küche. Typisch dafür ist auch das nachmittägliche Stündchen in Terrassencafés bei einem Kännchen Tchibo mit Sahnetorte – was übrigens auch Spanier nicht verachten. Die recht feinen Läden haben sich auf ein Publikum eingestellt, das genügend Geld mitbringt. Etliche Treppenstufen über dem Atlantik haben La Pazer auch eine gehobene Einstellung zum (Sonnen-) Baden entwickelt: man blickt aufs, taucht aber selten ins Meer (der Pool tut's ja ebenso gut). Und man weiß hier: wer monatelang in der Sonne lebt, muss nicht in ihr liegen.

5.1

Camino de las Cabras

Vom zentralen Puerto nach La Paz gelangt man zu Fuß in 20 min: vom **Centro Comercial Martiánez** geht es treppauf über den *Camino de las Cabras*. Dieser etwas heruntergekommene »Ziegenpfad« geht in den breiteren, nicht so steilen **Camino San Amaro** über. Als Promenade führt er dann an Villen und am Panorama-**Hotel Melia** vorbei. Wer beim Treppensteigen pausieren möchte, findet schattige Bänke.

Jardín Botánico

La Paz' Hauptattraktion ist der *Jardín Botánico* (**Jardín de Aclimatación**), wo tropische Flora an dicht wächst. 1788 ließ der aufgeklärte Herrscher *Carlos III* dieses Versuchsfeld gründen, um (ab 1856 unter Leitung des Schweizer Botanikers Hermann **Wildpret**, ➤ Seiten 424 und 458) exotische Nutzpflanzen wie Kaffee an das spanische Festlandsklima zu akklimatisieren und dort zu vermarkten.

Da die Gewöhnung an andere Verhältnisse in der Jugend am leichtesten ist, musste man mit den Samen beginnen. Aber erst der wissenschaftliche Eifer eines **Marqués Villanueva del Prado** führte das Projekt in Teneriffa zum Erfolg: Er setzte die Samen der fremden Pflanzen in herbeigeschiffte Heimatböden ein.

Würgefeigenbaum im Jardín Botánico

Die Umgewöhnung gelang auch dank des milden Inselklimas. Die nächste Akklimatisierungsstufe auf dem Kontinent schlug aber fehl, denn die wärmeverwöhnten Gewächse verkrafteten keine großen Temperaturschwankungen.

Geblieben ist ein wunderbarer Garten – randvoll mit teilweise sehr alt gewordenen Exoten. Allen voran die Würgefeige (Ficus dealbata), ein Baum wie aus dem Märchenwald: seine Luftwurzeln wirken gruselig wie Fallstricke. Mystisch auch der in hundert Stücke geteilte Stamm der zweihäusigen Kermesbeere (Pytolacca dioica) aus Südamerika. Und vom sog. **Wurstbaum** (*Arbol de las Salchichas*) hängen Früchte wie Würste herunter. Die Wissenschaft nennt ihn Kigelia afrikana.

Es gibt aber auch Vertrautes wie Farne, Palmen, ein paar Brotbäume und eine klassische **kanarische Kiefer**.

Täglich 9-18 Uhr, April-September -19 Uhr. Deutschsprachige Broschüre verfügbar; €3,50.

Shopping

Entlang des *Jardín Botánico* läuft die grüne Durchgangsstraße **Marqués Villanueva del Prado**. Sie wird gesäumt von Geschäften, Terrassenrestaurants und dem **Canary Center**, einem Einkaufszentrum in kanarischem Stil, hat aber sogar ein deutsches **Reformhaus**, einen **Buchladen** und das Café *El Adorno*).

Der »Wurstbaum« Arbol de las Salchichas

Steilküste und grauer Strand: Playa Bollullo

Ca. 600 m nördlich des *Jardín Botánico* zweigt die Calle Leopoldo Cologan Zulueta nach Nordosten ab. Folgt man ihr 100 m um die erste Biegung herum, öffnet sich am **Mirador La Paz** ein grandioser Blick auf Puertos Küstenlinie entlang der Playa Martiánez, ➤ Foto Seite 319. Schräg gegenüber dem Aussichtspunkt steht die kleine *Ermita San Amaro* aus dem frühen 17. Jahrhundert. Sie zählt zu Puertos ältesten Gebäuden.

5.1

Spaziergang zur Playa Bollullo/ El Rincón

Beim **Mirador La Paz** beginnt der knapp 1-stündige **Camino de la Costa** (aktuell Bauarbeiten, sodass zeitweise gesperrt), eine Promenade Richtung Osten mit einem großartigen Blick auf die Steilküste, vorbei an den in die Jahre gekommenen Apartment-Anlagen *Ikarus* und *Bellavista* bis zum 5-Sterne-Hotel *Semiramis*. Von dort führt der Weg weiter durch ruhige Wohnstraßen bis zur *Playa-Martiánez*-Anfahrtstraße, die man per Tunnel unterquert. Mit einem Schlenker um eine kleine Schlucht geht es weiter durch stillgelegte Bananenplantagen zum **Café-Restaurant Bollullo** in Klifflage und dann treppab zur schwarzen **Playa Bollullo**.

Der Bereich **El Rincón** (Ecke) ist die letzte fast unbebaute Küstenregion im Orotavatal. Jahrelang kämpften Initiativen (bisher) erfolgreich gegen Bebauung. An die weiter östlichen Buchten **Playa Patos** und **El Alcón** (mit bei Ebbe schönen Strandstreifen und gefährlicher Unterströmung!) gelangt man über einen Klippenpfad, vom oberen Ende der *Bollullo*-Treppen. Der Abstieg zu diesen beiden Stränden ist nur etwas für Trittsichere.

Playa Bollullo

Von der Autobahn erreicht man den Strand über die *Salida* 32 (Puerto/Martiánez), dazu folgt man den Schildern »*Rincón*«. Wer von Puerto/La Paz per Auto kommt, fährt über einen versteckten Abzweig vom Autobahnauffahrt-Kreisel nach Santa Cruz, der zu einem zweiten Kreisel mit dem Schild »El Rincón/ TF 172« führt. Auf halbem Weg zum Meer wird es eng und steil; der Parkraum am *Restaurant Bollullo* ist für Nicht-Gäste (Gebühr) begrenzt; wer 200 m weiter fährt, findet einige wilde Parkplätze.

El Durazno

Im Stadtteil Durazno, oberhalb von La Paz, machten Bananenplantagen neuen Villen Platz. Einige alte Herrenhäuser und *Haziendas* werden inzwischen kommerziell genutzt. Besonders schön ist die

- *Casa Abaco (16)*, mit großem Garten. In den stilvollen Räumen gibt es ein Restaurant und eine Cocktailbar. Beliebt sind abendliche klassische Konzerte; So-Sa 9-13 und 16-23, Mi-Mo 16-23 Uhr, Camino Casa Grande/Ecke Camino El Durazno, ✆ 922-370107 und ✆ 922-374811; www.abacotenerife.com.

- *Tito's Bodeguita (17)*, eine ehemalge *Hazienda* mit begrüntem »Patio ist stadtbekannt. Die lange Karte setzt auf Fleisch und Fisch, oft mit exotisch-süßem Akzent; Camino el Durazno 1, Mo-Sa 12.30-23 Uhr, ✆ 922-089436; www.titosbodeguita.com.

Diese typisch altkanarische Fassade von Tito's Bodeguita verbirgt einen hübschen Innenhof. Anfahrt von außerhalb am besten über die Autobahn TF 5. Das Restaurant liegt direkt an der Ausfahrt 35

Anfahrt beide Restaurants

Vom Stadtzentrum aus fährt man über den Vorort La Paz (TF 312/ Avda Marques de Villanueva) vorbei am *Jardín Botánico* und biegt ca. 150 m nach dessen südlichem Ende halbrechts in den Camino Casa Grande ab (bergauf). An der Ecke Camino el Durazno steht das **Abaco**. Zu *Tito's Bodeguita* fährt man von dort noch einen guten Kilometer weiter bis zum Straßenanfang (*Salida 35*).

Orchideen-garten/ Sitio Litre

Weitere Sehenswürdigkeiten:

Hinter dem Herrenhaus einer englischen Kaufmannsfamilie wurde schon 1774 ein wunderbarer privater botanischer Garten angelegt. Dort verweilten *Alexander von Humboldt* (1799) und *Agatha Christie* (1929). Der **Sitio Litre** genannte Garten wurde später um eine Orchideen- und eine Bonsaisammlung erweitert.

Er liegt unweit der Carretera Botanico etwa 1 km vom Botanischen Garten entfernt (Richtung Puerto). Von der Hauptstraße sind
es dorthin auf der gleichnamigen Passage keine 100 m zu Fuß.
Wer von der Stadt aus anfährt, parkt in der Calle de Valois (Verlängerung der Avda Aguilar y Quesada); täglich 9.30-17 Uhr, Eintritt €5. Am Eingang erhält man eine Pflanzenliste für den Rundgang. Im Garten gibt es eine kleine Spezialbuchhandlung und ein
Café; ℂ 922-382417.

Hornos de Cal (Kalköfen)
Früher wurde in dieser Gegend in Vulkanstein-Öfen Kalk gebrannt.
Das Holz lieferten in erster Linie die Wälder des oberen Orotavatals. Unterhalb des Taoro-Hügels fährt man an den restaurierten
Hornos de Cal vorbei (bergseitig linkerhand auf der Verlängerung
der Carretera Botánico – Calle Cabezas/Ecke Calle Blanc). Man
erkennt sie an ihren kleinen weißen Spitzkegel-Dächern. Indessen
ist schade, dass man im Verkehr nicht anhalten kann, um sie
genauer zu betrachten. Aber auch zu Fuß von der Plaza Charco ist
es nicht sehr weit.

Biohof
Einen Besuch wert ist ***La Granja Verde*** (vormals **Oasis del Valle**),
eine *Finca*, die die traditionelle kanarische Landwirtschaft und
Tierhaltung pflegt und zugänglich macht; mit Pony- und Kamelreiten für Kinder. Auch festliche Events werden dort veranstaltet;
www.lagranjaverde.es.

• ***Dula y Pipa*** serviert ebendort separat in lichtem Raum »a la
carte«, Mittagessen von Mittwoch bis Sonntag von 13-16.30
Uhr, Brunch Sonntag ab 10.30 Uhr; Trasera Camino Torreon 2,
direkt unterhalb der Autobahn-Ausfahrt 33 (*El Ramal*), ausgeschildert; ℂ 922-333509.

5.1

5.1.4   Praktisches

Allgemein

Polizei
• ***Policía Nacional***: Avenida Jose M. del Campo Llarena, nahe
dem *Castillo San Felipe*, ℂ **091**.
• ***Policía Municipal***: Plaza de Europa, ℂ **092**.

Busse
• Ein großer **Busbahnhof** (*Estación de Guaguas*) befindet sich
an der Calle Pozo, parallel zur Calle Cupido nur rund 300 m
von der zentralen Plaza Charco entfernt. .
• Dort, wie auch im Zollhaus/*Artetenerife*-Laden und Zeitungskiosken gibt es **Bono-Via**-Karten.

Post
• Calle del Pozo gegenüber dem Busbahnhof
• La Paz, Carretera Botánico, vis-a-vis dem *Canary Center*.

Kliniken
• ***Hospiten Bellevue***, *Urbanización San Fernando* oberhalb von
Taoro, Calle Alemania 6, ℂ 922-383551. Diese moderne Klinik
kooperiert mit dem **Ambulanzzentrum Tamaragua**, Calle
Agustin Betancourt 28, ℂ 922-380512.

Ärzte
• Deutschsprachige Inselärzte im 14-tägigen »Wochenblatt«.
Weitere Fachärzte ➤ Seite 513.

Typisch für Puerto de la Cruz: solche Shops für leichte preiswerte Textilien und Lederartikel finden sich in vielen Gassen

Shopping

Mercado Municipal/ Flohmarkt/ Shopping-Zentren und Supermärkte

Ein Lebensmittelmarkt existiert im *Mercado* an der Anfahrt zur *Playa Jardín*, Avenida de Blas Pérez González, Mo-Sa 7-15 Uhr. Einige Läden des Marktes bleiben auch nachmittags geöffnet. Mittwochs und samstags findet dort zusätzlich ein Flohmarkt statt: 9-13 Uhr. Parken gratis; der Bus 382 fährt Mo-Sa 8-13 Uhr im Stundentakt von der *Plaza Reyes Católicos* zum *Barrio San Antonio* und hält am *Mercado*.

Zwei kleine, feine *Shopping Center* sind *das Centro Comercial* **Columbus Plaza** an der Plaza Charco und das **Canary Center** in La Paz. Das Weiteren erwähnenswert ist das *Centro Commercial* **Las Pirámides Martiánez** (mit Tiefgarage) zwischen La Paz und der *Playa Martiánez* mit **Mercadona**-Supermarkt. Zentraler liegt **Hyperdino**, Calle Hoya/ Avda de Betancourt y Molina.

Oberhalb der Autobahn, *Salida 36*, liegt das *Centro Comercial* **La Villa**. Hinter altkanarischen Fassaden warten viele Shops aller Art und der Supermarktriese **Al Campo**, Mo-Sa 10-22 Uhr.

Deutsche Backwaren

Rancho Grande am Paseo San Telmo (am Meer) und **El Millo** im *Canary Center* in La Paz. Auch unten im **CC Columbus Plaza** (➤ oben) gibt es deutsche Backwaren.

Fleisch/Wurst

Deutscher Schlachter **Sprungmann**, ➤ Seite 376.

Naturkost u.ä.m.

Reformhaus Botánico im *Canary Center* in La Paz.

Bioläden mit breitem Angebot frischer Nahrungsmitteln gibt es so gut wie nicht; man führt eher Trockenprodukte. Das Kräuterhaus **St Bernhard** ist eineArt » ökologische Apotheke«, Calle La Hoya 60; Mo-Fr 9.30-13.30 17-20; Sa 10-14 Uhr.

Vielseitiges ist der Laden **Soluciones** (Calle Ravelo, oberhalb *Plaza Charco*): Mineralien, Bücher, Reformhaus und mehr.

Buchladen	Die **Bücherkiste** (deutsch) in *La Paz* am *Canary Center* hat deutschsprachige Literatur und die ganz Palette deutscher Zeitungen und Magazine; Mo-Fr 10-13 und 17-19 Uhr, Sa 10-13 Uhr.
Karten, Kanaren- literatur	Die ***Mundo del Mapa*** in der Calle San Felipe 12 (ein paar Schritte von der Plaza Charco) ist blendend sortiert bei Wanderkarten und hat alle Kanarentitel des auf Teneriffa tätigen Zech-Verlages; Mo-Fr 9.30-14 und 15-20.30 Uhr, Sa 9.30-13.30 Uhr, ℰ 648-401784.
Schmuck	Hochkarätige und handgefertigte Unikate gibt es in La Paz gegenüber dem *Hotel Botánico* im stilvollen Laden ***Orofino***, Avenida Marques Villanueva del Prado 17 (unterhalb des *Jardin Botánico*), ℰ 922 575032; www.orofino24.net.
Internet/ WiFi-Zonen	Als offizielle **WLAN/WiFi**-Zone sind der **Paseo de San Telmo** und die **Avenida Colon** eingerichtet. Zugang gibt es auch bei der **Touristeninformation** in der *Casa Aduana*, ➤ Seite 301. Mittlerweile haben fast alle Hotels WiFi Zugang im Zimmer.

Sport ➤ ab Seite 514

Restaurants

Situation in Puerto de la Cruz	Puertos Restaurant-Angebot ist riesig. Es gibt ca. 600 Restaurants, Cafés und Kneipen im Umfeld der Stadt. Dank der großen Konkurrenz ist das Preisniveau moderat. Für €22 bekommt man ein komplettes Menü mit Wein und Café. Klassische spanische Lokale – und abseits der touristischen Zentren gelegene – machen Siesta (ca. 16-20 Uhr), ganz auf Touristen eingestellte haben auch durchgehend geöffnet (ca. 12-23 Uhr).

5.1

»El Balcon« (mit »Tapas de Luis«), ein typisches Kanarenrestaurant an der Plaza Charco

In den letzten Jahren sind die alteingesessenen kanarischen Restaurants weniger geworden. Man findet nun viele internationale Lokale und auch die Küche der spanischen Provinzen, weniger die asiatische Küche. Dennoch dominiert die kanarische/spanische Tradition: mal klassisch-einfach, mal stark verfeinert.

Lange Jahre schmückte sich das Restaurant **Lucas Maes** als nur einer von fünf Gourmettempeln auf Teneriffa mit einem Michelin-Stern. Der Nachfolger im selben Haus heißt **LArena53** (➤ Restaurantempfehlungen Seite 86 und Seite 318).

Viele Restaurants verfügen über sehr schöne Räumlichkeiten, überwiegend auch über Terrassen oder Patios. Nepp ist eher selten. Es folgt eine »Quer-Beet«-Auswahl mit Akzent auf »attraktiv, kanarisch, etwas teurer« und für den besonderen Abend, denn über einfache Lokale stolpert man allerorten. Die Liste ist nach Stadtteilen geordnet. Einige Adressen wurden im Rundgang schon erwähnt; hier nun die komplette Empfehlungsliste:

Zentrum

Zur Lage der Restaurants ➤ Karte auf Seite 298

• *Arcón (1)* oberhalb der Plaza Charco an der Plaza Concejil; ➤ Restaurant-Empfehlung auf Seite 86 und Karte Seite 298.

• *Cofradia de Pescadores (2)* in der Calle La Lonja am Hafen neben der Touristeninformation; ➤ besondere Restaurant-Empfehlung auf Seite 86 und Karte Seite 298.

• *Casa la Carta (3)*, Calle San Felipe 53 (*Ranilla*). In diesem altkanarischen Haus mit Dachterrasse wird variationsreich gekocht: gute Pasta, viele Salate, traditionelle kanarische Gerichte, Fleisch und Fisch, aber auch vegetarisch. Für alles wird frisch und nach Jahreszeit eingekauft. Täglich ab 18 Uhr, Sa/So auch 12.30-15 Uhr, ✆ 922-381592.

• *Esencia (4)*, im früheren *Calabacin* an der Ecke Avda Venezuela

• *Kafka (5)* in einem perfekt renovierten Haus mit Terrasse in der Calle Cruz Verde 4 (*Ranilla*), ➤ besondere Restaurant-Empfehlung auf Seite 86 und Karte Seite 298..

• *Don Camillo (6)*, Calle Mequinez 53; Pizzas und Nudelgerichte, aber auch andere italienische Speisen. Die mit Palmen und Blumen bepflanzte *Plaza* ist eine Art »Wohnzimmer« der Anwohner: Kinder spielen, Frauen sitzen vor der Haustür. Die große Terrasse wird so Teil des normalen Lebens in Puerto, wo sich die Gäste wohl fühlen; täglich 12-23; ✆ 922-370843.

• *Casa Mika (7)*, in der schönen Gasse La Verdad (No. 11). Das *Mika* kann man den ganzen Tag besuchen: Lunch, Kaffee und hausgemachte Kuchen samt *Pancakes*, *Happy Hour* ab 18 Uhr mit tollen Cocktails. Das Haus verfügt über mehrere kleine Räume, die fantasiereich dekoriert wurden. Tagsüber gibt es eine kleine Terrasse. Nach dem Dinner kann man der Musik lauschen und Drinks genießen; Mi-Mo 12-16 Uhr und 18-24 Uhr, dienstags geschlossen; ✆ 922-385215.

Riesen-Wandbild hoch über Shops und Restaurants in Puertos Gastroviertel La Ranilla

5.1

- ***Casa Pache (8)*** ebenfalls in der Gasse La Verdad. Dieses klitze-kleine Restaurant voller Blumen wirkt wie ein privates, altmo-disches Wohnzimmer. Es gibt auch ein paar Tische vor dem Restaurant (besser reservieren!). Traditionell-kanarische Küche; täglich 12.30-16 und 19-22.30 Uhr, montags zu; ℡ 922-372524.

- ***La Rosa di Bari (9)***, Calle de Lomo 23 (in *Ranilla*). Italienische Küche, hausgemachte Pasta; auch Fleisch- und Fischgerichte; gemütlich-elegante Einrichtung in einem alten kanarischen Haus, große Fenster zur ruhigen Straße; Di-Sa 12.30-15 Uhr und 18.30-23 Uhr, So abends und Mo zu; ℡ 922-368523.

- ***El Maná (10)***, vegetarisches Restaurant kreativ und variations-reich mit frischen Produkten; modernes Ambiente; auch nicht-vegetarische Gerichte; Calle Mequinez 21 (*Ranilla*); Mi-So 13-16 Uhr und 19-22 Uhr; So Frühstücks-Buffet 10-13 Uhr, nur mit Reservierung; ℡ 922-372474.

- ***Régulo (11)***, kanarische Küche in einem alten Haus mit Patio; auch bei Einheimischen beliebt; mit *Michelin BIP* (= prima Menü unter €25). Spezialität: **Merluza en Rioja**; Ecke Calle Pérez Zamora 16/San Felipe (in *Ranilla*), Di-Sa 12.30-15 und 18-22.30 Uhr, So und Mo mittags zu; ℡ 922-384506.

Punta Brava

• Das Restaurant *Tambo* hat eine kleine Terrasse über dem Meer mit Blick auf die *Playa Jardín*; gute Fischgerichte und *Paellas*. Das Lokal liegt in der Calle Añaterve 1, versteckt am äußersten westlichen Ende des Strandes. Von dort rechts die Calle Dacil hinuntergehen, dann rechts auf die Plaza Ballestero. Ganz am Ende des Platzes kurz rechts, gleich wieder links die Treppe hinunter; 12-23 Uhr, Mo zu, ✆ 922-376262.

La Paz

• *The Oriental (13)* im *Hotel Botánico* (in der Nähe des Botanischen Gartens) serviert im Wechsel asiatische Gerichte: thai, malayisch, vietnamesisch, japanisch u.a.m. Die Speisekarte wird regelmäßig erneuert. Elegantes Ambiente. Für Männer besteht ein Dresscode: ein Jackett kann man dort ausleihen; täglich 18.30-22.30 Uhr, im Juni Di und Mi zu; ✆ 922-381504.

• *Bodeguita Algarrobo (12)*, kanarische Gerichte mit exquisiten Gewürzen. Aber schlichte Einrichtung drinnen wie draußen auf der Terrasse. Die Speisekarte ist sehr umfangreich. Die Portionen werden auf kleineren Tellern wie Tapas angerichtet. U.a. gibt es Gulasch vom Lamm in einer Pastete und Fisch mit frischem Gemüse. Alles kann man mit Familie oder den Freunden teilen – »*para compartir*«. Avda Marques de Villanueva del Prado gegenüber dem *Hotel Botánico*; So 11-17, Mo Di, Do, Fr 11-23 Uhr; Mi geschlossen; ✆ 922-373513.

Durazno

• Das *Restaurant Durazno (14)* ist urig und mittags gut besucht; preiswert, Calle La Escuela 3, vom Camino El Durazno rechts dem Schild folgen, Di abends zu, 12-23 Uhr; ✆ 922 380701. **Zufahrt** zum Restaurant: *Salida* 32, dann hinter der Gärtnerei *El Draguito* links abbiegen und der Ausschilderung folgen. Wer in La Paz ist, fährt Richtung Autobahn und biegt oberhalb des *Jardín Botanico* beim Schild »*Durazno*« rechts ab.

• **LArena 53 (15)**, früher *Lucas Maes*, ist ein **Feinschmeckerlokal** in einem alten Herrenhaus, das kürzlich seinen Besitzer und Namen wechselte. Modern gestalteter Gastraum mit Terrasse/ *Lounge*. Von La Paz kommend folgt man der TF 31 und nimmt die Auffahrt zur TF-5 Richtung Icod de los Vinos (zugleich TF 131) und biegt von ihr auf das Gelände des Restaurants unmittelbar neben der Auffahrt ab.

Von Santa Cruz nimmt man die *Salida 32* in Richtung Puerto. Gleich nach Verlassen der Autobahn sieht man das Restaurantgebäude auf einem kleinen Hügel links Man muss aber zunächst weiterfahren – links abbiegen ist nicht möglich – und die nächste Wendemöglichkeit nutzen, danach ➤ oben. Geöffnet 13-15.30 und 19-23 Uhr, So+Mo geschlossen; ab €30.

_____   ## Discos (Discotecas) und Bars

Puerto de la Cruz ist nicht gerade für ein tobendes Nachtleben bekannt. Das meist ältere Publikum zieht es mehr zu Kaffee und Kuchen oder in Tanzcafés. In den wenigen *In-Spots* findet man im Winter nur am Wochenende junge Einheimische. Im Sommer dagegen kommen auch viele jüngere spanische Touristen. An der Avda Betancourt y Molina um das **Avenida Center** herum liegen

Für die
Jugend

- **Disco Vampis**, etwas für Liebhaber von *House Music*
- **Discoteca Azucar**, alle Musikrichtungen. Bei bis zu 30-Jährigen »in«; Calle Obispos Pérez Cáceres bei der Plaza Reyes Católicos.

Disco-Pubs

- An Wochenenden werden spät abends einige Disco-Pubs in der Calle La Hoya lebendig, z. B. **Enklave**, **Gruta**, **Tamo**

Um die **Plaza Charco** herum befinden sich Cocktailbars mit Live-Musik, die zum Tanzen auffordern, aber erst ab 24 Uhr:

Cocktail-
Bars

- Elegant ist die Cocktailbar im **Abaco** (➢ Seite 312); 21-02 Uhr, Mo geschlossen, ✆ 922-374811; www.abacotenerife.com
- **Color Café**, Plaza Charco
- **Elements**, **Lounge** & **Cocktail Bar**; Calle Mequínes 32
- **Ebano,** nachts Musik und Copas; Plaza Iglesia
- **Limbo**, Calle Blanco 19, wechselnde Musik
- **Blanco Bar**, modern und cool, Calle Blanco 2 bei **Disco Azucar**
- **TFN** in der Calle Iriarte 10.

5.1

Hochhausballung an der Playa Martiánez im Osten von Puerto de la Cruz; im Hintergrund erkennt man die Pool-landschaft Costa Martiánez

5.2   Das Orotavatal

5.2.1   Kennzeichnung

Das Land-schaftsbild

Zu den schönsten Landschaftsbildern in Europa zählen irische Kliffs, norwegische Fjorde und finnische Schären, das Alpen-Panorama, die Provence, Toscana und die griechischen Kykladen – aber Teneriffas Orotavatal? *Humboldts* Euphorie vor 215 Jahren über Teneriffas grünen Teppich kann heute nur nachvollziehen, wer über die heftige Bebauung der letzten Jahrzehnte hinweg-sieht. Dennoch ist nicht nur das riesige Tal (10 km breit) nach wie vor beachtlich, sondern auch seine Einbettung: weit unten der blaue Atlantik, an den Seiten die *Ladera*-Steilwände und darüber der Teide, den eine täglich wechselnde Wolken-Show umgibt.

Bevölkerungs-dichte

Flächenmäßig ist die Gemeinde Orotava die größte Teneriffas, denn zu ihr gehören das Touristenzentrum Puerto de la Cruz, die Stadt Los Realejos und der ***Parque Nacional del Teide***. Mit ca. 123.000 Einwohnern hat der Bereich Arona/Adeje inzwischen aber die Gemeinde Orotava (nach Santa Cruz/La Laguna) auf Platz 3 verdrängt. Wenn man den unbewohnten Nationalpark herausrechnet, leben in der Orotava-Gemeinde 200 Menschen/km²; in Puerto de la Cruz sogar 3.600/km².

Vom Humboldt-blick zur Baugrube

Vom berühmten »**Humboldtblick**« an der östlichen Schulter des Orotavatals schaut man heute auf ein wachsendes Häusermeer, das die landwirtschaftliche Fläche dieser Inselregion stetig schrumpfen lässt. Noch in der Nachkriegszeit kam jede zweite kanarische Banane aus dem Orotavatal. 20 Jahre später erkoren die

Namensgeber samt Blick vom Mirador
Humboldt über das Orotavatal,
➢ *Kasten Seite 373*

Stadtväter ihr Tal zum Spekulationsobjekt und machten es damit zur gigantischen Baugrube: Quadratkilometer an Plantagen wurden von Urbanisationen und Straßenbau gefressen.

Touristische Schwerpunkte
Zu den touristischen Zielen zählen neben Puerto auch die **Altstadt von Orotava**, die **Auffahrt** von dort **zum Teide** und das **Wandergebiet** oberhalb von Aguamansa. Ferner einzelne Punkte, wie die Aussichtspunkte **El Lance** und **Corona**, Küstenspaziergänge (z.B. bei Rambla de Castro), aber auch herrliche **Höhenstraßen**.

Humboldt-blick
Der **Mirador Humboldt** (mit Gastronomie) bietet den links zu sehenden »Humboldtblick« über das Tal. Zufahrt ab **Salida 31** der Autobahn (Orotava/La Questa), dann Richtung Orotava (TF 21). Leider seit einiger Zeit geschlossen (vergittertes Tor), sodass man aktuell nicht neben Humboldt Platz nehmen kann.

Am Eingang zur Terrasse sitzt – nachdenklich, aber entspannt – Humboldt; merkwürdig nur, dass er dem majestätischen »Tal« (➤ unten, Geologie Seite 15) die kalte Schulter zeigt. Oder liegt es an der heute massiven Bebauung, durchschnitten von einer Autobahn? 100 m weiter auf der TF 21 erlebt man die gleiche Aussicht vom einfachen **Mirador Resbala**.

Eselsbauch und Orgelpfeifen
Orgelpfeifen (**Los Organos**, ➤ Seite 395), eine Wand aus Basaltsäulen in 1.000 m Höhe, begrenzen oberhalb von Aguamansa das Orotavatal nach Süden. In dieser Höhe kondensiert die Luftfeuchtigkeit des Nordost-Passats und bildet eine geschlossene Wolkendecke, die oft den Blick auf den Teide-Pico versperrt. **Panza de burro**, Eselsbauch, sagen die Spanier treffend dazu, denn grau und dickbäuchig hängt sie in den Bergen. Es gehört zu den schönsten Erlebnissen einer Fahrt in den Teide-Nationalpark, diese Nebelzone zu durchstoßen und dann wie im Flugzeug bei strahlender Sonne über dem – von oben betrachtet – weißen Wolkenmeer »zu schweben«. Der Eindruck eines durchhängenden grauen Bauches wird im Orotavatal durch seine seitlichen »Schultern« (*laderas*=Seiten) verstärkt. Sie schützen Orotavas ausgeprägtes Mikroklima vor fremden Wettereinflüssen.

Geologie
Die Geologen rätselten lange über die Entstehung dieses enorm weiten Tales ohne größere Wasserläufe. Früher glaubten sie an eine tektonische Störung, einen gewaltigen Einbruch zwischen den *Laderas*. Lange hielt sich auch die Theorie, dass das Orotavatal nicht durch Landabsackung zwischen den *Laderas* entstand, sondern dass seine Schultern durch punktuelle Lava-Eruptionen und -flüsse aus den Zentren des Inselrückgrats nach und nach aufgebaut wurden.

Die jetzt weitgehend anerkannte Theorie besagt, dass das Tal durch einen gewaltigen Erdrutsch beim Zusammensturz des riesigen Urvulkans im Zentrum Teneriffas entstand (➤ »Caldera«, Seite 417). Gewaltige Geröllmassen gingen zu Tal, unter deren Druck sich die heutigen »Täler« von Orotava, Icod und Güímar bildeten. Die Gesteinsmassen rutschten bis weit ins Meer hinein (➤ Grafik, Seite 15).

5.2

**Alte
Haciendas**

Die prächtigen Herrschaftshäuser im alten **Stadtkern von Orotava** zeugen vom Reichtum seiner Großgrundbesitzer seit der *Conquista*. Für die spanischen Eroberer war das **Reich Taoro** des *Mencey Bencomo* damals erstes Objekt der Begierde. Der Guanchen-Bezwinger *Adelantado de Lugo* hatte sich selbst das größte Terrain gegönnt und den Rest generös an Freunde, Verwandte und zukünftige Investoren verteilt.

Auf riesigen Haziendas wurden in fruchtbaren unteren und mittleren Hanglagen je nach Nachfrage und Preisentwicklung Zuckerrohr, Bananen und – darüber – Wein angebaut (➤ Seite 489f, Monokulturen). Nur die Grundstücke ganz oben waren für den Bedarf der Inselbevölkerung reserviert. Der Großgrundbesitz blieb durch das Erbfolgerecht – *Mayorazgo*, das alles dem Erstgeborenen zukommen ließ – lange erhalten.

**Land
und Wasser**

Die Exportkulturen brauchten viel Wasser, das es aber meist nur oben in den Bergen gab. Und so nahmen sich die Reichen einfach die Wasserrechte. Über Kanäle und Staubecken wurde das Wasser talwärts geleitet und mehr nach Laune als Bedarf an kleine Bauern und Müller verteilt, ➤ Essay Seite 447f.

5.2.2   La Orotava   www.laorotava.es

Geschichte

Der **Stadtgründung** von *La Villa de la Orotava* im Jahr 1506 ging ein Akt des Ungehorsams voraus. Ein gewisser *Ortiz de Zárate* hatte das Terrain, rund 400 m über dem Meer, an 23 Personen verteilt, obwohl die Hazienda-Eigner die Parzellierung ablehnten. Jedoch kam dem Rebellen Madrids Wunsch nach stärkerer Besiedlung der Region entgegen.

Wer auf sich hielt, wohnte Mitte des 16. Jahrhunderts in La Orotava. Und so zog es auch spanische, italienische und französische Kaufleute und Finanziers der Zuckerproduktion in jene Region, wo das nur sanft ansteigende Tal in steileres Bergland übergeht.

Über den Dächern von La Orotava

Doce Casas   Die Edelsten unter ihnen gründeten
1560 die *Hermandad Doce Casas*
(»Bruderschaft der 12 Häuser«), über
die Humboldt krittelnd bemerkte: »
... die Häuser, solid gebaut, aber
trübselig anzusehen, gehören fast
durchaus einem Adel, der für sehr
stolz gilt und sich selbst anspruchs-
voll als *Doce Casas* bezeichnet«.
Einheimische nennen bis heute den
Stadtkern *Doce Casas*.

Wappen   Unter dem Patronat der ersten Stadthäuser wurden auch Klöster
von Orotava   gegründet, und 1648 konnte sich Villa de la Orotava, die »edle
und treue« Stadt, *noble y leal*, wie es im Stadtwappen heißt, als
erste Inselgemeinde von der Hauptstadt La Laguna emanzipieren
und selbständig werden. Einige der alten Herrenhäuser stehen
heute für Touristen offen. Bei einem Blick aus deren Fenstern ins
Tal sieht man, wie die Fincabesitzer ihr Land in den letzten 30
Jahren abermals durch Parzellierung vergolden konnten.

Anfahrt und Information

Anfahrt   Drei Autobahn-Ausfahrten führen nach Orotava:
* *Salida* 31, Orotava/Cuesta TF 211, danach TF 21/Teide
* *Salida* 33 »La Orotava/El Ramal/PN Teide/TF 211/TF 21«
* *Salida* 34 »La Orotava/Mayorazgo«

Parken 1   Von den beiden ersten Anfahrten stößt man auf die **Plaza de la
Paz** in der Neustadt. Mit Glück findet man dort in der Mittags-
pause (13-16 Uhr) einen **Parkuhren-Platz** und geht dann die 500 m
über die Calle Calvario zu Fuß zum Altstadtkern. Glücklose fahren weiter auf der Calle Calvario und folgen den Schildern »**P-San
Augustin**« in die Tiefgarage unter der *Plaza Constitución*; Einfahrt in der Calle Canarios 10. Ca. 300 m weiter diese Straße hinauf befindet sich ein gebührenfreier offener Großparkplatz.

Parken 2   Die dritte Autobahnausfahrt (Mayorazgo, *Salida* 34) führt weiter
westlich über die Calle Alonso Fernandez de Lugo, die später zur
Pilar Monte Verde wird, in Richtung Innenstadt. Am Ende rechts,
dann links die Calle Cólogan bis in die Inocencia Garcia mit dem
Parkhaus *Aparcamiento Centro*. Von dort ist es zu den Anlauf-
punkten Orotavas nicht mehr weit.

Parken 3   **Man fährt** die Calle Calvario/Carrera Escultor Estévez weiter geradeaus und gelangt automatisch in die San Francisco. Dort gibt es
einen kleinen **Besucherparkplatz** hinter der *Casa Turista* (9-18
Uhr, Sa bis 17, So bis13 Uhr, gratis) gegenüber *Casa de Balcones*.

Anreise   Der **Busbahnhof** (*Estación Guaguas*, Calle San Juan Bosco ober-
per Bus   halb Plaza de la Paz) liegt 10 Fußminuten vom Zentrum entfernt.
Dorthin geht's via Calle el Tejar und dann die Calvario hinauf.

Infobüro   Calle Calvario 4 unterhalb des *Sala Auditorio Teobaldo Power*
bei der Plaza Constitución, Mo-Fr 8.30-18 Uhr, ✆ 922-323041.

5.2

Rundgang

Orotavas Altstadtkern ist klein, unübersichtlich und voller Fahrzeuge. Der Versuch, einige Straßen autofrei zu deklarieren, wurde nach Einwohnerprotesten aufgegeben. Unsere Stadtrunde beginnt an der *Iglesia San Augustín*. Er weicht etwas ab vom offiziell ausgewiesenen/markierten Rundgang, auf dem alle historischen Bauten auf Tafeln in Spanisch und Englisch erklärt werden. Im Infobüro liegt ein recht hilfreicher Stadtplan aus (➤ Seite 323).

Iglesia San Augustin

Diese Kirche und das rechtwinklig anschließende ehemalige Kloster San Augustín begrenzen die Plaza Constitución zur Neustadt hin. Das zentrale steinerne Kirchenportal hebt sich mit frühbarocken Elementen (durchbrochene Giebel) von der sonst klassisch-schlichten Fassade ab. Neben den auf den Kanaren verbreiteten schwarzen Ecksteinen verläuft ein arabisches Ornamentband. Im dreischiffigen Innenraum fällt der Blick vor allem auf die in den Seitenschiffen bemalten Mudéjardecken und den mächtigen, reich mit Schnitzarbeiten versehenen Holzaltar.

Das bescheidene Klosterportal führt durch die aus dunklen Mühlsteinen errichtete Glockenturm-Fassade. Nach der Säkularisierung 1835 verfielen Kirche und Kloster, das jetzt u.a. das **Auditorio Teobaldo Power** (➤ Seite 498), die **Casa Cultura** und zeitweise das **Symphonie-Orchester Teneriffas** (*OST*) beherbergt.

Plaza Constitución

Die lange schattige **Plaza Constitución** ist Orotavas abendlicher Treffpunkt und Open-air-Konzertplatz für gelegentliche Musikveranstaltungen. Wegen des Blickes über die Dächer der Stadt wird er auch **Orotavas Balkon** genannt. Im arabisch anmutenden Pavillon in der Platzmitte befindet sich ein kleines Garten-Café.

Kuppel der Iglesia Nuestra Señora de la Concepción, ➤ Seite 327

Unübersehbar ist der zur Plaza in Terrassenbeeten abfallende Ziergarten mit dem eigenwillig gestalteten ehemaligen Palast der Familie *Ascanio-Monteverde* (1928). Der jetzige Name **Liceo Taoro** weist auf seine vorübergehende Nutzung als Schule hin. Heute ist das *Liceo* Sitz einer privaten Kulturgesellschaft, die Gemeindefeste (Karneval, Silvester) und sonstige Veranstaltungen vorbereitet. Es lohnt der Blick ins Foyer, an dessen Tresen man sich wie in einem alten Ballhaus fühlt (mit Restaurant, ➤ Seite 333).

Orotava

Calle Escultor Estevéz

Von der Hauptgeschäftsstraße Calle Escultor Estevez führt die Calle Tomás Zerolo steil bergab zur **Iglesia Santo Domingo** und zum angrenzenden **Museo de Artesania Iberoamericana**. Auf dem Weg dorthin liegen Gebäude verschiedener Epochen und Stile aus drei Jahrhunderten. Außer den typisch kanarischen Häusern (repräsentatives Steinportal, Familienwappen, sorgfältig geschnitzte Balkone) fällt ein graues, kleines Steinhaus wegen seiner mächtigen Eingangstür aus dem 17. Jahrhundert auf (gegenüber der einfachen **Pension Silene**, ➢ Seite 568), sowie einige ca. 100-jährige Bauten im eklektizistischen Stil mit gotischen Spitzbögen, viktorianischen Türmchen und arabischen Verzierungen.

*Liceo de Taoro
mit kleiner
Zugangsallee
aus Drachen-
bäumen, ➢
Seite 324
unten*

**Kloster Santo
Domingo &
Museum**

Das aus der Mitte des 17. Jahrhunderts stammende Dominikanerkloster diente nach der Säkularisierung (1835) vielen Zwecken –
bis Mitte des 20. Jahrhunderts u.a. als Obdachlosenasyl. Heute
beherbergen diese vielleicht schönsten Klosterhöfe Teneriffas das
Museo de Artesanía Iberoamericana. In den großen Sälen des
Museums findet man spanische und südamerikanische Musikinstrumente, Keramik, Textilien und Flechtarbeiten. Calle Tomás
Zerolo 34, Santo Domingo; Mo-Fr 10-15 Uhr, ✆ 922-328160.

**Iglesia Santo
Domingo**

Je nach Finanzkraft der Spender wurden ab 1620 neben dem Kloster nach und nach einzelne Kapellen gebaut, die sich heute um
das einfache Kreuzschiff gruppieren. Fackel, Hund und Globus,
die Symbole der Dominikaner, sind an der Kirchenfassade zu
sehen. Ihren Turm umgibt ein kleiner Aussichtsbalkon. Im Kir-
chenraum ist die *»Virgin de la Concepción«* erwähnenswert, ein
wertvolles flämisches Gemälde aus den 16. Jahrhundert.

**Artenerife/
Kunsthand-
werk**

Gegenüber dem Museum wird in der *Casa Torrehermosa* (16.
Jahrhundert) Kunsthandwerk verkauft. Für Qualität garantiert
Artenerife, eine von der Inselregierung gegründete Vereinigung
zum Schutze der heimischen *Artesanía*. Mo-Fr 10-15 Uhr. Calle
Tomás Zerolo 27, ✆ 922-334013. Weitere Läden ➢ Seite 531.

**Info-Center
Nationalpark**

Das *Centro de Visitantes del Teide* führt den Besucher virtuell-
informativ auf den Teide-Gipfel – mit oder ohne Gratis-Audio-
führer (auch deutsch). Dort erhält man auch die Teideaufstiegs-
Erlaubnis und Anmeldung zur Hütten-Übernachtung im *Refugio
Altavista*, ➢ Seite 420; Calle Dr. Sixto Perera González/Leonor

Monteverde 25; Zufahrt: Autobahn *Salida* 34 (Mayorazgo); ab dem Kreisel bergauf und hinter einem Park die 2. Straße rechts. Zu Fuß geht man ab Plaza Constitución über die Calle Zerolo ca. 10 min bergab (ausgeschildert; ➤ Karte Seite 325). Beim *Centro* wartet auch ein **Blumengarten**, der *Jardin Botanico de Flora Local*.

Casa Mesa

Ein schlichtes klassisches Haus aus dem 16. Jahrhundert ist die bisher nur von außen restaurierte **Casa Mesa** an der Ecke Calle Zerolo/Calle Viera. Einziger äußerer Gebäudeschmuck ist das beeindruckende Steinportal.

Iglesia de la Concepción

Die Calle Viera stößt auf die Calle Cólogan, über die man bergauf zum palmenbestandenen Kirchplatz **Plaza Casañas** mit der *Iglesia de la Concepción* gelangt. Nach Orotavas Gründung stand hier zunächst nur eine bescheidene Kirche, deren Ausbau ab 1546 erfolgte. Zwei Vulkanausbrüche (1704/1705) im Güímar-Tal lösten diesseits der Berge Erdbebenstöße aus, welche die *Concepción* zerstörten. Von 1768 bis 1788 entstand die Kirche neu in ihrer heutigen Gestalt. Trotz klassizistischer Elemente zählt sie zu den reinsten und schönsten Barockbauten der Insel.

Die dreigeteilte Fassade wirkt wie ein nach hinten aufgeschlagenes Triptychon, dessen Mittelteil mit dem Portal bis zur geschwungenen Dachlinie hervorgehoben wird. Zwei 25 m hohe Türme krönen die Front. Die Dreiteilung setzt sich innen fort und findet ihren Abschluss in einer Kuppel über dem zentralen Kreuz. Viele in Kuba reich gewordene *Tinerfeños* spendeten wertvolle Gemälde und Skupturen, ein Marmor-Tabernakel sowie die Kanzel des Genuesers *Gaggini* (1823).

Rathaus

Die Calle Tomás Pérez führt vom Kirchplatz weiter zum **Ayuntamiento**, dem Rathaus. Dieses klassizistische Gebäude entstand 1895 und trägt die Handschrift des Architekten *Manuel de Ora*, der damals auch Santa Cruz ein neues Gesicht gab (➤ Seite 507). Den Giebel der Fassade schmückt das Stadtwappen: ein unter der Krone von zwei Drachen flankierter Drago-Baum.

Der königliche und feuerspeiende Schutz nützte dem lebenden Wahrzeichen Orotavas indes wenig. Ein Unwetter entwurzelte den mächtigen, 25 m hohen Baum, dessen Umfang 24 m betrug.

5.2

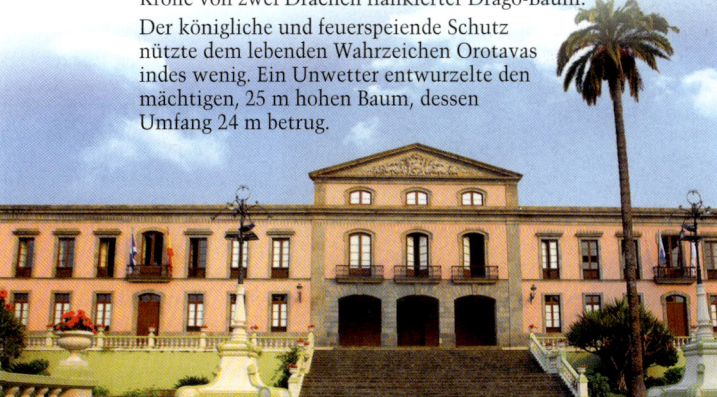

Blumen- und Sandteppiche

Zu **Fronleichnam** bietet Orotava eine der berühmtesten Attraktionen Teneriffas. Alljährlich werden auf dem palmenbestandenen Rathausplatz religiöse **Bilder aus farbigem Vulkansand** gestreut, und die Prozession schreitet über kunstvoll gestaltete Blütenteppiche, ➤ auch Seiten 329 und 389.

Hijuela del Botánico

Vor rund 100 Jahren musste ein Nonnenkloster dem *Ayuntamiento* Platz machen, aber der Klostergarten blieb hinter dem Rathaus erhalten und trägt heute den klangvollen Namen *Hijuela del Botánico* (Töchterchen des botanischen Gartens). Nach dem Vorbild des *Jardín de Aclimatación* in Puerto (➤ Seite 309) wächst hier eine Vielzahl exotischer und einheimischer Pflanzen, darunter ein stattlicher Drachenbaum und ein prächtiges Exemplar einer Schirmtanne, Mo-Fr 9-14 Uhr, Eintritt frei.

Jardínes Quinta Roja

Vis-a-vis des Botanischen Gartens liegt der Eingang zum *Jardín del Marquesado de la Quinta Roja*, einem nach viktorianischem Vorbild streng gegliederten Park, der über Terrassen zum Mausoleum (1885) ansteigt. Von dort hat man einen weiten Blick über die Dächer; 9-18 Uhr.

Hotel Rural Orotva

Zurück zum Rathaus: Die Straße vor dem *Ayuntamiento* trägt den Namen eines berühmten Sohnes von Orotava, *Escultor Estevéz* (1788-1854), dessen Skulpturen in vielen Kirchen zu sehen sind. Sie führt vorbei an einem Stadthaus von 1580, das heute das

Im Patio des Hotel Rural Orotavo mit Restaurant Sabor Canario

Hotel Rural Orotava beherbergt; ➤ Seite 579. In seinem Patio befindet sich das prämierte **Restaurant** *Sabor Canario* mit einer vorzüglichen traditionellen und zugleich kreativen Küche; http://hotelrural orotava.es/restaurante.

Casa Monteverde

Am Ende der Escultor Estevéz führt rechts die Calle Colegio abwärts wieder zurück zur *Iglesia Concepción*. Die paar Schritte weiter zur **Casa Monteverde** und zur **Casa Lercaro** *(Ponte-Fonte)* lohnen. Gegenüber der *Casa Monteverde* mit einem Renaissanceportal weist eine Tafel darauf hin, dass hier die Schöpferin von Orotavas erstem Blumenteppich lebte (1847). Zum 150. Jubiläum setzte die Stadt ihr ein Denkmal und stellt in einer Glasvitrine unterhalb der Casa die Nachbildung des ersten Teppichs aus.

Gemäldekomposition aus originalfarbenem Lavasand in La Orotava

Göttliche Teppiche und »Sandgemälde«

Auch auf der Insel des ewigen Frühlings ist der Mai ein Blütenmonat. Vielerorts werden die Kreuze und Kirchenportale am *Dia de la Cruz* (3. Mai, Tag der Landung der Spanier auf Teneriffa) verschwenderisch mit Blumen geschmückt.

In der **Fronleichnams-Woche** (wechselnd, 2. Hälfte Juni) ziehen die **Blumenteppiche** auf den Straßen auch die Touristen in Scharen an. Religiöse Motive werden zunächst vorgezeichnet, dann von Jung und Alt sorgfältig mit verschieden farbigen Blumen ausgesteckt. In einigen Orten werden auch andere eingefärbte Materialien wie Salz, Getreide, Reis oder Sand verwendet. In der Nacht vor dem Ereignis wird fieberhaft gearbeitet, da Wind und Wetter die Arbeit im Nu vernichten können.

Diese *Alfombras* wurden erstmals Mitte des 19. Jahrhunderts von *Leonor de Castillo* und *Maria Teresa Monteverde*, Bewohnerinnen der *Casa Monteverde* (➤ links), gelegt. Heute ist eine Mosaiknachbildung des Urteppichs vor ihrem restaurierten Haus zu sehen.

Eine kanarische Besonderheit ist das jährliche **Lavasandbild vor dem Rathaus** in La Orotava. Wochenlange Arbeiten gehen diesem farbenprächtigen Ereignis voraus. Schon die Regenabdeckung des fast 1000 m² großen Rathausplatzes kostet viel Zeit. Mit Kreide werden die religiösen Motive vorgezeichnet. Stundenlang hocken dann die Künstler auf dem Boden und lassen bis zu 3000 kg feinsten Lavasand durch ihre Hände rieseln. Ihre Palette bilden Sandsäcke in 18 originalen Farben. Während der Arbeit darf man den Künstlern zuschauen.

Auch in Icod und La Laguna werden zum *Corpus Christi-Fest* (Blumen-) Teppiche ausgelegt. Ein *Teppich-Museum* (*Museo de Alfombras*) befindet sich direkt neben der *Casa los Balcones*; ➤ Seite 330.

5.2

Casa Lercaro

Die *Casa Lercaro* ist ein prächtiger Barock-Palast (1672) der Genueser Familie **Lercaro** mit kunstvollen Holzbalkonen. Auf der Terrasse des hauseigenen Restaurants **El Guachinche** wird u.a. Kaffee und Kuchen serviert; außerdem gibt's dort bis 19 Uhr (Wochenende länger) kanarische Gerichte. Der größte Teil des sehenswerten Gartens ist Events vorbehalten. Im ersten Stock befindet sich ein Geschäft mit Stoffen, Möbeln und Lampen.

In der Casa Lercaro

Gofiomühle La Máquina

Oberhalb der *Casa Lercaro* gelangt man durch einen Gang zur Gofiomühle *La Máquina*. Nicht Wasser, sondern Strom treibt heute die alte Technik an; Zeiten 8-13 und 14-18 Uhr; auch ein *Gofio*-Laden ist vorhanden (➤ *Gofio*, Seite 69).

Casa de los Balcones und Casa Franchy

Zurück in der Calle Colegio läuft die Straße bergauf weiter als Calle San Francisco vorbei an zwei nebeneinander stehenden **Prachtpalästen** des Orotaver Finanzadels des 17. Jahrhunderts. Nur bei genauem Hinschauen entdeckt man die Unterschiede in den Balkon-Ornamenten beider Häuser – sowohl im zweiten Stock (Holz), als auch im ersten (Schmiedeeisen). Neben der *Casa de los Balcones* (1632) verdient die Fassade der etwas jüngeren **Casa Franchy** mit den »Raubvögeln« in ihren durchbrochenen Fenstergiebeln Aufmerksamkeit, täglich 8-18 Uhr, ✆ 922-330629.

Museum 1

In der **Casa de los Balcones** bietet sich Gelegenheit, ein herrschaftliches Haus aus dem 17. Jahrhundert von innen zu sehen. Die Räume um die obere Balkongalerie wurden hergerichtet und als **Museum** zugänglich gemacht, 9-18 Uhr, €2. Eine Weinpresse und landwirtschaftliches Gerät geben Einblick in das frühere bäuerliche Leben. Stickerinnen und Korbflechtern kann man bei der Arbeit zusehen und die Produkte kaufen.

Museum 2

Im **Museo de Alfombras** (Sand- und Blumenteppiche) in der *Casa Franchy* erfährt man alles über die Geschichte und Herstellung der Sandkunstwerke; Mo-Fr 10-13 Uhr, Eintritt €3.

Casa de los Balcones

Kanarisches Kunst- handwerk

Auch in der ***Casa del Turista (Casa Molina***, 1590) gegenüber, einem früheren Konvent, wird Kunsthandwerk verkauft: Stick- erei und Hohlsaumdecken aus dem dafür berühmten Dorf Vila- flor (➢ Seite 411), auch tinerfeñischer Honig, Wein etc. Man kann auch einem Zigarrendreher auf die Finger schauen, ➢ Seite 139.

Wie aus buntem Lavasand ein Bild entsteht, wird nebenan auf der Terrasse gezeigt. Als Türumrandung im Innenraum beeindrucken **Bilder aus unterschiedlichen Getreidekörnern**; sie schmücken auf *Romerías* die Ochsenkarren (➢ Seite 399).

5.2

Drehwiege

Weiter bergan führt die Straße zur *Plaza San Francisco* und zum ***Hospital de la Santísima Trinidad***. Als das frühere Franziskaner- kloster 1801 abbrannte, übernahm die Gemeinde 1835 den

Wiederaufbau als Kran- kenhaus. Im rechten Portalflügel (seitlich über die Plattform die Treppe hinauf) befindet sich ein hölzerner Zylinder, in den Mütter ihre Babys legten und mit einer Drehung ins Klosterinnere, in Non- nen-Obhut also, geben konnten. Die – heute blockierte Trommel – ist mit Kissen und Bett- deckchen nur vom Innenhof aus zu sehen; tägl 12-20 Uhr.

Altes Aquädukt, dessen Wasser die Gofio- mühlen antrieb

Abstecher: Ruta de Molinos – Gofiomühlen

Von der *Iglesia San Francisco* lohnt es, die steile Calle San Francisco über die Calle Doctor Domingo González hinaufzugehen. Dort in der Oberstadt, dem ***Barrio Farrobo***, wohnten einfache Bürger, wie die schlichten Häuser ohne Balkone, Wappen und große Portale bezeugen.

Auf den ersten Blick nur schwer zu erkennen sind die Reste der alten wasserbetriebenen **Getreidemühlen**, die in gerader Linie bis zur Calle Colegio von den Quellwassern des höherliegenden Aguamansa (= stilles Wasser) angetrieben wurden. Entlang einer ausgeschilderten ***Ruta de Molinas*** sind heute nur noch die Rundbögen der Aquädukte zu sehen. Daran schließt ein kreuzgekrönter Turm an, von dem das Aquäduktwasser auf die Mühlräder stürzte. Nach vollbrachter Mahlarbeit wurde das Wasser erst in die Tiertränken und dann auf die Felder geleitet.

Iglesia de San Juan Bautista

Wer auf dem Weg bergab links in die Calle Pescote einbiegt, erreicht die Kirche des Viertels. Schon 1608 wurde hier eine *Ermita* gegründet, die von den armen Landarbeitern und Tagelöhnern der Oberstadt in eine Schule umgewandelt wurde, wo ihre Kinder lesen und schreiben lernen konnten. Mit dem Bau der *Iglesia de San Juan Bautista* in ihrer heutigen Gestalt als dreischiffige Kreuzkirche wurde 1720 begonnen.

Romulo Betancourt

Auf dem Platz neben der Kirche steht die Büste von *Romulo Betancourt*, dessen Familie – wie so viele andere auch – nach **Venezuela** ausgewandert war, und der dort 1945 Präsident wurde (➤ Seite 498). Der Name *Betancourt* hat sich auf den Kanarischen Inseln seit dem Beginn der *Conquista* weit verbreitet. Denn der Normanne *Juan de Betancourt* war der erste Europäer, der zunächst auf den von ihm eroberten Inseln Lanzarote und Fuerteventura reichlich Landbesitz angehäuft hatte.

Rückweg

Die Calle de León führt bergab, vorbei am Botanischen Garten und den *Jardínes Quinta Roja*, zu unserem **Ausgangspunkt**.

5.2.3 ——— Praktisches

Busbahnhof	Ecke Avenida de Jose Antonio/Calle Miguel de Cervantes (oberhalb der Plaza de la Paz in der Neustadt).
Post	Plaza de las Casañas gegenüber der *Iglesia de Concepción*.

Unterkünfte ➤ Seite 568.

Restaurants/ Hotels

• Im Hotel-Restaurant *La Victoria* (➤ Seite 568) wird alles frisch und auf hohem Niveau zubereitet. Man sitzt im geschlossenen Patio mit Blick in die offene Küche; Calle Hermano Apolinar 8, beim Botanischen Garten; nur mit Reservierung, 12-15.30 und 19.30-22.30 Uhr; ✆ 922-331683.

• *Sabor Canario* im *Hotel Rural Orotava* (➤ Seite 328), traditionelles Restaurant mit einem attraktiven Patio, täglich 12-16 und 19-21.45, So 12-16 Uhr; ✆ 922-322793.

• *Casa Egón – Confitería y Café*, Calle León 5 am *Hijuela del Botánico*, einfache Räume, Patio, gute kanarische Hausmannskost, geöffnet 10-20 Uhr durchgehend, Mo zu; ✆ 922-330087.

• Im Restaurant & Café *La Duquesa* sitzt der Gast auf dem Kirchplatz oder im gemütlichen Innenraum und genießt prima kanarisches Essen; Mo-Fr 7-16 und So 7-20 Uhr, ✆ 922-334949.

• *Casa Matias* ca. 5 km oberhalb von Orotava an der TF 21 in Los Pinos (Abzweig La Florida); traditionelle kanarische Küche, populär, prima *Postres*/Nachtisch. Di-Sa 12.30-23 Uhr.

**Tipp,
➤ Seite 86**

• *Bodegón El Reloj*, in einem alten Bauernhaus werden hochklassige Gerichte in familiärer Atmosphäre serviert – im Dorf Los Pinos wie *Casa Matias*, Camino Los Frontonos 37.

5.2

5.2.4 ——— Von La Orotava nach Los Realejos

Alternative Routen

Oberhalb der Autobahn verbinden drei parallel verlaufende Straßen Orotava mit Los Realejos (von unten nach oben: **TF 322, 324 und 326**). Beidseitig der unteren Straßen wird hauptsächlich Wein angebaut. Viele kleine Produzenten bieten ihren Wein (mit einfachen Gerichten) in eigenen Bodegas an.

TF 322

Man erreicht die TF 322 (Carretera La Luz) über die Ausfahrt 34/ Mayorazgo, dann geht's ab Kreisverkehr Richtung Zentrum Orotava und den Schildern »*Clinica Vida*« und »*Pueblo Chico*« nach. Die Straße endet am *Monasterio*, ➤ unten und Seite 85. Hinweis: Die Orotava-Ausfahrt ist schlecht ausgeschildert. Leichter geht's andersherum vom *Monasterio* in Richtung Orotava.

Tafuriaste

4 km westlich von Orotava (an der TF 322) liegt im Ortsteil **Tafuriaste** die gleichnamige *Hacienda* im Grünen (17. Jahrhundert).

Mesón El Monasterio

Das beliebte **Mesón El Monasterio** ist ein neu erbauter Restaurantkomplex im Stile eines Klosters auf altem Klostergrund, ➤ mehr dazu auf Seite 85 und Foto nächste Seite.

TF 324

Die gut ausgebaute **TF 324** zweigt oberhalb von Orotava von der TF 21 ab und läuft durch die Ortschaften Perdoma und Cruz

Santa. An ihr liegen einige einfache *Bodegas*, wo man Wein kaufen und einfach essen kann. Beliebt bei den Einheimischen sind die *Casa Antonio* und das Restaurant *El Viña*. Die urige *Bodega El Rapsón* ist verbunden mit der *Hacienda Tafuriaste* – was auf der *Hacienda* geerntet wird, wandert in die Töpfe und in die Gläser der *Bodega*; Mi 19-23, Do, Fr, Sa 12-23, So 12-16 Uhr, Mo/Di geschlossen; ☏ 922-326757.

Empfehlenswert ist beim Ortsausgangschild von Perdoma (km 4,2) auch die *Guachinche Balcon del Valle* (➤ Kasten Seite 376) mit schönem Garten, Blick und großer *Bodega*; Di-Do 13-21.30, Fr-Sa 13-23, So 13-17 Uhr, Mo zu; ☏ 922-326481 und ☏ 618-622935. Die TF 324 endet in Los Realejos Alto. Dort hat man einen guten Übergang zur reizvoll geführten TF 342 über Icod Alto/Guancha nach Icod de los Vinos.

TF 326

Die **oberste Verbindungsstraße** zweigt nach ca. 8 km bei Chasna von der Teideanfahrt (TF 21) ab und führt durch ein landwirtschaftlich genutztes Gebiet über Palo Blanco nach Los Realejos Alto. Wer genügend Zeit mitbringt, lernt auf dieser Route – besonders bei gutem Wetter – einen letzten in seiner Ursprünglichkeit erhaltenen Zipfel des Orotavatals kennen.

Zona Recreativa Chanajiga

Zu bedenken wäre auf dieser Route gegebenenfalls ein Abstecher zur *Zona Recreativa Chanajiga* (1.500 m). Sie liegt an der oberen Grenze der – selten gewordenen (➤ Kasten Seiten 170f) – immergrünen *Laurisilva*-Wälder.

»Mesón El Monasterio«, aus einem Kloster entstandener Restaurantkomplex unterhalb von Los Realejos

Anfahrt zur Zona: zwischen Benijos und Vinatico Brezal verlässt man die TF 326 und fährt links hoch nach **Las Llañadas** und noch etwa 5 km weiter. An Wochentagen ist dort garantiert nichts los.

Alternative Teideanfaht

Wer von Garachico oder Icod zum Teide Nationalpark möchte, fährt zunächst die Bergstraße (TF 342) über Guancha und Icod Alto und findet in der **Landstraße TF 326** ab Realejos über Cruz Santa eine empfehlenswerte Alternative zu der oft stark befahrenen Auffahrt über Orotava (➤ Seite 393). Schneller geht es meerseitig bis zur TF 5 zur Autobahnausfahrt 39 (Los Realejos). Man folgt dann durch Los Realejos den Straßen TF 334 und 324 in Richtung Cruz Santa und Palo Blanco (Schilder »Teide«). Bei Chasna trifft man auf die TF 21 Richtung Teide Nationalpark.

5.2.5   Los Realejos und Umgebung

Kennzeichnung

Charak-teristik

Diese neben Orotava zweite alte Stadt im Orotavatal (36.000 Einwohner, 420 m über dem Meer) ist wegen ihrer unattraktiven Neubauten, unübersichtlichern Verkehrsführung und der weit verstreuten Sehenswürdigkeiten besucherabweisend. Zudem sind die engen und steilen Straßen beiderseits eines tiefen *Barranco* eine Herausforderung für Fahrkunst, Kupplung und Bremsen. Außerdem fehlt ein attraktives Zentrum mit Geschäften und Straßencafés. Nur die *Iglesia Santiago* lohnt einen Stopp.

Sie liegt im Stadtteil Realejos Alto. Dorthin geht es von der Autobahnausfahrt 39 immer bergauf, ➤ nächste Seite.

Stadt-geschichte

Für den Guanchen-*Mencey Taoro* war Los Realejos' unwegsames Gelände ein günstiges Rückzugsgebiet. Als die Conquistadoren nach ihren ersten siegreichen Schlachten gegen die Guanchen im Bereich der heutigen Oberstadt ein Feldlager errichten wollten, sahen sie sich unterhalb davon (heute *Realejos Bajo*) abermals mit Guanchenkriegern konfrontiert und besiegten sie dort endgültig (1496). Der **Name der Stadt** resultiert aus der Zusammensetzung von *real* für »königlich« und *lejos* für »fern der Heimat«.

Hacienda Los Príncipes

Zum Dank für den Sieg begann der neue Herrscher **Lugo** sogleich mit dem Bau der **Iglesia del Apostel Santiago** und der Landaufteilung an seine höheren Offiziere. Dabei sicherte er sich selber ein großes Stück vom Kuchen, die **Hacienda Los Príncipes**. 2007 wurden sie und ihre Ländereien als *Bien Interes Cultural* (BIC) geschützt, so dass Spekulanten leer ausgingen.

Barranco de Godinez

Die Stadt wird vom tiefen *Barranco de Godinez* in zwei Bereiche, die Unter- und die Oberstadt, geteilt. Im Westen zieht sich die Bebauung bis an die Steilfelsen der **Ladera Tigaiga**.

Weitere Siedlungen gibt es oberhalb des *Barranco*. Dort sind die Felder eben, fruchtbar und vor Überschwemmungen geschützt. Früher führten diese Schluchten im Winter so viel Wasser, dass die Menschen sich von ihren Rändern lieber fernhielten.

5.1

Realejos Umgebung Oberhalb des Stadtgebietes von Los Realejos bieten zwei *Miradores* herrliche Ausblicke, und ausgedehnte Waldgebiete laden zum Wandern ein. Spazierwege finden sich auch an der – zum Baden jedoch ungeeigneten – Steilküste, wo man versucht, die letzten Fleckchen Natur zu retten: den *Barranco Ruiz, Rambla del Castro* und die *Ladera Tigaiga*. In höheren Lagen wurden alte Fincas für den *Turismo Rural* hergerichtet.

Einschätzung Eine Stadtbesichtigung von Los Realejos muss nicht sein. Aber der Blick von den beiden **Miradores** (*del Lance* und *Corona*, ➤ Seite 342) an der Höhenstraße TF 342, der westlichen Begrenzung des Orotavatales *Ladera Tigaiga* ist lohnenswert. Das gilt auch für die Küstenwege ab *Mirador Pedro*, ➤ nebenstehenden Kasten.

La Romántica I und II Die touristische Entwicklung im Orotavatal hat die Stadt kaum berührt, denn die Wohnviertel der ausländischen Residenten (*La Romántica* I und II und das große Aparthotel *Maritim* (➤ Seite 568), liegen unterhalb der Autobahn an der Küste und haben ihr eigenes Zentrum: In der Geschäftsstraße in **Toscal-Longuera** finden Deutsche und Engländer alles, was sie brauchen.

Ausgewählte Punkte im Stadtbereich von Los Realejos

Iglesia de Santiago Apostól Wer von der Autobahn-Ausfahrt 39 kommt, wird automatisch zur sehenswerten *Iglesia de Santiago Apostól* geleitet, der ersten Kirche Teneriffas mit einem spitzen gekachelten Kirchturm. Hier stand zunächst nur eine kleine Kapelle, in der die ersten adligen Guanchen getauft wurden.

Bis auf das Renaissance-Hauptportal (Ende 16. Jahrhundert) stammt das heutige Gebäude aus dem 17. und 18. Jahrhundert. Das Holz für die teilweise reich verzierte Kasettendecke kommt aus der nahegelegenen *Ladera Tigaiga*.

Im Inneren sticht besonders der vergoldete Hauptaltar mit *San Isidro* und dem Apostel *Santiago* hervor. Links davon (neben dem *Retablo de Nuestra Señora de los Remedios*) steht ein flämisches Triptychon (*Tríptico de Santiago*) aus dem 16. Jahrhundert.

Viera y Clavijo Oberhalb des Kirchplatzes stößt man auf die Büste des berühmtesten Sohnes der Stadt, des Historikers, Biologen und Dichters *Viera y Clavijo* (1731-1813). Seine wichtigsten Werke behandeln Natur und Geschichte der Kanaren (➤ Seite 497).

Auf der anderen Straßenseite liegt das **neue Rathaus** (kanarischer Stil). Beim blau-rötlich klassischen Haus handelt es sich um das alte Rathaus. Vom Aussichtsplatz vor dem *Ayuntamiento* blickt man auf einen der schönsten Drachenbäume der Insel.

Weiter nach oben geht's auf der tollen **Route TF 342 nach Icod** (oberhalb des Kirchplatzes rechts ab nach Icod Alto und Guancha, beschildert).

Drago Den unterhalb gelegenen **Drachenbaum** am Friedhof (*Cementerio*) erreicht man über die Calle Cruz Verde: nach Überquerung der Brücke über den *Barranco* geht es steil abwärts.

Iglesia	Die Straße führt zum drachenbaum- und kiefernbestandenen Kirchplatz der *Iglesia Nuestra Señora de la Concepción* (Ende des 17. Jahrhundert). Die Kirche ist Mittelpunkt des hier noch relativ gut erhaltenen alten Kerns von Realejos Bajo. Ihre außergewöhnlich schönen Portale aus verschiedenen Jahrhunderten (Gotik, Renaissance) überstanden 1978 einen Brand, während die Holzdecken in den Flammen aufgingen.
Ermita de San Sebastian	Etwas oberhalb der Kirche führt eine Straße Richtung Westen in den **Ortsteil Tigaiga**. Zu Fuß erreicht man in zehn Minuten die anmutige *Ermita de San Sebastián* (17. Jahrhundert), die zur oben erwähnten *Hacienda del Príncipe* gehörte. Daran grenzen die Reste eines alten Herrenhauses.

Wer die Straße neben der *Ermita* (Camino Icod el Alto) mit dem Auto weiterfährt, kommt am Ende der kleinen Ansiedlung an eine weitere Kapelle, die *Ermita de la Concepción* (Ursprünge aus dem 16. Jahrhundert), von deren Vorplatz man ein weiteres Mal einen schönen Blick über das Land hat.

Küstenwege bei Los Realejos

Vom *Mirador San Pedro* zum *Hotel Maritím*/Los Realejos

Ein wunderbarer leichter Küstenweg zum Hotel *Maritím* (das weithin sichtbare blaue Hochhaus) in der Nähe des *Loro Parque*/Puerto de la Cruz. Selbst bei langsamem Spaziergang braucht man maximal 90 min für die Strecke. Wer am *Mirador San Pedro* sein Auto parkt (unterhalb von Los Realejos bei *San Vicente* gleich hinter dem westlichen Tunnelausgang am kleinen *Bypass* der Küstenstraße) und Richtung *Maritím* loswandert, findet vor dem Hotel Taxis, die ihn zum Wagen zurückbringen (Tarif ca. €15).

5.2

Vom *Mirador San Pedro* mit Restaurant/Bar sowie der gleichnamigen Residenz, ➤ Seite 568, blickt man über Bananenplantagen und einige Fincas aufs Meer. Das Land wurde schon zu Beginn des 16. Jahrhunderts verteilt. So mancher illustre Reisender hat dieses Fleckchen Erde, die *Rambla de Castro*, mit dem Garten Eden verglichen. Nur eine kleine Villensiedlung hat die lavasteinige Steilküste seither verändert. Hier herrscht seit einigen Jahren Baustopp.

Ab dem *Mirador* folgt man dem ausgeschilderten **Sendero Turístico** (Touristenpfad) Richtung Puerto und gelangt in ein naturbelassenes Paradies aus uralten Palmen und Hibiskusbäumen.

Ruine eines alten Pumpenhauses direkt am Meer, ➤ nächste Seite

Die kleine **Playa de Castro** links unten ist über einen steilen Treppenweg zu erreichen. Brandung und Strömung machen das Baden – zumindest in den Wintermonaten – meist unmöglich (➤ Seite 110).

Der schön angelegte Hauptweg führt weiter durch kultivierte Terrassenfelder und einen *Barranco* voller Wolfsmilch und Kakteen. Hinter einer Finca führt der Weg bergab nach Puerto zum nächsten *Barranco* (aufwärts gelangt man zur Küstenstraße). Wer steile Treppen nicht scheut, kann zu einer mehrstöckigen Ruine und zum **Playa Fañabé** (kein Baden im Winter) hinuntersteigen.

Die schlanke Ruine war ein **Pumpenhaus**, über das die Quellwasser aus dem *Barranco* in die höhergelegenen Felder geleitet wurden. Unter dem Dach wohnten die Maschinisten mit Familien. Auch das verfallene Maschinenhäuschen weiter oben gehört zu diesem kurios gelegenen Kraftwerk.

Der Pfad führt weiter durch eine abwechslungsreiche Vegetation und unten an teils pompösen Villen der vornehmlich von Deutschen bewohnten Siedlung *Romántica I* und *II* vorbei. Ein letzter Wegabschnitt verläuft oberhalb des **Playa Los Roques** zum blauen Apartment-und Hotelklotz **Marítim**.

Vom *Mirador San Pedro* zum Meer (Rundweg 30-40 min)

Dieser Spaziergang führt von der gleich unterhalb des *Mirador San Pedro* gelegenen *Ermita* bergab zur Feriensiedlung Ramblas del Mar, einer kleinen Felsbucht, drei Fischerbuden (gefährlicher Badeeinstieg für Mutige), der Villen-Siedlung *El Guindastes* (Tunnel-Zugang) und durch Bananenplantagen zurück zum *Mirador San Pedro*.

Küstenpfad nach Las Aguas (30 min)

Westlich des **Mirador San Pedro**, einige Kilometer nach der Ausfahrt zur *Playa Socorro*, direkt am Ortschild von **Juan de la Rambla**, zweigt rechts eine Straße (Calle Rosario) zu einer Häusergruppe hoch über dem Meer ab. Man kann sein Auto ein paar hundert Meter weiter bei einer Straßenverbreiterung abstellen und zu Fuß durch die Bananenplantagen hinabgehen. Vorbei an kleinen kanarischen Häusern und einem Kirchplatz führt ein von Blumen gesäumter Pfad in Richtung Westen bis in das Dorf Las Aguas (mit Pool und Restaurants, ➤ Seite 341; 20-30 min). Richtung Osten gelangt man von der Häusergruppe in 10 min zum **Barranco de Ruiz**, wo sich der Pfad weiter unten verläuft.

Las Aguas; im Vordergrund der – zur Zeit stillgelegte – Meerwasserpool

6
Nordküste westlich
und östlich von
Puerto de la Cruz

6.1   Nordküstenbereich westlich von Puerto

6.1.1   Von Los Realejos nach Icod

**Routen-
übersicht**

Zwei Landstraßen verbinden Los Realejos mit Icod: Die stark befahrene **Küstenstraße** über San Juan de la Rambla (TF 5) und eine **Höhenstraße** über La Guancha (TF 342). Die Wahl fällt nicht leicht. Beide Strecken haben ihren eigenen Reiz. Die Küstenroute verläuft abschnittsweise sehr küstennah und wo nicht, gelangt man von ihr über Stichstraßen rasch an die Küste mit kleinen Siedlungen, Badestellen und Meerwasserpools. Oberhalb der Steilküste verlaufen Kliffpfade zum Spazierengehen.

Wer Zeit hat, sollte beide Routen einplanen, d.h. erst am Meer entlang fahren und ggf. auch laufen, vielleicht in/bei Las Aguas baden, in einem der vielen Restaurants am Wege oder in Icod pausieren und schließlich oben am Berg über die *Miradores* »autobummelnd« zurück fahren.

Die Küstenstraße

**Autobahn/
-straße TF 5
und TF 42**

Die TF 5 endet als vollwertige Autobahn bei Los Realejos (*Salida* 39), läuft aber als breit ausgebaute dreispurige **Autostraße** unter gleicher Nummer weiter bis El Tanque. Zwischen San Juan de la Rambla und Icod de los Vinos teilt sie sich und bietet dem weiter westlich orientierten Verkehr eine schnelle Umgehung der Stadt auf einer erhöhten Trasse mit zahlreichen Unterführungen. Wer dem küstennahen Arm der TF 5 in Richtung Garachico folgt, erreicht im Nordwesten von Icod einen die TF 5 abschließenden Kreisverkehr, von dem es hinauf in die Stadt oder auf der **Landstraße TF 42** weiter geht, ➤ Kapitel 6.1.3.

Die Besiedelung der Küstenregion westlich von Los Realejos ist zunächst nicht mehr so dicht wie weiter östlich. Unabgedeckte Bananenkulturen, durchsetzt von hohen Palmen mit einzeln stehenden alten Fincas, sorgen für das Grün in der Landschaft. Auch vorhandene kleinere Urbanisationen stören das hier ursprünglichere Inselbild nur wenig. Um Icod de los Vinos herum nimmt die Besiedelungsdichte wieder zu.

Teideblicke

In Icod und Umgebung präsentiert sich der Teide besonders reizvoll, weil sich das Vulkanmassiv dort mit seiner ganzen Breite relativ nah über der Stadt aufbaut (➤ Foto Seite 345). Das ist vor allem im Winter eindrucksvoll, wenn der Schnee bisweilen weit nach unten bis an die Baumgrenzen reicht. Um das zu erleben, muss man beim Icod-Besuch Wetterglück mitbringen, denn häufig umhüllt die Passatwolke den Berg derart, dass dessen Spitze aus diesem steilen Blickwinkel – anders als vom Orotavatal aus – nicht über den Wolkenring hinausragt.

Baden

Eine Gelegenheit zum Bad im Meer ergibt sich kaum. Die *Playa de Socorro* – westlich eines Straßentunnels – ist der einzige längere (schwarze) Sandstrand an diesem Küstenabschnitt. Er ist als

Surfstrand beliebt, aber gefährlich, weil die Brandung von keinem Riff gebrochen wird. Obwohl Parkplätze und die schmucklose Promenade keine Strandträume erfüllen, drängen sich dort im **Sommer** (nur) die Tinerfeños. Im **Winter** ist wenig los.

Hohe Wellen spülen an diesem Strand immer wieder *Callaos* (faustgroße ovale Steine) an. Die *Cafeteria* an dieser Playa ist – zumindest bei gutem Wetter – ganzjährig geöffnet.

Barranco de Ruiz
Ca. 3 km weiter westlich durchquert die Straße den ***Barranco de Ruiz***. Die Schlucht wurde wegen ihrer besonderen Vegetation unter Naturschutz gestellt. Eine ***Zona Recreativa*** (*Parque del Barranco de Ruiz*) mit Kinderspielplatz, Grillöfen, Tischen und Bänken befindet sich gleich südlich der belebten Hauptstraße.

Las Aguas
Einziger größerer Ort an der Strecke bis Icod ist San Juan de la Rambla. Dessen östlicher Vorort **Las Aguas** hat ein großes Meerwasserschwimmbecken (➤ Foto Seite 338), das wegen Reparaturen seit längerem geschlossen war; die Wiedereröffnung ist unklar. Oberhalb dieses Pools wartet das **Restaurant** *Las Aguas* samt Terrasse auf Gäste; ➤ auch Restaurantempfehlungen auf Seite 85. Mehr Platz haben die Lokale *La Escuela* und das schlichte *El Sótano* mit frischem Fisch im Poolumfeld. Vor oder nach dem Essen tut Bewegung gut: ein hübscher Küstenpfad durch Bananenplantagen wartet (➤ auch Seite 338 unten).

San Juán de la Rambla
Unterhalb des Straßentunnels liegt San Juán de la Rambla an der Küste. Sichtbarer Ausdruck einstigen Wohlstands sind die ungewöhnlich großen kanarischen Häuser, ein ansehnlicher Dorfplatz und der insgesamt gepflegte Eindruck.

Baden
Zum Baden laden drei kleine *Charcas* am westlichen Ortsausgang von San Juán ein: die *Charca del Viento*, *Charca de la Arena* und die *Charca Verde*; alle drei sind separat ausgeschildert.

Küste und Finca bei San Juán de la Rambla

6.1

Mirador El Lance mit der Skulptur des letzten Guanchen Mencey von Taoro, der sich von dieser Stelle aus zu Tode gestürzt haben soll, ➤ Text unten

Höhenstraße über La Guancha

Straße TF 342

Die TF 342 verbindet auf 500 m Höhe Los Realejos Alto und Icod de los Vinos. Sie führt durch kleine Orte – wie Icod el Alto und La Guancha – sowie üppige Vegetation am Rande steil abfallender Hänge. **Sie gehört zu den attraktivsten Routen im Bereich der zentralen Nordküste**. Vor allem bei **La Guancha** öffnen sich Panoramablicke: unten das Meer, oben der Teidekegel. Von der TF 5, *Salida* 39, geht's nach Realejos Alta/*Iglesia Santiago* und oberhalb des Kirchplatzes rechts ab nach Icod Alto und Guancha.

Mirador El Lance

Vom **Mirador El Lance** (mit Kiosk, im Sommer am Wochenende auch mit Restaurant) hoch oben auf der *Ladera Tigaiga* zwischen Realejos Alto und Icod el Alto überblickt man das ganze Orotavatal mit seinen zwei Vulkankegeln **Montaña del Fraile** (mit einer winzigen Wallfahrtskapelle von 1480) und **Montaña de la Horca**, auf dessen Kuppe eine riesige Apartmentanlage steht.

Die überlebensgroße, wahrhaft zum Himmel schreiende Skulptur stellt *Bentor*, den Sohn des gefallenen *Bencomo* und letzten *Taoro-Mencey* dar. Nach seiner endgültigen Niederlage gegen die spanischen Eroberer zog er sich 1496 hierher zurück und stürzte sich aus Furcht vor Versklavung vom Felsen.

Abstecher TF 344

Sozusagen eine Etage höher (750 m) liegt auf der Tigaiga-Hochebene der **Mirador La Corona** (Anfahrt durch Icod Alto, dann links auf der engen TF 344 bergauf). Zwischen den Terrassenfeldern wachsen Farne, Baumheide und Stachelginster. Gleitschirmflieger (*Parapentes*) schätzen den Ort als Startplatz (➤ Sport/Paragliding, Seite 527). Auch Wanderwege starten bzw. enden dort.

La Guancha   Icod de Alto und La Guancha sind schmuck, bieten aber nichts Besonderes. In La Guancha wird in der *Artesanía* (östliche Ortseinfahrt) alte Handwerkskunst gepflegt, vor allem traditionelle **Stickerei**. Man kann bei der Arbeit zuschauen und auch etwas kaufen, 9-13 Uhr und 16-19 Uhr.

Das *Restaurante León* in La Guanchas Ortsmitte (Avenida Villanueva 49) bietet gutes kanarisches Essen; ✆ 922-828006, Sa geschlossen, sonst 12-16 Uhr.

Die zwischen Kiefern und Baumheide angelegten *Zonas Recreativas La Tahona* und *El Lagar* sind von La Guancha auf Forstwegen erreichbar. Schön verläuft auch die einsame **TF 344** vom *Mirador La Corona* nach La Guancha.

Picknick- und Grillplatz in der Zona Recreativa La Tahona

6.1.2 Icod de los Vinos

Diese 25.000-Einwohner-Stadt liegt in ca. 230 m Höhe in einer durch Erdrutsch entstandenen Senke. Der nahe Teide trohnt beeindruckender als irgendwo sonst auf Teneriffa über dem Ort.

6.1

Geschichte   Schon zu *Mencey*-Zeiten war das wasserreiche Icod de los Vinos eine begehrte Region. Wie im Orotavatal liefern die wasserspendenden Kiefernwälder oberhalb die Grundlage für eine florierende Landwirtschaft. Icod hat alle Monokulturen, welche die Insel in ihrer wirtschaftlichen Entwicklung durchlief, maßgeblich mitgetragen. Der Weinanbau spielt bis heute eine entscheidende Rolle (seit einigen Jahren mit Qualitätssiegel »*Vinos de Ycoden-Daute-Isora*«). Bananen werden überwiegend in den Uferzonen angebaut.

Infobüro   Die Touristeninformation befindet sich in der Calle San Sebastian 6 hinter dem Kirchplatz Lorenzo Caceres (*Iglesia San Marcos*) gegenüber dem *Parque de Drago*; Mo-Fr 10-13 Uhr, ✆ 922-8121231.

Das Weinfest des Heiligen San Andrés in Icod de los Vinos und Puerto de la Cruz

29./30. November

Selbst auf der Insel des ewigen Frühlings wird es im November irgendwie Herbst. Schon gegen 19 Uhr wird es dunkel und am letzten Novembertag, dem Tag des Heiligen San Andrés, mischt sich der Geruch von gerösteten Kastanien mit dem Duft des frischen Rebensafts. Anders als bei uns kommt in den Weindörfern aber keine beschauliche Herbststimmung auf.

Tablas

Statt ruhigem Genuss ist in Icod de los Vinos traditionell volkstümliche Gaudi angesagt. Die Dorfjugend düst auf Brettern, den *tablas*, oder auf – zu kufenlosen Gleitschlitten umgebauten – Planken immer wieder die steilsten Dorfstraßen hinunter. Mit über 50km/h schießen sie allein oder zu zweit in einen Prellbock aus alten Autoreifen. Dort werden die Waghalsigsten reichlich mit Zuschauerbeifall empfangen.

Ernteschlitten

Die Sitte geht auf Portugiesen zurück, die zum Erntetransport in steilem Gelände eine Art hölzernen Schlitten benutzten.

Für andere knüpfen die *Tabla*-Rennen an die alte Tradition des Flößens an. Wenn die *Barrancos* (Schluchten) viel Wasser führten, ließ man Bauholz aus den Hochlagen in die Dörfer hinabdonnern. Um die Rivalen auf den Asphaltstraßen zu übertrumpfen, denken sich Teens und Twens heute einiges aus. Ihre genialen Gefährte werden eingefettet oder mit Nägeln beschlagen.

Cancharros

In **Puerto de la Cruz** wird die Stimmung mangels steiler Straßen durch Höllenlärm angeheizt. *Cancharros*, Blechbüchsen oder anderer Schrott, werden auf Schnüre gezogen und übers Pflaster geschleift. Zur Lärmmaximierung müssen auch schon mal alte Badewannen oder große Wellbleche herhalten. Es gibt aber durchaus Orte, in denen der neue Wein in Ruhe genossen wird.

Wer die Feiern zu *San Andrés* erleben möchte, achtet auf die Hinweise in deutschen Inselzeitungen (Wochenblatt, Teneriffa-Magazin) oder fragt in den Touristenbüros nach, denn die Festhöhepunkte wechseln von Jahr zu Jahr.

Anfahrt

Icod fährt man am besten vom unteren Arm der TF 5 bzw. von der TF 42 an, sofern man von Westen kommt. Über die Calle Francisco Miranda geht es über die Kreisel am Ende der Autobahn/Beginn der TF 42 ins Zentrum der Stadt. Touristen steuern Icod vor allem wegen des ältesten Drachenbaumes der Insel an, des *Drago Milenario*. Der *Parque del Drago* ist ausgeschildert. Man erreicht den Dragopark auch gut über eine 1,5 km lange Fortsetzung der Fahrt (ab den Verkehrskreiseln) auf der TF 82. Nach einer weiten Serpentine biegt man links ab in die Calle el Barranco direkt zum Eingang des Parks. Wer über den oberen Arm der TF 5 anfährt, verlässt die Autostraße an der *Salida* 55 und folgt zunächst der TF 366 in Richtung Icod und dann der Ausschilderung.

Besichtigung Tipp:

Stadtwappen

Vom höherliegenden Kirchplatz **Plaza Lorenzo Caceres** ist der *Drago Milenario* viel besser zu fotografieren als innerhalb des *Parque del Drago* (Eintritt). Ein Beton-Kubus (mit Info Center) soll dort demnächst die Sicht auf den *Drago* verbessern.

Dieser Kirchplatz ist wegen seiner alten, teilweise exotischen Bäume sehenswert: Indischer Lorbeer, blaublühende Jacarandas, ein imposanter Würgefeigenbaum voller Luftwurzeln, eine **Washingtonia**, stattliche Palmen und eine hochgewachsene Schirmtanne (*Araucia*) warten auf Bewunderer.

Iglesia de San Marcos

Bemerkenswert ist auch das **Renaissance-Portal** der *Iglesia Mayor San Marcos* (Ende des 16. Jahrhunderts). Innen beeindruckt der Barockaltar mit reichen Silberarbeiten. Das *San-Marco*-Silberkreuz aus Kuba (1665) steht im **Kirchenmuseum** und gilt als eines der wertvollsten Kunstwerke Teneriffas, gestiftet von einer nach Kuba ausgewanderten Familie (➤ Seite 492f, »Emi- und Inmigration«).

Mariposario

Unterhalb des Kirchplatzes, im *Mariposario,* rasten Schmetterlinge gern auf einer Besucherschulter, und zeigen, wie leicht-beschwingt das Leben in den Tropen zwischen Tümpeln und Blüten sein kann – jedenfalls für drei Wochen, das Leben eines *Butterfly*. Lehrreiches über die 200.000 Arten, z.B. den *Monarch*, der in Sachen Sex zwischen Mexiko und Kanada pendelt, mit 18 km/h und – wie Aal und Lachs – mit genetisch eingebautem Kompass. ➤ Seite 473; im Winter täglich 10-18 Uhr, sonst 10-19 Uhr, © 922-815167, Eintritt €8,50; Kinder €5; www.mariposario.com.

Plaza Constitución

Nach wenigen Schritte vom Kirchplatz um *San Marcos* in südliche Richtung gelangt man an die kleine *Plaza Constitución*. Sie wird von imposanten Bürgerhäusern aus dem 18. Jahrhundert umrahmt. Als sehenswert gilt dort speziell die neoklassizistische **Casa Lorenzo-Caceres**. Die frühere Familienvilla beherbergt heute die Stadtbibliothek, Archive und eine Werkstatt für Mosaiken.

In den **Bodegas** an der Plaza werden u.a Proben des örtlichen Weins angeboten. **Viño Zañata** gilt als guter Weißwein aus Icod.

6.1

Icod de los Vinos mit Teide im Winter

Parque del Drago	Der **Drachenbaum** (*Drago Milenario*) steht in einem kleinen Extra-Park mit Eingang am oberen Ende der Plaza Constitución.
	Im Vergleich etwa zu den riesigen *Sequoias* in Kalifornien nimmt der *Drago* sich mit bis zu 16 m Höhe und 20 m Stamm-Umfang eher bescheiden aus. Auch das früher auf 3.000 und mehr Jahre geschätzte Alter des ***Drago Milenario*** (=1.000 jährig) wurde nach Analysen auf 600-800 Jahre revidiert. Aber ihn umgibt Urtümlichkeit und sagenumwobene Mystik (➤ Kasten).
Botanik	Ein **Lehrpfad** führt im Park durch die Insel-Vegetation: Palmen jeder Größe, Lorbeer, Baumheide, Wolfsmilch, Dachwurze, Tajinaste, Teideginster, die Kriechgewächse der wüstenartigen Küsten, wie auch die empfindliche Bergflora. Geöffnet 9-18 Uhr, €4/€2; ✆ 922-812226. *Casa de Drago*: Café mit Dragoblick.
Restaurants	Lokale sind rar; gut das ***Agustín y Rosa***, aus den 1950er-Jahren mit kanarisch-spanischer Küche, Calle San Sebastián, ein Steinwurf vom *Drago* entfernt; tägl. 9-23 Uhr; Di zu; ✆ 922-810792.
	Auch das **Restaurant** *Carmen* hält die Tradition hoch: *Puchero, Conejo Salmorejo* und mehr; unterhalb des Kirchplatzes. Geöffnet 12-23 Uhr, So Abend und Mo zu; ✆ 922-12243.
Unterkunft	➤ Seite 568 und 577
Cueva del Viento (Windhöhle)	Auch ein Besuch des längsten Höhlenlabyrinths Europas lohnt (17 km; 180 m freigegeben). Es entstand durch erkaltenden Lavafluss (➤ Seite 438) beim Ausbruch des Pico Viejo vor 27.000 Jahren. Mit Nebenhöhlen, Terrassen und erstarrten Lava-Wasserfällen auf vielen Etagen. Ein lohnender Abstecher, ➤ Seite 357.
	Treffpunkt für die zweistündigen Gruppenführungen ist das Besucherzentrum an der TF 366 (erst in Icod den *Drago*-Schildern folgen; ab Zentrum separat ausgeschildert. Di-Sa 9-16 Uhr). ✆ 922-815339 oder online: www.cuevadelviento.net. Start: Di-Sa 10, 11, 13, 14 Uhr, €20/Kinder €9. Anmeldung und Ausweis sind Pflicht, ebenso – wegen der Temperaturen um 10-12°C bei 80% Luftfeuchtigkeit – festes Schuhwerk und warme Kleidung.
Puppen-museum	Sehenswert ist auch das Museum *ARTlandya*: In einem herrlichen Garten stehen zwei kanarische Häuschen mit über 600 kunstvoll gestalteten Puppen und Teddybären; Camino el Moleiro 21 (an der TF 5 bergseitiger Arm etwas außerhalb östlich von Icod); Di-So 10-18 Uhr, Mo geschlossen; €10/€5; www.artlandya.com.

Der Drachenbaum – El Drago

Dieser Drachenbaum (*Dracaena draco*), das Wahrzeichen Teneriffas, ist gleich nach dem Teide der unbestrittene Inselstar. Von weitem ähnelt er einem gigantischen Rasierpinsel. Wenn man vor ihm steht, wirkt er wie ein lebendes Fossil, urzeitlich wie ein Dinosaurier der Pflanzenwelt. Den größten, den ***Drago de Franchy*** im Orotavatal, notierte einst Humboldt mit 25 m Höhe und 4.000 Jahren – überschätzte dabei allerdings sein prähistorisches Alter weit. Orkane rissen ihn vor 150 Jahren nieder.

Der *Drago milenario* von Icod löst immer wieder Bewunderung aus. Dabei faszinieren weniger seine Ausmaße. Eher sind es die märchenhafte Form und die Legenden, die sich um ihn ranken. Seine entfernten Verwandten aus dem Tertiär wachsen in Südamerika und Südostasien, doch zum engeren Familienkreis zählen nur Geschwister aus Makaronesien (Azoren, Kanaren, Madeira und Kapverden) entlang der südlichen Küsten des Roten Meeres und in Marokko.

Die *Drago*-**Mystik** beginnt mit dem Geburtsdatum, denn weil er sich mit dem Wachstum viel Zeit lässt und erst nach ein paar Generationen so urig wirkt, wurde ihm immer wieder ein biblisches Alter angedichtet. Und da er als Lilienverwandter keine Jahresringe hat, taxiert man den **Icod-Drago** auf 3.000 statt auf die inzwischen wissenschaftlich nachgewiesenen 600-800 Jahre.

In jungen Jahren erinnert seine Gestalt an eine **Palmlilie** (Yucca) mit schwertförmigen Blättern von 50-60 cm Länge, aber Biologen bestimmen ihn weder als Baum noch als Palme, sondern als Mitglied der Familie der Agavengewächse und lehren uns, dass seine unzähligen knorrigen und miteinander verwachsenen Zweige keine Äste sind, sondern Gabelungen des runzeligen Stammes. Innen sind sie hohl und wachsen an Bruchstellen nach – wie die Köpfe der Hydra. In ihm – so dichtete man dem *Drago* nicht nur an – fließt blutroter Saft! So scheint es zumindest, doch färbt er sich erst an der Luft granatapfel-rot.

Wie orangenfarbene kleine Oliven sehen seine Früchte aus, deren Kern nach 40-50 Tagen auch zu Hause im Blumentopf unter der Pflanzenlampe keimt. Dann muss man nur noch 10 Jahre warten, und schon bilden sich erste Stamm-Verzweigungen. Vorher stecken harte lange Blätter wie Stacheln auf der Spitze.

Die Guanchen verehrten ihn als Heiligtum und balsamierten ihre Mumien mit seinem »Blut«. Später mischten Alchimisten aus Dragoharz obskure Zaubertropfen, Wundermittel gegen Geschwüre und Ruhr. Seefahrer nutzten es gegen Zahnweh und Skorbut. Die Färber mixten Dragoblut in ihre Paletten, und italienische Geigenbauer kolorierten ihre Violinen mit seinem Saft. Der Sage nach zahlt den Frevel noch heute mit dem Tod, wer einen *Drago* fällt.

Der berühmteste aller Drachenbäume ist der Drago in Icod; im Hintergrund sieht man auch hier den Teide

6.1

6.1.3   Routen ab Icod

Abstecher nach San Marcos

Badeort von Icod

An einer tiefen Bucht mit feinem schwarzen Sand 3 km unterhalb von Icod (Achtung: steile Abfahrt/TF 414) liegt San Marcos, früher ein reines Fischerdorf. Leider wurde San Marcos schon während des frühen Tourismus' mit hohen Apartmenthäusern zugebaut, die der Dorfatmosphäre den Garaus machten. Die Fischerboote sind lange vom Strand verdrängt. Trotzdem ist San Marcos Icods »Badeort«. Man kann dort auch im Winter gut schwimmen.

Bei *Canarios* wie Ausländern beliebt sind die einfachen **Restaurants** in der originalen alten Fischerzeile am Strand. An der etwas oberhalb gelegenen Promenade spielen die Kinder auf dem winzigen Platz des ebenso winzigen Kirchleins. Wenn, dann ist der Besuch vor allem mittags – zum Baden und/oder Fischessen – sinnvoll. Dann liegen Ort und Strand noch nicht im Schatten der steilen Felsen und Hochhäuser. Um diese Zeit füllen sich die Fischlokale wie die **Bar/Restaurante Maritimo** und die **Casa Lucas**. Abends ist es in San Marcos ruhig.

Routenüberlegungen

• Weiter in Richtung **Nordwestspitze** der Insel nimmt man die TF 42, die über Garachico und Los Silos bis Buenavista läuft.

• Wer über Santiago del Teide **nach Masca oder über Chio in die Cañadas** möchte (➤ westliche Teideauffahrt, Seite 415), findet mit der TF 5 bis El Tanque und ab dort der TF 82 die schnellste Route. Parallel bietet die hochgelegene TF 373 über La Vega und San José de los Llanos (➤ Seite 363) bis Puerto de Erjos eine reizvolle und verkehrsärmere, wiewohl zeitaufwändige Alternative.

• Als dritte Route bietet sich (hauptsächlich für Touristen mit Standort im Norden) folgende **Rundstrecke als Tagesausflug** an: Von Icod zunächst nach Santiago, von Santiago nach Masca (➤ Seite 282) und Buenavista (➤ Seite 359) und über Garachico zurück nach Icod. **Hinweis**: Diese Rundfahrt (ca. 60 km) ist im beschriebenen Uhrzeigersinn reizvoller als anders herum.

Nach Garachico

El Guincho

Auf einer Lavazunge vor Garachico wurden Landhäuser zu Hotels (**El Patio**, **Finca Malpaís Trece**; ➤ Seite 579f) und die Apartments **Las Terrazas**; ➤ Seite 576. Dort wohnt man ruhig und komfortabel in Bananenplantagen. Nach Garachico ist es ein Autosprung.

Baden

Eine geschützte Bucht mit mehr Steinen als schwarzem Sand ist von beiden Hotels zu Fuß in 15 min erreicht (*Terrazas* 30 min). Mit dem Wagen ist man ebenso schnell an der **Playa San Marcos** oder beim Lavabecken **El Caletón** in Garachico.

Frischer Fisch

Das **Restaurant El Drago** liegt meerseitig an einer Schleife der TF 42 (km 2,8). Tipp: *Vieja* mit *Papas* und Tiramisu. Mi zu, auch, wenn fangfrischer Fisch fehlt (Zettel an der Tür); ✆ 922-830058.

Der Nordwesten

6.1.4 Garachico

Kenn-zeichnung

Garachico zählt zu den schönsten Städten Teneriffas. Der Betrieb der Nachbarstädte Orotava, Realejos und Icod fehlt zwar, aber der kürzlich erweiterte Fischer- und Sporthafen sowie der Tourismus beleben die Stadt tagsüber ersichtlich; ➤ Seite 352. Tagestouristen kommen wegen der historischen Bauten, zum Fischessen und Baden zwischen meerumschäumten Lavafelsen. Ihnen gelten auch die unübersehbaren Souvenir- und *Artesanía*-Shops.

Anfahrt

Die Küstenroute TF 42 Icod–Buenavista läuft an der Atlantikküste entlang durch Garachico. Die Verkehrsbelastung dämpft dort vielleicht ein bisschen die Freude am Baden und Meeresrauschen, aber der verkehrsarme Altstadtkern gewinnt dadurch.

Tipp

Spektakulärer ist die Anfahrt von der hoch oben verlaufenden TF 5 ab El Tanque oder San Juan del Reparo über die TF 421, eine 9 km lange Serpentinenroute mit herrlichen Ausblicken.

6.1

Blick hinunter auf Garachico und die vorgelagerte Felsinsel El Roque von der Zufahrtstraße TF 421, die von der TF 5 bzw. TF 82 in zahllosen Serpentinen steil hinunter nach Garachico führt

Mirador de Garachico
Wer die alte Straße Icod–El Tanque nutzt (TF-82), passiert noch östlich des Abzweigs der erwähnten TF 421 den populären *Mirador de Garachico* mit Blick auf Stadt und Atlantik aus 600 m Höhe. Die flache Landzunge am Meer bildet einen Halbkreis, der in Lava ausläuft. Die Knappheit der Fläche, auf der sich die Häuser an den schroffen Berg schmiegen, und die Bananenplantagen zu beiden Seiten bewahrten den Ort vor der Zersiedlung.

Gara Chico
Das vorgelagerte, wellenumspülte Eiland *El Roque de Garachico* ist mit 78 m Höhe für kanarische Begriffe zwar nur ein *gara chico* (= kleiner Felsen), der als Rest eines Lavastroms der Brandung widerstand, aber er wurde nichtsdestoweniger zum Namensgeber und Wahrzeichen der Stadt.

Teneriffas Pompeji
Vom genannten Aussichtspunkt sieht man deutlich die tödliche Spur, die 1706 der **Ausbruch der Montaña Negra** (*Vulcan Negro* genannt) zog. Sein östlicher Lavafluss ist bis heute eine kaum bewachsene schwarze Geröllbahn. Bei San Juan de Reparo teilte er sich damals in zwei Ströme. Größeren Schaden richtete der westliche Lavafluss an, der sich etwa entlang der heutigen Serpentinenstraße bewegte, die Orte El Tanque und San Pedro de Daute weitgehend zerstörte und dann den einzigen natürlichen Hafen der Nordküste unter sich begrub. Die Katastrophe machte die seinerzeit reichste Stadt der Kanaren zum »Pompeji« Teneriffas.

Lava-Deltas
Dass zähe basische Laven des öfteren in schmalen Rinnen aus dem Teidemassivs geflossen sind, wird an der Nordküste immer

wieder an sog. Lava-Deltas sichtbar, flachen Halbinseln, die im Meer schnell zu bröseligem, spitzen Gestein erkalteten. Allerdings hatte auf Teneriffa keiner der wenigen, seit der Passage von Kolumbus bekannten Ausbrüche nennenswerten Schaden angerichtet. Es war ein außergewöhnlicher Schicksalsschlag, dass der Lavastrom 1706 genau den Hafen von Garachico verschüttete.

Parken, Info In Garachico parkt man am besten am westlichen Stadtrand (TF 42 Richtung Los Silos) bei der Bananenpackerei am alten Hafen. Dort wartet auch ein **Info-Kios** (Mo-Sa 10-13 Uhr). Wer vorher noch eine Schleife in Richtung Los Silos fährt, erreicht nach ca. 300 m den *Mirador del Emigrante* auf einem Felsvorsprung mit Café und Blick hinauf auf die erwähnten Lavaströme.

El Emigrante Die alte Hafeneinfahrt heißt auch *Risco Partido* (der Abschiedsfelsen). Sie ist ein stimmungsvoller Platz für die vieldeutige Statue *El Emigrante*, den Zigtausenden gewidmet, die nach jedem Monokultur-Wirtschaftskollaps auswanderten – meist nach Südamerika. Viele ließen ihr Herz aber in der alten Heimat und kamen – zum Teil mit Koffern voller Gold und Silber für die heimatlichen Kirchen – zurück; ➢ auch Essay auf Seiten 492f.

Geschichte

Im Jahre 1496 wurde die Stadt von dem Genueser Bankier *Cristóbal de Ponte* gegründet, der wie seine Landsleute *Mateo Viña* und *Augustín Interián* zu den Finanziers des Eroberungsfeldzuges von *de Lugo* gehört hatte. Alle wurden hernach mit Land und Handelsrechten reich belohnt.

Wirtschaftsboom Als für die Pflanzung und Verarbeitung von Zuckerrohr Investitionen anstanden, wählten die Genueser mit Bedacht nicht die bis dahin bevorzugte Nordküste zwischen La Laguna und Orotava, sondern siedelten weiter westlich an einer sicheren Felsbucht, der Bahía Garachico. Zum Zuckerrohr kam dann der Wein von Icods Berghängen. So entwickelte sich Garachico zu Teneriffas größtem Umschlagplatz für den Im- und Export mit England, Holland, Flandern und sogar Nordamerika. Die Luxus gewohnten Genueser Kaufleute errichteten sich noble Herrenhäuser, wenn auch nicht wie daheim aus Marmor, sondern aus inseleigenen Materialen. So entstand ein dort typischer Baustil aus Vulkanstein und dem harten Kernholz der kanarischen Kiefer (➢ Kapitel »Architektur«, Seite 504). Die prunkvolle Innenausstattung, Stoffe und Kunstwerke ließ man sich aus Europa liefern.

Stadtwappen von Garachico

6.1

Katastrophen
Etliche Schicksalsschläge suchten die Stadt heim: 1601 brach eine Beulenpest-Epidemie aus, 1645 zerstörte eine große Flut an die 80 Häuser und 4 Jahre später fielen massenhaft Heuschrecken ein.

Lavadesaster
Dazu kamen die damals verbreiteten Brände. Und zu allem Überfluss begruben dann – nach heftigen Erdstößen in der Nacht zum 5. Mai 1706 – auch noch gewaltige Lavamassen Häuser, Kirchen, Klöster und schütteten den Lebensnerv der Stadt, die große, tief eingeschnittene Hafenbucht, fast zu.

Garachicos Niedergang
Zwar wurde die Stadt wieder aufgebaut, aber Versuche, mit vorgelagerten Molen einen neuen Handelshafen zu schaffen, scheiterten. Zudem war inzwischen der Zuckerrohr-Anbau in Mittelamerika lukrativer geworden als auf Teneriffa. Auch war die Macht der englischen Weinhändler durch Zoll-und Handelsquerelen geschwächt, was zu Absatzproblemen führte (➤ Seite 355 »Weinparty«). Garachicos Hoffnung, an die große Vergangenheit als Handelszentrum anknüpfen zu können, schwand endgültig dahin, als Santa Cruz mit seinem Hafen 1823 La Laguna als Hauptstadt ablöste. Erst seit wenigen Jahren verfügt Garachico am östlichen Ende der Stadt wieder über ein – künstlich angelegtes – geschütztes Hafenbecken.

Rundgang

Startpunkt Castillo de San Miguel
Ein natürlicher nicht zu übersehender Anlaufpunkt an der Küstenstraße ist meerseitig das massiv-graue **Castillo de San Miguel** (mit einer historischen Ausstellung; täglich 10-18 Uhr, nur spanischsprachige Erläuterungen).

Die 1575 aus mächtigen schwarzen Quadersteinen erbaute Festung hat einen fast quadratischen Grundriss und beeindruckt mit Zinnen, Schießscharten und einem weißgetünchten Glockenturm. Über der Eingangstür hängen die Wappen der spanischen Könige und des Stadtgründers. Von der Plattform auf dem Dach hat man einen schönen Blick auf die Stadt und über die benachbarten Lavapools, ➤ Seite 356.

Atlantikeinstieg für Schwimmer an der Küstenstraße durch Garachico; dahinter im Bild das kleine Kastell

Plaza Juan
Gonzales
de la Torre

**Zur Plaza
Gonzales**

Vom Kastell geht's in Richtung Süden und über die Plaza Gonzales durch die Stadt. Am Wege passiert man das **Centro de Arte-
sanas de Limonero** mit diversen sehr gut sortierten Souvenir-
und **Keramikshops**.

**Puerta
de Tierra**

Die von alt-kanarischen Wohnhäusern und einer *Ermita* eingerahmte **Plaza de Juan Gonzales de la Torre** wird bergseitig vom
kleinen *Parque de la Tierra del Antiguo Puerto* begrenzt. Das
schmucklose, von subtropischen Pflanzen eingerahmte Portal
war bis zum Vulkanausbruch 1706 die einzige Verbindung zwischen Hafen und Stadt. Ein Obelisk erinnert an diese Eruption
und eine alte Weinpresse inmitten idyllisch wuchernder Pflanzen
an den einst lukrativen Wirtschaftszweig der Insel.

**Iglesia de
Santa Ana**

Von dort geht es Richtung Osten ein paar Schritte weiter ins Zentrum zur dreischiffigen *Iglesia de Santa Ana*. Die Mutter Marias
ist Garachicos Schutzpatronin. Baubeginn war 1520 noch zu Lebzeiten des Stadtgründers *Cristóbal de Ponte*, dessen Familie Garachico auch das Franziskaner- und Dominikanerkloster stiftete.
Die Kirche wurde bei der Eruption 1706 fast völlig zerstört; nur
das Portal mit dem dreieckigen Renaissance-Aufsatz konnte gerettet werden. Im Innenraum ist vor allem die **Capilla de Nuestra
Señora del Carmen** mit Mudéjardecke und einem hölzernen Ba-
rock-Retabel sehenswert.

**Casa de los
Condes de
la Gomera**

Direkt an der Plaza de la Libertad liegt die *Casa de los Condes de
la Gomera*, das prächtigste Herrenhaus der Stadt. 1666 wurde es
erbaut von einem Nachfahren des Stadtgründers, *Juan Bautista
de Ponte y Fonte*. Die spanische Krone war damals mit Titeln
großzügig, um durch Spenden die immer leere Kriegskasse aufzu-
füllen. So wurde *Pedro Ponte* zunächst *Señor* von Adeje und später durch Heirat auch *Conde de Gomera*.

6.1

Aus grauen Quadersteinen robust gebaut, wird die strenge Klassik-Fassade nur durch schlanke Portalsäulen aufgelockert. Der Palast wurde nach seiner Zerstörung 1706 bald wieder aufgebaut. Heute ist der **La Casa Piedra** genannte Bau ein Treffpunkt (Seminare, Foren) für Künstler. Besucher können verschiedene Ausstellungen besichtigen; Mo-Sa 11-16, So 12-16 Uhr.

Plaza de la Libertad

Weitläufig, mit schattenspendenden Lorbeerbäumen und luftiger Kiosk-Bar in der Mitte – das ist die *Plaza de la Libertad.* Ihren Namen verdankt sie **Simon Bolivars** (➤ Seite 498) Vorfahren, die von hier nach Südamerika auswanderten. Seit 1970 ehrt man den Befreier Südamerikas hier mit einer Statue. Die Wappen der bolivianischen Provinzen sind in das Pflaster eingelassen. Auf einer der Parkbänke sitzend kann man die folgenden klassischen Bauten in Ruhe betrachten:

Ex-Convento de San Francisco

Ein paar Stufen führen zum Gebäudekomplex des ehemaligen Franziskanerklosters, das vom Lavafluss 1706 verschont blieb. Schon 1524 stand an dieser Stelle eine Kapelle, aber die klassische Fassade wurde erst Mitte des 17. Jahrhunderts fertiggestellt. Zwischen dem Kloster und der angebauten Klosterkirche erhebt sich der Glockenturm aus schwarzem Basalt, im oberen Bereich ziert ihn ein hölzerner Balkon.

In kirchlichem Besitz ist heute nur noch das Kirchenschiff mit der **Capilla de la Vera Cruz**. Die anderen Gebäude wurden, wie überall in Spanien, während der antiklerikalen Epoche 1836 bis 1870 säkularisiert. Im westlichen Flügel ist seither das **Ayuntamiento**, das Rathaus, untergebracht.

Casa de la Cultura

Die Räume rund um die beiden Klosterhöfe beherbergen die *Casa de la Cultura* mit Bibliothek, Galerie und wechselnden Ausstellungen. Sehenswert sind der kunstvolle Steinfußboden in den Kreuzgängen und die dunklen Holzbalkone, beeindruckend die Mudéjardecken über der Treppe zum 1. Stock und in der Hauptkapelle (10-19, Sa/So 10-15 Uhr, Eintritt €1).

Casa de los Marqueses de la Quinta Roja (jetzt Hotel; ➤ Seite 568)	Auch dieses klassisch-kanarische Herrenhaus an der Plaza gegenüber dem *Ayuntamiento* wurde 1706 zerstört, aber original wieder aufgebaut. Oben im überdachten Ausguck standen einst Schiffseigner, die nach ihren vollbeladenen Schiffen aus Europa oder Übersee Ausschau hielten.
Zurück zum Ausgangspunkt	Von der Plaza de la Libertad geht's über die Calle Calvo Sotelo in Richtung Meer (200 m). Dabei überquert man die Calle Esteban de Ponte mit schönen alten kanarischen Häusern, darunter ca. 50 m nach rechts das heutige Nobel-Hotel *San Roque,* ➤ Seite 568.
	Wem dieser Stadteindruck reicht, der folgt vom großen Betonpool der Hauptstraße (TF 42/Avda Tomé Cano) nach links und erreicht nach 200 m den Ausgangspunkt des Rundgangs, das Kastell.
Calle Esteban de Ponte	Wer noch Lust auf mehr hat: Am Ende der Calle Esteban Ponte trifft man auf eine tiefer gelegene alte Wassermühle, Rest eines weit verzweigten Gofio-Mühlensystems.
»Weinparty«	Noch etwas weiter, schon an der Avda Adolfo Suárez, erinnert eine **Statue** an Garachicos **»Weinausschüttung«**. Sie verlief ähnlich wie die amerikanische *Boston Teaparty*, nur folgenloser:
	Mitte des 17. Jahrhunderts waren Teneriffas Weine besonders in England beliebt; britische Residenten kontrollierten den Markt. Mit offizieller kanarischer Hilfe hatten sie die *Compañía Inglesa de las Canarias* gegründet, um Handel und Preise zu monopolisieren. Das trieb die Weinbauern 1665 dazu, sich zu maskieren, die Keltereien zu stürmen und allen Wein in die Gosse zu schütten. Diese Demonstration gipfelte zwar nicht in der Gründung der »Vereinigten Staaten von Canaria«, sie bewirkte aber immerhin, dass sich die *Compañía* zwei Jahre später auflöste.

Schattige Plaza de la Libertad

6.1

Ex-Convento de Santo Domingo

Von dort in Blickweite liegt das Dominikanerkloster aus dem 17. Jahrhundert. Seine erhöhte Lage schützte es 1706 vor den Lavamassen. Von seinem Vorplatz mit Palmen und Lorbeerbäumen hat man einen freien Blick auf den *Gara Chico*-Felsen.

Bemerkenswert an der Fassade sind das Portal und der Glockenturm aus dunklem Lavastein. Der frühere Wohntrakt der Mönche ist geprägt von sieben Holzbalkonen. Das Kloster beherbergt ein Seniorenheim mit Krankenhaus.

Ermita de San Roque

Unweit des Klosters steht jenseits der Durchgangsstraße an der Einfahrt zum neuen Hafenbecken die kleine *Ermita de San Roque*, die schon anlässlich der Beulenpest-Epidemie (1601-1606) in die Annalen der Stadt einging. In ihrer heutigen Gestalt stammt sie aus dem Jahr 1736. Ihrem Schutzpatron *San Roque* schreibt man das Wunder des schnellen Pest-Endes zu. In seinem Namen wird jedes Jahr um den 16. August herum in Garachico mit viel Wein und Gesang die **Romería de San Roque** gefeiert, ➢ Seite 399.

Bade-landschaft El Caletón

Der Rückweg auf der Avenida an der Küste entlang führt am bereits erwähnten betonierten Meerwasserpool und Tennisplätzen vorbei. Gleich dahinter hat man die Lavafelsküste (einschließlich eines eingestürzten Lavatunnels, ➢ rechts) mit geschickten Eingriffen zu einer attraktiven Badelandschaft umgestaltet. Schwarze Vulkanstein-Mauern schützen vor der Brandung. Liegeflächen, verbindende Pfade und Treppchen ergänzen das Bild. In diesen Pools kann man nicht weit schwimmen, aber es macht Spaß, bei nicht allzu heftigem Wellengang in den Sprudelbecken zu spaddeln.

Gäste des **Café-Restaurant** *El Caletón* können das nasse Treiben in der Badelandschaft aus der ersten Reihe verfolgen.

Mit Zement zugänglich und nutzbar gemachte und gegen Wellen geschützte Meerwasserpools an Garachicos Lavaküste

Lavatunnel

Vulkantunnel entstehen, wenn die äußere Schicht eines dünnflüssigen Lavastromes bei Luftkontakt schneller abkühlt und verhärtet als das Innere des Stromes. So bildet sich ein fester Mantel in Röhrenform, in der die heiß und flüssig gebliebene Lava weiter talwärts strömt. Bei Versiegen des Stroms bleibt nur der hohle Gang bestehen. Lässt der Lavastrom nur langsam nach oder fließt er für eine Weile auf einer bestimmten Höhe innerhalb der Röhre, bleibt – durch den ständigen Kontakt mit der kühleren Seitenwand – die verhärtende äußere Lavaschicht dort hängen und bildet Bänke.

Solche Bänke auf verschiedenen Höhen zeigen an, dass der Lavastrom in mehreren Schüben versiegte (gut zu erkennen am künstlichen Lavatunnel im Besucherzentrum des Teide Nationalparks, ➢ Seite 422, El Portillo).

Lavatunnel enormer Länge finden sich in Kenia, Korea, auf Hawaii und im Staat Washington/USA. Mit über 6 km galt bis dato die **Cueva de los Verdes** auf Lanzarote als längste europäische Höhle. Nach 20jähriger Erforschung wurde 1984 die (mit Nebenhöhlen) 17 km lange **Cueva del Viento** bei Icod zu Europas längstem Lavatunnel erklärt; er ist bis 11 m hoch und 8 m breit. Ein kurzes Teilstück kann man mit geführten Gruppen besichtigen, ➢ Seite 346.

Unter Tage leben dort einzigartige, endemische Tiere, Tausendfüßler und Spinnen mit rudimentären Augen, überlangen Fühlern und Extremitäten, Höhlenwanzen und die großohrige Fledermaus *Plecotus teneriffae.*

Viele der Höhlen, die auf den Kanaren horizontal am Berg liegen, sind Reste solcher Lavatunnel. Ihre Erforschung auf eigene Faust ist lebensgefährlich.

Praktisches

Restaurants
- **Casa Ramón**, Calle Esteban de Ponte; kanarisch; täglich mittags und abends, Mi zu, ✆ 922-831277.

- **Casa Caspar,** auch Calle Esteban de Ponte 44 östlich vom *Hotel San Roque*. Elegantes Ambiente, abwechslungsreiche frische Küche mit Schwerpunkt Fisch aber auch Fleisch; So Abend und Mo zu, ✆ 922 830040.

- **Rugatino** neben *Casa Gaspar*; sehr gute Pizza und Pastas; nur Fr-Sa und feiertags ab 19, So ab 18 Uhr; keine Reservierungen.

- **La Almaneda de San Miguel**, Avenida Venezuela/TF 42. Besonders schön sitzt man auf der begrünten Terrasse im 1. Stock mit Blick auf die Lavabecken, täglich 13-19 Uhr; ✆ 922-133303.

- **Restaurante Ardeola**, Avenida Tomé Cano 4, modernes Ambiente und Terrasse. Großes Angebot, frische Zubereitung, guter Service; Di-Sa 13-16/19 23, Uhr So 13-16.30 Uhr, ✆ 922-133012.

- **La Perla**, ein typisch kanarisches Restaurant etwas oberhalb der zentralen Plaza Libertad in der Calle 18 de Julio, hat Fisch und frische Meresfrüchte; ✆ 922-133302.

Unterkunft Garachico hat vier gute Hotels (➢ Seite 568) und östlich in El Guincho in den Bananenplantagen drei weitere Hotels bzw. Apartments, ➢ Seiten 576 und 580.

6.1

6.1.5   Von Garachico zur Punta de Teno

Über La Caleta nach Buenavista

La Caleta (meerseitig, abseits der TF5) bietet nichts Außergewöhnliches: eine Ansammlung schmuckloser Würfelhäuser an der kleinen Hafenbucht, ein paar Fischerboote auf steinigem Strand vor neuen Apartments. Ein Rundgang lohnt nicht. Es gibt mehrere volkstümliche, bei Einheimischen beliebte Fischlokale, so das

El Mundial 82 mit großen Fenstern zum immer rauhen Meer hin. Frischer Fisch und Reisgerichte (*Paellas/Caldoso*, 20 min Zubereitungszeit), Calle La Marina 18 am Ortsausgang (kleine Straße Richtung Los Silos); tägl. 10-22 Uhr, ✆ 922-840969.

Bananen   Weiter Richtung Teno (TF 42) durchfährt man zwischen Los Silos und Buenavista riesige abgedeckte **Bananenplantagen**. Diese Region hat sich wegen ihres Wasserreichtums auf flachen Lavazungen bisher immer wieder auf die jeweilige Monokultur Teneriffas eingestellt und so bescheidenen Wohlstand entwickelt.

Sanfter Tourismus   Die Lage am Fuß des Tenogebirges mit ausgedehnten Lorbeer- und Kiefernwäldern zieht Wanderer an. Auf der ganzen *Isla Baja* von Garachico bis zum Teno setzt man auf sanften Qualitätstourismus. Der Bau des Golfplatzes *Buenavista* war ein Schritt in diese Richtung. Unterkünfte blieben aber rar. Neben einer Reihe von Fincas gibt es nur zwei größere Hotels: *Luz del Mar* in Los Silos und in Buenavista das *Hacienda El Conde*. Außerdem die kleinen Hotels *Casa Amarilla* in La Caleta und am Rande des Golfplatzes das *Hotel Finca Castillo*, ➤ Seite 579.

Los Silos

Seit der Durchgangsverkehr umgeleitet wurde, hat die klassisch-kanarische **Plaza de la Luz** mit Kiosk, *Iglesia Nuestra Señora de la Cruz* und dem Ex-*Convento San Sebastián* (**dort Touristinfo**) gewonnen. Der Ortsname leitet sich von Getreidespeichern (*Silos*) ab, die sich hier einst befanden. Auch das oberhalb gelegene Dorf **La Tierra del Trigo** (»Weizenerde«) erinnert daran, ebenso die kreisrunden gepflasterten Dreschplätze in den Nachbarorten.

Angler an der Küste westlich von Buenavista

Pool

Los Silos' beliebtes Freibad (*Piscina*) mit Meerblick-Terrassen-Restaurant liegt in einem etwas trostlosen Umfeld unterhalb des Hotels **Luz del Mar**.

Buenavista und weiter auf der TF 445

Buenavista (5.200 Einwohner) liegt in Bananenplantagen auf einem Küstenplateau, das im Westen von den steilen Hängen des Tenogebirges begrenzt wird. Weit sichtbar ist der Aschekegel **Montaña de Taco** (➣ Foto Seite 285), dessen betonierter Krater heute als Zisterne dient. Der wenig attraktive Ort besitzt eine große Plaza mit der – nach einem Brand rekonstruierten – Kirche *Nuestra Señora de los Remendios.* Auf dem Platz befindet sich auch eine Touristeninformation; Mo-Sa 9-14 Uhr, ✆ 922-128080.

TF 445

Von Buenavista führt die Straße TF 445 zur **Punta de Teno**, der westlichsten Spitze Teneriffas.

Plaza von Buenavista

6.1

Spaziergänge am Meer

Auch ohne Fahrtziel *Punta de Teno* lohnt sich eine kurze Weiterfahrt auf der TF 445 mit Abstecher zum **Restaurant Burgado** (Straße Casa de las Arenas Richtung Golfplatz folgen).

Dort warten auch zwei schöne Küstenwege:

• In Richtung Osten kann man von der *Piscina Municipal* (➣ unten) nach Buenavista laufen (etwa 30 min). Dieser schöne Weg »verliert« erst auf den letzten Metern kurz vor Buenavista.

• Vom *Burgado* geht`s nach Westen zur schön gestalteten **Playa de las Mujeres** und weiter zu steinigen Stränden am Fuße des **Mirador Don Pelayo** (ca. 1,5 km) – auch per Auto erreichbar).

Restaurants im Bereich Buenavista

- *La Cabaña* im Zentrum westlich der Plaza, beliebtestes Lokal des Ortes, Calle El Puerto 26, geöffnet täglich von 10-22 Uhr.

- *Burgado* an der *Playa de las Arenas* (unterhalb des Golfplatzes, der Ausschilderung folgen, das Clubgebäude passieren und weiter bis zum Straßenende). Lavastil-Bau mit Spritzwasser-Bächlein durch den Gastraum und herrlicher Terrasse direkt an der Felsküste. Mit Brandung sitzt man in der Sonne bis zu deren Untergang im Meer! Täglich 9-24 Uhr, ✆ 922-127831. Service, Speisen und Preise sind nicht ganz so traumhaft wie die Lage.

- Das *Bodegón Patamero* liegt etwas abseits der TF 436 am Ortseinfahrtsschild von Las Lagunetas in der Kurve gleich links oberhalb, nette Tasca, prima Qualität; täglich 12.30-16 und ab 19 Uhr, Mo abends und Di zu; ✆ 922-127827.

- Das *Mesón del Norte* an der Carretera de Masca 1 (TF 436) etwa 10 km oberhalb von Buenavista ist ein großes ländliches Ausflugslokal im kanarischen Stil. Hervorragende einfache kanarische Küche; täglich 12-23 Uhr, Mo zu, ✆ 922-128049.

- *Pastelería El Aderno*, exquisite Konditorei in der vom Kirchplatz bergauf führenden Straße La Albóndiga.

Schwimmen

- *Piscina Municipal*, Salzwasser-Bad beim Restaurant **Burgado**, Mo-Fr 10-22, Sa bis 14 Uhr ✆ 922-129080.

Mirador Don Pompeyo

Etwa 5 km westlich von Buenavista (an der TF 445 nach Teno) hat man vom *Mirador Don Pompeyo* einen imposanten Blick auf diesen Küstenabschnitt. Danach windet sich die enge Küstenstraße an bedrohlich überhängenden Felswänden entlang, um schließlich zum Leuchtturm **Faro de Teno** an der nordwestlichsten Spitze der Insel zu gelangen. Unübersehbare Schilder weisen auf möglichen Steinschlag hin. Nach starken Regenfällen wird die Strecke vorsichtshalber gesperrt.

Wunderbare Terrasse des Restaurants Burgado direkt am Wasser mit Fischernetzbeschattung. Sie liegt bei klarem Wetter ganztägig bis zu deren Untergang in der Sonne

Der Faro de Teno an Teneriffas äußerster Nordwestspitze

Punta de Teno

Parque Rural de Teno
Nach zwei Tunneldurchfahrten ist der Leuchtturm (*Faro*) am Teno-Kap erreicht. Ein spektakulärer Platz, der zum ***Parque Rural de Teno*** gehört. An dieser windigen Ecke halten sich nur noch Kandelaber-Kakteen und Opuntien auf bröselig-spitzer Lava. In der kleinen Bucht mit ein paar schunkelnden Fischerbooten kann man gut schwimmen.

Schwimmen
Ein guter Badeplatz über Leitern (gefährlich bei Seegang) befindet sich auch beim Leuchtturm. Man muss nur den erkennbaren Pfaden folgen. Die Aussicht ist hier grandios: nach Süden die 500 m-Steilwände von Los Gigantes, nach Südwesten die Insel La Gomera. An klaren Tagen sieht man La Palma im Westen und Sonnenuntergänge vom Feinsten.

6.1.6   Von Icod über El Tanque nach Santiago del Teide

Breits weiter oben wurde erläutert, dass die TF 5 von Icod de los Vinos in Richtung Santiago del Teide bis El Tanque als dreispurige Schnellstraße fertiggestellt ist. Dort vereinigt sie sich wieder mit der von Icod parallel laufenden TF 82, die hinter El Tanque gut ausgebaut, aber kurvenreich die Passhöhe ***Puerto de Erjos*** erklimmt.

Anfahrt
Bei El Tanque sollte man sich den wunderbaren Blick über Garachico und die Küste gönnen. Wer auf der TF 5 ankommt, muss dazu ab dem abschließenden Kreisverkehr auf der TF 82 ca. 1 km zurück in Richtung Osten fahren. Unweit des Abzweigs der TF 421, die nach Garachico hinunter führt, befindet sich der ***Mirador de Garachico*** (mit Shop und Restaurant, ➢ auch Seite 250).

Mirador Lomo Molino

Vom westlichem Ende von El Tanque lohnt sich auch der Abstecher auf der TF 423 in Richtung Tierra de Trigo zum **Mirador Lomo Molino**, einem modernen Lavastein-Flachbau. Der Blick ist atemberaubend: grüne Hänge, der Teide, ins Meer reichende Lava und die Küste bis Punta de Hidalgo. Mit Glück sieht man *Paraglider* ganz aus der Nähe. Jahrelang wurde das Gebäude am *Mirador* nicht genutzt und drohte zu verfallen. Das dort wieder eröffnete **Restaurant** mit kanarisch-nationaler Küche wird im Internet beachtlich positiv bewertet; täglich 9-18 Uhr, ✆ 922-136264.

Lavadeltas

Den Kampf zwischen den Elementen, dem landfressenden Wasser und dem landschaffenden Feuer, sieht man von diesem *Mirador* besonders gut. Immer wieder sind Laven über die Steilküsten geflossen und haben **Islas Bajas** (niedrige Inseln) und Lavadeltas geschaffen, die ins Meer hineinragen, die die dann vor Meer wieder ausgewaschen werden. Der ganze Nordwestteil Teneriffas wird deswegen auch *Isla Baja* genannt, obwohl Lavadeltas auch im Nordosten der Insel zu finden sind, z.B. in Punta del Hidalgo.

Unterkunft

El Tanque Alto hat nur **Casas Rurales**, ➤ Seite 577. Sehr gut übernachtet man im kleinen **Hotel Rural Finca la Hacienda** in Tierra del Trigo (➤ Seite 579).

Touristen auf der Kamelranch

Camello Center

Die **Kamelranch** zwischen El Tanque und Erjos ist eine ansprechende Anlage **mit Ausflugsrestaurant**. Anders als auf den afrikanahen, flachen Inseln Fuerteventura und Lanzarote wurde das Kamel auf Teneriffa früher nur selten als Arbeitstier eingesetzt. Im hügelig-grünen, oft nebelverhangenen Nordwesten wirkt es eher befremdlich als exotisch. Kamele und Touristen scheint das aber hier nicht zu stören: Groß und Klein besteigen die hölzernen Sitze und lassen sich im Beduinenlook durch die Gegend schaukeln. In Anerkennung seiner Leistung bekommt man danach einen Kamel-Führerschein; www.camellocenter.es.

Das *Camello Center* liegt an der TF 82 ungefähr 2 km oberhalb von El Tanque und ist täglich 9.30-17.30 Uhr geöffnet.

Eintritt mit Kamelritt € 10, Kinder bis 12 Jahren € 5, deftiges kanarisches Menu ab € 13. ℃ 922-136191.

Puerto de Erjos

Einen guten Kilometer oberhalb von Erjos del Tanque erreicht man die Passhöhe *Puerto de Erjos* (1.100 m) bei der Einmündung der Straße TF 373 in die TF 82. Der Pass markiert die Trennlinie zwischen dem jüngsten und ältesten Vulkangestein Teneriffas. Die jungen Geröllhänge des nordwestlichen Teidemassivs gehen über in die älteste Inselformation, das schroff-felsige Tenogebirge.

Kurz vor dem Abzweig der TF 373 nach Icod liegt links der **Gasthof** *Fleitas*, ein bliebtes Ausflugsrestaurant.

Nach Überquerung der Passhöhe Richtung Süden öffnet sich der Blick auf die fruchbare Hochebene von Santiago del Teide.

Für eine Weiterfahrt über Santiago del Teide hinaus ➤ die Seiten 265ff (Westküste von Los Gigantes bis Adeje), 280ff (Santiago–Masca–Buenavista) und 415f (westliche Teideauffahrt).

6.1.7   Von Icod über La Vega, La Montañeta und San José de los Llanos nach Santiago del Teide

Anfahrt

Folgt man der in Icod beschriebenen alternativen Anfahrt (TF 82, ➤ Seite 344) zum berühmten Drachenbaum, sind es bei Verbleib auf der TF 82 nur ca. 2 km weiter bis zum Abzweig der Straße TF 373 nach **La Vega/La Montañeta**.

Nach einem Besuch des *Parque del Drago* kann man auch den ineinander übergehenden Straßen San Antonio, Pergalillo und El Amparo in fast gerader Linie ca. 1,5 km bergauf folgen und dann in die TF 366 rechts abbiegen. Sie mündet nach ca. 2 km – bereits oberhalb der TF 5 bei La Vega – in die Straße TF 373.

Aussichtspunkt an der TF 82 ein bisschen unterhalb der Passhöhe Puerto de Rojos in Richtung Santiago del Teide

6.1

Tipp TF 373   Diese Route über La Montañeta und San José de los Llanos führt auf einer schmalen, aber gut gepflegten Straße an der Waldgrenze entlang. Ein immer wieder grandioser Teideblick begleitet die Strecke. An ihr gibt es nicht mehr die anderswo übliche Zersiedelung der Landschaft.

Erster Ort nach La Vega ist das verschlafene **La Montañeta**. Kiefern, riesige Opuntien und große dornige Ginsterbüsche kennzeichnen die Vegetation in dieser Region.

Wandergruppe unterwegs in der Region der Arenas Negras

Picknick/ Wandern in den Arenas Negras   Die Straße durchquert im *Parque Natural de Chinyero* dunkles Lavageröll mit vielen Flechten und Margeriten. Man passiert eine Freiluft-Kapelle (*Ermita*) und sieht bei Kilometer 8,8 in einer scharfen Rechtskurve auf der linken Straßenseite den Wegweiser zur *Zona Recreativa Arenas Negras* (ca. 3 km).

Unter vereinzelten Kiefern auf Lavakieseln stehen dort Picknicktische und Blockhütten. In dieser »Mondlandschaft« beginnt sich erst jetzt – über 110 Jahre nach dem Vulkanausbruch des *Chinyero* (1907) – die Flora wieder durchzusetzen.

Von dieser *Zona Recreativa* aus kann man sehr gut **Wanderungen** in Lavaregionen ohne Baum und Strauch unternehmen. Sich dafür eine genaue Karte besorgt zu haben, ist hilfreich (z.B. in Puerto de la Cruz in der *Mundo del Mapa*, Calle San Felipe 12, ℃ 648 401784 – man spricht dort Deutsch).

Ökologische Kneipe	Unmittelbar westlich von San José de Los Llanos führt eine kurze Zufahrt (Calle La Hoya, ca. 600 m) von der Ortsdurchfahrt Avda Venezuela (dafür nicht den Ort auf der neuen Umgehung für die TF 373 umfahren) zur **Associación Cultural El Risco**. U.a. betreibt man dort eine sog. **Bar Ecológico** mit Bio-Küche am Waldrand (Mi-So; Sa und So ab 16 Uhr Live Musik); Mo+Di geschlossen; © 922-136867.
Wandern und Mountain Biking	Weitere leicht zu bewältigende Wege gibt es in dem **Los Partidos de Franquis** genannten Gebiet, noch einige Kilometer weiter westlich. Im Kreisverkehr bei einer riesigen Kiefer zeigt ein Wanderschild zur **Montaña Chinyero** den Weg zu diesem **Wander- und Mountain-Bike-Gebiet**. Ein weitverzweigtes Wegesystem führt dort durch die **Montañas Negras** (Lavafelder) und in die Nähe einiger Vulkangipfel (*Garachico*, *Negro*, *Chinyero*).
Landhotel	In diesem Bereich (Anfahrt TF 373, km 14 mit Schild) liegt das urig-elegante **Landhotel Rural Caserío de los Partidos** in 1.100m Höhe (➤ Seite 579).
Fiesta de la Trilla	Dort feiert man nach alter Tradition die **Fiesta de la Trilla**: Die früher von einem Ochsengespann gezogene *trillo* (Dreschplanke) sieht man vielerorts in Teneriffa in ländlichen Bars und Restaurants als Wandschmuck. Wie ein hölzernes Surfbrett geformt, ist sie unten mit walnussgroßen Lavasteinen gespickt, um die Spreu vom Weizen zu trennen.
TF 82	Bei der Passhöhe **Puerto de Erjos** trifft die TF 373 auf die TF 82, ➤ Abschnitt 6.1.6, Seite 363). Mit **Santiago del Teide** erreicht man den Ausgangsort für den »Masca-Tourismus«, ➤ Seite 279.

Speziell von innen sehenswerte Kirche in Santiago del Teide an der Abzweigung der Straße nach Masca

6.1

6.2   Nordküstenbereich östlich von Puerto

6.2.1   Von Puerto de la Cruz nach Tacoronte

Kennzeichnung dieser Küstenzone

Strecken-
verlauf

Die *Autopista del Norte* (TF 5) von Puerto nach La Laguna verläuft weit oberhalb der Küste. Sie steigt bis auf über 700 m an (bei
Tacoronte) und fällt dann bis La Laguna wieder leicht ab. Entlang
der Autobahn liegen fünf Gemeinden mit zusammen rund 58.000
Einwohnern: bergseitig Santa Ursula (auf 290 m Höhe), La Victoria (360 m) und La Matanza (520 m); meerseitig liegen El Sauzal
(300 m) und Tacoronte (510 m).

Einschätzung

Bereits *Alexander v. Humboldt* wies 1799 darauf hin, dass »... die
Bevölkerung der Küste ... hier sehr stark (ist); sie erscheint noch
größer, weil Häuser und Gärten zerstreut liegen, was den Reiz der
Landschaft noch erhöht«. Heute würde *Humboldt* die seinerzeit
gepriesene Schönheit der nordöstlichen Orotavatal-Schulter vergeblich suchen. In einem Meer von Neubauten sind die alten Stadt-
kerne untergegangen, und die Außenbezirke der Gemeinden gehen
ineinander über. Auf den parallel zur Autobahn verlaufenden alten
Landstraßen (*Carretera General* = TF 152 und TF 217) muss man
schon genau auf die Ortsschilder achten, um zu wissen, ob man
beispielsweise noch in El Sauzal oder schon in Tacoronte ist. Leider schreitet die starke Zersiedlung weiter voran.

Land
und Leute

Die guten (vulkanischen) Böden, ausreichende Niederschläge und
ein auch im Sommer angenehmes »Arbeitsklima« ermöglichen
Landwirtschaft bis auf eine Höhe von fast 900 m. Immer noch werden viel Wein, Kartoffeln, Mais und Obst angebaut. Unterhalb
von Santa Ursula und bei Benijos wird sogar eine bescheidene
Milchwirtschaft betrieben. An den Hängen oberhalb der Autobahn sieht man neben größeren Wohnhäusern und (Sozialbau-)

Blick über die Küste
bei El Sauzal

Alonzo de Lugo landet in Teneriffa (nach alten Texten)

Die Flotte von der Insel Palma, welche de Lugo kommandirte, kam am 3ten May 1493 in dem Hafen Anaso an. Weil die Katholiken an diesem Tage das Fest des heiligen Kreuzes feyern, so nannte Alonzo den Hafen Santa Cruz. Nachdem er seine Truppen ausgeschifft hatte, marschiert er auf den hohen und steilen Berg über dem Hafen, auf dessen die Ebene, jetzt Laguna genannt, anfängt, und wo die Stadt dieses Namens steht.

Indem er weiter rückte, kam er auf eine Ebene, wo jetzt die Einsiedeley de Garcia steht. Hier schlug er sein Lager auf, und erhielt einen Besuch von dem Akaymo, König von Guimar, von den Königen von Anaga, Adehe und Abona, mit denen er ein Bündnis schloß. Sie unterrichteten ihn von der Macht des Bentomo, König von Taora, der damals mit allen Königen der Insel Krieg führte; worauf er gegen ihn anrückte. Der König gieng ihm mit nur dreyhundert auserlesenen Leuten entgegen, und fragte ihn, was er habn wollte? Lugo gab zur Antwort, er käme bloß, um seine Freundschaft anzusuchen, und ihn zu bitten, dass er das Christenthum annehmen, und ein Vasall des Königs von Spanien werden möge, der ihn mit vielen Wohlthaten überhäufen würde.

Hierauf erwiederte der König von Taoro, was seinen Friedens- und Freundschaftsantrag beträfe, so nähm er denselben mit Vergnügen an, und wolle ihn gern mit allem, zu seinem Gebrauch und zu seiner Erfrischung versorgen, was er nur verlange, und was die Insel geben könnte; denn keiner sollte je Ursach haben von ihm zu sagen, dass er angebotene Freundschaft irgend eines Menschen verwerfe oder verachte: was aber die Annehmung des Christenthums betreffe, so wisse er nicht, was er damit sagen wollte.

Zur Antwort auf seine Bitte, ein Vasall des Königs von Spanien zu werden, sagt er, er kenne denselben nicht, würde sich auch, als ein freygeborener Mann, keinem Menschen in der Welt unterwerfen; sondern wie er sein ganzes Leben hindurch frey gewesen, so gedächt er auch zu sterben.

Nachdem er solchergestalt Alonzos Anträge beantwortet hatte, verließ er ihn, und begab sich in seinen Distrikt. Lugo, welcher Bentomos Antwort verachtete, rückte weiter, und lagerte sich an einem Orte, Namens Aguere, von wo aus er Einfälle ins Land that, indem er sich einbildete, dass, wenn er erst den König von Taoro überwunden hätte, die ganze übrige Insel sich auf einmal ihm unterwerfen müßte. Und er kam nach Orotava, wo er eine Menge Vieh erbeutete. Mit dieser Beute wollt er zurückkehren, als Bentomo seine drey hundert Mann versammelte, und das Kommando derselben sinem Bruder Pedro gab, mit dem Befehl, die Spanier auf ihrem Rückzuge in den engen und beschwerlichen Wegen zu ängstigen, um sie solange aufzuhalten, bis er seine übrigen Truppen zusammengezogen hätte und einen Hauptangriff auf sie thun könnte. Als demnach die Spanier durch einen engen hohlen Weg zogen, der von hohen steilen Felsen eingeschlossen war, erhuben die drey hundert Guanches, die im Hinterhalt lagen, ein großes Geschrei und Gepfeife, fielen sie dann mit großer Wucht an, und schlugen sie gänzlich in die Flucht; denn die Spanier konnten hier von ihrer Reiterei, auf welche sie sich am meisten verließen, keinen Gebrauch machen, und ebensowenig half ihnen ihre überlegene Zahl; so dass ihnen nichts als die schleunige Flucht übrig blieb.

6.2

Die Guanches folgten ihnen auf dem Fuße nach, und richteten eine große Niederlage unter den Flüchtlingen an.

Des Königs Bruder hatte sich unterwegs auf einen Stein gesetzt, um sich auszuruhen, als Bentomo mit sinen Truppen daher kam. Als er seinen Bruder so allein da sitzen sah, gab er ihm einen harten Verweis; dieser aber antwortete ganz kalt: »ich habe das Meinige gethan, und die Feinde besiegt; die Metzger thun jetzt das Ihrige, und schlachten sie.« In dieser Schlacht kam der größte Theil von Alonzos Armee um; und da er nicht weit von Centejo lag, nannte man ihn la Matansa de Centejo, das heißt, die Metzelung von Centejo, welchen Namen er noch jetzt führt.

Quelle: George Glas, Geschichte der Entdeckung und Eroberung der Kanarischen Inseln, Leipzig 1777; in: Bibliothéca Canaria – Nachdrucke alter Texte über die Kanarischen Inseln, Santa Cruz de La Palma, 1976.

Siedlungen Lagerhallen und Servicebetriebe, während unterhalb überwiegend die Bungalows und – oft versteckt – Prachtvillen betuchter *Tinerfeños* und wohlhabender Ausländer liegen. Fast alle haben Blick auf den Teide und/oder Atlantik, an den man am (Steil-) Küstenabschnitt im Bereich La Matanzas-El Sauzal-Tacoronte bis auf zwei Stellen mit Fahrzeug nicht herankommt.

Küste   Die steilen Felskliffs stürzen mit zwei Ausnahmen ohne Strand direkt ins Wasser. Lediglich in der Bucht von **El Caleton** (unterhalb La Matanzas) kann man gefahrlos schwimmen; an der **Playa de Rojas** (Zufahrt ➢ Seite 369) ist die Brandung oft heftig und die Strömung gefährlich. Dafür sind die weiten Blicke übers offene Meer von allen Aussichtspunkten bei klarer Sicht brillant.

Landeinwärts   Bergseitig gehen die landwirtschaftlichen Anbauzonen ab 1.000 m in Kiefernwälder über. In ihnen findet man bequem zu bewandernde Forstwege und eine Reihe beliebter Picknickplätze.

Unterkünfte   Touristische Quartiere sind in dieser Region rar. Neben ein paar kleinen Hotels und Pensionen gibt's nur den **Quinta Park**, eine Aparthotel-Anlage unterhalb von Santa Ursula (➢ Seite 568).

Bildinstallation zur Vernichtung (Matanza) der spanischen Eroberungstruppe im Mai 1495 durch die Guanchen, ➢ Kasten oben, Text nebenstehend und Seiten 373 und 487

La Victoria, La Matanza und El Sauzal

**Historische
Installation**

La Matanza und La Victoria waren einst Schauplätze der Entscheidungsschlachten zwischen Spaniern und Guanchen (➤ Seite 487).

Doch außer den beiden Ortsnamen (»das Gemetzel« und »der Sieg«) und der beleuchteten (!) Installation eines martialischen Gemäldes an der Autobahn TF 5 erinnert in beiden Städten kaum noch etwas an die grausame Eroberung Teneriffas vor über 500 Jahren.

El Sauzal beeindruckt mit einem recht attraktiven Ortsbild und gepflegten Grünanlagen. Zum Ort gehört obendrein das Weinmuseum, ➤ Seite 370.

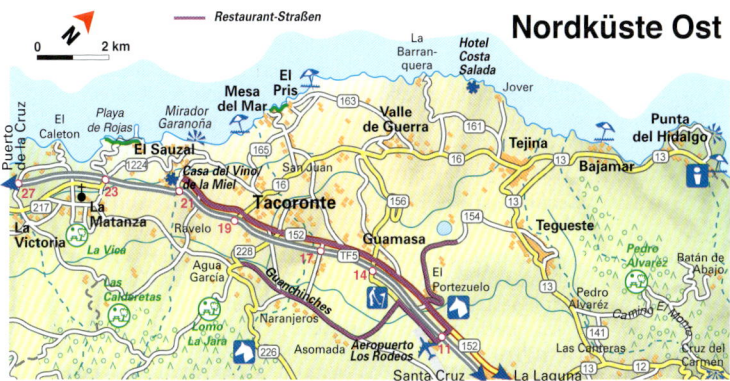

Anlaufpunkte unterhalb der Autopista bis El Sauzal

**El Caleton
und Restaurants Casa
Miguel &
San Juan**

Mit wenigen Unterbrechungen kennzeichnet dichte Bebauung den Küstenstreifen von Puerto de la Cruz bis El Sauzal. Erste lohnenswerte Zufahrt ans Meer östlich von Puerto ist die Serpentinenstraße El Caleton. Von der *Salida 23* folgt man meerseitig der unmittelbar parallel zur Autobahn verlaufenden *Carretera del Servicio* Richtung Westen und biegt nach 1,3 km nach rechts in die Calle Acentejo ab. 200 m weiter beginnt die Straße hinunter zu Minidorf und Bucht El Caleton. Unten wartet das einfache, dennoch äußerst beliebte Fischrestaurant *Casa Miguel* auf Gäste. Gastronomisch wie vom Ambiente her erheblich verfeinerter geht es zu im *Restaurant Casa Juan* (➤ Seite 88) an der Calle Acentejo (ohne Notwendigkeit einer Abfahrt hinunter an die Küste).

**Kustenpfad/
Playa Rojas**

Zufahrt

Zwischen La Matanza und El Sauzal gibt es seit ein paar Jahren einen *Küstenpfad* (2,2 km) mit Bänken, Plattformen und Leitern ins Meer. Von der Autobahnausfahrt 23/La Matanza hält man sich meerseitig und folgt der TF 1224 kurz Richtung El Sauzal und biegt nach ca. 600 m auf die Calle de Rojas nach links ab. Diese Route führt in zahlreichen Serpentinen hinunter zur *Costa Sauzal* mit der *Playa de Rojas*. Die Straße ist nachts durch eine Schranke gesperrt. Zugangszeiten im Winter 8-19 Uhr, Sommer 8-22 Uhr.

6.2

Maximale Parkdauer auf dem Parkplatz unten: 2,5 Stunden.

Treppenweg   Ab dem *Mirador de las Breñas* am Rand der Urbanisation Prima-
vera führt für Wanderfreudige auch ein Treppenweg hinunter ans
Meer; von der TF 1224 ist dieser Aussichtspunkt ausgeschildert:
Man biegt von der Durchgangsstraße zunächst auf die Calle Los
Angeles ab und folgt dann der Calle Juan Antonio Cruz. **Leichtere
Zugänge zum Meer findet man erst wieder in El Pris und Mesa del
Mar** (➤ Seite 380; Details zu Pools/Stränden dort auch Seite 112).

Weinmuseum   Unweit der Autobahnausfahrt 21/El Sauzal liegt in der Calle San
Simón 49 das Weinmuseum *Casa del Vino*. Die Gebäude dieses
vorbildlich renovierten Finca-Komplexes aus dem 17. Jahrhundert
gruppieren sich um einen großen mit Natursteinen gepflasterten
Innenhof voller Winzergerätschaften. Eine anschauliche Ausstellung informiert über Geschichte und Techniken des Weinanbaus,
Klimabedingungen und Bodenbeschaffenheit der Region.

Sie wird ergänzt durch einen Laden mit **Probierstube**. In stilvol-
lem Ambiente lassen sich dort fast alle Weine der Insel kosten
(gegen Gebühr); Eintritt € 3.

Geöffnet ist das Weinmuseum Di-Sa 10.30-23, So/Feiertage bis
18.30 Uhr, Mo zu; ✆ 922-572535, www.casadelvinotenerife.com.

Restaurant   Von der großzügigen **Terrasse** öffnet sich ein spektakulärer Blick
im Museum   auf den Teide und das Meer. Das Restaurant des Museums verfügt
über eine ausgezeichnete Küche mit kanarischen wie typisch spa-
nisch/internationalen Gerichten (Service auch auf der Terrasse);
Di-Sa 10.30-22.30, So bis 18 Uhr, Mo zu; ✆ 922-563886. Von beeindruckender Schönheit ist die bemalte Holzdecke der Bibliothek.
Mehrere Räume stehen für Veranstaltungen zur Verfügung.

Casa de   Über das Weinmuseum gelangt man in die *Casa da la Miel* (Haus
la Miel   des Honigs). Sie ist Anlaufstelle für Teneriffas Imker und betreibt
Qualitätsprüfungen; damit ist – neben Wein und Käse – auch
Honig ein tinerfeñisches Agrarprodukt, das professionell vermarktet wird. Im Besucherzentrum erfährt man alles über fleißige Bienen und süßen Honig. Aus der speziellen Inselflora werden feinste
Sorten gewonnen: Walnuss, Avocado, Banane, Heide, Tajinaste
u.v.a.m. (➤ Seite 424). Nur der auf den Kanareninseln besonders
beliebte Palmenhonig wird nicht erwähnt – die Bezeichnung
»Miel« verbot die EU, weil der Palmenstamm-Sirup nicht von
Bienen stammt. Öffnungszeiten wie die *Casa del Vino*.

Café   Nur einen Steinwurf oberhalb der *Casa de la Miel* befindet sich
La Baranda   direkt an der Hauptstraße TF 152 das riesige *Café La Baranda* mit
zwei verglasten **Panoramablick-Terrassen**. Interieur und Kondi-
torangebot sind deutsch. Am Sonntagnachmittag genießen auch
spanische Familien dort ihr Dessert.

Gasthaus-   Deftiger geht's zu in der Gasthausbrauerei *Tacoa* einen knappen
brauerei   Kilometer weiter nordöstlich an der TF 152. Dort braut man Bier
Tacoa   nach deutschem Reinheitsgebot und hat die beste Grillwurst der
Insel. Tägl 12.30-23 Uhr; www.cerveceriatacoa.com.

_____ **El Sauzal**

Zentrum

El Sauzal erreicht man vom großen Kreisverkehr beim Weinmuseum via TF 172 oder ab der Ausfahrt 23 via TF 1224. In beiden Fällen geht's mitten durchs Zentrum um den höhergelegenen Kirchplatz – mit einer grandiosen Aussicht. Der Wasserreichtum der Gegend ließ hier einst Weiden (_El Sauce_ = Weide) gedeihen und brachte die Landwirtschaft zum Blühen (Wein, Kartoffeln) und später die Bodenspekulation. Viele Äcker und Felder sind dort zu teurem Bauland geworden. Von Wohlstand zeugen auch das imposante Rathaus (**_Ayuntamiento_**) samt künstlichen Wasserfällen. Die _Iglesia de San Pedro_ (16. Jahrhundert) wirkt trotz des klassischen Turms mit ihrer weißen Kuppel etwas fremd.

Ringkampf-Museum

Das kleine **_Lucha Canarias Museum_** in El Sauzal bietet faszinierende Einblicke in die Historie des kanarischen Ringkampfs; ➤ Kasten Seite 385. Gleich oberhalb der Markthalle; Mo-Do 9-13 und 17-20, Fr 9-14 Uhr, Sa-So zu.

Parque Lavanderos

Unterhalb des Kirchplatzes (Eingang ca. 50 m weiter westlich) befindet sich das Eingangstor zum **_Parque Lavanderos_**, einer Anlage am Steilhang. Zwischen schwarzen Lavasteinen stehen Ruhebänke und Wasserspiele plätschern im üppigen Grün. Treppchen führen hinunter in den Stadtteil Los Angeles, wo man neben einer kleinen **Ermita** auf das gleichnamige **Restaurant** mit kanarischer Küche stößt (Mi+Sa abends geschlossen).

Eindrucksvolle Araukarie bei den Terrazas del Sauzal, ➤ nächste Seite, Stichwort »Gastronomie«

Der parkartig angelegte **_Mirador Garañona_** (ausgeschildert ab Ortskern El Sauzal) voller Palmen und Sukkulenten bietet weite Steilküstenblicke. Seine westliche Aussichtsterrasse beherbergt eine populäre **Eisdiele**; Mo-Fr 14.30-22 Uhr, Sa+So 11-22 Uhr.

Kultur/Folklore

Nicht nur am gepflegten Stadtkern und den kultivierten Grünanlagen ist der Wohlstand El Sauzals abzulesen. Im **Auditorium** (ausgeschildert) finden oft klassische Konzerte auf hohem

6.2

Niveau statt. Das Dreikönigsfest am Vorabend des 6. Januar wird dort besonders aufwendig begangen (➤ Seiten 292 und 500). Auf den Straßen und Plätzen spielt die Bevölkerung das Geschehen dieser biblischen Nacht nach. Eine zu Weihnachten auf der Kirchplaza aufgebaute Krippenszenerie ist Hauptschauplatz.

Drei in ihrer Art unterschiedliche Restaurants liegen im Zentrum:

Gastronomie

• **Gastrobar AIE**, ein kleines feines Restaurant in einem modernen Ambiente. Ausgezeichnete Qualität: *Pinxos* und *Tapas* in zahlreichen Variationen; Details ➤ Seite 88.

• **Terrazas del Sauzal**, befindet sich in einem der schönsten und gepflegtesten Gärten (10.000 qm) hoch über der Küste mit weiten Blicken auf den Teide und die Nordküste; kleines, feines Menu; Details ➤ Seite 88; www.terrazasdelsauzal.com.

• **Nila**, Calle Iglesia 2, vis-a-vis zum Kirchenportal mit Terrasse; kleine gute Karte. Im Herbst tinerfeñische Pilze; Mi 18-23, Do-Sa 13-16 und 20-23, So 13-16 Uhr; ✆ 922-099864.

Weiterfahrt nach Tacoronte

Die Carretera General TF 16 führt weiter nach Tacoronte, gesäumt von zahlreichen Restaurants, ➤ Kasten Seite 161, »Restaurantstraßen um La Laguna«.

Tacoronte ist neben seinen Weinen bekannt für Süßigkeiten, speziell Turrones, eine Kombination aus Marzipan und Nougat

Von Santa Ursula nach Agua García (Bergseite der Autobahn)

Die zersiedelten Ortschaften Santa Ursula, La Victoria und La Matanza lohnen kaum einen Bummel. Die Fahrt auf der Carretera General (TF 217) führt durch das ganz »normale« verstädterte Teneriffa, vorbei an weniger bedeutenden Sehenswürdigkeiten.

Santa Ursula

In Santa Ursula ist aber zumindest die schlichte einschiffige **Kirche** (17. Jahrhundert) gleichen Namens wegen der Goldschmiedearbeiten aus Südamerika einen Besuch wert (an der Durchgangsstraße gegenüber dem *Ayuntamiento*). In der Neuen Welt zu Wohlstand gekommene Emigranten pflegten Gott zum Dank silberne oder goldene Grüße in die Heimat zu schicken. Sehenswert ist auch der Heilige *Sebastian* aus Elfenbein.

La Victora und La Matanza	Wie erwähnt, drücken die Namen La Victoria und La Matanza den Sieg und die Niederlage aus spanischer Sicht aus. Am 25. Dezember 1495 brachen die Spanier im heutigen **La Victoria** den Widerstand der Guanchen. *La Matanza*, das Gemetzel, nannten sie den Ort, wo sie im Jahr zuvor am 26. Mai in einen Hinterhalt der Guanchen gerieten und vernichtend geschlagen wurden, ➢ Essay auf Seite 368. Das Guanchenwort *Acentejo* bedeutet »Tod« bzw. »viele Tote«. Von 1.200 Spaniern und kanarischen Verbündeten konnten nur 200 ihr Leben retten.
Uralte Kiefer	In beiden Orten erinnert wenig an die blutige Vergangenheit. Vor der großen *Iglesia de Nuestra Señora de la Encarnación* in La Victoria steht eine riesige zersauste Pinie. Sie war Zeugin der Schlacht, und in ihrem Schatten fand damals der Dankgottesdienst statt.
	Der Kirchplatz liegt etwas über der TF 217 an der parallel verlaufenden Calle Perez Diaz, Ecke Calle de Pino.
Guachinches	Oberhalb der Orte La Matanza, La Victoria und Santa Ursula endet die dichte Besiedlung; Landwirtschaft überwiegt und man findet dort jede Menge *Guachinches*, ➢ Kasten Seite 375. Aus privaten Weinkellern hat sich diese beliebte und – wegen deutlich geringerer Abgaben – preiswerte Form von Schattengastronomie entwickelt, z.B. die schon restaurantähnliche *Guachinche*

- *La Pimienta*. Sie hat vor allem Fischgerichte; Di-So 12.30-17, Fr 19-24 Uhr. Zufahrt von der TF 5: von *Salida 23* der TF-217 ca. 2,3 km folgen und von ihr (nach dem großen Kreisel) nach links in die bergauf abzweigende Calle Higueras de Borrallo abbiegen. Danach in die Calle Tosta de San Antonio zur #70; ✆ 922-578167; www.restaurantelapimienta.com.

Wenn man die Straße weiter bergauf fährt, stößt man noch auf weitere *Guachinches*, wie auch westlich von Orotava, ➢ Seite 333.

Bildinstallation und Humboldt-Zitat

Die Installation zum Gedenken an das Gemetzel von La Matanza sieht man – von der Autobahn aus La Laguna kommend – an der *Salida La Matanza*. Das Bild zeigt einen großen, halbnackten Guanchen, der siegreich sein Muschelhorn bläst, während ein spanischer Krieger am Boden liegt, ➢ Foto Seite 368.

Im Ortsteil San Antonio von La Matanza wurde im Gedenken an die Niederlage eine kleine Kapelle, *La Ermita de San Antonio*, errichtet.

Humboldt schrieb: »Diese beiden Namen (Matanza und Victoria) findet man in allen spanischen Kolonien nebeneinander; sie machen einen widrigen Eindruck in einem Lande, wo alles Ruhe und Frieden atmet. *Matanza* bedeutet Schlachtbank/Blutbad, und schon das Wort deutet an, um welchen Preis der Sieg in La Victoria erkauft worden ist. In der neuen Welt weist er gewöhnlich auf eine Niederlage der Eingeborenen hin; auf Teneriffa bezeichnet das Wort *matanza* den Ort, wo die Spanier von denselben Guanchen geschlagen wurden, die man bald auf den spanischen Märkten als Sklaven verkaufte.«

Alexander von Humboldt: Südamerikanische Reise (1799)

6.2

- Zur *Tasca Cueva Medio Casco* (Calle Arrayan 34 bei La Matanza) geht's ab *Salida* 23 ca. 1 km auf der TF 217 und von ihr 800 m in die Calle San José. Wunderbare Leckereien warten in einem tollen Höhlen-Ambiente; Do-Mo 13-17 und 20-23, So 13-17 Uhr; ✆ 922-577472; www.tascacuevamc.com.

Picknickplätze

Drei Plätze liegen im Bereich zwischen dem *Laurisilva-* (Lorbeer/ Baumheide) und dem in höheren Regionen vorherrschenden Kiefernwald. Über Forstwege sind sie miteinander verbunden. Man erreicht sie am besten, wenn man ab Nordflughafen die Ausfahrt 11 von der Autobahn nimmt und der Calle Orotava Real (TF 237) über Agua García folgt, die in die San Cristobal übergeht:

- *Lomo la Jara*
- *Calderetas de las Flores*
- *Mirador La Vica* (Zufahrt auch über TF 217 wie Restaurant *La Pimienta*; ➤ Seite 373; am Kreisel ausgeschildert »San Antonio«.

Praktisches

Spezial-geschäfte

- *Ahumados Tenerife*, Fischräucherei im Zentrum von Santa Ursula, Carretera Vieja 37 gegenüber der Tankstelle; Mo-Fr 9-17.30 Uhr, Sa 9-14 Uhr, ✆ 922-301161. Die Firma besitzt und beliefert auch die *Casa Juan*, ➤ Empfehlung Seite 87.

- *Sprungmann* – **deutsche Fleischerei**, prima Qualität; beim Humboldtblick (*Mirador Humboldt*) kurz vor Orotava an der TF 21, KM 1,8; ➤ Seite 320; täglich 8.30-17 Uhr, Sa 8.30-13 Uhr, ✆ 922-336567; www.sprungmann.com.

- *El Pino*, Bio-Waren; Santa Ursula, Carretera del Norte 69, Mo-Fr 9-21 Uhr, Sa 9-14 Uhr, ✆ 922-301147.

- *El Mercadillo*, Bauernmarkt mit lokalen Produkten (Wein, Käse und Kunsthandwerk) in La Matanza an der Hauptstraße TF 217; nur Sa-So 9-15 Uhr.

Guachinches

Guachinches sind Kneipen-Restaurants, entstanden aus privaten Weinkellern, denn das Trinken macht hungrig. Diese sehr besondere Lokalität, wörtlich etwa »Straussenwirtschaft«, gibt es nur auf Teneriffa – behauptet jeder Tinerfeño und schwört auf »seine« ganz spezielle *Guachinche*. Am Wochenende sind sie proppenvoll und die Menschen stehen in Gruppen bis auf die Straße. Drinnen ist der Teufel los.

Inklusive ist auch das besondere Ambiente: Heugabeln statt *Miró* an der Wand; Panorama-Meerblick? ... das Garagentor zur Straße tut's auch; Klappstühle, blanke Holztische, basta! Was gibt's zu essen? Hauptsache pralle Portionen! Mit der Guillotine geschnittene Bauernsalate, Kichererbsen (*Garbanzas*), Eintöpfe (z.B. *Puchero*, *Rancho Canario*), Kaninchen und Ziege (*Conejo*, *Cabra*) mit rot-grüner Soße (*Mojo*) und köstliche Runzelkartoffeln (*Papas arugadas*).

Aber nach Protesten des neidvollen Gastronomie-Verbandes konnte Vater Staat schon vor Jahren kein Auge mehr zudrücken. Regeln mussten her:

• Ein Schild markiert, was bisher nach geschlossener Autowerkstatt aussah

• Der Kellner darf nur drei Gerichte anbieten; mehr Auswahl gibt's woanders

• der eigene Wein (*Vino propio*) darf nur in Flaschen gereicht werden

• der Nachtisch kommt aus dem Obstgarten

• die Preise müssen schriftlich festgehalten sein

Guachinches sind nicht urban, sondern liegen – bitteschön – da, wo die Welt noch in Ordnung ist: in ruraler Region, als Nebenerwerbsquelle der durch die Supermarkt-Ketten notleidenden Landwirtschaft.

Diese Regeln waren Ergebnis einer wohldosierten Reform, die in keinster Weise das »Aus« für die gut 400 »Spelunken« bedeutete: Eine Inseltradition wurde bewahrt, der Gastro-Verband beschwichtigt – und zudem bremst der Ackeranbau weiter die Landgier der Baulöwen aus. Touristen sind willkommen, *Guachinches* aber bleiben ur-kanarisch. Punto!

Sie befinden sich an den mittleren Berghängen und – mit mehr werdenden Ausnahmen – vor allem im Norden der Insel. Hier eine kleine Auswahl:

Casa Pepe/La Victoria, Calle Pedro Hermandez 80 (Zufahrt siehe **La Finca**).

La Finca: Man sitzt bei gutem Wetter unter einer begrünten Pergola bei zünftig kanarischen (Grill-) Gerichten (kaum Fisch), trinkt roten Landwein und genießt die *Postres*. Geöffnet Mai-Dezember Do-Sa 12-23, So bis 17 Uhr; ☎ 922-582156 und ☎ 637-332569. **Zufahrt**: in La Victoria bei Hausnummer 77 von der Ctra. General Norte (TF 217) immer bergauf den Straßen Hoya Palma, Laureles und Pedro Hernandez folgen, in deren Verlängerung liegt die Calle Potigaiga 47.

Limeras/La Matanza, in der Calle Limeras 40. Hier gibt's vor allem Fisch (*Pulpo, Abadejo, Vieja, Choco*) und Meeresfrüchte; 13-17 und 20-24 Uhr, Mo geschlossen; ☎ 922-577564. **Zufahrt** von der Ctra. General Norte (TF 217 bei KM 1,5).

Balcón del Valle/La Perdoma, an der TF 324 (Orotava-Realejos), am Ortsausgang Perdoma (KM 4,2) geht's meerseitig nach 150 m steilem Weg in diese Garten-*Guachinche*: Draußen grün, drinnen rustikal; Gegrilltes, zuweilen Musik. Mi-Sa 13-16 und 19-23 Uhr, So 13-17 Uhr; ☎ 618-622935.

Casa Carlos/Tacoronte, Carril Alto 50, Barranco Las Lajas, ☎ 922-567456.

La Cueva/Chinamada; Anaga-Wanderer kehren gern in diesem »Höhlendorf« (➤ Seite 177) ein; serviert wird in einer tiefen Gruft mit einigen Tischen draußen – urig; Di, Do, So 11-19, Fr/Sa 11-21 Uhr; ☎ 922-690076.

Außerdem: Auf der Schnellstraße Santa Cruz-San Andrés biegt man in Höhe des Containerhafens in das Dorf Maria Jiménez ab, fährt nach ca. 250 m auf der rechten Seite des *Barrancos* bergauf und erreicht alsbald links das **Dos Barrancos** – oder man fährt weiter zum **Charca** (mit Veranda). Beide Lokale bieten kanarische Teller (meist Fleisch) – große Portionen zu kleinen Preisen: **Dos Barrancos**, Calle Bufadero, täglich 12.30-23 Uhr, Mo zu, ☎ 922-596855.

Guachinche-Tipp für Sa ι So Nachmittag: **El Nervioso**; Carretera Portezuelo-Las Toscas 418 (TF 154; Ausfahrt 11 von der TF 5); ☎ 922-638050.

6.2

Um solche Kostümierung zu sehen, braucht man nicht einmal nach Santa Cruz zu fahren und nach Rio schon gar nicht. Dieses Foto stammt vom **Karnevalsumzug in Tacoronte 2017**

6.2.2 _____ Tacoronte

Kenn-zeichnung

An der Nordküste sind Garachico, Icod und vor allem Puerto de la Cruz weitaus bekannter als Tacoronte. Wie auch in El Sauzal besitzen dort betuchte Tinerfeños und ausländische Residenten Villen hoch über dem Meer. Touristen kommen nach Tacoronte wegen des Bauernmarktes im nahen San Juan (➤ Seite 379), denn es gibt in der Umgebung der 24.000-Einwohner-Stadt viel Landwirtschaft. Außerdem feiert man im Februar/März in Tacoronte den **Karneval** besonders intensiv mit farbenfrohen Umzügen.

Alhondiga del Vino

Tacoronte schreibt sich die Einführung von Herkunftsbezeichnungen (*Denominación de Origen*) für Teneriffas fast in Vergessenheit geratene Weine gerne auf die Fahnen. Seither können Inselweine wieder mit den Festlandsweinen konkurrieren.

Im Mai findct ein großes Weinfest statt, das nach einem alten Kornmarkt (*Alhóndiga*) benannt wurde. Dann werden Weine im *Concurso Regional de Vinos Embotellados de Canarias* prämiert und auf dem Kirchplatz zur Kostprobe gereicht,➤ Seite 73.

Anfahrten

Zwischen El Sauzal und La Laguna verläuft die alte Landstraße (TF 152) unmittelbar neben der Autobahn (*Autopista del Norte)*, manchmal nur getrennt durch eine Leitplanke. Diese alte Hauptverbindungsstraße zwischen La Laguna, Guamasa, Tacoronte und El Sauzal (*Carretera General*) ist auf einem ca. 500 m langen Abschnitt zugleich Tacorontes Hauptgeschäftsstraße. Man erreicht sie direkt über die Autobahnausfahrt 19.

Tacoronte Zentrum

Auf der Straße ist zwar allerhand Betrieb, aber außer einem **Infobüro** (dort verfügbare Orts- und Regionalkarten erleichtern das Zurechtfinden im komplizierten Straßengewirr des Bereichs erheblich) am Abzweig der TF 16 bietet sie touristisch kaum Nennenswertes. Die guten Restaurants des Ortes liegen allesamt östlich wie westlich der Stadt, wiewohl entlang der TF 152 (➤ Kasten »Restaurantstraßen bei La Laguna«, ➤ Seite 161). Die sehenswerten Kirchen stehen unterhalb der Hauptstraße in Tacorontes kleiner Altstadt.

Altstadt

Zu den Kirchgebäuden braucht man vom Busbahnhof zu Fuß etwa 10-15 min; es geht steil bergab und wieder bergauf. Autofahrer nehmen von der TF 152 die TF 16 Richtung Valle de Guerra und biegen am besten in die Calle San Agustin links ab zur **Plaza del Cristo**. An ihr steht gegenüber der *Iglesia del Cristo* das Rathaus (*Ayuntamiento*).

Iglesia del Cristo

Der geräumige, von Platanen umstandene Platz wirkt einladend. Die Fassade der etwas plump wirkenden Kirche des ehemaligen Augustinerklosters (Baubeginn Mitte 17. Jahrhundert) mit zwei kleinen Glockentürmen besteht aus grauem Basalt. Innen beeindrucken bemalte Mudéjardecken, ein Barockretablo mit starkem iberoamerikanischen Einfluss und vor allem ein ungewöhnlicher Christus. Er wurde hier nicht gekreuzigt dargestellt, vielmehr scheint er das Kreuz zu umarmen.

Auch einige beachtliche alte Gebäude wie das des oben erwähnten Kornmarktes (*Alhóndiga*) und schöne Wohnhäuser liegen in unmittelbarer Nähe, z.B. in der Calle José Izquierdo. Auf ihr geht's von der Plaza zum ruhigen **Parque Hamilton** (ca. 400 m).

Iglesia Santa Catalina

Am Ende der Calle Teobaldo Power steht die *Iglesia Santa Catalina* (ca. 700 m westlich der Plaza del Cristo). Zwei Balkone, abgestufte Dächer, Mauerecken aus Vulkangestein und schwere Holztüren setzen die unverkennbaren Akzente des kanarischen Inselbarock (Fertigstellung dieses Baus Ende des 18. Jahrhunderts).

Das Innere wirkt warm durch bemalte und vergoldete Holzaltäre und (im vorderen Bereich) getönte, hölzerne Kasettendecken. Sehr kunstvoll ist auch der silberne Hochaltar gestaltet.

Geöffnet ist diese Kirche nur während der Messen.

6.2

Futuristisch wirkender Leuchtturm Faro del Hidalgo an
der flach auslaufenden Küste aus Lavagestein
nördlich des Ortes Punta del Hidalgo

6.2.3   Von Tacoronte nach Punta del Hidalgo

Die Strecke bis Tejina

Agueretal und Küste

Das von La Laguna dominierte Agueretal weitet sich von seinem höchsten Punkt, dem Nordflughafen, nach Westen aus, um dann über hohe Steilküsten in den Atlantik zu fallen. Diese Kliffs laufen aber gen Nordosten aus, werden bei Bajamar (unten am Meer) zu flacher Felsküste, und erst hinter Punta del Hidalgo steigt das Anagagebirge wieder so schroff aus dem Meer, dass man nur noch auf Schusters Rappen weiterkommt. Zwischen dem 500 m hoch gelegenen Tacoronte und Punta del Hidalgo am Ende der TF 13 zweigen bis kurz vor Bajamar lediglich ein paar Stichstraßen in Richtung Küste ab. Bis ans Wasser führen nur wenige davon.

Charakteristik der Region Tejina

Die TF 16 von Tacoronte nach **Tejina** führt durch flacher werdendes Gelände, dessen fruchtbare Böden intensiv landwirtschaftlich genutzt werden. Die sanfteren Hügel und speziell die zum Meer hin flach auslaufenden Lavazungen bieten viel Raum für große Bananenplantagen, Gärtnereien (tropische Pflanzen, aber auch Schnittblumen, Luftnelken und Strelitzien für den Export) und für Wein an den mittleren Hängen. Das klingt nach idyllischer Landschaft. Die Pflanzungen sind jedoch gegen den Wind von hohen Mauern aus Zementblöcken umgeben und abgedeckt mit grauen Plastiknetzen.

San Juan

Das Dorf San Juan ca. 3 km nördlich des Zentrums von Tacoronte (TF 16) ist bekannt für seinen Bauernmarkt *Mercadillo de Agricultores*. Nicht zuletzt wegen der an Markttagen am Straßenrand kreuz- und quer parkenden Autos ist er nicht zu verfehlen.

Mercadillo   Die Stände stehen dicht gedrängt unter einem hohen Wellblech-
dach. Die dort besonders gute Qualität der Produkte wie Obst,
Gemüse, Käse, Backwaren, Honig und lokaler Wein, Blumen und
Pflanzen lassen Kunden von weit her anfahren (Sa+So bis 14 Uhr).

*Üppiges
Angebot von
Obst- und
Gemüse im
Mercadillo de
Agricultores
in San Juan*

Valle Guerra: Rund 2,5 km weiter liegt das Dorf Valle Guerra. Unterhalb nörd-
Historisches   lich der TF 16 kann man dort das prachtvolle Herrenhaus *Casa de
Museum   Carta* samt großem Garten am Camino el Vino nicht übersehen.

Es beherbergt das **Museo de Historia y Antropológia de Tenerife
(MHAT)**. Unter den vielfältigen Sammlungen und Ausstellungs-
stücken des histori-
schen Museums
finden sich aller-
hand landwirt-
schaftliches Gerät,
eine Gofiomühle
und Weinpresse,
Musikinstrumente,
Trachten Teneriffas
u.v.a.m.

Geöffnet täglich 10-
17 Uhr; der Eintritt
ist frei Fr+Sa 13-17
Uhr, sonst beträgt
er €5, eine Ausga-
be, die sich unbe-
dingt lohnt;

www.museosde
tenerife.org/mha-
casa-de-carta/
pagina/ver/visitas.

*Kanarische Trachten
im Museo de Historia*

6.2

Exkurs	**Stichstraßen nach Mesa del Mar und El Pris**
Anfahrt	Im Bereich Tacoronte/San Juan gibt es zwei reizvolle Ortschaften am Meer, Mesa del Mar und El Pris. Wer dorthin möchte, verlässt hinter Tacoronte die TF 16 und fährt weiter auf der TF 165. Besucher des *Parque Hamilton* (➤ Seite 377) befinden sich bereits auf der richtigen Straße.
Mesa del Mar	Nach ca. 5 km geht's zunächst in vielen Kehren hinunter nach Mesa del Mar. Wie der Name sagt, ragt beim Ort eine flache Landzunge wie ein Tisch (*mesa*) ins Meer. Diesen nutzten Bausünder der 1960er-Jahre für ein überdimensionales Apartment-Hochhaus. Am großen Parkplatz am Ende der Zufahrt entstanden zwei Meerwasserpools samt einer Holzplattform für Sonnenbader an der vom Ozean abgetrennten Lavabucht (alles frei).
Promenade mit Strand	Ein kurzer Tunnel (für Autos gesperrt) durch den Wohnklotz führt zur Promenade am schwarzem Strand mit feinem Sand und großen Steinen (*Callaos*). Die Promenade führt hinter dem Strand noch 700 m weiter an der Küste entlang.
Playa Garañona	Wagemutige erreichen bei Ebbe über einen gewöhnungsbedürftigen Geröllpfad den sehr schönen feinsandigen Strand **Bahia de la Garañona**. Zu sehen ist dieser auch vom *Mirador de la Garañona* in El Sauzal; ➤ Seite 371.
Zufahrt El Pris	Keinen Kilometer nördlich der Zufahrt nach Mesa del Mar geht's hinunter nach El Pris. Man kann auch den Küstenweg zwischen beiden Orten laufen (600 m).
Kennzeichnung	El Pris konnte sich noch einen Rest Fischerdorf-Atmosphäre erhalten. Es gibt nur eine etwas größere Apartment-Anlage am Ortseingang. Ansonsten blieb alles so wie früher: kleine Häuser drängen sich am Ufer, und auf der ins Meer ragenden felsigen Halbinsel liegen bunte Holzboote, Tauwerk und Netze.

Das alte Fischerdorf El Pris drängt sich auf einem vorgelagerten, aber mit dem »Festland« verbundenen Felsen

Frischer Fisch	Wenn die Fischer heimkommen und die Boote mit Winden hochgezogen werden, stehen die Frauen bereit, um den Fang gleich vor Ort zu verkaufen.
Pool	El Pris hat ein Meerwasserschwimmbecken und kleinere steinige Strände südlich und nördlich des Dorfes.
Gastronomie	Auf der kurzen Promenade am Meer sitzen die *Tinerfeños* an Tischen unter Gummibäumen und spielen Karten oder essen im **El Pescador** gegenüber frischen Fisch (Do geschlossen). Auf Wunsch wird auch draußen serviert. Eine gute Alternative ist das kleine Restaurant **Lolo**; ✆ 922-562056; 12-18 Uhr.
Küstenweg	Ein lohnenswerter halbstündiger Kopfstein-Pfad führt in westliche Richtung etwas oberhalb am Wasser entlang an der steilen Felsküste nach Mesa del Mar (ca. 1 km).

Atlantikwellen donnern sturmgepeitscht auf die Promenade mit dem kleinen Leuchtfeuer von Bajamar zwischen Strand und Badepools

Bajamar und Punta del Hidalgo

Mesas	Bei der Weiterfahrt von Tejina nach Punta del Hidalgo (TF 13) hat man das imposante Anagamassiv vor Augen. Gleich hinter Tejina zeigt sich eine für das Anagagebirge ungewöhnliche Bergformation, eine *Mesa* (Tisch). Diese zu flachen, tischartigen Plateaus erodierten Bergrücken entstehen, wenn unter weicherem Gestein eine waagerechte, härtere Schicht liegt, die eine weitere Erosion zu der sonst typischen ausgefransten Kammform verhindert. *Mesa* nennt man auch die flachen Lavahalbinseln der Nordküste.
Touristische Entwicklung	Bajamar und Punta del Hidalgo waren in den 1960er-Jahren aufstrebende Touristenziele. Durch den Boom im Süden Teneriffas wurde ihre Entwicklung gebremst und nur ein paar Alteingesessene und hartgesottene nordeuropäische Residenten blieben trotz des nicht zu übersehenden Niedergangs und genießen das Brandungsspektakel und die Abgeschiedenheit dieser »Sackgasse«.

6.2

Neuere Entwicklung

Mittlerweile hat die strategisch günstige Lage, d.h., die relative Nähe zu Arbeitsplätzen in La Laguna, Santa Cruz und Puerto de la Cruz beide Orte für viele junge einheimische Familien attraktiver gemacht. Es lebt sich direkt hinterm Meer und vor schroffen Berghängen gut und preiswerter als in den Ballungszentren. Vor allem an Wochenenden dominieren daher *Canarios* die Szene.

Bajamar

Bajamar verfügt über einen kleinen, durch breite Molen vor den Wellen des Atlantiks geschützten, aber ansonsten offenen Strand. Dahinter erstreckt sich eine 200 m lange betonierte Fläche mit zwei **Meerwasserschwimmbecken**. Bei normalem Seegang brechen die ins Meer gebauten Betonmauern die Wellenkraft und lassen nur soviel Seewasser durch, dass sich kräftige Duschen ins Schwimmbecken ergießen. Zwischen diesen Pools und dem Strand steht der kleine *Faro Bajamar*.

Hinter Pool und Strandanlagen verläuft die Ortsdurchfahrt Avda del Sol, darunter die Promenaden Paseo Marítimo und Werner Rautemberg. An letzterer liegt das empfehlenswerte **Restaurant Casa Pepe** (vor allem Meeresfrüchte, ➤ Seite 87).

Café Palmelita

Gleich außerhalb von Bajamar passiert man an der TF 13 das *Café Palmelita* hoch über der Küste mit Weitblick in Richtung Punta del Hidalgo. Diese von Deutschen 1968 gegründete Konditorei ist das Stammhaus einer kleinen Kette mit jetzt mehreren Filialen auf Teneriffa; © 922 540 814; www.palmelita.es.

TF 13 bis zum Ende

Gute 2 km nördlich von Bajamar liegt der touristische Ortskern von Punta del Hidalgo; die Straße TF 13 läuft noch ca. 2 km weiter nach Osten und endet in einer Schleife um den *Mirador de los Hermanos* herum. Dort ist zugleich Endstation der Buslinie 105 (Santa Cruz-La Laguna-Tacoronte-Punta Hidalgo) und Ausgangspunkt für Wanderungen hinein ins Anagagebirge (**Chinamada** ca. 1 Stunde, **Las Carboneras** 2,5 Stunden und **Taganana** 5,5 Stunden).

Infobüro

Eine **Touristeninfo** befindet sich unter der erhöht angelegten Plattform am Straßenende TF 13; Mo-So 9-17 Uhr, © 922-157832.

Sonntäglicher Betrieb in den Pools von Bajamar; im Hintergrund sieht man Punta del Hidalgo

Hier der Meerwasserpool
am Strand von Punta del
Hidalgo; im Hintergrund
sieht man Bajamar

Punta del Hidalgo

Der abgeschiedenen Lage verdankt der Ort Punta del Hidalgo seinen Namen, denn als der Guanchen-*Mencey* von Adeje die Insel unter den neun Söhnen aufteilte, wollte keiner die *Punta* haben. So erbte sein unehelicher 10. Sohn das Gebiet, aber nur als *Achimencey*, denn er war nur ein **Hidalgo Pobre**, ein armer Adliger.

Charakteristik des Ortes

Kennzeichnend für Punta del Hidalgo ist das permanent präsente Meeresrauschen, denn die Wellen brechen sich dort mehrfach an vorgelagerten Riffs, bevor sie am steinigen Ufer oder der tellerflachen Felsküste schäumend auslaufen. Eine Augenweide ist das hinter dem Ort steil aufsteigende Panorama des Anagamassivs.

Los Sabandeños

Noch vor dem Ortsbeginn überrascht links eine überlebensgroße kopflose Statue mit dem typisch kanarischen knöchellangen Hirtenumhang aus hellem Filz (*manta esperancera*) und Mandoline (*timple*). Sie ist den **Sabandeños**, der bekanntesten Folkloregruppe Teneriffas gewidmet, die auf dem Landsitz eines Adligen dieser Region ihre ersten Lieder einübte.

»Kopflose« Skulptur Los Sabandeños

6.2

Zufahrt/ Parken	Ans Meer geht's von der TF 13 auf die Avda Marítima; mit etwas Glück findet sich ein Parkplatz beim Apartment-Hochhaus *Altagay* oder ein wenig nördlich davon. Bis zur kurzen Promenade sind es allemal nur ein paar Schritte.
Piscina Altagay	Unübersehbar ist aber zunächst das riesige **Meerwasserschwimmbecken** vor dem *Edificio Altagay* mit selbst bei Brandung ruhigem Wasser (**Eintritt €5**, So+feiertags €7), ➢ Foto Seite 113.
Promenade und Pools	Die ab der Avenida Marítima in Richtung Süden laufende palmenbestandene Uferpromenade passiert nach ca. 100 m einen steinigen Strand und erreicht dann die **Piscina Municipal**, ein in Lage und Anlage besonders gelungenes Meerwasserbecken, das bei Brandung viel Freude bereitet. Liegeflächen und Sitzbänke säumen den Pool unterhalb der hier Travesia Tessinte Quinta genannten Promenade. Empfehlenswerte gastronomische Adressen sind dort die Restaurants *La Caseta* gleich am Anfang derselben und *Arenisco* oberhalb der *Piscina*.
Hotel Oceano	Pool und Promenade werden überragt vom **Hotel** *Oceano*, das dank seines attraktiven Angebots vor allem bei älteren Gästen – subtropischer Garten, Wanderungen, Exkursionen und Therapien für Körper und Seele – beliebt ist, ➢ Seite 569.
Baden	Die Promenade setzt sich auch östlich des Hochhauses *Altagay* noch ein Stück fort, jedoch ohne Infrastruktur. Die Straße führt über den ungewöhnlichen Leuchtturm (**Faro del Hidalgo**, ➢ Foto Seite 378) hinaus bis zum Terrassenrestaurant *Charco de la Arena* (Mo geschlossen). Der Meerwasserpool dort ist nicht öffentlich, sondern Clubmitgliedern vorbehalten.

Traditioneller kanarischer Wettkampf: welcher Bauer bugsiert sein Ochsengespann mit sackbeschwertem Schlitten am schnellsten um den Parcours? (Arrastre de Ganado in Tegueste, ➢ Seiten 385 und 472)

6.2.4 — Von Tejina über Tegueste nach La Laguna

Nach Tegueste

Benannt nach einem *Mencey* liegt Tegueste in hügelig grüner Landschaft. Das 10.000-Einwohner-Städtchen ist wegen der Nähe zu La Laguna für *Tinerfeños* ein beliebter Wohnort. Er bietet Touristen wenig – es sei denn, einer der beiden Festtage der Stadt liegt an (➢ auch Seite 399). Nur der Kirchplatz Plaza de San Marco mit gut erhaltenen Wohnhäusern aus dem 18. und 19 Jahrhundert ist einen Stopp wert (Wegweisung *Ayuntamiento*).

Romería Arrastre de Ganado

Am **letzten Sonntag im April** ist in Tegueste der Teufel los. Der Umzug einer der inselweit größten *Romerías* (*de San Marcos*) ist besonders farbenprächtig. Zur allgemeinen Gaudi wird eine weitere altkanarische Tradition gepflegt, die **Arrastre de Ganado**: zusammengebundene Ochsen ziehen mit Sandsäcken beschwerte Planken um die Wette über eine Ziellinie (➢ Foto links).

Traditioneller Kampfplatz für die Lucha Canaria

Lucha Canaria/ ➢ Kasten Seite 386

Da Tegueste eine Hochburg der **Lucha Canaria** ist, treten dann auch die heimischen Ringkämpfer an. Wer den Kampf live erleben will, kann das nicht nur während der *Romería*. In der Arena **Terrero Insular Mencey Tegueste** in der Calle Felpe Castillo 3 finden zu anderen Zeiten Kämpfe der kanarischen Liga statt. Informationen dazu – nur auf Spanisch – unter www.tegueste.es.

Direkter Weg über La Laguna zur Autobahn TF 5

Wer zügig **von Tegueste nach La Laguna und weiter** (zurück) will, bleibt auf der TF 13 über Las Canteras. Um eine ggf. nervige Durchfahrt durch das immer verstopfte La Laguna zu umgehen und schnell auf die Autobahn zu kommen, bleiben auch nach Westen orientierte Autofahrer am besten auf der um La Laguna herum autobahnmäßig ausgebauten TF 13, auch wenn sie zunächst nach Süden führt. Nach einer Tunneldurchfahrt beim *Museo de la Ciencia y del Cosmos* stößt man auf die *Autopista del Norte* mit Auffahrten für beide Richtungen.

6.2

Lucha Canaria

König Fußball regiert abends zwar auch in spanischen Wohnzimmern, aber die kanarische Seele baumelt woanders: kaum etwas pointiert den Unterschied zwischen **Godos** und **Canarios** besser als ihre Begeisterung für zwei unterschiedliche, im jeweiligen Naturell verwurzelte Sportarten: auf dem Festland ist das in Teilen Spaniens immer noch der Stierkampf, die blutige *corrida*, auf den atlantischen Inseln die agressionsgehemmte **lucha canaria**, kanarischer Ringkampf. *Corridas* sind seit Jahren auf den Kanaren verboten.

Schon die Guanchen haben im Zwist um Ziegen oder Weideland gerungen. Lagen zwei Dörfer im Streit, entschieden – stellvertretend für alle – zwei *Luchadores* den Konflikt. Als Sport wird die *Lucha Canaria* seit Mitte des 19. Jahrhunderts betrieben, aber kanarische Meisterschaften gibt es erst seit dem 2. Weltkrieg. Die besten Kämpfer werden zu Inselidolen, wie der berühmte **Barbuzano** aus El Hierro – ein Held wie *Rafael Nadal* für Mallorca.

Luchas canarias wurden mitten im Dorf, auf einer Sandarena von 9-10 m Durchmesser ausgetragen. Heute finden sie in *Terrenos de Lucha*, kleinen Ringkampf-Stadien statt, wie in der *Lucha*-Hochburg Tegueste. Zwei Mann-

schaften aus 12 stämmigen Kerlen treten barfuß gegeneinander an, um sich nacheinander Mann gegen Mann niederzuringen: wer zuerst fällt, hat verloren. Der Trainer bestimmt, wer als nächster – auch wiederholt – antritt. Gewichtsklassen wie beim Boxen gibt es nicht. Was zählt, sind Technik, Reaktionsvermögen und Kampferfahrung.

Jeder *Luchador* trägt eine kurze, an den Hosenbeinen aufgekrempelte Turnhose, die zum Oberschenkel exakt 16 cm Spiel haben muss, damit der Gegner dort zupacken kann. Man begrüßt und bekreuzigt sich, die rechte Hand sucht Halt im Sand, die linke am gegnerischen Hosenwulst. Und schon wird geschoben, gehakelt, gedrückt und gerangelt. Tritte, Schläge und Schwitzkastengriffe sind untersagt.

Monument zu Ehren der Lucha Canaria-Kämpfer in einem Park an der Hauptstraße durch Tegueste

Jede Begegnung besteht aus **drei Runden**. Ein *Luchador* hat gewonnen, wenn er in zwei von drei Runden siegt. Bei zwei unentschiedenen Runden entscheidet die dritte; bei drei die geringere Zahl der Ermahnungen.

Es gilt das K.O.-System: wer verliert, scheidet für diesen Wettbewerb aus. Der siegreiche *Luchador* dreht am Ende eine Ehrenrunde, und die begeisterten Zuschauer stecken ihm Bargeld zu.

Bei Jugendkämpfen stehen sich sechs Kämpfer pro Mannschaft gegenüber, wobei sich jeder mit jedem misst (➤ Seite 371, *Museo Lucha Canaria* in El Sauzal). Einen Eindruck bekommt man in einem kurzen Video im Internet: www.mirametv.com/es/wVimeo/rightList/2174881?title=Lucha+Canaria

Nebenstrecken

Wer Zeit und Lust auf zwei reizvolle Nebenstrecken im Tal von Teguestre hat, wählt die zwischen Tejina und Teguestre

- von der TF 13 abzweigende »Restaurantstraße« **TF 154** über El Socorro bergauf zur Nordautobahn oder
- die **TF 13** Richtung La Laguna und hinter Teguestre die nach Nordosten abzweigende **TF 141** über Pedro Alvarez und weiter die »Mercedeswald-Route« (Camino el Monte).

Restaurantstraße von El Socorro zur Nordautobahn

Zur TF 154 biegt man vom Meer kommend vom großen Kreisverkehr am unteren Ortseingang von Teguestre rechts Richtung El Socorro ab, hält sich dann Richtung El Portezuelo und fährt durch ein grünes, nur wenig zersiedeltes Tal in Richtung Autobahn.

Aber nicht nur das Auge, auch der Gaumen kann auf dieser Route mitschmausen, denn beidseitig der Straße passiert man eine Reihe guter Restaurants, von denen die folgenden jeder *Canario* kennt:

Alte Weinpressen wie diese sieht man im Inselnorden des Öfteren

6.2

- **Mesón El Drago** in Socorro, Calle Marquez de Celada 2 in Sichtweite der TF 154, zudem ausgeschildert. Wundervolles Lokal mit großem Patio. Man kann wählen, wie groß die Portionen sein sollen (*Tapas*: 1/2 Ration, Doppelration). So kann man z.B. mehr verschiedene *Tapas* durchprobieren. Fr-So 13-16, Fr+Sa auch 20-23 Uhr, Mo-Do geschlossen, © 922-543001.

- **Tasca mi Suegra** bei Padilla Baja abseits der TF 154 (Zufahrt ab Restaurant *El Parralito* ausgeschildert über Camino Padilla Baja weiter bis Calle San Ignacio 17). Gemütliche Räume, urkanarisches Essen (einige Tische mit Aussicht); Mi-Mo12-17 Uhr, Fr-Sa auch 20-23 Uhr, Do geschlossen; © 922-637209.

- **Bodegon Casa Tomás** in Portezuelo, Callejon de la Iglesia 2 gleich neben der Kirche, die von der TF 154 nicht zu übersehen ist. Schlichte Dekoration, klassisch-kanarische Gerichte. Spezialität sind Rippchen. Di-So12-23.30 Uhr, Mo geschlossen; © 922-638007; www.restaurante-bodegoncasatomas.es/es.

- Der **Bodegón El Nervioso** ist ein typisch kanarisches »Großgaragen«-Restaurant unmittelbar am Straßendreieck TF 154/TF 152 in unmittelbarer Nähe der Autobahn. »Der Nervöse« (Wirt) ist bekannt wie ein bunter Hund – schon allein wegen des kuriosen Namens. An Wochenenden ist dort ab Nachmittag die Hölle los. Gute Suppen und kanarischer Eintopf, preiswert. 10-23 Uhr, Mi geschlossen, © 922-638050; www.bodegonelnervioso.com.

Die Mercedeswald-Route

Die Abzweigung TF 141 von der TF 154 nach Pedro Álvarez östlich von Tegueste ist nicht zu übersehen. Die Weiterführung der Straße ab diesem Dorf nennt sich Camino el Monte. Er steigt bald hinauf in eine hier üppige *Laurisilva*-Vegetation des Anaga-Waldes und erreicht die Kammstraße TF 12 beim *Mirador Cruz del Carmen* (➤ Seiten 174ff).

Wanderwege   Kurz vor dem Abzweig nach Batán de Abajo passiert man Ausgangspunkte für **Spazier- und Wanderwege**: Hinab nach **Tegueste** (60 min), nach **Punta Hidalgo** (90 min), nach **Moquinal** (45 min) oder – steiler – nach **Batán** (40 min) bzw. **Las Carboneras** (90 min). An den letzten drei Zielpunkten gibt es nur eine spärliche Busanbindung – man geht auf gleichem Weg zurück.

Unterkommen im Bereich der östlichen Nordküste

Im Bereich **Bajamar/Punta del Hidalgo** gibt es außer dem beschriebenen **Oceano Resort** kaum Hotellerie (➤ Seiten 383+569).

Lediglich das **Landhotel** *Rural Salada* (➤ Seite 579) und die **Casa de Camineros**, eine Wanderherberge in Tejina (➤ Seite 572), fallen positiv aus dem Rahmen.

Man findet dort auch ein paar gute Fincas (➤ Seite 575f); außerdem beim urigen Fischerdorf **Barranquera** das freundliche *Hostal El Lagarto*; ➤ Seite 572.

Wanderweg durch Laurisilva Vegetation im Mercedeswald

6.2

7
ROUTEN ZUM
TEIDE NATIONALPARK

7.1   Auffahrten in den Teide-Nationalpark

7.1.1   Überblick

4 alternative Auffahrten

Vier Auffahrten führen in den *Parque Nacional del Teide* bzw. in die *Cañadas* (➤ Seite 421), aus jeder Himmelsrichtung eine:

- von **Norden:** La Orotava–El Portillo (TF 21 - 33 km)
- von **Osten:**   a) Esperanza–El Portillo (TF 24 - 43 km)
  b) Arafo–El Portillo (TF 523+24 - 38 km)
- von **Süden:**   Vilaflor–Boca de Tauce (TF 21 - 16 km) und
- von **Westen:** Chio–Boca de Tauce (TF 38 - 30 km)

Tagesausflügler sollten die dem eigenen Urlaubsort am nächsten liegende Strecke wählen, um möglichst früh und vor dem mittäglichen Besucherandrang den Nationalpark zu erreichen.

Von Las Américas/El Médano wäre das die **Südroute** über Vilaflor, von Los Gigantes die **Westauffahrt** über Chio. Die **Nordauffahrt** über La Orotava ist für Urlauber aus Puerto de la Cruz naheliegend. Wer im Gebiet Tacoronte, Punta Hidalgo oder in Santa Cruz logiert, sollte sich für die **Ostauffahrt** entscheiden.

Ein **Ausflug in den Nationalpark** dauert auch ohne größere Wanderungen – aber mit Fotostopps, Essen und kurzen Erkundungen zu Fuß – leicht **einen ganzen Tag**; zusätzlich ggf. 2,5 Stunden für die Seilbahnfahrt, ➤ Foto auf Seite 19.

Zu den Routen

Jede Route hat in puncto Landschaft, Vegetation, Felsformation und *Teide*-Panorama eigenen Reiz. **Für die Abfahrt sollte man deshalb unbedingt eine andere Strecke als für die Hinfahrt wählen.**

Die **Süd-Auffahrten** (schönste Teilstrecke ist die **TF 21** oberhalb von Vilaflor) und die **TF 38 von Westen** bieten lange keine imposanten Blicke auf den *Teide*. Landschaftlich abwechslungsreich ist die einsame **TF 523 über Arafo** (TF 5, Ausfahrt 20; ➤ Seite 402).

Die **längste Strecke** (von La Laguna über La Esperanza) führt lange durch Kiefernwald und bietet immer wieder Blicke auf den *Teide*, wenn auch weniger grandiose Panoramen. Der Weg über **Orotava** ist auf dem **Hin- und Rückweg gleich attraktiv**.

Hinweise auf kurze Spaziergänge und **Wanderweg-Startpunkte** finden sich weiter unten bei jeder Auffahrt inklusive der wichtigsten Angaben zu Ziel, Dauer und Schwierigkeitsgrad.

Tinerifeños in Tracht auf der Feria in Pinolere, ➤ rechts

Die schönste Rückfahrt   Für die Rückfahrt liest man die beschriebenen Auffahrten »rück-wärts«. Wegen der Meer- und Gomcrablicke führt die **schönste Talfahrt über Chio (Westroute)**, vor allem bei Sonnenuntergang.

Wetter   Man sollte für den *Teide*-Ausflug gute Wetterbedingungen abwar-ten; nur dann sind alle Details der folgenden Beschreibungen mit Gewinn nachvollziehbar; (➤ Seite 596 »Wettervorhersage«). Bei allen Auffahrten kommt man oberhalb von Orotava, Adeje, Vila-flor und Guia de Isora in ein Gebiet, wo – bis heute unüberseh-bar – vor Jahren tagelang Waldbrände wüteten.

7.1.2   Nordauffahrt über La Orotava

Zur Strecke   Die Auffahrt über Orotava (33 km) ist wegen der Nähe zu Puerto de la Cruz vielbefahren. Die Straße schlängelt sich durch anfäng-lich dicht besiedeltes Gebiet. Erst nach ca. 10 km dünnen die Häuserketten aus, und ab Aguamansa fährt man auf einer guten Asphaltdecke durch schöne Landschaft bis nach **El Portillo**, dem nordöstlichen Eingangstor des Nationalparks.

Anfahrt   Von der Autobahnausfahrt 33 folgt man der **Straße TF 21** hinauf in den *Parque Nacional del Teide* bzw. in die sog. *Cañadas*.

Wer zunächst vom **Mirador Humboldt** ins Orotavatal schauen möchte, nimmt Ausfahrt 31 (Cuesta de la Villa), ➤ Seite 320.

Von La Orotava nach Aguamansa

Hat man die letzten Orotava-Häuser hinter sich, führt die kurvige Straße durch Terrassenfelder mit Wein- und Obst (Blüte ab März). Dort passiert man noch Reste der ursprünglichen Bebauung: fens-terlose, strohgedeckte **Häuschen aus Feldsteinen** (*chozas*).

Pinolere Museo Etnográfico   In **Pinolere** wurden *Chozas* restauriert und zum Museum umge-staltet (Di-So 10-14 Uhr, €2). Bei einer Kunsthandwerksmesse mit 200 Ständen, einer sog. *Feria*, am ersten Wochenende im Sep-tember erwacht diese Anlage zum Leben. Zu folkloristischen Ver-anstaltungen gibt es Kuchen, Öle, Käse, Honig und Wein. Um die Ecke öffnen (nur dann) zünftige **Garagenlokale**. Zufahrt: 5 km oberhalb Orotava links dem Schild folgen. Parkraum ist knapp. Gratis TITSA-Busse pendeln ab Orotava-ZOB.

Restaurant   Auf dem Weg nach Pinolere passiert man das Restaurant *Refugio de Maria* (französische Küche). Mit Blick über den *Barranco* auf's Meer; ✆ 922-320638; geöffnet nur Mi-So 13-23 Uhr. Weitere nahe Restaurants (*Reloj*, *Matias*), ➤ Seite 333.

Landschaft   Wenig später beherrschen Laubbäume das Bild. Deren Färbung setzt hier erst im November/Dezember ein, die ersten grünen Blätter kommen schon im April wieder. Die Landschaft zeigt Ähnlich-keiten mit Mitteleuropa. In den Tälern gibt es sogar Kuhweiden, eine Seltenheit auf Teneriffa.

TF 326   In **Camino de Chasna** zweigt rechts die landschaftlich reizvolle **TF 326** nach Palo Blanco ab, die bereits als alternative westliche Auffahrt beschrieben wurde, ➤ Seite 334.

7.1

Aguamansa An der Ortseinfahrt nach Aguamansa (»zahmes Wasser«) auf ca. 1.100 m Höhe liegen einfache Straßenrestaurants, einige mit Terrassenblick auf Tal und Meer, falls nicht Nebel herrscht. Bei den *Canarios* beliebt ist das **Restaurant Aguamansa**, in dem oft ein Kaminfeuer flackert (Mo ab 16 Uhr zu, ✆ 922-330638). Die **Forellen** kommen frisch aus den nahen Fischzuchtbecken.

Von Aguamansa nach El Portillo

Fischzucht- Keine 300 m oberhalb des Restaurants rechts kann man sich in
anstalt   der **Piscifactoria** ab Dezember das Abendessen frisch aus den Teichen fischen lassen; 10-14 Uhr, Sa/So zu, ✆ 922-321736.

Der **Bus 345** aus Puerto de la Cruz hält oberhalb von Aguamansa bei der Forstbehörde.

La Caldera Im Forsthäuschen (*ICONA*) hält man ein **Infoblatt zu den Wander- und Spazierwegen** dieser Region bereit. Hier beginnt die **Corona Forestal**, der Kiefernwald-Gürtel. Zwei Kilometer weiter zweigt links eine Straße zur etwas höher liegenden **Zona Recreativa La Caldera** ab.

Dieser große **Picknickplatz** wurde im Trichter eines eingestürzten Vulkankegels angelegt (➤ »Entstehung Teneriffas«, Seiten 14 und 434f). An den im Oval aufsteigenden Hängen gibt es urige Grillstellen (Holz gratis) und Tischbänke, von denen man durch die Bäume »in den Krater« zum Bolz- und Spielplatz schaut. Man kann dort wunderbar pausieren.

Los Organos Von dort sind es nur 500 m auf einem breiten Fahrweg in Richtung der Felsformation **Los Organo**s . Bereits nach ein paar hundert Metern kommen die »Orgelpfeifen« fürs Foto ins Blickfeld. Leider ist der populäre Höhenweg um die *Los Organos* herum zur Zeit gesperrt, ➤ Seiten 29ff. im Wanderbeileger.

Montaña Roja Die TF 21 läuft weiter durch *Monteverde*-Vegetation (Baumheide, Lorbeer, ➤ Seite 170 und 454) und später durch riesige Kiefernwälder, unterbrochen von großartigen Blicken über das Orotavatal, das Meer und den (schneebedeckten) *Teide*, der aus diesem Blickwinkel besonders imposant erscheint. Bis zu einer Höhe um etwa 1.500 m fährt man hier allerdings oft durch Nebelschwaden oder dichte Bewölkung, die man aber spätestens bei der *Montaña Roja* (Kilometer 29) hinter bzw. unter sich lässt. Geblendet von der gleißenden Sonne fährt man dann über einer Wolkendecke wie aus Watte auf den *Teide* zu.

Basaltrosette Beliebtes Fotomotiv ist die Basaltrosette links in einer Rechts-Kurve zwischen Kilometerstein 22 und 23 (oberhalb gleich rechts ein *Mirador*-Parkplatz). Die Formation ähnelt der von *Los Órganos*, nur ragt sie nicht aufrecht in den Himmel, sondern ist kreisförmig auseinandergespreizt wie die Blätter einer Rose. Wenn das Lavavolumen beim Abkühlen schrumpft, entstehen meist durch vertikale Spalten und Risse mehreckige Säulen – wie bei den *Los Organos*. Fließt der Lavastrom jedoch in einem

Basaltrosette

Tunnel, kühlt er in immer kleiner werdenden Ringen von außen nach innen ab, und es bildet sich eine strahlenförmige Anordnung der Säulen (➤ Thema »Lavatunnel«, Seite 357).

Picknick Bei Kilometerstein 24 passiert man direkt an der Straße die **Zona Recreativa Román Caminero**, eine schattige Anlage mit Picknickhütten, Tischbänken, Wasser und Grillrosten inkl. Brennholz.

Mit **El Portillo** ist der Nationalpark erreicht, ➤Seite 420.

7.1.3   Ostauffahrt über La Laguna/Esperanza

Von La Laguna bis zum Abzweig Arafo

Zur Strecke Bei Anfahrt auf der Autobahn TF 5 nimmt man am besten *Salida* 9. Bis zur Parkgrenze (*El Portillo*, 2030 m), sind es 43 km (Dauer 60-90 min). Schon zuvor bei der Sternwarte *Izaña* erreicht man den mit 2.330 m höchsten Punkt der Auffahrt. Die Statue mitten im großen Kreisverkehr über der Autobahn ehrt den in La Laguna geborenen Jesuitenpater **Anchieta**, einst Missionar in Brasilien.

Die Kammstraße TF 24 ist nicht kurvenreich, die Steigung kaum merklich. Man fährt über weite Strecken durch Kiefernwald mit Aussichtspunkten, von denen man auf Santa Cruz, das Orotavatal mit Puerto de la Cruz und den Teidekegel blickt.

Die Straße läuft zunächst oberhalb der Lande- und Startbahn hinter dem Nord-Flughafen entlang und gibt weite Blicke auf die im Winter sehr grüne, fast irisch-nordisch wirkende Hochebene von Aguere frei. Zwar stehen am Straßenrand vereinzelt Palmen zwischen Kiefern und Eukalyptus, aber das gibt sich mit der Höhe. Die windschiefe Lage der Kiefern zeigt an, dass und aus welcher Richtung hier oben ein recht untropisches Lüftchen wehen kann.

Blick vom Kraterrand des »Piton«, dem 200 m hohen Gipfel des Teide, zugleich Vulkan im Vulkan, über die weiße Wolkendecke unterhalb des höchsten Bergs Spaniens

Alexander von Humboldt auf dem Teide*)

Auf der Spitze des Piton (Ende Juni 1799) angelangt, wunderten wir uns nicht wenig, dass wir kaum Platz fanden, bequem niederzusitzen. Wir standen vor einer kleinen kreisförmigen Mauer aus porphyrartiger Lava mit Pechsteinbasis; diese Mauer hinderte uns, in den Krater hinabzusehen. Der Wind blies so heftig aus West, dass wir uns kaum auf den Beinen halten konnten. Es war 8 Uhr morgens und wir waren starr vor Kälte, obgleich der Thermometer etwas über dem Gefrierpunkt stand.

Der Krater des Piks hat, was den Rand betrifft, mit dem Krater der meisten anderen Vulkane, die ich besuchte, z.B. mit dem Vesuv keine Ähnlichkeit. Bei diesem behält der Piton seine Kegelgestalt bis zum Gipfel; der ganze Abhang ist im selben Winkel geneigt und gleichförmig mit einer Schicht sehr fein zerteilten Bimssteines bedeckt. Beim Pik von Tenerifa, ist der Kamm, der wie eine Brustwehr um den Krater läuft, so hoch, dass er gar nicht zur Caldera gelangen liesse, wenn sich nicht gegen Ost eine Lücke darin befände, die von einem sehr alten Lavaerguss herzurühren scheint. Durch diese Lücke stiegen wir auf den Boden des Trichters hinab, der elliptisch ist. Die größte Breite der Oeffnung schätzten wir auf 97 m, die kleinste auf 65 m.

Das Innere des Trichters weist darauf hin, dass der Vulkan seit Jahrtausenden nur noch aus seinen Seiten Feuer gespien hat. Durch den Zahn der Zeit und den Einfluss der Dämpfe sind die Wände abgebröckelt und haben das Becken mit großen Blöcken steiniger Lava bedeckt.

---

*) aus »Alexander von Humboldt: Südamerikanische Reise«,
   Safari Verlag, Berlin 1977, zitiert aus Seiten 52-57.

Man gelangt gefahrlos auf den Boden des Kraters ... Reisende wissen, dass man auf der Spitze hoher Berge selten eine so schöne Aussicht hat...wie von Gipfeln der Höhe des Vesuvs ... Durch seine schlanke Gestalt und seine eigentümliche Lage vereinigt der Pik von Tenerifa die Vorteile niedrigerer Gipfel mit denen, wie sehr bedeutende Höhen sie bieten. Man erblickt auf seiner Spitze nicht allein einen ungeheuren Meereshorizont, der über die höchsten Berge der benachbarten Inseln hinaufreicht, man sieht auch die Wälder von Tenerifa und die bewohnten Küstenstriche so nahe, dass noch Umrisse und Farben in den schönsten Kontrasten hervortreten. Es ist, als ob der Vulkan die kleine Insel, die ihm zur Grundlage dient, erdrückte; er steigt aus dem Schoße des Meeres dreimal höher auf, als die Wolken im Sommer ziehen. Wenn sein seit Jahrhunderten halb erloschener Krater Feuergarben auswürfe wie der Stromboli der äolischen Inseln, so würde er dem Schiffer in einem Umkreis von mehr als 1170 km als Leuchtturm dienen.

Wir lagerten uns am äußersten Rand des Kraters und ... sahen, wie sich die Gewächse nach der mit der Höhe abnehmenden Temperatur in Zonen verteilten. Unter dem Piton beginnen Flechten die verschlackten, glänzenden Laven zu überziehen; ein Veilchen, das der Viola decumbrens nahe steht, geht am Abhang des Vulkans bis zu 3390 m Höhe ... sogar höher als die Gräser. Ein reicher grüner Teppich breitet sich von der Ebene der Ginster und Alpenkräuter bis zu den Gruppen von Dattelpalmen und Musen (= Bananen), deren Fuß das Weltmeer zu bespülen scheint.

Dass auf der Spitze des Piks die Dörfchen, Weinberge und Gärten an der Küste einem so nahe gerückt scheinen, dazu trägt die erstaunliche Durchsichtigkeit der Luft viel bei. Der Pik von Teyde genießt zwar nicht des Vorteils, unter den Tropen zu liegen, aber die Trockenheit der Luftsäulen, welche über den benachbarten afrikanischen Ebenen aufsteigen ... verleiht der kanarischen Luft eine Durchsichtigkeit, hinter der nicht nur die Luft Neapels und Siziliens, sondern vielleicht sogar der klare Himmel Perus und Quitos zurückstehen.

Wir gingen langsam durch das Malpays; auf den losen Lavablöcken tritt man nicht sicher auf ... und es wird abwärts äußerst beschwerlich ... Wir hatten gar kein Wasser; die Führer hatten nicht allein den Vorrat Malvasier ... heimlich getrunken, sondern sogar die Wassergefäße zerbrochen.

In der Nähe der Stadt Orotava trafen wir große Schwärme von Kanarienvögeln. Diese in Europa wohlbekannten Vögel waren ziemlich gleichförmig grün, einige auf dem Rücken gelblich. Ihr Schlag glich dem der zahmen Kanarienvögel, (aber) die von Gran Canaria haben einen stärkeren und harmonischeren Schlag. In allen Himmelsstrichen hat jeder Schwarm derselben Vogelart seine eigene Sprache.

Den folgenden Tag umstreiften wir die Umgebung von Orotava und fühlten, dass Teneriffa nicht bloß für den Naturforscher von Interesse ist, denn man findet hier auch Liebhaber von Literatur und Musik, welche den Reiz europäischer Gesellschaft hierher verpflanzt haben. In dieser Beziehung haben die Kanarischen Inseln mit den übrigen spanischen Kolonien, Havanna ausgenommen, wenig gemein.

7.1

Bei KM 2 und KM 4 der TF 24 liegen zwei volkstümliche Lokale:

• *Rincón Gomero*, urig-gemütlich mit guter Hausmannskost, Di-So 13-16 Uhr, Mi–So 20-23 Uhr, Mo zu; ✆ 922-312327.

• *Parate Bueno*, Riesensteaks und gute Laune, vor allem Sa und So Mittag; ✆ 922-548199.

El Rosario/ La Esperanza   La Esperanza in der Gemeinde El Rosario ist der einzige Ort auf dieser Strecke. Die Höhenlage (900 m) und das feuchtkühle Fröstelklima bieten ideale Voraussetzungen für Viehzucht, Milchwirtschaft, Getreide- und Obstbau. In diesem großen Dorf inmitten einer fruchtbaren Region wird alljährlich am ersten Sonntag im August eine besonders bunte *Romería* gefeiert, ➢ Seite 400.

Aloe Museum   Unübersehbar an der TF 24 (KM 5,5) liegt linkerhand das *Museo Centro de Interpretación Tenerife*. Eine Lanzaroter Firma führt dort das (Verkaufs-) **Museum Aloe**. Produkte: *Aloe Vera* in vielen Verarbeitungen, *Cochinille*, (Bade-) Salze und *Argan*. Man erfährt einiges über diese Pflanze, der schon Kolumbus besondere Heilkräfte zuschrieb; Mo-So 10-22 Uhr, Besuch frei, ✆ 922-548608.

Mercadillo del Agricultor   Saisonale **Bauernprodukte** kann man gut auf dem *Mercadillo del Agricultor* (➢ Seite 536) am Ortseingang kaufen (an der TF 24; Sa, So und feiertags von 9-13 Uhr). Besonders attraktiv ist der Markt während der Pilzsaison (Pfifferlinge/Steinpilze etwa Okt.-Dez.).

Restaurants   Am Ortsausgang gefällt das *Bodegón Campestre* wegen seines rustikalen Ambiente. Auf Holzbrettern gibt's dort flambiertes Grillfleisch und Würste, Di-So 12-23 Uhr, ✆ 922-297465.

An Wochenenden findet man bisweilen keinen Platz mehr im *Campestre*; dann tun's auch das **Las Cañadas**, das **Los Tres Fragoles** oder das **Gran Chaparral** um die Ecke.

Cordillera Dorsal   Gleich hinter La Esperanza beginnt der schöne und auffällig frisch riechende **Esperanzawald** mit ausladenden Kanaren-Kiefern, die in einem Teppich aus ihren eigenen Nadeln und wenig Unterholz stehen. Über 20 km ziehen sich die Wälder bis zur Baumgrenze in knapp 2.000 m Höhe. Hier fühlt man sich fast wie im Schwarzwald. Wie im Anagagebirge läuft die Höhenstraße in Ost-West-Richtung entlang der Eruptionsspalten (*Cordillera Dorsal*). Aus ihnen wurde vor 3-2 Mio. Jahren soviel Gestein ausgespuckt, dass das alte Anagagebirge sich mit dem später entstandenen zentralen Vulkan verbinden konnte. Die großen Täler von Orotava und Güímar entstanden durch Erdrutsche (➢ Seiten 15 + 321).

Las Raices   Bei sonnigem Wetter sitzt man gut im Schatten der Kiefern beim urig-kleinen **Bergrestaurant *Las Raices*** im Freien; bei nass-kühler Witterung ist es drinnen am Kamin und bei deftiger kanarischer Küche gemütlicher; im Herbst hat man dort prima Pilzgerichte; ➢ oben *Mercadillo del Agricultor*.

Picknick   Zu Füßen eines früher dort stehenden Franco-Denkmals befindet sich die *Zona Recreativa Las Raices* mit Tischbänken und Grillplätzen samt Feuerholz. Eine Alternative zum Restaurantbesuch. An Wochenenden kann es dort aber recht voll werden.

Romerías   www.todotenerife.es > Deutsch > Veranstaltungen > Romerías

Ein »*Romero*« ist ein Wallfahrer auf dem Weg nach Rom; auf einer »*Romería*« dagegen bleibt der Pilger während der Prozession zu Ehren des örtlichen Heiligen im eigenen Dorf. Ernte und Vieh werden dann gesegnet und *ofrendas* (ursprünglich Opfergaben, heute Kartoffeln, Grillgut, Wein, Käse und Bonbons) von geschmückten *Carrozas* (»Ochsenkarren«) aus freigiebig verteilt. Nur der später reichlich fließende Alkohol (*ron de miel*=Honigrum) ist nicht gratis.

Auf dem »*paso*« durch den Ort folgen dem Standbild die Hirten mit Ziegen, Tanzgruppen (*rondallas*) sowie Musikanten mit Mandolinen, Gitarren und Zupf-Violinchen, sog. *timples*, auch *parrandas* genannt.

Arrastres und Bailes (Tänze) de los Magos

Aus Getreidesorten, Gemüsearten und Obst gefertigte Bilder und Girlanden schmücken den Ort, alte Traditionen werden gepflegt: Beim »***Arrastre***« (➤ Foto Seite 378) ziehen Ochsen schwere Schlitten um die Wette. Zuchtvieh und Jagdhunde werden präsentiert, es wird gekämpft und gerungen (Stockfechten und *lucha canaria*, ➤ Seiten 385f, 502). Höhepunkt sind Bauerntänze in farbenfrohen Trachten, *Bailes de los Magos* (➤ Trachten, Seite 501). Der Tag klingt aus mit einer **Tenderete**, einem Dorffest mit Wein, Weib & Gesang.

Oft ist **Isidor**, ein 1622 heilig gesprochener Bauer aus Madrid (1070-1130) der **Schutzpatron**; er ist Heiliger aller spanischen Landwirte und wurde von den Eroberern auch in Orotava, Los Realejos, Portezuelo und Valle de Guerra »eingeführt«, um die blühende Land(wirt)schaft Teneriffas religiös einzubinden.

Ausgewählte Romerías (»!« bedeutet: diese sind besonders attraktiv)

Durch die Verbindung von Erntedanksagung mit dem Namenstag des örtlichen Heiligen finden *Romerías* ganzjährig statt. Vor einer Besuchsplanung sollte man die folgenden (zuweilen wechselnden) Daten mit Hilfe eines Büros der Touristeninformation oder der Hotelrezeption überprüfen.

Januar: Buenavista

Gleich drei Orte feiern im Januar die Fiesta San Juan Abad, des Schutzheiligen des Vieh und der Bauern:

Buenavista: Mitte des Monats, Arona (!) um den 17. und La Orotava/La Florida am letzten Wochenende des Monats.

Letzter Sonntag im April: Tegueste (!)

Der kleine Ort feiert eine der inselweit größten *Romerías*. Neben der Danksagung an den Schutzheiligen und einem Umzug steht traditionell der *Lucha Canaria* (➤ Seite 386) im Mittelpunkt.

3. Mai: Santa Cruz

Auch die Hauptstadt hat seit ein paar Jahren wieder eine *Romería*, eingebunden in die Fiestas de Mayo (1.-3. Mai). Am 3. Mai (*Día de la Cruz*) findet zum Jahrestag der Landung des Guanchen-Bezwingers *Lugo* im *Barranco de Santos* ebenfalls eine große *Romería* mit Umzug auf der Avenida Anaga statt.

30. Mai: San Isidro/Los Realejos (!)

Hier werden die Karren wegen der zu steilen Straßen nicht von Ochsen gezogen, sondern auf LKWs montiert. Sie sind überladen mit Blumen, Pflanzen und dem Erntegut, sowie einem geheiligten Schweinskopf. Seit 1676 (!) bieten die Bodegas freien Wein, und im Rathaus gibt's Kartoffeln und Sardinen gratis. Auf einem **Viehmarkt** werden Zuchttiere prämiert.

Fronleichnam: La Orotava ➤ Seite 327, 329 und 389

Kleinere *Romerías* finden im Mai im Westen der Insel in El Tanque und Santiago del Teide statt.

Um den 11. Juli: La Laguna/San Benito (!)

Durch die städtische Umgebung hat sich das Fest gewandelt. Im Mittelpunkt steht der Wettbewerb um den schönsten geschmückten Balkon, Wagen oder das originellste Bild, hergestellt aus landwirtschaftlichen Produkten.

1. Sonntag im August: La Esperanza (!)

Romería zu Ehren der *Nuestra Señora de la Esperanza*, sehr volkstümlich.

16. August: Garachico (!)

Diese *Romería* geht auf das 17. Jahrhundert zurück, als sich eine Pest vom Hafen auf andere Gemeinden ausbreitete. Die Prozession führt von der *Ermita San Roque* zur *Iglesia de Santa Ana* in der Stadtmitte; dann findet dort eine Messe statt.

Die eigentliche Romería beginnt gegen 13 Uhr mit der Rückkehr zur *Ermita*, begleitet von Musikgruppen, Ziegenherden, Zugtieren und Fischerbooten.

15. August: Candelaria (!)

➤ unter Candelaria, ➤ Seiten 202/204.

Letzter Sonntag im August: Tejina

Nicht als *Romería*, sondern als **Fiesta de los Corazones** (Fest der Herzen) de-

Romería La Esperanza

klariert ist der Tag zu Ehren *von San Bartholomé*, bei dem überdimensionale Herzen mit Feldfrüchten, Blumen und Backteig durch die Stadt getragen werden. Sehr volkstümlich und beliebt.

Zweiter Sonntag im August: Arafo (!)

Die Ochsengespanne haben es in Arafo schwer, mit ihren gewichtigen Karren die steile Dorfstraße zu bewältigen. Der Besucher wird reichlich mit Gaben von den Wagen bedacht. In Arafo wird zudem das *Palo*-Fechten gepflegt (➤ Seite 500, »Kanarische Sportarten«).

September: Bei Orotava in Pinolere

In der ersten Woche finden Kunsthandwerksmesse und *Romería* mit einer nächtlichen Fackelprozession zum *Barranco de Pinolere* statt (➤ Seite 393).

September: Güímar

2. Woche im September *Romería* zu Ehren der *Nuestra Señora del Socorro*, die sich im Rahmen der *Fiesta San Pedro* an eine nächtliche Prozession anschließt.

Mirador Montaña Grande	Der erste **Mirador** dieser Strecke (*Montaña Grande*) mit Blick auf Santa Cruz und die Ebene von La Laguna liegt auf 1.120 m Höhe.

Auf 1.380 m Höhe geht es rechts ab zu der Siedlung **Las Lagunetas**. Dort (TF 24, KM 16) ist ein **Abenteuer-Spielplatz** für Jung und Alt entstanden, der **Forestal Park**. Durch ein Waldstück führen hoch oben Stahlseile, an denen die Besucher gut gesichert entlang gleiten. Der Park hat zwei Parcours: Einen für die ganze Familie und einen für gut trainierte Sportler. In die Strecken sind zudem Unterbrechungen wie Netze, Kletterwände, schaukelnde Seile und Spiele eingebaut – Adrenalin pur! Für Kinder (nur ab 6 und 1,10 m Größe) bis 12 Jahren €17; Erwachsene €22; wetter- und saisonbedingt geöffnet; ✆ 630-385742; Anmeldung und Festbuchung online mit Uhrzeit: www.forestalparktenerife.es.

Mirador Ortuño	Auf dieser Waldstrecke hat man vom **Mirador Ortuño** erstmals einen Blick auf den Teidekegel, der von dort bereits enorm mächtig wirkt. Unten erkennt man in der Ferne Puerto de la Cruz an der Küste, La Orotava und Los Realejos. Bei KM 23 zweigt die Straße TF 523 links nach Arafo ab (18 km), ➢ Seiten 392+404.

Generalísimo Franco

Eine Hitler- oder Goebbels-Allee sucht man in Deutschland zu Recht vergebens. Bei uns wurden Weltkriegsbunker bunt bemalt, umfunktioniert oder abgerissen. In Spanien dachte man da anders. Franco-Monumente aus jenen dunklen Tagen wurden nicht getilgt. Zahlreiche *Ramblas, Avenidas* und *Plazas* trugen noch bis 2009 Generalsnamen, die Gegner der 1931 proklamierten liberalen Zweiten Republik waren. In Santa Cruz gab es bis vor kurzem an der Plaza *(General)* Weyler sogar ein komplettes »Generalsviertel«. Und die Calles General Goded und General Mola liefen direkt auf die Prachtstraße Rambla del General Franco zu. In Puerto de la Cruz hieß eine der größten Straßen Avenida del Generalísimo und es war klar, wer gemeint war (jetzt Avda Betancourt y Molina); auch in Santa Cruz wurde die Rambla General Franco umbenannt, jetzt heißt sie **Rambla Santa Cruz**.

In **Las Raices** (»die Wurzeln«), einem Waldgebiet bei La Esperanza, fanden **Francos geheime Treffen** mit verschworenen Offizieren statt. Der Gedenk-Obelisk unterhalb der Kammstraße wurde mittlerweile von dort entfernt. Aber das Gefallenendenkmal »*Monumento de los Caídos*«, einst von *Franco* in Auftrag gegeben, existiert noch auf der Plaza España in Santa Cruz und wird heute als Ehrenmal für alle Gefallenen des Bürgerkrieges interpretiert.

Das ist nicht typisch kanarisch, sondern symptomatisch für Spanien, denn Teneriffa war nicht frankistischer als andere Provinzen. Und dass der Putsch der Generäle auf Teneriffa begann, ist eher ein historischer Zufall. Die Regierung der Zweiten Republik hatte *Franco* wegen seiner militanten Opposition so weit weg wie möglich verbannt. Seine Berufung zum Generalkommandeur von Teneriffa war eine Degradierung. Aber selbst von dieser abgelegenen Insel aus gelang es ihm, den Putsch zu organisieren. Nach der Wahl einer Links-Regierung 1936 begannen die Vorbereitungen zur Beseitigung

7.1

der Demokratie. Am 18. Juni 1936 verkündete Franco über Rundfunk sein Manifest, und zwei Tage später waren die Kanaren in seiner Hand.

Der faschistische Repressionsapparat war auf dem Archipel schnell aufgebaut. Die kleine Opposition hatte keine Chance. Wer »nur« eingesperrt wurde, hatte noch Glück. Folterungen, Massenerschießungen und Morde waren an der Tagesordnung. Viele Widersacher wurden kurzerhand von den *Antequeras*-Felsen im Nordosten Teneriffas ins Meer gestoßen; ➤ Seite 491.

Abzweig Arafo bis El Portillo

Etwas weiter, bei Kilometer 24,5 hat man wieder einen wunderbaren Blick auf den *Teide* und erkennt in der Ferne – mit etwas Wetterglück – sogar die Insel La Palma.

Miradores de Cumbre

Den **Non-plus-ultra-*Mirador*** rechts an der Strecke erreicht man beim Schild »*Chipeque* 1850 m«. Nach 200 m auf der Stichstraße zum **Mirador del Norte** wird der Blick erst frei auf das Anagagebirge und Gran Canaria im Süden. 500 m weiter folgt der **Mirador del Sur** (1.850 m), abermals ein Fotopunkt für Orotavatal und *Teide*. Von dort erkennt man, warum die westliche Begrenzung des Orotavatals, die *Ladera Tigaiga*, im Volksmund auch *lomo* (Schweinerücken) genannt wird. Deutlich sieht man die vom Grat ausgehenden Falten, die an Rippen erinnern.

La Tarta-Kurve

Bei der Weiterfahrt auf der Kammstraße hört der Wald langsam auf, etwa ab Schild *La Crucita* in 1.940 m Höhe. Am **Mirador La Crucita** wird an die Vulkanausbrüche von 1704/5 erinnert. Man erkennt leicht, dass der Südrand des Vulkankraters *Pedro Gil* weggesprengt wurde und in einem gewaltigen Erdrutsch zu Tal ging.

»La Tarta« (*»die Torte«*), geschichtete Vulkanasche unmittelbar an der östlichen Teideauffahrt (TF 24)

Mit der schwindenden Vegetation sind die Gesteinsschichten besser zu sehen und in der Kurve kurz vor Kilometerstein 32 wartet ein geologisches *Highlight*, das erst beim Straßenbau freigelegt wurde: mehrere schräg übereinanderliegende Schichten vulkanischer Asche sind hier zu Tuffgestein zusammengepresst, das nun langsam wieder zerbröselt. *La Tarta* heißt diese Stelle treffend. Wie beim Schichtkuchen »Kalter Hund« liegen die Aschen in Gelb-Beige-Braun-Grau-und Schwarztönen übereinander. In der Nachmittagssonne sind sie besonders farbintensiv.

Baumgrenze/ Vegetation

An der Baumgrenze oberhalb von 2.000 m werden die Kiefern von Büschen abgelöst, die großen Temperaturschwankungen, Trockenheit und starkem Lichteinfall widerstehen. Die Königin der Teidepflanzen, die rote *Tajinaste*, steht in der 2. Maihälfte voll in Blüte (➤ Seite 458) und weiß oder hellrosa (im Juni) der Teideginster (*Retama del Teide*). Dann stellen Imker ihre Bienenkörbe für den **Teide-Honig** auf, der über die ganze Insel verkauft wird. Etwas flacher als die *Retama* wächst der *Teide-Codeso*, auch **Codeso del Cumbre** genannt (klebrige Drüsenhülse, Adenscarpus viscosus). Man erkennt ihn an seinen intensiv gelben Blüten und den klebrigen Ausscheidungen der Hülsenfrüchte.

Anschließend eröffnen sich fantastische Blicke über bizarre Lavafelder – der aufregendste Streckenabschnitt.

Observatorium in 2.300 m Höhe

Stern- und Sonnenwarte Izaña

Links oberhalb der Straße, beim höchsten Punkt (2330 m), glänzt weiß die Kuppel des **Observatorio del Izaña** des **Instituto de Astrofisica de Canarias**. Die Teleskope gehören (mit La Palma) zu den besten Europas; untersucht wird hier die magnetische Dynamik, Struktur und Chemie der Sonnenatmosphäre. Für Einzelpersonen oder wissenschaftlich interessierte Gruppen Besichtigung nach Anmeldung möglich: www.iac.es (*Observatorio del Teide*), 9-14 Uhr, ✆ 922-605200. Führung mit/ohne Bustransfer ab Los Cristianos/Costa Adeje; ab € 10,50 über www.volcanolife.com.

Zur Parkeinfahrt *El Portillo* (➤ Seite 422) sind es von dort 7 km.

Ostauffahrt über Arafo

Die *Teide*-Auffahrt ist auch via Südautobahn über das Städtchen Arafo möglich (*Salida* 20) und ggf. zu erwägen bei Standquartier in/bei Santa Cruz oder an der nördlichen Ostküste (Las Caletillas, Candelaria). Einzelheiten zu Arafo auf den Seiten 201f.

Verlauf

Mäßig kurvig geht's ab Arafo auf der verkehrsarmen, landschaftlich abwechslungsreichen Straße TF 523 durch Terrassenfelder bis zur 18 km entfernten Kammstraße.

Vegetation

Im Frühling fährt man durch ein buntes **Blumenmeer**. Im März-April blüht links und rechts leuchtend gelborange kalifornischer **Goldmohn**, eine Unmenge von weißen **Margeriten** und der einfache, meist weißblühende **Natternkopf**, der hier auch blau-lila vorkommt. Die Mischvegetation zwischen den gelbbraunen Lavamauern wird von Mandel- und Feigenbäumen, Kakteen, Agaven und Palmen bereichert. In den höheren Lagen dominiert zunehmend die kanarische Kiefer, anfangs in besonders prächtigen, einzelnen und ausladenden Exemplaren.

Restaurants

Erst bei **El Portillo** (der Pforte zum Nationalpark) finden sich die ersten Cafés/Restaurants (➤ Seite 422).

Picknickplatz

Zu einer der schönsten ihrer Art auf Teneriffa gehört die **Zona Recreativa Los Frailes**. Kurz nach der *Bodega* geht es bei Kilometerstein 5 in einer Rechtskurve (ausgeschildert) links von der Straße ab. Nach wenigen hundert Metern erreicht man die Picknickplätze mit Tischen, Bänken und Feuerstellen. Von einigen kann man aus dem Schatten des Waldes das tief unten liegende Meer sehen. Eine ganze Reihe guter, auch ebener Wege zum Spazierengehen oder Wandern starten/enden hier.

Die Kammstraße TF 24 erreicht man bei Kilometerstein 23. Zur Weiterfahrt bis El Portillo ➤ Seite 402.

Kalifornischer Goldmohn an der TF 523

7.1.4   Südauffahrt über Vilaflor

Anfahrten

Über vier Autobahnausfahrten gelangt man zunächst zur **Linie Arona, San Miguel, Granadilla de Abona**: *Salida* 56 über San Lorenzo/Granadilla auf der TF 64, *Salida* 62 über San Miguel auf der TF 65, *Salida* 69 über San Lorenzo auf der TF 66, *Salida* 72 Los Cristianos/Arona auf der TF 28, dann TF 51.

Alle Routen führen zunächst durch stark zersiedelte Gebiete. Insofern ist die Wahl der Ausfahrt egal. Erst oberhalb dieser Linie – auf der Weiterfahrt über Vilaflor zur Parkeinfahrt – beginnt der landschaftliche Reiz.

Die schönste Strecke nach Vilaflor ist zwar die TF 21 ab Granadilla. Von Los Cristianos/Las Américas/Costa Adeje aus ist die Route über Arona aber erheblich kürzer und auch nicht schlecht.

Im Folgenden werden die Auffahrten kurz charakterisiert. Wenn es sich einrichten lässt, sollte man **möglichst nicht den gleichen Weg zurückfahren**. Wer über Vilaflor hinaufgefahren ist, wählt für den Rückweg am besten die tolle TF 38 und die Autobahn TF 5 über Guia de Isora als schnellen Abschluss, wenn alle müde sind.

Auffahrt A: Über Arona nach Vilaflor (23 km)

Autobahnausfahrt 72, dann TF 28 und TF 51 (Arona, La Escalona).

Chayofa   Nur wenig oberhalb von Los Cristianos liegt an der TF 28 Chayofa, eine Siedlung aus kleinen Chalets im lockeren Reihenhausstil und einer Reihe von Prachtvillen. Oberhalb des Ortes befindet sich der Wildtierzoo **Jungle Park**, ➢ Seite 250.

Restaurants   • *Café Biblioteca*, am Ortseingang von Camella gleich rechts, oberhalb von Chayofa; 12-23 Uhr, So bis 21.30 Uhr.

• *El Cerro de la Luna*, das Bauernhaus lässt die moderne Einrichtung drinnen nicht erahnen. Bei gutem Wetter sitzt man im schattigen Garten. Die Küche ist leicht, mediterran-international. An der TF 28 beim *Camel Park* kurz vor La Camella; Mi-Mo 12.30-16 und 19-23 Uhr, Di geschlossen, ✆ 922-721827.

• *La Finca Mesón* ist ein besonderer Restauranttipp, ➢ Seite 84

Arona

Kennzeichnung   Arona empfängt seine Besucher mit einer blumengeschmückten Einfahrt und schneeweiß verputzten Fassaden. In der Gemeinde Arona, zu der Los Cristianos und großenteils auch Las Américas gehören, wurde das Gros der Milliarden budgetiert, die einen ganzen Küstenstrich komplett verwandelten. Zusammen mit der Nachbargemeinde Adeje wird von dort oben der Tourismus des Südens gemanagt. Auch die lokale Polizei und die Gerichte haben gut zu tun. Ausgeflippte Touristen, Taschendiebe, Immobilienbetrüger und andere Experten mehr sorgen für Problemnachschub.

7.1

Kirchplatz

Der schattige **Hauptplatz** im Zentrum mit seiner klassisch-kanarischen Kirche ist ebenso wie das daneben gelegene, mächtige aber nicht protzige *Ayuntamiento* (Rathaus) ansehenswert.

Mariposa

Fährt man die schmale Straße von Aronas Kirchplatz ca. 1,2 km Richtung Osten (Túnez/Valle San Lorenzo), liegt rechts der vom deutschen Galeristenpaar *Müller* geschaffene und gemeinsam mit 70 Künstlern aus aller Welt gestaltete Kulturpark »**Mariposa**«, Pilotprojekt des einst vom Architekten *Léon Krier* geplanten sogenannten Atlantis-Projekts. Auf *Mariposa* sollen Wissenschaft, Kunst und Natur eine Symbiose eingehen, einen Ort der Ruhe und der Schönheit schaffen, der kreatives Denken fördert und Wege in eine nachhaltige und humane Zukunft sucht; Führungen nach Anmeldung: ✆ 606-935701, www.mariposa-projekt.de/wersindwir/wir/teneriffa.html.

Wanderung Roque de Conde

Auf den Tafelberg »*Roque del Conde*« führt eine beliebte **Wanderung**, für die man retour ungefähr 4 Stunden braucht. Beim Kilolmeterstein 4,5 der TF 51 Arona-Vilaflor/Teide folgt man links dem Schild *Roque del Conde* (ausgeschildert) bis zu den ersten Häusern von **Vento**, wo der Weg beginnt. Bis hin zum Gipfel (1.020 m) sind auf 3,5 km etwa 600 Höhenmeter zu überwinden. Mit etwas Glück sieht man unterschiedliche Greifvögel, manchmal auch Adler.

Abstecher nach Ifonche

Beim unteren Ortseingang von Escalona biegt von der TF 51 nach links die TF 567 in Richtung Ifonche ab. Diese sehr enge Höhenstraße (ca. 1000 m) endet nach 5 km auf einem Bergrücken oberhalb des *Barranco del Infierno* bei Adeje. Ausblicke auf das tief unten liegende Meer hat man zwischen dem *Roque Imoque* und dem *Roque de los Brezos*, beides Felsen aus uralten Basalten.

Auf dem Weg dorthin kann man mehrfach einkehren. Nach ca. 3 km weist ein Schild links auf das *Bed-and-Breakfast*-Hotel mit Restaurant **El Refugio** hin (noch 1 km Feldweg, deutsch/schweizerische Leitung). Schöner Terrassenblick. International-kanarische Küche, auch vegetarisch. Ideal für Ruhesuchende. Man kann dort nicht nur übernachten, sondern auch **geführte Wanderungen** buchen. Gerne treffen sich auch **Gleitschirmflieger** beim *El Refugio*; täglich 11-18 Uhr, ✆ 922-725894, ➢ Seite 570; www.el-refugio.com (Sommerpause Mitte April bis Oktober!).

Am Ende der TF 567 stößt man auf die **Bar Dornajo**, ein einfaches **Ausflugslokal** mit zünftiger kanarischer Küche, täglich von 13-22 Uhr, Do geschlossen, ✆ 922-725000.

Wege nach Adeje/ Barranco del Infierno

Unterhalb dieser Bar beginnt der Pfad in den sog. ***Barranco del Infierno***. Er ist allerdings von dieser Seite aus gesperrt. In die Höllenschlucht auf einem der attraktivsten Wanderwege der Insel geht es nur noch gegen Eintritt und Anmeldung ab Adeje, ➢ Seite 239. Maximal 300 Wanderer pro Tag sind zugelassen.

Zwei weitere Wege (7 km bzw. 9,5 km) verbinden Ifonche mit Adeje, umgehen aber südlich bzw. nördlich den *Barranco del Infierno*.

Landschaft und Geologie

(➢ dazu auch den Abschnitt »Der karge Süden«, Seite 208f)

Geologisch gesehen erhält man auf beiden südlichen Auffahrten einen guten Eindruck von den Besonderheiten des Südostens Teneriffas. Auf den ersten Blick wirkt diese Inselregion wegen ihrer Trocken- und Kargheit enttäuschend, bei genauerem Hinschauen gewinnt sie aber rasch.

Charakteristisch sind am Südhang des zentralen Massivs die *Roques*, die **Aschekegel**, und die **terrassierten Felder**:

7.1

Roques und Mesas

Auf einer Höhe von etwa 1.000 m fallen bei Arona an den sonst nicht stark reliefbildenden Tuffsteinhängen herausragende Felsformationen ins Auge, die *Roques* (Türme): *Roque de los Brezos*, *Roque Imoque* (beide nördlich von Arona), der *Roque de Jama* (nur 783 m, südöstlich von Arona) und der Tafelberg *Roque del Conde* (westlich von Arona).

Wie an anderer Stelle schon erwähnt (➢ Seite 15), gehört die Region Adeje/Arona, wie Anaga- und Tenogebirge, zu den drei ursprünglichen Inseln, die erst durch spätere Eruptionen zum uns heute vertrauten Teneriffa zusammenwuchsen. Dieses südliche Eiland war vermutlich das kleinste. Die gewaltigen Felsformationen des Anaga- und Tenogebirges sind hier ansatzweise zu sehen. Nach erneuten Ausbrüchen waren sie Jahrtausende zugedeckt von porösem Material, das heute die Landschaft gestaltet. Als die Schlacke zerbröselte, traten die älteren, harten Basalte wieder zutage – entweder als turmartige *Roques* oder – erodiert mit einem ebenen Abschluss – als *Mesas* (»Tische«).

Vulkankegel

Viele kleine, maximal 300 m hohe Vulkankegel sind wie zufällig übers Land verstreut. Bis zu einer Höhenlinie von 400 m tauchen sie wie kleine Blasen aus älterem, dunklerem Gestein auf.

Man findet sie zwar auf der ganzen Insel (außer im Teno- und Anagagebirge), doch nirgends so häufig wie hier im Süden. Zwar entstanden sie vor den uns überlieferten Ausbrüchen, gehören aber zu jüngeren Phasen des Inselaufbaus. Als Magma aus großer Tiefe durch Spalten aufstieg, presste es bei kleineren Explosionen basaltische (dunkle) Lockermassen hervor.

Die Hufeisenform vieler Krater formte der ständige Nordost-Passat, der Asche und kleine Steine nach Westen mitnahm. Manche sehen »angeknabbert« aus, weil sie als Steinbrüche für Baumaterial oder Boden-Abdeckungen benutzt wurden, ➢ Foto Seite 285.

Tosca

Die dicke, aber nur locker zusammengefügte Schicht, die sog. Tuff- oder Toscakruste, ist sehr anfällig für Erosion. So entstanden vielerorts bizarr geformte Mondlandschaften (*Paisaje Lunar*, ➢ Seite und Foto 412). Die besonderen Klimabedingungen der Gegend – hohe Sonneneinstrahlung und viel Wind – lassen kaum Vegetation zu. Aber wenn es trotzdem zu Bodenbildung kommt, wird er von den seltenen, aber heftigen Regenfällen sofort wieder weggeschwemmt. Es bilden sich dann breite, tiefe Furchen sowie unterspülte Abbruchkanten, was eine Landwirtschaft weitgehend unmöglich macht.

Nur durch den Bau von Terrassenfeldern und Mauern kann die Erde gehalten werden. Man ahnt, mit welch unendlichen Mühen früher die Nutzlandschaft um Vilaflor entstanden sein muss.

Trockenfelder

Mit **Bimsstein** (*pomez*), dem porösesten aller Steine, ließ sich das Wasserproblem hervorragend lösen. Bis heute wird er zu **bohnengroßen Steinchen** zermahlen und als *Jable* auf die Felder gestreut. Dort absorbiert der Stein nachts die Feuchtigkeit aus den nördlichen Fallwinden, gibt sie tagsüber sehr langsam wieder an den Boden ab und schützt zugleich Erde und Aussaat vor der Sonne.

Diese Form der Bewässerung nennt sich *Enarenado* (»mit Sand bestreut«). Wird der Bimsstein nicht auf die Felder gestreut, sondern unterge-

Lapilli-Trockenfeld, das durch in den Steinchen gespeicherte Feuchtigkeit »bewässert« wird

pflügt, um das über Kanäle und Gräben zugeleitete Wasser unter der Erde zu binden, spricht man von *zahorra*, wie Bims auf den Kanaren auch genannt wird. Andernortes arbeiten die Bauern nicht mit Bimsstein, sondern zerkleinerten schwarzen Basalten, *Picón* oder *Lapilli* genannt.

Brachland

Viele der beige-grauen Terrassenfelder werden nicht mehr bestellt. Denn mit dem Tourismus kamen neue Jobs. Die Jüngeren sahen darin ihre Chance für ein besseres Leben und wanderten ab. Zurück blieb die ältere Generation und fuhr fort mit dem Anbau von Kartoffeln, Getreide, Linsen, Kichererbsen und gelegentlich – mehr als Hobby – auch Wein. *Tabaibas* (Wolfsmilch) und *Cordón* (Kandelaberkakteen) erobern sich die brachliegenden Felder zurück.

Baumaterial

Tuffstein, der im Überfluss vorhanden und leicht zu schneiden war, diente als ideales Baumaterial. Damit stützte man die Felder und schützte die Bananenplantagen vor Wind; auch die Bewässerungskanäle wurden aus Tuff gefertigt. Die Guanchen haben ihre Höhlen in diese dicken Asche/Stein-Ablagerungen geschnitten. Nach den Zementorgien vergangener Jahrzehnte beim Hotelbau wird das Material heute z.B. für Busstopp-Häuschen und bei repräsentativen Komplexen wie dem Luxushotel *Bahía de Duque* wieder verwendet (Treppen, Gartengestaltung u.a.m). Man verwendet es außerdem für Wärme- und Schallisolierung. Die aus dem Tuff gefertigten *cantos blancos*, die auf Teneriffa auch in Baumärkten zu haben sind, werden *Tosca* genannt (spanisch für »Tuff«, wörtlich: »ungehobelt, grob«) oder *Puzolana*.

Escalona

Zurück auf der TF 51 lohnt ein Blick in das ***Hotel Rural El Nogal***, geeignet für einen Aufenthalt im Sommer in ländlicher Stille und kühler Höhenlage mit **Restaurant** (Mo geschlossen, ✆ 922-726 050). Oberhalb des Kirchplatzes von Escalona biegt man rechts in den Camino Real, dann ausgeschildert, ➤ Seite 572 und 582.

Bei der Rückfahrt kann man ab Escalona zur Abwechslung die TF 565 durch intakte Natur in Richtung San Miguel nehmen.

Auffahrt B: Über Granadilla de Abona nach Vilaflor

7.1

Autobahn-Ausfahrt 56/San Isidro (auf der TF 64: 23 km) oder Ausfahrt 62/Las Chafiras (TF 65, dann TF 28: 30 km)

Granadilla de Abona

Flächenmäßig ist Granadilla nach Arona und La Orotava die drittgrößte Inselgemeinde. 1686 schrieb der Historiker *Nuñez de la Peña*: »Hier erntet man viel Weizen und züchtet viel Vieh, denn das Land um Granadilla und um Chasna (= Vilaflor) ist überaus fruchtbar. Die ganze Umgebung besitzt Wasser. Es gab sogar Jahre, in denen man eine *Fanegada* (alte spanische Maßeinheit) Weizen aussäte und hundert und mehr erntete«.

Granadilla hat sich zum Handels-, Industrie- und Versorgungszentrum für die Touristengebiete Las Américas/Los Cristianos/Costa Adeje entwickelt. Aber außer El Médano verwaltet die Gemeinde keine Ferienorte am Meer, aber den Süd-Flughafen und die Windenergie-Anlage *Parque Eólico* (➤ Seite 193).

In Granadilla

An Granadillas Hauptverkehrsachse, der TF 28 nach Arico, liegt das **Convent San Francisco** neben dem Rathaus. Das Kloster aus dem 17. Jahrhundert brannte ab. Der jetzige Bau aus der Mitte des 19. Jahrhunderts hat eine schöne *Mujedar*-Holzdecke.

Einen kleinen Fotostopp könnte man an der Kirche *San Antonio* einlegen (am Ortsausgang Richtung Arico).

Iglesia San Antonio in Granadilla, daneben das Hotel Rural Senderos de Abona, ➤ Seite 410

Unterkunft/
Restaurant

Gegenüber steht unübersehbar das gelbe ***Hotel Rural Senderos de Abona***, ➤ Foto Seite 41 und Seite 581. Üppige Vegetation rund um den Pool im Gartenbereich und ein gemütliches Restaurant (kanarische Küche) warten auch auf Gäste, die dort nicht logieren; Café täglich 8-22 Uhr, Küche 12.30-15/18-22 Uhr; Mi zu; ✆ 922-770200.

Die TF 21 nach Vilaflor ist landschaftlich attraktiv, aber kurvig und eng. Zunächst als Eukalyptusbaum-Allee führt sie später an beigefarbenen Terrassenfeldern und Kakteen vorbei, die ab 1.000 m Höhe von dichter werdenden Kiefernwäldern abgelöst werden.

Aussichts-
punkt

Auf der **TF 28** zwischen Valle San Lorenzo und Granadilla liegt bei KM 94 ***Mirador de la Centinela***. Er bietet von der oberen Lavastein-Plattform den besten Rundum-Blick auf die Besonderheiten der umgebenden Landschaft: die *Roques*, den Tafelberg, kleine Vulkankegel, Bananenplantagen. Das Restaurant mit Panoramaverglasung öffnet Di-Sa 10-23, So 13-17 Uhr, Mo zu.

Wer diesen Panoramablick nicht auslassen will, fährt danach auf der TF 565 nach Escalona, um Anschluss an die TF 51 für die Weiterfahrt nach Vilaflor zu finden. Oder noch schöner: man wählt die kleine ruhige TF 563 von der östlichen San Miguel-Ortsausfahrt, die kurz vor Vilaflor auf die TF 21 von Granadilla trifft.

San Miguel

Der Ort bietet außer der weit unterhalb gelegenen »Ritterburg« (➤ Seite 254) wenig. Gut wohnt man im ***Hotel Rural San Miguel*** (➤ Seite 581). Quasi neben dem Hotel zeugt ein renoviertes Herrenhaus vom früheren Wohlstand der Gemeinde: die ***Casa del Capitán*** dient jetzt als Heimatmuseum und Kulturzentrum. Mo-Fr 8-14 und 16.30-19 Uhr (nach Anruf; ✆ 922-700887).

Einige Kilometer außerhalb liegt das kleine Hotel (6 Zimmer) ***La Vera de la Hoya*** (beide Hotels ➤ Seite 581).

Restaurants

An der TF 28 gibt es zwischen San Lorenzo und San Miguel zwei empfehlenswerte Restaurants:

• ***Tasquita del Niño*** mit vegetarischen Gerichten. Von der Hauptstraße (TF 28) biegt man auf die TF 65 zur *Autopista del Sur* ab, von dort ist das Lokal ausgeschildert; 13-16 Uhr und 19-23 Uhr, Di geschlossen, ✆ 922-700463.

• Deftigere Kost serviert das volkstümliche Restaurant ***Era las Mozas*** am östlichen Ortsausgang von **Valle San Lorenzo**. Die Spezialität sind gute Eintöpfe, aber auch Grillfleisch. Vorsicht: die Portionen sind riesig. Ausgeschildert, dann beim Schild *Iglesia* bergab; 13-23 Uhr, Mi zu, ✆ 922-765597.

Vilaflor

Ortsname

Um den Namen rankt sich diese Legende: »*Vi la flor de Chasna*« (»ich sah die Blume von Chasna«), rief ein spanischer Krieger in verzweifelter Liebe, als dem angebeteten Guanchenmädchen die Flucht aus spanischer Gefangenschaft gelang. Das nur eine »**L**« geht auf diesen Ausruf zurück, denn der Ort besitzt keine Stadtrechte, wie z.B. **Villa** (sprich: víja) **de la Orotava**.

Vilaflor hat 1.785 Einwohner und liegt auf 1.466 Höhenmetern. Es ist Spaniens höchstgelegenes Dorf mit einer trockenen, reinen Luft und daher bei Asthma- und Lungenkranken beliebt.

Mikroklima und Flora

Man sollte sich auf kühlen Wind einstellen, denn das Wetter kann hier schnell umschlagen. Mit Glück erlebt man Vilaflor genau in der Wolkengrenze. Dann ziehen immer neue Nebelschwaden vorbei und bald liegt ein geschlossener Wolkenschleier unter einem, ein aufregendes Erlebnis. Während an der Küste die Sonne scheint, kann es hier dicken Nebel oder Nieselregen geben. An klaren Sommertagen ist es angenehm kühl. Im Frühling blühen ab Februar die Mandelbäume, Margeritenbüsche und der glühend gelb-orange kalifornische Mohn, ➢ Foto Seite 404.

Stickerin in Vilaflor, eine lokale Kunstfertigkeit, für die der Ort bekannt ist

Traditionen

Der Ort ist immer noch stark in seinen Traditionen verhaftet, ➢ Foto oben. Neben Viehwirtschaft lebt man von Wein, Tomaten, Weizen und Kartoffeln. Viele Terrassenfelder sind zwar unbestellt, bieten dadurch aber eine exotische Ästhetik. Aus einer Quelle wird **Mineralwasser** abgefüllt: *Fuente Alta*.

7.1

Unterhalb des Ortes stößt die Teideauffahrt TF 51 von Arona auf die von Grandilla heraufführende TF 21; letztere tangiert Vilaflor westlich. In den Ort fährt man über die Calle Catalina, dann Avenida Hermano Pedro und Calle Dolores.

Unterkunft   Bei dieser Einfahrt liegt rechterhand das *Hotel Sombrerito*, namentlich abgeleitet vom Hausberg oberhalb, dem *Sombrero de Chasna* (2.400 m), dessen Form an mexikanische Hüte erinnert. Eine deratige Form entsteht, wenn Lava so zähflüssig ist, dass sie sich gleich um den Schlot ablagert (➢ Seite 427).

Kirchplatz   Weiter oberhalb am Kirchplatz hat die Bar *La Fuente* Snacks und Drinks, dort stehen auch das Rathaus und die *Iglesia San Pedro*. Die Kirche hat *Mudéjar*-Decken und eine Alabasterstatue des *San Pedro*, dem Gründer des guatemaltekischen *Orden de los Hospitalarios* aus Vilaflor.

An ihn erinnert auch die Statue draußen auf dem Platz. Seit er 2003 heiliggesprochen wurde, besuchen Gläubige die Höhle am Meer, in der er vor seiner Südamerikareise lebte (1640); Sonntag Nachmittag Messe.

Wanderung zur Paisaje Lunar ab Vilaflor, ➢ Wanderbeileger   Ab Vilaflor kann man eine 10-13 km (je nach Startpunkt) lange Retourwanderung zur *Paisaje Lunar* machen (reine Wanderzeit ca. 3-4 Std; ca. 600 m Höhenunterschied). Zu beachten: Es gibt unterwegs keine Verpflegungsmöglichkeit und das Wetter kann reht wechselhaft sein. Der Weg ist gut ausgebaut und beschildert. Im beiliegenden Heft »**Wandern auf Teneriffa**«ist die längste Wegvariante zu diesem spektakulären Ziel beschrieben (Seite 45).

Formationen in der Paisaje Lunar, der »Mondlandschaft«

Zur Paisaje Lunar über die TF 21

Die Alternative beginnt ca. 3 Straßenkilometer oberhalb von Vilaflor an der TF 21 am Abzweig eines Forstwegs der meist per Schranke gesperrt ist. Auf ihm sind es ca. 5 km nach Osten bis zum eigentlichen Startpunkt des Pfades (von dort bis zum Ziel noch ca. 2 km). Steht die Schranke offen, kann man mit Fahrzeug bis zum Startpunkt fahren.

Restaurant

• *Casa Pana*, Calle Las Castañas 9 (auffällig dunkelrot gestrichene Fassade, von der Plaza keine 200 m). Grüne, schattige Terrasse mit Weitblick, prämierte kanarische Küche; täglich 9-22 Uhr, am Wochenende länger geöffnet, © 922-709070.

Eingang des Restaurants Casa Pana

Unterkunft

In Vilaflor gibt es alle Unterkunftskategorien:

• *Hotel Spa VillAlba* (luxuriös)
• *Alta Montaña* (gute Mitelklasse)
• *Sombrerito* (sehr einfach)
➢ Kapitel »Die schönsten Landhotels«, Seite 579.

Rückfahrt-Tipp

Die TF 563 zweigt gleich unterhalb Vilaflor von der TF 21 ab. Sie ist klein, kaum befahren und bietet großartige Blicke über die Landschaft und über das Meer. Sie trifft etwas oberhalb (östlich) von **San Miguel** auf die TF 28 (Granadilla-Los Cristianos). Vom Zentrum des Ortes geht es dann am besten auf die TF 65 bergab auf die TF 5. Von San Miguel ist das die schnellste Route für alle Ziele im Bereich der Südautobahn.

Von Vilaflor nach Boca de Tauce (16 km)

Pino Gordo

Gleich oberhalb von Vilaflor, rechts an der TF 21 bei einer Parkbucht steht die *Pino Gordo*, eine fast 60 m hohe, 2,70 m dicke uralte Kiefer mit Drillings-Stamm.

Kiefernwald/ Picknickplatz

Wandern (leicht) kann man auch gut in der *Zona Recreativa »Las Lajas«* bei Kilometer 58,2. Der Platz (mit Picknicktischen) liegt in 2.150 m Höhe, rund 100 m über der nur noch wenige Kilometer entfernten Einfahrt in den Teide-Nationalpark.

Südeinfahrt Nationalpark

An der Kreuzung **Boca de Tauce** steht eine Info-Tafel. Mehr Information gibt's im *Parador* und im Besucherzentrum *El Portillo*, von wo die Fahrt durch den Park beschrieben wird, ➢ Seite 422f.

Die Kanarische Kiefer (Pinus canariensis)

Dichter, dunkler Lorbeer gedeiht an der Nordküste Teneriffas bis auf Höhen von 1.000 m (➤ Seite 170). Oberhalb davon ist die Kanarenkiefer bis 2.200 m unangefochtene Königin der Flora. Sie war vor den großen Eiszeiten auch am Mittelmeer heimisch. Heute finden sich ihre nächsten Verwandten erst im Himalaya. Die Äxte der spanischen Eroberer dezimierten die einst riesigen Waldbestände radikal. Viel Loorbeerwald der unteren Lagen musste der Landwirtschaft weichen und die bis zu 60 m hohen Kiefern waren mit ihren 2 m dicken Stämmen ein »gefundenes Fressen« für die neuen Industrien des Kolonialismus. Sie wurden in den Zuckerrohr-Öfen verheizt (➤ Seite 168), gaben ihr hartes Holz für den Bau von Segelschiffen und ihr Harz für Pech. Die hölzernen Balkone, Decken und Treppen der Hacienda-Herrenhäuser sind aus der kanarischen Kolonialarchitektur nicht wegzudenken. Und der ehedem vom europäischen Adel so geschätzte Malvasier-Wein reifte in kanarischen Kiefernfässern besonders gut.

In ihrer Gier nach Holz sahen die spanischen Eroberer bis ins 20. Jahrhundert nur den Stamm der Kiefern, nicht aber die Bedeutung ihres Nadelkleides für das komplizierte Ökosystem einer trockenen Vulkaninsel. In Einklang mit dem Passatwind hatten in Jahrmillionen die Milliarden Kiefernnadeln für einen riesigen unterirdischen Wasservorrat gesorgt, ➤ Essay Seite 448.

Die Nadeln wachsen in bis zu 30 cm langen Dreierbüscheln und kämmen Feuchtigkeit aus den Passatwolken. Zum kleinen Teil für sich, zum größeren Teil als tropfenweise Wasserspende an den porösen Boden. Dort gelangt das Wasser in große natürliche Kavernen. Von den 2.000 Litern, die jede einzelne Kiefer jährlich aus der Wolke melkt, trinkt sie selbst nur 500 Liter. Den Rest teilen sich heute die schwächelnde Landwirtschaft und der strotzende Tourismus.

Teneriffa wird nie wieder zu seinem ursprünglichen Wasserreichtum zurückfinden. Dazu war und ist die Wasserverschwendung zu groß. Zwar wird wieder aufgeforstet und der Kiefernwaldgürtel (*Corona Forestal*) um die *Cañadas* macht etwa 15% der Inselfläche aus, doch die nachgewachsenen 70-80jährigen Bäume sind nur knapp halb so hoch und dick wie früher.

Zwar entzieht auch die direkt im Wolkenmeer angesiedelte *Laurisilva* den Wolken mehr Wasser, als sie zum Eigenbedarf braucht, gibt jedoch ihren Überschuss an eine Vielfalt von Farnen und Moosen im dichten und dunklen Unterholz ab.

Die in den **Zonen oberhalb der Passatwolke** beheimatete Kiefer, wächst dagegen auf kärglicherem, steinigen Boden. Ihre abgefallenen Nadeln bilden einen dicken Teppich, der sich nur langsam zersetzt und kaum Unterholz zulässt. Nur im Norden Teneriffas, wo die Kiefer ihren Platz auch in Teilen der ehemals von *Laurisilva* beherrschten Höhenzone gefunden hat, vermischt sie sich mit der niedrigeren *Fayal-Brezal*-Vegetation (➤ Anaga, Seite 170). Der Kanaren-Kiefernwald auf der Südseite Teneriffas hat sich den dort anderen geologischen und klimatischen Gegebenheiten angepasst.

Da die Kiefern hier keine dicken Wolken anzapfen können, müssen sie sich einen Großteil des Jahres mit der Restfeuchtigkeit der Fallwinde zufrieden geben. Die Kiefernwälder sind schütterer, und im noch porös-steinigeren Untergrund gedeihen allenfalls kriechende Büschchen mit kleinen dicken, wasserspeichernden oder haarigen Blättchen. Nur an den Straßenrändern ist der gelb blühende Wald-Hornklee (Lotus campylocladus) verbreitet.

Einzelne, weit auseinander stehende Kiefer-Exemplare gibt es auf der Südseite schon ab 600 m. Auf dieser Höhe beginnt auf der Nordseite gerade erst der Lorbeerwald (➤ Vegetationszonen, Seite 452).

Dass die Kiefer nicht ganz ausgerottet wurde, verdankt sie auch ihrer Feuerresistenz. Nach dem Feuersturm eines Waldbrandes erholt sie sich schnell und auch ein fast abgebrannter Baumstumpf kann direkt aus dem Stamm neues Leben entwickeln.

Tipp: Auch ohne Bestände zu zerstören, kann die Kiefer millionenfach genutzt werden: Bei Zahnschmerzen einfach mal kleine Kiefernspäne in Wasser aufkochen und mit dem Sud den Mund ausspülen. Wirkt Wunder.

An der Chio-Auffahrt wachsen die Kiefern auf Lavafeldern; im Hintergrund der winterliche Teide

7.1

7.1.5   Westauffahrt über Chio nach Boca de Tauce

Anfahrt

Wer im **Los Gigantes-Bereich** logiert, nimmt zunächst die TF 454 nach Tamaimo und dann die TF 82 nach Chio (➤ Seite 278).

Auch von Ausgangspunkten an der westlichen **Nordküste** bietet die Westroute über Chio den schnellsten Weg hinauf zum *Teide*:

• Die Route Garachico–El Tanque–Puerto de Erjos–Santiago–Chio (33 km) ist am kürzesten, sehr gut ausgebaut, aber verkehrsreich (TF 421/TF 82).

• Die höher verlaufende Straße von Icod über La Vega–San Francisco–Puerta de Erjos–Santiago–Chio (34 km) ist die landschaftlich empfehlenswertere, wiewohl zeitlich aufwendigere Anfahrt (TF 82/TF 373).

Südlich von Santiago del Teide empfiehlt es sich, nach Chio die TF 375 über Arguayo zu nehmen, statt weiter der TF 82 zu folgen.

Startpunkt Chio

Die Straße **TF 38** zieht sich von Chio wie ein großes liegendes Z bergauf. Diese gut ausgebaute Auffahrt ist vielleicht die eindrucksvollste der Teideauffahrten, da die Spuren des letzten Vulkanausbruchs auf Teneriffa (*Chineyro* 1909) noch gut sichtbar sind.

Gleichzeitig ist die Route über Chio die **schönste Teideabfahrt**, insbesondere am späten Nachmittag. Nach dem Besuch des *Teide* und der *Cañadas* kann man manchmal den **Sonnenuntergang zweifach erleben**: zunächst oberhalb, danach unterhalb der Wolkendecke; und dann noch einen grandiosen Blick bis La Gomera.

Vegetation

Drollig wirken die auf schwarzem Geröll in geschlossenen Gruppen wachsenden **Dachwurze** (Aeonium urbicum), die auf unverzweigten Stämmen ihre grünen fleischigen Rosetten entfalten und wie Miniaturpalmen anmuten. Offensichtlich liebt diese Pflanze das ungeschützte, der Sonne ausgesetzte Lavagestein genauso wie die Dachziegeln in den eher feuchten Städten La Laguna und La Orotava. Die bis 1.400 m Höhe mächtigen Kiefern werden immer kleinwüchsiger bis sie den – durch Erdbildung noch nicht veränderten – Lavageröll-Feldern des *Montaña Chineyro*-Ausbruchs von 1909 weichen müssen.

Restauranttipp

Oberhalb von Chio gibt es keine Ortschaften mehr, sondern in ca. 1.000 m Höhe nur noch einige große Ausflugslokale mit schönen Terrassen. Wunderbar ist der **Mirador de Chirche** etwas abseits der TF 38 bei KM 23,6. Der Blick von der grünen Terrasse über die karge Südlandschaft begeistert. Zu empfehlen: *Conejo Salmorejo* und *Carne Cabra*. 8.30-20 Uhr, Mo zu, ℂ 671-202223.

Wieder auf der TF 38 passiert man die Restaurants **Estrella** und **Boca Tauce**, letzeres mit Terrassen und guter Küche (Mi zu).

Picknick

Oberhalb einer langen Rechtskurve nach Süden liegt auf einer Höhe von ca. 1.500 m inmitten der jüngsten Lavaschlacke-Felder die **Zona Recreativa Chio** mit einem prima Picknickplatz zwischen vereinzelt stehenden Kiefern. Ein exponiertes Terrain in surrealistisch wirkender Landschaft mit **vier Kontrastfarben**: unter stahlblauem Himmel schwarze Lava und grüne Kiefern überm weißen Wolkenmeer.

Teide-Einfahrt

Oberhalb des Picknickplatzes durchfährt man über viele Kilometer (bis *Boca de Tauce*/Teideauffahrt über Vilaflor) riesige Felder schwarzer, wie von Gigantenhand verstreuter Lava-Felsbrocken.

Die Beschreibung der Cañada-Tour beginnt am östlichen Eingang *El Portillo*, ➤ folgendes Kapitel.

Blick auf die Wolken unter der Chio-Auffahrt

7.2 Parque Nacional del Teide/Las Cañadas

7.2.1 Charakteristika des Parks

Der *Parque Nacional del Teide*, 1954 gegründet, ist seit 2007 Weltkulturerbe der **UNESCO** und umschließt zusammen mit dem *Parque Natural de Corona Forestal* auf 466 km² alle Höhenlagen von 1.650 m bis 3.718 m, der Gipfelhöhe des *Teide*.

Entstehung des Teide

Ur-Vulkan

Hier, am zentralen Punkt der Insel, hatte sich einst ein riesiger Ur-Vulkan gebildet, weit höher als der *Teide*. Vor 170.000 Jahren brach unter ihm die leergepustete Magmakammer ein und der Vulkan in sich zusammen. Stehengeblieben ist ein bis zu 600 m hoher Fels-Halbkreis von 17 km Durchmesser – häufig das **Amphitheater** genannt. Aus der Senke heraus entwickelte sich dann das kegelförmige Teidemassiv, zunächst der **Pico Viejo** mit seinem 800 m weiten Krater und später der heutige **Teidegipfel**; ➤ auch »Entstehung der Insel Teneriffa«, ➤ Seite 14.

Blick aus dem Weltraum auf die Caldera, aus deren Mitte der Teide herausragt (NASA Foto ISS025 E11711/ Image Science & Analysis Laboratory, Johnson Space CenterHouston)

Caldera

Krater bzw. *Calderas* (Schüssel, Kessel) sind oft kreisrund. Sie können durch Explosion oder Einsturz bzw. Erdrutsch entstehen: Entweder wird der Druck in einer Magmakammer nahe der Erdoberfläche so stark, dass in einer gigantischen Explosion die ganze Bergkuppe weggesprengt wird (z.B. *Mount St. Helens*/USA 1980). Oder die *Caldera* entsteht durch den Zusammensturz des Magmakammer-Dachs. Leert sich die Kammer in schnell aufeinander folgenden Ausbrüchen und landet das Eruptionsgestein »auf dem eigenen Dach«, stürzt es durch das Gewicht wieder ein, füllt die jetzt leere Kammer und bildet eine Ebene wie einen **Pfannenboden**, um den ein runder Rand stehen bleibt, die *Caldera*. *Calderas* gibt es in allen vulkanischen Regionen. Auf Teneriffa stößt man vielerorts auch noch auf kleinere *Calderas* (➤ z.B. Picknickplatz oberhalb von Aguamansa, ➤ Seite 394).

7.2

Die meisten Theorien gehen davon aus, dass die *Caldera* des Nationalparks durch den Einsturz einer riesigen Magmakammer entstand, dem der Auswurf enormer Mengen von hellem Bims, Tuff und Lapilli vorausging, die heute den Südhang bedecken.

Im spannend gemachten kleinen **Film im *Centro de Visitantes de El Portillo*** wird eine andere Theorie vertreten. Der Urvulkan war so groß und außerdem durch viele Frakturen so unstabil, dass er seine eigenen Landmassen auf der schiefen Ebene nicht halten konnte und nach Norden und Süden ins Meer glitt. Danach sind das Orotava- und das Güímartal Ergebnis eines gigantischen Erdrutsches. Die Gesteine des alten Ur-Vulkans fand man bis weit im Meer vor Teneriffas Nordküste (andere Theorie ➤ Seite 321).

Teide-Massiv

Aus der riesigen Ur-*Caldera* wuchsen mehrere Vulkane, wobei der *Teide* zum alles beherrschenden Massiv wurde. Sog. Stratovulkane wie der *Teide* bauen sich Schicht um Schicht auf, wenn die Eruptionen sich auf eine Zone konzentrieren – wobei das ausfließende Material unterschiedlich sein kann. Es kann stark gashaltige Eruptionen, begleitet von Ascheregen geben (pyroklastisches Material), aber auch helle und dunkle Lavaströme der verschiedensten Zusammensetzungen, wie am *Teide* deutlich zu sehen ist. Die umliegenden Vulkane, in deren Mitte der *Teide* entstanden ist (*Pico Viejo, Montaña Blanca*), sind heute teilweise von den unterschiedlichsten Materialen mehrerer Teideausbrüche verdeckt. Das Massiv nimmt die ganze Nordseite der *Caldera* ein und hat bei seiner Entstehung viel Material den Nordhang hinuntergeschickt.

Von unten aus der *Caldera* erkennt man deutlich, dass der Teidekegel nicht bis zur Spitze aus einem Guss ist. Der eigentliche Gipfel, der rund 200 m hohe **Piton**, wuchs wiederum aus einem älteren Krater, aus dem die dunklen Lavaströme stammen, die teilweise bis hinunter in die *Caldera* reichen.

Bis zu diesem Absatz, *der **Rambleta***, kann man mit der **Seilbahn** fahren. Für die **Besteigung des *Piton*** benötigt man eine Genehmigung (➤ Kasten auf Seite 420). Die aus einigen Rissen austretenden schwefelhaltigen Gase erinnern daran, dass der Vulkan nur schläft und sich in munterer Nachbarschaft befindet. Der westlichere *Chineyro* ist zuletzt 1909 ausgebrochen.

Pico Viejo von Nordwesten aus gesehen (von den Parkstraßen aus so nicht erkennbar)

»*Dass auf der Spitze des Piks die Dörfchen, Weinberge und Gärten an der Küste einem so nahe gerückt scheinen, dazu trägt die erstaunliche Durchsichtigkeit der Luft viel bei. Trotz der bedeutenden Entfernung erkannten wir nicht nur die Häuser, die Baumstämme, das Takelwerk der Schiffe, wir sahen auch die reiche Pflanzenwelt der Ebenen in den lebhaftesten Farben glänzen. Umsonst verlängerten wir unseren Aufenthalt auf dem Gipfel des Piks, des Momentes harrend, wo wir den ganzen Archipel der glückseligen Inseln würden übersehen können. Wir sahen zu unseren Füßen Palma, Gomera und die große Canaria. Die Berge von Lanzarote, die bei Sonnenaufgang dunstfrei gewesen waren, hüllten sich bald wieder in dichte Wolken. Nur die gewöhnliche Refraktion (Lichtbrechung) vorausgesetzt, übersieht das Auge bei hellem Wetter vom Gipfel des Vulkanes ein Stück Erdoberfläche von 115.000 qkm, also soviel als ein Vierteil der Oberfläche Spaniens.*«

Alexander von Humboldt: »Südamerikanische Reise« (1799)

7.2

Las Cañadas | Das Gebiet des Parks wird auch *Cañadas* genannt (17 x 12 km, Talniveau auf 2 km Höhe: eine der größten *Calderas* Europas). Der Begriff steht eigentlich für »Weideland«. In den tiefer gelegenen Teilen speichert sich Regenwasser im Sedimentgestein, das von der Calderawand abbröselte. Winterniederschläge und Schneeschmelzen verwandelten die Region früher in grüne Wiesen, wohin die Guanchen ihre Herden trieben, wenn es an den Küsten zu trocken wurde.

Am inneren östlichen Rand der *Caldera* befindet sich ein **Gürtel von sieben solcher Weideflächen**. Die Hirten nutzten sie auch, um Vieh von Orotava nach Vilaflor zu bringen, denn nur auf diesem feinen Gestein konnte man die sonst unwegsame, spitzsteinige *Caldera* durchqueren. Für die Ureinwohner war die *Caldera* jedoch in erster Linie eine heilige Stätte zwischen Himmel und Erde (➤ »Bailadero«, Seite 179). Das Gebiet gehörte keinem der *Menceys*; die Bevölkerung aller Menceynate durfte es gemeinsam für Kult- und Weidezwecke nutzen (*Almende*).

Klima

Wenn es an den Küsten zu heiß, zu windig, zu kalt oder zu regnerisch ist, gibt es mit dem *Teide*-Nationalpark fast immer eine Alternative. Dort scheint die **Sonne bis auf wenige Tage im Jahr** aus einem tiefblauen Himmel, und man fühlt sich wie auf einem anderen Stern, zumindest jedoch wie in einer anderen Welt. Die Wolkenobergrenze liegt meist bei etwa 1.800 m. Windig und kalt kann es sein, aber selten wolkig.

Wenn die Regenwolken sich im Winter von Norden als Schnee über 2.000 m Höhe verirren, dann drängen auch die *Tinerfeños* in die Winterlandschaft. Plastiktüten dienen als Schlitten, und wer schnell genug ist, schafft es, den auf die Kühlerhaube gepappten Schneemann bis nach Las Américas zu bringen.

Nationalpark-Informationen

Busverbindungen

Zwei **TITSA-Linien** verbinden einmal täglich den Süden (#**342**) und den Norden (#**348**) mit den *Cañadas*. Sie fahren auf der Durchgangsstraße (TF 21) jeweils bis zur anderen Parkseite und von dort nachmittags wieder zurück.

Hinfahrt: Bus #**348** ab Busterminal Puerto de la Cruz 9.15 Uhr; Bus #**342** ab Busterminal Costa Adeje 9.15 Uhr, ab Los Cristianos 9.30 Uhr.

Rückfahrt: Bus #**348** ab Parador 16 Uhr; Bus #**342** ab Portillo 15.15 Uhr. Beide Busse halten bei der Hin- und Rückfahrt an der Stichstraße zur Teide-Seilbahn.

Gipfelstürmer

Die Gipfelbesteigung des Teide erfordert dreierlei: Gute Gesundheit, gute Ausrüstung (feste Schuhe, warme Kleidung) und gutes Wetter – immer wieder verunglücken Leichtsinnige. Neben den hier aufgeführten Hinweisen sollte man zusätzlich unbedingt die offizielle *Website* des Parks aufmerksam studieren: www.reservasparquesnacionales.es >deutsch >Teide.

Die (**Online-**) **Buchung** erfolgt unter Angabe des genauen Zeitpunkts für Auf- und/oder Abfahrt mit/ohne Bustransfer ab den dort genannten Hotels in Los Cristianos/Costa Adeje, mit/ohne *Fast Track* (**TIPP**: kein Schlangestehen durch *Fast Track*, zudem Audioguide-Recorder; €9,50).

Das Ticket gilt zum Besuch der Bergstation, d.h. bis 163 Höhenmeter unterhalb des Gipfels. Für den Rest (ca. 600 m Länge) braucht man eine gesonderte **Gipfel-Aufstiegs-Genehmigung**; weitere Infos und Links zu allen Angeboten über www.webtenerife.de > Besucherattraktionen > Nationalpark El Teide und www.volcanoteide.com/de. Für das Wandern am Gipfel ➤ Seite 24f des separaten Wanderheftes. Hunde sind am Teide nicht erlaubt.

- Die Seilbahn (*Teleferico*) hat eine limitierte Tages-Kapazität; das erfordert eine frühe Online-Anmeldung, manchmal hat man auch im Besucherzentrum Orotava noch Glück, ➤ Seite 326f. und Karte Seite 325.
- Der Seilbahnbetrieb wird bei schlechtem Wetter (Wind!) eingestellt; ansonsten ist sie im Winter 9-16 Uhr und im Sommer 9-17 Uhr in Betrieb; hoch und wieder runter €30, Kinder 3-13 Jahre €15; ✆ 922-010440.

Touren (Buchung über die Internetadressen oben)

- Geführte *Cañada*-Touren mit Hoteltransfer aus Nord oder Süd
- zu Fuß mit/ohne Hütten-Übernachtung zum Teide-Gipfel
  ➤ auch Seiten 24f im beigelegten Wanderheft.
- **Sekt im Abendrot** und **Sternegucken am Teide** mit/ohne Bustransfer aus Nord, Süd, Santa Cruz oder La Laguna, Dauer 4 Stunden, mit Dinner; ab €40. Rückerstattung bei schlechtem Wetter. Freitags erklären Starlight-Experten auf Deutsch, Englisch und Spanisch unser Universum; ab €51.
- *Sunset & Stars*, ein **TIPP** für einen ganz besonderen Tag (nur Mi, Do, Fr auf Deutsch): Hotelabholung im Nord-/Südhotel zur *Teide*-Seilbahn, zum *Sunset* gibt es ein kanarisches Buffet. Außerdem: ***Astronomic-Night-Tour*** mit Teleskopen, nur mit Wanderschuhen und warmer Kleidung; ab €81.

Besucherzentrum

Ein Besucherzentrum liegt an der nordöstlichen Parkeinfahrt *El Portillo*, täglich 9.30-16 Uhr, außer 25.12./01.01.; © 922-356000. Es gibt gratis Infoblätter zu Flora, Fauna, Geologie und Wanderwegen in den *Cañadas* (mit Karte).

Restriktionen zum Schutz der sensiblen Vegetation

• Kfz-Verkehr ist nur auf den asphaltierten Straßen erlaubt.

• Radfahren auf Wanderwegen ist verboten.

• Wanderer dürfen nur die markierten Pfade benutzen.

• Gebiete abseits der Wanderwege werden nur auf Antrag freigegeben, z.B. *Fortaleza*, *Pico Viejo* und der direkte Kraterrand.

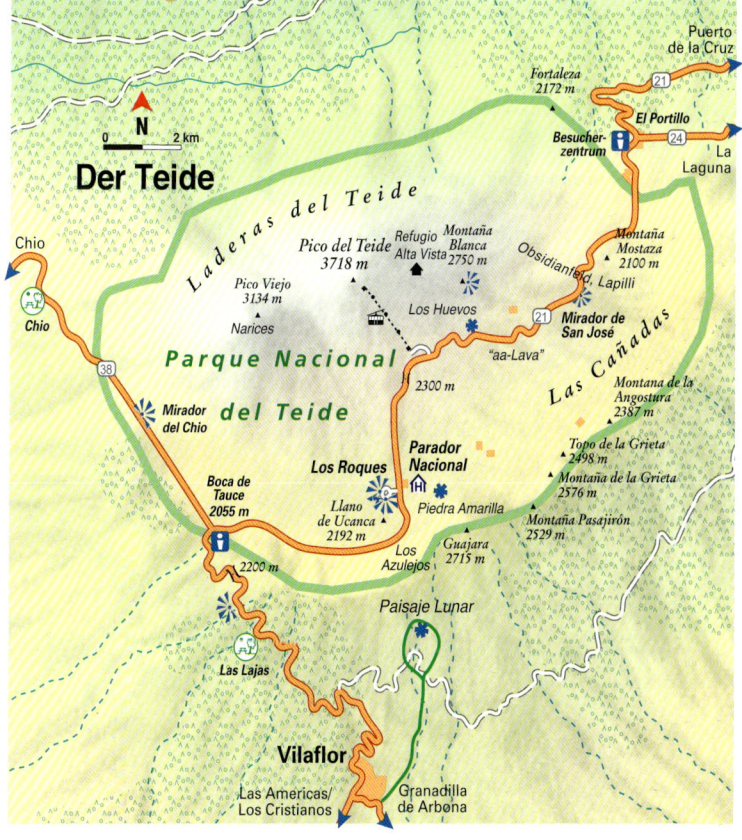

7.2

7.2.2   Parkbesuch

Kaum ein Besucher Teneriffas fährt nicht mindestens einmal während seines Aufenthaltes in die *Cañadas*, sei es, auf eigene Faust im Mietwagen oder mit einer geführten Tour im Ausflugsbus. Letztere müssen sogar offiziell einen geologisch geschulten Reiseleiter dabei haben (klappt nicht immer). Selbstfahrer genießen den unschätzbaren Vorteil der Flexibilität, nämlich nach Laune und Wetterlage das zu tun, was reizt und passt.

An den Aussichtspunkten erklären **geologische Tafeln** leider nur auf Spanisch und Englisch die Vielfalt der Vulkanlandschaft. **Aber alle deren Erläuterungen und einiges mehr stehen auch in diesem Buch ab der folgenden Seite**.

El Portillo (2.030 m)

Restaurants

Der Bereich *El Portillo* (»kleine Pforte«) am Straßendreieck TF 21/TF 24 hat sich zur »Versorgungsetappe« des Parks entwickelt. An der TF 21, ein paar hundert Meter in Richtung *Teide*, befindet sich rechts das große Besucherzentrum (➤ Seite 421) mit botanischem Lehrpfad. Wiederum 1 km weiter sorgen **drei Restaurants** (am besten das *Bamby* mit Teideblick-Terrasse) für das leibliche Wohl der Ausflügler. Sieht man ab von der **Cafeteria in der Seilbahnstation**, gibt es gastronomisch ansonsten nur noch den *Parador Nacional*, ➤ Restaurantempfehlung Seite 87.

Besucherzentrum

☎ 922-373391
tägl. 9-16 Uhr

Man betritt das *Centro de Visitantes* durch eine **Lavatunnel-Nachbildung** (➤ Thema »Lavatunnel«, Seite 356). Sehr anschaulich wird dort über die verschiedenen Laven und die Gesteinsarten informiert, die bei ihrer Abkühlung entstehen. Auch das Leben von Pflanzen und Tieren unter den extremen Klimabedingungen in dieser Gesteinswüste wird dokumentiert.

Sehr sehenswert ist der **Film »Der schlafende Vulkan«**, der die Entstehung der Insel, insbesondere der *Caldera* und des Teidemassivs, darstellt (fortlaufend, Dauer 10 min, spanisch/deutsch/englisch).

Terrasse des Hotels Parador Nacional mit Teideblick

Botanischer Garten

Hinter dem Zentrum wurde ein anschaulicher botanischer Lehrpfad eingerichtet. In der Blütezeit (Mai/Juni) lohnt er noch mehr als im Winter, wenn die *Teide*-Flora grau-grün und relativ unattraktiv ist. Der Rundgang ist aber jederzeit empfehlenswert. In kompakter Form gewinnt der Besucher hier einen guten und sachkundigen Überblick über die verschiedenartigen Spezies der vulkanischen Vegetation.

Ab El Portillo durch die Cañadas

Die Lavafelder

Auf einer Fahrt durch die *Cañadas* durchquert man vielfältige Gesteinsformationen. Chemische Zusammensetzung, Flüssigkeitsgrad (Viskosität) und Abkühlungsgeschwindigkeit bestimmen Form und Dichte der Gesteine. Basaltische Laven mit wenig Silizium sind leichtflüssiger als saure Laven mit viel Silizium. Die »unordentliche« oder »ordentliche« Struktur richtet sich nach der Kühlungsdauer. Im Gestein als Blasen gefangene Gase machen es leichter.

7.2

Obsidian

Nur einige Kilometer südwestlich des Besucherzentrums glitzert bei Sonnenschein ein großes **Obsidianfeld**. Dieses tiefschwarze »**Vulkanglas**« entsteht bei rascher Lava-Abkühlung, so dass keine Zeit zur Kristallbildung bleibt. Die Guanchen nutzten *Obsidian* zum Schneiden, da beim Zerschlagen des Gesteins messerscharfe Kanten entstehen.

Kleine Kletterpartie hinauf zu einem Riesenbrocken Obsidianlava

Lapilli

Nach weiteren 2 km liegen zu beiden Seiten der Straße felsdurchsetzte, beige bis graublaue **Lapillifelder** (➤ Geologie, Seite 408, 438). Anschaulich werden hier auf einer Tafel etwas abseits vom Parkplatz unterschiedliche Magma-Zusammensetzungen erklärt. Je weniger Gase die Magma enthält, desto ruhiger ist ihr Lavafluss (*Colada*). Magma mit hohem Gasgehalt fließt nicht einfach aus, sondern wird in mehr oder weniger heftigen Explosionen hochgeschleudert. Vereinzelt wirbeln große Glutbälle durch die Luft und formen spindelförmige **Lavabomben**. Hauptsächlich regnet es aber kleine, leichte Steinchen, *Lapilli*, welche dann die hellen Bimssteinfelder bilden.

Montaña Blanca

Wiederum einige Kilometer westlich beginnt (KM 40 der TF 21) rechts der **Pfad/*Sendero* 7**. Über helle Bims- und Lapillifelder der *Montaña Blanca* gelangt man zur Berghütte *Refugio Alta Vista,* nach ca. 10 km zur ***Rambleta*** und – aber nur mit Genehmigung – auch zum Teidegipfel, ➤ Seite 425 und Kasten Seite 420.

Flora und Fauna im Teide Nationalpark

Nur auf den ersten Blick sind die *Cañadas* eine tote Steinwüste. Mit Ausnahme der jüngsten tiefschwarzen Lavafelder behaupten überall Pflanzen ihren Lebensraum. Starker Wind, extreme Temperaturschwankungen, steiniger und trockener Boden sowie das intensiv-grelle Licht lassen hauptsächlich zwergwüchsige, oft halbkugelförmige Pflanzen zu.

Nur der dominierende Teideginster (*Retama del Teide*), ein Rutenstrauch mit starkem Stamm wirkt wie ein knorriger Mini-Baum. Im Mai und Juni steht er in voller Blüte. Seine stark duftenden, weiß- bis rosafarbenen Blüten locken – trotz der Höhenlage – viele Bienen an. Imker, die ihre Kästen hier aufstellen, gewinnen mit dem **Teide-Honig** ein begehrtes Produkt.

Im Frühsommer tauschen viele Pflanzen ihr graues Winterkleid gegen eine leuchtende Blütenpracht. Der über zwei Meter hohe Star der Szene ist die intensiv-dunkelrot blühende **Tajinaste** (*Echium wildpretii*, Roter Teide-Natternkopf, *Tajinaste rojo*), die nur hier vorkommt (➤ Foto Seite 459). Benannt wurde diese Pflanze nach ihrem Entdecker, dem Schweizer Botaniker *Hermann Wildpret*, der Ende des 19. Jahrhunderts den Botanischen Garten in Puerto de la Cruz um viele Pflanzen bereicherte und dessen Nachfahre *Wolfredo* als emeritierter Professor der La Laguna-Universität noch auf der Insel lebt. Die **Tajinasten** gehören zur Familie der Raublattgewächse, sind botanisch gesehen Büsche und haben nach 2-3 Jahren Tausende von Blüten, aus denen lange Griffel wie Schlangenzungen herausragen (daher der Name »Natternkopf«). Der Wintertourist sieht indessen nur noch die Skelette der kerzenartigen Blütenstände.

Die Blüten des niederliegenden *Cordeso de cumbre*, ein Schmetterlings-Blütler (*Adenocarpus viscosus*) wie der Ginster, strahlen in leuchtendem Gelb. Ebenfalls gelb blühend und fast kugelrund ist die **Besenrauke** (*Hierba pajonera*). Beide Arten suchen gern Windschutz an größeren Steinen. **Kugelbüsche** gibt es in rosa bis violett: **Teide-Skabiose** (*Rosalito salvaje*) und **Teide-Lack** (*Alheli del Teide*). Schneeweiß ist die **Teide-Margerite**, hier oben ist sie kugeliger und kurzstieliger als ihre Verwandten 1.000 m tiefer.

Streng geschützt ist – last but not least – das **Teide-Veilchen**. Man muss indessen 3000 m hoch steigen, um es zu Gesicht zu bekommen. Pflanzenkundige finden noch weit mehr Arten, über die der Laie leicht hinwegsieht.

Am Fuße des Vulkans kämpfen auch **Tiere** mit den harschen Lebensbedingungen. Viele der winzigen Insektenarten sind nachtaktiv und kaum auszumachen. Nur im Frühling, wenn alles in Blüte steht, sind überall Bienen unterwegs, während man Schmetterlinge in vorwiegend besucherarmen Regionen antrifft.

Ein besonders markantes Aussehen hat die **Murciélago Orejudo** (*Plecotus tenerifae*), eine Fledermausart mit fast durchsichtigen Jumbo-Ohren; mit Glück erspäht man sie in der Dämmerung. Auffällig sind die vielen **Echsenarten**, unter ihnen die *Lagarto tizon* (*Gallotia galloti*), deren Männchen blaugrüne Flecken an Hals und Flanken zeigen, und die bis zu 30 cm groß werden können.

Der **Pinzón azúl del Teide** (*Fringila teydea*), ein attraktives Finkenmännchen, ganz in blau, ist – auch wegen seiner Verbreitung in den höheren Insellagen – zum Symbol des Nationalparks geworden, wo er sich am liebsten in den Kiefernwäldern aufhält. Das schlanke Weibchen hat schlichtes spatzenfarbenes Gefieder. Zu den häufigeren Vogelarten gehören die eindrucksvollen Falken (➤ Seite 473).

Bimsstein-felder

Der erste Abschnitt des **Sendero 7** über die Bimsstein-Felder der *Montaña Blanca* (2.680 m) bis zu den *Huevos del Teide* ist auch bei Hobby-Wanderern beliebt und geologisch interessant. Bims ist ein sehr leichtes, poröses, schwimmfähiges Gestein, das an einen Schwamm erinnert. Es wird während explosionsartiger Ausbrüche bei relativ niedriger Temperatur ausgeworfen. Die Gase verfangen sich während der Erstarrung im Gestein. Auf diesem zu *Lapilli* zerkleinerten Bims lässt es sich schwer gehen.

Los Huevos

Nach einer guten halben Stunde Gehzeit auf dem *Sendero 7* sieht man links eine geologische Besonderheit, **Los Huevos**, auf den hellen Bimsfeldern abgelagerte dunkle große Steine. Diese verstreut liegenden »Eier« sind wahrscheinlich keine herausgeschleuderten Vulkanbomben (➤ Seite 440), sondern vom Lavafluss (*Colada*) auf steilem Gelände abgebrochene Lava. Als glühende Bälle rollen sie ihm dann wie eine Lawine voraus und landen wie Fremdkörper in einer ganz anderen Gesteinslandschaft. Einen noch besseren Eindruck von den Bimsfeldern und den *Huevos* vermittelt 20 min später die **Montaña Blanca** (10 min vom *Sendero 7* links ab). Hin- und Rückweg von der Straße dorthin ca. 2 Stunden.

Teideaufstieg

Wer den *Sendero 7* zum *Teide* (Seilbahn-Bergstation) weiterwandern will, braucht dringend dreierlei: beste Kondition (dünne Luft), warme Kleidung und gutes Wetter. Vom Abzweig zum *Mirador Montaña Blanca* sind es noch 1.300 Höhenmeter bis zur **Schutzhütte Altavista** (ca. 2 Stunden), und von dort noch 60 min (500 Höhenmeter) bis zur Seilbahn. Nach weiteren 25-30 min ist man dann **on the top** (3.718 m), sofern vorher die Genehmigung für den Aufstieg zum Krater eingeholt wurde, ➤ Seite 420.

Nimmermüde und Hartgesottene gehen weiter über den **Pico Viejo** bis hinunter zur Straße TF 38 Boca de Tauce-Chio (weitere ca. 12,5 km = anstrengender *Sendero 9*.

7.2

Los Huevos: hier liegt so ein typisches »Ei« mitten in der Landschaft

aa-Laven

Gegenüber dem Startpunkt zur *Montaña Blanca* blickt man auf ein großes schwarzes, sogenanntes **aa-Lava-Feld**.

Diese Laven mit rauer Oberfläche werden in Spanien *Malpaís* genannt (unfruchtbares Land, englisch: *badlands*); sie sind extrem unwegsam. Die *Caldera* ist seit ihrer Entstehung mit vielen Laven vollgelaufen, die in Form, Farbe und Mineraliengehalt unterschiedlich sind. Weniger zähflüssige, schneller fließende Lava bildet sanftere Oberflächen. Auf Hawaii nennt man diese Lava *pahoehoe* («Land, auf dem man barfuß laufen kann«).

Der zu »Kissenlava« erstarrte Lavastrom erinnert an Kuhfladen

Ein *Malpaís* kann aus spitzem Gestein oder großen verstreut liegenden Brocken bestehen. Letztere entstehen, wenn die Lava extrem zähflüssig ist. In den *Cañadas* trifft man oft auf aa-Lava.

Mirador el Tabanal Negro

Etwas weiter westlich vom *Mirador el Tabanal Negro* (mit anschaulicher Erklärungstafel) blickt man auf **aa-Lava**, die kaum über den Magma-Schlot hinausgekommen ist. Gleich nach dem Austreten verhärtete sie und zerbarst in **große Brocken**. Extrem zähflüssige Lava, die am Magmaschlot erstarrt, bildet oft eine Art Haube oder Hut um den Schlot herum, wie im Fall des **Sombrero** genannten Bergs bei Vilaflor (➤ Seite 412).

Abendspaziergang

Circa 200 m südlich des *Parador Nacional* zweigt ein Asphaltweg von der TF 21 nach Osten ab. Er endet nach ca. 1 km an einer Schranke. Dort beginnt die weiter unten beschriebene Wanderung **Siete Cañadas** (➤ Seite 429). Sie läuft gleich zu Anfang durch die **Piedras Amarillas** (»gelbe Steine«), die bei untergehender Sonne intensiv glühen. Über ihnen erhebt sich der Gipfel der *Montaña Guajara* mit stufenförmig erodierten horizontalen Lava-Ablagerungen. Er ist mit 2.715 m der höchste der *Caldera-Wand*.

Piedras Amarillas in der Abendsonne

Los Roques und Llano de Ucanca	In einer Linie stehen die markanten Felsen ***Roques de García*** gegenüber dem *Parador* jenseits der Straße. Sie sind ein Hauptanziehungspunkt für alle Ausflügler. Dort fühlt man sich wie in der Kulisse eines Wildwestfilms. Die *Roques* bestehen aus Magma, die vor ihrem Austritt in den Förderschloten erstarrte (Plutone) und später von der Erosion freigelegt wurde (wie das *Fortaleza*, ➢ Seite 428). Sie bilden die Grenze zur ***Llano de Ucanca***, einer ausgedehnten **Ebene**, dem »Pfannenboden« der *Caldera* sozusagen, wie bereits auf Seite 417 erläutert.

Caldera oder Erdrutsch?	Eine Theorie besagt, die *Llano de Ucanca* sei eine zweite *Caldera*, entstanden durch einen anderen weggesprengten oder eingestürzten Vulkan. Die *Roques* wären Überbleibsel der westlichen Wände der Urvulkan-*Caldera*. Eine andere Theorie hält jedoch diese Plutone und das umgebende Hartgestein für so stabil, dass sie bei dem Erdrutsch, der den Urvulkan zerstörte, nicht mitgerissen wurden.
	Regen- und Schmelzwasser spült Felsbrocken vom Teidekegel, aber auch viele leichtere Partikel, die weniger Wasser durchlassen und sich über dem groben Gestein absetzen. Da die Calderawand relativ undurchlässig ist, wirkt sie wie eine Staumauer. So kann sich hier mehr Wasser als anderswo ansammeln und die *Ucanca*-Ebene vorübergehend in einen flachen See verwandeln.
	Die arg verwitterte »Kathedrale« in der Ebene von Ucanca weist noch Ansätze der Säulenstruktur auf, die bei der Abkühlung mächtiger (dicker) Lavaströme auftritt (➢ auch *Los Órganos* und die Basaltrosette, Foto Seite 395). Durch Verwitterung sind aber auch horizontale Risse entstanden.
Tipp für Fotografen	Die *Roques* bilden bestechende **Konturen im Licht des Sonnenuntergangs**. Andererseits erkennt man nur beim morgendlichen Lichteinfall die für sie typischen Strukturen.

Azulejos Südlich des *Parador* führt die Straße TF 21 durch bläulich- grünlich schimmernde Felsen. Die Färbung entstand durch eine hydrothermische Veränderung. Wenn glühende Magma auf

Grün-blaue Felsformation der sog. Azulejos

Grundwasser stößt, lösen sich die in ihr enthaltenen Gase im Wasser, und es kann zu agressiven Mischungen kommen, die die Mineralien angreifen und chemisch verändern. Normalerweise bleiben diese Vorgänge tief unter der Erde eingeschlossen. Hier wurden sie nach dem vermuteten Erdrutsch, der die *Caldera* schuf, freigelegt. Die Kolorierung der in diesem Fall eisenhydrathaltigen Felsen entsteht meist erst durch Oxydation an der Oberfläche.

Pico Viejo

Richtung Boca de Tauce ist die Ebene von Ucanca mit spitzer aa-Lava gefüllt, die es beim Ausbruch des *Pico Viejo* 1798 fast geschafft hätte, hier – an der niedrigsten Stelle der *Caldera* – über den »Schüsselrand« zu fließen, ➤ Foto Seite 418.

Rechts von dieser tiefschwarzen, jungen Lava ist ein aus dem Mittelalter stammender ebenfalls dunkler Lavastrom zu sehen, der durch Oxydation schon etwas rötlich schimmert: Je älter das Gestein, desto rötlicher wird es. Zwischen diesen beiden Strömen ist flüssigere Lava ausgeflossen (*pahoehoe*, ➤ oben), deutlich zu erkennen an den »Überschwapp-Rinnen«.

Lavaformation an der TF 21 durch die Cañadas

Vom **Mirador de Chio**, dem letzten Aussichtspunkt vor Verlassen des Nationalparks in Richtung Chio, präsentieren die *Cañadas* noch einmal einen Höhepunkt, die *Narices del Teide* (Nasenlöcher des *Teide*). Sie entstanden beim letzten, 92 Tage dauernden Ausbruch des *Pico Viejo* 1798. Tiefschwarze Lava floss damals aus neu entstandenen Seitenkratern; Lockermaterialien und Asche wurden 1 km hochgeschleudert und bis nach La Gomera und El Hierro getragen. Leider ist der Krater des **Pico Viejo** mit 800 m Durchmesser von der Parkstraße aus nicht zu sehen.

Zu der – vor allem am Spätnachmittag empfehlenswerten – Abahrt in Richtung Chio ➤ Seite 415f.

7.2.3   Empfehlenswerte Wanderungen

Situation   Wie bereits erwähnt, existieren **12 offiziell markierte Wander-wege** (*senderos*) im Park. Neben drei schwereren Routen (extrem der 12,5 km-Aufstieg über den *Teide*-Gipfel zum *Pico Viejo*) gibt es auch mehrere leichte Pfade (3,5 km bis 15 km Länge) mit relativ geringen Höhenunterschieden.

Auf den Teide
(➤ Seite 420)   Geübte Bergwanderer schaffen den krönenden Auf- und Abstieg zum Teidegipfel an einem Tag (*Sendero 7, Montaña Blanca-Pico del Teide*). Kenner übernachten in der Berghütte **Refugio de Alta-vista** (3.260 m) und steigen noch vor Morgengrauen die verbleibenden 500 Höhenmeter auf, um den Sonnenaufgang auf dem Gipfel zu erleben (Wander-/Übernachtungs-Erlaubnis beachten, ➤ Info-Kasten Seite 420). Ab Mittag teilt man den Weitblick über das Meer und die anderen Inseln mit den Seilbahn-Gipfelstürmern, die bis zur *Rambleta* (3.555 m) gefahren sind.

7.2

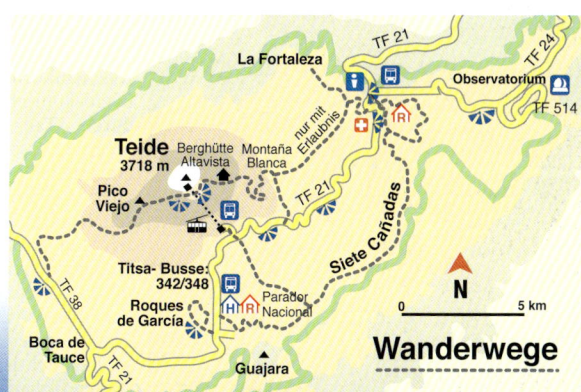

*Am Kraterrand des Teide qualmen
kontinuierlich schweflige Dämpfe*

Empfehlungen	Folgende **Kurzwanderungen** ab Besucherzentrum/*El Portillo* sind besonders empfehlenswert:
Wanderung zur Fortaleza	Der bequeme Weg zur sog. **Fortaleza** (*Sendero 1*, 11 km ca. 3 Stunden für Hin- und Rückweg) beginnt links vom Besucherzentrum. Diese Wanderung ist im **Mai/Juni** besonders reizvoll, wenn die mächtigen **Ginsterbüsche** am Wegesrand in Blüte stehen. *Fortaleza* heißt eine rötliche Felsformation, deren Form wie eine Festung anmutet. Es handelt sich um die Reste des nördlichen *Cañada*-Ringes, die bei späteren Ausbrüchen des *Teide* und der *Montaña Blanca* nicht verschüttet oder zerstört wurden. Geologisch gesehen ist die *Fortaleza* ein **Pluton**, unterirdisch erstarrte Magma. Plutone werden erst nach Verwitterung ihres leichteren Gesteinsmantels sichtbar.

La Fortaleza

Cañada de los Guancheros nennt man die hellgraue Sandfläche zu Füßen der *Fortaleza*. Sie ist typisch für Ebenen, welche durch Sedimentierung von Steilwänden entstehen. Das feinkörnige Material ist hygroskopisch, so dass früher durch Tau-, Regen- und Schmelzwasser Grünflächen entstanden, welche die *Guanchen* im Sommer als gemeinschaftliches Weideland nutzten. Ein kurzer, recht steiler Anstieg führt von der *Cañada de los Guanchero*s rechts vor der *Fortaleza* zu einer Kieferngruppe, in deren Schatten einige **Picknicktische und Bänke** stehen (Felsmännchen weisen den Weg).

Der Weg um den *Fortaleza*-Felsen herum ist anstrengend, auch fehlen Markierungen. Die Besteigung des Felsens ist verboten. Zurück geht es auf identischem Weg.

Wanderung Siete Cañadas	Beim Parkplatz des Besucherzentrums beginnt auf der anderen Straßenseite die leichte, jedoch mit 15 km recht lange Wanderung **Siete Cañadas** (**Sendero 4**, ca. 3-4 Stunden). Der Weg führt entlang des südlichen *Caldera*-Randes zum Hotel *Parador Nacional* und verbindet eine Kette von sieben *Cañadas*, die früher einmal die einzige Nord-Süd-Verbindung über die Insel darstellten. Der Weg hat nach 12,8 km einen Abzweig (*Sendero 16/17*, ca. 4,5 km) zur Talstation der Seilbahn (Stopp der Buslinien 342/348).

Besonders reizvoll sind die letzten 2-3 km des *Sendero 4* kurz vorm *Parador*. Die **Piedras Amarillas**, bizarre Felsformationen am Fuße des *Guajara* (2.715 m), bieten in der Nachmittagssonne ein besonders **reizvolles Fotomotiv**, ➢ Seite 426.

Wer sein Auto am Besucherzentrum abstellt, nimmt um 16 Uhr am *Parador* Bus 348 Richtung El Portillo/Puerto de la Cruz für die Rückfahrt zum geparkten Fahrzeug.

Wem die gesamte Strecke des *Sendero 4* zu lang ist, könnte auch unterhalb der Seilbahn-Talstation zunächst mit *Sendero 16/17* beginnen und nach ca. 4,5 km auf den Weg zum *Parador* stoßen; das verkürzt die Distanz auf rund 7 km. Auch an der Seilbahn-Stichstraße stoppen die Busse der Linien 342 und 348.

Bei Wanderungen in der Hochebene des National-parks gibt es selten Zweifel über den Wegverlauf

Rundweg Arenas Negras

Ebenfalls am Parkplatz des Besucherzentrums beginnt der einfache **Rundweg *Arenas Negras*** (*Sendero 2*). Er führt ca. 7 km durch dunkle, teilweise tiefschwarze Lavafelder mit exotischen Gesteinsformationen.

Wanderung Roques de García

Eine schöne **leichte Wanderung** führt um die **Roques de García** (*Sendero 3*; 3,5 km Länge, Start am Besucherparkplatz auf der anderen Straßenseite des *Parador*, gegen den Uhrzeigersinn, feste Schuhe!). Die erste Hälfte ist ein Spaziergang. Aber der sich anschließende Abstieg in die *Llano de Ucanca* und der Aufstieg zum Parkplatz (den Domfelsen rechts liegen lassen!) ist geröllig und ziemlich steil.

Übernachtung

Wer sich etwas Besonderes gönnen möchte, könnte eine Nacht im stilvollen Hotel **Parador Nacional** verbringen. Außer **Cafeteria** und **Restaurant** mit kanarischer Küche bietet das staatliche Haus Pool und Sauna. Von Eckzimmer 101 und der Suite 201 genießt man die beste Aussicht auf den *Teide* **und** die *Roques*.

Bis zur Ankunft der ersten Tagesausflügler haben die *Parador*-Gäste die Bergwelt fast für sich allein und gutes Licht zum Fotografieren; ➢ Seiten 87 und 422; Buchungsdetails auf Seite 570.

TEIL 3
Teneriffa
Wissen

1.   Geologie und Klima
1.1   Geologie

Auf den Seiten 14ff wurde bereits beschrieben, wie die stufenweise Ausformung Teneriffas erdgeschichtlich erfolgte. Hier geht es um die Entstehung des Archipels insgesamt, denn Klima, Flora und Fauna der Kanaren sind weitgehend vom Vulkanismus geprägt.

Detaillierte Ausführungen zu den unterschiedlichen Insel-Landschaften (Oberflächengestalt, Gesteine, Böden) und zu ihrer wirtschaftlichen Nutzung finden sich im vorstehenden Reiseteil an entsprechender Stelle. Sie sind immer dann zur Hand, wenn geologisch bemerkenswerte Phänomene zu sehen sind.

Dadurch wird vieles anschaulicher als in einem kompakten Geologiekapitel. Ein »Geologisches Lexikon« schließt sich diesem Essay an. Wer noch mehr über die Ursprünge der Kanaren und ihren Vulkanismus wissen möchte: ➤ Literatur Seite 600f.

1.1.1   Entstehung der Kanarischen Inseln

Mythen

Die antiken Mythen und Legenden über den Ursprung der Kanaren sind ebenso zahlreich wie erdgeschichtliche Theorien. Die uralte Kunde von einem achten Kontinent Atlantis, der unterging oder auseinanderbrach und dessen Reste den kanarische Archipel hervorbrachten, wurde einhellig von der Wissenschaft widerlegt. Zudem existiert die Sage einer achten Insel – die Heilige Insel der Seligen (➤ hierzu Seite 485)

Expansions-Theorie

Mitte des 20. Jahrhunderts glaubten einige Wissenschaftler noch an die Expansionstheorie, wonach das Driften der Erdplatten durch die anhaltende Ausdehnung der Erdkugel erfolgt. Exakte Satelliten-Vermessungen und Konvektions-Analysen (thermisch bedingte Kreisläufe unter der Erdkruste) lieferten jedoch eindeutige Beweise gegen eine Erd-Expansion und für die Plattentektonik (➤ unten).

Wegeners Kontinental-theorie

Früher ging man davon aus, dass küstennahe Inseln einst zum jeweiligen Kontinent gehört haben mussten. Erst die moderne Geologie beschäftigte sich mit der Entstehung von Inseln. Die 1912-24 von dem deutschen Geologen *Alfred Wegener* entwickelte These der Kontinentalverschiebung (westwärts driftende Bruchstücke des vor 200 Mio Jahren zerborstenen Urkontinents Pangea) und später die komplexere Plattentektonik der sieben kon- oder divergierenden Platten bot dann neue Erklärungsansätze.

Das Spreizen (*Spreading*) oder gegenseitige Pressen zweier kontinentaler Platten führt an ihren Rändern zu Tiefsee-Rücken und Gräben, wie den 20.000 km langen mittelatlantischen Rücken, dessen Graben in Island sichtbar ist. Beide Plattenbewegungen verursachen intensiven Unterwasser-Vulkanismus.

Block- oder Instabilitäts-theorie

Dabei findet entweder eine Überschiebung statt, bei der entlang einer Subduktionszone die dichtere unter die weniger dichte Platte geschoben wird (Subduktion), oder eine Kollision, bei der die Platten in den Randbereichen gefaltet werden.

Vor Westafrika wird die dichtere Afrikanische Platte unter die Ozeanische Platte gepresst, wodurch diese bricht, d.h. in einzelne Blöcke aufgespalten wird.

Durch die Spalten wird das Magma hochgepresst und bildet im 3.000 km langen »**magmatischen Gürtel**« vor Westafrika vulkanische Inselketten, wie die Kapverden, Kanaren und Madeira.

Blocktheorie

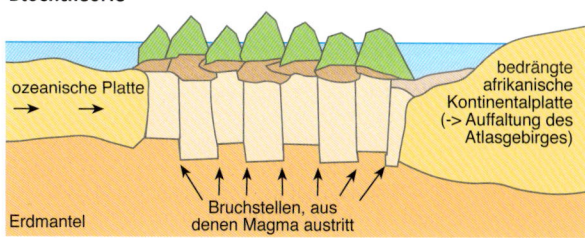

Hotspot Theorie

Hotspots sitzen tief im Erdkern und sondern Basaltgestein ab; oben an der Erdkruste angekommen, wird es zu Magma, das dann als Lava austritt und über die Zeit eine Vulkaninsel formt. *Hotspots* sind weitgehend fix-stehend – aber über ihnen driftet die Erdkruste mit 2-18cm/Jahr hinweg: So kann eine Vulkankette entstehen.

Betrachtet man bei den sieben kanarischen Inseln (wie auch bei den Kapverden, Madeira und Hawaii) zudem die angrenzenden fünf Tiefseeberge (*Seamounts*), erkennt man in diesen Ketten vor Westafrika, erdkrümmungsbedingt von NO nach SW verlaufende Inselbögen, deren konvexe Seite stets in Richtung der subduzierten Platte weist und deren Alter in Nord-Süd-Richtung abnimmt: Von 70 Mio auf 1 Mio Jahre (El Hierro) beim jetzigen Ost-Drift-Tempo von 2-3cm/Jahr.

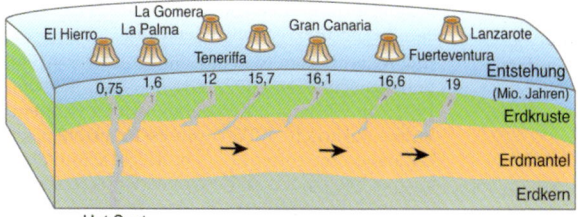

EDC (Edge Driven Convection)

Kommt es nicht zur Eruption, kühlt das Magma ab, bewegt sich mit 25mm/Jahr auf die alten, stabilen Festlandskerne der Afrikanischen Platte zu, vor denen es erkaltet abtaucht (*Downwellings*) und wieder auf den *Hotspot* als *Upwelling* zuwandert. So entsteht ein Kreislauf (Konvektionswalze), der die Block- und *Hotspot*-Theorien ergänzt.

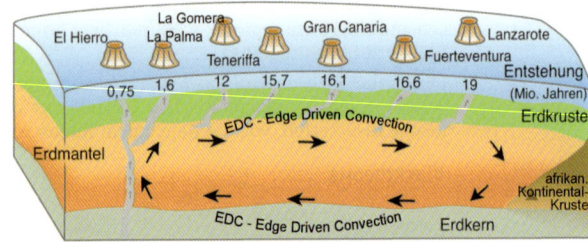

Edge Driven Convection

Wer tiefer in dieses komplexe Wissenschaftsfeld einsteigen will, dem sei die Seite www.mantleplumes.org empfohlen. Hier tauschen sich – auf englisch – Experten über die neuesten Erkenntnisse aus: *Discussing the origin of hotspot volcanism*!

Die Grafiken auf der vorigen Seite und oben helfen, die Theorien noch etwas anschaulicher zu machen.

Kontinental-verbunden oder meer-geboren?

Im Zusammenspiel dieser drei Theorien (Block, vor allem aber *Hotspot* und EDC) sieht die Geowissenschaft heute die Entstehungsgeschichte der Kanaren. Konsens ist bisher: Der Archipel ist nicht kontinentalverbunden, sondern meergeboren aus dem Atlantikboden.

Über die Frage »meergeboren oder kontinentalverbunden?« wurde im Falle des kanarischen Archipels lange gestritten. Die geographische Nähe zu Afrika und Ähnlichkeiten in Flora und Fauna legten die Zugehörigkeit zum afrikanischen Kontinent nahe. Aber neuere Untersuchungen zeigten jetzt, dass die Gesteinszusammensetzung der nordafrikanischen Gebirge völlig anders ist als die der rein vulkanischen kanarischen Inseln. Außerdem trennt eine 8.000 m mächtige kontinentale Sedimentschicht auf dem Meeresboden die Inseln Lanzarote und Fuerteventura von Afrika. Die Ähnlichkeit von Pflanzen und Tieren konnte als Gegenargument nicht bestehen. In den Jahrmillionen können Flora und Fauna ihren Weg auch ohne eine Landbrücke gefunden haben.

Eruptionen

Auf Teneriffa kam es in der »jüngeren Vergangenheit« zu mehreren Vulkanausbrüchen: 1492, 1604/5, 1705/6, 1798 und 1909 (*Chinyero*). 1492 sah Christoph Kolumbus von La Gomera aus einen *Teide*-Vulkanausbruch. 1705/6 gab es Eruptionen, die den Hafen von Garachico zerstörten. 1799 bestieg *Alexander von Humboldt* den noch schwelenden *Teide*-Gipfel. Zuletzt wuchs 2012 ein Unterwasservulkan vor El Hierro, fast wäre eine neue Insel entstanden. Viele Schaulustige verfolgten damals das Brodeln unter Wasser.

ITER/ Frühwarn-system

Das Institut für erneuerbare Energien (ITER) hat Sensoren platziert, die Vorboten von Eruptionen wie Fumarolen, Gase und seismische Aktivitäten auf den Kanaren überwacht und die unterirdischen Aktivitäten in Form einer Verkehrsampel dokumentieren (grün: normal; gelb: Behörden-Information; rot: Aktivierung des Notfallplans); www.iter.es.

Lexikon Geologie

aa-Lava heißen auf Hawaii spitzkantige (saure) Lavasteine, auf denen man nicht barfuß gehen kann; ➢ *Pahoehoe* Seite 426.

Acantilado bedeutet im Spanischen eine sehr steil abfallende Küste wie Teneriffas 500 m hohe Kliffküste bei Los Gigantes.

Almag heißt die rötliche Linie im Gestein, die entsteht, wenn die frisch gebildete Erdkrume auf alter Lava nach einem erneuten Ausbruch durch glühende, neue Lava zu Ton gebacken wird.

Aschen sind feinste, zerstäubte Magmapartikel, die bei explosiven Ausbrüchen in die Luft gesprengt werden.

Basalt ist dunkles, schweres Ergussgestein; es kann feinkörnig (mit Olivin- oder Felsspat-Kristallen) oder grobkörnig (Dolorit) sein.

Basische Lava ist dünnflüssiger als saure Lava; sie bildet Decken und Ströme

Basaltsäulen sind eine typische, meist sechseckige Erstarrungsform des Gesteins; sie bilden sich senkrecht zur Abkühlungsfläche durch Kontraktion- oder bei Lavatunneln kreisförmig als Rosetten (➢ Seite 397). Eine andere Abkühlungsfigur ist zwiebelförmig. Die einzelnen Schichten werden durch Erosion abgeschält.

Barranco nennt man eine tiefe Schlucht. Heute sind die meist trockenen Wasserläufe manchmal ausgemauert. Sie können sich nach Regenfällen binnen Minuten in reißende Ströme verwandeln.

Bimsstein zählt zwar wie Obsidian zu einem Gesteinsglas, ist aber hell. Durch rasche Abkühlung wurden Luftblasen eingeschlossen, so dass keine Zeit zur Kristallbildung blieb. Das macht den Stein porös und schwimmfähig leicht. Bimsstein entfernt Nikotinbräune von den Fingern.

Escoria ist herausgeschleuderte Magma-Schlacke jeder Art und Form.

Caldera bedeutet Kessel und entsteht durch Einsturz des Vulkankegels in die geleerte Magmakammer; so bildete sich die *Cañada-Caldera* durch Einsturz eines über 5000m hohen Urvulkans.

Caletón meint ein kleines Wasserbecken im spitzen Lavagestein; Garachicos gleichnamiges Salzwasserschwimmbecken entstand durch einen eingestürzten Lavatunnel.

Colada ist ein (erkalteter) Lavastrom bzw. Lavafluss.

Cono ist die Spitze des Vulkankegels.

Erosion Verwitterung; Wind und Wetter verändern die Erdoberfläche.

Gang mit Magma vollgelaufene Gesteinsspalte; später meist durch Erosion freigelegt; spanisch *dique*, englisch *dike*.

Höhle, Cueva Saure Laven bilden oft Höhlen. Wenn die obere Schicht des Lavaflusses erhärtet, fließen die unteren bis zur Erstarrung weiter. Dadurch bilden sich an Geländestufen oft Hohlräume.

Hot Spot ist ein heißer Punkt in der Erdkruste; dank darüberdriftender Platte steigt Magma durch einen Schlot empor.

Isla Baja	heißt der Nordwesten Teneriffas bei Buenavista, weil es auf einer flach (*baja*) ins Meer auslaufenden Lavazunge liegt
Jable	bedeutet im Spanischen auch »Sand«; auf den Kanaren: grauer, hygroskopischer Bimsstein; zerkleinerte *jable* wird im Süden zum Trockenanbau auf die Felder gestreut.
Lapilli, Picón	Die Begriffe sind Synonyme für erbsengroße »schaumig«, leichte Steinchen; *picón* schützt die Felder vor Austrocknung
Lava	Wenn Magma aus ihrer unterirdischen Kammer entweicht, wird sie an der Erdoberfläche zu Lava; je nach Zusammensetzung und Form sehr unterschiedlich.

Pechschwarze Lava direkt an der Straße durch die Cañadas

Lavatunnel	entstehen wie die Höhlen (*cuevas*). Ihre Form wird vom Gelände bestimmt; www.cuevadelviento.net, ➤ Seite 346/357.
Lomo	heißt eigentlich »Schweinerücken mit Rippchen«. Es ist Ergussgestein mit begrenzter Ausdehnung und findet sich an Tälern oder *Barrancos*.
Ladera	Synonym für *Lomo* (wissenschaftlich für das eher volkstümliche *Lomo*), die seitliche steile Begrenzung großer Täler.
Magma	glühende, dickflüssige Gesteinsschmelze unter der Erdkruste, auf der die Kontinental- und ozeanischen Platten schwimmen. Es bildet Erstarrungsgestein, wenn es schon innerhalb der Erdkruste erstarrt. Bei Austritt wird Magma zu Lava.
Malpaís	wörtlich: »schlechtes Land«; meist kantige »aa-Lava«, sie ist häufig im Insel-Süden anzutreffen.
Mesa	(spanisch »Tisch«) sog. Tafelberge haben keine Bergspitze oder -kuppe, sondern eine Platte, da harte, horizontal gelagerte Gesteinsschichten die weitere Erosion verhindern
Obsidian	ist schwarzglänzendes Gesteinsglas ohne Kristallstruktur, das durch rasche Abkühlung an der Oberfläche der Lava entsteht.

Pahoehoe	geologischer Ausdruck aus Hawaii; Lava, auf der man laufen kann. Sie hat eine relativ glatte Oberfläche, ➤ Stricklava.
Phonolyth	nennt man Klingstein; hell-grau-grünes Ergussgestein, das beim Beschlagen mit anderem Stein klingt.
Pomez/ Zahorra	ist wie Bimsstein saures Lockergestein; es wird wie *Lapilli/ Picon* in der Landwirtschaft eingesetzts; *Zahorra* nennt man auch die Verwendung von Bimsstein in der Landwirtschaft.
Pyroklastisch	oder pyroklastisches Material ist das in die Luft geschleuderte Lockermaterial bei explosiven Ausbrüchen wie *Lapilli*, Bims, Aschen, bei dem nach Abkühlung keine Schichtung erkennbar wird; die Materialien werden beim Ankühlen »zusammengeschweißt«.
Roques	sind Plutone, d.h. zu festem Gestein in Gängen und Förderschloten erkaltete Magma, die durch Erosion freigelegt wurde. In Deutschland meist Dom genannt.
Sediment	Jede Art durch Erosion zerkleinertes Gesteinsmaterial
Saure Lava	ist zähflüssige, blöckebildende Lava mit viel Silizium und über 60% Kieselsäure.
Solfatere	sind schwefelhaltige Dämpfe, die auf ein Nachlassen vulkanischer Tätigkeit hinweisen.
Stratovulkan	(*Estratovolcan*) ist ein in Schichten meist kegelförmig aufgebauter Vulkan, der durch ausfließende Lavaströme und eruptive Ausbrüche entstand. Dieser typische kegelförmige Aufbau ist – abhängig von den Härtegraden der Gesteinsschichten – meist nur bedingt stabil, so dass Erdrutschgefahr besteht. Stabiler sind breitflächig abgelagerte horizontale Lavaschichten wie bei der *Montaña Guajara* im Teide Nationalpark.

1.1

*Überwachsener Lavakegel
(Stratovulkan)*

Stricklava   entsteht durchs Zusammenschieben von sich bereits verfesti-
genden Außenschichten meist basischer Laven.

Spaltenvulkan   Spaltenvulkanismus nennt man den Lavaaustritt entlang
einer relativ geradlinigen Fraktur, so dass ein Kammgebirge
entsteht; ein gutes Beispiel dafür ist die *Cordillera Dorsal* (=
Rücken) zwischen La Laguna und dem *Teide*, aus der in
Abständen Lava seitlich herausfloss.

Tosca,Toba und **Tuff** *bezeichnet zusammengeschweißte
Massen von Lockermaterialien wie
Asche oder Lapilli*

Trachyt   ist meist hell-rötliches oder hellgraues Ergussgestein; es zählt
zu den sauren, hellen Laven und hat großporige Einsprengsel.

Vulkan-   heißen fuß- oder medizinballgroße, rundliche Lavabrocken.
bomben   Wird heiße Magma beim explosiven Ausbruch hoch in die
Luft geschleudert, nimmt sie durch Drehung in der Luft die
Form einer Spindel an. Fallen diese Bomben noch heiß auf die
Erde, wird die Oberfläche rissig wie eine Brotkruste.

*Typische
Vulkanbomben,
auch **Huevos**
genannt,
➢ Seite 425*

1.2   Zum Klima der Kanaren

Einleitend war bereits vom Klima Teneriffas die Rede (➤ Seite 21). Dort wurde vornehmlich erläutert, mit welchen Wetterbedingungen und Temperaturen wo zu welcher Jahreszeit zu rechnen ist, um für die **Urlaubsplanung** die »richtige« Zeit und den passenden Ort wählen zu können.

Die besondere **meteorologische Situation der Kanaren insgesamt** und speziell Teneriffas mit den unterschiedlichsten klimatischen Zonen auf einer recht kleinen Insel ist derart interessant, dass den Klimabedingungen ein ganzes Kapitel gewidmet ist. Auswirkungen des globalen Klimawandels werden hier nicht thematisiert.

1.2

1.2.1   Globale Faktoren

1867 notierte der Naturforscher *Ernst Haeckel* (der »deutsche Darwin«), er kenne weltweit keinen Ort, an dem das Klima so wohltuend für die Gesundheit sei und die Melancholie vertriebe.

Tatsächlich hat die Inselgruppe im subtropischen Gürtel ganzjährig milde Temperaturen (Winter 19°-22°C, Sommer 24°-30°C) bei recht kühlen Nächten (Winter 13°-16°C, Sommer 19°-21°C), kaum Luftdruck-Schwankungen (1010-1020 mb) und eine geringe Luftfeuchtigkeit (55%-65%). Sie kennt weder trockene Wüstenhitze wie nebenan die Sahara, noch Schwüle und kaum Gewitter wie beispielsweise Florida, das fast auf gleicher Breite liegt.

Nordost-passat – Vientos Alisios

Klimabestimmend für den Archipel sind die beständigen Passatwinde, die durch den kontinuierlichen Luftdruckausgleich zwischen subtropischen Hochdruckgebieten in den windschwachen Rossbreiten (20°-35° nördlicher Breite) und den äquatorialen Tiefdruckgebieten entstehen. Im Ostatlantik nennt man diesen permanent mit 20-25 km/h vom Azorenhoch über die Kanaren nach Süden wehenden trockenen Wind den **Nordost-Passat**. Die spanische Bezeichnung ***Vientos Alisios*** (von alisar = glätten) charakterisiert ihre Kontinuität und Gleichmäßigkeit.

Dass bei uns die gleichen Winde Passate heißen, liegt an ihrem lateinischen Stamm: *Pasaje* (span.), *Passagem* (port.) oder *Passagio* (italienisch) bedeutet soviel wie Überfahrt. So benannt wurden Winde, die früher die Segler nach Südwesten über den Atlantik trieben. Sie trugen Kolumbus an Teneriffa vorbei in die Neue Welt, und noch heute folgen ihm alljährlich im November Sportsegler auf dieser Route in die Karibik. Die englische Bezeichnung *»Trade Winds«* für den Passat unterstreicht nur ihre Bedeutung für den Amerika-Handel nach der Kolonialisierung.

Kanarenstrom

Dieser trocken-warme Passat wird durch das Zusammenwirken mit dem Kanaren-Meeresstrom (einem hier vor Afrika kühl wirkenden Nebenarm des an sich ja warmen Golfstroms) zur natürlichen **Klimaanlage** des Archipels. Die untere Luftschicht des Passats nimmt die kühle Feuchtigkeit der Meeresströmung auf, die parallel zur afrikanischen Küste nach Süden fließt. Durch diese Barriere aus kühler Luft und kühlem Wasser wird die heiße Saharaluft abgehalten und so die Sommertemperatur auf den Inseln gemildert.

Erdrotation

Neben warmem Wind und kühlem Wasser wird die **kanarische Klimarezeptur** durch einen Schuss Erdrotation vollendet, die die feuchtschwere Luftschicht etwas in westliche Richtung verdriftet, bevor sie als Nordost-Passat auf die Kanaren stößt. Auf den flachen Inseln Fuerteventura und Lanzarote macht sich die beständige leichte Brise weniger bemerkbar. Regelrecht sicht- und spürbar wird sie erst, wenn sie auf höhere Gebirgszüge trifft.

Einfluss der Höhenzüge

Auf den hohen Kanareninseln muss der mit kühler Feuchtigkeit beladene Passat die Berge hinaufkriechen. Dabei wird die Luft pro 100 m um ein Grad kälter und kondensiert zu Wolken. Der Wärmeausgleich zwischen Land und Wasser – nachts läuft der Luftstrom vom Land zum Meer, tags anders herum – lässt gegen Mittag Passatwolken aufziehen, die manchem Sonnenbad ein Ende setzen. Je nach Jahreszeit hängen sie zwischen 600 m und 1.000 m an den Nordhängen fest. *Panza de Burro* (Eselsbauch) nennen Einheimische die durchhängenden weiß-grauen Nebelschwaden im Orotavatal (➤ Foto Seite 366).

Mar de Nubes (Wolkenmeer)

Für den **Teide-Ausflug** sucht sich jeder einen sonnigen Tag aus. Bei Auffahrten von der Nordküste stoßen Langschläfer aber oft mittags schon oberhalb von Orotava in den nebligen »Eselsbauch« und zweifeln am Sinn der Weiterfahrt. Doch wer durchhält, durchbricht zwischen 1.500 m und 1.900 m Höhe die nassgraue Suppe und findet sich dann plötzlich unter stahlblauem Himmel in strahlender Sonne. Von oben blickt man über ein weißes Wolkenmeer, das *Mar de Nubes* (➤ Foto Seite 416)

Diese wie mit dem Lineal gezogene plane Oberkante der Wolkenschicht entsteht auf den Kanaren allerdings nur dort, wo die untere Luftschicht des Nordostpassats an Bergen bis zu mindestens 1.200 m Höhe aufsteigen kann und so gegen die oberen Luftschichten stößt.

Temperatur-umkehr

Während die unteren Luftschichten des Passatwindes durch den Kanarenstrom feucht werden und abkühlen, bleiben seine oberen Bereiche warm und trocken – d.h., leichter – und werden deswegen von der Erdrotation nicht weiter nach Westen verdriftet. So erreichen sie die Inseln mehr von Nordwesten her. Beide Schichten treffen in 1.200 m bis 1.500 m Höhe aufeinander, und es kommt zur Temperaturumkehr zur »*Inversión del Alisio*«, wobei sich die obere (warme) über die untere (kühle) Passatschicht legt und sie am weiteren Aufsteigen – und mithin am Abkühlen – hindert.

Über dem Wolkenmeer ist es wieder 5-10° Celsius wärmer als auf 800 m unter den Wolken. Denn unter der Kappe verdichtet sich die Kondensierung, schlägt sich wie Tau in beträchtlichen Mengen nieder und kühlt auch die Luft ab.

Horizontal-regen
Die hohe Luftfeuchtigkeit unter der Kappe wird erst im Kontakt mit der Vegetation zu feinem Nieselregen. Besonders im Bereich der Lorbeer- und Kiefernwälder in 1.000-1.500 m Höhe kondensiert der Nebel zu kleinen Tropfen. Da die Pflanzen mehr Wasser aus dem Wolkenmeer ziehen, als sie selbst brauchen, geben sie das wertvolle Nass an den Boden ab (⇨ Essay, Seite 447). Dieses »Melken« oder »Auskämmen« der Wolken führt zu punktuellem »horizontalen Regen« (*Lluvia horizontal*). Der Boden ist nur direkt unter den Bäumen nass, aber zwei Meter weiter erkennt man in dieser Waschküche keinen Niederschlag.

Sommer- und Winterpassat
Das beständige Azorenhoch hat sein Zentrum im Sommer über den Azoren, im Winter verlagert es sich südlicher nach Madeira. Je weiter sie vom Zentrum des Azorenhochs entfernt sind, desto kräftiger bläst der Passat (Sommer) und desto mehr Feuchtigkeit trägt er an die steilen kanarischen Bergwände heran.

Die in den Sommermonaten **tägliche Passatwolke** bringt in der regenfreien Zeit ausreichend Feuchtigkeit für die Landwirtschaft. Im Winter, wenn das Azorenhoch näher ist, nehmen beide Wirkungen des Passats ab: er flaut ab und ist weniger feucht.

Teneriffas Hauptwetterlagen

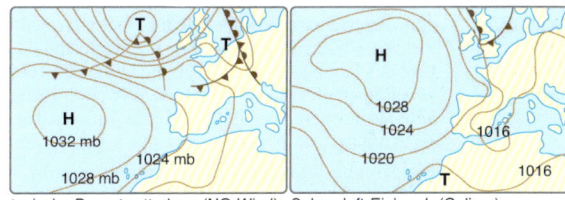

typische Passatwetterlage (NO-Wind)   Saharaluft-Einbruch (Calima)

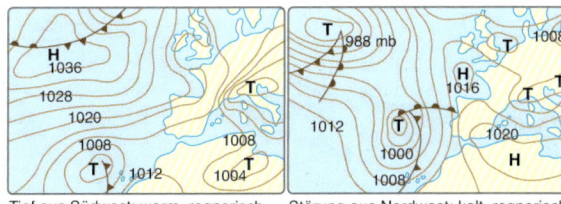

Tief aus Südwest: warm, regnerisch   Störung aus Nordwest: kalt, regnerisch

Nordseite / Südseite
Diese Klimabedingungen führen zu einer Teilung der Insel in eine dem Passat zugewandte Seite, die im Wolkenschatten liegt (*barlovento, umbria*) und eine dem Wind abgewandte Seite, die der subtropischen Sonne schutzlos ausgesetzt ist (*sotavento, solana*).

Die Nord-Süd-Teilung und die unterschiedlichen Höhenlagen sorgen dafür, dass man bei einer Insel-Rundfahrt am selben Tag viele verschiedene Vegetations- und Klimazonen (➢ Seite 452ff) mit unterschiedlichen Wetterlagen erleben kann. Im Folgenden sind die Klimata der beiden Inselseiten im Detail erläutert.

1.2.2   Die Nordseite

Die grüne Luvseite Teneriffas zeigt – je nach Höhenlage – viele
verschiedene Gesichter:

**Untere Zone
(Zona Baja)**

Vom Meeresspiegel bis zu etwa 600 m Höhe herrschen gleichmäßig angenehme (mittlere) Temperaturen von 22°C bis – je nach
Höhe – 18°C bei relativ trockener Luft. Regen fällt hier bei normaler Passatwetterlage kaum. Der Slogan vom »ewigen Frühling« gilt ganz besonders für diese Region. Im Küstenbereich
wachsen tropische Früchte, während etwas höher Weinstöcke,
Orangen und Pfirsiche gedeihen.

**Mittlere Zone
(Zona Media)**

In 500 m -1.500 m Höhe ist es unter der Passatwolkendecke kühl,
feucht und neblig. Die mittlere Temperatur übersteigt nicht 16°-
12°C. Innerhalb dieser rund 1.000 Meter verharrt die unterschiedlich mächtige Wolkendecke mal höher, mal niedriger. Im Winter
kann die Obergrenze bis auf 1.700 m ansteigen, im Sommer liegt
sie niedriger bei etwa 1.300 m. Die ständigen leichten Niederschläge erreichen zwischen 500 mm und 1.000 mm im Jahr. Das
sind ideale Bedingungen für Getreide, Kartoffeln wie auch verschiedenste Laubbäume und insbesondere den Lorbeerwald *(Laurisilva*, ➤ Seite 170).

**Höhenzone
(Zona Alta)**

Ab 1.500 m Höhe, oberhalb des Wolkenmeers, ist die Luft dank
der oberen Passatschicht wieder trockener, wärmer und wolken-
los. Ab 1.800 m Höhe weicht der Kiefernwald der Buschvegeta-
tion des Hochgebirges. Durch die Höhe des Teidemassivs kommt
es zu ausgeprägten Jahreszeiten mit entsprechenden Tag/Nacht-
Schwankungen bei einer mittleren Temperatur von ca. 9°C.

Niederschläge fallen hier oben nur, wenn der Einfluss des Passatwindes von anderen Wettersystemen gestört wird – im Winter
meist als Schnee.

*Über
ein Meter
Schnee im
Gipfelbereich des
Teide, aber immer-
hin: der Weg nach
oben ist hier geräumt*

1.2.3 Die Südseite

Das hohe Teidemassiv gibt dem Wolkenmeer kaum eine Chance, auf die Südseite zu gelangen. Im 1.000 m hohen Anagagebirge und der westlich anschließenden Hochebene bei La Laguna (ca. 650 m), wie auch auf den niedrigeren Inseln La Gomera und El Hierro können die Wolken zwar auf die Südseite der Insel kriechen, schmelzen jedoch unter der dort starken Sonneneinstrahlung meist schnell dahin.

Trockene Winde
Ein beständiges Merkmal des Klimas der Südseite ist der warme, trockene Fallwind, der besonders nachmittags stark bläst. Denn da der Passat seine Feuchtigkeit auf der Nordseite abgegeben hat, löst sich die Wolkendecke gegen Abend auf und die leichter gewordenen Luftmassen vermischen sich mit der oberen warmen Passatströmung. Sie steigen weiter auf, fallen auf der anderen Seite des Bergmassivs hinab und werden durch die Fallgeschwindigkeit noch wärmer und trockener.

Ansonsten streicht der Passat ohne wesentliche Hindernisse an der Südküste entlang. Nur die westliche steile Begrenzung des Tals (*Ladera*) von Güímar stellt sich quer und kann dann und wann Wolkenbildung verursachen. Die Temperaturen beeinflusst der *Alisio* jedoch auch hier. Zwar sind sie ca. 3°-4°C höher als im Norden, liegen aber deutlich unter den für diese Breiten üblichen Sommertemperaturen.

Vegetation
Die Vegetation ist im Vergleich zur Nordküste wenig abwechslungsreich. Kakteen und Wolfsmilchgewächse bestimmen das Bild. Nur in den höheren Lagen wächst hier auch noch die kanarische Kiefer.

1.2.4 Schmuddelwetter im prima Klima

Die Passatwolke mag für den sonnenhungrigen Touristen ein Ärgernis sein, sie ist jedoch der Garant für eine stabile Wetterlage und einen ausgeglichenen Wasserhaushalt, der die üppige Vegetation der Nordküste ermöglicht.

Wohlinformierte verzweifeln, wenn es an der Südküste schon seit Tagen schüttet (eine immer häufigere Folge des Klimawandels), oder ziehen murrend einen dicken Pullover über, weil sich die Nordküste mitnichten frühlingshaft zeigt, sondern kalt und windig – ungemütlich wie an der Nordsee.

Da das Reisebuch strahlenden Sonnenschein über dem Wolkenmeer verspricht, macht er sich nun auf zum *Teide* und akzeptiert, gut belesen und hoffnungsvoll, den Nieselregen bis 1.500 m Höhe. Aber wenn er auf 2.000 m Höhe immer noch durch Waschküche oder Schneematsch fährt, wenn es im günstigsten Falle dicke weiße Flocken schneit, dann kann er daheim zu Recht erzählen, dass es auf den glückseligen Inseln – bis auf Blitz und Donner – nicht nur ewige Frühlingswonnen gibt, sondern zuweilen auch richtiges Schietwetter.

1.2

**Winter/
Tiefdruck-
gebiete**

Wie schon gesagt, verlagert sich das Azorenhoch im Winter südlich Richtung Kanaren und teilt sich in zwei Zentren mit nur
schwachem Luftausgleich. Da der Weg zum Archipel nun kürzer
ist, trifft der weniger feuchte Passat nicht so kräftig auf die steil
aufragenden Bergmassive. Die winterliche Passatwolke ist dem-
entsprechend instabiler als im Sommer. Oft bleibt der sonst so
zuverlässige Wind, der im Sommer an 90 von 100 Tagen bläst,
ganz aus und pustet im Schnitt nur jeden zweiten Tag.

Fällt das Klimasystem des Nordost-Passats aus, können kalte nordwestliche Sturmtiefs bis zu den Kanaren vordringen. Ohne die
Barriere des Wolkenmeeres toben sie sich vor allem in höheren
Lagen (über 1.500 m) mit Windgeschwindigkeiten bis zu 200 km/h
aus und sorgen für kurze aber immens starke Regenfälle (Schnee
ab 2.000 m). So ein nordischer Wintereinfall kann fünf Tage dauern und erhebliche Schaden anrichten und an der Nordküste
werden meterhohe Wellen zur nicht ungefährlichen Attraktion.

Auch der Süden bekommt dann seine winterlichen Duschen.
Wenn die nordwestlichen Störungen kräftig genug sind, dringen
sie bis zu den mittleren Lagen der Südhänge vor.

Sintflutartige Güsse bekommt der ansonsten fast niederschlags-
freie Süden jedoch nur von Luftströmen, die eine lange Reise hinter sich haben. In großen Höhen kann kalte Luft bis in tropische
Breiten driften, sich dort mit schwüler Luft aufladen und von
Südwesten auf die Inseln stoßen. Die Wassermassen spülen die
ausgetrockneten Böden fort und hinterlassen tiefe Furchen (*barrancos*). Solche Tiefdruckgebiete sind zwar selten, aber wüten
doch ein- bis zweimal im Jahr an 3-4 Tagen.

1.2.5   Sommertiefdruckgebiet

Wie oben erwähnt, hält der kühle Mix aus Nordostpassat und Kanarenstrom im Sommer die trocken-heiße Saharaluft vom Archipel fern. Aber starke Tiefdruckgebiete in der westlichen Sahara
mit gewaltigen **Sandverwirbelungen** schaffen es zuweilen, die
NO-Passat-Barriere zu bezwingen. Sie bringen ungewöhnlich hohe
Temperaturen (manchmal über 40°C) und **tonnenweise Saharasand** auf die Inseln. *Calima* oder *Tiempo del Sur* nennen *Canarios* diese Wetterlage, wenn die Sicht wie durch Nebel einge-
schränkt ist, weil die Luft schwefelgelb wird. Nicht nur Asthma-
tiker klagen dann hier und sogar in der Karibik (➤ Seite 447) über
Atembeschwerden und Hausfrauen über dicken Staub.

Die größte Hitze erlebt man bei *Calima* nicht an den Küsten, sondern in den mittleren Höhen, da die Saharaluft sich über die
feucht-kühlen Lagen des Kanarenstromes ausbreitet. In La Laguna (600 m) ist es dann wärmer als am Strand. Das »*Tiempo del
Sur*« ist relativ selten (3-4 mal im Jahr), dauert 2-3 Tage, kann aber
in Extremfällen bis zu einer Woche anhalten. Obwohl es als
Sommerwetterlage gilt, hängt die gelbe Nebelglocke des *Calima*
auch zuweilen im Winter über den Kanaren.

Calima

Gewaltige heiße Sahara-Sandstürme (➤ Foto unten) wirbeln tonnenweise gelben Staub (bis zu 10 Mio km² und bis in 3.000 m Höhe) über die Kanaren und den Atlantik (wo sie Hurrikane dämpfen oder verhindern können) – zuweilen bis in die Karibik. Dort wird dann Smogalarm gegeben. Die mitgeführten afrikanischen Mikroben und Fungi zerstören dort Korallenriffs; andererseits dienen sie dem tropischen Regenwald und dem Ökosystem Amazoniens als Dünger. Grund für die jüngste *Calima*-Zunahme sind Klimaveränderungen des nordafrikanischen Kontinents: fortschreitende Aridisierung und Verschmutzung. (➤ auch Klima der Kanaren, Seite 441).

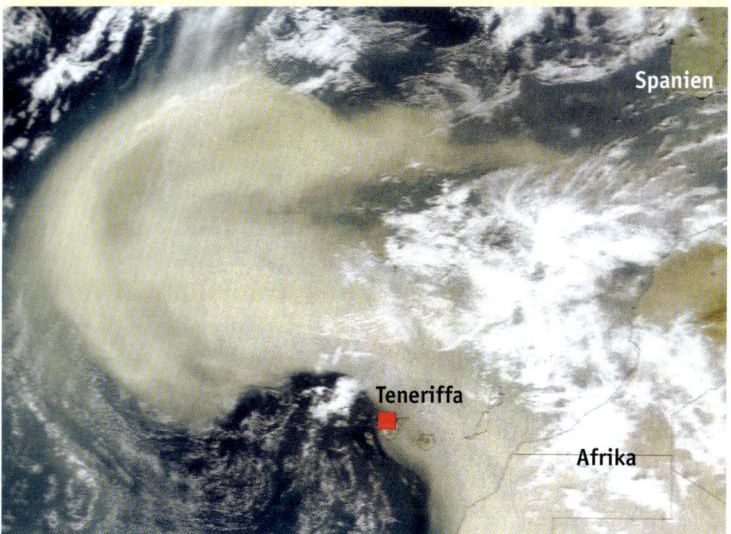

Calima: ein Sandsturm aus der Sahara bläst über die Kanaren bis in die Karibik

Von Regenbäumen und Schicksalstropfen Klaus Schwidrowski

Situation

Trotz Saharanähe liegen die Kanaren klimatisch privilegiert im Strom der elysischen Winde, die als Nordost-Passat wasserschwangere Wolken vor sich her treiben. Die hohen kanarischen Gebirgsmassive wirken wie Bremsklötze, über die sie sich wälzen; aber meist hängen sie fest und entleeren sich. Dann gehen zuweilen gewaltige Regenmengen nieder (oft mehr als 30-50 Liter/m²) und schießen durch tiefe Schluchten (*Barrancos*) ins Meer. Der Bauer sieht es mit Tränen. Er braucht den Regen für seine Felder, kann das kostbare Nass aber nicht halten, da es im porösen Vulkangestein versickert.

Nur die immensen Kiefernwälder wissen sich zu helfen: mit ihren langen Nadeln «kämmen» sie aus den andrängenden Wolkenschwaden (*brumas*) ihren eigenen Feuchtigkeitsbedarf, und geben den großen Rest (60%) an den Boden ab, wo es langsam ebenfalls versickert (➤ *lluvia horizontal*, Seite 443).

Zum Problem wurde das Versickern, als das bis dato an der Oberfläche verbleibende Wasser durch Rodung, steigenden Verbrauch und Klimawandel völlig versiegte. Teneriffas einstigem Wasserrausch folgte die Ernüchterung: Was sich in Millionen Jahren unter porösem Gestein in unterirdischen Grotten gesammelt hatte, ist großenteils verbraucht. 860 Mio. m³ Wasser/Jahr gehen in guten Jahren auf der Insel nieder. Davon verdunsten 600 Mio. m³ und 20 Mio. m³ fließen ins Meer. Immerhin versickern ca. 40% (240 Mio. m³) und werden in unterirdischen Basaltblasen gespeichert. Es bedurfte erheblicher Anstrengungen, um diesen Reichtum anzuzapfen.

Wer heute über die Insel fährt, sieht Süßwasser nur in riesigen Zisternen (*embalses*), aber keine Quelle, kein Bach. Früher sprudelte es überall im Anaga- und Tenogebirge. 22 Flüsschen gab es, und Ortsnamen wie El Rio (bei Granadilla) und La Laguna (➤ Seite 147) erinnern an wasserreichere Zeiten. Doch selbst im *Barranco del Infierno* (➤ bei Adeje, Seite 239), wo früher ein meterhoher Wasserfall in die Schlucht stürzte, tropft im Sommer nur ein Rinnsal. Dafür gibt es ein Gewirr von Wasserleitungen, als offene bzw. gedeckte Kanäle aus Stein oder endlose Rohre. Sie entstanden in zwei Schüben: Mitte des 19. und 20. Jahrhunderts (➤ Seite 209), als man über 1000 Stollen (*galerias*) horizontal durch die Felsen trieb, um das Sickerwasser in den Blasen zu schürfen. In diesen Vortrieben wird das Tropfwasser in Rinnen aufgefangen und in Becken geleitet.

Die damals in dieses Projekt investierenden Privatgesellschaften (*heredades*) erwarben dadurch Wasserrechte, die sie jeden Monat nach *Pipas* (je 480 Liter) verkauf(t)en. Jeder Abnehmer, ob Bauer oder Gemeinde, kennt die Stunden, in denen das Wasser ihm zugeschleust wird. Es deckt heute 85% des Inselbedarfs.

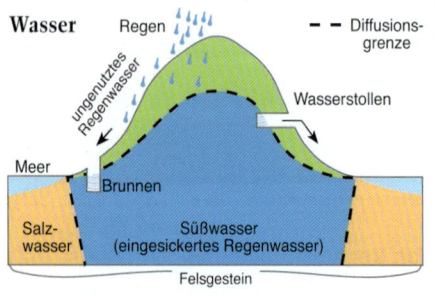

Neben den Wasserstollen gibt es noch 500 (!) Brunnen mit einer mittleren Tiefe von 120 m. Nicht wenige Stollen und Brunnen sind inzwischen aber trocken oder unergiebig, denn der extreme Wasserabbau in der Vergangenheit hat den »Grundwasser«-Spiegel gesenkt. Neue Vortriebe sind kaum noch erfolgreich.

Zur Zeit werden rund 215 Mio. m³ jährlich verbraucht. Das ist weniger als der rechnerische Überschuss aus Regenwasser von 240 Mio m³, so dass ran sich ein Reserven(wieder)aufbau von 25 Mio. m³/Jahr bleibt. Da Statistik und Realität jahrelang auseinanderklafften, wurde dennoch auf Teneriffa das Wasser knapp.

Touristen und Bananen sind die größten Wasserschlucker: beide brauchen je 400 Liter, das sind 3 Vollbäder: Der Tourist pro Tag (250 Liter mehr als zu Hause), die Banane im Jahr pro Kilo (➤ Seite 466). Nur mit dem Golfcaddy neben sich, schlägt der Urlauber die Banane, denn die 9 Plätze brauchen jeweils soviel Wasser wie eine Kleinstadt mit 8000 Einwohnern. Dennoch »rechnet sich« der Golfer: Er lässt mehr Geld auf der Insel als der Pauschaltourist (➤ Seite 213).

Meerwasser-Entsalzung

Erste Entsalzungsanlagen (*desaladora*) entstanden schon in den 1960er-Jahren auf den trockeneren Inseln der Kanaren wie z. B. Fuerteventura, wo heute fast der ganze Süßwasserbedarf so gedeckt wird. Mittlerweile gibt es auf den Kanaren die erstaunliche Zahl von 330 *Desaladoras*, wobei die »grünen« Inseln erst später damit begonnen haben. Ein Hauptproblem der Entsalzung ist der (bislang) sehr hohe Stromverbrauch der Anlagen.

Das wasserverwöhnte Teneriffa verfügt bislang über 27 solcher Anlagen, die 9% des Bedarfs decken. Santa Cruz allein entsalzt dabei täglich 20.000 m³ (= 30% des Hauptstadtverbrauchs). Zuletzt wurden fünf neuen Anlagen im Südwesten fertiggestellt, die dort ca. 50% des Verbrauchs abdecken , wobei der Energieaufwand für das »Kunstwasser« dank der Anwendung moderner Umkehr-Osmose-Technik von 30 kWh auf nur noch 3 kWh pro m³ vermindert werden konnte.

Nicht mehr so groß wie früher sind die Verluste im 4000 km langen Verteilernetz. Es bestand lange aus zum Teil nur in den Fels gehauenen, offenen Aquädukten, aus gemauerten und gedeckelten Kanälen und einem unkontrollierten Spinnennetz von Verteilerrohren. Unglaublich viel Wasser verdunstete und versickerte. Absoluter Höhepunkt war das Jahr 1945. Damals gingen allein in der Hauptstadt Santa Cruz 53% des Wassers verloren. Ein Teil davon sicher auch dank der Schlitzohrigkeit mancher Tinerfeños. Tausende bauten sich schon damal illegal ihr Häuschen und zapften klammheimlich das öffentliche Versorgungsnetz an.

Nach 30 Jahren des Herumdokterns an den maroden Kanälen und Leitungen war das Ergebnis noch immer niederschmetternd. Noch bis 1975 kam selten mehr als 50% des eingeleiteten Wassers beim zahlenden Verbraucher an: der jährliche Verlust betrug bis zu 20 Mio. m³. Da wurde es selbst den sprichwörtlich geduldigen Canarios zu bunt. Die Wasserabteilung der Hauptstadt wurde in eine Aktiengesellschaft umgewandelt. Und die beschloss – nun von keiner Bürokratie mehr gegängelt –, die Kanäle und Rohre zu erneuern. Nach nur fünf Jahren versickerten 1980 nur noch 15%. Heute sind es etwa 7%, ein auch international relativ gutes Ergebnis.

Die Wiederaufbereitung der **aguas negras**, der Abwässer, steckt noch in den Kinderschuhen – 40% des Wasser bleiben ungeklärt. Die Kanaren bilden damit ein spanisches Schlusslicht, Musterknabe sind die Balearen mit 99% Klärung.

Wer sich intensiver für Teneriffas Wasserwirtschaft interessiert, findet weiter Informationen im Internet auf dem Portalen

www.fcca.es   www.aguastenerife.org   www.planhidrologicodetenerife.org

2.   Teneriffas Flora und Fauna

2.1   Vegetation auf Teneriffa

(➢ auch Literatur Seite 597 und »Botanik mit Cristóbal«, Seite 516f)

2.1.1   Übersicht

Die kanarische Flora weckte schon Ende des 18. Jahrhunderts das Erkenntnisinteresse der Aufklärer wie *Humboldt, Darwin* und *Viera y Clavijo* (➢ Seiten 495f). Ihnen stellten sich viele Fragen: Warum gab es hier so viele in Europa unbekannte Pflanzen, die offensichtlich von fernen Kontinenten stammen? Wie konnte eine Flora und Fauna auf Inseln gelangen, die aus dem Feuer geboren waren? Und: Hat jemals eine Landbrücke zu Afrika bestanden?

Pangaea

Erst die 1912-24 von *Alfred Wegener* entwickelte **Theorie der Plattentektonik** (➢ Seite 434) konnte Antworten geben: Teneriffas Pflanzenvielfalt resultiert daraus, dass es vor 250 Mio. Jahren nur eine einzige zusammenhängende Landmasse gab, den Superkontinent »**Pangea**«. Als dieser zerbrach, drifteten seine Teile in verschiedene Richtungen (Kontinentaldrift). Die Vegetation passte sich den jeweiligen Klimazonen an. Nordafrika blieb subtropisch.

Mediterrane Fossilienfunde zeigen, dass es dort ausgedehnte Lorbeerwälder gegeben hat, ähnlich der heutigen **Laurisilva** mit ihren vielen Farnen in den Gebirgslagen. Auch **Drachenbäume**, die »Dinosaurier« unter den tinerfeñischen Pflanzen, wurden **im Mittelmeerraum** in Versteinerungen gefunden.

Thetys Meer

Das Mittelmeer war früher Teil des Thetys-Meeres, das bis zum Himalaya reichte. Spätere Gebirgsauffaltungen (*Atlas, Sierra Nevada*) verkleinerten dieses Meer und trockneten Nordafrika aus. Der kanarische Lorbeerwald überlebte im Jungtertiär vor 15 Mio. Jahren. Ein naher Verwandte der **Kanaren-Kiefer** findet sich heute im Himalaya (!), der aus Tethys emporstieg.

Eiszeit

Typisches Aeonium

Nicht nur die Schrumpfung des Thetys Meeres veränderte die Vegetation im heutigen Mittelmeerraum. Vor 11 Mio Jahren begann sich die Erde abzukühlen. Höhepunkt waren die Eiszeiten. Viele Pflanzen auch in den eisfreien Gebieten wurden dadurch weiter nach Süden verdrängt. Überleben konnten nur jene, die sich in mildere Gefilde wie die Kanaren gerettet hatten. In diesem isolierten Exil entwickelten sie sich prächtig und bildeten endemische (einmalige) Unterarten, sofern sie von Vulkanausbrüchen verschont blieben. Das **Aeonium** zum Beispiel, ein Dickblattgewächs mit rosettenförmigen fleischigen Blättern, ist in besonders vielen Arten und Unterarten vertreten.

Isolierte Vulkaninseln

Die Aufklärer des 18. Jahrhunderts glaubten noch an eine ehemalige Landbrücke der Inseln mit Afrika. Folglich gingen sie von einem afrikanischen Ursprung der kanarischen Flora und Fauna aus. Erst die Erkenntnis, dass die Vulkaninseln durch Unterwasser-Eruptionen aus dem Atlantik, d.h., isoliert von bestehenden Kontinenten entstanden waren, warf die Frage auf, wie Pflanzen und Tiere dort heimisch werden konnten (➤ dazu im Detail »Entstehung der Kanarischen Inseln«, Seite 434).

Afrikanähe

Bakterien, Farne und Flechten verwehten vom nur 100 km entfernten afrikanischen Kontinent, setzten sich in Gesteinsspalten fest und bereiteten so den Boden für höhere Arten. Andere reisten raffinierter, beispielsweise als Samen im Vogeldarm, verfangen in Vogelfedern oder in hölzernen Treibgut-Ritzen.

Klimabedingungen

Teneriffas klimatische Janusköpfigkeit mit einer humiden Luv- und einer ariden Lee-Seite bietet neben Pflanzen, die viel Wasser brauchen, auch Lebensraum für **Wüstengewächse**. Zusätzlich bringt die enorme Inselhöhe (3.718 m) mehrere abgestufte **Vegetationszonen** mit sich. Folglich ist die höchste Insel der Kanaren auch die pflanzen-vielfältigste. Ferner schafft die zerklüftete Oberflächenstruktur eine ganze Reihe von Mikroklimata – ökologische Nischen für viele Unterarten.

Endemiten

Pflanzen, die auf einen geographischen Raum begrenzt sind, werden »Endemiten« genannt. Von den etwa **1.950 Pflanzenarten**, die heute wild bzw. verwildert auf den Inseln wachsen, wurden seit der Eroberung durch die Spanier 1680 eingeführt und haben sich akklimatisiert (➤ »Lexikon der Nutz- und Zierpflanzen«, Seite 459f). Von den verbleibenden 1.270 Arten gelten **660** als **Kanaren-Endemiten**. Allein auf Teneriffa sind dies 173 Arten, davon **140 reine Teneriffa-Endemiten** (Lokalendemiten). Teneriffa hat damit deren höchsten Anteil.

Drago in La Quinta (Santa Ursula)

Mit dieser abwechslungsreichen Flora und dem Begriff »endemisch« wurde in letzter Zeit viel Werbung für Teneriffa gemacht.

So eingestimmt sind viele Touristen möglicherweise etwas enttäuscht, wenn sie nicht auf Schritt und Tritt einer »extrem exotischen« Pflanze begegnen. Die **kanarische Palme**, die **Kanaren-**

2.1

Kiefer oder die **Kandelaberwolfsmilch** lösen kaum Erstaunen aus, obwohl alle drei endemisch sind. Eine Kiefer ist für den biologischen Laien eben nur eine Kiefer. Dagegen stoßen die Königin der Kanaren-Endemiten wie der **Rote Teide-Natternkopf** (➤ »Flora und Fauna«, Seite 424 mit Foto) und der sagenumwobene **Drachenbaum** auf spontane Bewunderung (➤ Icod, Seite 347).

Tabaiba und Dickblattgewächse

Die meisten Insel-Endemiten verstecken sich – oft unbeachtet– in Felsspalten oder in höchsten Höhen wie das **Teideveilchen** (➤ Seite 458). Andere Gewächse wie die *Tabaiba* (Euphorbia regisjubae und die Euphorbia balsamifera) stehen viele Monate kahl und dürr auf steinigem Boden. »Putzig« findet auch der Laie die vielen hauswurzartigen Dickblattgewächs-Arten (*Aeonium*), die mit ihren fleischigen Rosetten beispielsweise im »Malpaís« oder zwischen Dachpfannen wachsen. Sie bilden attraktive Blütenstände in mannigfaltigen Farben und Formen (➤ Foto Seite 450).

Vegetationspyramide

Die klimatische **Zweiteilung in Nord und Süd** sowie die jeweilige **Höhenlage** bestimmen die verschiedenen **Vegetationsebenen** der Insel, die man grob in drei Stufen einteilt: das unterste Stockwerk (*Zona Baja/Piso Basal*) bis etwa 300 m und das oberste Stockwerk (*Zona Montañosa*) ab 2.000 m umfassen die ganze Insel ohne bedeutende Unterschiede zwischen Nord- und Südseite. Dagegen sind die mittleren Höhen (400 m bis 1.500 m) beider Inselseiten wegen der krassen Klimagegensätze (feucht bzw. trocken) sehr unterschiedlich bewachsen. Diese mittleren Lagen werden oben und unten von Übergangszonen begrenzt.

Die wichtigsten Pflanzen und Pflanzengemeinschaften Teneriffas werden im Reiseteil und in Kästen genauer dargestellt.

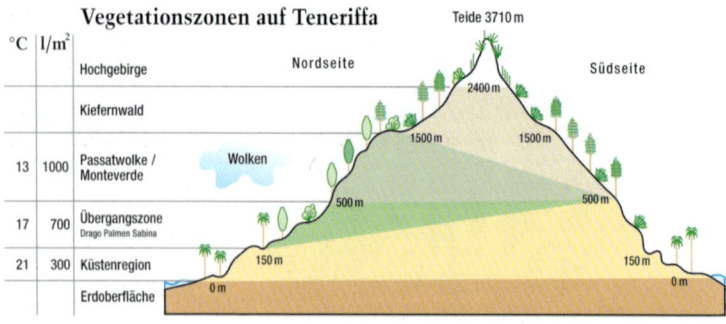

Vegetationszonen auf Teneriffa

2.1.2   Küstenzone

Wenig Beachtung finden Pflanzen, die in unmittelbarer Meeresnähe ein recht anstrengendes Leben führen. Der Salzgehalt von Luft und Boden, der Wind und der sandige Boden machen ihnen zu schaffen. Die meist nur bis zu 50 cm hohen Gewächse mit fleischigen Ästen speichern große Mengen an Wasser, um die hohe

Guanchentraube

Salzkonzentration zu verdünnen. Auffällig ist die **Guanchentraube** (Zygophyllum fontanesii), deren sukkulente olivgelben Blätter wie Trauben wirken. Nur an den wenigen sandigen Küstenstreifen findet sich die **Kanaren-Tamariske** (Tamarix canariensis), ein mittelgroßer Strauch oder kleiner Baum mit schuppigen fedrigen Blättchen und kätzchenartigen rosa Blütenständen. Eine kleine Pracht ist auch der rosa-violett-blühende **Kamm-Strandflieder** (Limonium pectinatum). Wo die Gischt an felsigen Küsten ins Land getragen wird, ist die **Nymphendolde** (Astydamia latifolia) zu finden, ein dickblättriger Schirmblütler mit mehrstrahligen gelben Dolden. Die Spanier nennen sie *Lechuga de Mar*, Meersalat.

Die rosa-violett-blühende **Seeheide** (Frankenia laevis), ein Zwergstrauch, heißt spanisch *Albohol*. Auch der **Meerfenchel** (*Perejil de Mar*/Crithmum maritimum) gibt über seinen Namen die frühere Verwendung in der Küche preis. Er ist von sellerieähnlichem Geruch und salzigem Geschmack.

2.1.3   Der Norden

In die natürliche Vegetationspyramide der Insel hat der Mensch stetig und massiv eingegriffen. Schon das sommerliche Weiden der Guanchen-Ziegen in der sensiblen Bergwelt ab ca. 2.000 m verursachte unwiederbringliche Schäden. Andererseits ließen die Ureinwohner die unteren Hänge durch nur unbedeutenden Getreideanbau und – als nicht seefahrendes Volk – auch Teneriffas Wälder intakt. Beides sollte sich nach ihrer Unterwerfung durch die Spanier radikal ändern.

Die kanarische Palme und der Drachenbaum fühlten sich immer schon neben den auf der ganzen Insel vertretenen *Tabaibas* und *Cardones* (➤ unten) in der warmen, gemäßigt-trockenen Küstenzone unterhalb der feuchten Passatwolke wohl.

Ein gutes Beispiel dieser ursprünglichen, sehr anmutigen Vegetation ist im geschützten Gebiet beim *Mirador San Pedro* nahe Los Realejos erhalten (➤ Küstenwege, Seite 337f). Vielerorts wurde diese inseltypische Flora fast vollständig durch Nutzpflanzen und Plantagenanbau verdrängt.

Ab Mitte des 20. Jahrhunderts sind die unteren Nordhänge der Insel zum Siedlungsgebiet geworden. In den Gärten stehen dort exotische Zierpflanzen und farbenprächtig blühende Bäume aus mediterranen und subtropischen Gebieten. Die verbliebenen landwirtschaftlichen Flächen im Küstenbereich werden weithin von Bananen- und Tomatenplantagen besetzt. Bis etwa 500 m Höhe findet man Wein- und Apfelsinen-Anbau.

2.1

2.1.4 — Die Wälder

Monteverde

Mehrere ineinander übergehende Waldzonen bedeckten früher die Nordhänge zwischen 500 und 2.000 m. In der unteren Übergangszone bildeten die Palmen, Dragos und Tabaibas zusammen mit den Trockenheit gewohnten **Sabinas** (*Juniperus turbinata*, Kanaren-Wacholder) weite, lichte Haine. Auf 600 bis 1.300 m Höhe entwickelte sich der »***Monteverde***«, eine Mischung aus **Lorbeerwald** und **Gagel-Baumheidebusch** (*Fayal-Brezal*), Farnen, Moosen, sowie artenreichen Strauch- und Krautschichten. Beim *Cruz del Carmen* (Anaga, ➤ Seite 175) beherbergt er die europaweit höchste Artenvielfalt. Er entzieht das lebenspendende Nass der Passatwolke.

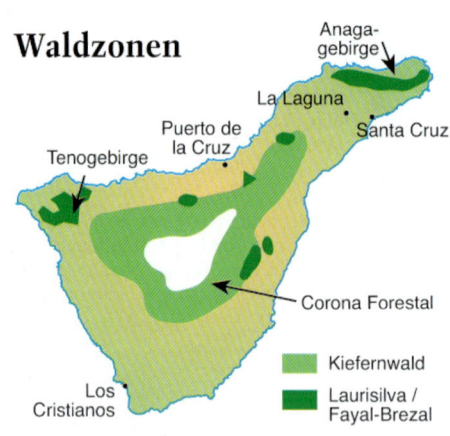

Waldzonen

Anaga-gebirge

La Laguna

Puerto de la Cruz

Santa Cruz

Tenogebirge

Corona Forestal

Los Cristianos

Kiefernwald

Laurisilva / Fayal-Brezal

Im Bereich der Lorbeerwälder wuchsen die begehrtesten Hölzer. Der **Barbusano** galt als das »kanarische Ebenholz« (*Apollonais barbujano*) und der **Viñatigo** (*Persea indica*) ist bei Tischlern als »Zeder der Kanaren« geschätzt.

Veränderung

Der Wasserreichtum und die gemäßigten Temperaturen im Bereich der Passatwolke machten diese Höhenlage zum bevorzugten Siedlungsraum. Die reichen Nutzholz-Bestände wurden verfeuert und verbaut und auf den gerodeten Flächen Kartoffeln, Gemüse und Getreide angebaut. Die vereinzelt stehenden Edelkastanien und kleinen Eichen wurden erst später angepflanzt.

Monteverde heute

Auf Teneriffa ist der *Monteverde*, der grüne Bergwald, noch am ursprünglichsten im Anaga-Gebirge erhalten (➤ Seite 170). An der zentralen Nordküste finden sich nur noch kleine Bestände, beispielsweise im Nordwesten oberhalb von Los Silos (➤ Seite 358) und oberhalb von Los Realejos um die »*Zona Recreativa Chanajiga*« (➤ Seite 334).

Kanaren-Kiefernwald

In den trockeneren Gebieten teilweise oberhalb der Passatwolke löste die **Kanaren-Kiefer** den *Monteverde* ab. In ihrem Unterholz fühlt sich hier auch noch die **Baumheide** wohl. Erst in noch höheren Lagen stehen diese Kiefern wie Königinnen allein über den Wolken. Trotz massiver Rodungen im 16. Jahrhundert umgibt – nach Wiederaufforstungen – heute wieder die **Corona Forestal** (Waldkrone) weiträumig den Teide (bis zu etwa 2.000 m Höhe). Auftretende Winterfröste bestimmen die Obergrenze des Kiefernwaldes und damit die Baumgrenze.

2.1.5   Der Süden

Zona Baja (0-700 m)

Im Inselsüden ersteckt sich die *Zona Baja*-Vegetation von der Küste bis auf 500-700 m Höhe. Dort bestimmen vor allem die **Euphorbien** das Landschaftsbild. Die Familie der **Wolfsmilchgewächse** mit ihren vielen Arten und Unterarten kann sich auf dem weichen hellen Tosca-Gestein, aber auch im spitzkantigen schwarzen *Malpaís* entwickeln.

Wolfsmilchgewächse

Hinweis: Die weiße Milch dieser Pflanzen ist giftig!

Die Euphorbia regis jubae, **König Juba Wolfsmilch** – im Volksmund kurz **Tabaiba** genannt, ist hier überall gegenwärtig. Dieser bis zu etwa 2 m hohe Strauch bildet aus dem kurzen sukkulenten Stamm sich nach oben öffnende Äste. Seine schmalen, zu Rosetten geordneten Blätter verliert er bei längerer Trockenheit im Spätfrühjahr. Dann sehen die Hänge des Südens über Monate grau und abgestorben aus. Nur die ersten winterlichen Regenfälle können sie zu neuem Leben erwecken. Ab Dezember wirken sie dann mit ihren äußerst dichtstehenden grünen Blättern wie ein **Savannenwald en miniature**. Die in den Ästen der **Tabaiba** gespeicherte Feuchtigkeit (Stammsukkulenz), ein weißer, klebriger Saft (Wolfsmilch), ist hochgiftig!!!. Die Guanchen gossen ihn ins Meer, um dann die toten Fische von Land aus zu fangen. Auch zum Mumifizieren wurde er verwendet. Benannt ist die *Tabaiba* nach dem numidischen König *Juba II*, der schon zur Zeit des Römischen Reiches die kanarische Inselgruppe erreichte.

Kandelaber-"Kaktus"

Die teils am Boden kriechende, kräftige *Tabaiba dulce* (Süße oder **Balsam-Wolfsmilch** – Euphorbia balsamifera) kann noch mehr Wind und Trockenheit vertragen. Manche Euphorbien schützen sich vor dem Austrocknen, indem sie nur wenige, leicht abfallende kleine Blätter bilden wie z.B. die **Blattlose Wolfsmilch** (Euphorbia aphylla). Star unter den Wolfsmilchgewächsen ist der auf der gesamten Insel

verbreitete **Cardón** (Euphorbia canariensis), zu deutsch **Säuleneuphorbie** oder auch umgangssprachlich – irreführend – **Kandelaberkaktus** genannt. Viele bogig aufsteigende dicke Sprossen entwickeln sich aus einem mächtigen Wurzelstock. Seine Blätter haben sich zu Dornenpaaren zurückgebildet. Bis zu drei Meter hohe vielarmige Prachtexemplare finden sich entlang der Südautobahn, deren Flughafen-Zufahrt und an den Südhängen des Anaga-Gebirges. Exotisch schön präsentiert sie sich, wenn sie an den Sprossenenden kleine rote Blüten bzw. rote dreikapselige Früchte trägt.

Euphorbia Canariensis,
Star unter den Wolfsmilchgewächsen

2.1

Die schönste Euphorbia wächst allerdings nicht auf den trockenen Südhängen, sondern im etwas feuchteren **Teno-Gebirge** bei Masca.

Pflanzen-gemein-schaften

Die dominierenden Wolfsmilchgewächse im trockenen windigen Süden leben meist in Gemeinschaft mit ähnlichen Pflanzen. Vom Laien leicht mit der *Tabaiba* zu verwechseln ist die **Verode** (Kleinia neriifolia). Sie hat einen längeren verholzten Stamm und eine verästelte Krone. Nur an den Zweigspitzen sitzen grüne fleischige Blätter. Zur Blüte- und Fruchtzeit ist sie als Korbblütler unverkennbar. Weder Dornen noch Blätter, nur noch Stengel hat der *Cardoncillo* (Ceropegia fusca), die **Braunblütige Fensterpflanze**.

Opuntie

Der *Feigenkaktus* (Opuntia,➢ Seite 490 und 545) hat sich seit seiner Einführung aus Lateinamerika weit verbreitet und seinen Platz in dieser Gemeinschaft oft zum Schaden einheimischer Pflanzen gefunden. Rosettenbildende Dickblattgewächse (Aeonium) fühlen sich sowohl im Lorbeerwald als auch auf knochentrockenem jungen Vulkangestein, ja sogar auf Hausdächern wohl (**Dachwurz**, ➢ Seite 450). Sie gehören ebenfalls zum Habitat des Sukkulentenbusches. Oft entwickeln sie große Blütenstände, die senkrecht aus den Blattrosetten aufsteigen und je nach Art in vielen Farben und Formen daherkommen. Auch kleine Bäumchen bzw. größere Sträucher wie der **Balo** (Plocama pendula) mit einer Höhe von bis zu 3 m gehören dazu. Er hat schlaff hängende Zweige und erinnert mit seiner Form an eine Trauerweide. Seine Früchte sind fleischig und sehr wasserhaltig; sie dienen vor allem Eidechsen als Nahrung.

Margeritenbusch am Fels

Viele der Pflanzen sind über Monate für den Laien unattraktiv und nur Biologen erkennen sie an ihren Besonderheiten. Dem interessierten Laien, der sich bisschen eingelesen hat (➢ Literatur Pflanzen, Seite 597), erschließen sie sich, wenn sie Blüten oder Früchte tragen und leichter zu bestimmen sind.

Nur nach ausreichenden Regenfällen im Winter und Frühling kommen im Inselsüden und -westen zum Braun, Grau und Grün andere Farbtupfer in die Landschaft. Vor allem an den Westhängen blühen Mandelbäume zartrosa und kräftige **Margeritensträucher** (Argyrantemum spec) bilden ein weißes Blütenmeer.

Die beige-grauen, gerölligen **Toscaböden** können an einigen Stellen mit einem dunkelroten dichten Teppich überzogen sein, den die **Knotenblütige Mittagsblume** (Mesembryanthemum nodiflorum) bildet. Bezaubernd wirkt der recht häufige **Kalifornische Goldmohn** an den Straßenrändern.

Eingriffe in die Natur

Erst seit Mitte des 20. Jahrhunderts hat der Mensch massiv in die Natur des Inselsüdens eingegriffen. Durch effektivere Bewässerung und Trockenfeldbau wurde auch dort Plantagenwirtschaft möglich (➤ Seite 408). *Tabaibas* und *Cardones* auf flachen Hängen mussten Tomaten, Bananen oder Schnittblumen weichen.

Kalifornischer Goldmohn

Anderswo, wie beispielsweise im Güímar-Tal, wurden Avocados, Mangos, Papayas und Wein angepflanzt. Generell hat sich aber Teneriffas Landschaftsbild im Süden nicht so nachhaltig verändert wie im Norden durch die Rodung des Lorbeerwaldes. Nur die früher auch im Süden heimischen *Sabinas* (Juniperos) sind nahezu gänzlich ausgestorben. Wo an den Küsten eine dichte touristische Bebauung die bescheidene Insel-Vegetation zugedeckt hat, verschönern heutzutage aber immerhin Palmen, bunt blühende Beete und viele gepflegte Parks die Hotelanlagen.

Kiefernwald

Schon ab 500-600 m Höhe schließt im Süden die **Kanarenkiefer** an den Sukkulenten-Busch bzw. das *Tabaibal/Cardonal* an (➤ Seite 452, »Vegetationszonen«). Zuerst wachsen nur vereinzelte Exemplare, dann erobert sie die gesamte Höhenstufe. Die lichten Kiefernwälder haben fast keinen Unterwuchs. Dafür setzt der gelb blühende kugelförmige **Wald-Hornklee** (Lotus campylocadus, ➤ »Kanarische Kiefer«, Seite 414) einen auffälligen Farbakzent. Er ist ein Teneriffa-Endemit, der entlang der Waldwege gern seine halbkugeligen Teppichpolster ausbildet.

Blick über lichten kanarischen Kiefernwald im Bosque de la Esperanza auf das ferne Santa Cruz

2.1

2.1.6   Gebirgsregion

**Kenn-
zeichnung**

An den Kiefernwaldgürtel (*Corona Forestal*) schließt oberhalb der Baumgrenze die subalpine Stufe der **Zona Montañosa** an. Die sehr trockene Luft, intensive Sonneneinstrahlung unter fast immer blauem Himmel, heiße Tage, kalte Nächte, der stetige Wind und die steinige Vulkanlandschaft verlangen von den hier siedelnden Pflanzen viel Überlebenskunst. Niedrige kugelbuschartige Gestalt zeigt die **gelbblühende Besenrauke**, nach dem Verblühen und dann strohigen Aussehen im Spanischen *hierba pajonera* genannt.

Ginster

Nur der **Teide-Ginster** (*Retama del Teide*/Spartocytisus supranubius) öffnet sich wie ein kleiner kräftiger Baum mit seinen graurindigen Ruten nach außen. Winters wirken die blattlosen Büsche mit oft über 20 m Umfang wie graue über das beige-braun-schwarze Geröll verstreute Heuhaufen. Ab Frühsommer schmücken sie sich jedoch mit duftenden, rosa-weiß strahlenden Blüten.

Tajinastes

Majestätisch sind die Gestalten zweier Natternköpfe. Allen voran der Rote Teide Natternkopf (Echium wildpretii*)/*Tajinaste roja* – die Tinerfeños nennen ihn *Orgullo de Tenerife*, den Stolz Teneriffas), bis zu 3 m hoch. Die andere ist die *Tajinaste picante*, **Blauer Teide Natternkopf** (Echium auberianum). Er blüht blau-violett und ist die große Kostbarkeit der *Cañadas*, benannt nach Hermann Wildpret (➤ Seite 309, 459).

Violeta

Last not least, das violette **Teideveilchen** (Viola cheiranthifolia/*Violeta*), vor dem *Alexander von Humboldt* vor über 200 Jahren kniete. Es zeigt sich nur dem Teidegipfelstürmer, der einen Blick für diskrete Schönheiten hat (➤ auch »Flora und Fauna«, Seite 424).

Kanaren Krummblüte (*Campylanthus salsoloides*), nicht zu verwechseln mit dem Teideveilchen

Roter Teide
Natternkopf

2.2   Lexikon »Teneriffas Nutz- und Zierpflanzen«

2.2.1   Übersicht

Pflanzen-import

Da die Spanier auf Teneriffa außer Kiefern und einigen Loorbeer-arten keine ökonomisch nutzbaren Pflanzen für Energie, Schiff- und Häuserbau vorfanden, führten sie inselfremde Flora ein, um sie in Europa zu vermarkten. Infolgedessen hat sich die ursprüng-liche Inselvegetation seit der *Conquista* stark gewandelt.

Auf dem Weg von und nach Afrika, Asien und Amerika machten die Segelschiffe auf den Kanaren früher regelmäßig zur Proviant-aufnahme Zwischenstation; und so lag es nahe, aus fernen Konti-nenten mitgebrachte Pflanzen hier im milden Klima auf ihre land-wirtschaftliche Verwertbarkeit zu testen.

Agrarprodukte

Während der Anbau von Zuckerrohr und Weinstöcken auf dem Archipel vorübergehend erfolgreich war (➤ Seite 488f), schlugen andere landwirtschaftliche Experimente fehl (Kaffee und Kakao).

Entwicklung

Hinzu kam, dass die wachsende Bevölkerung des Archipels mehr Lebensmittel brauchte. Die Ureinwohner hatten außer Getreide nichts angebaut, aber die Spanier brachten Kartoffeln, Bohnen, Mais und Tomaten aus ihren Kolonien auf die Insel, auch allerlei exotische Früchte wie Mangos, Papayas und Avocados. Sie gedie-hen hier gut. Langsam wich daher die ursprüngliche Vegetation der Landwirtschaft (bis 1000 m Höhe) und dem Plantagenanbau von Bananen, Tomaten, Schnittblumen und Zierpflanzen.

Park- und Gartenflora

Die vielen inselfremden Ziersträucher und blühenden Bäume in leuchtenden Farben dagegen sind reiner Luxus. Südamerikani-sche, afrikanische und pazifische Pflanzen wurden zur willkom-menen Zierde in den Gärten der Wohlhabenden. Außer der Kana-rischen Dattelpalme und dem Drachenbaum (*Drago*) ist nahezu die ganze ornamentale Park- und Gartenflora ursprünglich insel-fremd, inzwischen aber als »inseltypisch« integriert.

2.2

Das gilt auch für einige Kakteen- und Palmenarten. Mit wachsendem Wohlstand der tinerfeñischen Bevölkerung und dem Tourismusboom wurde der Zierpflanzen-Anbau zu einem Geschäft. Selbst die Bepflanzung der Straßenränder und Kreisverkehre im knochentrockenen Süden wird immer luxuriöser.

Einziger Nachteil: die leuchtenden Exoten und Nutzpflanzen aus den Tropen brauchen viel Wasser (➢ »Bananen«, Seite. 466).

Aloe im Jardín Botánico von Puerto de la Cruz

2.2.2   Ausgewählte Zier- und Nutzpflanzen

Viele Pflanzen der folgenden Auswahl sind uns aus dem heimischen Gemüse- oder Blumenladen bekannt. Aber nicht immer kann der Zugereiste die tropische Frucht dem Baum oder die Zimmer-Topfpflanze dem Äquivalent in freier Natur zuordnen.

Afrikanischer Glockenblütenbaum (Spathodea campanulata)

In seiner Heimat Südafrika wächst dieser Baum bis zu 20 m hoch und ist ausdauernd grün. Auf den Kanaren begnügt er sich mit nur 3-4 m und verliert in unregelmäßigen Abständen seine länglichen gefiederten Blätter. Die rot-orangen Glockenblüten mit schmalem gelben Rand, stehen jeweils zu dritt, brauchen viel Sonne und dienen Vögeln als Tränke. Seine feuerrote Pracht trägt er fast das ganze Jahr. *Tulipero de Gabón* nennen ihn die *Canarios*, deren Straßen, Parks und Gärten er ziert

Agave

Dieses wild wachsende **Liliengewächs** stammt aus Mittelamerika und liebt sonnige Hänge in Trockengebieten. Die fleischig-dornigen Blätter bilden eine Rosette aus deren Mitte nach 8-15 Jahren (in Gewächshäusern 50-100 Jahren) ein bis zu 10 m hoher verholzter Blütenschaft schießt. Danach stirbt die Pflanze. In Südamerika und auf Fuerteventura dient sie zur Faserherstellung (Sisal).

Auch die als Zierpflanze beliebte **Yucca** (Yucca aloifolia) ist eine Agavengattung, die im Freien bis zu 7 m hoch wächst. Im Sommer trägt sie bis zu 60 cm große, prächtige weiße Blütenstände.

Aloë (Aloë arborescens) Die Aloë ist ebenfalls ein **Liliengewächs** (Südafrika) und wirkt auf den Betrachter wie eine Mini-Agave, aus deren Rosette zwischen Dezember und Februar eine hochstehende **scharlachrote Blüte** wächst. Seit altersher wird sie als Hausmittel gegen allerlei Krankheiten eingesetzt. Hauptsächlich auf Fuerteventura wird sie kommerziell angebaut, um aus ihr Kosmetikmittel, Salben und Cremes (gegen Akne und Schuppenflechte) zu gewinnen.

Araucaria (Araucaria heterophylla) Die aus Norfolk (*Pino de Norfolk*) stammende **Schirmtanne** (wir kennen sie auch als sogen. Zimmertanne) ist immergrün und dank ihrer horizontal ausladenden, regelmäßig gewachsenen Zweige sehr dekorativ. Sie steht in Gärten und auf Plätzen gern allein und kann ihre normale Höhe von 20 m weit übertreffen. Benannt wurde sie nach den Araukiern, der Urbevölkerung Süd-Chiles (Arauco ist eine chilenische Provinz).

Schirmtanne als Weihnachtsbaum in La Laguna

2.2

Avocado (Persea americana/ *Aguacate*) Dieser bis zu 18 m hohe **immergrüne Baum** aus dem tropischen Amerika findet sich in mehreren Arten mit länglich-eliptischen Blättern und weiß-gelblichen Blüten. Die ovalen grünen oder schwarz-braunen Früchte sind heute auch in Nordeuropa beliebt. Auf den Kanaren gehören sie in jeden gemischten Salat. Der große Kern ist umgeben von gelbem weichen Fruchtfleisch, das viel Öl, Vitamine, Proteine und Mineralien enthält. Weltweiter kommerzieller Anbau in warmen Ländern.

Bougainvillea (B. spectabilis) Diese **Zierpflanze** aus dem **Südpazifik** »blüht« das ganze Jahr weiß, orange, violett oder rot. Was wie leuchtende Blüten aussieht, sind farbige Hochblätter, von denen sich jeweils drei an die kleinen weißen Blüten anschließen. Sie liebt Pergolas oder fällt gern wie ein Wasserfall über Mauern. Benannt ist sie nach ihrem französischen Entdecker *Louis-Antoine Comte de Bougainville*, der die zu Papua-Neuguinea gehörende Insel gleichen Namens erforschte, die ab 1884 zu Deutsch-Papua-Neuguinea gehörte.

Eukalyptusbaum (Eucalyptus globulus) Meist als schnellwachsender immergrüner **Chausseebaum** erreicht der Eukalyptus bis zu 40 m Höhe. Seine lanzettformigen Blätter sind oliv-silbrig. Das Holz ist sehr hart und enthält ätherische Öle. Ihr Durst (Ursprung Australien!) wirkt zerstörend auf die einheimische Flora. Besonders auffällig ist der **Purpur Eukalyptus** (Eukalyptus ficifolia/*Eucalypto rojo*), mit kleineren, breiteren, an *Ficus* errinnernde Gummibaum-Blättern und (von Frühling bis Herbst) Büscheln roter, orange- oder rosafarbener Blüten.

**Feder-
borstengras
(Pennisetum
setaceum)**

Aus der afrikanischen Steppe kommend hat das Gras sich im Norden Teneriffas wild ausgebreitet und wird immer öfter auch bei der Gestaltung von Gärten verwendet, da es auch allein gepflanzt sehr dekorativ ist. Es wächst in Büscheln und wird mit seinen dichten, rosa-bräunlichen Ähren bis zu 1 m hoch. In der Landschaft bedeutet seine Ausbreitung eine Bedrohung der heimischen Flora.

Feige (Ficus)

Die Gattung *Ficus* stammt aus Australien bzw. dem südpazifischen Raum, Südostasien und Afrika, ist inzwischen aber auch in Nordeuropa als Zimmerpflanze mit vielen unterschiedlichen Arten sehr verbreitet. Man erkennt den immergrünen Baum oder Strauch an den eliptischen, mattglänzend-dunkelgrünen Blättern. Die alte **Würgefeige** (Ficus dealbata) im Botanischen Garten in Puerto de la Cruz (➤ Seite 310) mit ihren Luftwurzeln ist der berühmteste Ficus auf Teneriffa.

Recht auffallend ist auch der **Ficus rubiginosa**, wie die Würgefeige mit Luftwurzeln, ein 8-12 m hoher Park-Baum (in Australien noch höher). Zur Gattung des Ficus gehört ferner der *Laurel de la India* (Ficus microcarpa - fälschlich »Indischer Lorbeer« genannt), der als schattenspendender, sehr dicht belaubter Baum auf fast allen Plätzen (*Plazas*) Teneriffas zu finden ist. Er wird bis 20 m hoch, steht gern allein, hat runde, kleine gelblich-grüne oder rötliche Früchte und braucht viel Feuchtigkeit. Die Blätter des Feigenbaums sind als Lorbeer-Gewürz nicht geeignet.

**Flamboyant
oder
Feuerakazie
(Delonix regia)**

Hier handelt es sich um einen kleineren **3-5 m hohen Baum**, dessen Stamm sich meist zweiteilt und mit seinen kleinen gefiederten Blättern ein schirmartiges Dach bildet. Im Sommer blüht die Feuerakazie leuchtend-rot, und verliert im Winter ihre Blätter. Dann erkennt man sie an an ihren langen braunen Fruchthülsen. Ihr Ursprung liegt in Madagaskar.

Feuerakazie in voller Pracht

Hibiskus
(Hibiscus
rosasinensis/
Rosa de China)

Das aus Südchina stammende **Malvengewächs** kommt in vielen Arten vor. Es hat prächtige trichterförmige rote, gelbe oder rosafarbene Blüten, aus der ein auffälliger Stempel mit den Staubgefäßen herausragt. Ganzjährig blühender Hibiskus wird in Gärten oft als Hecke verwendet und kann als Busch bis zu 4 m hoch werden. Leider wird er nicht selten von Blattläusen befallen.

Jacaranda
(Jacaranda
mimosifolia)

Dieses **Trompetenbaumgewächs** stammt aus Südamerika, hauptsächlich Brasilien und Uruguay. Der gewöhnlich 3-5 m hohe Straßenbaum kann in seiner Heimat bis zu 15 m erreichen. Er trägt blau-violette Blütenstände; nach der Blüte im Frühling und Sommer treiben die fein gefiederten mimosenartigen Blätter neu aus. Sein Holz wird gern für Tischlerarbeiten verwendet.

Knallgelbe
untere Blüten
der Kassie; gut
erkennbar
sind hier die
aufrechten
Blütenstände

2.2

Kassie
(Cassia
didymbotrya)

Der **immergrüne Busch** bzw. kleine 3 m hohe Baum kommt aus dem tropischen Afrika. Auffällig sind seine gefiederten Blätter von etwa 40 cm Länge und aufrechte große Blütenstände. Die unteren offenen Blütenblätter sind gelb, bei geschlossenen Blüten die Kelchblätter braun. Als **Johannisbrotgewächs** trägt er lange braune Fruchthülsen. Er findet sich als Gartenpflanze oder verwildert. Sein starker Geruch erinnert an Ginster, bzw. frischgeröstetes *Gofio* (➤ Thema «*Gofio*», Seite 69).

Mango
(Mangifera
indica)

Dieser aus Indien stammende dichtbelaubte, **immergrüne Baum** braucht viel Wärme. Er kann bis 3 m hoch werden (auf Plantagen meist kleiner) und hat 25 cm lange, eliptische Blätter, unter denen sich die noch grünen Früchte versteckt halten. Besser erkennt man den Baum an seinen frischen, rötlichen Trieben. Die hochwertigen grün-rot-gelben Früchte geben einen beliebten Saft. Isst man die Mango als Obst, lässt sich das saftig gelbe Fleisch nur schwer vom flachen, ovalen Kern lösen. Mango ist nach der Banane das wichtigste Tropenobst.

Palmen

Außer der endemischen **Kanarischen Dattelpalme** (Phoenix canariensis, ➤ umseitig) sind diverse Palmenarten aus aller Welt auf der Insel heimisch geworden. Das *Palmetum* (➤ Santa Cruz, Seite 137) wird (eines Tages einmal) einen guten Überblick vermitteln.

Die Kanarische Dattelpalme (Phoenix canariensis)

Wie der Phönix aus der Lava-Asche steigt die Kanarische Dattelpalme aus dem Wüstenterrain. Aber auch in lieblicher Umgebung dominiert ihre majestätische Gestalt alles andere Grün mit ihren Struwelpeter-Wedeln auf endlos-schlankem Stamm. Dieser zweihäusige Baum ist endemisch auf dem Archipel, aber seine arabische Verwandtschaft ist unverkennbar. Die kaum kirschgroßen gelben Datteln (*Trambras/tamanares*) an den Dolden sind ungenießbar bitter.

Bis zu 40 m kann diese Palmenart in den Himmel schießen, und immer schon wurde sie »mit Haut und Haar« verwertet: Guanchen aßen ihre Palmherzen (*Palmitos*), aus den Blättern fertigt(e) man Seile, Körbe und Fischernetze. Tiere fressen die Früchte. Ihren Saft kauft man im Supermarkt gegoren als Palmwein oder eingekocht als süßen Palmsirup, den **Sania de Palma**. Und ihren bis zu sieben Meter langen Palmwedel ziehen die kanarischen Straßenfeger bis heute jedem borstigen Besen vor.

Sehr beliebt ist die **Washingtonia** (Washingtonia filifera und Washingtonia robusta) aus Mexiko. Die Filifera (fadentragend) ist ein stattlicher Baum, der im Freien 25 m erreichen kann. Mit normalerweise 10-15 m Höhe sieht die Krone oft zerrupft aus.

Unauffällig sind die weißen Blüten. Sie hängen als schmale, gelbgrüne Fäden zwischen den Blättern. Die Washingtonia robusta zeigt unbedeutende Unterschiede. Beide Arten sind weniger wegen ihrer Schönheit als wegen besonderer Robustheit bekannt. Ein Prachtexemplar steht auf Icods Kirchplatz, ➤ Seite 345.

Papaya - Melonenbaum (Carica papaya) Diese **3-8 m hohen Bäume** scheinen aus dem tropischen Amerika zu kommen. Nur ganz oben auf dem schlanken Stamm sitzen die bis zu 60 cm großen, handförmig gelappten Blätter, gehäuft in Büscheln. Der Baum ist eingeschlechtlich, selten zwittrig, weibliche Blüten sind gelb, männliche weiß-beige. Unter der Krone sitzen die ovalen, z.T. sehr großen Früchte direkt am Stamm. Unter der grün-orangefarbenen Schale findet sich

das leuchtend gelbe, weiche Fruchtfleisch. Die Säfte enthalten *Papain*, das die Verdauung anregt. Die Papaya wird deswegen auch in der pharmazeutischen Industrie verarbeitet.

Falscher Pfefferbaum (Schinus molle/Falso Pimentero)

Aus Peru, daher auch **Peruanischer Pfefferbaum**, fand dieser bis zu 15 m hohe immergrüne Straßenbaum seinen Weg auf die Kanaren. Seine hängenden Zweige errinnern an Trauerweiden. Er trägt kleine weiß-gelbe Blüten, länglich-schmale Fiederblätter und kleine, rötliche kugelformige Früchte. Trotz seines Namens werden diese nicht als Gewürz verwendet. Nur die Samen haben einen leicht pikanten Geschmack.

Strelitzie

(Strelitzia regina), auch **Papageienblume**, ➤ Seite 266.

Uva del Mar (Cocoloba uvifera)

Ein immergrüner, **robuster Busch** oder kleiner Baum aus dem tropischen Amerika. Obwohl er bis zu 6 m hoch werden kann, hat er im Verhältnis zum Stamm eine große, dichte Krone aus nierenförmigen Blättern und kleine weiße Blüten, die in Trauben hängen. Die Frucht ähnelt dunklen Weintrauben, die essbar, aber nicht besonders schmackhaft sind. Da er Meeresnähe ertragen kann, wird er als **Strandbaum** verwendet. Schöne Exemplare stehen am Strand *Las Teresitas* bei San Andrés, ➤ Seite 144/145.

2.2

Prächtige Blüte des Weihnachtssterns

Weihnachtsstern (Euphorbia pulcherrima/ Flor de Pascua)

Jeder kauft den Weihnachtsstern zum Advent – in kleinen Töpfen im Blumenladen. In Teneriffas Norden wächst er verwildert und als **riesiger Busch** mit knorrigem Stamm und dünnen, langen Zweigen bis zu 4 m hoch. Seine Heimat ist eigentlich das tropische Amerika, insbesondere Mexiko. Er gehört zu den Wolfsmilchgewächsen und fällt auf durch sternförmig angeordnete hell- bis dunkelrote Hochblätter. Blütezeit: November-Januar. Im Sommer ist er kahl.

Yucca

➤ oben unter »Agave«

Bananen auf krummen Touren

Die Biologie

Die Banane (*musa*) gedeiht an den größten milchsaftführenden Stauden der Welt. Von der Knolle bis zum 5 m hohen (Schein-) Stamm braucht sie ein gutes Jahr. Dann erscheint die Blüte bedeckt von purpurroten Tragblättern. Die bis zu 30 kg schwere Rispe mit 80-150 Früchten wird noch grün geerntet, um erst während des langen Transports zu reifen. Aus dem abgeschlagenen Stamm wächst ohne Samen ein neuer Trieb, der Sohn (*hijo*).

Essbananen und andere

Bei den Musafrüchten gibt es zwar eine große Zahl unterschiedlicher Arten, aber nur einige hochgezüchtete Bananensorten wie *Gros Michel* und *Cavendish* eignen sich für den Export. Die Frucht ist nahrhaft, der hohe Gehalt an Zucker, Mineralstoffen und Vitaminen macht sie nach Weizen, Reis und Mais für 400 Mio. Menschen zum viertwichtigsten Grundnahrungsmittel. Jährlich werden 90 Mio. Tonnen Bananen produziert (1% stammen von den Kanaren). Davon sind etwa 30% zuckerarme Mehlbananen, die nur gekocht genießbar sind, bzw. Textilbananen für die Manilafaser.

Geschichte

Schon die Ägypter (im Arabischen heißt *banan* Finger), Inkas und Inder kannten die aus Malaysia stammende Frucht. 1516 brachte *Pater Thomas Berlengas* die Zwergbanane nach Santo Domingo. Von dort gelangte sie nach Brasilien. Auf Teneriffa löste die *Platano*-Sorte *Pequeña Enana* (kleine Zwergin) 1880 den sinkenden *Cochenille*-Anbau ab (➯ Seite 544).

Engländer legten erstmals Plantagen an, denn vorher diente sie hier nur als Zierpflanze. Sie ist aber windempfindlich und durstig, sonst wäre sie ideal für die Inseln der Glückseligen, heißt sie doch auch Paradiesfeige, schmeckt sehr süß und macht wegen des Serotonin-Gehalts happy.

Wasserproblem

Der hohe Wasserbedarf der Bananen (1 kg Ernte schluckt 400 l Wasser; d.h., ein Quadratmeter Plantage braucht neben den jährlich 200 l Niederschlägen zusätzlich 1000 l) kommt zwar vermehrtem tinerfeñischem Weinanbau zugute (➯ Seite 71), macht sie aber bis heute durch ihren EU-subventionierten Preis zum transatlantischen Zankapfel.

EU-Banane

Die Franzosen hatten 1993 in der EU Schutzzölle für Importe aus ihren Ex-Kolonien in Westafrika/Karibik durchgesetzt. Dabei ging es ihnen nicht etwa um Dritte-Welt-Solidarität, sondern in erster Linie um die Profite der französischen Importeure.

Von dieser EU-Regelung profitieren auch die Kanaren, deren schmackhafte, aber fleckig-mickerige *Platano* (lat.: Platanus orientalis) gegen die US-gestylten *Chiquita*-Turbo-Früchte aus Mittelamerika chancenlos wäre.

Handelskrieg

Nach langem Gerangel riss den USA 1999 der Geduldsfaden. Sie riefen die Welthandelsorganisation (WTO) an, und die entschied gegen die EU. Seitdem durften die Amerikaner ihrerseits für $200 Mio Schutzzölle auf EU-Exportwaren erheben. Das traf auch deutsche Exporteure: Kaffeemaschinen und Badezusätze wurden in den USA trotz damaligem Mager-Euro teurer und zum Advent die beliebten Bienenwachskerzen aus deutschen Landen für die Amis nahezu unbezahlbar.

Alles Banane?

2001 wollte man sich binnen fünf Jahren einigen. Wie aber das, wenn ein karibischer Pflücker einen ganzen Tag arbeiten muss, um in etwa den EU-Stundenlohn zu erreichen? Ein Schiedsgericht musste zaubern, um einen Kompromiss zwischen €75 (Karibik) und €230 (Europa) Produktionskosten pro Tonne der süßen Frucht zu finden. »Salomonisches« Urteil: Um die Eurobanane zu schützen, beträgt der Zoll für die Karibenbanane seit 2006 »nur« noch €176/t; eine Senkung auf €114/t soll bis 2018 erreicht werden; www.platanodecanarias.net.

2.2

Kanarische Bananenpflanzen mit Stauden, Frucht- und Blütenrispen

Einheimische Heilpflanzen Teneriffas

von Dr. rer. nat. Lothar Mayring http://mayring.in-ulm.de

Die Zahl kanarischer Heilpflanzen ist sehr groß. Hier beschränke ich mich auf nur zwei, dafür ganz besondere Arten. Vorweg gesagt sei: Medizinisches Wissen ist zum Teil subjektiv und in stetigem Wandel begriffen. So beruhen die Wirkungen der beiden hier vorgestellten Pflanzen auf Erfahrungen des Autors, der keine Verantwortung für Probleme bei Anwendung der Pflanzen übernimmt. Von Selbstversuchen ist dringend abzuraten, zumal beide Arten unter Naturschutz stehen und stark wirkende Gifte enthalten.

Isoplexis Canariensis (*Cresta del gallo* = Hahnenkamm, kanarischer Fingerhut)

Die seltene »*Digitalis Canariensis*« gilt bei den Einheimischen als stolze Königin des Lorbeerwaldes. Sie stammt aus der Familie der Rachenblütler, ähnelt dem auch bei uns heimischen roten Fingerhut (digitalis purpurea) und wird daher auch als kanarischer Fingerhut (digitalis canariensis) bezeichnet. Ihre vielseitigen Wirkungen werden als herzstärkend und den Herzrhythmus stabilisierend beschrieben, zudem als harntreibend, erwärmend, brechreizend und abführend. Sie hat aber auch blutzuckersenkende Wirkstoffe. Aber Vorsicht: Heilende und tödliche Dosen liegen nahe beieinander. Auf ärztliche Anordnung kommen u.a. zur Anwendung ein Tee der Blätter und Kataplasmen (Breiaufschläge).

Die *Cresta de Gallo* ist als kanarischer Endemit wie auch ihre noch seltenere nahe Verwandte *Isoplexis Isabelliana* streng geschützt. Die dritte Unterart, der kupferfarbene kanarische Fingerhut, wurde bisher nur auf Gran Canaria gesehen.

Isoplexisarten zeigen ihre bis zu 3 cm langen orange-roten Blüten je nach Schattenlage von Februar bis Juli. Ihre Blattröckchen stehen als Rosettenbüschel mit ovaler bis lanzettlänglicher Blattform am verzweigten Stamm. Man findet *Isoplexis Canariensis* mit Geduld z.B. in der Lorbeerwaldzone des Anagagebirges

an halbschattigen Standorten. Sie braucht viel Feuchtigkeit und liebt daher den Standort in der Nebelzone der Passatwolke.

Gehäufteres Vorkommen findet man am Abstieg (ca. 1 km) von Cruz del Carmen in Richtung Punta del Hidalgo. Der kommerzielle Anbau ist wegen der speziellen Ansprüche der Pflanze bisher nicht gelungen. Aber Exemplare der *Isoplexis canariensis* werden in botanischen Gärten gezüchtet.

Der Artenerhalt erfolgt nicht – wie beim Fingerhut unserer Breitengrade – durch Bestäubung mit Hilfe von Insekten, sondern durch Vögel (*Zilpzalpe*). Tatsächlich ähneln die Rachenblüten aus der Nähe betrachtet den aufgerissenen Schnäbeln junger Nestvögel.

Dracunculus canariensis (*Taracontilla*)

Der Stab war Zepter der Vormachtstellung Moses und Aarons über die Kinder
Israels: »Mose redete mit den Israeliten«
so heißt es im Alten Testament, »und
alle ihre Fürsten gaben ihm zwölf Stäbe
... und der Stab Aarons war auch darunter. Und Mose legte die Stäbe vor dem
Herrn nieder in der Hütte des Gesetzes.
Am nächsten Morgen fand er den Stab
Aarons .... grünen und die Blüte aufge-
gangen und Mandeln tragend ...«

Der Name Aaronstab bezieht sich auf
den langen Blütenkolben im Zentrum
des weissen Kelches. Auch diese Heil-
pflanze ist sehr selten und bedroht. Der
kanarische Aronstab (*Dracunculus* =
kleiner Drachen; volkstümlich auch als
Drachen- oder Schlangenwurz bezeichnet) erreicht eine stattliche Höhe von
bis zu 2 m. Fundstellen sind die Fluss-
täler unterhalb der Grünwaldzone
(feuchte Standorte meist in der Nähe
eines Baches oder Sees) aber auch die stickstoffhaltigen Böden brachliegender Felder. Gehäuftere Vorkommen des Drachenaronstabes findet man am Wegrand im
nördlichen Stadtteil **Barrio de la Alegria** der Hauptstadt Santa Cruz entlang des
Flusses in Richtung Stausee (ca. 1 km nach Ende des Asphalts).

Der kanarische Aronstab zeigt seine leuchtend roten Samenstände ab Juni.
Typisch sind seine handförmigen Blätter. Die weisse Kelchblüte lockt Insekten
mit einem aasähnlichen Geruch an. Einmal auf dem aalglatten Trichter gelandet,
rutschen die Tiere unweigerlich in die Fliegenkesselfalle. Kleine Reusenhärchen
verhindern das Entkommen der Insekten bis zum Zeitpunkt der erfolgreichen
Bestäubung der Blüte.

Alkoholische Auszüge der *Tacorontilla* helfen bei Erkrankungen im Mund und
Rachenraum. Aber Vorsicht: das Aronstabgewächs ist giftig und riecht ungut.
Allein das Berühren kann zu Hautreizungen führen. Die Pflanze wird auch für
homöopathische Therapien eingesetzt, so z.B. eine chinesische Aronstabart unter
anderem bei Schnupfen und Heiserkeit.

In der Allopathie (klassische Gegenmitteltherapie) findet der Aronstab Anwendung bei Gastritis und Brustleiden. **Hippokrates**, der Urvater aller Ärzte, verordnete Aronstab bei Katarrhen der Luftwege und **Hieronymus Bosch** empfahl die
Pflanze bei Lungen- und Brustleiden, Magenbeschwerden, Frauenkrankheiten, als
Wundheilmittel und bei Ohrenschmerzen. Im Mittelalter merkte **Tabernaemon-
tanus** zum Aronstab an: »So man mit diser Wurzel reuchert, vertreibet sie Schlangen und allerley Unziffer, und so sie mit dem Rauch auch obereilt werden, fallen
sie umb als weren sie todt« und »Wann die Pestilenz regieret, soll man Aron fleis-
sig in der Speiß gebrauchen, dann sie widerstehet dem Gifft sehr.«

2.3   Teneriffas Fauna

2.3.1   Situation

Historie

In vorhistorischer Zeit lebten auch »**Große Tiere**« auf den Kanaren. Davon zeugen Eierschalen-Funde von gewaltigen Schildkröten, riesigen Straußen oder Kormoranen. Auch Ratten, groß wie Katzen, enorme Pelikane und Echsen geistern durch die halbwissenschaftliche Literatur. Von einem einstigen »**Galapagos im Atlantik**« ist da die Rede. Nur Dinosaurier werden nicht herbeigerätselt. Sie waren schon 35 Mio. Jahre vor der Enstehung der ersten Insel (Lanzarote vor ca. 30 Mio. Jahren) ausgestorben.

Arche-Noah-Gedanke

Vögel, Echsen, Mäuse und Ratten hatten also schon lange vor dem Menschen den Archipel erreicht. Vermutlich dank »Inselhopping«. Nach jedem Unwetter trieben Holzstämme aufs Meer hinaus, auf denen Vögel rasteten und kleinere Tiere mitreisten. Dasselbe taten die Insekten: Fast 4.000 Arten (davon 1.300 endemische, allein 190 in der *Cueva del Viento*, ➤ Seite 346), wurden bisher entdeckt. Darunter viele Käfer (*Coleópteros*), Fliegen (*Dípteros*), Schmetterlinge, Bienen, Hummeln und harmlose Wespen (*Himenópteros*) – aber keine Hornissen.

Unterarten

Reptilien und **Vögel** beherrschen auch heute noch das vulkanische Terrain. Viele haben in der insularen Isolation Unterarten gebildet, die auch auf anderen kanarischen oder makaronesischen Inseln (Kanaren, Madeira, Kapverden, Azoren) vorkommen. Abgesehen von einigen Vogelarten sind sie nicht leicht auszumachen. Dazu braucht man ein geschultes Auge und etwas Lektüre, ➤ Literatur, Seite601ff.

Als einziges Säugetier hat die **Fledermaus** ihren Weg aus eigener Kraft auf die kanarischen Inseln gefunden und im Laufe der Jahrmillionen einige Unterarten gebildet, darunter die Langohr-Fledermaus, die wie ein fliegendes Mini-Kaninchen aussieht.

2.3.2   Landbewohner

Echsen

Auf Teneriffa sind **drei Echsenarten** heimisch:

Die größte, der *Lagarto Tizón*, erreicht die stattliche Größe von 35 cm. Er meidet die Küstenzone und bevorzugt die Hanglagen bis nahe unter den Teide-Gipfel. Er ist Vegetarier, verachtet aber auch Würmer und Schnecken nicht.

Die im Spanischen *Lisa* genannte kleinere Echsenart wirkt auf den ersten Blick wie eine kleine Schlange, da ihre Beine nur rudimentär entwickelt sind. Sie wird bis 12 cm lang, hat braun schillernde, glatte Haut und lebt bis 600 m Höhe sehr scheu unter Steinen, Stämmen und Ästen. Fliegen und Spinnen sind ihre hauptsächliche Nahrung.

Die verbreitetste Echsenart ist der 10 cm große **Gecko**, der vornehmlich in Häusern lebt. Vor allem Kinder finden spontan Gefallen an diesem putzigen Tier mit schwarzen Kulleraugen und warziger Haut. Er lebt von Fliegen und Mücken. Mit Haftlamellen unter den Füßen schleicht er Wände entlang und spaziert gar über Kopf an der Decke. Geckos sind harmlos, nachtaktiv und geräuschlos. Sie mögen Süßes wie Obst, Kekse und Schokolade.

Gecko beim Kuchen schlecken

2.3

Kleine Säugetiere

Auch die **Mäuse und Ratten** haben Unterarten gebildet. Die winzige **Spitzmaus** hat wohl schon vor 25 000 Jahren auf Lanzarote gelebt. Die **Etruskerspitzmaus** (*Musarañita*) gilt mit 3,5 cm Länge und nur 2 g Gewicht als das **kleinste Säugetier Europas**.

Andere Säuger wurden später von den Spaniern eingeführt: Eine nordafrikanische Igelart lebt seit etwa 1900 auf Teneriffa.

Amphibien

Unklar ist, ob die Spanier die beiden Froscharten (Laub- und Wasserfrosch) als Nahrungsmittel mitgebracht haben oder ob sie zufällig hierher gelangten. Sie leben in Zisternen und Staubecken.

Haus- und Nutztiere

Aus Liebe zur Jagd führten die Spanier das **Kaninchen** ein, dem der Tourist vor allem auf **Speisekarten** (*conejo*) begegnet, wie zuweilen auch der Wachtel (*codorniz*) und dem Rebhuhn (*perdiz*).

Fraglich ist ferner, ob die Ureinwohner neben Schafen und Ziegen auch Hirtenhunde mitgebracht haben, oder der Boxer-ähnliche *Bardino* schon vorher auf den Kanaren lebte. Er gilt als typisch kanarische Rasse, ist breitköpfig, kräftig gebaut, leicht zu dressieren und kampfbereit. *Bardinos* erfreuen sich großer Beliebtheit.

Kamele

Das **Kamel** war auch auf Teneriffa lange Zeit Arbeitstier auf den Feldern, heute muss es Touristen durch die (wenig kamelgerechte) Landschaft schaukeln.

Bergschafe

Umstritten sind die in den *Cañadas* zur Jagd ausgewilderten **Mufflons** (Bergschafe), die der sensiblen Pflanzenwelt zusetzen.

Vieh

Viehzucht war auf Teneriffa immer unbedeutend. Aus Schafs- und Ziegenmilch werden aber gute Käse hergestellt. Hühner und Schweine werden in wenigen Batterien gehalten. Außer Ziege (*cabra*) und Kaninchen (*conejo*) kommt das Fleisch in den Supermärkten und Restaurants vom Festland oder aus Südamerika.

Rinder auf Teneriffa dienen nicht nur als Fleischlieferanten, sondern sorgen beim jährlichen »Arrastre de Ganado« in Tegueste beim Schlittenziehen auch für Publikumsbelustigung (➤ zum Thema »Vieh« umseitig und Seite 385)

2.3.3   Vögel, und was sonst noch fliegt

Waldvögel

Vögel aus Nordafrika konnten die Inseln leicht erreichen. Auf der Flucht vor den europäischen Eiszeiten fanden sie ins milde Kanarenklima und wurden sesshaft. Viele der 59 Arten sind uns vertraut, auch wenn sie diverse Unterarten entwickelt haben.

Im Lorbeerwald, dem *Laurisilva* (➤ Seite 170), der ältesten Inselvegetation, fühlen sich **zwei Taubenarten** wohl, weil beide – Flora wie Fauna – aus dem Tertiär (bis vor 11 Mio. Jahren) stammen: Die *Paloma Rabiche* und die **Silberhalstaube**, deren Federn von grau über rosa bis türkis schimmern.

Der **Kanarenbuchfink** (*Pinzón Azúl*) schwingt sich zwar manchmal bis in die *Cañadas* hinauf, gilt aber als Symbol für die alten Kiefernwälder, von deren Zapfensamen er lebt.

Auch der schwarz-weiß-rote *Pico Picapinos*, ein **Buntspecht**, hat die Pinienwälder zur Heimat. Ebenso die attraktive **Blaumeise**, die man aber auch in niedrigeren Zonen antrifft. Den schattigen Wald liebt ferner die **schwarze Amsel**, verzichtet dabei aber nicht auf Ausflüge ins Tal.

Teneriffas Sopran-Primadonna ist die **Mönchsgrasmücke** (*Capirote*). Sie lebt in den Grenzbezirken des *Monteverde*-Waldes, wo Baumheide und Gagelbäume vorherrschen. Farblich ist sie mit ihrem schwarz-grau-braunen Gefieder nicht sonderlich attraktiv.

Das gilt auch für eine andere **Finkenart**, den Kanarienvogel, der mit seinem natürlichen grau-braunen Federkleid und gelbem Bauch nicht mit hochgezüchteten Exemplaren in den Käfigen zu vergleichen ist. Zudem singt dieser *Canario* genannte Girlitz in freier Natur nicht halb so melodiös wie die Mönchsgrasmücke.

Der **Kanarienvogel** lebt in allen Höhenzonen bis hinauf zum Kiefernwald, auf Wiesen und Feldern. Die erstaunlichen **Karrieren** des Kanarienvogels beschreiben die Essays auf den Seiten 474f.

Dort trifft man auch einen guten Bekannten aus Nordeuropa, den **Wiedehopf** mit typischer »Punkfrisur«. Mit spitzem Schnabel pickt er sich gern auch auf Golfplätzen seine Nahrung aus dem Grasboden.

Raubvögel Während Waldvögel noch Terrain finden, droht den Raubvögeln Gefahr durch insektizid verseuchte Mäuse und Echsen.

Relativ verbreitet ist der **Turmfalke**. Er ist kleiner und dunkler als sein nordeuropäischer Verwandter. Mäusebussarde trifft man auf allen Kanaren; sie fühlen sich erst ab 1.000 m Höhe wohl, wo sie sich von jungen Kaninchen, Echsen und Käfern ernähren.

Von den früher verbreiteten **Fischadlern** (*Guinchos*) sind nur noch wenige mit Glück an den Steilküsten Teneriffas zu beobachten, dafür nisten Hunderte von weißen Reihern (*Garzas*) bei Antequera.

Erkennbar mit braunen Querstreifen am Bauch, finden auch noch einige **Sperber** (*Gavilane*) knappen Lebensraum in den Pinien- und Lorbeerwäldern, wo sie Jagd auf kleine Vögel machen.

Zwei Eulenarten leben auf den kanarischen Inseln: die **Schleiereule** (*Lechuza*) und die **Waldohreule** (*Buho chico*). Letztere ist eine kanarische Subspezies und weiter verbreitet als die Schleiereule. Sie zieht offeneres Gelände den Waldgebieten vor und nistet gern unter grossen Kandelaber-Kakteen.

Schmetterlinge, Käfer und Insekten Über 5000 **Insektenarten** stellen die größte Zahl der Landtiere. Die meisten haben Unterarten gebildet und mitgeholfen, ureigenste Pflanzen- und Tiergesellschaften zu bilden.

So in der **Schmetterlings-**Welt: Majestätisch ist die leuchtend-gelb-orange-farbene *Cleopatra Canaria* in den Lorbeerwäldern. Den blauen *Manto de Canarias* trifft man in den *Cañadas*, wie auch den braun-grauen *Satiro Moreno* mit dunkleren und weißen Punkten.

Der **Große Monarch** (*Monarca*) hat über 11 cm Flügelspanne. Um 1880 ist er aus Amerika nach Teneriffa gelangt, denn bei seinen Wanderungen legt er ungeheure Entfernungen zurück. Alljährlich flattert er zum Überwintern 5000 km von Kanada nach Mexiko. Er ist gelb-orange und wirkt mit seiner ausgeprägten schwarzen Äderung sowie weißen Punkten an den Flügelrändern wie erlesenes Art-Déco-Design. Zu bewundern ist er im *Mariposarium* in Icod beim berühmten Drachenbaum (**Drago**), ➤ Seite 347.

Für den Touristen stellt sich nur die Frage: **Piesacken sie mich**?

Aber wie schon gesagt, gibt es **kaum Mücken, zuweilen Fliegen**, fast **keine Wespen** und gar keine **Hornissen**. Allerdings können kanarische *Cucarachas* (Kakerlaken) 5 cm groß werden. Sie leben in der Kanalisation und in unsauberen Unterkünften.

Fazit Insgesamt aber überwiegt das Positive: Grillen zirpen, Bienen summen, Libellen schwirren, und bunte Schmetterlinge flattern durch die Luft. Mit Schädlingen kämpft nur der Resident.

Der Kanarienvogel
(Aus der Zeitschrift »Vom Fels zum Meer« 1886)

»Als die Spanier die Kanarischen Inseln eroberten, fanden sie daselbst neben anderer reicher Beute einen Finken von großer Zierlichkeit vor, der sich durch einen sehr angenehmen und fleißigen Gesang auszeichnete. Da er sich leicht fangen ließ, wurde er bald nach Spanien ausgeführt und dort in Gefangenschaft weiter gezüchtet. Der *Canari*, das Zuckervögelchen, bildete bald einen namhaften Gegenstand des Handels. Die Spanier monopolisierten ihn, indem sie nur Männchen ausführten. Das änderte sich, als Mitte des 16. Jahrhunderts ein spanisches Schiff mit Tausenden von Kanarienvögeln an der italienischen Küste strandete und die auf diese Weise zur Freiheit gelangten Vögel sich westwärts nach Elba flüchteten«.

»Es war das Land Tirol, in dem der gelbe Sänger dann eine begeisterte Aufnahme fand. Es vereinigten sich mehrere Umstände, den Marktflecken Imst, wo er viel von Bergleuten gezüchtet wurde, zum Mittelpunkte des Handels mit geschwätzigen Vögeln zu machen: Die angeborene Neigung des Oberinnthalers, umherzuwandern, je weiter, je lieber, um ein Stück Geld in die Heimat zurückzubringen - der lange Winter, der ihm erlaubt, Beschäftigungen im Hause nachzugehen - endlich ein Hang zur Vogelstellerei und ein besonderes Behagen an der Zähmung und dem Abrichten des kleinen Vogelvolkes«.

»Jedenfalls wissen wir, dass sich dort Handelsgesellschaften bildeten, wo die Mitglieder bis zu 70 und 100 Dukaten einzahlten. Von diesen Beträgen wurden junge Vögel zum Anlernen und Unterrichten aufgekauft. Zwischen dem 2. und 10. August geschah der Auszug der Vogelträger in ihrer Tracht, blaue, reich verschnürte Jacken, die Brusttücher mit silbernen Knöpfen besetzt, die kurzen Lederhosen kunstreich ausgenäht, die rote Schärpe um den Leib, den grünen Hut auf dem Kopfe und die gefiederte Last in der Vogelstiege auf dem Rücken. Nicht nur das Deutsche Reich durchzogen die furchtlosen Wanderer, sondern Holland, Frankreich, Russland, die Türkei und Syrien«.

»Er wurde als artiger Gesellschafter gesehen. Die Schönheit des Gefieders bestimmte seinen Wert. Nur sehr reiche Leute konnten ihn besitzen, und er war bald der erklärte Liebling der Frauen, die ihn gewissermaßen als Toilettegegenstand betrachteten. Zum Sonntagsstaat der Frau von Stand gehörte beim Empfang von Besuch der Kanarie auf dem Zeigefinger der rechten Hand«.

»So wurden drei ganz verschiedene Zuchtlinien geschaffen. Die Holländer veränderten vorwiegend die Figur, die Engländer die Farben und die Deutschen - zuerst in dem kleinen Städtchen **St. Andreasberg im Harz** - die Gesangsfähigkeiten. Die begabteren mussten Lieder pfeifen und singen lernen«.

Womit wir bei der Frage angelangt wären: »Was hat der Kanarienvogel mit einem deutschen Mittelgebirge zu tun?«

Harzer Roller

Verpackt in Cellophan liegt Harzer Roller in jedem Supermarkt. Namensgebend war aber nicht die gerollte Form des »Stinkekäses«, sondern eine Kanarienvogelart, gezüchtet von **Wilhelm Trute** (1836-89), einem Bergmann der Königlichen **Silbergrube Samson in St. Andreasberg/Harz**. Der gurrende Gesang seines Harzer Rollers gilt bis heute als der schönste aller Kanarienvogelstimmen, und seine Epigonen werden als die vom »Trutschen Stamme« gepriesen. Sie beherrschen tiefe, ruhige Touren, wie die Hohlklingel, Pfeife und Hohlrolle. Mit Trutes ungeschützter Namens-Kreation hoffte dann ein Käsefabrikant, seine gelbliche Käsestange besser vermarkten zu können, denn das gurrende Rollen des kleinen Sängers hatte damals weltweit die eitle Frauenwelt betört. Die Dame trug – wie schon bemerkt – neben brokatenen Abendtäschchen gern einen gefiederten »Harzer Roller« auf dem Zeigefinger durchs Theater-Foyer.

Die Stadtväter von St. Andreasberg dankten ihrem berühmten Sohn Wilhelm Trute mit einem überdimensionalen Vogelkäfig an der heimatlichen Durchgangsstraße, in dem ein Entsilberungskessel der Hütte Samson als Vogelnapf dient. Er symbolisiert die innige Beziehung zwischen Harzer Bergleuten und ihrer Zuchtkunst als Hobby und Neben-Broterwerb. Als trällernde Alarmgeber vor Schlagendem Wetter unter Tage nahmen sie ihre bunten Lieblinge auch mit in die Grube; in England bis Ende des 20. Jahrhunderts.

Die Vogelbauer (*Vuchelheisel*) wurden aus 66 Einzelteilen in Harzer Heimarbeit gefertigt. 3 Mark erhielt eine Familie damals für 110 Stück. Darin traten die Flattermänner ihre Reise nach Übersee an. 1882/83 wurden 120.000 nach New York, 10.500 nach Südamerika und 5.600 nach Australien verschifft. 30.000 blieben daheim in Europa, 12.000 fanden im Deutschen Reich Abnahme. Alles nur Männchen. Die Weibchen mussten zu Hause am Herd ausharren, denn nur so blieb auch das Monopol in der (neuen) Harzer Heimat.

In der alten Heimat, auf den kanarischen Inseln, flattert nach wie vor der bräunlich-schimmernde Piepmatz mit gelb-grünlichen Tupfern an Hals und Brust frei in Flur und Wald herum oder als Hansi hochgezüchtet in Käfigen. Star ist der (honigfarbene) *melado tinerfeño* mit gestrecktem Hals und senkrecht stehendem Schwanz.

Die »Zucker-Inseln« gaben also den »Zuckervögel« genannten Kanarienvögeln ihren Namen. Schon 1402 hatte *Jean de Bethencourt* die kleinen Finkenvögel an den spanischen Hof gebracht, und schon *Alexander von Humboldt* vermerkte den Serinus canaria 1799 auf der Zuckerrohrinsel Teneriffa. Namensgebend für den kanarischen Archipel jedoch war wohl das lateinische Wort **canis** (Hund), weil die Römer zweifelhafte Kunde davon hatten, dass die Guanchen zur Not auch Hundefleisch aßen.

Wer sich von der Wahrheit der ungewöhnlichen Geschichte des *Canari* überzeugen möchte, sollte die **Kanarienvogel-Abteilung im Museum der Grube Samson in Sankt Andreasberg** besuchen; Informationen unter ℭ 05582-1249, oder www.kanarienvogel-museum.de.

2.3.4   Fische und Meeresfrüchte

Fischerei   Der vor Afrika kühlend wirkende Kanarenstrom, ein Abzweig des Golfstroms, und die enorme Meerestiefe rundum die Inseln (bis zu 4.000 m) bieten einer Vielzahl von Meerestieren ideale Lebensbedingungen. Fischerei gehört deswegen trotz schroffer Küstenlinien zum traditionellen Gewerbe der *Canarios*.

Fisch ist auch im Tourismus von enormer Bedeutung. Die Besucher wollen tagesfrischen Fisch; und der einheimische Fang kommt mit der Nachfrage längst nicht mehr mit. Tiefgekühlte Ware aus Nordspanien hilft, den Bedarf zu decken.

Fischarten   Neuerdings wird auch etwas Fischzucht betrieben. Viele der **Abadejos, Doradas** und **Bocinegros** in den Restaurants kommen aus den schwimmenden Meeresbecken (*aulas*) vor der Küste. Zu den gängigen kanarischen Tisch-Fischarten, ➤ Seite 78, gehören auch Thunfische, der **Atún** und der kleinere **Bonito**.

Krustentiere   *Langostinos* und **Gambas** kommen meist aus anderen Gewässern. Groß sind die kanarischen Bestände an den kleinen roten **Camarones**, die mit »Haut und Haar« als *Tapa* verzehrt werden, ebenso wie Kopffüßer (➤ unten).

Von Kopf bis Fuß auf Verzehr eingestellt

So oft wie unsereiner in eine Curry- oder Bockwurst beißt, bestellt sich der *Canario* **Calamares** oder **Potas** (Tintenfische), **Chocos** (*Sepia*) bzw. **Pulpos** (*Octopus*). Sie werden gebraten, frittiert oder gekocht, als Salat mit Zwiebeln und Paprika serviert (*Salpicón*) oder kommen in Ringen (*a la Romana*) bzw. in pikanten Scheiben mit Cayenne-Pfeffer (»*a la Gallega*«) auf den Tisch. Pulpos werden, knochen- und grätenlos, mit Haut und Haar verzehrt.

Solche Kopffüßer gehören (wie Schnecken und Muscheln) zur Familie der Weichtiere (Mollusca). Sie existieren in über 80.000 Arten (neben 35.000 als Fossilien). Ihre Tentakel sind dreimal so lang wie der Leib und haben eine oder zwei Reihen Saugnäpfe mit rundum besetzten Zähnchen. Die Arme entstanden aus dem vorderen Fußteil, der mit dem Kopf und dem Leib verwachsen ist. Kuttel-Fische nannte man sie früher bei uns, denn in der fleischenen Hülle liegen die Innereien (3 Herzen und 9 Gehirne: eins zentral und 8 an jeder Tentakel), die bei Schnecken und einigen Tintenfisch-Arten zusätzlich durch die Schale bzw. einen kalkhaltigen ovalen Schulp geschützt werden.

Im Eingeweidesack befindet sich auch der auspuffartige, um 360° bewegliche Trichter, mit dessen Hilfe Kopffüßer – die Arme nach sich ziehend und wie im Rückwärtsgang – torpedoartig fliehen. Im Mantelsack haben sie einen Beutel mit violett-schwarzer Tinte (*Sepia*-Farbstoff), um Verfolger einzunebeln.

Dem Überlebenstrieb dient auch ihre Mimikry: dank ihres Hautmuskel-Spiels nehmen sie schneller als ein Chamäleon die Farbe ihres Umfelds oder Verstecks an, um sich für Feind und Beute unsichtbar zu machen.

Abgesehen von der schlanken Gestalt und zusätzlichen Fangarmen unterscheidet sich der *Calamar* vom achtarmigen *Pulpo* (*Octopus*) auch in seiner

Wale u.a.	**Pilot-** bzw. **Grindwale**, **Delfine** und **Tümmler** zwischen Teneriffa und La Gomera sind Ziel von Bootstouren, ➤ Seiten 255f.

Seeschildkröten halten sich zwar in den Archipel-Gewässern auf, gehen aber zur Eiablage und zum Brüten nicht hier an Land. Sie sind stark gefährdet, da sie dümpelnde Plastiktüten für Quallen, ihr Leibgericht, halten und an ihnen ersticken. Nicht selten werden sie verletzt oder verendet angespült. Auch die **Robben**, vor hundert Jahren auf den östlichen Inseln noch in großen Kolonien heimisch, sind abgewandert.

Muscheln   Man findet um die Kanaren kleine runde *Almejas*, *Lapas* (Napfschnecken), *Berberechos* (Herzmuscheln) und leicht spiralförmige *Burgados*. Die langestreckten *Navajas* heißen übersetzt »Klappmesser«. *Mejillones* (Miesmuscheln) werden gezüchtet.

Haigefahr   Außer Seeigeln an felsiger Küste und zuweilen Feuerquallen gibt es für Badende keine gefährlichen Wassertiere, auch **keine Haie**. So können Taucher in aller Ruhe die Unterwasserwelt beobachten. Vorsicht gilt nur bisswütigen Muränen, die in Felslöchern lauern und dem Schwanzflossen-Stachel großer Rochen, die bis zu 2,5 m lang werden und 100 kg wiegen können.

2.3

Lebensweise. Während die sesshafte Krake ihrer Nahrung im Unterschlupf auflauert, sie aufbeißt, umschlingt und auflutscht, segelt der *Calamar*, die Arme voraus, ständig durchs Wasser.

Über zwei hintere Stummelflossen steuert sich ein *Calamar* gewandt und so schnell, dass es gleichgroße Fische leicht erjagt.

Nur der 30 cm große **Gemeine Tintenfisch** vergräbt sich im Sand und greift sich seine Opfer durch raketenschnelles Ausschleudern seiner zwei etwas längeren Tentakel. Das Weibchen erlebt eine unbefleckte Empfängnis: das penislose Männchen verpackt seine Spermien in einer Hülle und überreicht sie seiner Gattin galant mit einem nur für diesen Zweck umfunktionierten Spezialarm in ihre Mantelhöhle. Dort platzt sie auf und die Spermien befruchten die Eier. Die Männchen verlieren dabei ihren Spezialarm, schwimmen als Eunuchen weiter und sterben nach ihrem ersten und letzten Sex-Abenteuer.

Das furchterregende Aussehen der Kraken (3-5 m) wurde schon von alters her mit faustdickem Seemannsgarn zu gruseligen Geschichten versponnen. Mit Segelschiffen und U-Booten (Kinohit: 20.000 Meilen unter dem Meer) kämpfende Kraken können aber nur in der Tiefsee lebende Riesenkalamari gewesen sein. Der mit 22 m längste wurde 1933 vor Neufundland angetrieben, und die größte Mittelmeer-Krake (7,5 m) fingen spanische Fischer 2001 an der Costa del Sol. Von noch monströseren Kraken fand man bisher nur Teile in den Mägen von Pottwalen, Beweisstücke für einen Kampf auf Leben und Tod, von dem auch tellergroße Saugnapf-Narben auf manchen Pottwalhäuten zeugen.

Menschen brauchen sich weder vor den Fangarmen noch vor den messerscharfen Schnäbeln zu fürchten. Sie finden uns Allesfresser offenbar wenig schmackhaft, anders als unsereiner die *Pulpo*- oder *Calamares*-Gerichte.

3.   Geschichte und Gegenwart Teneriffas

3.1   Geschichte und Wirtschaft

Im Folgenden wird die Geschichte des kanarischen Insel-Archipels unter besonderer Berücksichtigung der Ereignisse auf Teneriffa und seiner Wirtschaft dargestellt.

3.1.1   Mythologie und Altertum

Antike

Historische Zeugnisse von Atlantikfahrten der alten Ägypter, Griechen und Römer sind nicht überliefert. Sie navigierten nur entlang der Mittelmeerküsten. Allerdings hatten anscheinend schon die besonders seekundigen Phönizier (um 1200 v. Chr.) den kanarischen Archipel erreicht. Sie waren auf der Suche nach der Orchillaflechte zur Gewinnung von violett-rotem Farbstoff und hartem Kiefern-Kernholz (Teak) zum Schiffbau.

Andererseits vermutete man schon seit der Antike das **Paradies westlich der Säulen des Herakles**, wie der Sage nach die Meerenge von Gibraltar hieß. Dort trug der Riese Atlas das Himmelsgewölbe auf seinen Schultern, aber ebendort lag auch der vom Höllenhund Cerberus bewachte Eingang zur Unterwelt, dem Hades. Er gab vermutlich Cádiz, dem heutigen Fährhafen zu den kanarischen Inseln, seinen Namen.

Der paradiesische Garten Eden lag demnach in der antiken Mythologie unweit der Unterwelt.

Homer (800 v. Chr.) und **Hesiod** (700 v. Chr.) nannten es die **Elysischen Gefilde** oder die **Hesperiden**, wo die Nymphen der Nacht, Töchter der Zeusgattin Hera einen Baum mit goldenen Äpfeln hüteten. Wer davon aß, blieb – ohne je Hunger und Durst zu erleiden – ewig jung und lebte tagein, tagaus in göttlichem Klima.

Auch **Platons** Kunde (427-347 v. Chr.) vom untergegangenen **Kontinent Atlantis** und die Autorität eines **Aristoteles** (384-322) lockte die späteren Entdecker in westliche Richtung; seitdem hält sich bis heute die – wissenschaftlich lange widerlegte (➤ Seite 434f) – Mär, die **Makaronesische Inselgruppe** (die Kanaren, Madeira, die Azoren und Kapverden) seien Reste von Atlantis.

Bei den Römern nimmt *Plinius* (23-79 n. Chr.) diese alte Kunde in seinen Werken wieder auf und berichtet von Atlantik-Seglern, die einen schneebedeckten Berg auf den **Islas Afortunadas** (glückseligen Inseln) gesehen hatten. *Plinius* erwähnt auch den mauretanischen König *Juba*, der große Hunde (canis = Hund) von den westafrikanischen Inseln mitgebracht haben soll. Sie sind möglicherweise ursächlich für die Namensgebung der **Islas Canarias** (➤ Seiten 547+471).

Plinius war es auch, der erstmals einzelne Inseln des kanarischen Archipels namentlich erwähnt hat. Er nannte Teneriffa wegen des schneebedeckten Teide **Ninguaria oder Nivaria**, wie noch heute das Bistum Teneriffa mit Sitz in La Laguna heißt.

Kanarische Geschichte im Überblick

Vor 37 bis 2 Mio. Jahren	Entstehung der kanarischen Inseln schrittweise von Ost nach West durch unterseeische Vulkanausbrüche, ➤ Seite 435.
1000 v. Chr. bis 0	Erwähnung der Kanaren in der Antike (*Homer, Plato, Plinius*)
Ab ca. 900 v. Chr.	Schon vor unserer Zeitrechnung siedeln Angehörige nordafrikanischer Berberstämme auf den Inseln. Es entwickelt sich die steinzeitliche Guanchenkultur.
	Aber über 1000 Jahre lang geraten die Inseln in Europa wieder in Vergessenheit.
1300	Erste friedliche Kontake mit Europäern, »Inbesitznahme« Lanzarotes durch den Italiener *Lancelotto*.
	Abermals werden die Inseln 100 Jahre »vergessen«.
1400	Beginn der *Conquista*, (Neu-) Eroberung von Lanzarote, Fuerteventura, El Hierro und La Gomera durch *Jean de Bethencourt*. Die Kanaren bleiben fast 100 Jahre lang »halb erobert« ohne größere Konflikte.
Ende 15. Jh.	Wachsendes spanisches Interesse, Einigung zwischen Spanien und Portugal, das Westafrika bekommt. Eroberung von Gran Canaria, La Palma und Teneriffa.
1500++	Kolonialisierung und Christianisierung; Völkermord an den Ureinwohnern, den Guanchen; Assimilation der Überlebenden
	150 Jahre lang Zuckerrohr und Weinanbau in den Händen italienischer und englischer Kaufleute.
1650++	150 Jahre lang Konsolidierung, obwohl die Engländer mehrfach vergeblich versuchen, den Spaniern die Kanaren abzunehmen.
1800++	150 Jahre lang Ein/Auswanderungswellen, die durch Blüte und nachfolgenden Niedergang von Monokulturen ausgelöst wurden. Die Kanaren werden von einer Kolonie zur spanischen Provinz.
1936	Bürgerkrieg und danach (*Franco*) jahrzehntelang Isolation, wirtschaftliche Stagnation und Auswanderung.
Seit 1978	Demokratie in einer konstitutionellen Monarchie unter König *Juan Carlos*. Die kanarischen Inseln werden eine autonome Zone innerhalb des spanischen Staates in der Europäischen Union.
	Damit hieß es auch für die Kanaren
2002:	Einführung des Euro und
seit 2008	als Teil Spaniens Mit-Leidtragende der Finanzkrise

3.1

Die Guanchen

Herkunft

Blond, blauäugig und groß, aber dunkelhäutig waren die Urein-wohner der Kanaren. Also weder Arier noch germanische Hü-nen, derweil im Mittelalter in Europa jeder über 1,70 m als rie-sig galt. Viele Legenden um die Guanchen macht sie rätselhaft..

Die *Canarios* sind stolz auf ihre Vorfahren und hegen Ressen-timents gegen die **Godos** (Goten). So nennen sie ihre Landsleute auf dem spanischen Festland. Mit Genugtuung nahmen sie 1993 zur Kenntnis, dass das Naturwissenschaftliche Inselmuse-um zwar Abweichungen in den Blutgruppen zwischen Kanaren und Spaniern nachwies, dafür aber signifikante Übereinstim-mungen zwischen Guanchen, Kanaren und Berbern.

Niedrige Kulturstufe

Guanche (*guan+chinech*) meint »Mensch Teneriffas« und des-sen Sprache (selbst aber nannten sie sich **»Benahore«** (= mein Land). Durch die Insellage und fehlende Rohstoffe (z.B. Eisen-erz) lebten die Ureinwohner noch um 1500 als neolithische An-alphabeten in Lavahöhlen. Sie kannten weder das Rad noch Hohlkörper (Boote), noch den Pflug.

Sie schliffen an Handmühlen aus porösem Basalt und kneteten Keramikgefäße wie die frühen Sahara- und Atlasvölker ohne Töpferscheibe, ritzten Verzierungen in Krüge und geometrische Zeichen an die Wände ihrer Wohnhöhlen, die den früh-marok-kanischen glichen.

Guanchen Wohnhöhlen und Lebens-szenerie en miniature in einer musealen Ausstellung

Gofio

Die Guanchen lebten mit und von Ziegen und Schafen, bauten Getreide an und ernährten sich von **Gofio**, geröstete und gemah-lene Gerste oder Weizen, die sie in Wasser verrührten, (➣ Seite 69). Sie aßen Pilze, Palmdatteln, Feigen, Honig und Samenkör-ner, zur Not auch Hundefleisch. Daraus (wegen canis = Hund/ lateinisch) leitet sich die Archipelbezeichnung ab, ➣ Seite 478.

Fische wurden von Land aus mit einer *Garrote* gefangen, einem langen Holzstab mit Steinspitze. Ansonsten mieden sie das

Meer und hatten keinen Kontakt zu ihren Inselnachbarn. Bis heute rätselt man deshalb, wie sie ab ca. 900 v.Chr. übers Meer gekommen sind. Möglicherweise »trampend« als **maritime Passagiere** auf Schiffen der Phönizier und Etrusker, was damals durchaus üblich war.

Werkzeuge/ Waffen

Im Kampf setzten sie feuergehärtete Holzlanzen und Keulen ein, aber auch der überall gegenwärtige Stein wurde für die Spitzen der Wurfpfeile und -kugeln genutzt. Die erwähnte *Garrote* war auch ein Arbeitsgerät der Hirten, die sich damit leicht über *Barrancos* schwingen konnten. Waren sie besonders lang und biegsam, wurden sie auch *Hastia* genannt. Die ersten Europäer dachten deswegen, die Guanchen könnten fliegen, weil sie manchmal »in der Luft verschwanden«. Auch der kanarische **Stockkampf** (*Juego de Palo*) leitet sich aus den Kampftechniken mit solchen Lanzen und *Garroten* ab.

Aus schwarzem Vulkanglas, dem Obsidian, schliffen sie Messer. Runde Steine wurden mit Fell umwickelt und an Hölzern befestigt, um sie als Schlagwaffe oder Wurfgeschoss gegen Feinde zu schleudern. Pfeil und Bogen kannten sie nicht.

Medizin

Neben allerlei **Kräutern** war **Butter** aus Ziegenmilch die Grundlage für Heilrezepte zur Wund- und Entzündungsbehandlung.

Wunden wurden auch durch **Ausbrennen** behandelt. Bei chronischen Kopfschmerzen oder Epilepsie bohrten die Guanchen die Schädeldecke der Kranken auf. Verstorbenen wurde auf diese Weise das Gehirn entnommen und von den Angehörigen rituell verspeist, um sich die Weisheit der Toten einzuverleiben.

Herrschafts-form

Als die Europäer landeten, wurde **Teneriffa** von einem einzigen *Mencey* (Fürst), dem *Gran Tinerfe* regiert, der im Südwesten der Insel (Adeje) herrschte. Nach seinem Tod wurde die Insel unter den Söhnen in **9 Fürstentümer** (*Menceyatos*) aufgeteilt: Anaga, Güímar, Abona, Adeje, Daute (Nordwestspitze Tenogebirge), Icod, Taoro, Tacoronte und Tegueste.

Alle erstreckten sich von der Küste bis zu einer Höhe von 1.000 Metern bergauf. Die zentrale Bergwelt der *Cañadas* blieb Allmende, gemeinsames Land. Dort weideten die Herden im Sommer, wenn das Gras an den Küsten vertrocknet war. **Quevehi** (Majestät), der *Mencey* von Taoro, galt als *Primus inter Pares*, als Erster unter Gleichen.

Sozialwesen

Kleinste Einheit war die Familie. Man konnte nur innerhalb desselben Standes heiraten; eine Frau durfte polygam mit bis zu drei Männern gleichzeitig leben. Es herrschte das Rotationsprinzip. Hielt ein Guanche um die Hand einer Frau an, schenkte er dem Brautvater Ziegen und Schafe. War die Ehe beschlossen, wurde die Braut für einen Monat im Bett gepäppelt, um kräftige Kinder zu gebären. Der *Mencey* kam zur Hochzeitsfeier und legte sich – *jus primae noctis* – erst einmal dazu.

3.1

Ehe Neugeborene wurden von Ammen mit Ziegenmilch ernährt, die sie dem Kind von Mund zu Mund einflößten. Erziehung war Sache von Frau und Mann; man wechselte sich ab. Als Familienoberhaupt hatte der Mann auch Autorität über angeheiratete Nachkommen. Beide Ehepartner konnten die Ehe auflösen. Um das zu erschweren, galten die Kinder dann aber als uneheliche Bastarde, wie der 10. Sohn des *Mencey Gran Tinerfe*, der deswegen nur einen Landflecken erbte (Punta del Hidalgo).

2 Klassen Die Angehörigen der herrschenden Klasse trugen Bart und lange Haare. Zu den Notabeln gehörten auch Spezialisten wie Fischer, Maurer und Heilkundige. Die soziale Durchlässigkeit war begrenzt, nur besondere Verdienste führten zum Aufstieg, unehrenhaftes Verhalten zum Ausschluss. Auch der Strafkodex der Guanchen richtete sich nach der Klassenzugehörigkeit. Verhandlungen gegen die untere Klasse fanden tagsüber, für die Oberen abends statt. Auf Mord stand Erschlagen, Räubern wurde ein Auge ausgerissen, bei Rückfälligkeit das zweite.

Rolle der Frau Trotz des Patriarchats hatten Frauen eine besondere Stellung, denn sie waren so kämpferisch, dass die Europäer sie mit den Amazonen verglichen. Mit dem Ruf *vacaguaré* (lieber sterben als in Gefangenschaft!) stürzten sie sich vom Felsen. Im Erbrecht dominierte die weibliche Linie. Begegnete ein Guanche einer Frau, durfte er ihr nicht ins Gesicht blicken und sie erst ansprechen, wenn sie ihn dazu aufforderte.

Religion/ Götter Die Guanchen verehrten Sonne und Mond, pflegten ihren Totenkult und balsamierten die Leichen mit dem Saft der Tabaiba-Pflanze (Wolfsmilch) ein, bevor sie in Grotten beigesetzt wurden. Wie bei den alten Ägyptern, Polynesiern und Mayas gab man den Toten Nahrungsmittel und Gaben für ihren Weg ins Jenseits mit.

Die Guanchen glaubten an Gottheiten, die Gut und Böse zugleich repräsentierten. *Acorán* war der Sonnengott, den sie als Schöpfer aller Dinge betrachteten. Andere, meistens weibliche Götter, wurden mit Götzenbildern verehrt. Dämonische Geister stiegen aus dem Ozean und brachten Unheil.

Leben der Guanchen als Keramikbild auf einer Parkbank

Rituale   Während ihrer Opferriten hielten sie große Blätter in den Händen und streckten die Arme gen Himmel. Heilige Frauen trugen tönerne Gefäße mit Butter, Milch oder Honig. Während der Opferung sangen und tanzten sie am Fuße der Felsen. Dann zogen sie zum Meer und schlugen mit Ästen aufs Wasser, um von den Göttern das lebensnotwendige Nass vom Himmel zu erflehen. Oder sie trennten die Lämmer von ihren Müttern, fasteten drei Tage zusammen mit den blökenden (*balar*) Tieren, um dann tanzend (*bailar*) die Götter anzuflehen. Der **Bailadero** im Anagagebirge war z.B. eine derartige Kultstätte.

Wandbild: Guanchen mit Göttin

Die Götzen wurden auch durch Opfergaben verehrt, um Fruchtbarkeit für ihre Frauen und Schutz für die Viehherden zu erbitten. Heilige Jungfrauen, die in speziellen Höhlen lebten, zelebrierten rituelle Waschungen.

Feste   Die Guanchen feierten ihre Feste mit gutem Essen, Tanzen und Singen – das ist bis heute so auf den Inseln. Während ihrer religiösen Feiern spielten sie auf einfachsten Musikinstrumenten. Steine wurden gegen natürliche Klangkörper geschlagen, Ziegenknochen dienten als Trommelstöcke.

Wettkampf   Die körperlichen Kräfte wurden beim Steinheben und -werfen gemessen, sowie beim Weitspringen mit der *Garrote* über Felsblöcke. Am beliebtesten war der Ringkampf **Lucha Canaria** (➢ Seite 396f) und das Fechten mit Stöcken, was als **Juego de Palo** bis heute weiterlebt. Vor dem Kampf rieben sich die Kämpfer mit Tierfett und Kräutern ein. Sie wurden von ihren Familienmitgliedern begleitet. Zunächst bewarf man den Gegner mit drei Steinen, denen er stehend nur durch geschickte Körperbewegungen ausweichen durfte; dann schlugen sich die Kontrahenten mit den Holzstöcken.

Kunst   Im **Parque Etnográfico** in Güímar dokumentiert eine Ausstellung alle Schriftreste der Guanchen. Es sind mehr Bilder als Buchstaben: Spiralen, konzentrische Kreise, Dreiecke, menschliche Gestalten mit Riesenhänden und sonstige Hieroglyphen. Sie und viele Ortsnamen (z.B. Tegueste und Adeje) erinnern an die Schriftzeichen der Berber aus Nordwestafrika.

3.1

Kultur

Höhlenzeichnungen, Körperbemalungen und Keramikarbeiten gehörten zu den frühen kulturellen Leistungen der Guanchen.

Zeichnungen wurden mit groben Steinen in die Höhlenwände eingeritzt, sie stellten schematisierte Menschenkörper, geometrische Figuren oder dem libyschen Alphabet ähnliche Zeichen dar. Weitere Informationen dazu findet man im Internet unter www.institutum-canarium.org.

Die Guanchen arbeiteten viel mit Keramik- und Holzstempeln, mit deren reliefartigen Unterseiten sie Kleidung und ihre Haut bedruckten. Immer zeigen sie geometrische Figuren: gegeneinander versetzte Dreiecke, kleine Quadrate oder Kreisfiguren zur Markierung von Familieneigentum. Aus Ton wurden religiöse Götzenbilder gefertigt, die weibliche oder zweigeschlechtliche Wesen darstellten.

Statuen

Neun **bronzene Mencey-(= Fürsten-) Statuen** des tinerfeñischen Bildhauers *José Abad* sind auf der **Plaza de la Patrona in Candelaria** aufgestellt (➤ Seite 203); sie zeigen die 9 Kinder des letzten Menceys, **Tinerfe el Grande**, Sohn des Mencey *Sunta*; nur einer fehlt dort: *Hidalgo Pobre* (arm), der Uneheliche. Er bekam Punta del Hidalgo, ein kleines, abgelegenes Fleckchen im Nordosten.

Nach der Unterwerfung durch die Spanier waren die *Menceys* zur Gemeinschafts-Taufe gezwungen worden und hatten christliche Namen erhalten wie *Juan*, *Antonio*, *Gonzalo*, *Pedro* und *Gaspar*.

Mit diesem Akt, der am 29. September 1496 stattfand, wurde die Eroberung Teneriffas und die Unterwerfung ihrer Ureinwohner sozusagen offiziell vollendet.

Eindrucksvolle Mencey-Statuen gibt es nicht nur in Candelaria, sondern auch in Santiago del Teide, hier mit Sprungstab und Kaninchen

3.1.2 Mittelalter

Im Mittelalter ging die Kenntnis über die *Islas Afortunadas* verloren. Das ptolemäische Weltbild (Ptolemäus, 120 n. Chr.) zeigte die Erde, den Mittelpunkt des Universums, als Scheibe. Sie schürte die Angst, in unbekannte Gefilde vorzudringen, von der Scheibe zu fallen oder von Ungeheuern verschlungen zu werden.

San Borondón

Nur der irische Mönch **Sant Brandan** stach auf der Suche nach der »Heiligen Insel der Seligen«, einer christlichen Auslegung der *Islas Afortunadas*, um das Jahr 520 in See. Nach 7-jähriger Irrfahrt tauchte vor ihm die ersehnte Insel aus dem Ost-Atlantik auf. *Brandan* flüchtete zurück an Bord, als nach einem »Beben« die Insel wieder versank. Chroniken von 1050 zeigen das Eiland als riesigen Wal, auf dessen Buckel ein Schiff ankert. Noch heute beschwören *Canarios*, sie selbst hätten das geisterhafte Auf- und Abtauchen einer achten Insel ebenfalls erlebt. Sie wird heute **San Borondón** genannt.

Zeitgenössische Darstellung des Auftauchens der achten Kanareninsel San Borondón

Die Furcht vor dem Unbekannten ließ die seit ca. 900 v. Chr aus Nordafrika eingewanderten Ureinwohner der kanarischen Inseln jahrhundertelang unbehelligt, bis in der Neuzeit (etwa ab 1300) die Entdecker zu neuen Ufern aufbrachen.

Erste Eroberungen

Seit Beginn des 14. Jahrhunderts unternahmen Adlige aus Europa Vorstöße zu den Kanarischen Inseln. Ihre Expeditionen standen unter dem Schutz der jeweiligen Königshäuser, die aber wegen ewiger kriegerischer Verwicklungen in Europa solche Abenteuer nicht finanzieren konnten. In der Hoffnung auf Gewinn sprangen schon damals gern global denkende Kaufleute ein.

Doch was die Eroberer vorfanden, war ihnen nicht paradiesisch genug. Der Italiener **Lancelotto Malocello**, Entdecker Lanzarotes (1312), verließ die Insel schon bald wieder; 90 Jahre später hielt es den Normannen *Jean de Bethencourt*, Eroberer von Lanzarote, Fuerteventura, La Gomera und El Hierro, auch nicht lange.

Endlose Machtquerelen und wechselnde Besitzverhältnisse verleidete ihm das Leben im Elysium.

Die Eroberer (*Señorios*) machten sich zu Eignern des erkämpften Landes und vergaben es gegen einen Tribut als Lehen. Aber auch aus ökonomischer Sicht brachten die kanarischen Expeditionen nicht den erhofften Erfolg. Sie fanden weder Gold noch Edelsteine. Nur die als Sklaven verkauften Ureinwohner »lohnten« den Einsatz. Mit dem Erlös konnte man die daheim drängenden Gläubiger befriedigen.

Den Menschenhandel legitimierten im 14. und 15. Jahrhundert päpstliche Bullen. Unter dem Motto: »Krieg allen nichtchristlichen Religionen – Bekehrung der Heiden!« durften in eroberten Regionen Ungläubige im Namen Gottes versklavt werden.

Zeit der Entdeckungen

Durch hohe Zölle hatten die asiatischen Herrscher den schwungvollen Handel Europas mit dem Osten via Italien (*Marco Polo*, 1254-1324) gebremst. Als die Siege des osmanischen Reiches in Südserbien (Amselfeld-Schlachten 1389 und 1448) die türkische Vorherrschaft auf dem Balkan bzw. dem östlichen Mittelmeer besiegelten, kam der Levantehandel (vornehmlich mit Kleinasien, Syrien und Ägypten) völlig zum Erliegen.

Koperni-kanische Wende

In dieser Epoche führten neue naturwissenschaftliche Erkenntnisse und Erfindungen (Sternen-, Wetter- und Meeresströmungskunde, Karthographie, und bessere Schiffe) zur Ablösung des ptolemäischen durch das von der Kirche lange Zeit verteufelte sonnenzentrierte Weltbild (Kopernikus 1473-1543). Küstenunabhängige, globale Navigation wurde möglich.

Da der versperrte Weg nach Osten das Umdenken Richtung Westen, hin zum gefürchteten Atlantik, gebot, war der Weg frei für die Vormachtstellung der westeuropäischen Seemächte (England, Frankreich, Portugal, Spanien), die aus Wirtschaftsinteressen die Kunde einer möglichen Nordwestpassage nach Asien aufgriffen und in machtpolitischer Konkurrenz protegierten.

Koloniali-sierung

Bis ins hohe 15. Jahrhundert hatte die spanische Krone die Abenteuer am Rande ihres Hoheitsgebietes geduldet. Erst 1477, nach der Rückeroberung der Iberischen Halbinsel von den Mauren (*Reconquista*), hatte sie sich mit päpstlichem Missionsauftrag eingeschaltet und bis 1496 unter den *Reyes Católicos* (Isabella von Kastilien, Ferdinand von Aragón) die planmäßige Kolonialisierung der restlichen drei kanarischen Inseln (Gran Canaria, La Palma, Teneriffa) betrieben. Triebfeder waren aber – wie gesagt – weniger christliche Ideen als die Hoffnung, von dort die per Landroute verlorenen Handelspartner Indien und China wieder zu erreichen.

Handels-dreieck

Man wusste also längst um die strategische Bedeutung der Kanarischen Inseln auf dem Weg nach Westen und an die Goldküsten Afrikas. Der Nordostpassat, der noch heute die Skipper jeden November mühelos von den Kanaren in die Karibik bläst, ließ 1492 dann auch den im Auftrage der *Reyes Católicos* segelnden Italiener **Christoph Columbus** »zufällig Amerika« entdecken.

Das Paradies der Antike wurde für praktische Zwecke intrumentalisiert: Hier konnte man vor der Atlantiküberquerung zum letzten Mal Frischwasser bunkern und von dort aus in strategisch bester Lage mit drei Kontinenten Handel treiben.

3.1.3 Eroberung Teneriffas durch Alonso de Lugo

Teneriffa fiel als letzte der drei unter den *Reyes Católicos* eroberten Kanareninseln, und es fiel nur gegen den erbitterten Widerstand der Ureinwohner. Auf dieser größten und am dichtesten bevölkerten Insel war längst bekannt, dass die Spanier nicht als Freunde kamen. Aber der mit dem Feldzug beauftragte Andalusier *Alonso de Lugo* nutzte nach seiner Landung (1494) im späteren Santa Cruz geschickt den Unfrieden zwischen den tinerfeñischen Guanchenfürsten (*Menceys*) und verbündete sich mit den **Reinos de Paces** (»Königreichen des Friedens«). Mit ihnen zog er nach La Laguna, wo er mit einem der mächtigen *Menceys* der kriegerischen Reiche (**Reinos de Guerra**), *Bencomo de Taoro*, zusammentraf. Er bot ihm seine Freundschaft für den Preis der Unterwerfung unter die spanische Krone und den christlichen Gott an. Entschlossen, aber freundlich lehnte *Bencomo* die trügerische Offerte ab (➤ »Lugo«, Seite 368).

Kurz darauf besiegten die Guanchen den Spanier bei **La Matanza** vernichtend (➤ Seite 367). Lugo kam erst ein Jahr später zurück und unterwarf 1496 die *Reinos de Guerra* in Schlachten bei La Laguna und La Victoria endgültig.

Landverteilung Im Gegensatz zu den *Islas de Señorio* (➤ oben) behielt auf den *Islas Realengas* (Teneriffa, Gran Canaria und La Palma) die spanische Krone den Rechtstitel auf das eroberte Land. Die größten und besten Grundstücke teilte aber der Befehlshaber mit seinen

3.1

Guanchen und Spanier

Vertrauten, bedachte aber auch Kaufleute, welche die hohen Kosten der königlichen Eroberung getragen hatten. Wie langgestreckte Filets lagen diese Ländereien im Norden Teneriffas und schlossen alle Vegationszonen ein. In den Höhenlagen hatten die Großgrundbesitzer Quellwasser und Holz, in mittleren und unteren Zonen guten Ackerboden, an der Küste Zugang zum Meer.

Große Besitzungen erhielt ferner die Kirche als Dank für ihr Plazet zur Eroberung der heidnischen Inseln. Kleinere Grundstücke gingen an verdiente Soldaten, Arbeiter und Handwerker, die aus Europa übersiedelten. Die neuen Eigentümer wurden verpflichtet, auf ihrem Land zu leben und es zu bestellen. Nicht verteiltes Land wurde der Krone direkt unterstellt.

3.1.4   Wirtschaftliche Ausbeutung

Zuckerrohr

Es war *Lugos* Idee, Zuckerrohr auf den Inseln anzupflanzen und das in Europa hochdotierte Endprodukt gleich vor Ort herzustellen. Es gab alles, was man dazu brauchte: reichlich Wasser für die Mühlen, Holz, um den großen Töpfen beim Einkochen Dampf zu machen, und für die Maloche auf den Plantagen zudem billige Arbeitskräfte: Guanchen und afrikanische Sklaven. Für sie war das Leben auf den *Islas Afortunadas* weit entfernt von Platons elysischen Gefilden. Teneriffas Landschaft litt enorm unter dieser einseitigen Ausbeutung, denn die rücksichtslose Rodung der Kiefernwälder gefährdete die natürliche Wasserversorgung (➢ Essay ab Seite 447) und die Klimaverhältnisse.

Privatbesitz

Ganz Teneriffa wurde gleich nach *Lugos* Eroberung umgekrempelt. Hatten die Guanchen noch ausschließlich für ihren Eigenbedarf produziert, wurde jetzt von einer ausländischen Kaufmannschaft nur **ein** Produkt angebaut und in Europa vermarktet. Die Guanchen – auch die »einsichtigen« *Reinos de Pace* – wurden von den spanischen Einwanderern dominiert. Nur privater Grundbesitz – für die Ureinwohner ein Fremdwort – bedeutete nun Reichtum und begründete politische Macht. Auch Genueser und Flamen erhielten wirtschaftliche Schlüsselpositionen. Portugiesen kamen als Handwerker und nutzten die Kanaren als Sprungbrett in die Neue Welt, die ihnen von Portugal aus verwehrt war.

Internationales Kräftespiel

Dieses kolonialistische Wirtschaftsmodell hatte über Jahrhunderte Bestand. Nur der organisatorische Rahmen änderte sich, je nach Regierungsform in Madrid. Von dort wurde auch bestimmt, in welchem Umfang welche Waren in welche Länder zu welchen Bedingungen im- und exportiert werden durften.

Die strategisch günstige Lage des Archipels am Handelsweg zu den amerikanischen Kolonien wurde von Freund und Feind als wirtschaftspolitische Daumenschraube im europäischen Kräftespiel genutzt. Mal mussten die Waren (wie die Kanaren-Seide) hoch verzollt werden, mal wurden neue Quotierungen festgelegt. Das ging im 17. Jahrhundert so weit, dass für je 100 Tonnen Exportgut 5 Familien zur Auswanderung gezwungen wurden.

Gegen diese staatlichen Regulierungen griffen viele europäische Kaufleute erfolgreich zum Schmuggel (➤ Thema »Wein« ab Seite 71). Erst im 18. Jahrhundert lockerte Spanien die Restriktionen und erklärte 1852 die Kanaren zur Freihandelszone (**Puertos Francos**).

Piraterie und kriegerische Angriffe

Wegen der Beliebtheit des Archipels als Zwischenstopp auf der Route von und nach den **Indias** (➤ Kanarisches Lexikon, Seite 546) hatten Piraten leichtes Spiel, den vollgeladenen Schiffen aufzulauern. Unterstützt wurde die Piraterie von sog. »Korsaren«, die mit staatlicher Lizenz feindliche Handelsschiffe enterten.

Ende des 17. Jahrhundert geriet die Kanarenpolitik der Briten in eine knifflige Situation. Sie hatten die Genueser und Flamen als die führende Kaufmannsschicht auf Teneriffa abgelöst, und der **Weinhandel**, die zweite große Monokultur auf dem Archipel, lag ganz in ihrer Hand. Andererseits waren sie seit Jahrhunderten Spaniens Erzfeinde und Konkurrenten. Immer wieder griffen britische Schiffe Teneriffa an. Dabei war kaum zu unterscheiden, ob es sich um Piraten-, Korsaren- oder Kriegsschiffe handelte.

In unseren Geschichtsbüchern sind **Francis Drak**e (1588 Sieg über die spanische Armada), **Walter Raleigh** und **Robert Blake** (1657 Sieg über die Silberschatz-Flotte vor Santa Cruz) große Admirale der englischen Marinepolitik. In kanarischen Publikationen dagegen sind sie nichts anderes als Freibeuter.

Als **Admiral Nelson** 1805 durch seinen Sieg über die spanisch-französische Flotte bei Trafalgar in die Weltgeschichte einging, konnte sich Teneriffa rühmen, ihm acht Jahre zuvor eine Niederlage bereitet zu haben. Eine Kugel aus der Kanone *El Tigre* hatte dabei seinen rechten Arm getroffen. Die »Wunderwaffe« ist bis heute an exponierter Stelle im Santa Cruzer Militärmuseum zu besichtigen (➤ Seite 137).

3.1

3.1.5 **Das Zeitalter der Aufklärung und des Liberalismus**

Nicht nur im wirtschaftlichen Sinne war das Zeitalter der »Aufklärung« (*Ilustración*) in der 2. Hälfte des 18. Jahrhunderts eine Blütezeit Teneriffas. Wie in Europa war das Bürgertum kunst- und kulturbeflissen, aber auch offen für Politik, Ökonomie und neues humanistisches Gedankengut. Das naturwissenschaftliche Interesse brachte aufgeklärte Gelehrte auf die abgelegenen Inseln. Auch der vielzitierte **Besuch Alexander von Humboldts 1798** fällt in diese Zeit. Aber trotz aller Menschenrechtsideale wurde in Teneriffa an den Grundfesten der feudalen Gesellschaftsordnung nicht gerüttelt. Erst im Laufe der liberalen Bewegungen des 19. Jahrhundert kam es zu Reformen.

Während der französischen Besetzung weiter Teile Spaniens wurden von den Juntas Ersatzregierungen in den nicht besetzten Teilen und die Auflösung des Grundbesitzes auf den *Islas de Señorios* verfügt und danach ein Großteil des Kirchenbesitzes säkularisiert. 1852 erfolgte eine **Liberalisierung des Handels** und eine

Demokratisierung des Wahlrechts. Baulicher Ausdruck des neuen offeneren Denkens war die großzügige Umgestaltung der Innenstadt von Santa Cruz Anfang des 19. Jahrhunderts nach klassizistischen Vorbildern Europas.

Durch den ständigen Wechsel von liberalen und reaktionären Regierungen in Madrid kamen jedoch viele Reformen ins Stocken. So leicht war das alte System nicht zu erschüttern, schon gar nicht auf dem Lande, wo sich die Herrschaft der Feudalherren und **Caciques** (»Kaziken«/Dorftyrannen) über viele Jahrhunderte etabliert hatte.

3.1.6   Politische Abhängigkeit und Monokulturen

Nachdem Spanien durch die Unabhängigkeitsbewegungen (*Simón Bolívar*) seine Kolonien in Südamerika schon Anfang des 19. Jahrhunderts verloren hatte und sich 1898 neben den Philippinen auch seine karibischen Besitzungen (Kuba, Puerto Rico) mit US-Unterstützung gelöst hatten, fürchtete die geschwächte und vom europäischen Bündnissystem isolierte iberische Kolonialmacht auch um die Kanaren, obwohl hier die Bevölkerung – außer kleineren Revolten auf La Gomera und Gran Canaria – loyal zum Mutterland stand.

Trotz mehr oder weniger starker Ambitionen Amerikas, Englands und Frankreichs, ja sogar Belgiens und Deutschlands, die kanarischen Inseln friedlich (durch Kauf) oder militärisch zu übernehmen, konnte Spanien seine Kolonien in Westafrika (Westsahara und Äquatorial-Guinea) bis ins 20. Jahrhundert halten und die Kanaren 1927 als zwei spanische Provinzen integrieren (seit 1982 mit Autonomie-Status).

Auch die Wirtschaftsepochen der Kanaren haben sich nicht aus ihren Gegebenheiten und Traditionen entwickelt, sondern wurden ihnen von außen als Monokulturen aufgezwungen: Die **Zuckerproduktion** brach schon Mitte des 16. Jahrhunderts wieder zusammen, weil sie in den iberoamerikanischen Kolonien klimatisch günstiger und billiger war; nach dem Weinanbau kam im 19. Jahrhundert die **Cochinilla** (➤ nebenstehendes Essay).

100 Jahre später lösten **Bananen** die zwischenzeitlich auch monokulturellen **Tomaten** ab, und heute ist – neben **Schnittblumen** (➤ Seite 266) – vor allem der **Tourismus** wiederum eine Art Monokultur (➤ Seiten 210 ff und Essay auf den Seiten 493f).

Jedem Zusammenbruch einer Monokultur folgte eine neue Auswanderungswelle nach Südamerika. Inwieweit die zur Zeit wieder boomende »Monokultur« Tourismus in der Schwächeperiode 2007-2012 (➤ Seite 210) wesentlich zu den seit 2008 bis heute hohen Emigrationszahlen beitrug, lässt sich konkret nicht beziffern. Denn die gleichzeitige Spanien insgesamt betreffende Wirtschaftskrise führte im ganzen Land zu hoher Arbeitslosigkeit und Außenorientierung qualifizierter junger Leute (➤ Essay Seite 492).

Cochinilla

Auf deutsch »Koschenille«. In den trockenen unteren Lagen der kanarischen Inseln gehört die **Opuntie** – eine Kaktusart, die aus Mexiko stammt – mit ihren großen »Ohren« zum typischen Landschaftsbild. Auf der Opuntie lebt ein Parasit von ihrem Kaktussaft, die *Cochinilla*, eine nur pfefferkorngroße, violettschwarze **Schild-** oder **Krapplaus** (Dactylopius cacti).

Opuntien gedeihen auf Teneriffa allerorten

Die Opuntie wurde ab 1830 auf den Kanaren angebaut, um aus ihr roten Farbstoff zu gewinnen. Insbesondere Teneriffa lebte vier Jahrzehnte lang im Cochinilla-Färbemittel-Rausch. Der Anbau ist billig, läuft im warmen Klima fast automatisch, und die Ernte bedarf keiner qualifizierten Arbeitskräfte. Man muss jedoch beim »Pflücken« der lausigen Tierchen geschickt sein; sonst hat man stattdessen widerspenstige Opuntien-Stacheln in den Fingern.

Die parasitären Läuse vermehren sich in Windeseile: etwa alle 10 Wochen kann neu geerntet werden. Ihre Gelege und Larven sind mit einer weißen wachshaltigen Schicht überzogen, an der man die befallenen Pflanzen schon von weitem erkennt. Zerdrückt man eine Laus, bekommt man tiefrote Fingerkuppen vom Farbstoff. Nach der Ernte wurde die Laus in kleinen Öfen zur Gewinnung des intensiv purpuroten Farbstoffes verbrannt.

Die kanarische Koschenille-Industrie brach 1870 zusammen, als künstliche Anilin-Farben die natürlichen Farbstoffe abzulösen begannen. Die daraus folgende Wirtschaftskrise führte zu einer der größten Emigrationswellen der kanarischen Geschichte. Die Koschenille wird heute nur noch als Farbstoff für Lippenstift und Campari genutzt; traditionsbewussten *Canarios* dient sie neuerdings wieder als burgundroter Finca-Fassadenanstrich.

3.1

Cochinilla-
Läuse
auf der
Opuntie

Im Frühjahr tragen die Feigenkakteen organgerote Früchte, die im 19. Jahrhundert exportiert wurden und heute auf den kanarischen Wochenmärkten als *higo chumbo/pico* ein kleines Comeback erleben. Wer mit Vorsicht die stachelige Schale schält, findet saftiges Fruchtfleisch.

Nicht zu verwechseln ist die *Cochinilla*-Laus mit der *Orchilla*-Flechte, einer auf den Kanaren in Felsritzen wildwachsenden grauen Färbe-Flechte (Rocella tinctoria), aus der schon zu Zeiten der Phönizier pupurroter Farbstoff gewonnen wurde. Die beiden Ostinseln Lanzarote und Fuerteventura tragen daher auch die Bezeichnung »Purpurarien«.

3.1.7 Die 2. Republik und Frankismus

Die II. Spanische Republik (1931-1936) brachte das politische Gefüge auf den Kanarischen Inseln erstmals völlig durcheinander. Mitteleuropäisches Teufelszeug, wie Gewerkschaften und Arbeiterparteien wurden gegründet, und mit etwas Verzögerung erreichte der Radikalismus der 20er-Jahre auch die provinziellen Kanaren. Die verkrustete Kunst- und Kulturszene wurde aufgebrochen.1935 eröffnete der Franzose **André Breton** die erste Surrealisten-Ausstellung Spaniens in Teneriffa.

Die schleichende Polarisierung der Gesellschaft wurde deutlich im Sieg der **Frente Popular** (Volksfront) von 1936.

Dass *General Franco* seinen Putsch von Teneriffa aus starten konnte, hatte mehr mit seiner Vita zu tun (➤ Seite 401), als mit der herrschenden Polit-Kaste. Die Inselregierung ergab sich keineswegs ohne Widerstand, was den Zivilgouverneur und seine Anhänger das Leben kostete.

Obwohl die Kanaren vom Bürgerkrieg danach nicht unmittelbar betroffen waren, traf sie die Repression besonders brutal. Die wirtschaftliche Isolierung vom Welthandel schmerzte die exportorientierten Inseln sehr. Zum ersten Male seit der *Conquista* wurde ihnen dazu die Selbstversorgung auferlegt, eine Umstellung, die große Probleme mit sich brachte. Der einzige bedeutende Außenhandel blieb der Export von **Bananen** nach Spanien. Selbst die Emigration in Richtung Südamerika war erschwert.

»Emigration & Immigration« Hans Beter, Teneriffa

Natürlich wie Ebbe und Flut

Hoch über dem alten Hafen von Garachico steht ein merkwürdiges Denkmal. Es zeigt einen Mann mit Koffern, der sich nach Südamerika einschiffen will. Nur sein Herz lässt er in seiner geliebten Heimat zurück, denn seine Brust hat ein Loch. Dieses Denkmal ließ mein Freund *Nelly de Leon* als damaliger Bürgermeister von Garachico vor zwanzig Jahren zur Erinnerung an die Insel-Emigranten errichten. Über Jahrhunderte sahen sich Kanarios aus unterschiedlichsten Gründen, vor allem aber aus nackter Not oder wegen staatlicher Willkür, dazu getrieben, ihre Heimat zu verlassen und in der Fremde ein neues Leben zu beginnen.

Dieses alte Thema war bis vor kurzem so aktuell wie lange nicht: In den Jahren der spanischen Wirtschaftskrise, die bis heute trotz des Touristenbooms nicht voll überwunden ist, erlebten die Inseln wieder eine Auswanderungswelle. Nach einer Studie der Universität La Laguna emigrierten allein zwischen 2009 und 2013 rund 12.000 junge Kanarios. Denn auf dem Höhepunkt der Krise lag die Arbeitslosigkeit bei den 15- bis 24-Jährigen bei unglaublichen 50% und bessert sich seither nur langsam.

Aber der Emigration folgte auch immer wieder eine Immigration: Düstere Zeiten der Not und der Flucht lösten sich mit Jahren froher Hoffnung und Neubeginn ab. Fast immer waren es Monokulturen, wie anfangs der Anbau von Zuckerrohr, später dann die Produktion von Wein oder die Zucht von Cochenille-Läusen (, die kurzfristigen Aufschwung brachten. Im letzten Jahrhundert folgten der zeitweisen Ausdehnung von Tomatenplantagen ein forcierter Bananenanbau und seit den 1970er-Jahren eine wachsende Touristikindustrie. Heute erwirtschaften die Inseln über 50% ihres Bruttosozialprodukts im touristisch orientierten Dienstleistungssektor und in indirekt vom Tourismus abhängigen Branchen.

Die hohe Abhängigkeit von einem dominierenden Wirtschaftszweig birgt große Gefahren. So endete die Ära des Zuckerrohrs im 16. Jahrhundert bereits nach kurzer Zeit, weil die notwendigen Insel-Bäume zum Einkochen der Melasse abgeholzt waren – die Produktion wurde daraufhin nach Kuba verlagert. Durch den verheerenden Vulkan-Ausbruch 1709 verlor Teneriffa nicht nur seinen damals wichtigsten Hafen Garachico (➤ Seite 352), sondern auch seine – dank der *Malvasier*-Traube, ➤ Seite 71f – zeitweise führende Stellung im Weinhandel mit England, Holland und Deutschland.

Hinzu kam, dass die spanische Krone bereits 1678 eine Verordnung erlassen hatte, die die Kanarios verpflichtete, für jeweils 1.000 Tonnen an die spanische Flotte auf ihren Routen über den Atlantik gelieferter Versorgungsgüter wie Wein, Fleisch und Gemüse je 50 Familien in die Kolonien in Südamerika zu schicken. Ohne die Zwangsmaßnahme Umsiedlung kein Geschäft. Dieses Gesetz wurde »Blutzoll« (*Tributo de sangre*) genannt und führte dazu, dass Tausende Kanarios die Inseln verlassen und in Kuba, Venezuela und Bolivien eine neue Heimat finden mussten.

3.1

Besonders schlimm erging es der kanarischen Bevölkerung auch nach dem kurzen Aufschwung zwischen 1830 und 1880, den die Zucht der Cochenille-Laus mit sich brachte. Ihr natürlicher Lebensraum ist der Opuntien-Kaktus. Wenn man sie zerquetscht, entsteht ein intensiver roter Fleck. Diese rote Farbe war äußerst begehrt und wurde gut bezahlt. Heute benutzt man sie nur noch als biologisches Färbemittel in Campari und Lippenstift; aber damals bescherte die Laus den kanarischen Familien ein gutes Einkommen – und einen erstaunlichen Kindersegen: Denn die kleinen Hände waren sehr hilfreich bei der Ernte. Als jedoch die deutsche *IG-Farben* 1880 begann, den roten Farbstoff chemisch herzustellen, platzte die Blase: Über 20.000 Kanarios emigrierten allein deshalb nach Venezuela und Uruguay.

1930 lebten gut 500.000 Menschen auf den Inseln. Dann kam der Bürgerkrieg (1936 bis 1939): Viele verließen die Heimat – und kehrten erst nach dem Tod des Diktators *Franco* ab 1975 wieder zurück.

Mit Spaniens Beitritt zur EU begann der Massentourismus. Ein hemmungsloser Bauboom setzte ein. Viele Jugendliche verließen die Schule, um auf dem Bau das schnelle Geld zu verdienen. Doch als 2008 die Immobilienblase platzte, standen nicht nur diese Schulabbrecher vor dem Aus, sondern die ganze Wirtschaft rutschte bekanntlich in die Rezession. Viele Jugendliche sahen und sehen bis heute selbst in der mittlerweile eingetretenen Aufschwungphase für sich keine Zukunft Sie verharren als resignierte »nini-Generation« (weder Lernen – noch Arbeiten) oder emigrieren.

Vor nicht allzu langer Zeit traf ich meinen Freund *Nelly* am Strand von Las Teresitas. Wie meine eigenen Kinder haben seine beiden Töchter die Deutsche Schule in Santa Cruz besucht. Seine Ältere promovierte sogar und lebt jetzt in Berlin. Seine Jüngere studierte Politologie, ist arbeitslos und wohnt wieder bei ihren Eltern, möchte aber ebenfalls nach Deutschland.

Es beeindruckte ihn sichtlich, dass meine Kinder nach ihren Examina in Spanien ebenfalls keine Arbeit in dem Land, wo sie aufgewachsen waren, finden konnten, nun aber gute Jobs in Deutschland haben. Halb im Scherz, meinte er: »Heute zeigt mein Denkmal in Garachico in die richtige Richtung – nach Nordost: Deutschland«; ➤ auch Seite 351.

Statue in Garachico: El Emigrante mit Koffern

3.1.8   Berühmte Persönlichkeiten auf den Kanaren

Besucher und Zugereiste

Der Umstand, dass *Frederic Chopin* und *George Sand*, ein seinerzeit berühmtes, exzentrisches Liebespaar, einen Winter (1838/39) auf Mallorca zubrachte, hat an den Orten des Geschehens bis heute erfreuliche ökonomische Effekte. Auf Teneriffa findet man nichts Vergleichbares. Auch viele der im Zusammenhang mit Teneriffa gern genannten folgenden Berühmtheiten haben nur mittelbar etwas mit der Insel zu tun:

Christoph Columbus

Am *Puerto Colón* in Las Américas erinnert zwar ein Denkmal an **Christoph Columbus**, doch setzte er nie einen Fuß auf Teneriffa, nur vorbeigesegelt ist er. Selbst, dass der Teide gerade höllisch spuckte, ließ ihn kalt, trieb es ihn doch auf seiner zweiten Fahrt nach Amerika schnell noch zu *Beatriz de Bobadilla*, einer kanarischen Adligen, auf die Nachbarinsel La Gomera. Sie empfing ihn zwar mit Feuerwerk und Kanonen-Böllern, heiratete aber einen anderen Draufgänger, den Teneriffa-Eroberer *Lugo*.

Admiral Horatio Nelson

Admiral Horatio Nelson, der weltgeschichtlich vermutlich berühmteste Besucher, kam nicht der Sonne wegen. Seinen Angriff auf Teneriffa büßte er 1797 mit dem Verlust des rechten Arms, ➢ Seite 124. *Nelson* wurde nach der Schlacht in der Hauptstadt nicht schlecht behandelt: medizinisch versorgt und mit Speis und Trank vom siegreichen Admiral *Gutiérrez* bewirtet.

Alexander von Humboldt

Aufgeklärte Wissenschaftler interessierten sich für Vulkanismus, Flora und Fauna der Insel. **Alexander von Humboldt** ist ihr Star. Auf seiner Südamerika (1799-1804) stoppte er hier kurz. Das war den Tinerfeños einen *Mirador* mit Gedenktafel im Orotavatal wert (➢ Seite 320), heute ein Muss für Touristenbusse.

Hermann Wildpret

Schweizer Botaniker (1860-93); *Jardín Botánico*-Leiter in Puerto, Teideaufstieg-Begleiter Humboldts; *Echium wildpretii* nennt man nach ihm den Natternkopf/Tajinaste (➢ Seite 309, 458f)

Charles Darwin

Charles Darwin wiederum segelte auch nur vorbei, zeigte sich aber begeistert: »Alles wirkt wunderschön: Die Farben sind sehr leuchtend und weich. Der Gipfel oder Zuckerhut hat sich gerade aus den Wolken erhoben. Er thront zweimal so hoch als ich mir vorgestellt hatte, in den Himmel. Eine dichte Wolkenbank schirmt den Schneegipfel von der zerklüfteten Basis ab.«

Agatha Christie

Agatha Christies Aufenthalt schlug sich in einer Kurzgeschichte von zweifelhafter Bedeutung nieder. Es schien ihr auf Teneriffa nicht besonders gefallen zu haben: »Kein Mensch auf der Insel war gesellschaftlich oder künstlerisch von Bedeutung«. Auch ihre Landsleute brachten keinen Schwung in die Szene: »Die meisten Leute lebten seit sieben, vierzehn oder einundzwanzig Jahren hier und schätzten sich und andere danach ein, wie lange sie schon hier wohnten«. (aus: »Der Mann am Meer«, in: »Der seltsame Mr. Quinn«, Scherz Verlag).

3.1

Ernest Hemingway

Auf ***Ernest Hemingway*** können sich die Tinerfeños nur über drei Ecken berufen. Sein Titelheld *Santiago* in «Der alte Mann und das Meer« ist der 1897 geborene ***Gregorio Fuentes***, der damit in die Weltliteratur einging. Er war *Canario* und erhielt auf Antrag seine spanische Staatsbürgerschaft zurück. Danach zog es ihn aber auf die Nachbarinsel Lanzarote, wo er Anfang 2002 starb.

César Manrique

»Als ich von New York zurückkam, war ich entschlossen mitzuhelfen, meine Heimatinsel in einen der schönsten Plätze der Welt zu verwandeln«. Das sagte ***César Manrique*** 1968. 24 Jahre später starb der wohl einzige international bekannte kanarische Künstler bei einem Autounfall auf Lanzarote. Das einfache Leben der Fischer und Bauern auf Lanzarote hatte seine Bilder einst inspiriert. Erst nach seinem Kontakt mit der surrealistischen Künstlerelite in Europas Metropolen und einem vierjährigen USA-Aufenthalt fand er zu abstrakteren Formen. *Manrique*, an sich mehr Maler und Skulptor, erlangte weltweite Aufmerksamkeit als Architekt »seiner« Insel. Er gilt als Schöpfer des »**Gesamtkunstwerkes Lanzarote**«, in dem das Bizarre und Farben der archaischen Vulkanlandschaft mit der exotischen Inselflora und altkanarischen Finca-Architektur – verbunden mit modernen Stilelementen – zur Einheit finden. Seither steht die Insel auf der Landkarte aller Kunstliebhaber.

Das eingangs zitierte Versprechen von 1968 erfüllt *Manrique* mit einer Reihe ungewöhnlicher Bauten: seinem ersten Wohnhaus (*Taro de Tahíche*) inmitten unwirtlicher Lavawüste, dem Musterbeispiel eines lanzarotenischen Bauernhauses, der *Casa Museo del Campesino*, den beiden Restaurants *La Era* und *El Diablo*, dem wunderbaren *Mirador el Rio*, dem Museum für zeitgenössische Kunst (*Museo Internacional de Arte Contemporaáneo*) und vor allem der Gestaltung der Konzertsaal-Grotte *Jameos del Agua*, die Rita Hayworth das achte Weltwunder nannte.

Auf Teneriffa – der größten und urbansten Insel der Kanaren – setzte er architektonische Akzente in städtischer Umgebung mit der Badelandschaft ***Lago Martiánez*** und der Park- und Strandanlage ***Playa de Jardín*** (beide Puerto de la Cruz) sowie dem ***Parque Marítimo*** in Santa Cruz.

Tinerfeños

Es gibt keine *Tinerfeños*, die in die Weltgeschichte eingingen, aber einige Namen, die hier Straßen oder Denkmälern schmücken, sind auch über die Inselgrenzen hinaus bekannt.

Goldenes Zeitalter

Als **Goldenes Zeitalter** (*Siglo de Oro*) wird in Teneriffa die Aufklärung (*Ilustración*) bezeichnet. Liberale, vernunfts- und wissenschaftsorientierte Gedanken, die Mitte des 18. Jahrhunderts in Europas Metropolen im Schwange waren, wurden vom tinerfeñischen Adel und Bürgertum offen aufgenommen. Weit weg vom Mutterland und reich an Schmuggelerfahrung, erhielt man in La Laguna die in Spanien verbotenen Schriften aus England, Frank-

reich und Amerika ohne Probleme. Die internationalen Handels-
häuser Teneriffas wurden von protestantischen Kaufleuten aus
Europa beherrscht.

Tertulias

Die liberalen Denker trafen sich in **Tertulias** (Gesprächskreisen),
die in La Laguna, Santa Cruz und Puerto de la Cruz in den Herren-
häusern der vornehmsten Familien abgehalten wurden. Beispielsweise bei *Nava y Grimon*, dessen beeindruckendes Palais am
Plaza de Adelantado in La Laguna zu sehen ist. Bei diesen Treffen
wurde über Erziehung, Wirtschaft, Naturwissenschaft, Freihandel
und Kunst diskutiert. Der *Marqués de Villanueva del Prado* setzte
sich für die Errichtung des Botanischen Gartens in Puerto de la
Cruz zu wissenschaftlichen Zwecken ein. Erste Inselzeitungen
entstanden, und die erste Universität des Archipels ging aus dem
Augustiner-Kloster in La Laguna hervor. Maßnahmen gegen die
Vernichtung des Waldes (!) wurden beschlossen und die Einführung neuer landwirtschaftlicher Produkte betrieben.

**José de
Viera
y Clavijo**

Der berühmteste Historiker und Wissenschaftler, *José de Viera y
Clavijo*, (1731-1813) stammte aus einer aufgeklärten bürger-
lichen Familie, gehörte dem Klerus an und wurde vom Adel pro-
tegiert. Seine beiden Bücher über die kanarischen Inseln (*Noticias
de la Historia General de las Islas Canarias* und *Diccionario de
Historia Natural de las Islas Canarias*) gehören zu den wissenschaftlichen Standardwerken. In seinem Geburtsort Los Realejos
hat man ihm ein Denkmal gesetzt, ➤ Seite 336.

**Tomás
de Iriarte**

Die Familie *Iriarte* aus Puerto de la Cruz hat gleich mehrere Aufklärer in die Welt hinausgeschickt. *Tomás de Iriarte* (1750-1791)
bekam Probleme mit der Inquisition, weil er in Madrid schnei-
dende polemische Texte gegen den religiösen Fanatismus schrieb.
Spanisches Kulturgut blieben bis heute seine humorvoll-mora-
lischen *Fabulas Literarias.*

3.1

**Juan
de Iriarte**

Sein Onkel *Juan de Iriarte* war Literaturkritiker und Direktor der
Königlichen Bibliothek zu Madrid. Nur sein Bruder blieb im
Lande, wurde Mönch und unterrichtete im Dominikanerkloster
von Orotava. Aus der *Casa Iriarte* wurde ein kleines Museum mi
einem Geschäft für Stickereien (➤ Seiten 300).

**Augustín de
Betancourt**

Augustín de Bethencourt (1758-1824) brachte es als Ingenieur
und Erfinder schon zu Lebzeiten zu internationalem Ruhm, wiewohl nur im Ausland. Mit 20 Jahren zog es ihn von seiner Hei-
matstadt Puerto de la Cruz nach Madrid. Dort wurde er Direktor
der ersten spanischen Ingenieursschule. Dem Bau von Straßen,
Brücken und Kanalen blieb er auch in Russland treu, wo er als Mi-
litärtechniker im Dienste Alexanders I. tätig war. Für die Dränage
des Hafens von Kronstadt erfand er einen speziellen Bagger. Seine
Seidenspinn- und Dampfmaschinen machten ihn zu einem der
angesehensten Ingenieure seiner Zeit. Sein Essay über die Kon-
struktion von Maschinen (*Ensayo sobre la Composición de las
Máquinas*) ist noch heute ein Klassiker. Das *Hotel Monopol* im
Zentrum von Puerto de la Cruz ist sein Geburtshaus.

José de Anchieta

Auch vor und nach der Aufklärung lebten *Tinerfeños*, die über Spanien hinaus berühmt wurden. *José de Anchieta* war mit *Ignacio de Loyola* verwandt, in dessen Orden er als Missionar nach Brasilien ging. Der Jesuit gründete Missionsstationen, aus denen Sao Paolo und Rio de Janeiro hervorgingen. 1597 starb er in Brasilien und wurde 1980 selig gesprochen. Sein Geburtshaus (1534) steht in La Laguna (➤ Seite 152), seine Statue thront auf dem untertunnelten Kreisel der Autobahn bei La Laguna, *Salida* 9.

Teobaldo Power

Teobaldo Power (1848-1884), ein Musiker der Romantik, war irischer Abstammung. Seine Vorfahren lebten aber schon seit dem 17. Jahrhundert auf den Kanaren. Bereits in jungen Jahren von der Musikwelt in Barcelona, Paris und Madrid anerkannt, kehrte er nur kurz nach Teneriffa zurück. Die seiner Heimat gewidmeten *Cantos Canarias* kennt jedes kanarische Schulkind. In La Orotava wurde ein Konzertsaal, in seiner Geburtsstadt Santa Cruz eine Straße nach ihm benannt.

Oscar Dominguez

Der in La Laguna geborene Maler **Oscar Domínguez** (1906-1957) lebte in den 1930er-Jahre in exzentrischen Kreisen in Paris. Er fand in *André Breton*, Wortführer des Surrealismus, einen berühmten Förderer. *Breton* sah in den Kanaren eine Art surreale Terra Magica. 1935 veranstaltete *Breton* mit *Domínguez* seine erste Surrealisten-Vernissage in Santa Cruz (➤ TEA, Seite 152).

Surrealistisches Werk von Oscar Dominguez

Unter *Domínguez`* Werken findet man viele kanarische Motive, z.B. die *Cueva de los Guanches* (Guanchenhöhle) und *El Drago*. Alkohol, Drogen und das Gefühl des Versagens vor seinem Vorbild *Picasso* führten ihn 1957 in den Selbstmord.

Im *Parque García Sanabria* in Santa Cruz steht seine Arbeit **Monumento al Gato** unmittelbar oberhalb des großen zentralen Brunnens. Das neue Santa Cruzer Kulturzentrum zwischen *Mercado* und Anthropologischem Museum (entworfen vom renommierten Architekten *Jaques Herzog*), wird den Namen von *Oscar Domínguez* tragen.

Pedro Gonzáles

Der ebenfalls aus La Laguna stammende **Pedro Gonzáles** kehrte nach einem mehrjährigen Venezuela-Aufenthalt 1961 nach Teneriffa zurück. Nach abstrakten Jugendwerken malte er in den letzten Jahrzehnten tinerfeñische Städte- und Landschaftsbilder.

Simon Bolivar/ Romulo Betancourt

Zuweilen genügt den *Tinerfeños* schon die Teneriffa-Abstammung von wichtigen Persönlichkeiten für ein Denkmal. So für **Simón Bolívar**, dessen Mutter in Garachico geboren wurde. Auch **Romulo Betancourt**, 1945-48 und 1959-64 Präsident von Venezuela, kam in den Genuss dieser Ehre. Seine Familie war vor langer Zeit von Teneriffa nach Südamerika ausgewandert.

General Franco

Eine zweifelhafte Ehre erfuhr Teneriffa durch **General Franco**. Der Kommandeur des Inselmilitärs startete 1936 den Bürgerkrieg gegen die 2. Republik von Teneriffa aus, ➤ Seite 401.

Stephen Hawking

Seit 2015 werden jährlich Workshops mit dem Astrophysiker *Stephen Hawking* veranstaltet, der im Winter auf Teneriffa lebt.

Karneval
in Santa Cruz
fast wie in Rio

3.2 Fiestas und Folklore auf Teneriffa

3.2.1 Fest- und Feiertage

Die *Canarios* sind kein Volk von Traurigkeit. Sie legen Wert auf viel Freizeit und feiern gern. Am Wochenende geht man tagsüber oft in großen Gruppen auf Picknick- und Grillparties im Wald oder eine ***Tenderete*** (fröhliches Beisammensein mit Wein, Weib und Gesang zur *Timple*, einer Minigitarre). Abends trifft man sich zum Kneipenbummel (*parranda*) durch den Ort, entweder zufällig in den Bars, oder man hat sich auch vorher – überwiegend spontan – verabredet. Spanier meiden Stammtische, damit sich (behaupten böse Zungen) über den Wirt nicht herumspricht, wer der größte Zecher ist. Kneipen zum Tapetenwechsel gibt's schließlich mehr als genug in jedem Ort.

Feiertage Neben den allgemeinen nationalen Feiertagen (➤ Liste unter »Wissen A-Z«, Seite 534) kommen noch rund 80 örtliche, **oft mehrtägige Fiestas** zu Ehren der jeweiligen Schutzheiligen. Viele dieser Feiern gehen fließend über in **folkloristische Dorffeste** mit bunten Trachten und kanarischer Volksmusik. Es wird gesungen, getanzt und getrunken, Höhepunkt ist meist ein Feuerwerk.

Im folgenden sind die wichtigsten, auch für ausländische Besucher interessanten Feste auf Teneriffa kurz gekennzeichnet

• Der Höhepunkt des Karnevals in Santa Cruz sind die Tage vom Freitag vor Rosenmontag bis Samstag nach Aschermittwoch. Kleinere närrische Nachbeben finden anschließend in allen Insel-Gemeinden (Puerto!) statt, können den Hauptstadt-Fasching aber nicht toppen (➤ »Karneval«, Seite 117).

• ***Romerías*** sind der geselligste, lebendigste und authentischste Ausdruck kanarischen Brauchtums. Diese »Erntedankfeste« finden das ganze Jahr über auf Teneriffa statt, die meisten jedoch im Sommer. Wer Gelegenheit zum Besuch einer großen *Romería* hat (➤ Seite 399), sollte sie auf jeden Fall nutzen.

3.2

- **Fronleichnam** wird besonders in **Orotava** begangen. Die Blumenbilder und Teppiche (*alfombras*) aus buntem Lavasand gehören zu den großen Attraktionen der Insel (➤ Seite 329).

- Die **Osterwoche** (*Semana Santa*) wird in ganz Spanien feierlich begangen. Zentrum der religiösen Veranstaltungen und Prozessionen auf Teneriffa ist **La Laguna.**

- Fröhlich geht es **Mariä-Himmelfahrt** am 15. August in **Candelaria** zu. Das Fest zu Ehren der *Schwarzen Modanna* geht in eine rauschende *Romeria* über (➤ Seite 204f).

- In der Nacht zum 24. Juni brennt zur **Johannisnacht** inselweit in den *Barrancos* aufgetürmter Sperrmüll, um sich vom Alten und Bösen zu befreien (Türen, Paletten). Hauptorte sind der San Marcos-Strand (Icod), Orotava, Puerto, Santiago del Teide und Garachico. In kleinen Strandkuhlen wird gegrillt.

- Per Helikopter landen die **Heiligen 3 Könige** am 5. Januar im kindergefüllten Fußballstadion von **Santa Cruz** Danach reiten die Heiligen hoch zu Kamel durch die Stadt. Die Geschäfte haben bis Mitternacht zum Einkauf geöffnet (➤ Seite 292).

3.2.2   Kanarische Sport- und Spielarten

Wie gesagt sind auf den Kanarischen Inseln viele alte Traditionen lebendig. So auch eine Reihe von Spielen und Sportarten, wie die *Lucha Canaria*, ein Männer-Ringkampf, der auf die Ureinwohner zurückgeht (➤ Seite 386).

Daneben gibt es *Arrastre de Ganado*, einen Wettkampf mit kanarischem Zuchtvieh. Dabei muss der Hirte (*Boyero*) sein mit Säcken beschwertes Ochsen-Gespann möglichst schnell über eine Strecke von 50 m treiben, ohne die Tiere zu schlagen (➤ Fotos auf den Seiten 384 und 472).

Pelotamano ist ein Spiel wie Badminton, wobei ein Ziegenleder-Ball mit den bloßen Händen über das Netz geschlagen wird.

In kanarischen Dörfern sieht man zuweilen auch **Boccia-Bahnen**, auf denen die Männer ihre *La Bola Canaria* schieben.

Das altkanische **Gewichtheben** nennt sich *Levantamiento de Piedra* (»Steinheben«), wobei Lavabrocken auf dem Nacken hochgestemmt werden.

Eine feuchtfröhliche Gaudi ist *El Calabazo*, wenn zwei Männer mit 2 m langen Kellen im Wasserschöpfen wetteifern.

Ernster geht es bei der *Lucha del Garrote* zu, wenn *Canarios* beidhändig mit ihren *Garrotes*, 1,60 m langen Holzstöcken, fechten.

Über 3 m lange *Lanzas*, hölzerne Stäbe, setzten schon die Guanchen an, um im *Salto del Pastor* (Hirtensprung) über die vielen tiefen Schluchten mehr weit als hoch zu springen.

Am 29./30. November ist in **Icod de los Vinos** abends der Teufel los. Dann düst die Dorfjugend auf hölzernen *Tablas de San Andrés* die steilen Gassen mit bis zu 50 Sachen hinab in einen Haufen alter Gummireifen (➤ Seite 344).

3.2.3 **Trachten der Canarios**

Jede der sieben Inseln hat ihre eigenen, für sie typischen Trachten, die sich auch noch von Region zu Region und von Ort zu Ort unterscheiden. Am bekanntesten ist die Tracht aus dem Orotavatal. Sie wird – fälschlicherweise – für die tinerfeñische schlechthin gehalten.

Von der ursprünglich strikten, zunftgebundenen bzw. an der ständischen Gliederung orientierten Kleiderordnung ist wenig geblieben. Nur den hellen, knöchellangen Filzponcho der Hirten (*manta esperancera*), der früher mit Ziegenfett imprägniert war, trifft man noch vereinzelt in Bergdörfern oder auf *Romerías*. Seit dem 18. Jahrhundert holten sich auch die *Canarios* Anregungen aus dem Kleidungsstil der Reichen und Adligen. Das war die Geburtsstunde der Trachten (*Trajes de Mago*). Um die Stoffe einzufärben, nutzt man bis heute Naturprodukte, wie *Cochinilla* (rot), Färberwau (goldgelb), *Orchilla* (purpur), Indigo und Eukalyptus.

Die dominierenden Trachtenfarben sind inselweit rot, schwarz und weiß – die Farben der *Campesinos*, der Bauern.

Typisch sind auch die schwarzen Hüte der Männer und die mit farbigen Bändern verzierten kleinen Strohhüte der Frauen, sowie für den Norden der Insel gestreifte Röcke, kombiniert mit weißen Blusen und kunstvoll bestickten Westen (*chalecos*). Zu dieser Kleidung werden grüne oder gelbe Umhänge getragen. Die Schuhe und Stiefel sind aus schwarzem oder hellem Wildleder.

Charakteristisch für Teneriffa sind auch die *Romería*-Stoffe mit rot-grün-gelben Streifen; nur in Santa Cruz wird diese Farbfolge von einem zusätzlichen schwarzen Streifen unterbrochen.

Wer auf einer *Romería* den **Baile de Mago** mittanzen möchte, braucht dazu eine Tracht. Bei **Mil Ideas** in **Las Galletas** (Calle Sol del Sur, © 922-786375) wird sie einem auf den Leib geschneidert.

3.2

Es tanzt ein Bi-Ba-Butzemann ... (Hans Beter/Teneriffa)
Wie die Canarios tanzen und singen

Was haben deutsche und kanarische Volkslieder gemeinsam? Weit mehr, als man glauben würde!

Als ich *Don Roberto Gonzales, Director de la Banda Candelaria* (Orchesterchef) von Arafo/Teneriffa danach fragte, wollte er ein Beispiel hören. Also sang ich ihm das Lied vom Butzemann vor. Das Ergebnis verblüffte. Zwar verstand *Don Roberto* nicht den deutschen Text vom Säcklein tragenden Butzemann, summte jedoch die zweite Strophe bereits mit und erklärte dann: »Kenne ich! Das ist eine *Berlina*, ein Bauerntanz, der um 1890 zusammen mit Polka und Mazurka den Weg in unsere kanarische Volksmusik fand. Noch heute wird die *Berlina* als Pfeffer und Salz jeder Fiesta auf Fuerteventura, La Palma und El Hierro mit Akkordeon und Gitarre vorgetragen«. Dann lachte er: »*Hombre, qué escándalo!*« (Was für Skandal!) Es ist nämlich der einzige Volkstanz auf den Kanaren, bei dem sich die Paare eng umfasst halten.

Don Roberto hatte stundenlang das Festprogramm zum 75-jährigen Bestehen seiner *Banda* einstudiert. In weniger als drei Wochen würden die rund 60 Mitglieder, Jugendliche zwischen unglaublichen 5 und maximal 25 Jahren, vor heimischem Publikum auftreten. Nirgendwo auf den Kanaren, ja nicht einmal in ganz Spanien gibt es mehr ausgewiesene Musiker pro Kopf der Bevölkerung als hier in Arafo (➤ Seite 201). Im Vereinsregister des gerade 4000 Einwohner zählenden Städtchens sind eingetragen:

2 *Bandas* (Blas-Orchester mit je 50-60 Mitgliedern)

3 *Rondallas* (Volkstanzgruppen mit bis zu 20 Musikern und Tanzpaaren)

1 Chor (30 Sänger)

1 *Murga* (Karneval-Musikgruppe)

Die unzähligen folkloristischen Tanz- und Musikergruppen, die sich spontan zu Festen und Prozessionen zusammenfinden, nicht mitgezählt.

Sie alle verbindet die Liebe zur kanarischen Volksmusik, und – so Don Roberto – »die hört man mit dem Herzen, nicht nur mit den Ohren«.

Was ist typisch kanarische Volksmusik?

Einige Gesang- und Tanzstücke, die noch heute auf den Inseln lebendig sind, haben ihren Ursprung zweifelsfrei in der Kultur der Ureinwohner, der Guanchen. So trägt ein Trommeltanz aus La Gomera den Namen »*Tajaraste*«, was in der Berbersprache (*zajarasz*) »Goldring« bedeutet. Ebenso alt und lebendig ist ein getanzter Wechselgesang, der in La Palma und Gran Canaria an hohen Feiertagen aufgeführt wird. Zu schneller Trommel- und Flötenmusik singt ein Vorsänger eine immer wiederkehrende Melodie, während die Tanzpaare sich aufeinander zu- und wieder wegbewegen. Plötzlich pausieren Tanz und Musik. In die Stille hinein tritt ein Tanzpaar vor und beginnt einen Wechselgesang, der ohne feste Melodie von Liebe, Trauer oder Missständen in der Gemeinde handeln kann. Daher ist sein Inhalt manchmal zart, oft aber derb bis aggressiv. Anschließend setzen Musik und Tanz wieder ein. Das Spiel endet, wenn alle Paare einmal vorgetreten sind. Das Spektakel wird *Sirinoque* genannt. In der Sprache der *Tuaregs* und bei den *Kabilen* im Norden Afrikas heißt *siri-nek*

»dein Tanz«. Kaum jemand zweifelt heute daran, dass die alten Guanchen aus genau dieser Region vor fast 3.000 Jahren auf die Kanarischen Inseln kamen.

Mit den Spaniern gelangten vor 500 Jahren die »Folias« auf die Inseln, der »Edelstein« der kanarischen Volksmusik. Es handelt sich um einen Palast-Tanz, wie er damals am Hofe der spanischen Könige aufgeführt wurde. Zur Musik der *Folias* bewegen sich in höfischer Manier drei Gruppen von je zwei Tanzpaaren. Die Einsätze der Tänze werden von den Musikern mit lauten Rufen, den *avisos*, angezeigt, was bei dörflichen Festen noch heute zu ebenso lauten wie derben Antworten führen kann. Jede Insel hat sich in ihren *Folias* eigene Melodien und Tanzschritte erhalten. Eine volkstümliche Besonderheit ist die *Folia locura*, ein tränenreicher Gesang, zu dem zur Ehre Verstorbener am aufgebahrten Leichnam auch getanzt wird.

Doch nicht nur Guanchen und Spanier haben ihre Spuren in der Kanarischen Volksmusik hinterlassen. Vielmehr sind unter den 27 Volkstänzen, die ausführlich in der *Enciclopedia Canaria* beschrieben werden, einige, die auf portugiesische Einwanderer zurückgehen (*Aires de Lima*), oder andere, die von kanarischen Heimkehrern aus Kuba (*Habanera*) oder Mexico (*Mascarita*) mitgebracht wurden. Tatsächlich sind Einflüsse dreier Kontinente nachzuweisen.

Die Deutschen werden nicht nur mit ihrer *Berlina* erwähnt, sondern ebenfalls mit dem *Chotis majorero*, einem deutschen Tanz, der angeblich mit den Bourbonen (1720) nach Spanien und von da auf die Kanaren kam, wo er noch heute in La Palma getanzt wird und sich nach der Besiedelung Floridas über ganz Amerika ausgebreitet hat.

Als ich *Don Roberto Gonzales* nach seinem Konzert wiedersah, sagte er mir auf meine Frage nach seinem liebsten Volkstanz: »Der Kontrast zwischen ländlicher Fröhlichkeit und höfischen Trippelschritten in den *Folias de España* ist einmalig. Ich liebe diesen Tanz ...« Und höflich fügte er hinzu: »... doch die *Berlina* liebe ich auch, wie zum Beispiel *Baila un Bi-Ba-Butzemann*«.

3.2

Canarios und Gäste beim Musizieren in einer Dorfkneipe

3.4 _____ Architektur

Es war sicher ein kleiner Kulturschock für die spanischen Eroberer, als sie Ende des 15. Jahrhunderts ihren Fuß auf die Kanaren – ihre erste Kolonie – setzten. Kamen sie doch in glänzenden Rüstungen aus Städten wie Granada, Sevilla oder Toledo mit Palästen, Kathedralen und gewaltigen Festungen. Hier trafen sie auf Höhlenbewohner in Ziegenfellen.

Guanchen-höhlen

Die beim Abkühlen der Lava entstandenen gewölbten Löcher und der weiche, durch Kratzen oder Schneiden leicht auszuhöhlende Tuffstein im Inselsüden boten ausreichenden Schutz gegen Wind und Wetter. Hirten schliefen in steingeschichteten Hütten mit Strohdächern. Ansonsten hatten selbst die _Menceys_ (Guanchenkönige) keine Herrschaftsbauten oder baulichen Machtsymbole, nur etwas größere Höhlen mit farbigen Felszeichnungen. Die kreisrunden Versammlungsplätze oder Kultstätten waren von niedrigen Mauern umgeben. Und selbst wenn Teneriffas umstrittene Stufen-Pyramiden (➤ Seite 200) tatsächlich religiösen Zeremonien gedient haben sollten, waren sie genaugenommen ziemlich schlichte Bauwerke.

Altkanarische Landhäuser

Nach Unterwerfung der kanarischen Ureinwohner ließen jedoch Prachtbauten nicht lange auf sich warten, denn der Eroberer _Alonso Fernández de Lugo_ hatte große Pläne mit der Insel. Die von ihm ins Auge gefassten Zuckerrohr-Plantagen (➤ Seite 168) erforderten hohe Investitionen, für die er Kaufleute aus Genua gewann. Auf weitläufigen Haziendas bauten sich diese neuen Großgrundbesitzer repräsentative Landhäuser (_Casas Señoriales_) mit privaten Kapellen und _Bodegas_ (Weinkellereien).

Militärkommandantur in Santa Cruz; klassizistische Fassade (➤ Seite 508) aus inseltypischem Material

Für das normale Mauerwerk nahm man gewöhnlich den leichteren Tuffstein, für die Grundmauern und Ecken den festen schwarzen Basalt. Meist wurden die Außenmauern weiß gekalkt, nur die Ecksteine blieben schwarz. Der Reichtum der Herren der Landhäuser zeigte sich bald in der verschwenderischen Nutzung und kunstvollen Bearbeitung des harten Kernholzes der kanarischen Kiefer. Klassisch sind die Außentreppen, die zu einer Galerie im ersten oder zweiten Stock führen. Auch für die Decken, Balkone, Stützsäulen, Fenster- und Türrahmen verwendete man Holz, das in den feineren Häusern ungestrichen blieb. Schutz vor Wind und Regen boten die nach Süden ausgerichteten Patios (Innenhöfe). Die Walmdächer wurden mit arabischen Terracotta-Pfannen nach der Mönch-Nonne-Methode belegt: über eine Lage U-förmiger Tonziegel (Nonne) wurde auf Lücke

eine Lage mit der Wölbung nach oben (Mönch) gelegt, eine Dach-
deckerkunst, die man bis heute überall sieht. Diese typischen
kanarischen Merkmale gelten auch für kleinere Landhäuser.

Die Behausungen der Landarbeiter bestanden nur aus geschichte-
ten groben Steinen und waren – wie bei den Guanchen – strohge-
deckt. Solche *Chozas* stehen oberhalb von La Orotava an der Teideauffahrt und in Pinolere (➤ Seite 393).

Stadthäuser Die italienischen Familien, wie die *Lercanos, Molinas* und *Pontes* zogen bald vom Land in die größer werdenden Städte. Ihre Paläste aus dem 16. bis frühen 18. Jahrhundert mit Renaissance-
oder Barockfassaden in Orotava, Garachico, La Laguna und Santa
Cruz werden heute als Museen oder Ausstellungsräume genutzt.

Die meisten der herrschaftlichen Stadthäuser haben im Patio reich
geschnitzte, von Holzsäulen gestützte Galerien. Oft umläuft im 2.
Stock ein **Balkonvorbau** das Haus, um dort das Getreide zu trocknen. Nur in der Fassade waren Portale und Fenster ggf. von Stein-
metzarbeiten – als Zeichen großen Wohlstands – eingefasst.

*Typisches
Stadthaus aus
dem 17./18.
Jahrhundert
mit
umlaufendem
Balkon im
Obergeschoss
und
beschnitzten
Fenster-
einfassungen*

3.3

Holz Die Verwendung von Holz wurde typisch für die Kanaren. Man
passte es zunächst in die jeweiligen europäischen Baustile ein, die
mit etwas Verspätung auch den Archipel erreichten. Die Gotik
war schon passé, als die Inseln von Europäern besiedelt wurden,
und so finden sich auf Teneriffa nur wenige gotische Reste, wie
das Portal der *Nuestra Señora de la Concepción* in Los Realejos,
sowie einige Elemente der Klöster *San Agustín* und *Domenico* in
La Laguna. Ohnehin war das Inselgestein für gotische Bögen ungeeignet.

Den Platareskenstil, eine besondere spanische Ausformung der
Spätgotik, sieht man noch an einigen Portalen, z. B. bei der *Casa
del Corridor* in La Laguna. Der Begriff ist vom spanischen *Platero*
(Silberschmied) abgeleitet und besagt, dass die Ornamentik am
Stein so filigran ist, wie von Silberschmieden ausgeführt.

Kirchen und Klöster

Prägend im kanarischen Kirchenbau des Barock ist der *Mudéjar*-stil. Er verbindet maurische und christliche Elemente und war bis zum Ende des 16. Jahrhunderts in ganz Spanien verbreitet. *Mudéjaren* hießen Mauren, die 1492 nach der Rückeroberung durch die Spanier auf der iberischen Halbinsel blieben. Dieser Stil, der sich in einigen spanischen Regionen auch in Steinarbeiten wiederfindet, manifestiert sich in kanarischen Kirchen und Palästen durch äußerst kunstvolle, mal naturbelassene, mal bemalte hölzerne Kassettendecken (*Mudéjar*).

Besonders große und kostbar gestaltete Patios hatten die Klöster während ihrer Blütezeit im 18. Jahrhundert. Die um das ganze Gebäude umlaufenden Galerien wurden von hölzernen Säulen gestützt (Kloster *Santo Domingo* in La Orotava). Aus dem Arabischen kommt auch der **Ajimez**, ein Holzaufsatz an einer Ecke des Klostergebäudes mit einem Leistengitter, durch das die Nonnen auf die Straße schauen konnten, ohne selbst gesehen zu werden, wie das Bild unten zeigt.

Typisches Ajimez (in Orotava)

Forts

Für die »**Castillo**« genannten Befestigungen wurde schwerer schwarzer Basalt verwendet. Ein besonders klassisches Beispiel ist neben dem *Castillo San Juan* (Santa Cruz) und dem *Castillo San Felipe* (Puerto) das *Castillo de San Miguel* in Garachico aus dem 16. Jahrhundert. Der einzige Schmuck dieses düsteren Gemäuers ist das steinerne Wappen über dem mit anderen Steinplatten verkleideten Portal. In einer Dachecke befindet sich ein winziges Wach- und ein Glockentürmchen zum Alarmschlagen.

Klassizismus

Der Inselbarock war bei weitem nicht so überladen wie auf dem Kontinent. Es gab keine prunkvollen Schlösser; die Herrenhäuser hatten eher strengere, klassische Fassaden. So war letztlich der Druck zum Bruch mit dem Barock als typischer Herrschafts-Architektur geringer.

Erst Mitte des 19. Jahrhunderts setzte sich der Klassizismus (*Neoclassico*, Hauptvertreter *Manuel de Ora*) durch. Das aufstrebende liberale Bürgertum präsentierte sich in klaren, klassischen Verwaltungsgebäuden. Erstmalig verschwanden die typisch kanarischen Merkmale aus den Straßen. Stein ersetzte das Holz an Balkonen, Treppen, Brüstungen und Säulen. Die nun flachen Dächer wurden nicht mehr mit Ziegeln belegt. Santa Cruz, das sich dank des Freihandels seit 1842 enorm entwickelte, bekam neben neuen Repräsentivbauten ein anderes Straßenbild mit breiten Alleen und Plätzen (Plaza Weyler). Der Garten des Franziskanerklosters wurde im Zuge der Säkularisierung 1835 enteignet und zur Plaza Príncipe umgestaltet.

Noch heute prägen die klassizistischen Gebäude das Zentrum von Santa Cruz: das Parlament, *Ayuntamiento*, *Capitanía General*, das *Hospital de Nuestra Señora* (heute das Archäologische Museum) und das *Teatro Guimerá*. Auch in La Orotava und La Laguna sind die Rathäuser in diesem Stil gehalten. Die Fassade der Kathedrale von La Laguna ist eine der wenigen Beispiele für klassizistischen Sakralbau auf der Insel.

Das 20. Jahrhundert

In der ersten Hälfte des 20. Jahrhunderts prägten zwei Richtungen die städtische Architektur: eine der vielen Facetten des Jugendstils (*Modernismo*) und der kühle Bauhausstil (*Racionalismo*). Wie im Neoklassizismus entwickelten sich dabei keine typisch kanarischen Akzente. Beide Stile verzichteten folglich auf die traditionell-kanarische Holzbearbeitung.

In Teneriffas Städten wurden zur Zeit des **Modernismo** vorwiegend Villen für das betuchte Bürgertum und bürgerliche Kulturstätten wie Theater (*Teatro Leal* in La Laguna) gebaut. Die damals entstandenen Stadtviertel um die Plaza de los Patos, die Ramblas und die Calle Maria y Josef sind bis heute beliebte Wohngegenden. Mit geschmiedeten Balkongittern, leicht abstrakten Pflanzenmustern sowie gewellten Linien um Türen und Fenster wirken die pastellfarbenen 2-3-stöckigen Stadthäuser beschwingt und leicht wie eine verspielte Version des Klassizismus. Avantgardistische Elemente wie in den europäischen Städten zur selben Zeit fehlten fast ganz. Bald verkam diese Bauweise auf den Kanaren zu einem Sammelsurium von Formelementen (z. B. das Gebäude des Kunstvereins **Circulo de Amistad** in Santa Cruz).

Stadtvilla in Santa Cruz

3.3

Racionalismo Die liberale 2. Republik (1931-36) war offen für die Klarheit und Funktionalität, mit der u.a. die im Dessauer Bauhaus vereinten

Art Deco in Santa Cruz

Künstler völlig neue Akzente in der Architektur setzten. War der *Modernismo* auch in den kleineren Städten wie La Orotava heimisch geworden, so finden sich *Racionalismo*-Wohnhäuser nur in der Großstadt Santa Cruz. Es erforderte schon etwas Mut, sich für viel Geld diese nüchternen Kuben ohne jede Ornamentik bauen zu lassen (Beispiele finden sich entlang der Rambla und in der Calle Enrique Wolfson). Viele dieser Häuser haben im Ansatz alle Elemente des heute postmodern wiederbelebten amerikanischen **Art Deco** wie die geschwungenen Rundungen, klare und gestreckte Linien sowie runde Bullaugenfenster. Öffentliche Gebäude (wie die ehemalige Deutsche Schule –, jetzt eine staatliche Sprachenschule – in der Calle Enrique Wolfson 16) zeigen bereits erste Anzeichen zu neuen monumentalen Formen.

Francozeit Der Frankismus verstärkte diesen Zug zum Bombastischen. Das *Cabildo*-Gebäude mit dem Uhrenturm an der Plaza España (➢ Foto Seite 122) und das *Gobierno Civil* (Calle Mendez Nuñez/ Ecke Calle Viera y Clavijo unterhalb der Plaza Pato) aus den Jahren 1949-51 sind Ausdruck dieser Tendenz, in der sich Nüchternheit mit Machtwillen trifft: Betonung der Vertikale, Freitreppen, schwere Säulen und symbolträchtige Wappen.

Daneben verstärkte der Franco-Nationalismus regionale Tendenzen, die seit den 30er-Jahren auch zur Wiederentdeckung alter kanarischer Formelemente führte. Es gab wieder überdachte Balkone und Galerien aus Holz, Ecksteine, rote Ziegeldächer und kleine Türme, die an den *Ajimez* erinnern. Ein gelungenes Beispiel für diese Architektur ist das nach wie vor eindrucksvolle ***Hotel Mencey*** in Santa Cruz (➢ Foto Seite 134).

Repräsentative Bauten wie La Lagunas Universität oder Candelarias neue Basilika (1958) schließen direkt an die Epoche des oben beschriebenen tinerfeñischen Barocks an, des Goldenen Zeitalters der kanarischen Architektur.

Neue
Entwicklungen
Die Architektur nach dem 2. Weltkrieg wurde dominiert von der schnellen Entwicklung des Tourismus. Wie an anderer Stelle bereits erwähnt (➤ Seite 212), war der Spekulation zunächst Tor und Tür geöffnet. Bar jeder Raumstrukturordnung und in platter epigonaler Kopie der städtischen Hochhaus-Architektur entstanden – mit billigem Baumaterial – die neuen Touristenzentren Los Cristianos und Las Américas.

1990er-
Jahre
Tradition und Landschaft wurden oft missachtet und neue, gute Ideen wieder verworfen. Auf Teneriffa gibt es aus diesen Jahren kaum ein Projekt, das sich nachträglich rechtfertigen ließe.

Ausnahmen sind einzig die **Badelandschaften** von *César Manrique* in Puerto de la Cruz und in Santa Cruz (➤ Fotos auf den Seiten 286/7 und 114/5 sowie 136).

Seine Werke auf Lanzarote, wo Harmonie mit der Natur und traditionelle Bauelemente im Vordergrund stehen, waren und sind bis heute richtungsweisend. *Manrique* starb 1992 auf Lanzarote.

2000-heute
Die postmodernen Luxushotels an der Costa Adeje und der Westküste (z.B. ***Bahía del Duque***, ***Plantación***, ***Abama***, ***Palacio de Isora***, ➤ Fotos Seiten 229, 212, 39 und 276) der letzten Dekaden, die auch kanarische Elemente wie den *Ajimez* (Zwillingsfenster) und Holzbalkone aufnehmen, muss man positiv bewerten.

Die Hauptstadt Santa Cruz setzte modernste architektonische Akzente mit einem Schuss Hybris: *Santiago Calatravas* **Auditorium** (➤ Seite 114), das der Sydney-Oper nacheifert, und die Messehalle vis-a-vis zeugen davon. *Herzog* & *De Meuron* öffneten Santa Cruz an der Plaza España mit dem runden ***Lago-See*** zum Meer hin und schufen die **TEA**-Kunstgalerie beim *Mercado*.

Auch das ***Bellas Artes Gebäude*** bei La Laguna und das Kongresszentrum ***Magma*** in Las Américas von *Fernando Menis*, der in Santa Cruz auch das klotzige Präsidialamt (beim *Mercado*) entworfen hat, sind einzigartige Bauwerke.

3.3

Kongresszentrum »Magma«
in Las Américas

Traditionelles Kunsthandwerk Teneriffas (Artesania)

von Dr. rer. nat. Lothar Mayring http://mayring.in-ulm.de

Töpferei

Traditionell werden auf Teneriffa Gefässe aus vulkanaschehaltigem schwarzen oder rotem Ton (*arcilla, barreras*) von Hand geformt. Töpferscheibe oder Glasuren waren bei den Guanchen (oder besser: *Benahoares*) unbekannt bzw. unverwendet. Die Technik des Gefässaufbaus wird als »urdido« bezeichnet; sie ist einzigartig in Europa. Nur in Nordafrika findet man bei den Berbern Ähnliches: Auf einem Sandbett werden die Gefässe unter ständigem Drehen und Hinzufügen kleiner Tonmengen vom Boden zum oberen hin Rand aufgebaut (sog. Batzentechnik). Geübte Hände schaffen das für Gefäße, die bis zu 1 m hoch sein können.

Plastische Tone finden sich auf der Insel allerorten (Bentonite, feine Quelltone vulkanischen, nicht-sedimentären Ursprungs); sie müssen mit Sand versetzt (»gemagert«) werden. Dazu dienen idealerweise die feuerfesten, grobkörnigen, jüngeren und feingesiebten schwarzen Lavaaschen der *Barrancos* (Schluchten). Die Mischungen von Ton und Sand sind von Dorf zu Dorf verschieden und werden über Generationen weitergegeben. Die natürlichen Bentonite sind im warmen wasserarmen Kanarenklima meist trocken und derart hart, dass sie vor dem Einsumpfen zerstossen werden müssen.

Als Werkzeuge dienen ovale Kieselsteine der natürlichen Strände (*callaos, bruñidores, alisadera principal*). Für Verzierungen werden scharfkantigere Steine oder Knochen verwendet, hochgeschätzte Werkzeuge, die schon fast abgerieben noch vererbt werden. Die Muster an den Rändern sind schlicht: je nach Insel typische Symbole der prähispanischen Urbevölkerung.

Teilweise wird die rohe (ungebrannte) Töpferware mit solchen *callao*-Steinen geglättet, mit feinen Tonen überzogen (»engobiert«) oder mit Petroleum poliert. Die Engobentone finden sich als rote bis violette Adern zwischen Basaltmagma oder Lava-Ascheschichten.

Dieser natürlich gebrannte »Zement« wird in großen Handmühlen (ähnlich den antiken Gofiomühlen) gemahlen und mit geheimen Zutaten vermischt.

Die so mit einem Lappen übermantelten und polierten Gefäße sind nach dem Brennen fast wasserdicht.

Auf einer Fußscheibe gedrehte Tonschalen

Nach dem langsamen Trocknen wird die Keramik im offenen Feuer gebrannt (vor der spanischen Besetzung Teneriffas waren Brennöfen vermutlich unbekannt), wobei der Aufbau des Brenngutes, die Schichtung und Art des Brennmaterials sowie der Wind eine wichtige Rolle spielen. An der Farbe des Tons erkennt der Töpfer den Fortschitt des Brennvorgangs.

Die von Hand aufgebaute Irdenware beeindruckt durch die Ausgewogenheit der Gestalt und zeigt das ursprüngliche Gefühl für Formen seiner Töpfer wie es auch auf dem nahen afrikanischen Kontinent gefunden werden kann. Sie dienen dem täglichen Gebrauch: zur Aufbewahrung von *Papas* (mit Löchern) und *Gofio* (➤ Seite 69), als Melkkrüge oder für Ziegenkäse.

Ein Grund für die Seltenheit scheibengedrehter Ware sind die kanarischen Tone. Im Unterschied zu unseren sedimentären Tonen sind diese ursprünglichen Tone pyroklasischer bzw. vulkanischer Herkunft. Das Drehen dieser Massen auf der Scheibe ist schwierig und verlangt besondere Fertigkeiten sowie geheimgehalte Zusätze.

Hinweise auf traditionelle Töpfereien bzw. Tongefäße der hier beschriebenen Art finden sich auf den Seiten 128 (*Museo de Naturaleza*, Abt. Guanchen-Tonarbeiten, in Santa Cruz), Seite 202 (*Centro Alfarero* in Candelaria), Seite 278 (Töpferei in Arguayo) und 327 (neuere spanische Keramik in der *Casa Tafuriaste* in Orotava).

Flechterei

Auf den Kanaren wird viel geflochten: Körbe, Schalen, Hüte, Besen, Matten, Puppen, Blumen. Aus *Junca*, einer Schilf- oder Binsengrasart, fertigten die Guanchen Kleidung und die Standarte der Menceys, später auch Seile.

Eine Besonderheit sind **Muränenreusen** (*tambores para morenas*) aus noch grünen *Junca*-Stengeln, wie sie in San Andrés bei Santa Cruz hergestellt werden. Diese Fertigkeit wird in den Fischerfamilien weitergegeben.

3.1

*Muränen-
reuse*

Die »Ur-Reuse« fand man bei Antequera, einem entlegenen nordwestlichen Inselkap: Vorn die trichterförmige Eingangspforte, dahinter eine Kammer mit Köder, Senkgewicht und Holzklappe zur vorsichtigen Entnahme der aalförmigen, bissigen Muräne, die bis heute auf Märkten und Speisekarten angeboten wird. Die Reusenränder sind mit Faserwicklungen gepolstert, als Schutz vor schafkantigem Vulkangrund. Wann die *Junca* geschnitten und wie sie flechtbereit gemacht wird, bleibt Geheimnis der Fischer.

Die kanarische Timple

Canarios sind ein feierfreudiges Völkchen: Kein Monat ohne *Cuadrilla*, *Parranda* oder *Romeria*, keine Woche ohne *Tenderete* mit Wein, Weib und Gesang. Da dürfen Instrumente wie Gitarre, Violine, Laute, *Bandurria* und *Requinto* nicht fehlen, und schon gar nicht **Timple** und **Kontratimple**. Möglich macht's die Vielfalt der tinerfenischen Hölzer wie *cedro*, *palosanto*, *cipres*, *nogal*, *haza*, *moral*, *samaguila*, *caoba*, *pinto* und *abeto*. Aus bis zu sechs verschiedenen Arten werden die *Timples* gefertigt, hinzu kommen Intarsien aus Palisander, Ebenholz und Elfenbein.

Unklar ist, ob die *Timple* vom spanischen Festland oder aus Lateinamerika stammt, klar aber, dass die erste kanarische auf Lanzarote gebaut wurde und nur auf diesem Archipel zum fünfsaitigen (sechssaitig nur im Konzert) Leitinstrument aufstieg, ja sogar zum Souvenir-Geheimtipp avancierte, weil sie mit nur 75 cm Länge halbwegs problemlos ins Fluggepäck passt.

Die *Chicharreros* stimmen die kleine hinten bauchige Verwandte der Gitarre 4-saitig (D,A,E,C). Viele einheimische *Timple*-Bauer sind Autodidakten und zugleich hervorragende Interpreten ihrer Instrumente, bestimmen sie doch den Klang der kanarischen Volksmusik:

Es heißt: die *Timple* ist ein Gitarre, die aus Mitgefühl klein wird, wenn ein Kanare seinen Herzschmerz besingt. Ihre Tonlage soll so gestimmt sein wie eine Jungenstimme vor dem Stimmbruch.

PR
TF 71

Camino de Teresme
Las Lajas
Boca del Paso

17,7 Km
3,6 Km

PR
TF 71

Ifonche
La Quinta

9,5 Km
5,3 Km

TEIL 4
Reisepraktische
Informationen

1. Sport- und Aktivurlaub

Hier sind die Sportmöglichkeiten auf Teneriffa dargestellt (➤ Seite 24ff). Soweit eine spezielle Ausrüstung benötigt wird, finden sich jeweils im Anschluss die Adressen von Verleihfirmen bzw. Kursanbietern. Einige Firmen (z.B. *Diga Sports*) bieten mehrere Sportarten an. Wer zu Wasser, Land oder Luft unter Spaniern aktiv werden möchte, findet Insel-Organisatoren u.a. unter www.todotenerife.es > Aktivitäten, www.tenerife-abc.com und – nur englisch/spanisch – unter: www.yumping.com > Deportes de Aventura Tenerife.

1.1 Wandern

1.1.1 Situation

Wandern erfreut sich auch auf Teneriffa zunehmender Popularität. Folgende Regionen weisen die besten Bedingungen auf:

Regionen
- Der **Inselnorden** wird in 1.000-2.000 m Höhe durchzogen von langen, nicht zu steilen Forstwegen durch Kiefernwälder.
- **Im äußersten Osten** und **Westen** Teneriffas (Anaga- und Tenogebirge) verlaufen Bergpfade im steilen Auf und Ab durch dichten immergrünen Loorbeerwald mit vielen Moosen und Farnen. Geröllige Abschnitte hoch über der Küste bieten wunderbare Ausblicke. Teilweise schattige und breite Wanderwege (= selten genutzte landwirtschaftliche Fahrwege) finden sich in den östlichen Teno-Ausläufern oberhalb von Los Silos rund um Erjos.
- In der Felslandschaft der *Cañadas* (2.000 m und höher) gibt es neben anstrengenden Höhenpfaden auch weitgehend ebene und einfache Wege für weniger geübte Wanderer.

Dagegen hat der **Inselsüden** überwiegend schattenlose Wege. Andererseits gibt es dort weniger bekannte Pfade in Gebieten wie dem *Barranco Infierno*, der *Paisaje Lunar*, der *Montaña Roja* und dem *Roque Conde*, die viele zum »Teneriffa-Muss« zählen.

Die eigentlich reizvolle, beigefarbene und teilweise bizarre Tufflandschaft der südlichen Höhenlagen fällt als Wandergebiet praktisch aus. In den Rathäusern von Adeje und Arona sind nichtsdestoweniger Wanderkarten erhältlich.

Die in diesem Buch genauer beschriebenen Wanderrouten (➤ die Seiten 184ff, 413 und 429f) befinden sich im Anagagebirge und im Bereich des Teide bzw. der Auffahrten in die *Cañadas*. Für sie und andere längere Tagestrips ist angemessene Ausrüstung ratsam.

Dazu gehören

Ausrüstung
- knöchelhohe **Wanderschuhe** mit gutem Profil für die unterschiedlichen Böden: Geröll, feiner Lavastaub und mitunter feucht-glitschige Erde im Lorbeer- und Kiefernwald.
- passende **Outdoor-Kleidung** für feuchtkalte bzw. sommerlich warme Witterung, d.h. wind- und regendichte Jacke, Pullover für alle Fälle; Sonnenschutz für Kopf und Haut.

- für Notfälle **Trillerpfeife** und **Taschenlampe**; **Handys** funktionieren in einigen Regionen des Anaga nicht.

- In den Rucksack gehören neben **Proviant** und viel **Trinkwasser/ Saft**, eine gute Wanderkarte (möglichst 1:25.000), ggf. ein Fahrplan der TITSA-Inselbusse (➢ Seite 586ff) und Telefonnummern von Taxiunternehmen der Umgebung (➢ Seite 590).

Wanderkarten
- Es gibt 23 Karten im Maßstab 1:25.000 (*Mapa Topográfico Nacional de España* mit Höhenlinien in 50 m-Schritten). Erhältlich sind sie u.a. in Santa Cruz in der *Librería La Isla*; *Librería Barbara* (Los Cristianos) und in der *Mundo del Mapa* (Calle San Felipe 12 in Puerto de la Cruz). Näheres dazu im **Internet** unter www.cnig.es oder www.ign.es und www.editorial-zech.com mit einer Liste aller Buch- und Kartenläden auf Teneriffa.

- Eine GPS-taugliche Wanderkarte (1:50.000) ist im *Kompass*-Verlag erschienen; auch mit Wanderführer erhältlich.

- Alle offiziellen Wanderwege mit Höhendiagramm unter: www. tenerife.es/portalcabtfe/de > Reiseziel Teneriffa >Tourismusinformationen > Senderos de Tenerife > Wanderwegnetzwerk. Die Texte zu den Wanderwegen gibt es dort nur auf Spanisch, aber Details wie Höhen und Distanzen versteht man ohne weiteres auch ohne spanische Sprachkenntnisse.

Saison
In den Wintermonaten (**November-Februar**) kann das Wetter an den oberen Hängen der Nordküste unbeständig, neblig-feucht und kühl sein oder binnen Stunden entsprechend umschlagen.

In den Monaten **Juni-August** kommt man arg ins Schwitzen, nicht nur bei großen Höhenunterschieden, sondern auch wegen der starken Sonneneinstrahlung in den Bergen, speziell auf den schattenlosen Wegen der *Cañadas*. **Ideale Wandermonate** sind also die Monate **März-Mai** und **September/Oktober**. Aber wenn nicht gerade ein Schlechtwettergebiet (*Calima* oder Sturmtief) über dem Archipel liegt, lässt es sich auch im Winter gut wandern.

Probleme
Nicht klettern, sondern (auch) kraxeln, heißt es auf einigen Wegen. Man muss nicht selten – im Auf und Ab – 1.000 Höhenmeter und mehr durch tief eingeschnittene *Barrancos* bewältigen. Dazu gehört auf vielen Routen Trittsicher- und Schwindelfreiheit. Wer bei – zunächst! – gutem Wetter in Sandalen und T-Shirt losstiefelt, begibt sich auf den Kanaren mitunter in große Gefahr.

In den über 2.000 m hohen *Cañadas* macht die dünne Luft manchem Flachlandeuropäer schon bei geringer körperlicher Anstrengung ziemlich zu schaffen . Umd wer mit der **Teide-Seilbahn** zur Bergstation fährt und von dort den **Gipfel** in Angriff nehmen möchte (Registrierung und Erlaubnis vorab notwendig, ➢ Seite 420), wird sich wundern, wie schwer in über 3.000 m Höhe das Laufen fällt, speziell bergauf.

Der Weg von der Durchgangsstraße auf den Teide-Gipfel (ganz ohne Seilbahn) ist ohnehin nur etwas für bereits höhenmäßig angepasste und trainierte Wanderer, ➢ Seite 429.

Wegesystem
gemäß der EU-Wander-
vereinigung (ERA)

	Diese Richtung beibehalten	Abrupte Richtungs-änderung	Richtungs-änderung	Falsche Richtung, **Umkehren!**
	Continuidad de sendero	**Cambio brusco de dirección**	**Cambio de dirección**	**Dirección equivocada**
Weitweg über 50 km, z.B. die EU-Fernwanderwege / **GR** gran recorrido				
Tagestour 10–50 km, wie meist auf Teneriffa / **PR** pequeño recorrido				
Bis 10 km zu kulturell/ landwirtschaft- lichem Ort / **SL** sendero local				

Wegesystem   Teneriffas Wege wurden bereits überwiegend gemäß den Vorgaben der EU-Wandervereinigung (ERA) ausgezeichnet. Oben sind
die neuen Symbole abgebildet. Man unterscheidet:

An und   Wer keine Rund-, sondern eine *one-way* Zielwanderung vorhat,
Abfahrt   ist gut beraten mit dem aktuellen Fahrplan der TITSA-Busse, die
man in Infobüros und jedem Busbahnhof (*Estación de Guaguas*)
erhält (Download unter www.titsa.com). Selbst abgelegene Strecken werden auf Teneriffa (z.B. in die Anagaregion) bedient.

Auf Nebenrouten stoppt der Busfahrer auch auf **Handzeichen** an
Punkten ohne offizielle Haltestelle (*Parada*); ➢ Seite 591 und www.
webtenerife.de > Multimedia > Prospekte.

1.1.2   Organisierte Wanderungen

Etliche Führer offerieren **Gruppenwanderungen**. Ihre Angebote finden sich in größeren Hotels und den Infobüros. Dies ist sicher die
bequemste Art, Teneriffas Berge und Wälder zu erwandern:

Veranstalter   • »**Wandern mit *Gregorio***«, eigener Bus, inkl. Picknick. Mo 17-19
an der   Uhr in Puerto de la Cruz, Plaza Charco im *Cafe Dinamico*, ✆
Nordküste   922-383500 oder ✆ 639-332761; www.gregorio-teneriffa.de.

• »**Bergwandern mit *Helmut Frühauf***«, Info in Puerto de la Cruz
im *Hotel Marquesa*, Calle Auintana 11, So-Fr 19-19.30 Uhr; ✆
922-364324 und ✆ 630-070607; www.fruehauf-wandern.com.

• »**Botanik mit *Cristóbal***«, ✆ 607-677252, ✆ 661-960180, www.
gregorio-teneriffa.de/cristobal.

• *Heidis Wanderclub*, Puerto de la Cruz; Prospekte in Hotels &
Touristinfos; ab € 18, ✆ 671-224478, www.wandern-teneriffa.com.

• *Aventura Wandern*, weit gefächertes Programm; montags Info-abend im Restaurant **Aqua Marina** (Ortsteil La Paz in Puerto de la Cruz), beim Spar-Supermarkt; ℭ 922-364 504 und ℭ 639-264135, www.aventura-wandern.de.

Veranstalter im Süden und an der Westküste

• **Diga Sports** veranstaltet mittelschwere/schwere Wanderungen und Biking-Touren ab verschiedenen Ausgangspunkten unter deutscher Leitung, z.B. kombinierte Bus-Wander-Schiffstouren nach Masca: € 50 inkl. Picknick. Info in Las Américas im *Hotel Park Club Europa*, Avenida Rafael Puig 23; Mo-Fr 9.30-13 Uhr, 17-19, Sa/So 9.30-13 Uhr; ℭ 922-793009; www.diga-sports.de.

• *Götz Kampmann*, der Autor des diesem Buch beigefügten Wander-Büchleins, ist offizieller Reiseführer für die Kanaren (*»guía oficial«*). Seine Firma **movida events tenerife** organisiert Wanderungen, Exkursionen und Veranstaltungen vor allem im Süden. Für Gruppen ab 4 Personen stellt er individuelle Pro-gramme zusammen; Anfragen unter www.movida-events.com.

• **Masca-Abstieg**: Diverse Veranstalter (u.a. **Diga Sports**, ➢ oben) organisieren die beliebten Wandertouren in die Mascaschlucht (6 km, ca. 2,5-3 Stunden). Unten wartet ein Wassertaxi-Abhol-Service, ➢ auch Seite 284.

Pauschal-angebote Wanderreisen

Wer überwiegend zum Wandern nach Teneriffa möchte, bucht am besten eine **Inklusiv-Reise** bei Spezial-Veranstaltern wie dem Deutschen Alpenverein oder Studiosus/München. Der Flug ist re-serviert, man wohnt im fest gebuchten Hotel und wandert von dort in Gruppen. Alles ist or-ganisiert, bedacht und ge-plant. Kompetente Führer er-klären Flora und Fauna, Geo-logie und Historie.

In der Schlucht von Masca

• Der **DV Summit Club** (die Bergsteigerschule des Deut-schen Alpenvereins) bietet für Teneriffa zwei Wander-reisen (8 bzw. 15 Tage) mit einem festem Hotelstütz-punkt; DAV München, ℭ 089 642400, www.dav-sum mit-club.de.

• **Studiosus Reisen**, ℭ 00800-24022402, Kataloge/Bu-chung in allen Reisebüros; www.studiosus.com.

• **Wikinger Reisen**, größter deutsche Wanderreiseveran-stalter, hat auch viele gute Angebote für Teneriffa: www.wikinger-reisen.de.

1.1.3   Wanderempfehlungen in diesem Buch

Auf viele reizvolle Wanderungen wurde bereits im Reiseteil hingewiesen, ohne detaillierte Routenbeschreibunge mitzuliefern; einzige Ausnahme bildet die Rundwanderung Taganana-Afur-Tamadite-Taganana im blau unterlegten Kasten ab Seite 187. Ein großer Teil der kürzeren Wege bis zu zwei Stunden und ggf. auch mehr ist dank der mittlerweile recht guten Ausschilderung ganz ohne einen Wanderführer und/oder GPS-Koordinaten auf dem Smartphone-Monitor ohne weiteres von Leuten mit wachen Sinnen zu bewerkstelligen.

Das beigefügte ausführliche Heft »**Wandern auf Teneriffa**« konzentriert sich sich auf die besten Wanderungen von 2-4 Stunden Dauer ab Startpunkt, die sich man sich gut individuell vornehmen kann - bei maximal mittlerem Schwierigkeitsgrad.

Vokabular Wandern

Zur Interpretation spanisch-sprachiger Karten und Broschüren, aber auch fürs eventuelle Fragen unterwegs, ist es speziell für Wanderer ganz nützlich, folgende Begriffe zu kennen:

Spanisch-deutsch

abajo – unten
arena – Sand
arriba – oben
barranco – Schlucht
bosque – Wald
camino – Wanderweg
carretera – Landstraße
Cañadas – Kraterebene
          unterhalb des Teide
casa forestal – Forsthaus
cementerio – Friedhof
corona forestal – Waldgürtel
cruce – Kreuzung
cumbre – Gipfel, Bergkamm
cumbrilla – kleiner Bergkamm
degollada – Bergsattel
faro – Leuchtturm
fuente – Quelle
galería – Wasserstollen
guagua – Omnibus (sprich Wuawua)
ICONA – Naturschutzbehörde

mesa – Tisch, Tafelberg
mirador – Aussichtspunkt
montaña – Gebirge, Berg
paisaje – Landschaft
parada– Haltestelle
Parque forestal – »Forstpark«, hier »Picknickplatz«
peligroso – gefährlich
pico – Gipfel
piedra – Stein
pinar – Kiefernwald
pista – Feldweg
pueblo – Dorf
puente – Brücke
sendero – Wanderpfad
tiempo – Wetter
vista – Sicht, Blick
zona recreativa – »Erholungszone«, hier: »Picknick/Campingplatz«

Deutsch-spanisch

Aussichtspunkt – mirador
Bergkamm – cumbrilla
Bergsattel – degollada
Blick, Sicht – vista
Brücke – puente
Bus – guagua (sprich Wuawua) -
Dorf – pueblo
Feldweg – pista
Forsthaus – casa forestal
Friedhof – cementerio

Gebirge/Berg – montaña
gefährlich – peligroso
Gipfel – pico
Gipfel, Bergkamm – cumbre
Haltestelle – parada
Kiefernwald – pinar
Kreuzung – cruce
Landschaft – paisaje
Landstraße – carretera
Leuchtturm – faro
Naturschutzbehörde – hier: ICONA
oben – arriba
Picknickplatz – parque forestal oder
zona recreativa
Quelle – fuente
Sand – arena
Schlucht – barranco
Stein – piedra
Strand – playa
Tafelberg – mesa
unten – abajo
Wald – bosque
Waldgürtel – corona forestal

Wanderweg – camino
Wanderpfad – sendero
Wasserstollen – galería de agua
Wetter – tiempo

Fragen beim Wandern:
Adónde llega este camino? –
Wohin führt dieser Weg?

Dónde hay un teléfono? –
Wo steht ein Telefon?

Dónde hay un taxi? –
Wo finde ich ein Taxi?

Dónde está la parada? –
Wo ist die Bushaltestelle?

A qué hora sale la guagua? –
Wann fährt der Bus?

Richtungen:
a la derecha – nach rechts
a la izquierda – nach links
todo recto – immer geradeaus
adelante – nach vorn
sigue ... – folgen Sie ...
atrás – zurück

1.2 Klettern/Canyoning

Klettern wird immer beliebter. In den Cañadas findet man dafür fantastisch geeignete Gelände aller Schwierigkeitsgrade: **Roques de García** (alpin!) und **Piedras Amarillas**. Ferner die **Schlucht von Arico**, **Mesa de Tejina**, **der Barranco Badajoz** und **Tabares** (direkt bei Santa Cruz), sowie **Taganana**.

Viele kommen auch zum **Barranco-Abseilen** (*Canyoning*), die Schluchten führen kein Wasser (Ausnahme: *Barranco de los Carrizales* bei Masca). Schöne und gut ausgestattete *Barrancos* sind der *Barranco de Taborno*, das Teno-Gebiet bei Buenavista und die Strecke von Infoche hinab zum Wasserfall des *Barranco del Infierno* (Adeje); beliebt ist auch der *Barranco del Río* bei Arico.

Kletterer besorgen sich ggf. *Rothers* Kletterführer »Teneriffa«.

Beides, Klettern und Canyoning, wird nicht behördlich propagiert; man wendet sich am besten an folgende Clubs:

Clubs

Club Montañeros Nivaria,
Calle Hero 53, Santa Cruz im Barrio de Salud, ℂ 922-225715

Tenerife Mountaineering Group,
Calle Primo Rivero 86, Santa Cruz, ℂ 980-162882

Ultratrail richtet den jährlichen (meist Juni/Juli) **BlueTrail** aus – ein Berglauf von 5-97 km Länge: www.tenerifebluetrail.com.

Interessant auch Extremsport unter www.gesportcanarias.com.

1.3   Zweiräder

Radfahren/ Biken

Bei Radlern, die bergige Strecken reizen, wenn zuhause Winter herrscht, hat sich Teneriffa längst als beliebtes Radrevier etabliert. Immer mehr Mountainbiker, Rennrad- und auch Tourenfahrer zieht es jährlich auf die Insel. Im Beileger dieses Buches befindet sich ein ausführliches Radler-/Biker-Kapitel.

Mountainbiker finden schattige, nicht besonders steile **Off-road-Wege** (Forstwege) vor allem im Kiefernwald-Gürtel auf der Nordseite oberhalb der Linie Orotava-Realejos-Icod-Garachico. Generell quartieren sich Biker gern im Norden ein.

Als **gute asphaltierte Strecken** gelten alle *Cañadas*-Abfahrten, z.B. die weniger befahrene Straße nach Arafo (TF 523) oder die TF 24 über La Esperanza nach La Laguna (bergab sind beide ein »Spaziergang«) sowie die westliche Abfahrt nach Chio (TF 38).

Ohne große Höhendifferenz, aber kurvig verläuft die alte **Höhenstraße TF 82**, ebenso die TF 28 in Höhenlage über der Ostküste. Besonders schön und ruhig veräuft die **Kammstraße TF 12/123** im Mercedeswald von Las Canteras bis Chamorga (Anagagebirge).

Empfehlenswert ist auch die ansteigende **Höhenstraße TF 373** von La Vega (bei Icod) über Puerto de Erjos, dann auf der TF 82 nach Santiago del Teide bis hinunter nach Los Gigantes (TF 454).

In den ***Cañadas*** ist Radfahren nur auf der asphaltierten Durchgangsstraße gestattet. Die Bike-Mitnahme in der Straßenbahn (*Tranvia*, maximal 2 pro Wagen) und im unteren Gepäckfach der TITSA-Busse ist erlaubt – soweit der Platz reicht.

Fahrräder Touren und Verleih ➤ auch Seite 593

• *Diga Sports* (professioneller Sportanbieter, auch Wandern und Kajak) bietet geführte Touren: täglich 40-80 km für Anfänger und Fortgeschrittene (ab €40) und Verleih (ab €16/Tag, MTB, Rennrad, City- und Elektrobike); Infos: Las Américas im Hotel Park Club Europe. ✆ 922-793009 (deutsch); www.diga-sports.de.

• *Bike Point*, geführte Touren (ab €49), Verleih (€24-€39; €112-€238/Woche, MTB, Rennrad, Elektrobike); auch Ersatzteile und Reparatur, hilfsbereite Crew; El Médano, Calle Villa de Orotava 10; Mo-Sa 9-13 und 14-18 Uhr, ✆ 922-176273. Auch in Las Américas, Avda Quinto Centenario, Edificio las Terrazas, Mo-Sa 9-13 Uhr und 14-18 Uhr, So 10-15 Uhr, ✆ 922-796710; www.bike pointtenerife.com/de.

• *Mountainbike Active*, Verleih MTB, Rennrad (€23-€27), geführte Trips ab €80 (eigenes Bike €55); MTB-Fahrtraining. **Tipp**: Mehrtägige »*Trail-Camps*« auf El Hierro inklusive Transfer. Puerto de la Cruz, Calle Puerto Viejo 44; ✆ 922-376081 bzw. ✆ 669-157567 (deutsch); www.mtb-active.com.

• *Bike Base Tenerife*, geführte Touren ab €69 Verleih ab €25/Tag (MTB und Rennrad). Puerto de la Cruz, Avda. F. A. Carrillo, Edificio Bahia Playa II, Mo-Sa 9.30-10 und 18-20 Uhr, ✆ 922-374046 oder 680-703258; www.bike-base.eu.

- *Tenerifebike*, Mountainbike, Touren und Ausrüstung; ✆ 609-385415; www.tenerifebike.net.

- *Hobby Motor*, San Eugenio, Mountain-, City-, Road Bikes ab €10/Tag, ✆ 922-794467; www.hobbymotor.es.

- *Tenerife Bike Training*, nur Rennrad-Vermietung, Shuttle-Service und Touren mit Begleitfahrzeug (spanisch/englisch), ✆ 600-238697; www.tenerifebiketraining.com.

- *Kiraya Bikes*, Vermietung von MTBs und Rennrädern (werden angeliefert), auch Touren. La Laguna, Avenida Milán 71, ✆ 686-702929 oder ✆ 629-801131; www.kirayabikes.com.

- *Bike-Xpress*, Vermietung von MTBs, Rennrädern, Citybikes (werden angeliefert, nur im Inselsüden), ✆ 678-074322; www.bike-xpress.com.

- *Bike Experience Tenerife*, Vermietung von MTBs und Rennrädern, Touren (geführt oder ausgearbeitet), Avda V Centenario 2, ✆ 922-088188; www.bikeexperiencetenerife.com.

Fahrräder: Reparatur und Verkauf

- *Bicicletas Gil*, Avenida Trinidad 31, La Laguna, ✆ 922-262854; www.bicisgil.es.

- *Bicistar*, auch Verleih; Puerto de la Cruz, Ctra. de la Vera 5, ✆ 922-384300; auch in Santa Cruz; www.bicistar90.blogspot.com.

- *Total Bike Shop*, auch Verleih, Puerto de la Cruz, Calle el Pilar, ✆ 922-280327; www.rentabiketenerife.es

- *Tenerife Bike Center*, La Laguna, Avda El Vecino 8, ✆ 822-028 750; www.tenerifebikecenter.com.

Mehr Info ➢ www.mountainbikingtenerife.com/shops.htm und www.paginasamarillas.es (*Bicicletas/Reparación/Venta + Tenerife*).

1.4   Tauchen

Das Portal www.todotenerife.es listet inselweit fast 50 Tauchclubs. Aktuelle Netz-Recherche schon zu Hause ist zusätzlich sinnvoll.

Teneriffa und El Hierro werden von Tauchern geschätzt. Bei Wasser-Temperaturen von 20°-25° im Sommer und 18°-20° im Winter geht aber hier wie dort nichts ohne Neopren.

Gebiete

Zwei gute **Tauchgebiete** mit besonders klarem Wasser (Sommer bis Herbst) liegen zwischen **La Caleta** und **Los Gigantes** und vor der *Costa del Silencio* (TenBel/Las Galletas). Nur bei Winden aus S/SW-SE (im Winter) ist die Nordküste die bessere Tauchregion.

Meeresfauna

Im Süden sieht man bis zu 1,20 m lange Rochenarten, große Barsche und Schildkröten; ferner Tinten-, und Papageienfische, Delfine und Thunfische, sogar Barrakudas und Muränen.

Kurse

Ein Tauchkurs sollte nicht erst vor Ort beginnen. Die Tauchtauglichkeit kann man sich von einem (Fach-) Arzt daheim bescheinigen lassen, desgleichen dort den theoretischen Teil absolvieren.

Gratis »Schnupperkurse« in allen Tauchschulen. **Anfängerkurse** (1 Woche; Theorie, Pool, ca. 4 Meerestauchgänge) kosten ab €250.

PADI*) - Tauchschulen (deutsch und/oder englisch)

Bereich Süden

- *Ocean Trek Diving* in Las Galletas am Hafen; ✆ 922-753472 und 609-291571; www.tauchenteneriffa.net/tauchen-teneriffa.
- *Aqua-Marina;* Schnuppertauchen ca. €70; PADI-Kurse; Las Américas, CC Compostela Beach (Westende Playa Las Vistas); täglich 9-18 Uhr, ✆ 922-797944; www.aqua-marina.com.
- *Ocean Trek,* Hotel *Sol Tenerife;* Abholbus; 3-10-Tage-Kurse; ✆ 922-753472 und 609-291571.
- *Los Cristianos-Sub* (spanisch/englisch); Probetauchen ab €35, Boottrip ab €60; Los Cristianos, Edficio Agua Marina bei Casa del Mar am Hafen); ✆ 922-751585.
- *Guido's Bubble Club*, Calle Canarias 10, 38687 Playa San Juan, 25 Jahre auf Teneriffa, deutsche Leitung, ✆ 609-414457; www.tauchen-auf-teneriffa.de.
- *Los Gigantes Diving Centre* (englisch/deutsch); am Hafen, Pier 5/6; ✆ 922-860431 & ✆ 637-819204; www.divingtenerife.co.uk
- *Marina Los Gigantes* (spanisch/englisch), Los Gigantes, am Ende des Hafens (*Poblado Marinero*), täglich 9.30-18.30 Uhr; ✆ 922-868417 und ✆ 619-099010.
- *Solo Buceo*, Playa San Juan am Strand, ✆ 922-865900 und ✆ 607-596138; www.solobuceotenerife.com.

Bereich Nordküste

Die an der Nordküste etablierten Tauchschulen praktizieren ihre praktischen Unterricht auch an der Süd-oder Westküste:
- *ATLANTIK Dive Centre*, Los Realejos, Camino Burgado 1, ✆ 922-362801 (deutsch); www.scubacanarias.com.

Therapeutisches Tauchen

- *Argonauts* befindet sich im Kurhotel *Mar y Sol*, in Los Cristianos (auch für Behinderte); ✆ 922-750540; www.marysol.org.

---

*) *Professional Association of Diving Instructors* ➤ www.divers-travel-guide.com

1.5   Hochseeangeln

Hochseeangeln ist *in* (**App**: Islascanarias Watersports). Gefischt wird auf Schwertfisch, Hai und großen Thunfisch *Blue Marlin* (Rekordfang: 454 kg).

Angeltrips
- *Punta Umbria V*, Los Gigantes; Hochseefischen, 4/7 Stunden, ✆ 922-861918; www.ihoppers.com/en/spain/canary-islands/tenerife/los-gigantes/deep-sea-fishing.
- Die *Yate Sofia* geht in Los Cristianos täglich um 11 Uhr auf Hai, Dorada und Thunfisch los, ✆ 607-699998, www.yatesofia.com.
- *Mar de Ons:* ✆ 922-751576; www.mardeons-tenerife.com.
- *Neptuno Sea Company* legt mit vier Booten in Puerto Colón (Las Americas) ab; ✆ 922-798044; www.barcostenerife.com.
- *Golden Marlin*, Puerto Colón, ✆ 670-834343; www.dotsytoo.com.

1.6   Surfen, Kajak etc.   www.watersportstenerife.com

Situation
Die Kanaren sind wegen des beständig wehenden NO-Passats ein gutes Windsurfrevier. Verglichen mit Fuerteventura gilt Teneriffa ab Oktober sogar als besserer Spot, weil der dann nachlassende Passat durch Teide-Fallwinde aufgefrischt wird.

Ab Januar baut sich der NO-Passat wieder auf und erreicht im Juli seinen Höhepunkt. Dazu verbannt das konstante Azoren-Hoch über Monate jeden Regen. Die Wassertemperatur liegt ganzjährig bei 19°-24°C.

El Médano
Die besten Spots konzentrieren sich auf drei **El-Médano-Strände** (*El Médano, El Muelle, El Cabezo*), die einiges Können voraussetzen, allen voran die *Playa El Médano*, wo sich die Schulen in erster Linie an Fortgeschrittene wenden. Verlässt man die Bucht, wird's obendrein gefährlich. **Weitere Spots:** La Tejita (südwestlich Medano am Montaña Roja) sowie Bajamar, Guímar und Socorro. *Body-Surfer* sieht man an in Almáciga, Igueste (Anaga), Las Américas, Socorro (Icod), Bollullo und Punta del Hidalgo.

Surfer sollten am besten ihr **eigenes Brett** von zu Hause mitbringen; die Flugtarife dafür sind moderat; ➤ Seite 46.

Windsurf-Schulen/ Surfboard-Verleih
- *Surf und Kite Center Playa Sur* beim Hotel Playa Sur Tenerife; Equipmentmiete, Lagerung und Unterricht ; €35/Std; ✆ 922-176688, www.surfcenter.el-medano.com.
- *Azul*, *School* & *Shop*, an der Holzpromenade, alle Services; ✆ 922-178314 und ✆ 678-675170, www.azulkiteboarding.com.
- *D'light Kite*, Avenida Marítima, Edificio Marineda, Playa El Cabezo, ✆ 922-177331, www.dlightcanarias.net.
- *ECS*, Zentralbüro Calle Tabaiba 8, Bajamar, ✆ 922-544038 und 686-611049; www.escuelacanariadesurf.com.
- *Sports Club Tenerife*, Avenida El Puig 36, *Hotel H10 Conquistador*; ✆ 660-415163; www.sctenerife.es.
- *La Marea Surf School*, Puerto de la Cruz, Playa Martiánez; ✆ 922-105534; www.lamareasurfschool.com.

1.7 _____ Segelsport

Situation Erfahrene Skipper und Starkwindsegler mit geeigneter Ausrüstung (mindestens 9 m-Boote) werden die Kanaren allein schon wegen der Windbeständigkeit lieben (320 Windtage/Jahr). Die Sicht ist meist gut, die Navigation leicht und die Strömungen sind gering. Das Wetter ist auch im Winter ideal. Der NO-Passat bläst dann etwas weniger als im Sommer. Kenner wissen, wo sie das Ölzeug über die Badehose ziehen müssen: z.B. zwischen Tenogebirge und La Gomera oder zwischen Candelaria und Las Galletas, wo der Wind permanent sehr stark pustet.

Andererseits sollte man sich auch nicht auf durchgängig problemloses Segelwetter verlassen (www.sailwx.info). Zwischen den Inseln können Böen von 8-9 Windstärken dem Boot zusetzen und im Winter heftige NW- oder SW-Stürme Skipper und Crew fordern. Am Fels zerschellte Yachten sind nicht selten (z.B. an der bei starkem NW gefährlichen Hafeneinfahrt von Los Gigantes).

Zudem haben die Inseln kaum geschützte Ankerbuchten und nur wenige Häfen mit guter Infrastruktur. Nur auf den Lee-Seiten im Archipel finden sich Anker- und Hafenplätze und die sind teilweise bis zu 10 lange Segelstunden von der Luv-Seite entfernt (➢ www.todotenerife.es).

Atlantiksegler im Hafen von Santa Cruz

Charter	• *Escuela Canaria de Crucero*, Santa Cruz, Calle Miraflores 9, *Edificio Orchidea, Local 13*, ✆ 922-240559; www.eccyacht.com
	• *Actividades Náuticas*, ✆ 678-673047; www.velatenerife.es.
	• *Windbeutel-Segeltörns*, www.windbeutel-reisen.de
Marinas	**Anruf bei den Marinas/Puertos** oder www.puertoscanarios.es
	• del Atlantico, Santa Cruz, ✆ 922-292184
	• los Gigantes, ✆ 922-868002
	• Radazul (südlich von Santa Cruz), ✆ 922-680933
	• Colón/Las Americas, ✆ 922-714211 und ✆ 922-715550
	• Deportivo Los Cristianos, ✆ 922-790827
	• San Miguel, ✆ 922-785464; www.marinasanmiguel.com
Segelschule	• *Cidemat* (*Cabildo Tenerife*) bietet Segel-, Surf-, Tauch- und Kajak-Kurse/Vermietung (nur spanisch). Vallesecco (Santa Cruz) an der TF 11, ✆ 922-597525, www.deportestenerife.com
Mitsegel-Törns	Mit anpacken auf dem Windjammer *Alexander von Humboldt II* können Jung und Alt (16-69 Jahre). Die 1- bis 2-wöchigen Törns zwischen Anfang Dezember bis Mitte April kosten um €1.200.
	Das Schiff ist ein Nachbau (Stapellauf 2011) der *Alexander von Humboldt* (1906, bekannt aus der *Beck's*-Werbung, liegt heute als Museumsschiff in Bremen). Infos und (frühzeitige) Anmeldung über **DSST – Deutsche Stiftung Sail Training**; www.alex-2.eu/cms.

1.8   Tennis

Größere Hotels ab 4 Sternen verfügen über Plätze oder vermitteln Plätze der Nachbarhäuser. Dabei handelt es sich ganz überwiegend um Betonplätze. **Platzmiete ca. €14/Stunde.**

Hier nur Sand-, Quarz- und Kunstrasen-Plätze (*Tierra Batida/Cesped Sintético*) und empfehlenswerte Anlagen:

Norden	• *Tennis-Center Miramar*, Los Realejos (westliche Rand von Puerto, *Urbanización Romantica II*). 6 Quarzplätze (4 mit Flutlicht; ein weiterer beim *Hotel Maritim* (zu Fuß 10 min entfernt), 9-21 Uhr. DTB und VDT lizenzierte Tennisschule; Pool, Sauna, Gästeturniere, Apt.- und Spielervermittlung; Calle Tulipanes 2; ✆ 922-364008; www.tennis-teneriffa.com
	• *Club de Tenis y Padel las Arenas*, Puerto Cruz, Ctra Las Arenas 127, ✆ 922-374606; www.sporttia.com/web/40
Süden	• *Centro Deportivo Tenisur*, Las Américas (San Eugenio Alto); außer Tennis noch Squash, Badminton, Minigolf (9-22 Uhr), ✆ 922-796167; www.centrodeportivotenisur.com
	• *Tennisclub La Florida*, Valle San Lorenzo, ✆ 922-766235
	• Erwägenswert für Tennisspieler sind auch die großzügigen neuen **Hotelanlagen zwischen Fañabé und La Caleta**.
	• *Club de Tenis* beim Hotel Las Palmeras, ✆ 922-752948
Westküste	• *Club Aquarius Tenis Club*, Callao Salvaje, ✆ 922-740533

1.9   Reiten

Nordküsten-
bereich

Parcours- und Ausritte in die bergigen Wälder der Nordseite:

- *Finca Estrella*, tolle Lage oberhalb von Icod. Deutsche Besitzer; 1-3-tägige Ausritte (€45/€380). Geführte Wanderritte, ebenso Tagesritte mit Grillen etc. Die Ritte gehen den Wald hinauf durch z.T. sehr steiles Gelände. Die Pferde sind allesamt trittsicher und haben eine gute Kondition. **Zufahrt**: Aus Puerto von der TF 5 nach Westen die Abfahrt El Empalme/La Guancha zur TF 362 Richtung Icod nehmen. Von Icods Ortsmitte links nach El Amparo/La Vega bergauf, © 922-814382. Weitere Anfahrtsbeschreibung im Internet, www.teneriffa-reiten.com.

- *Centro Hípico Los Brezos*, bei Tacoronte, hochgelegener Reiterhof, Mo-Fr auch Besucher. *Parcours*/Ausritte bis 4 Personen (auch englisch). Camino Candelaria-Monte 101; **Zufahrt**: an der TF 226 (Esperanza-Tacoronte) bei km 3,5 auf den Abzweig mit Schild »40 km/h« achten; dort 100 m bergauf, dann links nach 200 m. Anmeldung: © 922-567222, www.clubhipicolosbrezos.es.

Bereich
Süden

Im kargen Süden geht's mehr westernmäßig zu:

- *Finca La Caldera del Rey*, für Anfänger und Fortgeschrittene; auch Ausritte. Südautobahn Ausfahrt 74 Richtung San Eugenio, dann in die Avda Europa. Nach 500 m ins Tal und nach 50 m rechts; €30/Stunde, © 922-794800; www.tenerifehorses.com.

- *Rancho Bonanza*, 42 Pferde; Südautobahn Ausfahrt 56 Richtung Granadilla; bei Ortsende San Isidro rechts in die TF 636; oberhalb El Salto/El Desierto, Calle Cueva Gacha 25 b; super! Ausritte ins attraktive Südgelände bis ans/ins Meer; auch Reitstunden; © 686-547062; www.ranchobonanza.es.

- *Centro Hipico del Sur*, Südautobahn-Ausfahrt 69; dort bergauf Richtung Buzanada, auf halber Strecke dorthin in den Camino Los Migueles 82; Kurse, keine Ausritte; © 922-720643; www.centrohipicodelsur.com.

1.10   Gleitschirmfliegen *(Paragliding, spanisch: Parapente)*

Situation

Steter Nordostpassat, keine Wärmegewitter und regionale Mikroklimata sorgen für ideale und vielfältige Flugmöglichkeiten. **Das macht Teneriffa europaweit zum besten Paragliding-Gebiet – allerdings nur im Winter**. Im Sommer gibt es auf dem Kontinent weit bessere Möglichkeiten, unter dem 27 m-Schirm an 80 Nylonfäden lautlos durch die Lüfte zu schweben.

Wie beim Segeln und Windsurfen hat Teneriffa auch in diesem Fall eher den fortgeschrittenen *Paraglidern* etwas zu bieten – wiewohl von manchen Clubs die Gefahren nicht klar genug gemacht werden. Es beginnt beim Abheben: Viele Startpunkte sind auf Teneriffa steil und geröllig, was auch die Landung erschwert (am Strand verboten). Notlandungen im Wasser sind lebensgefährlich. Außer dem berühmten NO-Passat ist jeder andere Wind nicht konstant und deswegen nur von Kennern zu bewältigen.

Flüge im Norden sind prinzipiell leichter als im Süden, weil dort die Thermik sehr viel unberechenbarer ist. Wenn überhaupt **im Süden** (wegen starker Auf-/Abwinde mittags) nur früh morgens oder erst nachmittags starten. Für Experten! Anfänger Vorsicht!

Wegen der vielen Unfälle werden zur Zeit strenge Reglementierungen erarbeitet. Auch fortgeschrittene Gleitsportler müssen sich zunächst bei den spanischen Clubs genauer informieren.

Von den **19 Abflugstellen** auf Teneriffa sind folgende **optimal**:
- *Taucho* (Adeje) und
- *Ladera de Güímar* (aber nur bis Windstärke 4)
- *Montaña de Fasnia* (Südostküste) ist allerdings im Sommer sehr windig und nur einfach, wenn der Passat nicht weht
- *La Corona* (bei Los Realejos/Nordküste).

Als gefährlich gelten
Los Gigantes, Izana, Ifonche, Teno und Los Molinos.

Der höchste Startpunkt mit der schönsten, längsten und einer der leichtesten Flugstrecke liegt beim **Observatorium Izaña** in den *Cañadas* (km 33 an der Straße TF 24 La Laguna–*Las Cañadas*). Von dort kann man aus 2.350 m Höhe bis Puerto oder (schwieriger) nach Puertito Güimar an der SO-Küste gleiten.

Auch gute *Paraglider* holen sich vor dem Start noch einmal die neuesten Wind- und Wetterinformationen (nur Spanisch):

**Infor-
mationen
und
Kontakte**

Unbedingt vorher den **Wetterbericht** studieren.
Wind (*Izaña*): www.iac.es/weather/otdata
Radio: 141.610 Mhz (nur spanisch/engl). - für ganz Teneriffa
Ein Weltempfänger mit Airband (Exportmodell) empfängt auf 106,2 Mhz den Flugwetterdienst Las Palmas VOLMET (engl.) mit den aktuellen Wetterdaten und Windstärken.

• *Parapente Fly Tenerife*, auch Begleitflüge, deutschsprachige Ansprechpartnerin: *Olga Caso Alonso* (FECDA-Lehrerin); www.paraflytenerife.es. Unter www.fecda.org gibt es auch aktuelle Fluginfos. Dort kan man Flugunterricht buchen.

• *Teneriffa Paragliding* organisiert Reisen, Fluglehrer **Michael Theiss**, ✆ 619-540336; www.teneriffa-paragliding.de.

Unter www.todotenerife.es >deutsch >Aktivitäten >Paragleiten gibt's Infosund Adressen spanischer Clubs.

Wichtig: **Auf Teneriffa gibt es keinen Ausrüstungsverleih, da sie individuell auf den Benutzer zugeschnitten ist.**

1.11   Golf

Golf unterm Vulkan auf Lavafels und Basaltgrund? Auf Teneriffa gibt's das zehnfach. Binnen weniger Jahre avancierte die Insel zu einer beachtlichen Golf-Winteradresse und misst sich mit beliebten Golferzielen wie Andalusien, Mallorca, Florida und der Algarve; perfekte Infos: www.teneriffa-golfplaetze.de.

Wichtig **Männer brauchen ein Handicap von 28, Frauen von 36.**

Im Sommer ist das Golfen billiger als im Winter!

1.11.1   Plätze im Norden

Real Club de Golf Tenerife****
Teneriffas ältester Platz (von *A. Alberto* u.a.) liegt im Inselnorden zwischen Tacoronte und La Laguna nahe *Autopista Norte* (2 km westlich des Nordflughafens/24 km östlich Puerto, 74 km nördlich Südflughafen). 1932 von englischen Kaufleuten gegründet (deswegen auch *Royal Tenerife* genannt) hat der Platz in 600 m Höhe und üppiger Vegetation immer noch viel britisches Flair (allem voran das Clubhaus!) behalten.

Hier trifft sich Sa/So die finanzielle *Upper Class* aus Santa Cruz, Tacoronte und El Sauzal; Touristen sind nur werktags willkommen. Gefürchtet ist das vierte der 18 Löcher, die sich an den Ausläufern der Esperanza-Hänge in Nord-Süd-Richtung erstrecken.

Greenfee €75 *Cart* €45, ✆ 922-636607; über www.1golf.eu.

Zufahrt: Von der Nordautobahn Salida 14 ausgeschildert.

Golf La Rosaleda
Bei Puerto de la Cruz liegt keine 10 Autominuten vom Zentrum entfernt in Bananenplantagen dieser kleine Platz (9 Löcher, par drei). Tolle Aussicht auf Teide und Meer.

La Rosaleda ist kein Club, sondern ein offener Platz und insbesondere ein Schnupperterrain, das bis zur Platzreife führt. Golfschule (vielsprachig), mit Übungsplatz, Shop und Kinderbetreuung. Loch 10 ist eine gemütliche *Tasca*. **Greenfee** 9 Löcher €18-€24; Unterricht ab 30/Stunde; Gruppendiscount. ✆ 922-373000; www.golflarosaleda.es und www.1golf.eu.

Zufahrt von der Nordautobahn (*Salida* 32, Martíanez) bergab, dann die 3. Straße rechts.

**Golfplatz
Buenavista**

Dieser Platz in atemberaubend schöner Lage über der felsigen Küste mit unverbauter Aussicht auf Meer und Berge wurde vom spanischen Golfstar *Severiano Ballestros* entworfen.

Greenfee 18 Löcher €76, 9 Löcher €40, *Cart* €32. Um Buenavista herum gibt es nur wenige Unterkünfte, aber ein Supergolfhotel (➤ Seite 568); ✆ 922-129034; www.buenavistagolf.es.

Zufahrt über Buenavista (TF 445) Richtung Punta Teno, ausgeschildert.

1.11.2   **Plätze im Süden** (von Ost nach West)

Alle weiteren Golfplätze liegen wie grüne Oasen inmitten der Tufflandschaft an Teneriffas Südwestküste; auch sie wurden von namhaften Golfern *(Pepe Gancedo, Donald Steel)* entworfen. Einmal dort, vergisst man schnell die Bausünden und die Zersiedelung entlang der Zufahrt. Gelegentlicher Fluglärm scheint die meisten Golfer nicht zu stören.

**Golf
del Sur******

Nach seiner Einweihung 1987 war dieser Platz wiederholt Austragungsort internationaler Turniere. Die 27 Löcher sind küstennah in drei Schleifen und mit großen schwarzen Lavasand-Bunkern zwischen 8.000 Palmen angelegt Alle Einrichtungen auf internationalem Niveau; Tennisplätze.

Golfschule, 3 x 9 Löcher; *Greenfee* 18 Löcher €57-€89 (abhängig von der Jahreszeit), *Cart* €38.

Zufahrt: 2 km westlich des Südflughafens, südlich der *Autopista Sur* (*Salida* 24) Richtung Los Abrigos, dann die erste Straße rechts (*Urbanización Golf del Sur*); ✆ 922-738170; www.golfdelsur.es.

**Amarilla
Golf &
Country
Club*****

Dieser Platz (fest in britischer Hand, selbst die roten Telefonzellen fehlen nicht) liegt Backe an Backe mit dem Golf del Sur, eingerahmt von Villen-Feriensiedlungen und der Felsküste mit weiten Blicken auf den Teide und das Meer. Golfschule, Tennisplätze, Pool und Rancho-Grande-Reiten (➤ oben, Reiten).

Greenfee im Winter (Nov-März) 18 Löcher €87, 9 Löcher €52, *Cart* €32. ✆ 922-730319; www.amarillagolf.es.

Zufahrt: Von der Südautobahn Ausfahrt 62, erst ein Stück parallel zur Autobahn Richtung Las Galletas, dann vor der **Michelin**-Vertretung Richtung Meer.

**Centro de
Golf Los
Palos*****

Der reizvoll angelegte Golfplatz Los Palos mit seinen 9 Löchern ist typischer Pitch & Puttplatz, prima für Anfänger, da das Gelände fast keine Höhenunterschiede aufweist; ✆ 922-169080.

Greenfee 1 Runde €24; 2 Runden €33; www.golflospalos.com

Zufahrt über die Südautobahn Ausfahrt 69 (Guaza) Richtung Meer (Las Galletas), ausgeschildert.

**Golf Las
Américas******

Dieser angenehm zu spielende Platz mit zahlreichen Wasserhindernissen und Bunkern (*John Jacobs*, 1997) hat 18 Löcher. Das von einer Urbanisation mit 5-Sterne-Hotel eingerahmte Gelände liegt etwas eingeklemmt zwischen der Autobahn und den oberen

Ausläufern von Las Américas. Wie auch beim *Golf del Sur* und *Amarilla Golf* versöhnt die gepflegte Anlage mit der Umgebung. Mit schönem Clubhaus und toller Terrasse.

Greenfee im Winter (Nov-März) 18 Löcher €**102**, 9 Löcher €**58**; *Cart* €**38**; ✆ 922-752005; www.golflasamericas.com.

Zufahrt über Südautobahn Ausfahrt 73 (Playa Las Americas).

Golf Costa Adeje*****

Ausgelegt auf 27 Löcher, eröffnete der Club 1998 mit 18 Löchern **nördlich von La Caleta**, locker umringt von der Ferienanlage *Los Olivos*. Der Golf-Architekt *Pepe Gancedo* verstand es, die alten Steinmauer-Terrassen einer Bananenplantage in die *Fairways* zu integrieren. Der herrliche Blick übers Meer reicht bis zur Nachbarinsel La Gomera. Neben Buenavista und Abama ist dies der landschaftlich schönste Platz Teneriffas.

Greenfee 18 Löcher €**87**; 9 Löcher €**48**; *Cart* €37, ✆ 922-710000; www. golfcostaadeje.com.

Abama Golf Resort******

Eine neue Dimension eröffnete auch von der *Green Fee* her das **Abama-Grand Hotel-Golf Resort&Spa.** Ein 18-Loch-Platz (+9) auf einem Gelände mit 22 Teichen und 90.000 (!) Bäumen, weitem Blick übers Meer und auf La Gomera, entworfen von *David Thomas*. Hier spielte schon *Bill Clinton*. **Greenfee** 18 Löcher €**200**.

An der Westküste südlich von San Juan de la Playa. Zufahrt über TF 1 und TF 47, ✆ 922-126300; www.abamahotelresort.com.

Resorts

Wer direkt an einem Golfplatz oder in dessen unmittelbarer Nähe wohnen möchte, findet im Süden ein breites Angebot. Folgende Hotels mit **Club-Arrangements** sind eine gute Wahl:

Hotels in der Nähe von Golfplätzen

Hotel Aguamarina Golf an der Küste zwischen Golf del Sur und Amarilla Golf; das **Apart-Hotel Golf Plaza Resort** und das **Apart-Hotel Las Adelfas** befinden sich direkt in der *Urbanización Golf del Sur*; das **Aparthotel El Nautico** liegt direkt am Meer.

Integriert ins Gelände von *Golf Las Américas* ist das bildschöne *******Hotel Las Madrigueras**. Auch der weniger attraktive Apartmentkomplex **Compostela Beach III** steht auf dem Golfplatz.

Von den Grand Hotels im Bereich Las Américas (in Los Morritos, Fañabe und Costa Adeje) sind alle Südplätze gut zu erreichen:
- **Mare Nostrum Resort** *(Las Américas/Los Morritos)*
- **Jardín Tropical** (Las Américas/San Eugenio)
- **Colón Gunahani** (Las Américas/Fañabe)
- **Jardínes Nivaria** (Fañabe/Costa Adeje)
- **Bahía del Duque** und **Gran Tacarande** (Costa Adeje)
- **Adeje Palace** und • **Sheraton** (Costa Adeje)

Gran Palácio de Isora bei Alcalá liegt günstig zum Abama Resort

Die Vier-Stern-Hotels in Garachico – **Hotel San Roque** und **Hotel La Quinta Roja** – liegen unweit des Golfplatzes **Buenavista**.

Die Hotels **Mencey** in Santa Cruz und **Botánico** in Puerto de la Cruz bieten zwar eigene Golfprogramme, liegen aber ziemlich weit entfernt von Golfplätzen.

2.   Teneriffa von A-Z

Apotheken   *Farmacias* erkennt man am grünen Malteserkreuz; dort wird nach
(Farmacias)   Geschäftsschluss die diensthabende nächste ***Farmacia de Guardia***
                   aufgeführt (➣ auch www.qdq.com > Suchbegriff: farmacias tene-
                   rife). Viele Medikamente sind billiger als bei uns und eher rezept-
                   frei. Ab 22 Uhr erfolgt Medikamentebverkauf nur noch bei Vorlage
                   eines Rezepts. Öffnungszeiten Mo-Fr 9-13 und 16-20, Sa 9-13 Uhr.

Artenerife   ➣ auch unter »Souvenirs« und »Museen«

                   Offizielle Verkaufspavillons mit kanarischem Kunsthandwerk
                   (Viertelkugeldach mit Glasfassade, www.artenerife.com) gibt's in

                   • Las Américas: Playa Troya und Puerto Colón: Av. Gran Bretaña
                   • Los Cristianos: Playa Las Vistas
                   • Orotava: Calle Tomás Zerolo 27 (*Casa Torre Hermosa*)
                   • Puerto Cruz: Hafen (*Casa Aduana*); demnächst: *Playa Jardín*
                   • Santa Cruz: Plaza España, neben dem Stadttor am runden Teich

Arzt/   **Arzt- und Klinikadressen** finden sich in diesem Buch in den Re-
Zahnarzt   gional- bzw. Ortskapiteln unter der Überschrift »Praktisches«, z.B.

                   • **Los Cristianos/Las Américas/Costa Adeje** ➣ Seite 230
                   • **Puerto de la Cruz** ➣ Seite 313
                   • **Los Gigantes/Puerto de Santiago/Playa Arenas** ➣ Seite 271f
                   • **Santa Cruz** ➣ Seite 137

                   Weitere Adressen stehen in den deutschsprachigen Insel-Zeit-
                   schriften, ➣ Seite 539 (Presse). Dort findet man auch die Adressen
                   von Praxen deutscher bzw. deutschsprachiger **Ärzte und Zahn-
                   ärzte**; ➣ auch Kasten auf Seite 549 mit einigen Anschriften.

Banken   **Geld(automaten)** ➣ Seite 534.

                   Schalterzeiten: Mo-Fr 9-14 und Oktober-Juni auch Sa bis 13 Uhr.

Bank-   EC- und Kreditkarten-Zahlungen, sowie Überweisungen inner-
gebühren   halb der EU sind gebührenfrei. Barabhebungen an EC-Automaten
                   im Ausland kosten dagegen €2-€5 pro Transaktion.

                   Nur wenige Banken erheben keine Gebühren (➣ Seite 51).

Behinderte   In Los Cristianos und Las Américas/Costa Adeje sind die Prome-
                   naden, Bürgersteige, Strände und etliche Hotels rollstuhlgerecht.

                   Lero bietet viel Service, (Transfer, Ausflüge); im Hotel *Mar y Sol*,
                   Los Cristianos, ✆ 922-750289; www.lero.net.

                   Auskunft (nur englisch) gibt auch ***Orange Badge***; *Urbanización
                   Cristian Sur*, Avda Amsterdam, Los Cristianos, ✆ 922-797355,
                   mit Rollstuhlvermietung www.orangebadge.cu. Die Infobüros in
                   Las Américas haben die Tafel ***Barrier-free Tourism Guide***.

                   Infos bei »Bundesarbeitsgemeinschaft der Clubs Behinderter und
                   ihrer Freunde e.V« in D, ✆ 02202-98998-11, www.bagcbf.de.

Benzin   Bleifreies Benzin (*sin plomo*) Anfang 2017 unter €1/Liter

                   Tankstellen (*Gasolineras*) sind zahlreich und oft durchgehend ge-
                   öffnet. Der Tankwart bedient gratis. In den Bergregionen (*Caña-
                   das, Anaga, Teno*) gibt es keine Tankstellen.

Supermarkt in Los Morritos, dem Hotelviertel von Las Américas

Bußgelder   Extrem teure Knöllchen drohen bei Verkehrsverstößen, indessen gibt's 50 Prozent Rabatt bei Zahlung binnen 14 Tagen.

Einkaufen   Ihre ultraperiphere EU-Lage macht auf den Kanaren einige Produkte wie (bestimmte) Spirituosen, Tabakwaren und Benzin billiger als auf dem Festland. Für Elektronik, optisches Gerät und Uhren gilt Santa Cruz als günstige Einkaufsstadt.

Casa de los Balcones heißen die Läden einer Kette für hochwertiges Kunsthandwerk mit Zentrale in Orotava (➢ Seite 538); Filialen u.a. an der Costa Adeje (Hotel *Bahia del Duque*), in Puerto am Paseo San Telmo; in Garachico (*Centro Artesanal El Limonero*).

Koffer schon voll oder – wieder daheim – Appetit auf *Gofio?* Bei kanarische-lebensart.net mit Sitz/Lager in Berlin kann man aus einem riesigen Sortiment online ordern. Kanarische Produkte mit Lieferung bis an die Haustür findet man auch unter www.tucanarias.com und www.productosdetenerife.info.

Preise   Das kanarische **Preisniveau für Lebensmittel** entspricht in den Touristenzentren in etwa dem in Mitteleuropa (➢ Seite 540). Nur noch in den Dörfern gibt's Grundnahrungsmittel billiger.

Fleisch   Ziege und Kaninchen (*cabra, conejo*) kommen vom Archipel, Rind (*ternera*) ist oft aus Südamerika.

Fisch   Spanier essen traditionell dreimal soviel Fisch wie andere Europäer; frischen Fisch findet man in großen Supermärkten wie *Mercadona*, *Alcampo*, *Carrefour* und *HiperDino*. Fischläden/Stände sind rar. **Congelado**-(tiefgefroren)-Läden sind verbreitet.

EKZ (CC)   In riesigen **Einkaufszentren** (*Centros Comerciales/CC*) am Rande von Ballungsgebieten (oberhalb von Puerto; zwischen Santa Cruz und La Laguna) findet man die Supermärkte *Carrefour*, *Alcampo* im US-amerikanischem *Mall*-Stil (Mo-Sa durchgehend 10-22 Uhr geöffnet, So geschlossen); das gilt auch für *Lidl* (9x) und das Kaufhaus *El Corte Inglés* beim zentralen Busbahnhof von Santa Cruz.

Auch die großen Touristenzentren haben ihre CC's. Exquisit und teuer ist das **Plaza del Duque** beim Hotel *Bahia del Duque* in Costa Adeje mit einem guten **Food Court**. Beachtlich ist u.a. der **Supermercado** im Hotel **Santiago V** in Las Américas' Stadtteil Los Morritos.

Entfernungen (km von - nach)

Ort	Santa Cruz	Puerto	Cristianos	Ort	Santa Cruz	Puerto	Cristianos
Adeje	84	78	11	Las Américas	75	85	4
Bajamar	24	31	111	Los Cristianos	77	81	-
Buenavista	76	42	74	Los Gigantes	93	53	40
Candelaria	18	59	59	Orotava	39	9	84
Garachico	70	36	68	Parador Teide	102	84	63
Granadilla	66	111	27	Puerto de la Cruz	41	-	81
Guía de Isora	93	56	22	Santa Cruz	-	41	77
Icod	60	26	58	Santiago/Masca	112	39	39
La Esperanza	18	34	94	TF Nord	14	24	86
La Laguna	9	28	87	TF Süd/Médano	64	93	18
				Vilaflor	80	125	41

Flüge
- **Südflughafen**-Auskunft:
  ✆ 922-759000; www.aena.es > Tenerife Sur (TFS)
- **Nordflughafen**-Auskunft: ✆ 922-635998: www.aena.es > TFN

Fernsehen/ Radio
Über ASTRA-Satelliten sind viele **deutschsprachige Programme** zu empfangen (ARD, ZDF, KiKa/Arte, ORF, Privatsender und alle 3. Programme, n-tv, EuroNews, EuroSport), auch zahlreiche deutschsprachige Radioprogramme, ➢ auch Seite 539.

Flaggen
Kanarische Inseln:
senkrechte gelb-blau-weiße Streifen mit Wappen, in dessen mittlerem blauen Teil zwei Hunde unter der Inschrift *Oceano* einen gekrönten Schild mit den Vulkankegeln der 7 Inseln halten.
Teneriffa: Blaue Fahne mit weißem Diagonalkreuz.

Fotografieren
Speicherkarten aller Formate für **Digi-Kameras** gibt es überall.

Fremden-verkehrs-ämter
Touristeninformation für ganz Spanien, nicht nur die Kanaren:
Prospektanforderung unter ✆ 06123-99134
- 10707 Berlin, Kurfürstendamm 63, ✆ 030-8826543
- 40237 Düsseldorf, Grafenberger Allee 100; ✆ 0211-6803981
- 60323 Frankfurt/Main, Myliusstraße 14, ✆ 069-725038
- 80051 München, Schubertstr. 10 (Postfach 151940)
in Österreich (0043-)
- 1010 Wien, Walfischgasse 8/MZZ, ✆ 01-5129580
in der Schweiz (0041-)
- 8008 Zürich, Seefeldstr. 19, ✆ 044-2536050

Feiertage auf Teneriffa

01. Januar:	Neujahr – **Año Nuevo**, Geschäfte/Büros geschlossen
06. Januar*:	Heilige 3 Könige – **Los Reyes**, Geschäfte/Büros geschlossen*)
02. Februar:	Tag der Jungfrau von **Candelaria**, Geschäfte/Büros geschlossen
März/April:	Nur Karfreitag (Ostermontag ist Arbeitstag!) sind die Geschäfte überwiegend geschlossen. Spanier urlauben oft vor Ostern.
01. Mai:	Tag der Arbeit – **Día del Trabajador**, Geschäfte geschlossen
03. Mai:	(nur in Orten mit *Cruz* im Namen) Tag der Arbeit und Lugos Landung auf Teneriffa – **Día del Trabajo/Día de la Cruz**, in Santa Cruz 1.-5. Mai **Fiestas de Mayo**. Büros zu, Geschäfte nur z.T. offen
30. Mai:	Tag der Kanaren – **Día de Canarias**, Gesch./Büros geschlossen
Mai/Juni:	Fronleichnam – **Corpus Cristi**, nur in Orotavo alles zu
15. August:	Mariä Himmelfahrt – **Asunción**, Geschäfte/Büros geschlossen
12. Oktober:	Hispanischer Tag – **Día de la Hispanidad (Pilar)**, alles zu
01. November:	Allerheiligen – **Todos los Santos**, Geschäfte/Büros geschlossen
06. Dezember:	Verfassungstag – **Día de la Constitución**, alles geschlossen
08. Dezember:	Mariä Empfängnis – **Inmaculada Concepción**, alles geschlossen
25. Dezember:	Weihnachten – **Navidad**, alles geschlossen

An den Dezember-Sonntagen dürfen die Geschäfte geöffnet sein.

---

*) Am Vorabend des 5.Januar Einkauf bis 24 Uhr

Fundbüro	Anlaufstelle für abhanden gekommene Gegenstände (**Objetos Perdidos)** ist die örtliche Polizeidienststelle (**Policia Local**).
Geld-Automaten	Mit **ec-Karte** kann man an zahlreichen Geldautomaten (**Cajeros**, *Telebanco/Servired*) täglich bis zu €300 abheben. Bargeld ist an denselben Automaten auch per Kreditkarte verfügbar. Die Gebühren dafür liegen aber meist höher (Ausnahmen ➤ Seiten 51).
Haustiere	Nach Spanien dürfen Vögel, Hamster, Meerschweinchen etc. aus EU-Ländern (und der Schweiz) ohne Einschränkung mitreisen. Hund und Katze müssen aber gegen Tollwut geimpft sein. Dazu erhält jedes Tier einen EU-Pass mit einer ID-Nummer und den Impfeinträgen. Die Identität kann anhand eines Mikrochips geprüft werden. Das heimatliche Reisebüro kennt die Bestimmungen über Haustierboxen etc. In Mietwagen sind Tiere nicht erlaubt, in TITSA-Bussen seit kurzem in Boxen.
Internet: WiFi/WLan	Viele Hotels offerieren ihren Gästen mittlerweile codierten kostenlosen Zugriff für mitgebrachte Laptops, Tablets und Smartphones. Wer sich einen Vodafone-USB-Stick (€20) zulegt und eine auf Teneriffa erworbene **Vodafone-Sim-Prepaid Card** in sein Handy steckt, surft günstig (nach Datenvolumen oder minutengebunden). Ferner hat **Wavenet Canarias** (www.wavenetcanarias.com) über 100 *WiFi-Hotspots* ohne Transfervolumenlimit; Preise ca. €6/Tag; €16 für 3 Tage usw. Aber auch der heimische – eigene – Anbieter/Provider (z.B. o2) bietet günstige Tagespakete (z.B. €1,99 für 20 MB Datenvolumen).

Kirchen	➢ unten unter **Seelsorge**
Konsulate auf Teneriffa	**Deutschland**: Honorarkonsulat, Puerto de la Cruz: Calle Guillermo Rahn 4 (in La Paz, rückseitig des *Hotel Botanico*); Mo-Do 10-13 Uhr, ✆ 922-248820; Mail: <u>puerto-de-la-cruz@hk-diplo.de</u>. Gute Website und Service beim deutschen Konsulat auf Gran Canaria; Mo-Fr 9-12 Uhr, ✆ 928-491880, <u>www.las-palmas.diplo.de</u>.

Österreich: La Orotava, Calle Hermano Apolinar 12, ✆ 922-330181

Schweiz: Las Palmas/GranCanaria, ✆ 928-157979

Kreditkarten	In fast allen Hotels, Restaurants, Läden, Tankstellen und bei Autovermietern kann man mit Kreditkarten zahlen (AE, VISA, Euro-/Mastercard). Meist wird zusätzlich der Personalausweis gefordert. **Zentrale Verlustmeldung für alle Karten: ✆ 0049-116116.**
Kriminalität	Die Kanaren gelten politisch als sicheres Reisegebiet; die früher bedrohliche baskische Terrorgruppe ETA hat sich aufgelöst.

Gewaltverbrechen und **Ausländerfeindlichkeit** sind bisher selten. Global organisierte mafiotische **Bandenkriminalität** nimmt dagegen zu (normalerweise nicht auf Touristen bezogen). Ebenso die (drogenbedingte) **Kleinkriminalität** und Delikte unter Touristen.

Diebstähle und **Einbrüche** in Häuser und Autos stehen leider auf der Tagesordnung. Im Auto sollte man daher nichts von Wert liegenlassen. Einige **Autovermieter** empfehlen, Wagen über Nacht nicht abzuschließen, um Tür-/Fensteraufbrüche zu vermeiden.

Größere **Hotels haben Zimmersafes**. Am Strand ist besondere Vorsicht geboten, vor allem, wenn man ins Wasser geht.

Auf Straßen und an den Stränden gibt es **Taschendiebe**, an Geldautomaten und Haustüren immer neue **Trickbetrüger**. Agressives Werben für *Time-Sharing* wurde immerhin zurückgedrängt.

Anzeige erstatten	**Touristen-Telefon für Strafanzeigen: ✆ 902-102112** (9-24 Uhr); in Spanisch (Taste 1) und Deutsch (Taste 4). Am Telefon gibt man dann Ort, Zeitpunkt und Umstände, sowie eigene Daten (Wohnort, Pass etc.) an. Nach telefonischer Durchgabe aller Daten erhält man eine Bearbeitungsnummer, mit der man binnen 48 Stunden zu einer Station der *POLICIA NACIONAL* (nicht LOCAL!) gehen muss. Dort nennt man die erhaltene Nummer und weist sich aus. Die dann üblicherweise bereits fertige Anzeige muss man nur noch unterschreiben. Übersetzer sind dafür nicht nötig.
Kunsthandwerk	➢ auch *Artenerife*, Einkaufen, Museen, ➢ Essay Seiten 510f.
Lebensmittelmärkte	• **Santa Cruz**; *Mercado de Nuestra Señora de Africa*, täglich bis 15 Uhr großer Lebensmittelmarkt (Fische und Supermarkt im Untergeschoss); gute Waren, Mo nur wenige Stände.

• **La Laguna**; täglich bis 13 Uhr Lebensmittelmarkt mit großem Angebot im *Mercado* an der *Plaza San Francisco*, Mo weniger Stände, ➢ Seite152.

• **Puerto de la Cruz**; Mo-Sa 7-13 Uhr, So 9-13 Uhr, Lebensmittelmarkt im *Mercado*-Betonklotz an der Straße zur *Playa Jardín*.

Touristen-/ Flohmarkt	• **Santa Cruz** unterhalb des *Mercado de la Nuestra Señora de Africa*; So 9-13 Uhr, (➤ Seite 129).
Kleidungs- märkte	**Meist Billigklamotten, Lederwaren, Modeschmuck, Souvenirs** • **Alcalá**, Plaza del Llano, Mo 9-14 Uhr • **Los Cristianos** So 9-14 Uhr neben dem *Hotel Gran Arona* • **Candelaria**, Mi vormittags.auf dem Basilika-Platz • **Costa Adeje** gegenüber dem *CC El Duque*, Do und Sa 9-14 Uhr • **Playa San Juan** Mi+So 10-14 Uhr an der TF 47; Bauernstände • **El Médano**, auf der zentralen Plaza, Sa 10-14 Uhr. • **San Isidro**, Fr 17-21 Uhr, am oberen Ortsende, etwas abseits
Krankenhaus	➤ unter »Praktisches« in den Ortskapitel und Seite 548
Museen	➤ Seite 27 und Infokasten Seite 538
Öffnungs- zeiten	Die Geschäfte **in den Städten** öffnen zwischen 9 und 10 Uhr, schließen für eine mehrstündige Siesta 13-16/17 Uhr und sind danach bis 20/21 Uhr (und länger) wieder geöffnet. Samstags um 13 Uhr beginnt das Wochenende. Sonntags bleiben die Läden zu. **In den Urlaubszentren** gibt es keine allgemein gültigen Öffnungszeiten. **Einkaufzentren** wie *IKEA*, *Carrefour*, *Alcampo*, *Lidl* sind Mo-Sa 10-22 Uhr geöffnet, in der Vorweihnachtszeit auch sonntags.

Bauernmärkte (Mercadillos del Agricultor)

1 **Anaga-Gebirge** (an der TF 12, Cruz del Carmen); dort nur noch ein Laden, Sa 9-14.30, So 10-14.30 Uhr; die *Agricultores* sind nun in Tegueste .

2 **La Esperanza**; im Herbst Pilze! An der Teideauffahrt (TF 24), untere Ortseinfahrt, rechts; Sa und So 9-16 Uhr

3 **Candelaria**, TF 1 Ausfahrt 17, am großen Meeresparkplatz/*Ayuntamiento* nahe *Centro Comercial Punta Larga*; Mi 9-14 Uhr, Sa und So 9-17 Uhr

4 **Guímar**, im Zentrum neben dem Rathaus, TF 1 Ausfahrt 23; So 9-14 Uhr

5 **El Médano/San Isidro** im gelblichen Gebäude unterhalb der Autobahnausfahrt 56 (El Médano) an der TF 64; Sa und So 8-14 Uhr

6 **Las Chafiras**, meerseitig der TF 1, Ausfahrt 62, im Industriegebiet neben dem »TÜV« (= ITV); Mi 16-20, Sa und So 9-14 Uhr

7 **Adeje im Industriegebiet Las Torres**. Gleich oberhalb der Südautobahn TF 1 über Ausfahrten 79 oder 81; Sa und So 8-14 Uhr

8 **Santiago del Teide**, an der durch den Ort laufenden TF 82 auf dem Kirchplatz vorm *Ayuntamiento*, Sa und So 8-15 Uhr

9 **El Palmar/Lagunetas** (Teno-Gebirge); etwas abseits der TF 436 bei der Finca Los Pedregales (Straße nach Teno Alto); Sa ab 9 Uhr, So 10-14.30 Uhr

10 **La Matanza**; Nordautobahn TF 5 Ausfahrt 23, an der TF 217, am Ortsende Richtung Santa Ursula; Sa und So 8-15 Uhr

11 **Tacoronte**, sehr beliebt; Nordautobahn TF 5, Ausfahrten 17 und 19; im Ortskern von Tacoronte die TF 16 Richtung Valle Guerra/Tejina fahren, dann noch ca. 5 km bis San Juan; Sa und So 8-14 Uhr

12 **Tegueste**, oberer Ortseingang links der TF 13; Sa und So 8.30-14 Uhr

Handwerker und (Auto-) **Werkstätten** arbeiten 9-13 und 15-18 Uhr, Juli-September nur bis 15 Uhr, dafür meist durchgehend.

Kirchen sind fast immer geschlossen; nur kurz vor und während den Messen stehen die Türen offen. Klöster sind unregelmäßig geöffnet; Kernzeiten: ca. 10-13 und 16/17-19/20 Uhr.

Restaurants außerhalb der Touristenzentren mittags und abends Kernzeiten 13-16 und 20-23 Uhr, Sonntagabend und Mo geschlossen. In den Touristenzentren oft durchgehend geöffnet.

Polizei

Notruf: 112 (auch deutsch); ferner Notfälle, ➢ Seite 548 Anzeigen-Aufnahme ➢ Seite 535f

Postämter

Öffnungszeiten: generell Mo-Fr 8-14.30 Uhr, Sa 8-13 Uhr

Presse

Die tinerfeñischen Tageszeitungen *EL DIA*, *LA OPINIÓN* und *DIARIO DE AVISOS* nennen im Serviceteil täglich die wichtigsten Flug- & Schiffsverbindungen.

Die 14-tägig erscheinenden **deutschsprachigen Inselzeitungen** »Wochenblatt«, »Info-Canarias«, »Kanaren Magazin«, »Radio Mega welle« und »Teneriffas Neue Presse« berichten über lokale und touristische Themen, Inselklatsch und Prominenz. Alle haben einen aktuellen **Service- und Anzeigenteil** für Ärzte, Handwerker, Kleinanzeigen, sowie Museen, Fähren und interinsulare Flüge.

Preisniveau

Außer billigem Benzin, Alkohol, Tabak und einigen Dienstleistungen (Bustarife) mitteleuropäisches Niveau (➢ Seite 540). Nur in den Dörfern kann man noch preisgünstig kanarisch essen.

Radio, TV deutschsprachig

Per **Sat-Schüssel** empfangen Residenten **über 100 TV/Radio-Sender**.

- **Radio Europa** (FM 106,1) bringt rund um die Uhr Nachrichten und Musik. Nur an der Nordküste (Puerto) zu empfangen
- **Radio Megawelle** sendet auf drei verschiedenen Frequenzen im Norden und Süden Teneriffas: 88,3 – 103,7 – 104,7 einen Mix aus Musik und Information; http://megawelle.radio.de

Rechtsanwälte, (auf deutsch)

- *Mario Machado*, Santa Cruz, La Marina 7/37, ✆ 922-533266
- *Victor Spacek-Streer*, Puerto, Edificio Bex, ✆ 922-374348

Reisebüros (deutschsprachig)

- *Viajes La Florida*, ✆ 922-722278; www.viajeskudlich.com/de
- *Viajes Arco*, ✆ 922-373722, Puerto-La Paz, Supermarkt 2000
- *ITS, Las Américas*, ✆ 922-750644, Hotel *Conquistador*

Posttarife in €uro — Stand 2017

			Spanien	Europa	Welt
Postkarte	normal*		0,42*	0,90	1,00
Brief	bis	20 gr	0,42	0,90	1,00
	bis	50 gr	0,55	1,47	1,83

Neuerdings sind Postkarten und Standardbriefe mit Barcode-Marken ohne Preisangabe beklebt: Gruppe **A** gilt spanienweit, **B** ist für Europa und **C** für den Rest der Welt.

Museen und Kunsthandwerk auf einen Blick

Details im Reiseteil bei den jeweiligen Orten und unter www.museosdetenerife.org

Orotava
- *Casa de los Balcones*, schönes Herrenhaus mit Souvenir-Shop; gut ausgeschildert, Mo-Sa 9-18 Uhr, €2; ✆ 922-330629; www.casa-balcones.com mit Zufahrtskizze.
- *Casa del Turista*, kanarisches Kunsthandwerk/Souvenirs; gegenüber der *Casa de los Balcones*, täglich 9-18 Uhr.
- *Casa Lercaro*, Calle El Colegio 5-7, unterhalb *Casa Balcones*; Di-Sa 9-20, So, Mo, feiertags 10-17 Uhr, Läden und Lokale; ✆ 607-331365; www.casalercaro.com.
- *Museo Artesanía Iberoamericana de Tenerife – MAIT* (südamerikanisches Kunsthandwerk), Calle Tomás Zerolo 34, La Orotava, *Convento Santo Domingo*, Mo 9-15, Mi-Fr 9-17, Sa 9-13 Uhr, €2, ✆ 922-328160.
- *Casa Torrehermosa* – kanarische Artesanía; Calle Tomás Zerolo 27, ✆ 922-322285; Mo-Fr 10-15 Uhr; www.artenerife.com.
- **Keramikmuseum** *Casa Tafuriaste*; Calles León/San Agustín, Mo-Sa 10-18 Uhr, So 10-14 Uhr, €2, ✆ 922-321447

Tacoronte/Valle Guerra
- *Museo Antropologia de Tenerife*, Ethnographisches Museum, Calle El Vino 44 in Valle Guerra, täglich 10-17 Uhr; €5 (Fr/Sa frei); ✆ 922-546300.

Puerto de la Cruz
- **Archäologisches Museum**, Calle Lomo 9, ✆ 922-371465, Di-Sa 10-13, 17-21 Uhr, So 10-13 Uhr, €5.

El Sauzal
- *Museo del Vino* (Weinmuseum), Autobahn *Salida* 11, Di 11.30-19.30, Mi-Sa 10-21 Uhr So 11-18, Feiertage 11.30-17.30 Uhr, ✆ 922-572535, frei.

La Laguna
- *Museo de Historia de Tenerife* (Museum der Entwicklung Teneriffas), Calle San Agustín 22, (*Casa Lercaro*), ✆ 922-825949, Di-So 9-19 Uhr; €3, So Eintritt frei.
- *Museo de la Ciencia y el Cosmos* (»Wissenschaft und Kosmos« mit Planetarium), Calle Via Láctea. Zufahrt: Autobahn, *Salida* 8b, Avda Trinidad, ➤ Seite 158. Tranvia hält vorm Museum, ➤ Seite 587); ✆ 922-315265, Di-So 9-19 Uhr; €3.

Santa Cruz
- *Museo de la Naturaleza y el Hombre* (Naturkunde-und Archäologie-Museum) unweit des *Barranco Santos*; ✆ 922-535816, Di-So 9-19 Uhr; €3.
- *Museo Municipal de las Bellas Artes* (Kunstmuseum), unterhalb der Plaza Principe, Mo-Fr 10-20 Uhr, Sa und So 10-14 Uhr, frei. ✆ 922-243808.
- *TEA - Tenerife Espacio de la Arte;* Zentrum für moderne Kunst, am Mercado; ✆ 922-849057; Di-So 10-20 Uhr, €5; Bibliothek immer geöffnet.

Güímar
- *Parque Etnográfico Pirámides de Güímar*, Museum und Gelände bei Stufen-Pyramiden, Calle Chacona, täglich 9-18 Uhr, ✆ 922-514510; Eintritt € 11/mit *Jardín Secreto* € 16, Kinder 9-12 Jahre €5,50; www.piramidesdeguimar.es.

Garachico
- *Casa Cultura* im *Ex-Convento de San Francisco*; kleines Naturkundemuseum, Mo-Fr 10-13 und 16-18 Uhr, ✆ 922-830000.
- *Museo Fortaleza San Miguel*, ✆ 922-830001, Mo-Sa 10-13 und 15-18 Uhr, €1,50

Außerdem
- Zwei **Töpfermuseen** Arguayo (➤ Seite 278) und Candelaria (➤ Seite 204), *Museo Etnográfico Pinolere* (➤ Seite 393), *Museo del Pescador* in Puerto Santiago (➤ Seite 270), **Militärmuseum** in Santa Cruz (➤ Seite 138).

- *TUI, Las Américas*, ✆ 922-777740, CCEl Duque
- *Jahn-Reisen, Puerto*, ✆ 922-384252

Seelsorge

Norden/evangelisch: Puerto de la Cruz, Pfarramt im Taoro Park, Ctra. Taoro 29, hinter der Anglikanischen Kirche; dort Gottesdienst So 17 Uhr; Sekretariat und Info: Mo, Mi, Fr 12-14 Uhr, ✆ 922-384815. Diakonie: Mo, Di, Mi, Fr 16-18 Uhr. ✆ 922-374964; www.diakonie-teneriffa.org.

Norden/katholisch: Puerto de la Cruz, in der Kapelle San Telmo an der Uferpromenade. Messen: Sa 18.30, So 10 und 11.30 Uhr, zum persönlichen Gebet ist die Kapelle Di u. Do, 11-13 und Mi 19-21 Uhr geöffnet: ✆/Fax 922-384829, Handy 609-054492.

Süden: Ökumenische Kirche *San Eugenio*, Pueblo Canario/Playa de las Américas, jeden Sonntag 12 Uhr; ✆ 922-729334.

Evangelische freie Gemeinde: Las Américas, Puerto Colón, *Local* 228, in der skandinavischen Touristenkirche; Pastor *Olaf Wulff*, ✆ 922-781069, Gottesdienst So 14 Uhr.

Katholische Messe in der Kirche *Nuestra Señora del Carmen* in Los Cristianos, Sa 17.30, ✆ 922-176505.

Senioren-heime

Die deutsche Pflegeversicherung zahlt auch ins Ausland. Beim *Costa Martiánez* in Puerto de la Cruz steht ein ehemaliges Hotelhochhaus mit deutschsprachiger Rundumbetreuung: **Martina Senioren-Residenz**, Avda Betancourt y Molina 34, ✆ 922-385544.

Schulen (deutsche)

- **Deutsche Schule Teneriffa** (DST), einzige deutsche Schule (2/3 spanische Schüler), die zum Abitur führt (nach 12 Schuljahren); Tabaiba Alto, Calle Drago, ✆ 922-682010, www.dstenerife.eu.

Private Träger
- Puerto de la Cruz, Calle San Rafael 3, ✆ 922-384062.
- Las Américas, Miraverde, ✆ 922-713217.

Souvenirs

Typisch kanarische **Mitbringsel**: Strelitzien, Hohlsaum-Stickereien, Tischdecken, Teneriffa-Spitze, Drachenbaum-Samen und kanarische Zigarren (*Puros*, ➤ Seite 139).

Gute Souvenirs sind ferner: Keramik, kanarische *Mojos* (rote oder grüne Soßen, ➤ Seite 67), Käse, Honig, Inselweine.

Spanische Sprachkurse

Großes **Kursangebot** (Einzeln/Gruppen, Bildungsurlaub) in Puerto im Hotel *Puerto Azul*, in El Médano im *Hotel Playa Sur Tenerife* und in Los Cristianos im *Aparthotel Reveron*.

Büro: Puerto Cruz/La Paz, Avda Villa Nueva del Prado bei den Apartments *Molino Blanco*. ✆ 922 386726; www.sothis.es.

Als hochkarätig gelten die 3-wöchigen **Uni-Kurse in La Laguna** in den Sommer-Semesterferien; Mo-Fr 9-14 Uhr, €280, ✆ 922-319200; Internet: www.feu.ull.es.

- *EOI Escuela Oficial de Idiomas*; gute staatliche Langzeitkurse, preiswert; Santa Cruz, Calle Enrique Wolfson 16, ✆ 922-283712, www3.gobiernodecanarias.org/medusa/edublog/eoisantacruz detenerife.

Preisniveau Lebensmittel und mehr

Mammut-Läden: *Hipertrebol/HiperDino, La Hucha, Alcampo* (TF 5, *Salida* 7/7b, sowie Puerto/*Salida* 36), *Carrefour* (in und südl. Santa Cruz/Añaza, TF1 *Salida* 4), Kaufhaus *ElCorte Inglés* (www.elcorteingles.es, in Santa Cruz (oberhalb ZOB) und *Supercor* gibt es gute SM-Ketten wie *Lidl* (9x) und andere z.B.: **SPAR** (4x in Orotava/Realejos/Puerto) und ***Mercadona*** (5x in Los Cristianos/Las Américas; 3x Puerto; www.mercadona.es)

Mercadona-Preise 2017

Deutsches Kastenbrot, 500 g	3,00
Schokolade Milka, Tafel 150g	1,20
Seehecht frisch, 500g	3,50
Seeteufel, frisch, ca 2 kg	23,00
Suppenhuhn, halb, 620 g	1,90
Truthahnbrust, halb, 500 g	3,25
Kalbsrücken Entrecote, 500 g	8,25
Lammschulter, ganz, 1100 g	14,25
Schweinelende, 850 g	7,50
Bier, Dorada, Dose 500 cc	0,65
Brandy, Carlos III, 700 cc.	10,30
Brandy, Carlos I, 700 cc.	24,50
Mineralwasser, 1,5 l	0,80
Johnnie Walker, Flasche 1 l	29,50
Butter ungesalzen, 250 g	1,80
Milch Vollfettstufe UHT, 1.5 l	1,70
Eier Größe L, Karton 6 Stück	1,30
Kaffee, gemahlen, 250 g ab	1,43
Cherry Tomaten, 250 g	1,40
Salattomaten, 950 g	2,80
Gouda, old Amsterdam, 250 g.	5,00
Emmentaler, 250 g	2,20
Philadelphia, Schale, 125g	1,90
Ital. Mortadella, 150 g	1,70
Frankfurter, groß 4 St., 400 g	2,00

Obst & Gemüse-Preise (*precios*) der 13 Bauernmärkte (➤ Seite 536).

Sonstiges

Packung Camel/Marlboro	2,40
Benzin	um 1,20
kanar. Mittagessen/Person	18,00
Kleines Mietauto/Woche	ab 100,00
Taxifahrt 10 km	12,00
Busfahrt 60 km	6,70

(*Bonobus* 40% Rabatt, ➤ Seite 586)

***Hotel, Selbstbucher DZ   ab 65,00

Decathlon, IKEA, RoyMerlin: TF 5, *Salida* 7 von Norden; *Salida* 7b ab SC

Elektronik: In Santa Cruz, oberhalb des Busbahnhofs; **Media Markt** in Añaza südlich von Santa Cruz, TF 1, *Salidas* 5 & 6

Schinken-stand im Supermarkt

- *Formación FU, S.L.*, Puerto de la Cruz im Centro Comercial La Cupula; jetzt auch im Süden: Avda Eugenio Dominguez Afonso (*CC Pueblo Canario*), San Eugenio/Costa Adeje; ✆ 922-389303 und 922-794932; www.fu-tenerife.com.
- *Canarias-Cultural*, in Santa Cruz zwischen Busbahnhof/El Corte Ingles und Mercado; kleines Haus, kleine Gruppen, Avda Buenos Aires 54, ✆ 911-017417; www.canarias-cultural.com.

Strom
Das Stromnetz hat auf Teneriffa 220 Volt; für Schukostecker braucht nur noch in wenigen Privatquartieren einen Adapter. Wer keinen dabei hat (daheim preiswert im Kaufhaus), findet ihn auf Teneriffa oft sogar in Supermärkten. In jedem Falle bekommt man ihn in *Ferreterias* (Eisenwarenläden, zahlreich vorhanden).

Telefonieren
Die blau-grünen für Münz- und Telefonkartenbetrieb eingerichtet Säulen der spanischen ***Telefónica*** wurden im Zeitalter der Handys seltener. **Telefonkarten** (*tarjetas telefónicas*: €6 und €12) gibt es aber noch an Zeitungskiosken. **Jedes** Festnetz-Telefon auf der Insel (und Gomera) wird mit der Vorwahl 922- angewählt.

Landesvorwahlen:

Deutschland:	0049
Österreich:	0043
Schweiz: 0041	

In den Touristenzentren findet man auch noch letzte privat betriebene ***Teléfonos Públicos*** oder ***Locutorios*** (Sammelanlagen mit mehreren Telefonen), in denen man ohne Münzen oder Karte telefonieren kann und nach Gesprächsende am Schalter zahlt. Der Begriff »***Locutorio***« wurde aus dem südamerikanischen Spanisch übrnommen.

Die *Locutorios* verfügen heute meist auch über **Computer** bzw. machen ihr – ebenfalls abnehmendes – Hauptgeschäft mit Kunden ohne eigenes Gerät für den Internet-Zugang.

Notruf 112
(Feuer, Polizei, Ambulanz, auch deutsch),
Auskunft: **11818**
internationale Auskunft: **11825,**
deutschsprachige Auskunft für Spanien: **11841**

Öffentliches Telefon a la España

Auskunft
Mo-Fr 9-17 Uhr wird für €0,75/min auf Deutsch spanienweit jede Telefonnummer ermittelt. Dauert das Gespräch über 3 min, wird kostenlos zurückgerufen. Auch Fragen nach Hotels, Restaurants, deutschsprachigen Ärzten und Rechtsanwälten kann man stellen – auch sie werden beantwortet.
Zeitansage: **093**
Weckdienst: **096**

Telefonieren
im Hotel

Ab ***/*Hotel sind im allgemeinen Gespräche in Direktwahl vom Zimmer aus möglich, sofern noch Telefone vorhanden sind. Der Hotelcomputer belastet automatisch die Rechnung des Gastes. Die Gebühren dafür sind unterschiedlich, aber ausnahmslos deutlich höher als bei Benutzung eines Münz-/Kartentelefons.

Handy

Das **eigene Handy** wählt sich automatisch in das Netz eines kooperierenden spanischen Providers ein (vorausgesetzt, es ist für internationales *Roaming* freigeschaltet). Die Minutentarife wurden in den vergangenen Jahren bekanntlich immer weiter reduziert. Roaming-Gebühren entfallen ab 01.07.2017 komplett, was einige Tarife bereits seit April berücksichtigen. Wer einen Handyvertrag mit Flatrate für die ganze EU besitzt, ist allemal auf der günstigsten Seite. Aktuelle Tarifinfos unter www.handytarife.de.

So buchstabiert man in Spanien am Telefon

A = Alemania	I = Italia	R = Roma
B = Barcelona	J = Jérez	S = Sevilla
C = Cáceres	K = Kilo	T = Toledo
CH = Chocolate	L = Lima	U = Uruguay
D = Dinamarca	M = Madrid	V = Valencia
E = España	N = Navarra	W = doble ve
F = Francia	O = Oviedo	X = ekis
G = Granada	P = Pamplona	Y = Igriega
H = Holanda	Q = Queso	Z = Zaragoza

Time-Sharing

Wer ein Time-Sharing-Apartment kauft, erwirbt das Recht, dort (oder in einem europa- oder weltweit anderen Apartment der Organisation) pro Jahr eine festgelegte Zeitspanne zu wohnen. Solche Anteile kosten so ab € 10.000 und erscheinen oft auf den ersten Blick attraktiv. Man sollte jedoch genau nachrechnen, ob das Angebot tatsächlich so günstig ist, wie es nach den blumigen Erläuterungen der Verkäufer zunächst aussieht. Manch einer hat gerade auf den Kanaren den schnellen »Urlaubs-Zuschlag« hinterher bereut. Vor allem die Klauseln für Rücktritt und Kündigung sollte man vor Unterschrift genau studieren.

Touristen-Info

➤ Übersicht auf Seite 55.

Trinkgeld
(propina)

Canarios zahlen zwar in ihren Stammlokalen nur einen kleinen Obolus, aber im Touristensektor (Restaurant, Taxi) ist inzwischen längst ein Trinkgeld von 10% üblich. Der Kellner bleibt nicht neben dem zahlenden Gast stehen, sondern bringt das Wechselgeld bzw. den Kreditkartenbeleg zurück. Erst danach entscheidet der Gast über die Höhe der *Propina* und bedeutet dem Ober im Gehen, dass das kalkulierte Trinkgeld auf dem Tisch liegt. Der *Camarero* (Ober) reagiert – nebenbei – am besten auf den Zuruf »*Oíga, por favor*!« (»Hören Sie bitte!«).

Trinkwasser

Das Leitungswasser ist ohne Gesundheitsgefährdung trinkbar, schmeckt aber nicht. Tee und Kaffee kocht man daher besser mit stillem Mineralwasser in Plastikcontainern mit 5-10 Litern Inhalt, die in allen Supermärkten vorrätig sind (entsorgen in speziellen gelben Müllcontainern, sog. *Envases*). Viele Leute kochen auch Spaghetti und Kartoffeln lieber damit.

Übersetzungen • *Eva Schellert*, Calle Adalberto Benitez Togores 25, Santa Cruz; ✆ 922-244093; schellert.eva@gmail.com

Verkehrsvorschriften Es gelten weitgehend **EU-Verkehrsvorschriften**, außerdem:

• **Tempolimit**: 120/90/50 km/h für Autobahn/Landstraße/Ort
• Bei **Verkehrsverstößen** wird härter durchgegriffen und die Bußgelder sind höher als in in Deutschland. Verhängte Geldstrafen werden auch im Heimatland des Sünders/erin eingetrieben.
• Es gilt **Gurt- und Helmpflicht** wie in der übrigen EU
  (• **Helmpflicht** für **Radler** unter 16, Erwachsene nur außerorts)
• **Promillegrenzen**: 0,5 Promille, für Anfänger bis 2 Jahre nach der Prüfung nur 0,3 Promille. Unfallbeteiligung mit über 0,3 Promille führt zu Bestrafung, selbst wenn man nicht der Verursacher ist. Die Versicherung kann vom angetrunkenen Fahrer alle Kosten, die er/sie durch einen (Bagatell-)Unfall verursacht hat, zurückverlangen. Die Verweigerung der Alkoholkontrolle wird gleich geahndet wie das Fahren unter Alkoholeinfluss.
• **Kindersitze**: Bis zu einer Größe der Kinder von 1,35 m Pflicht. Baby-Autositze dürfen auf dem Beifahrersitz nur gegen die Fahrtrichtung installiert werden, wenn das Auto keinen Front-Airbag besitzt bzw. dieser deaktiviert ist.
• **Parken**: innerhalb der blauen Linien gebührenpflichtig erlaubt (Parkautomaten), bei gelber Markierung gilt Parkverbot
• **€ -Knöllchen**:
• Warndreiecke und Warnweste bei Pannen sind Pflicht

Zeitzone Die Kanaren zählen zur **Greenwich-Zeitzone** (WEZ), d.h. bei der Ankunft muss man seine Uhr eine Stunde zurückstellen, auf dem Heimflug wieder eine Stunde (auf MEZ) vorstellen.

Blütenpracht hoch über dem Meer bei El Sauzal

3.   Kanarisches Lexikon

Typische spanischsprachige Begriffe, die auch dem Touristen auf
Teneriffa immer wieder begegnen und großenteils bereits in diesem Buch vorkommen, sind hier (noch einmal) zusammengefasst
erläutert. Spezielles Vokabular aus den Bereichen »Geologie« und
»Essen & Trinken« finden sich in gesonderten Listen in den entsprechenden Kapiteln, ➢ Seiten 437ff (Geologie) und 76ff.

Ajiméz (arab.)	Holzgitter-Verkleidung, ➢ auch unter Architektur, Seite 508.
Areperia	Imbiss oder einfaches Restaurant mit *Arepas*, gefüllten süßen oder salzigen Maistaschen, einer Spezialität aus Venezuela.
Ayuntamiento	Rathaus
Barranco	Schlucht, ausgetrockneter Wasserlauf. Die vielen durch Erosion entstandenen tief eingeschnittenen Schluchten sind heute fast ganzjährig trocken. Nur bei tropischen Regengüssen verwandeln sie sich in Sturzbäche mit viel Sediment (Geröll und Sand), die das Meer bis weit vor die Küste braun färben können. Ausgemauert führen sie enorme Wassermengen rasch ab, andererseits geht dann viel Süßwasser ungenutzt verloren.
Cabeza cuadrada	»Quadratkopf«, kanarischer Spitzname für Deutsche
Cabildo	Inselregierung
Caldera	Schüssel, eingestürzter Vulkankrater, z.B. die *Cañadas*
Cañadas	Eigentlich »Hohlweg, Weidefläche«. Auf Teneriffa Bezeichnung für die Hochebene, aus der sich der Teidekegel erhebt.
Canario	Bezeichnung für die Einwohner der kanarischen Inseln (ursprünglich nur für die Bewohner Gran Canarias). Vermutlich Ableitung von *canis* (lat: »Hund«). Der römische Geschichtsschreiber *Plinius* berichtet von einer Expedition des mauretanischen Königs *Juba* zu den Kanaren, von der er große Hunde mitbrachte.
Charca	Teich, Tümpel, Zisterne mit Süßwasser
Charco	natürlicher Salzwasserpool, meist im Lavafels am Meer; namensgebend für die *Plaza del Charco* in Puerto
Chicharrero	Bürger von Santa Cruz; abgeleitet von *Chicharro* (kleine Sardine/Makrele). Ursprünglich abfällige Bezeichnung der reicheren Bewohner La Lagunas für die armen Fischer unten am Meer.
Chiringuito	Strandkiosk mit *Tapas* und Drinks
Churro y Chocolate	in ganz Spanien beliebtes (Sonntags-)Frühstück: es handelt sich um große, in Stücke geschnittene Schmalzgebäck-Kringel (nicht süß), die in warme herbe Schokolade getunkt werden.
Cofradia de Pescadores	die Fischereigenossenschaft eines Dorfes und (Kneipen-) Treffpunkt der Fischer. Heute sind die *Cofradías* meistens mit einem einfachen Fischrestaurant verbunden wie in San Andrés, Punta del Hidalgo, Candelaria etc.
Corona Forestal	Wörtlich »Waldkrone«, Bezeichnung für die bewaldeten Zonen Teneriffas oberhalb von etwa 1.000 Höhenmetern.

Coto de Caza	Jagdgebiet, vor allem auf Kaninchen (mit Frettchen und Phara-onenhunden, ➤ weiter unten)
Desaladora	Meereswasserentsalzungsanlage (➤ Seite 449)
Ermita	kleine Kapelle mit nur einem Fenster, repräsentativem Eingangs-portal und einem kleinen Glockenturm vorne links.
Finca	Ursprünglich ein kleineres Grundstück bzw. ländliches Anwe-sen; heute Bezeichnung für jede Art von Häuschen, auch im städ-tischen Bereich; ➤ auch unter *Hacienda*.
Galería	Stollen, der horizontal in den Berg getrieben wurde, um in ihm abgesickertes Gebirgswasser aufzufangen. Über ein Kanalsystem wird das Wasser zu den Verbrauchszentren geleitet.
Godo	Lexikalisch »Gote«, wird aber nicht für Nordeuropäer (Touristen) verwendet, sondern als negative Bezeichnung für (Festland-) Spa-nier. Die Graffitti-Parolen **Fuera Godos** (»Godos raus!«) sind Aus-druck des historisch oft durch Madrid gekränkten kanarischen Nationalbewusstseins (*Conquista*, Frankismus). Seit Spaniens Beitritt zur EU ist die kanarische Autonomiebewegung politisch bedeutungslos, doch Animositäten leben weiter
Gofio	Geröstetes und dann gemahlenes Getreide; traditionelles Grund-nahrungsmittel der Urbevölkerung der Kanaren (➤ Seite 69)

Museale Gofiomühle an der »Ruta de los Molinos« in La Orotava, ➤ Seite 332

Guagua	Offizielle Bezeichnung für »Autobus«. Vermutlich haben aus Kuba rückkehrende Auswanderer das Wort in ihre alte Heimat mitgebracht. Im nordöstlichen Südamerika wurde das englische Wort *wagon* (Wagen) zu *guagua* (sprich: *wuawua*) sozusagen »ein-gespanischt«.

Guanchen	Dieser ursprünglich nur für die Ureinwohner Teneriffas benutzte Name wurde zur Bezeichnung für alle Altkanaren. *Guan* bedeutet soviel wie Mann, Einwohner; und *Chinech* war die Guanchen-Bezeichnung für Teneriffa (➤ Seite 480).
Guiri	Englischer oder deutscher Ausländer; nicht negativ gemeint
Hacienda	Landgut, Großgrundbesitz mit einem Herrenhaus; heute auch Steuerbehörde; *Ministro de Hacienda* = Finanzminister
Indias, las	Ursprünglich Bezeichnung für die spanischen Besitzungen in der Karibik, später für den ganzen südamerikanischen Handelsraum.
Lagar	Alte Weinpresse aus Holz
Lucha Canaria	Verbreitete volkstümliche Sportart, ➤ Seite 386.
Medio Ambiente	Umwelt (wortgleich auch für die entsprechende Behörde)
Mirador	Aussichtspunkt
Mojo	Grüne Soße (mit Kräutern) oder rote (scharfe) Soße mit Paprika; beide Soßen werden traditionell zu Fisch- oder Fleischgerichten mit Runzelkartoffeln (*papas arrugadas*) gereicht, ➤ Seite 66f.
Mudéjar	Bemalte Holzdecke. Mudéjaren wurden auch Araber genannt, die nach der *Reconquista* in Spanien blieben, aber nicht christanisiert wurden.
Nivaria	Eine der ältesten (römischen) Bezeichnungen für Teneriffa, wahrscheinlich wegen des mit Schnee (*nieve*) bedeckten Teide; bis heute heißt das Bistum Teneriffa mit Sitz des Bischofs in La Laguna in *Nivaria*.
Parada	Bushaltestelle, von *parar* = anhalten
Parador	Ältere Bezeichnung für Gasthaus (gleicher Ursprung wie *Parada*). Heute staatliches Hotel der gehobenen Kategorie, meist in historischen Gebäuden. Die Idee für die *Paradores* kam 1926 einem königlichen Kommissar für Tourismus. Zwei Jahre später wurde der erste *Parador* in der *Sierra de Gredos* eingeweiht. Heute gibt es in Spanien 90 *Paradores*, darunter auch einige auf den Kanaren.
Península	Halbinsel nennen die Canarios das spanische Festland.
Pleito Insular	»Inselstreit«: eine aus dem 19. Jahrhundert stammende Rivalität zwischen Gran Canaria und Teneriffa um die Vormacht auf den Kanaren, die 1927 durch die Teilung des Archipels in zwei Provinzen de jure beigelegt wurde. Unterschwellig blieb die Konkurrenz erhalten. Denn beide missgönnen sich jeden zusätzlichen Touristen bzw. jede Madrider Subvention. Und auf dem Karnevalsumzug in Santa Cruz zeigt alljährlich eine potthässliche fette *Miss Gran Canaria* mit Schweinekopf, was man von den Bewohnern der Nachbarinsel hält.
Podenco	*Canarios* setzen den sog. *Podenco Canario*, einen bis zu 70 cm großen Windhund, zur Kaninchenjagd mit Frettchen ein. Ursprünglich soll die Rasse von den Balearen stammen. Trotz einer gewissen Ähnlichkeit ist sie nicht mit den ägyptischen Pharaonenhunden verwandt. Sie ist sehr schlank, hat rotes oder weißes Fell mit

rot-gelbroten Tupfen, aufrecht gestellte Löffelohren, ein spitzes Maul mit Scherengebiss und ein enormes Sprintvermögen.

Resident = (EU-)Ausländer mit Wohnsitz in Spanien. Wer ohne Arbeit über 90 Tage bleibt, braucht ein *empadronamiento* vom Meldeamt; nach 183 Tagen wird man auf den Kanaren steuerpflichtig.

Offiziell registrierte Ausländer/Residenten auf den Kanaren in Tausend: Deutschland: 40; Großbritannien: 38; Italien: 24; Kolumbien: 21; Marokko: 16; Venezuela: 12; Kuba: 11; Argentinien: 10; China: 6; Portugal: 6; Rumänien: 5; Total: 282, davon rund 123 allein auf Teneriffa (Zahlen 2015).

Romería Erntedankfest zu Ehren des Lokalheiligen, ➤ Seite 399.

Tabla Holzbrett, auf denen man früher Lasten zu Tal »rutschen« ließ. Am 30. November – Tag des *San Andrés* und Anstich des neuen Weins – vergnügen sich heute die Jugendlichen damit, auf selbstgezimmerten *Tablas* zu Tal zu düsen, ➤ Icod, Seite 344.

Urbanización Eine Urbanisation ist eine neu angelegte Siedlung nach amerikanischem Modell mit Bungalows und/oder Reihenhäusern.

Zona Recreativa Von der Forstverwaltung (ICONA) bzw. der Umweltbehörde eingerichteter Picknickplatz (überwiegend in den bewaldeten höheren Lagen). Alle sind mit Tischbänken, Grillöfen (Holz liegt auf den größeren kostenlos bereit) und Trinkwasser ausgestattet.

Gebräuchliche Abkürzungen in Spanien/auf Teneriffa

Avda/Av = *Avenida*	= Allee
C/ = *Calle*	= Straße
C.C./CC = *Centro Comercial*	= EKZ, *Coalicion Canarias*
Ctr/Ctra = *Carretera*	= Landstraße
Edf= *Edificio*	= Gebäude
ICONA	= Forstverwaltung
IGIC	= kanarische Mehrwertsteuer (5%)
(*Impuesto General Islas Canarias*)	
ONCE	= Lotterie des Blindenverbandes
PP = *Partido Popular*	= Konservative Partei
PSOE	= Sozialistische Partei
PVP	= Laden-/Verkaufspreis
(*Precio de Venta al Público*)	
RFA	= Bundesrepublik Deutschland
(*República Federál de Alemania*)	
s/n = *sin numero*	= ohne Hausnummer
SP = *Servicio Público*	= Schild bei Taxen/Bussen
Urb. = *Urbanización*	= Neue Siedlung
Ud.,Uds. = *Usted(es)*	= Anrede der Sie-Form (Sing/Pl)
ZEC	= Wirtschaftssonderzone mit
(*Zona Especial Canaria*)	Steuererleichterungen

3

NOTFÄLLE und Arztadressen

Notruf
Polizei/Feuer/Unfall/Krankenwagen:
☎ **112** (auch Deutsch; »*Alemán*« sagen)

Notfalldienst 24 Stunden: Dr. Gerhard Kellner,
Centro Médico Kellner, Avda Marítima 6, Tabaiba Baja bei Santa
Cruz, ☎ 673-443257; www.centro-medico-kellner.com.

Touristen-Telefon für Anzeigen: ☎ 902-102112 (➢ Seite 536)

Diebstahl ➢ Kriminalität, Seite 535

Geldtransfer nach Teneriffa (wenn's brennt)
☎ **922-225279** (auch Englisch); www.westernunion.com

Kreditkartenverlust ➢ Seite 51

Krankheit/Unfall ➢ per Taxi in die *Urgencia* des nächsten
Krankenhauses *(Clinica oder Hospedal)* oder gleich per

Rettungswagen (*Ambulancia*) Rotes Kreuz: ☎ **922-**

Santa Cruz: 281800; Los Cristianos: 753939; Guia de Isora:
850780; Puerto de la Cruz: 383812; Orotava: 330101; Icod: 810117

Hospital Universitario de Canarias direkt an der Autobahn; von La
Laguna kommend, *Salida* 5A, *Urgencias* (Notaufnahme), ☎ 922-
641011. Eine Ausfahrt später (4B): *Hospital Candelaria,* ☎ 922-
602000, ebenfalls mit *Urgencia*.

An beiden Kliniken hält die *Tranvia* (Straßenbahn, ➢ Seite 592)

Kliniken im Süden:

Hospital Costa Adeje, ☎ 922-792400, *Centro de Salud*,
Chayofa, ☎ 922-729810, *Hospiten Sur* ☎ 922-777760

Radiotaxi *Isla Tenerife* (inselweit):
☎ 922-615111/-615190/-615200

Direkte Arztkontakte

Urologie: Dr. Thomas Funk, Hotel Maritim, El Burgado 1,
Los Realejos, ☎ 922-362828

Gynäkologie: Karin Gorthner, Calle Blanco 3,
Puerto de la Cruz an der Plaza Charco, ☎ 922-371276

HNO: Jürgen Baaden, Calle Blanco 3,
Puerto de la Cruz, wie die Gynäkologin, ☎ 922-388346

Internist: Ulrich Schläger Calle de la Hoya, 51/1B,
Puerto de la Cruz, ☎ 922-389216

Orthopädie, Akkupunktur u.a: Gyde Techow,
Puerto de la Cruz/La Paz, Calle Almácigo 17,
☎ 922-376137 und ☎ 616-283470

Augenarzt: Jose Alberto Muiños, Calle Emilio Sera Fernandez
Moratin 6A, Santa Cruz, ☎ 902-886670

Empfehlenswerte Unterkünfte

4.   Empfehlenswerte Unterkünfte

4.1   Situation und Auswahl

Unterkunfts-arten

Die unterschiedlichen Möglichkeiten, auf Teneriffa unterzukommen, wurden auf den Seiten 40 bis 44 beschrieben. Vom Camping über einfache Pensionen bis hin zu Luxus-Hotelpalästen ist alles vorhanden. Darüberhinaus gibt es unter dem Begriff *Turismo Rural* eine steigende Zahl unterschiedlichster Quartiere abseits der Touristenzentren, die – wie **Camping und Hostales** – in einem eigenen Abschnitt kommentiert werden.

Pauschale oder individuelle Buchung?

Die **Empfehlungen** beziehen sich auf pauschal und individuell buchbare Häuser, die sich im Internet und Veranstalterkatalogen finden.

Aufbau des Kapitels

Die **Reihenfolge** der Betrachtung orientiert sich (im Uhrzeigersinn) zunächst an den Inselregionen (➤ Seiten 90f: Großraum Santa Cruz, Anaga, Osten, Süden, Westen, Nordküste, Teide-Auffahrten und -Nationalpark) und liefert in weiteren Abschnitten

- **Landhotels** und **Häuser** (*Fincas/Casas*) des *Turismo Rural*
- **Herbergen/Hostels** (*Hostales*)
- **Campingplätze** (private/staatliche)

Beschreibung

Sämtliche Quartiere werden stichwortartig beschrieben; die hier getroffene Auswahl basiert großenteils auf persönlichen Besichtigungen der Autoren vor Ort.

Bewertungs-faktoren

Neben weitgehend objektiven **Bewertungskriterien** wie **Strandnähe, Verkehrslärm/Ruhe, Lage der Zimmer** (Sonne, Schatten, freier Blick), **Größe und Umfeld der Poolanlage** (Beton, Garten) etc. spielten auch **subjektive Eindrücke** bei den Empfehlungen eine Rolle. Subjektiv ist z.B. die Favorisierung eines bestimmten Hotels im Vergleich mehrerer ähnlicher Häuser. Eine Erläuterung der Gründe für die Herausstreichung müsste oft detailreich sein und auch negative Eigenschaften der (hier nicht genannten) Konkurrenz mit ins Spiel bringen, was unter wettbewerbsrechtlichen Aspekten problematisch ist und daher unterlassen wird.

Fazit

Sicherlich wird mancher Leser den Empfehlungen nicht in allen Fällen 100%ig folgen können. Gleichzeitig fehlen vielleicht ein paar Häuser, die – je nach persönlicher Optik – ebensogut für eine Empfehlung in Frage gekommen wären. Mit einer Buchung der hier empfohlenen Hotels und Apartmentanlagen wird man aber – **im Rahmen des jeweiligen Ortsangebotes und der Kategorie** sowie unter Berücksichtigung ggf. vorhandener und bereits genannter Einschränkungen – so ganz schief nicht liegen.

Service und Mahlzeiten

Auf einen wichtigen Punkt muss allerdings deutlich hingewiesen werden: **Kaum eine der Hotelempfehlungen berücksichtigt die Qualität von Service und Mahlzeiten!** Eine Bewertung der dabei im Zeitablauf häufig schwankenden Qualität für eine Vielzahl von Häusern ist einfach nicht möglich oder aktualisierbar.

Fon/Fax/ Email/ Internet

Hotels in den Touristenzentren bucht man (per Katalog/Reise-büro/Internet) am besten über Veranstalter; Preise, Telefon und Email werden deshalb für solche Häuser meist nicht genannt, aber – soweit möglich – die Websites. **Detailliertere Angaben** (Tarife, Telefon, Website) hingegen finden sich zu Unterkünften auf dem Lande oder in kleinen Ortschaften. Das gilt auch für individuellere, exklusivere oder alternative Hotels in Touristenzentren sowie Land- bzw. Fincahotels.

Buchung direkt vor Ort

Es sei noch einmal darauf hingewiesen (➤ Seiten 40-44), dass es für Reisende ohne feste Buchung mühsam sein kann, spontan eine Unterkunft zu finden. Wer vor Ort abends an der Rezeption großer Hotels buchen will, geht selbst bei vorhandenen Zimmern oft leer aus und wird auf Bürozeiten verwiesen. Abgesehen davon, beharrt man dann auch gerne auf offiziellen, i.e. hohen, Tarifen. Nicht-touristische Orte bieten selten registrierte Unterkünfte.

Veranstalter

Wer sich die Angebote der Veranstalter *online* ansehen möchte, findet deren Programm und aktuelle Offerten wie folgt :

1-2-fly	www.1-2-fly.com
Airtours	www.airtours.de
alltours	www.alltours.de
Dertour	www.dertour.de
FTI	www.fti.de
Gulet Österreich	www.gulet.at
Hotelplan Schweiz	www.hotelplan.ch
ITS	www.its.de
Jahn	www.jahnreisen.de
JT Touristik	www.www.jt.de
LMX	www.lmx.de
Neckermann	www.neckermann-reisen.de
Olimar	www.olimar.de
Schauinsland	www.schauinsland-reisen.de
Thomas Cook	www.thomascook.de
TRAVELIX	www.travelix.de
TTS	www.tts-touristik.de
TUI	www.tui.com

Auf **Last Minute**/**Restplätze** spezialisiert sind www.bucherreisen.de und www.5vorflug.de, aber auch andere Unternehmen haben Last Minute-Angebote im Portfolio.

Einen Gesamtüberblick bieten Websites, die die Angebote der Veranstalter durchforsten und Preise vergleichen. Damit erspart man sich den mühsamen eigenen Preisvergleich und findet für viele Häuser rasch den günstigsten Veranstalter: www.reisepreisvergleich.de, www.reisen.de, www.reisegeier.de u.a.m.

Zu den Preisangaben

Alle **Tarife fur Direktbucher**, so verfügbar, sind ca.-Preise, ermittelt fürs Jahr 2017. Die Tarife schwanken saisonal und orientieren sich darüber hinaus noch an Feiertagen sowie lokalen Ereignissen. Am teuersten wird Teneriffa Weihnachten, Ostern und regional zur Karnevalszeit. **Hauptsaison** ist praktisch neun Monate im Jahr, nur Mai, Juni und September gelten als Nebensaison.

4.2 Unterkunftsempfehlungen nach Regionen und Orten

(Turismo Rural ➢ ab Seite 573, Landhotels ab Seite 579)

Großraum Santa Cruz/La Laguna

Santa Cruz

Die Hauptstadt hat vor allem Kurzbesucher (Kreuzfahrer, Inselerkunder und Geschäftsreisende). Die Hotelpreise sind daher an der Business-Belegung orientiert: In der Woche ist es teurer als Freitag und Samstag Nacht. Das Stadtzentrum hat Fußgängerzonen mit schicken Geschäften, etliche Restaurants, schöne Parks und Plazas, auch etwas Kultur (Auditorium, Recova-Galerie, Museum, TEA). Die Stadt eignet sich daher als Standort für 2-3 Tage.

- *Mencey******, das Haus (286 Zimmer, 22 Suiten) ist top (*Iberostar*). Beste Lage gegenüber dem Park *García Sanabria*, Innengärten, Pool, Spa, Gym, Casino; exquisites Restaurant. Hotelgarten-Zimmer ordern. Calle Dr. José Naveiras 38 (an der Rambla), ✆ 922-609900, DZ ab €150; www.grandhotelmencey.com.
- Das *Silken Atlantida***** ist das modernste Businesshotel der Stadt. Es liegt an der Hauptverkehrsstraße Avenida Tres de Mayo, oberhalb des Warenhauses *El Corte Inglés*; ✆ 922-294500, DZ ab €105; www.hoteles-silken.com.
- *Contemporáneo****, 128 Zi, nüchtern-elegantes Haus, geräumige Zimmer, viel Komfort: WiFi, Pool, Garage etc. Auf Wochenendtarife achten und nach ruhigem Zimmer fragen. Es liegt vis-a-vis des *Hotel Mencey* ebenfalls ganz schön am Park; Rambla de Santa Cruz 116, ✆ 902-120329 und 922-271571, Doppelzimmer ab €112, www.barcelo.com.
- *Taburiente*****, Calle Dr. José Naveiras 24, beim *Mencey*; renoviert, zentrale Lage, angenehmes Ambiente, Dachpool; ✆ 922-276000; DZ ab €55; www.hoteltaburiente.com.
- *NH Hotel**** ruhige Lage nahe Plaza España, mit Dachterrasse (Bar/Restaurant), modernzweckmäßig, Calle Candelaria/Dr. Allart, ✆ 922-534422, DZ €76-110; www.nh-hoteles.es.
- *Príncipe Paz****, gelungener Neubau (80 Zi), eingepasst in ältere Bauten, prima zentrale und ruhige Lage in der Fußgängerzone, sehr empfehlenswert; Calle Valentín Sanz am *Parque Principe*; ✆ 922-249955, D/F je nach Saison, ca. €82; www.hotelprincipepaz.com.
- *Hotel Adonis Capital***, Stadthotel, autofrei, 49 Zi, Wifi; Calle Cruz Verde 24 (*Plaza Candelaria*/Calle Castillo); DZ €56; www.adonisresorts.com.
- *Hotel Adonis Plaza****, zentral am Plaza de la Candelaria 10, Meer- und Hafenblick-Dachterrasse, DZ ab €50, ✆ 922-272453; www.adonisresorts.com.
- *Pelinor***, etwas versteckt und unscheinbar, die 73 Zimmer sind klein und einfach, aber zentral in einer begrünten Fußgänger- und Shoppingstraße nahe der Plaza España; Calle Bethancourt Alfonso 8, ✆ 922-246875, DZ €65; www.hotelpelinor.com.
- *Hotel Horizonte**, 45 Zimmer, einfach, aber tip top und nicht zu laut, Nähe Plaza Principe, Calle Santa Rosa de Lima 11, ✆ 922-271936; D/F €18; www.hotelhorizontetenerife.es.
- *Hotel Tanausu****, am lebendigen *Mercado* und nahe der *TEA*-Galerie; einfach, Wifi; Calle Padre Anchieta 8, ✆ 922-217000; www.hoteltanausu.es.

San Andrés/Las Teresitas ➢ Seite 574f

La Laguna

TIPP: Die Universitätsstadt ist ein Juwel und für Individualreisende ein guter Standort für 2-3 Tage. Man wohnt unter *Canarios* in einer UNESCO-geschützten Altstadt und hat günstige Quartiere für Ausflüge ins Anagagebirge, die Nordostküste, die Wälder oberhalb von La Esperanza und Santa Cruz.

- *Nivaria*****, angenehm, kanarisch (einige Apts. mit Küche), direkt an der zentralen und grünen Plaza del Adelentado 11; ✆ 922-264298, DZ/F €110; www.hotelnivaria.com
- *Hotel Aguere***, historisches Haus in zentraler Fußgängerstraße Obispo Rey, begrünter Patio; Calle La Carrera 55, ✆ 922-259490, DZ/F ab €75; www.hotelaguere.es
- *Hotel MC San Augustin******, inmitten der Altstadt; Antik-Design; nur vier Suiten, ab €175; Calle San Augustin 12, ✆ 922-825194; www.hotels-mc.com
- *Pension Medina***, extrem einfach, aber Bad, Calle Eduardo de Roo 68, €30; ✆ 922-660848.
- *Hostel*: *El Bed & Breakfast*, Juan de Vera 21, ab €18, ✆ 922-660848; www.bblalaguna.com

Bereich Anagagebirge ➤ Seite 574f
Ostküste

Nordöstlich von El Médano gibt es keine Hotel-Unterkünfte an der Küste. Nur in **Las Caletillas/Candelaria** befindet sich ein älterer Komplex und – abseits vom Tourismus – oberhalb der Südautobahn zwei Landhotels bei Güímar. An den Hängen werden weitere Fincas angeboten (➤ *Turismo Rural*, Seite 573).

Las Caletillas ist ein in den 1990er-Jahren aus dem Boden gestampftes Neubauviertel mit 8-10-stöckigen Wohnblocks. Hier wohnen fast nur *Canarios*, die im Süden oder in Santa Cruz arbeiten.

Das einzig preiswerte Hotel liegt mitten in diesem Gebiet zwischen 4-5-stöckigen Mietshäusern. Erst das reizvolle Zentrum von Candelaria (3 km) bietet kanarisches Ambiente:

- *Catalonia Punta del Rey***** stammt aus derselben Zeit wie das Nachbarhaus; die beiden quer zur Küste stehenden 9-stöckigen Hotelblocks bieten von ihren vielen Balkonen (insgesamt 424 Zimmer) nur Meerblick, wenn man etwas den Hals reckt. Zwischen beiden Gebäuden liegen der kaum begrünte Pool und Tennisplätze; Avda Marítima 165, ✆ 922-501899, Reservierung ✆ 1-800-6958284, DZ/F ab €40; www.hoteles-catalonia.com.

Bereich Süden
Playa Los Cristianos

Im Ort finden sich nicht nur große Hotelanlagen, sondern auch viele kleine und mittlere Apartmenthäuser in der 2. und 3. Reihe und etliche einfache Pensionen. Im östlichen, sich den Guaza-Hang hinaufziehendem neuen Teil der Stadt wohnt man insgesamt ruhiger als im alten Zentrum gleich oberhalb des Hafens.

Hotels

- Das *Spring Arona Gran Hotel***** liegt direkt an der Meerpromenade etwas östlich vom Stadtkern. Der halbmondförmige Bau überragt mit seinen sechs Stockwerken (391 große Zimmer, begrünte Balkone, alle mit Meerblick) die Nachbarn. Mit den neuen 4-Stern-Hotels an der Costa Adeje kann es trotz schöner Poolanlage nicht mithalten. Avenida Los Cristianos, ✆ 922-750678, DZ /F €160-€250; www.springhoteles.com.
- Das *H10 Big Sur***** liegt 8-stöckig zwischen lautem Küstenzubringer und Meerespromenade. Schon begrünte Poollandschaft. Zimmer zur Straße haben keinen Meerblick; etwa 500 m zum Sandstrand. Die Zimmer zum Meer sind eine gute Wahl; Tennisplätze direkt am Wasser; ✆ 922-790366, ab €180; www.H10hotels.com.
- *Reverón Plaza***** mit Restaurant *Mirador de la Plaza*, attraktiv-restauriertes Haus, einziges feineres Stadthotel (5 Etagen) im Zentrum, 44 Zimmer mit Balkonen zum lebendigen Kirchplatz; kleiner Dachpool mit Meerblick; 4 min zum Hafenstrand; Av. Los Playeros 26, ✆ 922-757120, Angebote ab €147; www.labrandareveronplaza.com.

- *Hotel Andrea's***, Calle Valle Menendez 6, DZ ab €55 mit Balkon ab €72; © 922-790012; www.hotel-andreas.com.
- Das *Kurhotel Mar y Sol*, ein seriöses Zentrum für Prävention und Rehabilitation steht unter deutscher Leitung. Es liegt etwas oberhalb des Meeres am flachen Hang an der Avenida Amsterdam. Es ist besonders auf **Rollstuhlfahrer** ausgerichtet. Zahlreiche traditionelle und alternative Therapieangebote gegen Allergien, Hautererkrankungen, Wirbelsäulenprobleme und Multiple Sklerose. Drei Pools (einer permanent 32° Celsius) mit Behinderten-Einrichtungen. Tauchschule für Behinderte. Vollwertkost möglich. Buchung unter © 922-750540, in Deutschland: 07073-1516; www.marysol.org.

Hotels und Pensionen für Individualreisende (www.infohostal.com)

Folgende einfache Pensionen liegen überwiegend im Fußgängerbereich, strandnah und haben meist nur Etagenbäder; DZ/F kosten dafür aber nur €25-€35. Da sie von Gomera-Touristen als Zwischenstation genutzt werden, sind sie oft belegt.

- *Pension La Paloma*, ruhig, Fußgängerzone, Calle Paloma 5, aber Gästekritik; © 922-790198.
- *Venezuela*, nettes Haus in der (verkehrsreichen) Avenida de Suecia, © 922-794467.
- *Pension Lela*, Calle Juan XXIII, DZ; © 922-752737.

Apartment-Vermittlung (überwiegend auf Englisch)

- *Marcus Management Service*, Avenida Antonio Dominguez, Edificio Potosin, © 922-751064; www.tenerife-apts.com (engl.) vermietet im ruhigeren östlichen Stadtteil von Los Cristianos (10-20 min zum Strand) moderne, z.T. luxuriöse **Apartments**. Empfehlenswert sind in der *Urbanización Oasis del Sur* (beim Guaza-Hang) das *Royal Palm* und *Port Royale* mit Gemeinschafts-Pools; Wochenpreis für kleinere Apartments ca. €250-€300.

Las Américas und Costa Adeje

Durch die rasche zu enge Bebauung entstanden in Las Américas Stadtviertel, in denen viele Aparthotels heutigen Ansprüchen nicht mehr genügen. Ihnen fehlt es an großzügiger Bauweise, weitläufigen grünen Poolanlagen und Balkons akzeptabler Größe. Alle Empfehlungen liegen über diesem Las-Américas-Durchschnitt.

Erst seit etwa Ende der 1990er-Jahre entstanden neue Bereiche und Hotelanlagen, die in jeder Hinsicht auch höchste Ansprüche erfüllen. Das gilt grundsätzlich für den Bereich **Avenida Las Américas**, Fañabé und die **Costa Adeje** mit Alleen und verkehrsberuhigten oder autofreien Stichstraßen. Dort reicht es, in der gewählten Unterkunft auf optimale Zimmer zu achten (Meerblick, ruhig).

Dabei ist es natürlich in der ersten Reihe teurer und attraktiver, aber auch in der zweiten und dritten Reihe findet man kurze Wege zum Strand und gepflegtes Ambiente (Shopping, Restaurants und Grünanlagen). Die vierte und fünfte Hotelreihe kann schon arg nah zur Autobahn hin liegen. Unterkünfte oberhalb der Autobahn (z. B. in San Eugenio Alto) sind durch Autolärm, weite Wege zum Meer und enge Bauweise gekennzeichnet. Aus diesem Bereich werden keine Häuser empfohlen.

Für Selbstbucher und Individualreisende kommt der Bereich Las Américas/Costa Adeje weniger in Frage. Es gibt kaum Pensionen oder individuelle Stadthotels. In Südteneriffas Ganzjahres-Saison ließen hohe Auslastung und Kontingentierung der Veranstalter Spontanbuchern früher kaum eine Chance; mittlerweile sieht es zwar etwas besser aus, aber der Pauschal- ist oft günstiger als Einzelbuchung.

- Das *Mare Nostrum Resort***** (*Hotel Mediterraneum Palace*, *Sir Anthony*, *Marc Antonio-, Cesar-* und *Cleopatra-Palace*) hat 5 Sterne und gibt sich wie Klein-Las Vegas. Zu ihm gehören die genannten – unterirdisch verbundenen – Hotels und ein Kongresszentrum für 2.200 Menschen, mit Spielkasino, Showtheater und *Hard-Rock-Café*. Der Komplex liegt direkt am schönen Camisón-Sandstrand. Meerblick haben fast alle Zimmer des *Sir Anthony*, viele im *Cleopatra* und im *Mediterranean Palace* – neben vielen Zimmern zur Straße – nur die obersten Stockwerke. Letzteres besitzt eine attraktive Badeanlage sowie einen Tennis-platz. Bei Frühstücks- bzw. Halbpensions-Buchung freier Zugang zu den Restaurants und Büffets der anderen *Mare-Nostrum-Hotels*. Fitness–/Wellness-Programme: neben diversen Saunen, Bädern, Massagen, Kosmetik und Kinderclub gibt es auch ein medizinisches The-rapie-Angebot; ✆ 922-757545; www.marenostrumresort.com.

• Das *Parque Santiago III* **** ist in Hufeisenform um eine grüne, aufgelockerte Poolland-schaft (Meerwasser) gebaut. Die **Apartments** und Villen (max. acht Personen) liegen ge-schickt zueinander versetzt und haben überwiegend große, schöne Balkons. Die helle *Playa Camisón* liegt gleich jenseits der angrenzenden Küstenpromenade. ✆ 922-746103, www.parquesantiago.com.

• *Hotel Europe Villa Cortés* ***** ist eines der luxuriösen Häuser Teneriffas; mexikanisches Design, 150 Zimmer, alle mit Internet/Wifi. 49 verschiedene Zimmerstile und sechs Re-staurants. Für dicke Brieftaschen: *Imperial-Suite*, ✆ 922-757060; www.europe-hotels.org.

• Die **Ferienanlage** *Park Club Europe* *** liegt in der 2. Reihe (ca. 200 m bzw. 500 m zu zwei Stränden) und hat nur ***all inclusive***, alles andere ist einfach Spitze! Ein z.T. dschungelartiger Hotelpark mit vielen Bereichen (Tennis, Volieren, kleine Pools mit Sandstrandecken) und geglückter Badelandschaft; Animateure sorgen für Abwechslung (viel Sport). Familien, die ein Zimmer (mit z.T. großen Balkonen) mit Blick auf den Park erwischen, dürften sich be-sonders wohlfühlen, ✆ 922-757060; www.europe-hotels.org.

• Der *Parque Cristóbal*, Apartments, stilvoll renoviert, ist vor allem etwas für Familien mit (kleinen) Kindern. Gute Strandlage (15 min zu den Stränden *Las Vistas* bzw. *La Camisón*). Seine einfachen Flachbungalows liegen wie eine abgeschirmte grüne Oase in der zweiten Reihe leider hinter unschönen Hotelklötzen. Zwei Süßwasser-Pools, ein Sandstrand-Spielplatz im Palmenschatten, ✆ 922-790874; www.hdhotels.com.

Blaugrüner Poolgarten des Hotels »Parque Santiago IV« in Las Américas;

4

Altes Zentrum von Las Américas

Zwischen Autobahn und den jetzt renovierten Hotelklötzen (*Gran Tenerife, Palm Beach* und *Park Hotel Troya),* liegt ein attraktiver Freizeitkomplex mit Minigolf, Restaurants und Supermarkt (➤ Seite 227). Am Meer finden sich ältere, nur von Fußwegen durchkreuzte Bungalow-Siedlungen in einem recht ruhigen System von Anliegerstraßen, in denen man individuell und preiswert wohnt. Beispiel:

- **Apartamentos Paraiso del Sol**, eine in 3 Wohnkarrees gegliederte Siedlung (220 zweistöckige Bungalows) mit schlichten Gemeinschaftspools; ohne Meerblick, ohne Schnickschnack. Unterhalb des neuen Kongresszentrums MAGMA, Bungalows nahe der Durchgangsstraße Avda Centenario sollte man meiden. In 15 min ist man zu Fuß auch an schönen Stränden *(Vistas & Camisón)*; preiswert; © 922-798403; www.coral-hotels.com.

Stadtteil San Eugenio

- **Hotel Jardín Tropical****** liegt direkt an der Promenade, die hier etwas erhöht über Klippen (kein Strand!) verläuft; das Haus besticht durch seinen geschmackvoll maurischen Stil (5-stöckig, Hufeisenbau, 376 Zimmer, viele mit Meerblick) ist eines der ältesten ****Hotels im Süden. Badelandschaft im Hotelpark, zusätzlich (öffentliche) Schwimmgärten (➤ Seite 228). Zum Hotel gehört der **Beach Club Las Rocas** (Nicht-Hotelgäste bezahlen für Sonnenschirm und/oder Liegestuhl €3–€7). Im Umfeld blüht indessen der Massentourismus; © 922-746000, www.jardin-tropical.com.

Stadtteil Fañabé

Von allen beschriebenen Fañabé-(Apart)-Hotelanlagen ist es nur einen Sprung zum Strand, zu kleinen Restaurants und Cafés, sowie zum Shopping und Supermarkt.

- Die *****Apartment-Anlagen Sol Sun Beach**, *Lagos de Fañabé* und *Los Olivos* liegen alle in der ersten Reihe hinter dem Promenaden-Bollwerk an der hellen Sandstrandbucht. Die 2-/3-stöckigen, aufgelockert gruppierten Wohneinheiten haben sämtlich Balkons und im inneren Bereich Blick auf den begrünten Pool. Mittlerer Standard, die Apartments zum Pool sind eine gute Wahl; ab €85. Für **Sol Sun Beach**: © 912-764747, www.melia.com, für **Lagos**: © 922-712563, www.lagosdefanabebeachresort.com-tenerife.com und für **Olivos**: © 922-716589, www.sandandsea.es.
- Das **Aparthotel Parque del Sol****** liegt zwar in der zweiten Reihe, besitzt aber mehr Komfort als die eben genannten (*Sol Sun Beach, Lagos de Fañabé* und *Los Olivo*). Alles ist etwas offener, grün und weitläufig. Etwas teurer, ca. €110; © 922-713076; www.parquedelsol.net.
- Das **Hotel Colón Guanahani******; ein kleines, aber feines Hotel der Oberklasse; 154 Zimmer mit großen Balkonen zum geschwungenen Pool mit Palmen im Innenbereich; gute Gastronomie; ab €175, © 922-712046; www.adrianhoteles.com.

Costa Adeje

Am Felsküsten-Abschnitt mit einer Meeres-Promenade zwischen Playa Fañabé und La Caleta wurde in den 1990er-Jahren mit kleinkarierter Bebauung gebrochen. Statt geschlossener Apartment-Siedlungen (Fañabé) oder Hochhaushotels (z.B. *Park Hotel Troya* etc.) wurden auf weitläufigem Terrain riesige, autarke Luxus-Anlagen errichtet, die in Europa ihresgleichen suchen. Sie sind am amerikanischen Resort-Modell orientiert, *all-in-one*-Anlagen mit hoteleigenen (teuren) Geschäften, mehreren Restaurants und Parks mit Badelandschaften, die dem Gast jeden Weg außer Haus ersparen sollen und wollen.

Den Anfang machte Mitte der 1990er-Jahre das **Hotel Bahía del Duque******* direkt hinter dem gleichnamigen Strand (➤ Seite 230; © 922-746900, www.bahia-duque.com. Seither entstand dort eine ganze Reihe weiterer, ähnlich konzipierter Luxushotels. Eingerahmt von seiner Dependance, dem **Mirador del Duque** und dem klassisch-kanarischen **Dreamplace Gran Tacande**, © 922-746400, www.dreamplacehotels.com, ist das *Bahía del Duque* immer noch eins der aufwendigsten, nicht zuletzt wegen seiner tollen Poolparkanlage und dem *Kids Club*.

Östlich davon entstanden die Luxusherbergen **Anthelia Park****** und **Jardines de Nivaria** ***** (beide an die *Playa Fañabé* angrenzend) und nördlich davon das **RIU Palace Tenerife****** mit dem dahinter platzierten **RIU Arecas****** (2015 renoviert, **adult only**), dem **Sheraton Las Caleta******* und dem **Costa Adeje Palace******, kurz vor dem Fischerdorf La Caleta. Die letztgenannten vier grenzen zwar an die Uferpromenade, haben aber (bisher) keine unmittelbare Strandlage. Bis zu 500 m (Fußweg ans Meer) zurück die folgenden Resorts:

- *Baobab Suites******; hochgelegenes langgestrecktes VIP-Aparthotel in schneeweißem Mo-
  dern Design; zwei Pools, Squash, Deli-Café, Gastro-Bar, Sternekoch *Lucas Maes*; ℂ 822-
  070030; Calle Roques del Salmor 5; www.baobabsuites.com
- *Victoria Suite Hotel Adeje******, Avenida de Bruselas 16, etwas oberhalb des **Hotel Bahia
  Duque**, familienfreundlich; ℂ 922-716624; www.victoriasuitehotel.com/de
- *Vincci Selección La Plantación del Sur******; etwas höher gelegen in Nachbarschaft zu den
  Baobab Suites, schöner Poolgarten mit Weitblick, gute Restaurants, Calle Roque Nublo 1;
  www.vinccilaplantaciondelsur.com
- *Hard Rock Hotel Tenerife******, Costa Adeje, Avenida de Adeje 300, *Pyramide de Arona*.
  Eine Komplett-Renovierung alter Hotel-Türme; über 600 Zimmer (266 Suites im Rockstar-
  Stil mit VIP-Check-in), drei Pools, sechs Bars, sechs Restaurants, Gym etc. und viel Live-
  Rock, ℂ 922-055022; www.hardrockhotels.com > Tenerife.

Der Unterschied zwischen 4-Stern und 5-Stern-Hotels (insgesamt 8, alle bei deutschen Veranstaltern zu finden) an der Costa Adeje ist indessen so groß nicht. Manch einen stört aber
die immer dichter werdende Bebauung mit Apartments in 3. und 4. Reihe.

Hier noch einige Websites von **5-Stern-Hotels**: *Jardines de Nivaria:* www.adrianhoteles.com
(eines der besten!), *Costa Adeje Gran Hotel* (weiter vom Meer): www.gfhoteles.com; *Sheraton
La Caleta:* www.sheraton.com. Zum Vergleich die 4- Sterne-Hotels *RIU Arecas* und *RIU Palace Tenerife:* www.riu.com; *Costa Adeje Palace:* www.h10.es.

Adeje Stadt

Außer dem *Hotel Fonda* (➤ Seite 581ff) gibt es im Ortsbereich von Adeje nur zwei einfache
Hostales: *Rochil*, Calle Corpus Cristi 29; DZ mit Bad €35, ℂ 922-780252, und die **Pension
Rambla**, Calle Grande 9, DZ mit Bad €30; ℂ 922-780071, www.hostalrambla.es.

La Caleta

Die heute von Los Cristianos bis La Caleta laufende Promenade hat den Ort deutlich aufgewertet und den Umsatz seiner Fischrestaurants sicher gut getan. Etwas
oberhalb des Ortes befindet sich die Anlage von »Golf Adeje« mit Apartmentblocks. Das einzige (Apart-)Hotel direkt in La Caleta wirkt dagegen bescheiden:

- *Aparthotel HOVIMA Jardín Caleta**** liegt in 2. Reihe hinter der felsigen Küste. 4-stöcki-
  ges Haus (244 Apts für 1-3 Personen, nur z.T. mit Meerblick) mit einer kaum begrünten
  Poolanlage. Einige Fischrestaurants und Leitereinstiege ins Meer sind zu Fuß nicht weit, ℂ
  922-711294, ab €50; Reservierung ℂ 922-797677; www.hovima-hotels.com.
- *Royal Garden Villas & Spa******; La Caleta; Luxus-Villas in der Nähe des Golfplatzes, Calle
  Alcojora, ℂ 922-711294; www.royalgardenvillas.com/de.
- *Hotel Suite Villa Maria******, dicht, aber einzelstehende 2-stöckige Luxusvillen am unteren
  Rand des Golfplatzes *Costa Adeje*, recht hoch über (und entfernt vom) lebendigen Ex-
  Fischerdörfchen La Caleta; exzellentes Restaurant, Mietauto ist dort unabdingbar; ab €200;
  ℂ 922-168584; www.hotelsuitevillamaria.com.

4

Poolpark des Bahía del Duque

Playa Paraíso

Der riesige Hotelkomplex **Bahía Príncipe**°°°° (➢ Seite 274) ist bei Familien beliebt, zu buchen bei fast allen großen Veranstaltern, ℂ 922-723313; www.bahia-principe.com.

Costa de Silencio

Rund 10.000 Gästebetten stehen an der *Costa del Silencio*. Viele davon in **TenBel** (**Ten**eriffa-**Bel**gica nach dem ursprünglichen Hintergrund, ➢ Seite 242) an der felsigen Steilküste, einer inzwischen recht preisgünstigen touristischen Pionier-Anlage aus den 1960er-Jahren. Nordöstlich schließt sich ein Küstenabschnitt mit nagelneuen, britisch dominierten Bungalow-, Apartment– und Time-Sharing-Anlagen an. Außerdem gibt es dort drei Golfplätze mit riesigen Resortkomplexen.

• **San Blas Nature Resort**, groß angelegtes, öko-orientiertes Luxusprojekt am westlichen Ortsrand von Los Abrigos, einen Steinwurf vom Meer entfernt; in Gestalt und Farbe *Adobe*-Bauten nachempfunden. Event-museales Stockwerk (Erlebnis-Tunnel über Natur, Geologie und Flora der Kanaren); autoktone Bepflanzung auf Tuffsteinen; Führungen durch das oberhalb gelegene kleine Naturschutzgebiet mit See und Vogelbeobachtung; €167-€284; ℂ 922-749010; www.sandos.com.

Apartment-Vermittlung für die *Urbanización Golf del Sur*

• **Las Adelfas**; ℂ 902-931949
• **Royal Parque Albatros** (schöne Promenade vom **Albatros** bis **Abrigos**), ℂ 922-738802.

Im Las Galletas` Zentrum gibt es außerdem eine Etagenpension, ➢ Seite 243.

El Médano

El Médano steht bis heute für gebremsten, etwas alternativen Tourismus und Surf-Sport. Das Städtchen hat neben dem nahen **Tejita-Strand** weitere Strände zu bieten; zudem einige Apartmenthäuser und drei größere Hotels. Die Nähe zum Flughafen stört überraschenderweise wenig. Bis auf den zentralen Plaza- und Strand-/Promenadenbereich ist das Stadtbild indessen keine Perle.

Angesichts der Las-Américas-Konkurrenz wirbt El Médano mit günstigen Angeboten um Gäste. Das Infobüro an der Plaza hilft bei der Quartiersuche.

• **Hotel Playa Sur Tenerife**°°° liegt mit 4 Stockwerken sehr ruhig am westlichen Ende der Holzplanken-Promenade; es steht allein außerhalb der Stadt (7 min zum Zentrum). Der kaum begrünte Poolbereich ist klein; dafür wohnt man quasi auf dem Strand; viele Zimmer mit Balkon zum Meer; Surf-Schule/Verleih nebenan; für Pauschalbucher gutes Preis-Leistungsverhältnis; DZ ab €100, ℂ 922-176120; www.hotelplayasurtenerife.com.

Hotel San Blas an der Costa del Silencio

- **TIPP:** das *El Médano**** war Ende der 1960er-Jahre das erste feinere Hotel im Süden – noch vor dem Bauboom in Las Américas. Der klassische Stil wirkt heute (wieder) ansprechend; auch die Innenräume geben sich jetzt kühl-modern. Beste Lage direkt am Hauptstrand und an der zentralen Plaza; Liegeterrasse ohne Pool, Leitereinstieg ins Meer, DZ ab €80 ℂ 922-177000; www.hotelmedano.es/de.
- *Hotel Arenas del Mar*****, am Surfstrand Cabezo/Jaquita; modern, jung; Pool, Spa, Restaurant & Bars, Meerbalkon; *adults only!*; 922-179830; DZ ab €95-€145; www.knhoteles.com
- Das *Carel* liegt an der Einfahrt zum Ort (Avenida Principes España 22 – 150 m zum Strand); nüchtern, aber tipp-topp und blitzblank zu fairen Tarifen; Spanischkurse; EZ €35-€55, DZ €45-€65, Apt/*Kitchenett* max 3 Pers. €75-€95; ℂ 922-176898; www.hcareltenerifesur.com.

Folgende Apartments unter www.apartamentosmedano.com, ℂ 619-214570:

- *Apartamentos Agua Viva*, direkt an der Strandpromenade, Eingang Calle La Gaviota, einfache Apartments ab € 50, ℂ 922-177174.
- *Apartamentos Sotovento, Barlovento, Casa Médano* (alle drei zu erreichen unter ℂ 616-304648), *Apartamentos Miramar*, ℂ 922-176911.

San Isidro

An der verkehrsreichen Hauptstraße gibt es preisgünstige Einfachquartiere, die wegen ihrer Flughafennähe (Taxi 10 min, ca. €10) von Individualtouristen ggf. als Start- oder Endpunkt nach/vor der An- oder Abreise in Frage kommen. Sie finden sich auch bei Veranstaltern, sind aber als Urlaubsunterkunft wenig geeignet. Aber San Isidro ist die Busverbindungen in die Touristenzentren sind ab San Isidro gut; nach El Médano sind es 5 km. Wenn überhaupt dort übernachten, dann im

- *Hotel Ucanca***, im oberen Stock eines Neubaus, sauber, oberhalb der Autobahn, teilweise Meerblick; DZ inkl. Frühstück €59; ℂ 922-390776.

Bereich Westküste

Die Unterkünfte an der Westküste konzentrieren sich auf die zusammengewachsenen Orte Los Gigantes, Puerto de Santiago und Playa de Arena. Diese Region (zu groß und zu eng bebaut) wird vornehmlich von Engländern (und Tauchern) bevorzugt. In deutschsprachigen Katalogen gibt es nur wenige Angebote. Bei den folgenden Adressen handelt es sich z.T. um Apartments für Privatbucher.

- *TTS-Teneriffa Touristik Service* vermittelt an Teneriffas Westküste Apartments. Einige von ihnen werden unten mit Hinweis TTS empfohlen (TTS in Deutschland, ℂ 040-2201477; auf Teneriffa: Herr Hüneke, ℂ 922-868009); www.tts-touristik.de.

Los Gigantes

- Das *Hotel Los Gigantes***** besticht durch seine vorgelagerte Meeres-Position, so dass man nur den Wellenschlag hört. Das 9-stöckige Haus steht zwar quer zur Küste, hat aber viele Räume mit Meer- oder Steilfelsen-Blick. Einen 180°-Panoramablick hat man von der – indessen nur gering begrünten – Poolanlage. Insgesamt ein Wohlfühlquartier; Calle Flor Pascua, ℂ 922-861020 (buchbar über Thompson=1 UI England).
- Das *Poblado Marinero* (»Seedorf«) ist ein zweizeiliger, aufgelockerter Apartmentkomplex (2-3 stöckig) am Jachthafen mit Blick auf die namensgebenden Felshänge nördlich des Ortes. Vor der ersten Zeile (mit Meerblick) verläuft die autofreie Promenade mit Cafes, Restaurants und Touristenshops, vor der zweiten liegt ein langgestreckter grüner Dorfplatz. Zu beiden Seiten kann man baden: am kleinen Lava-Strand und in El Laguillo, der öffentlichen Poolanlage des Poblado. 1-2 Zi-Apartments € 60-105, ℂ 922-860966/-860934; www.poblado marinero.com.

4

Puerto de Santiago

- Das *Barcelo Santiago***** ist ein gestreckter moderner Komplex (406 Zimmer mit Sat-TV, 23 Suiten) in exponierter Lage mit Panoramablick, Calle La Hondura 8, € 130-€ 180; ℰ 922-860912, www.barcelosantiago.com.

- *Apartamentos Globales Tamaimo Tropical* nahe Hotel Barcelo, die meisten Apts. ohne Meerblick, ab € 40-€ 87, ℰ 922-860638, www.hotelesglobales.com/de.

Playa de las Arenas

Der an sich reizvolle Lava-Sandstrand wird durch viel zu enge Bebauung der kleinen Bucht förmlich »erdrückt«.

- *Apartamentos Punta Negra*, kleine reihenhausartige Chalets in ruhiger Lage auf einer Lava-Felsnase direkt am Mee, € 65-€ 80, ℰ 922-860029, www.apartamentospuntanegra.com.

- *Hotel Be Live Experience Playa Arena* thront hoch über der Durchgangsstraße und dem schwarzen Strand dahinter. Der über einem schönen Poolpark errichteteStaffelbau bietet mehrheitlich Zimmer mit Süd- und Südwestblick übers Meer. Empfang, Restaurant und Terrassen großzügig. Helle modern eingerichtete Zimmer. Sport und Aktivitäten. Beliebt bei Familien, da Spielplatz und all-inclusive. Sehr gutes Preis-/Leistungsverhältnis; Calle Lajial 4; www.belivehotels.com/hotel/DE/ficha_hotel/playa_la_arena/descripcion.jsp.

Playa San Juan und Alcalá

- *Gran Melia Palacio de Isora*, eine der besten Luxus-Adressen der Insel mit tollem Gomera- und Bergblick vom großen Garten und vielen Zimmer aus. Durchgehende Schwimmdistanz im Pool 200 m; mehrere Restaurants, ab € 200; www.melia.com.

- *Pension Alcalá*, kleines 4-stöckiges Apartmenthaus mit Kneipenrestaurant, einfache Zimmer ohne Meerblick; küstennah/Meerespromenade; Calle Maruecos 2; DZ ohne Bad € 25, DZ mit Bad € 30, 3 Personen mit Bad € 35, Apartment mit Terrasse € 46; Extra-Haus in der Calle Sospiro in Hafennähe, € 40-€ 50, ℰ 922-865457; www.pensionalcala.com.

Innenhof des Edelhotels Gran Melia Palacio de Isora bei Alcalá

- Folgende *Inmobiliarios* (Immobilien-Büros) übernehmen auch die Vermietung von Apartments und Häusern in Playa San Juan und Alcalá: **Santel Properties**, Avda El Emigrante 23, ✆ 922-865220; **Inmobiliaria SuCasa**, Avda El Emigrante 28, ✆ 922-866559; **Playa Sur Asesores Inmobiliarios**, Calle Isla de la Graciosa 4, ✆ 922-138317; www.sued-teneriffa.de vermittelt Luxushäuser und Apartments auch in der weiteren Umgebung.
- **Abama**, vom Feinsten – wie eine marokkanische *Kasbah*, jedoch mitten in Bananenplantagen gelegen; eigener Golfplatz und Strand (➤ Seite 107), 14 Bars und Restaurants; es gibt Zimmer mit und ohne Meerblick, Suiten und Villen; €300-€1600; toll für alle, die sich das leisten können und wollen, ✆ 922-105600; www.abamahotelresort.com.

Masca (➤ *Turismo Rural* ab Seite 573)

Die Nordküste
Zentraler Bereich

Die folgenden Unterkünfte stehen für das breite touristische Angebot in **Puerto de la Cruz**. Landhotels und Fincas/Ferienhäuser der jeweiligen Region sind hier ebenfalls aufgeführt. Ihre Beschreibung im Detail findet sich jedoch im Kapitel *Turismo Rural* (➤ Seite 574f).

Puerto de la Cruz

Puertos Hanglage bietet **zwei unterschiedliche Wohnbereiche**:
- die fast flache, strandnahe **Unterstadt** (Martiánez, Zentrum, *Playa Jardín*) im verkehrsberuhigten Stadtkern, meist mit 1960er-Jahre Hotels (kleine Pools, wenig Grün), einfachen Pensionen und preiswerten *Hostales* in der 2. und 3. Reihe, überwiegend ohne Meer- oder Teideblick.
- die **Oberstadt** am Hang (La Paz/Durazno, Taoro, San Fernando). Hier liegen vor allem größere Apartment-Hotel-Anlagen in weitläufigen Poolgärten mit Teide- und/ oder Atlantikblick. Dafür ist der Weg zu Fuß zum Meer steil und/oder weit.

Auf die Beschreibung von Hotels etc. entlang der Ost-West-Verkehrsachsen (Carretera El Botánico und vor allem Calle Valois) wurde bewusst verzichtet.

Unterstadt – Bereich Lago Martiánez

Hinter Puertos berühmter Meer-Badelandschaft *Lago Martiánez* laufen zwei große Straßen (Avda Betancourt y Molina und Avda Aguilar y Quesada) auf die *Playa Martiánez* zu. Zwischen beiden Avenidas stehen Apartment– und Hotelhochhäuser der unschönen Art aus den 1960/70er-Jahren. Sehr viel attraktiver (aber auch teurer) sind die ebenfalls älteren, kleineren Hotels entlang der breiten, immer stark belebten autofreien Promenade Avenida Colón, die den *Lago Martiánez* landseitig begrenzt. Im Erdgeschoss dieser Hotels befinden sich große Restaurants und Terrassencafés, teilweise mit Live-Musik und Tanz.

Drei Mittelklasse-Hotels in erster Reihe am Meer an der beruhigten Avenida Colon gegenüber der Poollandschaft *Lago Martiánez* sind bei allen Unterschieden empfehlenswert:
- **H10 Tenerife Playa** ist das Nobelste (€80-€130), ✆ 902-100906; www.H10Hotels.com.
- **Hotel Catalonia Las Vegas** ist das modernste und preiswerteste ab €60; ✆ 922-383900; www.hoteles-catalonia.com
- **Hotel Valle Mar****** ist das älteste Hotel am Platze, aber top renoviert, ✆ 922-384800, €84-€106, www.hotelvallemar.com

• Das **Hotel El Tope****** liegt etwas oberhalb der Martiánez-Zone, schon auf halbem (Fuß-) Weg nach La Paz, aber noch im fast ebenen Stadtbereich (10 min zum Strand/*Costa Martiánez*). Das moderne, geschmackvolle Haus (216 Zi) ist beliebt wegen seiner günstigen Lage. Der große Poolgarten (mit Tennis) grenzt an einen tiefen, grünen *Barranco*; dadurch wird der weite Blick auf den Teide und das Meer nicht durch nahe Hochbauten gestört. DZ €60-€140 je nach Blick und Saison. **Empfehlenswert!** ✆ 922-385080; www.eltope.es.

Bereich Zentrum/Plaza Charco

Der Altstadtkern von Puerto ist weitgehend verkehrsberuhigt, hat aber allerhand Promenaden-Trubel (Cafés, Restaurants, Geschäfte). Man findet dort keine Luxusanlagen, sondern neben älteren Apartmentblocks u.a. einfachere Pensionen und zwei kleinere traditionsreiche Stadthotels, das *Monopol* und das *Marquesa*, außerdem das *Chimisay*:

• **Marquesa*****, 4-stöckiges altkanarisches Haus (von 1712 mit schönem Patio, hier wohnte *Humboldt!*); 137 Zimmer, meist mit Balkon, ab 3. Stock mit Meerblick (im Neubau). Pool auf Sonnenterrasse, Calle Quintana 11-13; ab €56, ✆ 922-383151; www.hotelmarquesa.com.

• **Monopol*****, 4-stöckiges Haus in altkanarischem Stil (100 Zimmer) in der Fußgängerzone, schöner Patio, beheizter Pool auf einer der großen Dachterrassen mit Meer- und/oder Teideblick; Calle Quintana 15; DZ ab €60; ✆ 922-38461; www.monopoltf.com.

• **4Dreams Hotel*****, 4-stöckiges modernes Haus (67 Zimmer) in der Fußgängerzone mit dem besten Dachpool (Meerblick), Fitness-Raum, Calle Agustin Bethancourt 14, DZ €60, ✆ 922-383552; www.4dreamshotel.com/de.

• **Hotel Maga**, preiswert, Haus im Zentrum, Calle de Iriarte 11, DZ/F €30-€60; ✆ 922-383853

Bereich Ranilla – meernahes Fischerviertel, teilweise autofrei, viele Lokale

• **TIPP**: **Hotel Puerto Azul****, in kleiner grüner Passage, Calle El Lomo 24; blitzblankes Haus unter dt. Führung; Hostel-Zimmer, EZ und DZ, ab €25, im Winter ab €34, Dachterrasse mit Meer- und Teideblick, Wifi, Autovermietung gleich um die Ecke, ✆ 922-383213; www.puerto-azul.com; .

• **Hotel Sun Holidays**, modernes Eckhaus mit kleinen Balkonen in grüner Passage, Calle La Peñita 6, DZ ab €26, *Kitchenette* ab €39; Wifi, ✆ 922-380087; www.hotelsunholidays.com.

Bereich Playa Jardín

Die folgenden Häuser liegen hintereinander am Hang (begrenzt vom unschönen *Barranco* San Felipe), aber unmittelbar an der attraktiven *Playa Jardin*:

• Die **Apartamentos Bahía Playa** I und II sind nur durch die belebte Straße von der *Playa Jardin* getrennt. Von vielen der guten Apartments blickt man auf den *Barranco* und hässliche Wohnblocks. Die Apartments der Westseite des **Bahía Playa II** haben den schöneren Blick, nämlich auf *Loropark* und Punta Brava. Zwischen beiden Häusern befindet sich die – indessen nicht umwerfende – Poolanlage; ✆ 922-374408; www.apartamentosbahiaplaya.com.

Zwischen dem *Barranco*, der Avenida Blas Perez Gonzales und der Avenida Melchior Luz liegen hohe Wohnblocks mit Wabenbalkonen dicht nebeneinander. Einzige Vorteile dieser Apartments sind der Meerblick (aus den oberen Stockwerken) und die Steinwurfnähe zum *Playa Jardín* (nur über die belebte Straße):

• Die **Apartamentos NOELIA Playa** (www.gfhoteles.com) und

• **Apartamentos Be Smart Florida Plaza** (www.belivehotels.com) kosten ab € 50/Tag.

Empfehlung: Wer in *Playa Jardín*-Nähe wohnen will, liegt im östlich anschließenden Wohnviertel zwischen Post/Busbahnhof und den Sportanlagen/Aufschüttungs-Gelände am Meer richtig. In einigen ruhigeren Wohnstraßen finden sich empfehlenswerte kleine 3-Sterne-Hotels und Apartments, die allerdings wegen ihrer geringen Höhe keinen Meerblick haben:

- **TIPP**: *Hotel San Borondón****, Calle Agustin Spinoza 2; originelles Gebäude mit Anbauten; größere Balkons und Terrassen zum geschützten mittelgroßen Meerwasser-Pool im gepflegten Garten mit halboffenem geschmackvollen Restaurant; DZ ab €50, Suite je nach Ausstattung ab €60, ✆ 922-383313; www.hotelsanborondon.com.

- **TIPP**: *Eden Trovador****; Calle Puerto Viejo 38, das einzige Haus im Viertel mit Meerblick dank des kleinen Dachpools, DZ ab €50, ✆ 922-384512; www.hotelestrovador.es.

- *Maritim Hotel Teneriffa*, unübersehbares Hochhaus mit Langzeit-Ferienapartments in El Burgado (an der TF 316 von Puerto de la Cruz nach Los Realejos); 170 Zimmer; drei Pools; ✆ 922-379000; www.maritim.de > Teneriffa.

Oberstadt

Mit Ausnahme des gemischt-bebauten Wohnviertels La Paz, wo es Geschäfte und Restaurants in Gehweite gibt, wohnt man in der Oberstadt in großen Hoteloasen komfortabler als in der Unterstadt. Dank der Höhe hat man einen weiten Blick aufs Meer und kann zur Unterstadt/Meerespromenade den öffentlichen TITSA-Bus nehmen oder zu Fuß 20 min durch Grünanlagen spazieren.

Taoro

Taoro-Unterkünfte sind prinzipiell empfehlenswert; sie liegen überwiegend ruhig und haben durchweg große Pools in parkähnlichen Gärten.

- *Tigaiga*****, die 1. Wahl: 5-stöckiges, renoviertes Haus hoch über der Stadt hinter dem ehemaligen Kasino in bester Lage. Paradiesischer Garten mit freiem Blick auf Puerto und das Meer; schöner Pool. Das *Tigaiga* gewinnt seit Jahren TUI-Auszeichnungen; DZ/F ab €230, ✆ 922-383500, www.tigaiga.com.

- Das **Hotel Elegance Miramar***** ist solide Mittelklasse, Calle Parque Taoro 23, DZ ab €70, ✆ 922-384811; www.elegancemiramar.com.

Das Hotel San Borondón fällt mit seiner originellen Fassade aus dem üblichen Rahmen

Die folgende Unterkunft liegt schon am Rande des Taoro-Hügels:

- **Aparthotel Flora Sol****** auf halber Höhe des Taoro-Hügels ruhig, etwas abseits der Straße. Die Zimmer (Südlage) haben große Terrassen und – bis auf die kleinen Sudios – Teideblick. Relativ kleiner, aber schöner Pool im gepflegten und begrünten Garten. Angenehmes, zum Pool hin offenes Restaurant. Prima Wahl. Apartments je nach Ausstattung und Größe für 2 Personen €45-€110, für 4 Personen bis €176; www.aparthotelflorasol.com
- Auf der Website des *Flora Sol* findet man die Details der Bungalow-/Villensiedlungen **Vistamar** und **Villasol** in Santa Ursula.

Typisches Zimmer in einem ****Hotel

San Fernando

Preiswert wohnt man in Puertos Stadtteilen oberhalb des Taoro Park. Zu Fuß sind es von dort ca. 30 min zum Meer. Unter den 2-3stöckigen, engstehenden Wohnhäusern liegen folgende Unterkünfte abseits der Durchgangsstraße:

- **7 Pines Resort******* (Eröffnung 2017), 45 Apartments, 116 Wohnungen, Villa mit 12 Suiten; alles Modern Design; www.7pines-teneriffa.com.
- **Parque Vacacional Eden***** verfügt über einen parkartigen Garten mit Pool, Tennisplatz, Minigolf, Spielplatz, Boccia. Von oberen Stockwerken schöner Blick über Puerto aufs Meer/ Teide. Toll für Kinder, Studios und Apartments ab €65, Calle Francia 8, ✆ 922-380500, www.parquevacacionaleden.com.
- **Hotel Don Candido***, angenehmes kleines Hotel; Zimmer auch mit Balkon, Pool; Zimmer überwiegend an Reiseveranstalter vergeben; Calle Portugal 10, ✆ 922-922-380596
- **Hotel Casa del Sol*****, altmodisch, mit Dachpool, aber relativ preiswert, DZ ab €59, Calle Finlandia 4, ✆ 922-380762; www.hotelcasadelsol.com.

Kleinanzeigen privater, deutschsprachiger Vermieter stehen in jeder (14-tägigen) Ausgabe des **Wochenblattes**.
Redaktion: Plaza Charco, *Edificio El Rincon*.
✆ 0034-922-381278, www.wochenblatt.es

La Paz/Durazno

Puertos höhergelegener, grüner Stadtteil La Paz ist fest in deutscher Hand. Hier wohnen ältere Residenten, Überwinterer und Urlauber. Beiderseits und unterhalb des *Botanico* liegen etliche 5-6 stöckige Apartmenthäuser, elegante Hotels und schmucke Villen in blühenden Gärten. Der Verkehr hält sich in Grenzen, nur die Durchgangsstraße (TF 312, Avda Marqués Villanueva) ist laut. Einkaufszentren, kleine Ladenzeilen und viele Straßen-Restaurants sind gut zu Fuß erreichbar. Von der Promenade hoch über der Küste hat man eine tolle Aussicht. In 20 min gelangt man über einen bequemen Treppenweg hinunter ans Meer und ins Stadtzentrum.

- Das *Hotel Botánico****** **ist zu Recht Puertos erste Adresse**. Es verfügt über einen tropischen Park, große Schwimmbäder, geräumige, bestausgestattete Räume und internationales Flair. Sport, Wellness (Top: *Oriental Spa*), Musikprogramme. Vier Restaurants: Asiatisch, Italienisch, Spanisch und Open-air-Restaurant im Garten; mittags gibt's dort Snacks; ✆ 922-381400; www.hotelbotanico.com.

- Das *Hotel Best Semiramis****** wurde an eine Felswand gebaut. Der zeitlos-elegante Baustil der 1970er-Jahre kaschiert dessen Alter. Superblick über das Meer; nur in den unteren der 20 Etagen hört man die Autos der Küstenstraße an Tagen ohne Brandung. Die schöne Poolanlage ist relativ klein, der Außenbereich kann mit den Parks der neueren 5-Sterne-Hotels nicht mithalten. Dafür orientieren sich die Tarife aber auch eher am Niveau der 4-Sterne-Kategorie; ab €100 fürs DZ, ✆ 922-385071; www.besthotels.es.

- Das *Diverhotel Tenerife Spa & Garden***** hat eine versteckte, sehr ruhige Lage (Sackgasse) an einem grünen *Barranco* im Neubauvillenviertel Durazno. Zu Fuß sind es 1,5 km zum *Jardín Botánico*. Vom ansprechenden Poolbereich blickt man über Bananenplantagen auf den Teide. Spa und Terrassenrestaurant. DZ ab €61, ✆ 922-385151; www.playasenator. com/en/hotels/diverhotel-tenerife-spa-garden/.

Die meisten **Apartmenthäuser** im Ortsteil La Paz sind schon etwas älteren Datums. Obwohl ansprechend im neukanarischen Stil errichtet, fehlen bauliche Auflockerungen in den uniformen Fassaden; auch Schwimm– und Grünanlagen entsprechen vielfach nicht den heutigen Anforderungen in punkto Größe und Design.

- *Apartamentos Teide Mar*, Calle Aceviño 6; großzügige Anlage mitten in La Paz; die ruhigeren Studios mit Garten, Pool und Bergblick sind die beste Wahl; Minimum 3 Nächte ab €50; ✆ 902-787716; www.teidemarapartments.com

- *Molino Blanco* abseits der Straße in La Paz, Calle Almácigo 2. Hufeisenbau um den Pool. Große Balkone, ab €75, ✆ 922-371641; www.molinoblanco.com

Küche eines Mietapartments (ab € 50/Tag)

4

Unterstadt

Martianez-Bereich
1. Catalonia La Vegas
2. Valle Mar
3. H10 Tenerife Playa
4. El Tope

Charco/Ranilla
5. Marquesa
6. Monopol
7. 4Dreams Hotel
9. Apt. Florida Plaza
10. Puerto Azul

Oberstadt

Taoro
15. Tigaiga
17. Elegance Miramar
18. Aparthotel Flora Sol

San Fernando
16. Parque Vacacional Eden
19. 7 Pines Resort
20. Don Candido
21. Casa del Sol

Playa Jardin
11. Bahia Playa I+II
13. San Borondon
14. Eden Trovador

Lage der Hotels in Puerto de la Cruz

La Paz / Durazno

- **22** Botanico
- **23** Semiramis
- **24** Diverhotel Spa & Garden
- **25** Apt. Telde Mar
- **26** Studios Molino Blanco

Orotava

4 Unterkünfte liegen im historischen Zentrum der Stadt:

- *Hotel Rural Orotava***** DZ/F €79, © 922-322793 & © 609-166116; www.hotelruralorotava.es, ➤ auch Seite 579.
- *Hostal Tenerife*, kleine, gemütliche *Backpacker*-Unterkunft in der Calle Marques 24 (kurz oberhalb der Kirche San Juan. Nur Gemeinschaftsbad; EZ €20, DZ €16, 3-Bett €15, 4-Bett €13; © 661-561467 (Deutsch); www.hostels.com
- Das *Hotel Alhambra* befindet sich in einer großen Villa, die innen um 1900 (!) in maurischem Stil umgestaltet wurde; heute ist sie großbürgerlich ausgestattet mit einer pompösen privaten Galerie; mit Pool, Whirlpool, Sauna und Meerblick. Sieben sehr geräumige DZ (mit Frühstück ab €100), Calle Nicandro Gonzales 19; © 922-320434; www.alhambra-teneriffa.com.
- *Pension Silene***, einfach, zentral; nur 4 Zimmer, 3 davon mit Terrasse. Stadtblick, freundlich, gutes Frühstück, DZ/F €36-€40. Gute Option im Preiswert-Segment! Calle Tomas Zerolo 9, © 922-330199.
- *Hotel Rural Victoria**** Calle Hermano Apolinar 8; beim *Botánico*; 14 Zimmer in einem kolonialen Stadthaus; Dachterrasse, gutes Restaurant; DZ/F ab €100; © 922-331683, (➤ Karte Seite 325); www.hotelruralvictoria.com.

Nordwestküste

Los Silos/Buenavista haben kaum Hotels, dafür Fincas und Bungalows, ➤ Seite 576.

- *Meliá Hacienda del Conde******, (früher *Vincci-Hotel*), ein Golfresort nahe Buenavista. **Adults-only**, DZ ab €169; www.melia.com > Hacienda Conde.
- *Luz del Mar*****, in Los Silos, Avda Sibora 10, DZ €125-€170, © 922-841623 (➤ Seite 580, Nr. 7); www.luzdelmar.de.

Garachico/El Guincho

- Drei gute Häuser liegen in grossflächigen Bananenplantagen in Garachicos **Vorort El Guincho**, nahe einer felsigen Badebucht: *El Patio*, *Malpaís Trece*, *Las Terrazas* (➤ Seiten 576 und 580).
- *Hotel San Roque***** ist ein kleines Design-Hotel in einem klassischen Herrenhaus. An den Wänden moderne Kunst. 2. Reihe, aber das Meer mit Lavapools liegt gleich um die Ecke; 20 Zimmer, Esteban de Ponte 32; D/F ab €150, © 922-133435; www.hotelsanroque.com.
- *Hotel La Quinta Roja* ist ebenfalls ein altes Herrenhaus; schöner Patio, nobel und ruhige Lage am Kirchplatz; D/F €96-€125, Suiten ab €180, © 922-133377; www.quintaroja.com.
- *Gara Hotel* direkt gegenüber dem *Caleton*-Naturbad (nur im Bademantel über die Straße!), liegt dieses großzügig renovierte Herrenhaus mitten in Garachico. Patio, Terrassen, Whirlpool, Sauna, WiFi; 16 Zimmer mit allem Komfort. Calle Esteban de Ponte 7; DZ/F ab €130; © 922-831168, www.garahotel.com.
- *Hotel Rural Isla Baja Suites*; sechs elegante Suites mit allem Komfort im Zentrum von Garachico; ab €130, mit Meerblick-Terrasse €150; Calle Esteban de Ponte 3; © 922- 830008 und © 607-336175; www.islabajasuites.com.

Nordostküste

Santa Ursula

- *La Quinta Park Suites***** ist die einzige große Aparthotelanlage (4-stöckig, 228 Zimmer), oberhalb der Steilküste in einem Neubaugebiet (Villen, Reihenhäuser, Apartmentblocks). Die meisten Zimmer des halbmondförmigen Gebäudes mit Blick über den Pool aufs Meer oder die Berge. Großes Kur-, Schönheits-, Sport- und Fitness-Programm. Eigener Hotelbus nach Puerto (7 km). DZ/F ab € 72; © 922-300266, www.laquintaparksuites.com/de.

La Matanza

- *Jardín de la Paz*, exklusive Adresse bei La Matanza/El Caleton hoch überm Meer (Autobahn TF 5, Ausfahrt 23). 12 separate, aber eng stehende Villen teilen sich den Garten; 2 geheizte Meerwasserpools mit Blick auf Teide und Meer. Die Villen sind unterschiedlich in Größe (2-6 Personen), Ausstattung und Preis, alle Wohnungen hell und geräumig,. Sämtlich mit Terrasse und eigenem Rasen. Doppelzimmer ab €230 für 2 Personen, Langzeitler zahlen weniger; ✆ 922-578319 in Deutschland: 06124-2724, www.jardin-de-la-paz.com.

- *Faisán Azul* ist eine attraktive Anlage in der Nähe des *Jardín de la Paz*; riesiger Garten mit neun Einheiten; vom Turmzimmer (€57), kleineren Villen (€68) bis zur großen Turm-Wohnung für fünf Personen (€105); 8 Personen (€150), also für jeden etwas. Superaussicht auf das Meer und den Teide, Pool, ✆ 676-555051; www.faisan-azul.com.

Tejina

Das *Hotel Costa Salada* bei Tejina ist ein Juwel, ➤ Landhotels, Seite 579.

Bajamar/Punta del Hidalgo

Die Badeorte Bajamar und Punta del Hidalgo sind heute an vielen Ecken und Enden restaurierungsbedürftig. Bajamar hat keine Hotels mehr. Punta Hidalgo bietet zumindest einen ruhigen Aufenthalt abseits des Massentourismus für gesundheitsorientierte Urlauber. Beide Orte sind mit ihren Meerwasserpools (➤ Foto unten, Seiten 18 und 382) eher empfehlenswerte Ausflugsziele für schöne Tage.

- Das *Océano Vitality Hotel***** ist ein 10-stöckiges Haus mit 84 Zimmern von 30 m² bis 70 m² Größe Alle verfügen über Balkon mit Meer- und Teideblick. Großer Garten mit Pool, (Bio-) Sauna, Tennisplatz und Fitnessbereich. Zum Meerwasserpool sind es ca. 50 m. Ein großer Spa-Bereich mit vielen Anwendungen und *Medical-Center*, aufbauend auf der Darm-orientierten *Mayr Medizin*. Vollwertkost; Ausflüge, Wanderungen. DZ/F €100-€200, ✆ 922-156000; Beratung/Buchung in Deutschland: ✆ 089-21028603; www.oceano.de.

- *Aparthotel Atlantis Park****, ältere 2-stöckige im Karree um den Meerwasserpool gebaute Anlage, zusätzlich Süßwasserpool und Therapieeinrichtungen, 150 m vom Meer, DZ/F €90 (im Sommer €75); ✆ 922-156411; www.atlantis-park.com.

Überspülter Meerespool in Bajamar

4

Teideauffahrten und Nationalpark

La Escalona

• *Rural Hotel Nogal*, ➢ auch unter Landhotels, Seite 582; ✆ 922-7260099

Bei Ifonche

• Das *Hotel/Restaurant El Refugio* ist ein rustikales Haus in exponierter, ruhiger Berglage (940 m) mit weiten Blicken. Produkte kommen marktfrisch auf den Tisch. Super-Frühstück! Tips für Wanderungen und andere sportliche Aktivitäten. Calle El Topo 34, Escalona; 7 km oberhalb von Arona auf der TF 51 Richtung Vilaflor links in die TF 567 Richtung Ifonche abbiegen; nach 2 km links weist ein Schild links auf die 1 km entfernte Finca (Feldweg), DZ mit Frühstück €50€64; ✆ 922-725894, ➢ Seite 406, www.el-refugio.com.

Vilaflor

• *Hotel Spa VillAlba* (➢ Landhotels, Seite 582)

• *Germán* ist eine recht einfache, aber ansprechende **Pension** (mit Restaurant) in ruhiger, dennoch zentraler Lage in Vilaflor, Calle Santo Domingo 1. Zimmer mit Bad und Klimaanlage, Gemeinschaftsterrasse mit Teideblick, DZ ab €55, ✆ 922-709028.

• *El Sombrerito*, *Hostal* im Haus des Ausflugsrestaurants *Casa Chico*, Calle Sta. Catalina 15, einfach, zentral; DZ/F €55, EZ/F €30, ✆ 922-709052

Teide Nationalpark

• Der *Parador Las Cañadas del Teide****, das staatliche rustikal-gediegene Berghotel ist die einzige Unterkunft im Nationalpark. Der Komplex liegt am Fuß des Teidekegels, 4 km südlich der Seilbahn und ist ein optimaler Ausgangspunkt für Wanderungen in der *Cañada*-Felslandschaft. Wer hier übernachtet, genießt morgens und abends grandiose Landschaftsbilder ohne Tagestouristen. Besonders empfehlenswert. DZ ab €135, mit Teideblick mehr, (➢ Seiten 431 und 582); ✆ 922-386415; www.parador.es > Las Cañadas del Teide.

Parador Nacional »Las Cañadas del Teide« in der Abendsonne

Günstige Unterkünfte: Hostales, Pensionen und privat

Das Portal www.hostelbookers.com >Teneriffa listet zahlreiche *Hostales* und günstige Hotels. Unter de.campusreporter.net >Hostels finden sich neben Hostels auch viele Privatunterkünfte. Und erste Wahl für Privates sind natürlich auch hier die bekannten *Websites* www.couchsurfing.org, www.airbnb.de, www.wimdu.de und www.9flats.com.

El Médano

- *Los Amigos Backpackers Hostel*; ℂ 922-749320, DZ & *Dorms* ab €13
- *Casa Grande*, ℂ 922-176376; ab €15, www.casagrandehostel.com
- *Hostal Carel* (Pension) 1-3-Bett-Zimmer mit Bad, €15, ℂ 922-176898
- *Hostal La Playa*; Passeo Nuestra Senora Mercedes de Roja, strandnah, zentral; ab €18.
- *Hostel La Calavera*, Av. José Miguel Galván Bello 9, ℂ 655-782522

Las Américas/Los Cristianos

- *Friendly Rooms*, zentral gelegen, €14 ℂ 664-643492
- *Parque de las Americas*, ℂ 922-788350; ab €20
- *Casa Blanca*, Calle Ramon Pino 28, ℂ 922-794430
- *La Paloma & Playa*, Calle Paloma 7+9, ℂ 922-790198 & ℂ 922-792264

Weitere einfache Pensionen liegen überwiegend im Fußgängerbereich, strandnah und haben meist nur Etagenbäder; DZ dafür ab €30. Geeignet speziell für Gomera-Reisende, die Zwischenstation auf Teneriffa machen.

Puerto de la Cruz

- *Puerto Azul Hotel*, Ranilla, ℂ 922-383213, ab €20, ➢ Seite 56
- *Hotel Tejuna***, Ranilla, ℂ 922-383613, ab €29
- *Finca Jardin Barreto*; nahe Puerto, 5 min zum *Bollullo*-Strand, €15

Santa Cruz

- *Hotel Horizonte**, zentral, €30
- *Hotel Nautico*, zentral, €35
- *Pension Mova*, ruhig & zentral, Calle San Martín 33, ℂ 922-283261, DZ ab €30, pension-mova.santa-cruz-de-tenerife.hotel-tenerife.net/de

La Laguna

- *B&B La Laguna*, ℂ 634-339826; €18; www.bblalaguna.com
- *La Terrera Youth Hostel*; ℂ 634-370081; €36; laterrerahostel.com/de
- *Casitas del Cardon*, ℂ 630-931746; www.lascasitasdelcardon.com

La Orotava – und **Küste**

- *Hostal Tenerife*, ➢ Seite 568
- *Las Casitas del Cardon*, Calle Huroncillo 41 in **Tejina** (ℂ 686-247411) und *Apartamento Piscina*, Avda Gran Poder in **Bajamar** (ℂ 922-8215584), beide über www.lascasitasdelcardon.com

4

- *Lagarto Backpackers*, Camino del Guincho 108, im Valle Guerra, unterhalb von Tejina (TF 161), *Mattia* und *Vitto* aus Italien führen dieses Haus liebevoll in Plantagen oberhalb vom kanarisch-kernigen Fischerdorf Barranquero (über Felsen und Leitern ins Meer). Pool, Gemeinschaftsküche, Surfen, Shiatsu, Exkursionen und Feste; Computer € 1/Stunde; ohne die Skizze auf der *Website* nicht leicht zu finden; ✆ 922-545487; www.lagartobackpackers.com.

(Wander-) Herbergen / *Albergues*

Anaga

- *Albergue Montes de Anaga Tenerife*; moderne Wanderherberge mit Berg- und Meerblick an der TF 123 nach Chamorga, 1 km östlich des *Bailadero* (Kleinbus #947 nur 2x täglich ab/nach Santa Cruz). Zimmer: DZ mit Bad € 30; 4- und 6-Bett-Zimmer mit Gemeinschaftsbad € 15 pro Bett/Nacht; für Speis und Trank sorgt *La Cafetería del Albergue*; www.alberguestenerife.net > unter »Die Aktivitäten« finden sich etliche Aktiv-Angebote.

Buenavista

- *Albergue El Bolíco*; diese Wanderherberge liegt oberhalb von Buenavista; nur Mehrbettzimmer; € 14/Bett, Frühstück € 3, auf Wunsch Mittag-/Abendessen (je € 9); **Zufahrt**: TF 436 Buenavista-Masca bei KM 9,5 (kurz unterhalb des Restaurants) links ab, dann noch ca. 2 km; ✆ 922-127938; www.alberguebolico.com.

La Orotava

- *Albergue Rural Mamio Verde*; Pino Alto (La Orotava/Santa Ursula), Calle los Olivos 39; Angebote: Reiten, Wandern, *Quads*, Bogenschießen; Zimmer: je ein EZ und DZ, zwei 4-Bett-Zimmer, ein Familien-Zimmer, Gemeinschafts-Bäder, ✆ 653-736704, www.mamioverde.com.

Im Sommer 2017 soll die einfache Wanderherberge *Casa de los Caminero* eröffnen: Ein renoviertes Haus aus dem 18. Jahrhundert mit Küche und vier Schlafräumen; an der TF 16 kurz vor der Ortseinfahrt von Tejina, ➤ Seite 385; ✆ 922-316102, www.infotegueste.com.

Und noch ein Tipp: Wanderlustige sollten vor Ort ihren Herbergsvater nach den fünf »*Rutas Volcanes de Vida*« fragen. Das ist ein im Aufbau befindliches Projekt, das die Touristen von den Stränden weglocken und sie mit Land und Leuten, Natur und Kultur, Küche und Kelterei im Hinterland der Insel bekanntmachen soll; www.kanarischeinseln.net/teneriffa/vulkane-des-lebens-volcanes-de-vida.

Haus in typisch
altkanarischer
Bauweise
und Farbe

4.3 Turismo Rural – Unterkünfte im Hinterland

Kennzeichnung

Die Häuser des **Turismo Rural** – des ländlichen Tourismus – liegen außerhalb der massentouristischen Zentren und wenden sich an den individuellen, sich selbstversorgenden Urlauber, der Ruhe und Natur sucht. Auch für Aktivsportler und Wanderlustige sind sie das optimale Quartier. Die Häuser liegen dabei mal abgelegen am Hang, mal am Dorfrand, auch mal an einer zentralen *Plaza*, dann aber zum Platz hin mit hohen Mauern und – über *Patio* oder Garten – mit schöner Aussicht auf die Landschaft. Selten liegen solche Quartiere in unmittelbarer Nähe der Küste.

Über 600 Landhäuser (*Fincas* oder *Casas Rurales*) auf Teneriffa decken ein breites Spektrum ab: von der kleinen »Kuschelfinca« über schlicht-kanarische Häuser für 2-6 oder mehr Personen bis zur Villa mit Pool oder auch zur stattlichen *Hacienda* mit einzelnen Wohnungen und Gemeinschaftsbereich (Pool, Garten).

Das Markenzeichen **Turismo Rural** garantiert dabei stets, dass die *Casa Rural* (CR) auch in alten Gemäuern modernen Komfort bietet. Zum *Turismo Rural* zählen auch *Hoteles Rurales* (Landhotels, siehe dort), die zuweilen im altkanarischen Ortskern liegen, sowie Wander- und Jugendherbergen (*Hostales*).

Die Wege von den Häusern zum Einkaufen, zu Restaurants oder Attraktionen sind meist weit, sodass ein **Mietauto** Sinn macht. Wer ohne auskommen will: An- und Abreise lassen sich über Flughafen-Abholdienste des Vermieters organisieren – ansonsten ist auch das Taxi eine Alternative.

Außerdem ist das Temperaturgefälle zwischen Inselsüden und Inselnorden zu bedenken: In den Höhenlagen ist es – selbst im Sommer – deutlich kühler als am Meer und – Vorsicht! – im Winter ab 300-500 m für manchen zu kalt. Häuser und Landhotels höher am Hang sind daher fast immer beheizbar.

Im Sommer hält die Passatwolke (der sog. Eselsbauch, ➢ Seite 442) den Inselnorden meist schattig und frisch, während im Süden und Westen die Sonne brennt.

Unterkünfte im Hinterland sind nicht automatisch »casas rurales«, sondern können modern und schlicht (wie hier) bis luxuriös sein

Um die optimale Unterkunft zu finden, kann man im Internet durch unzählige *Websites* surfen: Außenansicht, Blick in die Räume, in den Garten und auf den nächsten Strand vermitteln eine gute Vorstellung vom Domizil.

Auch mit dem Objekt-Umfeld sollte man sich auseinandersetzen. Dabei ist Vorsicht geboten: Nicht selten wird ein hübsches Insel-Foto eingebaut, das zwar tatsächlich Teneriffa zeigt, aber nicht die unmittelbare Umgebung des Objekts. Gleiches gilt für die Bewertungen von vorherigen Gästen – nicht alle sind »echt«! **Die im Folgenden aufgeführten Unterkünfte wurden von den Autoren persönlich in Augenschein genommen.**

Von den Autoren besuchte und empfohlene Casas (Fincas) Rurales

Die folgende Auswahl von *Casas (Fincas) Rurales* deckt unterschiedlichste Preisgruppen und Teneriffa-Landschaften ab. Häuser im Norden sind stärker vertreten, was dem Insel-Angebot insgesamt entspricht. Darunter sind auch Häuser aus Veranstalterkatalogen und einige freie (private) Vermieter. Wer von zu Hause über die jeweilige tinerfenische Telefonnummer (℡ 0034-922-..., seltener ℡ 0034-822-...) buchen möchte, sollte für die meisten Häuser über Spanischkenntnisse verfügen.

Anaga-Bereich, Südküste; in/bei San Andrés (Playa Teresitas) und Igueste

Das wildromatische, immergrüne **Anaga-Gebirge** (➤ Karte S. 165) ist als UNESCO-Biosphäre ein beliebtes Ausflugs- und Wandergebiet, aber ohne Hotels oder Pensionen. Private Quartiere finden sich an der flacheren, besser angebundenen Südküste (San Andrés und Igueste), während man die abgelegene schroffere Nordostküste nur über viele Serpentinen von La Laguna oder Santa Cruz erreicht.

• ***Casa Amarilla*** (deutsch); mit Blick über das Dorf aufs Meer stehen (gut ausgestattet) im riesigen exotischen Garten am Hang: ****Villa für 6 Pers. €100; ein Haus 4 Pers. €60, *Casita Azul*, ein Holzhäuschen mit Fischteich für 2 Pers. (plus 2 Kinder) €50 und ein winziges Apartment für Verliebte, €30. Zu Fuß durchs Dorf nur 7 min zum Strand, ℡ 922-549016; E-Mail: heschnei@telefonica.net.

- **Dos Barrancos**; über einen Patio verbundene Doppelfinca, je 2 DZ, max 8 Pers. Zwischen Santa Cruz und San Andrés, 3 km abseits in einem ruhigen *Barranco*, Restaurantnähe; €18/Person; ✆ +34-620763429; www.toprural.com.
- Das **Casa Rural Guacimara** liegt ruhig am Rande von Igueste. Pool auf großer Meerblick-Terrasse; Abstieg zum schmalen, schwarzen Strand; 7 km zum *Teresitas*-Strand; bis zu 7 Personen ab €130, Woche ab €980.
- **La Casita de la Playa**; kleines romantisches Häuschen direkt am Kieselstrand von Igueste mit großer Terrasse und kleinem Garten. Preis: Minimum 5 Tage für €350 bei 3 Personen; ✆ 646-541401; www.top-kanaren.com.
- **El Varadero**; neben der *Casita de la Playa*. Komfortables Strandhaus auf zwei Etagen mit Dachterrasse. Maximal 4 Personen, ab €70. Ideal für kombinierten Strand- und Wanderurlaub abseits jeglichen Tourismus-Rummels. ✆ 646-541401 (deutsch) und über www.top-kanaren.com.
- In deren Nachbarschaft liegt das **Piso de Pedro**. Geräumige 2 Zimmer mit Küche, Bad und Terrasse. Absolut ruhig und 5 min zum Strand. Besitzer *Pedro* spricht Englisch. Preis: €65 für 2 Personen; ✆ 615-674724.
- **Tipp**: Großes Strandhaus am Wasser, die letzten 150 m nur zu Fuß; ein Steinwurf zum Strand. Maximal 10 Personen, 3 SZ, 2 Bäder, Minimum 3 Nächte, €910/Woche, www.fewo-direkt.de > Objekt 765144.
- **Casa del Cubano**: Wer es dörflich-abgelegen, kanarisch-einfach und preiswert mag, könnte sich hierfür interessieren; 150 m über dem Meer; €30; www.airbnb.es > Teneriffa > Taganana.

Anagabereich, Nordküste

- **Roque de las Bodegas**: *La Mecha*, Studio mit Küchenecke und Meerblick, ✆ 922-590123 (nur spanisch).
- **Benijo**: *Casas Duende*, kleines Natursteinhaus mit Terrasse und Treppe zum Sandstrand; ✆ 617-751821 (nur spanisch: *Juan Ramon Quintero*).
- **Abseits-Tipp**: *El Chorro*, 200 m über'm Meer (letzte Meter zu Fuß). Einsam am Wanderweg von Taganana nach Afur gelegen, aber tiptop und liebevoll eingerichtete 75 qm; 3.000 qm Garten mit Grillküche – gut zur inneren Einkehr; €900/Monat; www.idealista.com/inmueble/30364622.

La Esperanza (El Rosario - oberhalb von La Laguna, etwas für den Sommer!)

- **La Majadera** im riesigen Obstgarten mit 2 separaten Wohnbereichen für 2-6 Personen; Terrasse, Grill, Pool, Calle Las Rosas 58, ab €28/Person; ✆ 922-680922 & ✆ 616-596851, www.fincalamajadera.com und www.toprural.com.

Nordküstenbereich (von Ost nach West)

Tacoronte (Ortsteil Caridad)

- **Adelantado**; herrschaftlich-spanisches Haus in großem Garten (525 m Höhe), bürgerlich-gediegen möbliert; 4 DZ mit Bad, 2 Salons, große Küche, Speisesaal; Bonsai-Schule; Strand 3 km (*Mesa del Mar*); DZ ab €70; ✆ 922-271135, www.casaruraleladelantado.com.

La Matanza

- **Faisan Azul**, 6 Bungalows auf großem, gepflegtem Garten-Grundstück mit weitem Meer- und Teideblick; www.faisan-azul.com, ➢ Seite 569.

- **Residencial Rolando**; 12 Einheiten: Studios, Bungalows auf riesiger *Hacienda* in Hanglage gleich unterhalb der Nordautobahn, aber ruhig. Weingärten mit Pool und Liegewiese, deutsche Besitzer; ✆ 649-277998; www.teneriffa-rolando.de.

Puerto/Los Realejos

- **Finca El Rincon**, 50 m oberhalb der *Playa Bollullo* in Bananenplantagen; Meerblick; große und kleine Einheiten im Garten. Obst, Teich und Pool; ca. 60 min Küstenpfad nach Puerto de la Cruz; 2 Personen €49-€107; ✆ 922-385723 und ✆ 617-862492; www.finca-el-rincon.com.

- **TIPP: Casa Chiquita** (50 m², 50 m ü. NN); 4 km bis Puerto de la Cruz, ruhig in einer Bananenplantage; Blick Richtung *Playa Bollullo* (per Auto 10 min), Restaurant 5 min zu Fuß; €40, ✆ 922-321181; über www.urlaub-anbieter.com.

- **Finca Babon,** in Plantagen oberhalb Playa Socorro; sehr schlichte Einrichtung, moderne Küchen/Bäder; Patio, Meer- & Teideblick; schöner geht's kaum; 2 DZ €90; Strand 10 min zu Fuß; ✆ 922-341790; www.sonniges-teneriffa.de.

- **Finca la Torre**; 4 Häuser in Traumlage auf einem grünen Hügel über der *Playa Socorro* (200m)/Los Realejos; 2-6 Personen, ab €60, ✆ 630-377262; http://casasruraleslatorre.blogspot.com.

- **TIPP:** 10 Fußballfelder misst die Biofinca **El Quinto** in Tigaiga 200 m oberhalb der *Playa Socorro*. Hier stehen weitläufig 12 altkanarische Häuser verschiedener Größe an wildbewachsenen Hängen: subtropisches Obst zum Greifen nah. Zum Pool 1 min, nächster Laden 2 km, Strand 6 km. Für Gruppen ab 15 auch Halb-/Vollpension. Je nach Zahl der Schlafzimmer €50-€150/Haus; ✆ 922-341175 (deutsch/englisch); www.fincaelquinto.de.

- **El Patio de Tita**, ruhige *Hacienda* mitten in einer Bananenplantage mit Meer- und Teideblick; vier Suiten; schönerPool, Terrasse; ab €100; ✆ 669-028677; www.fincaelpatio.com.

- **Residencia San Pedro**, am ruhigen Bypass zur Nordküstenstraße, *Penthouse*, Gästezimmer, €48/€98; ✆ 922-343527 (deutsch); www.sanpedro-teneriffa.com.

- **Villa Rosalva**, 8 Einheiten vom Studio bis zur Villa, Angebote für Gruppen; Carretera Las Dehesas 37, ✆ 922-373709 und ✆ 696-101436; www.villarosalva.com.

Icod de los Vinos

- **Casa Ida** in **Genovés** (Icod/Garachico) oberhalb der TF 82. Fünf verschachtelte Einheiten, alte Hausteile (Decken, Nischen) mit modernen Komfort-Elementen; jeweils eigene Terrasse, Küche und 1-2 Schlafzimmer. Teide-/Meerblick, €30/Person; ✆ 922-133297 und ✆ 686-168285, www.ruralida.com & www.toprural.com.

Garachico (El Guincho, El Tanque)

- **Finca El Lance** bei El Tanque (ca. 450 m); Häuschen mit Heizung, Kamin, Grill, WiFi, 1-5 Pers. Hübscher Garten. €62-€94; ✆ 922-136369; www.fincalance.com.

Buenavista/Los Silos

- **Finca las Mariposas**, 6-Pers.Natursteinhaus bei Los Silos; deutsche Biofarm mit Meerblick, €45; ✆ 922-841320, www.lasmariposas.de/finca_haus.html.

- **Finca Rural El Castillo** am Ortsrand von Buenavista, Calle San Antonio; zwei Apartments in einer Garten-Villa mit Gemeinschafts-Pool. Teideblick und Golfplatz-Nähe. Ab €329/Woche. Diverse Anbieter, auch www.booking.com.

Teno Alto (10 Häuser, 1 Laden, 1 Kneipe, nur Spanisch):
- *Finca Luisa*: 2 SZ, 2x Bad, 2x Küche, je Paar €30/Tag: ✆ 922-127167.
- *Carmen* (2 km vom Dorf entfernt, 2 Zi, Fr-So €80; €150/Woche; ✆ 922-693057.

Bereich Ostküste

Candelaria
- *Finca La Paz*, oberhalb von Candelaria bei Las Cuevecitas, Calle Santo Domingo 21. Ferienanlage mit 4 Apartments, 2 Pers. €65 oder 4 Pers. €75, ferner Ferienhaus (€65/€75) und Holzhaus zum gleichen Preis, gut für Familien mit Kindern; kleiner Gemeinschaftspool; mit *Restaurant El Auténtico.*

Nur für Langzeitmieter eignen sich die Apartments in **Poris de Abona** und **Tajao**:
- *4-Zi-Wohnung*, 2 Bäder, Balkon, in Meernähe, für max 5 Personen in Poris de Abona, 3 Pers. €50; Okt-Juni €500/Monat; E-Mail: pilar_juanito@hotmail.com.
- *Apartment* im Fischerdorf Tajao mit 2 SZ, WZ, Küche, Balkon, max 4 Personen, €50, €450/Monat. ✆ 629-756127, E-Mail: aliciagasparbaute@hotmail.com.
- *Casa La Hoyita*, bei Guímar, verwunschenes Häuschen auf 2 Ebenen am oberen Ortsrand im Grünen; DZ €36; ✆ 922-511357; www.casalahoyita.com.

Arafo
- *Casa el Cura Viejo* (500 m ü.NN), am östlichen Dorfrand; drei kleine, etwas dunkle Wohneinheiten für max. 6 Personen; jede mit DZ, Bad und Wohnküche; die Salons, der Garten und Pool sind Gemeinschaftsbereich; WiFi. Lokale/Läden zu Fuß erreichbar; €50/2 Personen; ✆ 922-511835 (span.); www.casacuraviejo.com.
- *Casa Rural Lo de Carta*/Arafo TF 523, KM 5,5; Schild *Los Frailes*; in 750 m Höhe an der Kiefer-Grenze; 4,5 km vor dem Picknickplatz *Los Frailes*; 3 SZ mit 8 Betten; ab €60; ✆ 922-277434, www.atlasrural.com > Buscar por palabras: 3324.

Arico
Authentisch-kanarisch und ruhig, in ländlich-karger Felsregion (500 m ü.NN).
- *El Sitio de la Casa*; hinter hohen Mauern liegt dieses Juwel in terrassierten Gärten; 3 Häuser für je 2, ein Haus für 4-5 Personen; 3 Pools, mehrere Gemeinschaftsbereiche; stilvoll, ruhig, weiter Blick. Calle La Luz 14, €70-€125; ✆/ 922-768021 & ✆ 629-098713 (Spanisch).
- Oberhalb von **Chimiche** an der TF 555 liegen in 700 m Höhe vier altkanarische Top-Häuschen, alle mit Pool: *La Cuadra*, *La Venta* und *Casa Las Perez* (über www.escapadarural.com), sowie *Casa Pepa* (über www.ruralvacaciones.com). Zum Lokal *Casa Fito* ist es nicht weit.

Bereich zentraler Süden
- *Casa Vera de la Hoya* (400 m ü.NN); südwestlich vom Ort San Miguel. Altkanarisches Gehöft um einen Patio mit 6 DZ; Gemeinschafts-Pool, -Essraum, -Küche, -Garten; ruhig; ✆ 922-700775; www.sanmiguelrural.com.
- Am unteren Ortsrand von San Miguel an der TF 65, 12 km vom Meer entfernt, liegt ein kleines **individuelles Apartment-Haus** im landestypischen Stil mit Garten, Pool und Grill; Lokale zu Fuß erreichbar; 9 Einheiten für 2-4 Personen ab €50, ✆ 922-167247 (deutsch); www.casasanmiguel.de.
- *El Médano Sunny Villa*, am Ortsrand; strandnah, modern, aber etwas teurer; http://www.visitarcanarias.com/oferta-el-medano-sunny-villa-el-medano.

4

Bereich Westküste

- *Hacienda Cristoforo*; esoterische Urlaubsoase 3 km nordwestlich von Adeje. In einem blühenden Park mit sprudelndem Pool, lauschigen Ecken und einer Plaza liegen 7 Häuschen (alle mit eigener Terrasse). Workshop-Angebote. €70–€100; ✆ 922-741967 und ✆ 0049/341-9103762; www.haciendacristoforo.com.

- *Casa Macrina* (max 2 Personen, 700 m ü.NN) liegt bei Tijoco Alto, nördlich von Adeje. Authentisch-kanarische Atmosphäre, Holzofen, kleine Terrasse. Die Vermieterin wohnt gleich nebenan. Zum nächsten Laden sind es 5 km, zur *Playa La Américas* 26 km; €420/Woche für 2 Personen. Direktbuchung: ✆ 922-780 286; www.el-sur.de

- *El Estanco Viejo - Casa Pino*; zwei rustikale, durch eine Grillecke verbundene Häuser mit Pool (4x8 m) für je 4 Personen in **Taucho** (800 m); Blick auf Atlantik und Gomera, Wanderwege; €620/Woche, www.el-sur.de.

- *La Puerta de Alcalá*, 10 km²-Finca ohne Nachbarn; 6 Einheiten für max. 18 Gäste (8 SZ, 7 Bäder), jeweils mit Terrasse und Panoramablick. Beheizter Salzwasser-Pool, Palmen, Kakteen und Öko-Garten, Bodega, WiFi. Komplett: €800/Tag, ab €50/Person; http://www.sued-teneriffa.de > Finca Alcala.

- *Casa Calma*; ruhige Lage mit Gomera-Blick; zwei Apartments, Wifi, Sat-TV, Pool; mit dem Auto 5 min nach Alcalá; 10 min zum Strand. Für Familien mit Kindern zu empfehlen; www.e-domizil.de > Objekt 236883.

- *Ferienhaus*; **Guia de Isora**: kleines Haus auf großer Biofinca mit Pool und eigenen Freilaufhühnern, ab €40 pro Tag, ✆ 669-310717, www.ferienunterkunft-direkt.de > rechts Suchmaske *Anzeige suchen* > Anzeigen-Nr. 59827.

Masca

- *Casa Rural Morrocatana*, Calle El Lomito 15, 38489 Masca, rustikales Natursteinhaus mit Terrasse. Von dort toller Blick auf *Barranco* und die bizarre Berglandschaft. Beste Wandermöglichkeiten; 3 Apartments für max 3-4 Personen, DZ ab €60; ✆ 922-863409 und ✆ 696-465838.

- *Casa Quemada*, Paraje de Teno Alto, ✆ 639-668902

- *Casa Riquelme*, im Ortsteil Lomo, dem Restaurant angeschlossen; kleine DZ ab €35, ✆ 922-863367

- *Dona Nieves*, schöne einfache Zimmer, €30–€50, ✆ 922-863408, und *Jane Mineur* am Camino de Lomo, ✆ 922-863485

- *Casa Las Piedras* im Weiler Las Carrizales.

- *Casa Rural Las Piedras*, liegt im *Barranco Carrizales* nördlich von Masca. Mit tollem Ausblick und herrlicher Vegetation, ✆ 670-953718, www.booking.com.

- *Casa El Chorro*, im gleichnamigen Weiler; Haus für 2 Personen mit Gomera-Blick; €60, ✆ 699-764588 und ✆ 669-224805; ebenso www.toprural.com.

Las Portelas (Teno)

- *Albergue El Bolíco*; diese Wanderherberge liegt oberhalb von Buenavista; und ist auf Seite 572 beschrieben; ➤ www.alberguebolico.com.

4.4 Die schönsten Landhotels

Landhotels gehören überwiegend zum Programm **Turismo Rural**. Man bucht sie – oft nur Wochenpreise – direkt im Netz oder wie die *Casas Rurales* (➢ Seite 574) über Reiseveranstalter. Einige *Hoteles Rurales* liegen in Ortschaften.

Östliche Nordküste

Bei Tejina: Landhotel Costa Salada (1)

Abgesehen von den Landhotels bei Garachico liegt nur das **Costa Salada** nahe der Küste. Diese einsame *Hacienda* hat 3 Suiten und 10 DZ mit Meerblick-Terrasse. Pool, Sauna, Abendessen auf Anfrage draußen. Zufahrt über die TF 161, die in Tejina von der TF 16 abzweigt; DZ ab €130, ✆ 922-690000, www.costasalada.com.

In La Orotava: Hotel Rural Orotava (2)

Altes Herrenhaus beim *Ayuntamiento* (Rathaus). Zimmer mit Bad, Heizung, und TV. Begrünter Patio zum Frühstücken und Restaurant *Sabor Canario*; Ctra. Escultor Estévez 17, DZ €59-€120, ✆ 922-322793; www.hotelruralorotava.es.

In La Orotava: Hotel Rural Victoria (3)

Calle Hermano Apolinar 8 nahe der *Casa de los Balcones*; 14 Zimmer in einem kolonialen Stadthaus; Dachterrasse, gutes Restaurant; DZ/F ab €90; ✆ 922-331683, (➢ Karte Seite 180); www.hotelruralvictoria.com.

Westliche Nordküste

In Los Realejos: Casa Blanca (4), am westlichen Ortsrand von El Guancha, Calle Real 146 (oberhalb San Juan de la Rambla), liegt das Haus etwas verloren in wenig attraktivem Umfeld; dafür belohnt ein weiter Meer- und Teideblick; Hallenpool, 16 DZ, €315/Woche; ✆ 922-359621; www.hotelruralcasablanca.es.

Bei El Tanque/Tierra del Trigo: Hotel Rural Finca La Hacienda (5)

Im Weiler Tierra del Trigo (700 m) wurden frühere Landarbeiterhäuschen zu einem einfachen, aber gemütlichen Hotel umgestaltet; 13 Zimmer, DZ €100; ✆ 922-840895; www.fincalahacienda.com.

Bei San José de los Llanos: Landhotel Rural Caserio de los Partidos (6)

In 1.100m Höhe (TF 373, km 14) weist ein Schild auf dieses urig-elegante Gehöft aus Lavasteinen hinter einem alten Dreschplatz hin. Viele Zimmer mit Teideblick. Wer es zünftig liebt, ohne auf Komfort verzichten zu wollen, wandert und Ruhe braucht, liegt hier richtig; gäbe es auf der Insel noch Geheimtipps – dies wäre einer; ab €80, ✆ 609-521541; www.caseriolospartidos.com/de.

Westlich von Buenavista: Hacienda del Conde*****(7)

Im Stil einer kanarischen Kleinstadt mit modernen funktionalen Akzenten; Meerblick über den Golfplatz. Luxuriöse Zimmer, Poolanlage. Ab €98-€200, aber meist €140-€185). Lage: Bergseitig des Golfplatzes westlich Buenavista (ausgeschildert). ✆ 922-061700; www.melia.com

Buenavista: Finca El Castillo (8)

2-stöckige rustikale Villa am unteren, ruhigen Ortsrand von Buenavista mit weitem Meerblick über Bananenplantagen und Golfplatz; Pool; verschiedene Fincas; €350-€530/Woche, über www.e-domizil.de > 115038, 106782, 644439 und 107515.

Landhotels

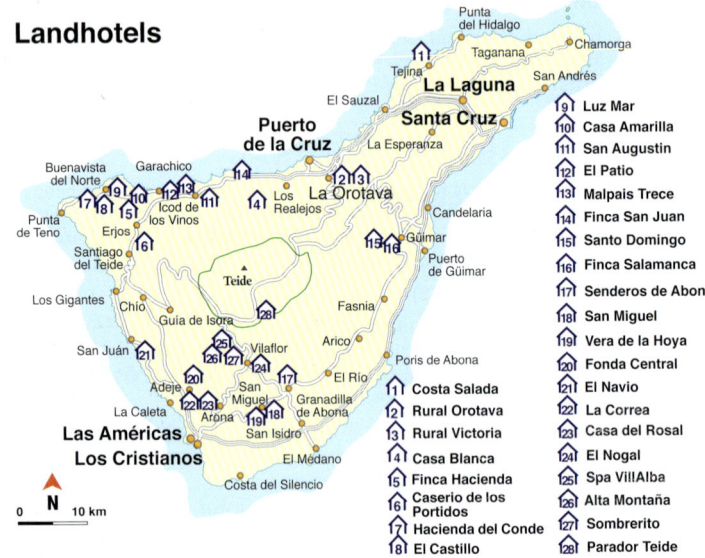

Punta del Hidalgo
Chamorga
Taganana
Tejina
San Andrés
El Sauzal
La Laguna
Santa Cruz
La Esperanza
Puerto de la Cruz
Buenavista del Norte
Garachico
Icod de los Vinos
Los Realejos
La Orotava
Candelaria
Punta de Teno
Erjos
Güimar
Santiago del Teide
Puerto de Güimar
Teide
Los Gigantes
Chío
Fasnia
Guía de Isora
Arico
San Juán
Vilaflor
Poris de Abona
Adeje
San Miguel
Granadilla de Abona
El Río
La Caleta
Arona
San Isidro
Las Américas
Los Cristianos
El Médano
Costa del Silencio

0 **N** 10 km

⌂9 Luz Mar
⌂10 Casa Amarilla
⌂11 San Augustin
⌂12 El Patio
⌂13 Malpais Trece
⌂14 Finca San Juan
⌂15 Santo Domingo
⌂16 Finca Salamanca
⌂17 Senderos de Abona
⌂18 San Miguel
⌂19 Vera de la Hoya
⌂20 Fonda Central
⌂21 El Navio
⌂22 La Correa
⌂23 Casa del Rosal
⌂24 El Nogal
⌂25 Spa VillAlba
⌂26 Alta Montaña
⌂27 Sombrerito
⌂28 Parador Teide

⌂1 Costa Salada
⌂2 Rural Orotava
⌂3 Rural Victoria
⌂4 Casa Blanca
⌂5 Finca Hacienda
⌂6 Caserio de los Portidos
⌂7 Hacienda del Conde
⌂8 El Castillo

In Los Silos: Luz del Mar (9)

Karges Umfeld, aber Meer- und Bergblick. Attraktive Anlage mit Pool und Gärten. Die flachgehaltenen Gebäude fügen sich gut in die Landschaft ein. DZ/F ab €80; ☎ 922-841623; www.luzdelmar.eu.

La Caleta (Los Silos): Casa Amarilla (10)

6 DZ und eine Suite in einer *Hazienda* am Rande vom typisch-kanarischen Dorf La Caleta, mit schwarzem kleinen Strand (3 km westlich von Garachico), Pool, Wanderangebote; ☎ 922-840118, €530/Woche,; www.holidaycheck.de.

Icod de los Vinos/Stadtmitte: San Augustin (11)

Kleines Stadthotel in einem altkanarischen Stadthaus mit lichtem Patiobereich unter umlaufenden Holzbalkonen; gediegen-kolonial möbliert, Calle San Agustín 18; DZ ab €95; www.hotelsanagustin.es.

Bereich Garachico/Juan de la Rambla

Die folgenden drei Unterkünfte liegen in Bananenplantagen auf einer flachen Landnase an der Küste. Von Puerto de la Cruz kommend muss man kurz vor Garachico in einer Rechtskurve auf Hinweisschilder achten:

Hotel Rural El Patio (12) in El Guincho. Altes Herrenhaus in Bananenplantagen, 18 große Zimmer, begrünter Innenhof, beheiztes Schwimmbad, Aufenthaltsräume, DZ/F ca. €88 bei minimal 3 Tagen; ☎ 922-133280; www.hotelpatio.com.

Finca Malpais Trece (13) in El Guincho. Modernisiertes Herrenhaus, 8 Zimmer, einige mit tollem Meer-/Teideblick, DZ €68-€85, ☎ 922-830064; www.malpaistrece.es.

Zur ruhigen Badebucht geht's von beiden Häusern (800 m) durch Bananenfelder.

Finca San Juan (14), 300 m oberhalb San Juan de la Rambla (Richtung *Mirador Mazape*) ruhig mit Restauration. Zimmer, Studios, Apartments, Meerblick, beheizter Pool, Sauna, Garten, Frühstücksbuffet, nach Anmeldung 3-Gänge-Menüs. Auch für Langzeit mit Service und VP zu Sondertarifen, DZ/F ca. €28/Person. (Haus für 5 Personen), ✆ 922-350554; www.finca-san-juan.com.

Ostküstenbereich

In Güímar: Hotel Rural Casona Santo Domingo (15)

Das Hotel liegt im Altstadtkern an belebter Durchgangsstraße. Restaurant/Bodega im Patio. DZ/F ab €65, ✆ 922-510229; www.casonasantodomingo.com.

Unterhalb Güímar: Finca Salamanca (16)

Stilvolle Eleganz auf weitläufigem Terrain mit Obsthainen. 16 Zimmer, davon 2 Suiten. Nächster Meerzugang: 4 km in Puertito de Güímar. Die Umgebung wird landwirtschaftlich genutzt. Restaurant im Haus, toller Garten, Terrassen, beheizter Pool. DZ/F ab €670/Woche, ✆ 922-514530. **Zufahrt** über *Salida* 22/Güímar, dann weiter auf TF 61 Güímar-Puertito; bei km 1,5 ist die Einfahrt; www.hotel-fincasalamanca.com.

In Granadilla: Hotel Rural Senderos de Abona (17)

Granadilla ist eine unattraktive Versorgungsstadt mit nur punktuellem kanarischem Charme, 10 km von El Médano entfernt. Das Hotel liegt versteckt und eingeklemmt, hat aber grüne Ausblicke. Der Obstgarten mit kleinem Pool und der liebevolle Patiogarten bilden winzige Oasen im steindominierten Terrain; nur 12 Zimmer; ✆ 922-770200, DZ/F ab €75; www.senderosdeabona.es.

In San Miguel

Wie Granadilla ist San Miguel kein romantischer Ort. Die folgenden beiden Unterkünfte sind jedoch bezaubernde Enklaven:

Hotel Rural San Miguel (18) liegt ruhig im alten Teil von San Miguel unterhalb der TF 28. Auf unterschiedlichen Ebenen mit Patios und Terrassen befinden sich in diesem ländlich-elegant restaurierten Herrenhaus 16 luxuriös-individuelle Zimmer mit Klimaanlage, dazu eine zum Whirlpool umgebaute Höhle, Sauna und Dachjacuzzi, DZ ab €95, ✆ 922-167922; http://hotelruralsanmiguel.com-tenerife.com.

Vera de la Hoya (19), ein paar Kilometer westlich (TF 28) von San Miguel unterhalb des Ortsteils San Roque. Das Natursteinhaus hat 6 DZ jeweils mit Bad, Bibliothek mit SAT-Fernsehen, einen Pool auf großzügiger Terrasse, Bodega, Speisesaal. DZ/F ab €80; das Haus kostet ab €300/Tag; ✆ 922-700775 & ✆ 666-936697; **Zufahrt**: Autobahn: *Salida* 62 (Chafiras), dann TF 65 Richtung Las Zocas, links in die TF 857 nach Aldea Blanca, dann die kleine Straße rechts Richtung San Roque (Schild »*Casa Rural*«). Weiter der Ausschilderung folgen; www.smrural.es.

Bereich Südwesten

In Adeje: Hotel Fonda Centrál (20)

Schön restauriertes Herrenhaus mitten in der Stadt an der Hauptstraße Calle Grande 6; Zimmer liegen aber ruhig zum romantischen Patio hin; Restaurant; DZ/F ab €60; ✆ 922781550, www.fondacentral.es.

Hotel Rural El Navio (21), Alcalá, vom nördlichen Ortsausgang etwa 800 m Richtung *Playa la Arena*, bei Hotel-Schild rechts ab von der TF 47 in eine Bananenplantage; nach 700 m stößt man auf das kleine Haus; 11 geräumige DZ, alle mit Terrasse in himmlisch ruhiger Lage, Pool und gemütliche Frühstücksterrasse. Ein Fußweg zum felsigen Meer führt durch die Plantage zum Sandstrand (2,5 km); zu Restaurants in Alcalá eignen sich die hoteleigenen Mietfahrräder (€ 5/Tag); DZ € 230/2 Nächte, ✆ 922-865680 und ✆ 653-239003, www.elnavio.es.

Teideauffahrten

In Arona

La Correa de la Almendro (22), Haus im kanarischen Stil; schöner Garten, Pool und Meerblick. DZ/F ab € 80. **Anfahrt**: oberhalb des Kirchplatzes von Arona folgt man ca. 2 km dem Straßenverlauf und hält sich rechts: Camino Real de Altavista 58, ✆ 922-726069; über www.booking.com.

Die **Casa Rural del Rosal (23)** ist direkter Nachbar mit vier DZ/Balkon oder Terrasse, Küche, ab € 70; ✆ 669-751824; www.lacorrea.com.

In Escalona (unterhalb Vilaflor): Hotel El Nogal (24)

Diese große kanarische Hacienda (40 DZ) liegt zwar in Teneriffas Süden, aber mit 1.000 m in schon kühlen Höhen. Schöne Gärten, Terrassenpool mit tollem Blick über die Südebene; klassisch-kanarisch möbliert, Holzböden, Heizung, Kamine. 17 km zur Küste (Los Cristianos), nur 20 km in die *Cañadas* und 5 km zu Wanderwegen um Vilaflor. DZ/F ab € 70, ✆ 922-726050. Nur 200 m oberhalb des Kirchplatzes in Escalona, mehrere Restaurants sind zu Fuß erreichbar. Zufahrt über den Camino Real, ausgeschildert; www.hotelnogal.com.

In Vilaflor

Hotel Spa VillAlba (25), luxuriöser Neubau im kanarischen Stil an der TF 21 oberhalb Vilaflor-Zentrum (ausgeschildert), der gut in die Landschaft eingepasst wurde. Leichte Küche (Gemüse-Eigenanbau); Spa-Nutzung für Hotelgäste gratis, beheizter Pool; DZ/F ab € 179; 2 Nächte: Fr/Sa ab € 169/Nacht; Langzeit-Aufenthalt und So-Do günstiger. ✆ 922-709930; www.hotelvillalba.com.

Hotel Alta Montaña (26), am Vilaflor-Ortsrand ruhig gelegen, Camino Morro Elcano, Villa mit 18 Zimmern und Terrassen-Weitblick; modern und mit allem Komfort, dennoch einfach; schöne Außenbereiche mit Blumen, Sitzecken und Schwimmbad. DZ mit Frühstück ab € 80; ✆ 922-099818; www.hotelaltamontaña.com.

Hotel El Sombrerito (27), Vilaflor, Santa Catalina 15; Restaurant angeschlossen; einfache DZ mit Bad ab € 50; el-sombrerito.vilaflor.hotel-tenerife.net/de.

Hotel Los Girasoles, Vilaflor, Calle Dolores 20.

Cañadas: Parador de Cañadas del Teide (28)

Der *Parador Nacional*, einzige Unterkunft im Nationalpark, ist ein relativ rustikales Hotel in der Nähe des Teidevulkans, ca. 4 km südlich der Seilbahn. Bester Ausgangspunkt für Wanderungen in den *Cañadas*. Gäste genießen morgens wie abends die grandiose Landschaft ohne Touristen. DZ ab € 179; ✆ 922-374841, www.parador.es, ➤ auch Seite 571.

Weitere Fincas, Apartments, Hotels, Schnäppchen etc.: www.teneriffa.de

Finca-/Apartmentsuche über Internetportale

1) www.webtenerife.de ➢ Seite 594 »Teneriffa im Internet«

Die offizielle Homepage der Tourismus-Werbung von Teneriffa. Gelistet sind knapp 30 Objekte. Vergleichsweise knappe Beschreibungen, ungenaue Lokalisierung (Vorsicht: Die schöne *Finca Saroga* liegt leider direkt neben der Nord-Autobahn!); www.webtenerife.de >Unterkünfte >Ländliche Unterkünfte.

Zu empfehlen: • *Picacho* • *Vergel* • *Patio de Tita.*

2) www.attur.de

*A*sociación *T*inerfeña de *Tu*rismo *R*ural ist die Reservierungszentrale für ländliche Unterkünfte. Die Homepage (www.attur.es > Ländliche Unterkünfte) listet 43 Objekte, von denen einige auch innerhalb von Orten liegen. Alle mit Kurzbeschreibung, Preisen, Belegungsplan und meist Höhenangabe. Praktisch für die Schnellsuche, aber keine exakte Lage- oder Umgebungsbeschreibung; Reservierungsanfrage meist nur per E-Mail möglich. Hinweis: *2 pax* bedeutet 2 Personen).

Zu empfehlen sind:

• *La Tinta*, fernab im Tenogebirge, urig wie auf der Alm, hoch überm Atlantik
• *Las Piedras*, Nachbarhaus von *La Tinta*, einsam, ohne Lokale/Läden
• *El Patio de Tita*, ruhige *Hacienda* in einer Bananenplantage; Meer- & Teideblick; auch direkt über www.fincaelpatio.com
• *Virgen del Rosario* liegt an einer 30 m hohen Steilküste, Küstenpfad nach Las Aguas (dort Lokale); prima, etwas eingeschränkter Meerblick; ✆ 922-343081; auch direkt über www.casaruralvirgendelrosario.net
• *La Rambla de los Caballos* neben der *Virgen del Rosario*, ✆ 639-657507

Einschränkung: Webtenerife und **ATTUR** sind den kommerziellen Agenturen hinsichtlich des Buchungskomforts deutlich unterlegen.

3) www.booking.com, www.airbnb.com ...

Blitzschnelles Buchen: Reiseziel »Teneriffa« eingeben und sofort erscheinen Hunderte Hotels/Fincas/Apartments zum Anklicken auf einer Inselkarte; nach dem Klick gibt's die Objektdetails – ein Kartenausschnitt zeigt die exakte Lage und via *Google Street View* kann man sich schon 'mal vor Ort umsehen. Bei booking.com ist teilweise sogar das kurzfristige Absagen kostenfrei.

Tipps im Bereich Anaga:

• *Apartamento La Maresía*, in Playa Roque de las Bodegas, einfach, abgelegen, z.B. über www.booking.com
• *Casa Rural Dos Barrancos* in Maria Jimenez (zwischen Santa Cruz und San Andrés/*Las Teresitas*); ruhig, zwei nahe Restaurants, Bus #916 nur 7x am Tag.

Tipp im Bereich **Ostküste**:

• *Finca la Paz* in Las Cuevecitas, www.teneriffa-mauritius.de/finca-ferien-urlaub-teneriffa-la-paz-las-cuevecitas-candelaria.html

Tipps im Bereich **Süden**:

- *El Médano Sunny Villa* in Médano (➤ Seite 577 unten)
- *Villas La Galea* in Médano (Ortsrand, nahe der *Sunny Villa*, modern)
- *Hostal Carel* in Médano, 21 Zimmer, etwas für Surfer

Tipps im Bereich **Norden:**

- *Casas Rurales Las Piedras Tinta* im Tenogebirge, einsam
- *Casa Los Dragos*, Buenavista; ruhig am Ortsrand in Bananenplantage
- *El Patio de Tita*, *Casa Ida*, *Vivecanarias Natural CB*, Reitstall, ➤ Seite 526

4) www.top-kanaren.com

Listet zahlreiche Fincas; im Telegrammstil erhält man eine Beschreibung der Region und die Ausstattungsmerkmale der Finca; viele Fotos runden das Angebot ab; übersichtlicher Verfügbarkeitskalnder + Reservierungsanfrage

Tipps im Bereich **Anaga**:

- *Casa Ventura* • *Casita de la Playa* • *Varadero* • *Casa Nieves*
- *Casa El Puertecito* • *Casa La Bodeguilla*

Alle im urkanarischen Igueste de San Andrés, z.T. 500 m Fußweg zur Finca.

Tipps im Bereich **Norden**:

- *Casa Las Bodegas*, Icod (= *Las Breveritas* bei anderen Portalen)
- *Apartment Sol* in Bajamar, zu Fuß zum prima Meerespool

Tipps im Bereich **Süden**:

- *Apartamentos Los Balos* in El Médano, direkt am Strand

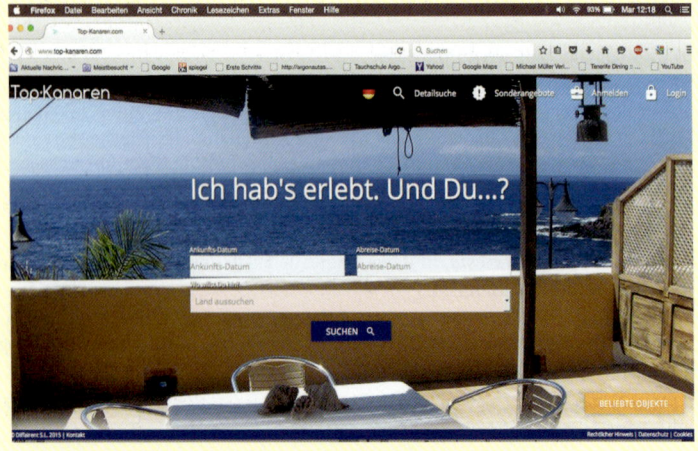

Tipps im Bereich **Westen**:

• *Casa la Muralla* in Alcalá

• *Villa Finca Angeles* und *La Villa Colmena* bei Los Gigantes

• *Finca la Mora* in Tejina/Taucho

5) www.toprural.com > Suchmaske Tenerife (nur spanisch)

Gut 40 Unterkünfte inselweit mit Besitzer-Telefon und Adresse, über die man mit *Google Maps* und *Street View* das Haus dann ausfindig machen kann; viele Fotos, Verfügbarkeit, Preisliste – z.T. mit Videos und/oder eigener *Website*.

Tipps:

• *Breveritas* • *Dos Barrancos* (➢ oben)

• *Finca El Picacho* • *Casa El Chorro*

• *Las Piedras* • *El Lance*

6) www.super-teneriffa.de

Gut gegliedert nach Regionen, Fincas oder Apartments mit/ohne Pool bzw. Wifi; die attraktiveren Häuser liegen im Norden; oft gehobenes Niveau, teurere Villen, keine exakte Lage-Angabe; ohne eigene *Websites*, nur über Agentur zu mieten.

Tipps im Bereich **Norden**:

• *Casa Dalia*, Rincon • *Casa Vista Mar* • *Finca La Luna*

• *Finca Paraiso del Norte* • *Finca Romantica*

7) www.fewo-direkt.de > Suchmaske Teneriffa

Ein Kartenausschnitt zeigt über *Google Street View* die Lage recht genau; man bucht direkt beim Besitzer, die Agentur stellt nur die *Website*; gute Angebote und Beschreibungen; stellvertretend für viele das **Vorzeige-Objekt-Nr. 765144**

Zudem: *Casa La Muralla* in Alcalá neben dem kleinen Hafen am Strand

Tipp: Gute Apartments in **Poris de Abona** am Wasser!

8) www.sonneninsel-teneriffa.de

Inselort anklicken und man erhält neben der Ortsbeschreibung eine Liste der dort angebotenen Häuser; Lagebestimmung durch zoombares Satellitenfoto (Hybrid-Version wählen!), das man anschließend über den Straßennamen mittels *Google Maps/Street View* präzisieren kann.

Nur Wochenpreise, nur über die Agentur zu mieten.

9) www.finca-selection.de

Übersichtlich sortiert nach Region, Typ, Ausstattung, Preisklassen, Personen-zahl; gute, auch große Häuser, keine Adressen; ➢ Homepage nächste Seite.

10) www.el-sur.de

Regionen anklickbar, immer mit Angabe der Meereshöhe und Entfernung zum Lokal/Laden etc.

- *Casa Uchán* bei El Amparo/Cueva del Viento
- *El Estanco Viejo* und *Casa Pino*

11) www.sonniges-teneriffa.de

Nach Regionen geordnet; keine genaue Lageangabe des Objektes; vermittelt inselweit viele gängige Häuser, die auch andere Agenturen führen.

- *Finca Madera*, romantisches Doppelhaus

12) www.entornosrurales.com (spanisch)

Gut nach Regionen geordnet; keine genaue Lageangabe des Objektes.

- *Casa Rural La Dichai* in Arico, modern, Pool, gut!
- *Casa Rural Montiel en Tenerife* in Icod de los Vinos
- *Apartamentos Vista Piscina* und *Vista Gomera*, Santiago
- *Casa Rural La Tajona*, Adeje;
- *Casa Rural La Vistita*, Guía de Isora • *Finca Rural El Estanco Viejo*
- *Casa Pino en Tenerife*, Adeje • *Finca Rural Las Dulces*
- *Casa La Cuadra*

13) www.teneriffa-traumurlaub.de

36 Angebote, Schnelldurchlauf über die Liste »Preise«; z.B. interessant:

• *Finca Playa Perla 1 & 2* in Tajao, Ortsteil La Caleta; etwas für hartgesottene Romantiker, einen Steinwurf vom Atlanik in urkanarischem Dorfumfeld.

14) www.e-domicil.de

• *Casa ICO*, La Perdoma • *Finca Garachico Casa 1*, Icod
• *Casa Rural Pepa*, Las Vegas, toll!

15) www.urlaub-anbieter.com (guter Filter)

Prima Häuser! Unter anderen:

Casa Chiquita, Finca Miguel, Casa Arcadia, Bananenfinca Dehesas,
Finca Puerta de Alcala, Finca Flores, Casa Dama, Casa Robinson.

Tipp: *Finca Casa Vieja*; privates, sehr persönlich geführtes Aparthotel auf weitläufigem Gelände bei Santa Ursula/Villa Questa; das deutsche Eigentümer-Ehepaar verwöhnt seine Gäste nach Kräften; www.casa-vieja.com.

16) www.niumba.com (spanisch)

Europaweite Ferienhausvermittlung, davon über 1.500 auf Teneriffa;
viele küstennah: > Buscar > Apartamentos Tenerife; z.B. in **San Andrés** am
Teresitas-Strand: *Apartamentos San Andrés* (#4865999)
und ein *Modernes Loft* (#1170884) mit Meerblick –
in Igueste die *Casa Papá Cacho* (#6524546).

4.5 Camping auf Teneriffa (➤ www.campings.net > Ort)

Camping ist auf Teneriffa günstig (ab €10/Nacht für 2 Personen), aber wenig komfortabel (Schatten, Größe der Stellplätze). Zwei der drei **Privatplätze** haben weder viel Platz, noch Schatten, noch Komfort. Auf den **staatlichen Zeltplätzen** campt es sich besonders komfortlos, aber ruhig in herrlichen Bergwäldern.

Wildes Zelten ist auf Teneriffa an sich verboten. Junge Canarios zelten dennoch von Mitte Juni bis Mitte September wild in abgelegenen Buchten (Taganana) oder (toleriert) neben mobilen WCs, Duschen und Müllcontainern.

Wer im Campmobil anreist, hat oft ein Surfbrett auf dem Dach und steht in El Médano tagsüber in Strandnähe oder auf dem C-Platz von El Médano, ➤ unten.

Kommerzielle Campingplätze www.teneriffaplus.de > camping

La Nauta (westlich des Südflughafens bei Las Galletas)

Der Platz liegt ruhig, aber unattraktiv: umgeben von plastiküberzogenen Bananenplantagen und (Herbst bis Frühjahr) von abgestellten Wohnwagen. Enge Stellplätze; Zelten auf freiem Feld. Winzige **Miethütten** (Tür, Fenster, 2 Betten), Pool und Beton-Tennisplätze. Zelten für 2 Personen mit Auto €15/Tag, Wohnwagen €7, Hütte €32. **Zufahrt:** Süd-Autobahn, Ausfahrt 69 (Las Galletas), Richtung Meer; hinter Guaza links in die TF 653; ℡ 922-785118; www.campingnauta.com.

El Castillo de Himeche (an der Westküste bei Guía de Isora)
Teneriffas bester Campingplatz bietet in 380 m u. NN Panoramablicke übers Meer. Mit Stellplätzen von 60-200 m² (alle von Dauermietern belegt), sauberen sanitären Anlagen und gutem Pool genügt er durchschnittlichen Ansprüchen. Holzhäuschen und Tischbänke für Zelter. Deutsche Leitung; 2 Erwachsene mit Zelt/Auto €13/Nacht; ✆ 922-693063, 686-258954; www.campingelcastillodehimeche.com.
Zufahrt: Vom Meer (TF 47) kommend folgt man ab San Juan der TF 463 bergauf in Richtung Guía de Isora und achtet auf das blau-weiße Campingsymbol (ca. 3 km). Bei Anfahrt auf der Autobahn TF 1 verlässt man sie nördlich von Guia de Isora bei Ausfahrt 93 und folgt von dort der TF 463.

Camping Municipal El Médano Montaña Roja (TITSA-Bus #470 & #438)
Mit wildem Wohnmobil-Campen an der Strandstraße macht dieser neuere öko-komfortable Zeltplatz am Fuß der *Montaña Roja* Schluss. Direkt an der TF 643 unterhalb des Südflughafens kommen bis zu 25 Wohnwagen/-mobile und 75 Zelte unter. Supermarkt, Bar/Cafeteria und Waschmaschinen; ganzjährig geöffnet, täglich 8-22 Uhr; ✆ 922-179903 & ✆ 686-225545; www.elmedanobooking.com.

Camping Municipal Punta del Hidalgo (TITSA-Bus #105)
Beim markanten Leuchtturm von Punta del Hidalgo hat diese Anlage Platz für 15 Zelte und 63 für Wohnwagen/Campmobile. Ausreichende Sanitäranlagen. Nur Juli bis September; gute Stellplätze mit Hecken, kein Sonnenschutz. Calle Los Corrales 1, ✆ 629-139203; www.campings.net > Punta del Hidalgo.

Offizielle (Picknick-)Plätze/Zonas Recreativas mit/ohne Camping

Etwas Besonderes ist das Zelten in den Wäldern unterhalb der *Cañadas* auf soge-nannten *Zonas Recreativas*, die als **Picknick- und** (großenteils auch) als **Einfach-campingplätze** dienen. Sie liegen überwiegend in Höhen zwischen 1.000 m und 2.000 m. Dort kann es sogar im Sommer nachts empfindlich kühl werden. Im Winter sind diese Plätze nur etwas für Hartgesottene. Dafür entschädigt meist ihre wunderbare landschaftliche Einbettung. Alle haben jede Menge Tischbänke und rustikale Grillöfen – oft samt geschlagenem Holz. Wasser und einfache sanitäre Anlagen sind ebenfalls vorhanden.

Wer auf einem der Plätze campen möchte, braucht eine **Reservierung/Reserva**. Online unter http://centralreservas.tenerife.es > Acampa, nur spanisch.

14 offizielle *Zonas Recreativas* – meist Picknick- oder Grillplätze – mit oder ohne *Acampada* (Campingplatz) stehen zur Verfügung:

Arenas Negras	auf 1.300 m Höhe in einem Lavafeld mit Kiefern oberhalb von Garachico bei *Montañeta* (TF 373); hervorragend, Miethütten.
Chio	in 1.600 m Höhe auf Lavakieseln in dünnem Kiefernwald an West-auffahrt in die *Cañadas* (TF 38). Oft über den Wolken. Irre Lage.
El Lagar	im Kiefernwald oberhalb von Guancha, weite Feldweg-Anfahrt, ab TF 322, tolle Lage (1.000 m).
Fuente Llano	16 km oberhalb von Arico; lichter Pinienwald, kein Service.
Fuente Pedro	bei Juan Rambla, unterhalb La Guancha, lichter Kiefernwald mit Duschen und Wasser.
La Caldera	in einem bewaldeten Krater an der nördlichen Teideauffahrt ober-halb Aguamansa (1.200 m). Wandern und Details ➤ Seite 394.

La Tahona	östlich von La Guancha. Von der TF 344 (Icod-Mirador Corona), noch vor Corona rechts ab; schattig, aber kein Service.
Las Hayas	Carretera Icod-Redondo (TF-2228); auf Zementweg 30 m bergauf, nach der *Ermita* weiter auf einem Feldweg.
Las Lajas	an der südlichen Teideauffahrt (TF 21; bei KM 58,2 nach rechts) oberhalb Vilaflor. Kiefern, Spielplatz; prima Camping über den Wolken (2.000 m), aber nur Wasser.
Las Raices	riesiger, populärer Platz im Kiefernwald an nordöstlicher Teideauffahrt TF 24, bei KM 10 noch vorm Waldlokal links (1.000 m); nur Wasser.
Los Pedregales	TF-1426 Buenavista-El Palmar. Dann Richtung Teno Alto 500 m bergauf: grüner Talblick, überdachte Tischbänke, Grill. Gute Sanitäranlagen. Schöne Stellplätze für Zelte mit Weitsicht.
San Jose de los Llanos	Von Norden: Ctra. Icod-San Jose Llanos (TF 820), von Süden: ab Santiago del Teide; Mischwald, Duschen und Wasser.
R. Caminero	Carretera La Orotava-Las Cañadas (TF-821), KM 25; Mischwald, kein Service.
Los Frailes	oberhalb Arafo (in 800 m Höhe) an der Teideauffahrt Ctra. TF 523, bei KM 5,5 links ab und man landet nach 4-5 km Asphaltweg bergauf an diesem herrlichen **Picknickplatz** (**kein Zelten**) mit langen Tischbänken, großen Grillöfen und Wasser (nicht trinkbar) unter schattigen Kiefern mit weitem Meerblick.
	Picknick- und Zeltplätze zum Anklicken auch unter: www.ventetenerife.com

Lage der Zonas Recreativas auf Teneriffa

Man erkennt hier leicht, dass die Picknick- und Campingplätze ausnahmslos an den Gebirgshängen bzw. Zufahrten rund um den Teide und im/beim Teno Gebirge angelegt wurden

Dynamische Entwicklung

Eine einspännige offene **Pferdekutsche** für 5 Personen nahm 1884 ihren täglichen Dienst zwischen Santa Cruz und La Laguna auf. 1901 wurde sie von einer **Straßenbahn** abgelöst, die bis 1957 verkehrte. Weil der Autoverkehr auf der Insel explodierte, verlegte man die Schienen wieder neu, und so fährt nun schon seit 2007 die *Tranvia* von Santa Cruz nach La Laguna und zurück. Auch eine **Zugverbindung** von Santa Cruz Richtung Süden und Norden wurde bereits angedacht, ist aber eher Zukunftsmusik. Sogar für einen **Teide-Tunnel** (Güímar–Orotava) liegt eine Expertise vor, aber Vorrang hatte bislang die mittlerweile weit vorangekommene **Ringautobahn** (*Anillo-Insular*) rund um die Insel.

5.   Transport, Internet & Literatur

5.1   Öffentliche Verkehrsmittel

TITSA-Busse (➤ Seite 57) **und** *Tranvia*-**Straßenbahn**

Sytem

Teneriffas Busnetz (**TITSA**, grün) arbeitet im Verbund mit der *Tranvia*-Straßenbahn Santa Cruz-La Laguna (*Metrotenerife*, rot).

Kosten

Bus: Einzelfahrt €1,25; Metrobereich (SC+La Laguna): €1,45
Tranvia: €1,35/Einzelfahrt, Rückfahrkarte €2,50

BonoVia-Ticket

Das *BonoVia*-Ticket gilt für Busse und *Tranvia*, ist auch zu zweit nutzbar und spart ca. 25%, ab 21 km ca. 40%. Bei jeder Fahrt vermindert sich das Guthaben entsprechend. Erhältlich ist das Ticket in Busbahnhöfen & Pressekiosken ab €15 und €25. BonoVia-Ticketinhaber zahlen in einigen Museen einen geringeren Eintrittspreis.

Zahlung

Man nennt dem Fahrer sein Ziel, zahlt bei ihm bar oder steckt das *BonoVia*-Ticket vorn im Bus in einen Automaten. Wer binnen einer Stunde umsteigt, nimmt den Rabatt mit in den Folgebus. Auf dem Ticket ist das verbleibende Guthaben gespeichert. Reicht der *Bono*-Saldo nicht, zahlt man bar nach.

TITSA-Info:

Auskunft: ✆ 922-531300 (spanisch) **Internet:** www.titsa.com TITSA-Nachtbusse und *Red del Sur* (Busse im Inselsüden), http://nuevaredsur.titsa.com.

Fahr- und Streckenpläne (auch englisch) **als pdf-Download unter** »*Tus Guaguas*« bzw. »*Your Buses*«.

Tiertransport

Seit 2016 sind auch Kleintiere (Hunde und Katzen) in maximal 60x35x35 cm großen Transport-Käfigen erlaubt.

TITSA App: Nächster Bus/*GuaguaApp* für Apple und Android.

Autobahn-Haltestellen	An etlichen Ausfahrten der Nord- und Süd-Autobahn halten die TITSA-Busse auf Wusch: Man drückt dazu im Bus-Häuschen einen Knopf, der den Busfahrern Wartende signalisiert.
	Ein Halteverbotsschild mit der Kennzeichnung »P/BUS« markiert TITSA-Bushaltestellen am Straßenrand ohne Bushäuschen.
SMS-Service	SMS an 27286 schicken; Texteingabe: TITSA mit der Nummer (gelbes Schild) der Bus-Haltestelle (€0,15 + eigene Handykosten).
Fahrpläne Lineas Turisticas	Die Abfahrtszeiten der Busse ändern sich relativ häufig. Wer die Busse benutzen möchte, vielleicht auch 'mal pünktlich sein muss (Abflug), sollte sich zur Sicherheit den aktuellen Gratisfahrplan besorgen. Jedes Touristenbüro hat das Fahrplanheft vorrätig, auch am Flughafen. Zum Download unter www.titsa.com.

Der Intercambiador in Santa Cruz

Tranvia	Die Straßenbahn *Tranvia* verkehrt – wie gesagt – von Santa Cruz zwischen dem **Intercambiador** und La Laguna.
Frequenz	Sie verkehrt von 6-24 Uhr; **Fr/Sa auch nachts (halbstündlich)**, tagsüber alle 7-10 min, So alle 15 min. Ab 21 Uhr alle 15 min, So alle 20 min. Letzte Bahn: 23.30 Uhr; www.metrotenerife.com.
Tickets/ Schwarz- fahrten	Wer die *Tranvia* benutzen möchte, kauft das Ticket vor Fahrtantritt (als Einzel- oder *BonoVia*-Ticket) im Busbahnhof, in Kiosken oder am Automaten an jeder *Tranvia*-Haltestelle (**nicht** beim Fahrer!). Entwertungs-Maschinen hängen in der Bahn; Schwarzfahren kostet bar €40, im Einzugsverfahren €400!!!
Anfahrt per Auto/Parken	Der *Intercambiador* ist auch für Autofahrer gedacht, die dort dank großer Parkkapazitäten leicht in die öffentlichen Verkehrsmittel umsteigen können. Für Bus- oder Bahnbenutzer sind jeweils 3 Stunden Parken frei; jede zusätzliche Stunde kostet €0,80 bis maximal €8/Tag.
Sant Cruz Besuch per Bus und Tranvia	• **Per *Tranvia*:** Abfahrt Meerebene, drei Stationen bis zum Plaza Weyler, dort Beginn der großen Runde, ➢ Seite 133, Punkt 15.
	• **Per Bus 914** in einer kompletten Busrunde die Innenstadt überblicken und danach (wieder ab Busbahnhof) mit Bus **921** bis zum *Hotel Mencey* und dort aussteigen, um durch den Park (➢ Karte Seite 127) zurück zum *Intercambiador* zu gelangen.
	• **Per Bus 910** alle 15 min in 25 min zum **Teresitas**-Strand.
	• **Zu Fuß** von der obersten Etage des *Intercambiador*/Kaufhaus *El Corte Inglés* Richtung Nord auf der Calle Jose Hernandes Alfonso zum **Mercado** und **TEA** (Punkte 13, 29), um von dort (über die Brücke) in die Altstadtschleife einzusteigen.
Ebenen	Der **Intercambiador** hat 5 Etagen: unten 3 Parkdecks: S2 (grün), S1 (gelb) und 0 (blau); darüber 2 Bus-Ebenen:
	- **Ebene 1** dient dem Stadtbusverkehr und den **Lineas Metropolitaneas** (Santa Cruz-La Laguna: #135 und #232-#238)
	- **Ebene 2** (auf Höhe des Kaufhauses **El Corte Ingles**) ist reserviert für **interurbane** Linien und Info-Büros (TITSA, Touristen).

5

Tranvia-Ebene	**Auf Höhe der Parkebene 0** befinden sich auch die ***Tranvia*-End-station**, private **Bus-Zubringer zu den Fähren** nach Los Cristianos, ein **Taxistand** und **Kioske**, die *BonoVia*-**Tickets** verkaufen.

Vis-a-vis der Parkreihe 7 stehen Automaten, in die man das Park-Ticket steckt und danach die soeben benutzte *Tranvia/Bonovia*-Karte in den kleineren Automaten links daneben – die reduzierte Parkgebühr (➢ vorhergehende Seite Mitte) wird dann von der *BonoVia*-Karte abgebucht.

Radfahrer	**Biker können ihr Rad in der *Tranvia* mitnehmen!**

Stationen der Straßenbahn-Linie 1 (Santa Cruz-La Laguna)

➢ auch die Karten auf den Seiten 127, 148, 152

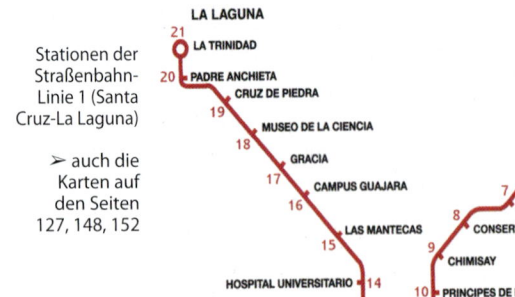

Taxis

Taxi-Stände
Lokale Taxirufe (kaum deutsch) – **vorweg jeweils 922**:

Santa Cruz	615111 & 621313 & 212233		
La Laguna	264050 & 310050 & 253677		
Puerto de la Cruz	386869 & 380190 & 385818		

Las Americas	715407	Candelaria	500190
Los Cristianos	790352	La Orotava	323737
Arona	795414	Los Realejos	340862
El Medano	177157	Icod	810659
Flughafen Süd	397074	Buenavista	814180
Flughafen Nord	255010	Punta Hidalgo	540096
Granadilla	390924	Tejina	540096

5.2   Motorrad- und Fahrrad-/Bikeverleih

Motorräder/Scooter (➤ auch Seite 61)

Preisbeispiele (inkl.Versicherung und Steuern):
Scooter 50 €30; *Scooter 125* €70 (ab 1 Woche Mietdauer)
Mit mehr als 250 ccm ab €80.

- *Canarymoto*, Calle El Horno 24, **Playa Paraiso**, ab 125 ccm; Mindestmiete 3 Tage; 3% Rabatt bei online-Buchung; ✆ 619-628685 und ✆ (+49) 170-2343460; www.canarymoto.de.
- **Las Americas/Costa Adeje**: Motorrad/Mofa/Quad-Vermietung oberhalb *Hotel Park Troya* im **Centro Comercial SURF**, ✆ 922-796244; www.rentamototenerife.es
- **Puerto de la Cruz**, Avda Colon, *Hotel Las Vegas*; Motorräder, Quads, Scooter, ✆ 655-598419.
- **Santa Cruz**: *Supermercado Motorista*, Calle Iriarte 28 (zwischen Plaza Weyler und Calle Ramon y Cajal); Werkstatt und Verkauf, kein Verleih, ✆ 922-243154.

Touren
- **Organisierte Touren** bietet *moto-sol*: ein- oder mehrtägige Trips mit Servicewagen fürs Gepäck, Picknicks etc. (auch Scooter); ✆ 922 363846 und ✆ 610-681581; www.moto-sol.de
- **Buchung in Deutschland** (Osterode/Harz): www.teneriffa-on-bike.de, ✆ 05522-4767

Fahrräder/Bikes
- **Santa Cruz/La Laguna**
  Kit Cars 43, Calle Alfonso Garcia Ramos 8, ✆ 922-656254, *Arguedas Rizzo*, ✆ 922-276349
- **El Médano**
  Bike Point, Calle Villa de la Orotava, ✆ 922-176273; www.bikepointtenerife.com/de
  Jürgen Tiltmann, ✆ 922-700686, (auch Puerto: ✆ 922-383500)
- **Los Cristianos**
  Bicisport, Calle Montana Chica, ✆ 922-751829
- **Las Américas**:
  Diga-Sports, Avda Rafael Puig 23, ✆ 922 793009; www.diga-sports.de
  Bike Point, Avda Quinto Centenario, Edificio las Terrazas, ✆ 922-750485, www.bikepointtenerife.com/de
  Rafting Bike (im Kleinbus auf 2000 m Höhe und per Rad über Vilaflor 35 km bergab, ✆ 922-713030), www.raftingbike.com

Fahrräder
- **La Orotava**
  Tenerife Training & Cycling Tours, ✆ 922-331191
- **Puerto de la Cruz**
  Mountainbike Active (auch geführte Touren und Insel-Hopping Teneriffa/El Hierro), Calle Puerto Viejo 44, *Edificio Don Juan*; ✆ 922 376 081; www.mtb-active.com

5.3 _____ Teneriffa im Internet (mit La Gomera)

_____ **Allgemeine Websites zu Teneriffa**

- todotenerife.es (D) ist zwar eine *Website* der Inselregierung (*Cabildo*), aber Vorsicht: viele Daten (z.B. Restaurants und z.T. auch Unterkünfte) sind überholt. Informative und aktuelle Kapitel: Aktivitäten, Freizeit, Veranstaltungen und unter >Tourismus die Liste der Auskunftsbüros.

- www.webtenerife.de ist eine offizielle Tourismus-*Website*. Dort erhält man unter >Karten sehr gute Karten als PDF-Download (Straßennetz: *carreteras* – mit Straßen-Nummer und KM-Stein-Angabe). Zudem Infos und Fotos zu den größeren Städten, dem Nationalpark Teide, von 26 Inselstränden (*Playas*), sowie einen Fahrplan der touristischen Linien der TITSA-Busse.

- www.tenerife.es und www.auswandern.com bieten in erster Linie Informationen für Residenten, Immigranten, Studenten und Firmen: Infos über Behörden und Dienstwege, Stipendien und Jobsuche – bis hin zu allen Insel-Bilbliotheken.

- www.portal-de-canarias.com >Teneriffa, kommerziell aber informativ; nach den wichtigsten Schlagworten geordnet: Gute Karten, Klima, Strandwetter, Freizeit-Angebote, Sport und Spaß, Städte und Orte, Kultur.

- institutum-canarium.org; die Wiener Forschungsgesellschaft befasst sich mit kanarischer Kultur, Historie, Archäologie, Soziologie, Guanchen, Ethnologie, Geologie, Biologie und Tourismus; Bibliografie und Kanaren-Links.

- carlos-mueller.de; Geschichte der Kanaren, viele Links

- spanien.diplo.de; Deutsches Konsulat auf Gran Canaria

- inselteneriffa.com; Inselüberblick, gut sortiert, 5400 Fotos

- super-teneriffa.de; informativer Überblick

Veranstaltungen

- auditoriodetenerife.com; ➤ auch Seiten 137f

- larevistadecanarias.com; Veranstaltungs-Kalender, inselweit.

- canarybynight.net; Lokale, Bars, Discos

Regierung und Verwaltung

- gobcan.es; Regierungsseite der Kanaren

- canarias.es; Sport, Gastro, etc., gut sortiert nach Insel

- ayuntamiento.es >Tenerife; alle Insel-Rathäuser

- sctfe.es; das Hauptstadt-Portal Teneriffas

- santacruzmas.com, Santa Cruz

- costa-adeje.es; Freizeit, Strände, Stadtplan

- arona.travel; Arona
- puertodelacruz.es; Puerto de la Cruz
- aytolaguna.com; La Laguna
- villadelaorotava.org; La Orotava

Universität La Laguna
- ull.es; Semesterpläne, Sprachkurse der Uni
- librerialemus.com; Uni-Bücherei Lemus

Gomera im Internet
- lagomera.travel/kanarische-inseln/la-gomera/de;
  offizielle Gomera-Seite
- lagomera.de

Spezielle Websites nach Themen
Umwelt/Natur/Wandern
- pateatusmontes.com; Spanischer Sportclub
- dav-summit-club.de; Deutscher Alpenverein, Inselwanderungen
- ign.es; Geologie, Vulkanismus
- gobiernodecanarias.org/medioambiente/piac;
  Geologie/ Botanik, Flora-/Fauna-Fotothek, staatliches
  Camping und einiges mehr
- m-e-e-r.de; *Whalewatch* ➤ Seiten 255ff
- descente-canyon.com, Klettern,Canyoning
- tenerife-adventure.com
- anagaatrapies.com; geführte Wanderungen
- volcanolife.com; organisierte (Vulkan-)Ausflüge
- dixkover.com; Kanaren-Freizeit-Angebote

Kanarische Fischwelt
- pescabase.org

Kanarische Pflanzenwelt
- floradecanarias.com

Umwelt-Organisationen
- www.ecologistasenaccion.org
- atan.org

Segeln, Surfen
- tablademareas.com > Canarias
- windfinder.com
- muchoviento.net; präzise Windvorhersage (Surfer/Segler)

Karneval
- carnavaldetenerife.com

5

Vermietungen/Buchungen (➤ Seite 574ff)

El Tiempo/Wettervorhersage für Teneriffa

- aemet.es; spanisches Wetteramt
- eltiempo.es; TV-Wetter
- iac.es; Teide Observatorium
- wetter.de >Reisen >Strand >Teneriffa

Web-Cameras

- skylinewebcams.com > Spanien
- webcamgalore.com
- webcamgalore.com
- teneriffa-webcams.de

Printmedien, deutschsprachig

- www.wochenblatt.es
- kanarenexpress.com
- noticias7.eu; deutschsprachiges digitales Magazin

Printmedien, kanarische

- laopinion.com; links-liberal
- diariodeavisos.com; in der Mitte
- eldia.es; konservativ, kanarisch-nationalistisch

Parks, Attraktionen, Museen

- loroparque.com; Papagei- und Tierpark in Puerto Cruz
- siampark.net; größter Wasser-Vergnügungspark
- museosdetenerife.org

Land-, Straßen-, Wanderkarten (➤ auch Seite 604)

- tenerife.es > Deutsch > Reiseziel Teneriffa > Mobil auf Teneriffa > Landstraßen > PDF-Straßenplan von Teneriffa
- grafcan.com
- kompass.at
- atlastenerife.es
- outdooractive.com > Suchmaske: Teneriffa

Golf

- teneriffa-golfplaetze.de
- tenerifegolf-services.com
- golfcostaadeje.com
- golfdelsur.es
- golflasamericas.com/de
- golf-in-tenerife.com

Tauchen

- buceotenerife.com

- tauchenteneriffa.net
- tauchen-auf-teneriffa.com
- atlantik-tauchen.de
- landive.es

Radiosendungen (D)

- megawelle.radio.de; 88.3 – 103.7 – 104.7
- radio-europa.fm; im Norden 89,6 FM, im Süden 87,9 FM

Verkehr

- Fähren: fredolsen.com, trasmediterranea.es und navieraarmas.com
- Busse: titsa.com, nuevaredsur.titsa.com
- Flüge: aena.es >TF; Flugauskunft, Flugpläne, aktuelle Flugverspätungen

Sonstiges/Allgemeines

Statistikdaten über Teneriffa:

- cabtfe.es/bancodatos; *Cabildo*/Kanarische Verwaltung
- gobiernodecanarias.org/istac; *Gobierno de Tenerife*/Inselregierung
- ine.es; INE (Internationales Statistikinstitut)
- paginas-amarillas.es; Branchentelefone
- paginasblancas.es; Telefonbücher
- teneriffa.de
- insulae-fortunatae.de; Geologie, Geschichte, Öko-System
- productosdetenerife.info; Kanaren-Produkte (Sp,E,D)
- kanarische-lebensart.net; kanarische Produkte in Deutschland
- tienda.tucanarias.com
- teneriferural.org

Spezielle Teneriffa-Apps

Globale (Wander-)Karten-Apps, wie *EveryTrail Pro*, *GPSies*, *View Ranger*, aber auch www.wifimundo.com und www.mobile-street maps.com sind auf Teneriffa nützlich: mit/ohne GPS, Routenberechnung, bis hin zu POIs und Links zu Wetter, Restaurants und mehr. GPS-Scout mit einer Karte gratis.

Für Teneriffa sind manche Apps recht oberflächlich, selbst bzw. insbesondere die offiziellen. Mit Kartenwerk (mit/ohne GPS, auch offline) sind sie aber meist hilfreich, empfehlenswert auf jeden Fall für Aktiv-Urlauber.

Hier eine kleine Auswahl zunächst von **iOS-Apps (iPhone)**:

- *GPSies*; fantastisch! Präzise Wanderrouten mit Höhenprofil, GPS-Daten und allen notwendigen Daten; Links zum aktuellen Wetter etc.

5

- **wifimundo.com**; bisher umfassendste App (gratis) über die Insel; übersichtlich, viele Fotos (Strände, Bars, Wifi-Zonen etc.)
- **Tourias**; gratis; Führer: Rubriken, Karten-Routenberechnung
- **Navigon**; €9,99; Schwäche in den Hanglagen der Nordküste
- **Watersports/IslasEx**; gratis; (Kite-)Surfen, Tauchen, Segeln
- **The Canary Way of Surf**; Tipps für alle Surfarten (Board, Body, Stand-up, Kite, Wind) auf allen Kanareninseln *(iTunes & Google*, gratis),
- **Tenerife Street Map**; sehr präzise Routenberechnung
- **Teneriffa (iLands)**; Basisinfos zu Freizeit/Sport, Ärzten
- **GuanApp**; Speisen, Lage/Zeiten, Telefon
- **TNR Teneriffa**, *die Offline Karte*, sehr detailliert
- **TenerifeCam**; gratis; 15 Cams, 10sec-Stream: Verkehr, Strände, Orte
- **Golf Canarias**; gratis; alles was man braucht – außer Ball und Schläger
- **Slovoed compact/deluxe**; ab €14,99; Wörterbuch spanisch/deutsch und umgekehrt
- **PONS**; diverse Wörterbücher von gratis bis €34,99

Die 20 besten **Android Reise-Apps** findet man unter:
www.pcwelt.de/ratgeber/die-20-besten-Android-Apps-fuer-den-Urlaub-5110373.html

Seltene Kombination von moderner Kunst und praktischem Nutzen an der Playa de las Américas

5.4   Ausgewählte Literatur und Karten

Spezielle spanische Literatur, die man nicht beim heimischen Buchhändler um die Ecke oder im Internet findet, kann man auf Teneriffa auch in einer der deutschen Buchhandlungen bestellen:

- *Mundo del Mapa*, Calle San Felipe 12, **Puerto de la Cruz**
- *Librería Bárbara*« in **Los Cristianos**, Calle Juan Pablo Abril 6 (in der Haupt-Fußgängerzone)
- *Lemus* in der Universitätsstadt La Laguna, Calle Heraclio Sánchez 64, www.librerialemus.com

Allgemein (Spanisch)

- *Pedro Hernández Hernández* (Hsg), »**Natura y Cultura de Islas Canarias**«, La Laguna/Teneriffa

Sehr informative kanarische Enzyklopädie. Über Geographie, Natur, Guanchen, Geschichte, Kunst, Flora und Fauna bis hin zur aktuellen sozioökonomische Situation des Archipels. Reich bebildert, viele Tabellen. Dickes Handbuch (700 Seiten) für den wissbegierigen und sprachkundigen Kanaren-Fan.

- *Pedro Hernández Hernández* (Hsg), »**Conocer Canarias - Mil preguntas y respuestas para disfrutar**«

Nach dem amerikanischen FAQ-Muster wurden 1000 häufige/interessiernde Fragen kapitelweise für die Kanaren zusammengestellt. So erhält man kurze und knappe Antworten über das Wesentliche. Das Nachschlagen wird spannend gehalten. Reich an Bildern, Karten und Tabellen.

- *Centro de la Cultura popular canaria* (Hsg), »**La Enciclopedia de Canarias**«, Teneriffa und Gran Canaria

Wer plant, ggf. auf dem Archipel zu leben, schon dort wohnt oder immer wieder kommen möchte, wird irgendwann diesen dicken Schinken in sein Regal stellen. Die Koryphäen der Kanaren gehen umfassend auf alle Aspekte von Staat und Gesellschaft, Natur und Geschichte ein. Mit ausführlicher Bibliographie.

- *Ángeles Violán* und *Rafael Arozarena*: »**Galerie der kanarischen Volksbräuche**«, Zech Verlag, Teneriffa 2006, ISBN 978-8-493310-89-9, Originaltitel: »**Guía naíf de costumbres canarias**«

Kanarische Volkskultur im Spiegel der naiven Malerei. Die wichtigsten kanarischen Sitten und Gebräuche werden in 45 Bildern detail- und originalgetreu nachgezeichnet. Kurze Begleittexte erläutern die einzelnen Volkssitten und ihre Hintergründe. Mit Beiträgen des kanarischen Schriftstellers *Rafael Arozarena* (Kanarischer Literaturpreis). Anspruchsvolle Kunst und Literatur, die gebundene Ausgabe kostet €22,90.

- *Joachim Hüppe, R. Pott, Wolfredo Wildpret de la Torre*: »**Die Kanarischen Inseln:** Natur- und Kulturlandschaften«; Ulmer Verlag Stuttgart 2003, 320 Seiten, €40. ISBN 978-3800132843.

5

Drei Biologen zeichnen ein Porträt des Archipels. Auf hohem Niveau, aber gut lesbar, werden u.a. behandelt: Vulkanische Entstehung, Öko- und Wassersysteme, die Nationalparks und – extensiv – die Flora. Mit ausführlicher (wissenschaftlicher) Bibliographie und über 300 Fotos und Graphiken.

Thematisch geordnete Empfehlungen

Geschichte (empfohlen von *Verena Zech*, Teneriffa)

• *Horst Uden*: »**Der König von Taoro. Historischer Roman der Eroberung Teneriffas**«, Zech Verlag Teneriffa, 5. Auflage 2003, ISBN 978-84-9331084-4, 312 Seiten.

Dieser historische Roman vermittelt die Eroberungsgeschichte Teneriffas und liefert viele Informationen über die kanarischen Ureinwohner, die Guanchen. Zudem erfährt man viel über Mythen, Legenden und den Ursprung verschiedener Orte. Etwas altmodische Sprache (erstmals 1941 erschienen), aber ein Klassiker unter den Kanaren-Büchern.

• *Harald Braem*: »**Tanausú, König der Guanchen**«, Zech Verlag Teneriffa, 3. Aufl. 2003, 978-84-933108-0-6, 312 Seiten.

Unterhaltungsroman zur Geschichte der Eroberung der Insel La Palma und ihren letzten Guanchen-König Tanausú. Kanaren-Forscher Braem hat in diesem Buch sein profundes Wissen über die magische Welt der Guanchen verarbeitet. Religiöse Überzeugungen, Rituale und Kultplätze, Gesellschaftsordnung etc.

• *José. M Castellano Gil* und *Francisco J. Macías Martín*: »**Die Geschichte der Kanarischen Inseln**«, *Centro de la Cultura Popular Canaria*, antiquarisch.

Überblicksartige Darstellung der kanarischen Geschichte von der vorspanischen Zeit bis zur Gegenwart.

• *Lisa Blome*: »**Die schönsten Sagen und Legenden der kanarischen Inseln**«; nur noch antiquarisch, ISBN 978-84-8101-578-2.

Einblicke in Aberglauben, Brauchtum, Traditionen und Wertvorstellungen der Inselbewohner.

• *Alfred Gebauer*: »**Alexander von Humboldt – Seine Woche auf Teneriffa**« 1799. ISBN 978-84-934857-6-4, Zech-Verlag, Santa Ursula/Teneriffa 2009, 204 Seiten, www.zech-verlag.com.

Vulkanismus

• *Walter Hähnel*: »**Geologie und Vulkanismus von Teneriffa - Das Innere der Erde und das Äußere der Insel**«, antiquarisch

Wer sich in die Erdgeschichte Teneriffas einlesen will, findet mit diesem Titel ein fundiertes Werk. Eine Einführung in Geologie, Vulkanismus und Entstehung der Kanaren geht den inselspezifischen Kapiteln voraus. Mit geologischer Formationstabelle und kleinem Lexikon. In Insel-Büchereien erhältlich.

• *Hans-Ulrich Schmincke*: »**Vulkanismus**«, Wissenschaftliche Buchgesellschaft, Darmstadt, 4. Auflage 2015, gebunden

Auf 264 Seiten eine reich bebilderte, wissenschaftliche Darstellung des Vulkanismus. Das Buch geht in einigen Abschnitten auf die kanarischen Inseln ein und arbeitet die Unterschiede bzw. Ähnlichkeiten zwischen Hawaii und den Kanaren heraus.

• *Vicente Arana, Juan C. Carracedo*: »**Los Volcanes de las Islas Canarias**«, Bd I Tenerife (mit engl. Übersetzung), antiquarisch.

Viele Fotos und Zeichnungen zeigen vulkanische Materialien und Strukturen im Allgemeinen und speziell auf der Insel. Der letzte Teil informiert über die geologischen Auswirkungen auf Wirtschaft und Gesellschaft Teneriffas. Auf der Insel erhältlich.

Pflanzen (und Tiere)

• *Hermann Schmidt*, »**Pflanzen auf Teneriffa**«, Basilisken-Presse, 2. Auflage Marburg/Lahn 1997, antiquarisch

Das Fachbuchangebot über die Inselvegetation ist groß; Schmidts Werk gilt als **Klassiker für die tinerfeñische Flora**.

• *David Bramwell* & *Zoe I. Bramwell*: »**Historia Natural de las Islas Canarias - Guia Basica**«, *Editorial Rueda*, antiquarisch

Diese umfassende Naturgeschichte des Archipels führt auf den ersten 20 Seiten in die kanarischen Biosphären an der Küste, den unteren und oberen Berghängen, sowie die Waldzonen ein.

Anschließend wird die gesamte kanarische Flora und Fauna (einschließlich der Meerestiere) in Zeichnungen oder Fotos mit Kurzbeschreibungen aufgelistet. Trotz der Fachbegriffe ist das Buch auch ohne besondere Spanischkenntnisse verständlich; Nachteil: nur mit lateinischer und spanischer Nomenklatur.

• *David Bramwell, Zoe I. Bramwell* u.a.: »**Wild Flowers of the Canary Islands**«, *Editoriál Rueda*, Madrid, 2. Auflage 2001.

• *Myrtle* & *Philip Ashmole*: »**Natural History Excursions in Tenerife, A Guide to the Countryside, Plants and Animals**«, *Kidston Mill Press* 1989, antiquarisch, nur noch schwer zu bekommen..

Viele Pflanzen und Tiere werden neben Ausflügen zu deren Beobachtung kurz beschrieben. Für den biologisch und zoologisch Interessierten; ohne bunte Bilder. Nur auf Englisch.

• *Peter* & *Inge Schönfelder*: »**Die Kosmos-Kanarenflora**«; 850 Arten der Kanarenflora und 48 tropische Ziergehölze, präzise und umfassend; Kosmos Vlg., Stuttgart 2012, 318 Seiten, €35.

Zwei Klassiker sind

• *Dieter Lüpnitz*: »**Kanarische Inseln - Florenvielfalt auf engem Raum**« Sonderheft 23, Palmengarten Stadt Frankfurt/M 1995.

• *Günther Kunkel*: »**Die Kanarischen Inseln und ihre Pflanzenwelt**«, Stuttgart 1993, antiquarisch.

Vögel

- *Eduardo Garcia del Rey*: »**Where to watch birds in Tenerife**«, *Turquesa Edicione*s, Santa Cruz 2000, ISBN 978-8495412072. Ein kompetenter ornithologischer Führer mit 67 Detailkarten erläutert und beschreibt, wann wo was warum zwitschert.
- *Tony Sánchez*: »**Aves**«, ISBN 978-8472071360, viele Fotos, €45

Fische

- Wer Appetit auf Tintenfische hat, liest *Mark Normanns* »**Tinten-fisch Führer**« (800 Fotos!), Jahr Verlag, ISBN 978-3861325062, nur noch antiquarisch ab €72
- *Johannes Schmid*: **Spanische Fischküche** – Gerichte mit Geschichte aus Spanien und dem Mittelmeerraum, Vlg. Jenior, 280 Seiten, Kassel 2002, € 14, ISBN 978-3934377332; **grandios!**
- *Alberto Brito* u.a.: »**Peces de las Islas Canarias – Catálogo comentado y ilustrado**«, *F. Lemus Editor*, Teneriffa; €29; mit 443 Hochglanzfotos der über 600 Arten
- *Otto E. Wieghardt*: »**Fische des Atlantischen Ozeans im Bereich der kanarischen Inseln**«, mit Kochrezepten, als PDF-Download: www.ottoewieghardt.de/start.htm

Segeln

- *Klaus Rhein:* »**Die kanarischen Inseln und Madeira - Pläne und Fotos von Häfen und Ankerplätzen**«, Edition Maritim (Nautische Reiseführer), 3. Auflage Hamburg 1999.
- *Jimmy Cornell:* »**Atlantische Inseln – Revierführer**«, Stuttgart 1999, selten antiquarisch, ab €98.

Hochseefischen

- »**Big Game – Erfolgreich Angeln**«, Heft 18, Jahr-Verlag

Tauchen

- *Sergio Hanquet*: »**Bucear en Canarias**«/«**Diving in Canaries**«, Arona/Tenerife 2000, umfassend (nur span/engl), €29.
- *Martin Majewski*: »**Tauchguide Teneriffa: Tauchen auf Teneriffa**«, ISBN 978-3735778116, *Books on Demand* 2016, 104 Seiten, €24.
- *Peter Wirtz*: **Unterwasserführer/Fische – Madeira, Kanaren und Azoren**; ISBN 978-393976737-4; 156 Seiten, €32, Meeresfauna-Bestimmung

Radfahren

- *Wolfgang Taschner, Michael Reimer*: **Radtouren-Spezial, kanarische Inseln**; Hayit Verlag Köln, 120 Seiten, €5, antiquarisch.
- *Andreas Haas*: **Mountainbiking Teneriffa**; Meyer & Meyer Sport, ISBN 978-3891244388, 224 Seiten.

_____ **Sonstige Themen**

Auswandern, Krimis

- Sören Constantin: »**Kanarische Inseln – Ihre zweite Heimat**«, Pietsch-Verlag, Stuttgart 1. Auflage 2001, 224 Seiten.
  Alles über den Alltag auf den Kanaren; von der Miete über den spanischen TÜV bis zum Immobilienkauf.

- _Irene Börjes_: »**Tod am Teide**«, Zech Verlag, Teneriffa 2006, ISBN 978-84-934857-0-2, 216 Seiten.
  Die Autorin schildert Freud und Leid des Reiseleiteralltags und karikiert dabei den typisch deutschen Urlauber. Der Leser, bei den Gruppen-Ausflügen immer mit dabei, erfährt viel über die Insel, die _Canarios_, ihre Kultur und Lebensart, Sitten und Gebräuche, über Geologie, Vulkanismus, Flora und Fauna. Auch Insider-Geschichten kommen nicht zu kurz. Flott geschriebener, unterhaltsamer Krimi, gut geeignet als Strandlektüre.

- _Harald Braem_: »**Der Vulkanteufel**«. Kanaren-Thriller: »Urlaub machen, Arbeit und Alltag vergessen - das wollte ein Bibliothekar auf den Kanaren. Doch dann ereignen sich rätselhafte Unfälle und Selbstmorde ...«. Zech Verlag, Teneriffa 2010, ISBN 978-84-934857-2-6, 384 Seiten, € 22,90.

Wanderführer

- _Frank R. Scheck_ »**Wandern auf Teneriffa**«; 35 Touren und gute Karten; ISBN 978-3770153015, DumontAktiv 2011.

- _Peter Mertz_: »**Bruckmanns Wanderführer Teneriffa**«, 19 Wanderungen mit Flora und Fauna, Einkehrmöglichkeiten. Mit separaten Wegbeschreibungen für die Jackentasche, Bruckmann 2011, ISBN 978-3765459146, € 13.

- _Klaus und Anette Wolfsperger_: »**Teneriffa - die schönsten Tal- und Höhenwanderungen**«, Rother, München 1999

- »**Guia de Senderos Tenerife**« (Spanisch), _Gobierno de Canarias_, Medioambiente, 1. Auflage 12/1995, 420 Seiten.

- Hsg. ist die Naturschutzbehörde (_Medio Ambiente_): »**Senderos de Canarias**« **auf CD-ROM**: 104 per Satellit fotografierte Wanderrouten auf den Kanaren mit span. Weg-, Flora- und Fauna-Beschreibung, € 30; zu beziehen bei _Lemus_ in La Laguna, Calle Heraclio Sanchez 64, ☎ 922-251145.

Führer für die staatlichen Picknick- und Campplätze

- »**GUIA – Canaria de Equipamientos en la Naturaleza**«, Hsg. _Medio Ambiente_ (Umweltbehörde) der Kanarischen Regierung (_Gobierno de Canarias_), 200 Seiten. Insel für Insel werden Seite für Seite die kanarischen Besucherzentren, Picknick- und Campingplätze (mit Foto, Lage, Zufahrt und Telefon) aufgelistet. Durch die tabellarische Systematik auch ohne Spanischkenntnisse ein Tipp für Camper, Picknicker und Wandergruppen.

5

Landkarten, ➤ auch Seite 596

Das Straßennetz vor allem an mittleren Hängen der Nordküste ist verwirrend engmaschig und die Streckenführung oft unübersichtlich. Die Land- und Nebenstraßen-Nummerierung wurde wiederholt geändert und viele Hausnummern lauten »s/n« (sin número, ohne Nummer).

Straßen- und Ausfahrt- numme- rierung

Die Teneriffa-Kartenwerke haben allesamt Vorzüge und Nachteile. Ältere, aber immer noch teilweise im Handel erhältliche Exemplare weisen zum großen Teil Unstimmigkeiten bei der Straßennummerierung und den Nummern der Autobahnausfahrten auf. Nicht recht erklärlich sind auch die Unterschiede bei der Betonung von Ortschaften. Kleinste Dörfer erscheinen manchmal im Fettdruck, auf anderen Karten korrekt klein und fehlen wiederum anderswo ganz, während größere Orte in Ballungsgebieten auf einigen Karten kaum auszumachen sind.

Separate Karte

Diesem Reiseführer liegt eine Karte bei, die den meisten Urlaubern für Ausflüge über die Insel – außer auf kleinen Nebenstrecken – ausreichend gute Dienste leisten dürfte.

Gut ist das

• **Michelin-Blatt Nr. 222** Teneriffa (mit La Gomera und La Palma); besser sind die

• Wander/Radkarten von **Kompass**, www.kompass.de.

Wer es genau wissen will, kauft die etwas unhandliche Karte von

• **freytag & berndt** (1:50.000) mit Höhenlinien und auch Wanderwegen (ISBN 978-3707910612, €10,90).

Digital hilft www.callejero.net bei der Straßensuche in Orten

Straßenkarte Teneriffa von RKH

Die **Teneriffa-Karte von Reise Know-How** (1:120.000) verzeichnet die aktuelle Straßennummerierung. Auch wegen ihrer Handlichkeit (90x72cm) ist sie für Autofahrer eine gute Wahl, ISBN 978-3831770250, antiquarisch €8.

Wanderkarten

Gute Wanderkarten (*Mapas Topográficos Nacional de España*: für Teneriffa 23 Blätter im **Maßstab 1:25.000**) kamen erst vor einigen Jahren auf den Markt und lösten die alten Militärkarten endlich ab. Mit Höhenlinien in 50 m-Schritten und ausführlicher Legende. Erhältlich in Santa Cruz z.B. in der *Librería La Isla*; Vertrieb: *Centro Nacional de Información Geográfica* (CNIG), www.ign.es

1:10.000

Wer es noch genauer wissen will, wendet sich an das Kartografische Institut in Santa Cruz, Calle Panama 34 Naves 8 y 9 (*Polígono Costa Sur*), ✆ 922-237860, www.grafcan.com. Dort findet man Teneriffa auf **62 Messtischblättern** (1:10.000).

Navi

Wer sich auf Teneriffa lieber auf ein Navi verlassen möchte, ein eigenes oder vom Autovermieter (ab ca. €5/Tag) kommt fast, aber nicht überall ohne Karte aus. Ein Problem sind dabei auch die korrekten spanischsprachigen Zieleingaben. **Smartphone-Navis** sind nur o.k., solange sie ein Netz finden. Das klappt auf Teneriffa nicht überall, speziell nicht im Anaga- und Tenogebirge.

Bildnachweis

Hans-R. Grundmann/Westerstede:
18, 20, 25, 30, 33, 35, 37, 41, 44, 49, 56, 57, 58, 61, 62, 85, 99, 101, 108, 116, 121, 125, 133, 161, 190/191, 193, 195, 196, 208, 210, 211, 212, 218, 220, 222, 223, 226, 227, 231, 235, 240, 242, 243, 244, 245, 247, 253, 254, 271, 272, 273, 274, 276, 281, 285, 296, 301, 307, 314, 317, 350, 360, 363, 365, 380, 409, 413, 416, 428, 430, 461, 513, 532, 549, 555, 564, 598, 605

©**istockphoto.com** (Seite Fotograf)

10/11 Nanisimova	177 santirf	339 RossHelen
16 amajsen	187 satura86	347 Cameris
28 Khrizmo	202 DaLiu	352 Sasha54f
38 tupungato	206/207 TPopova	353 pkazmierczak
39 deepblue4you	229 slava296	355 FlavioVallenari
48 herraez	239rechts Charles03	361 Charles03
87 littleclie	256 PBfo	376 urf
107 slava296	257 Robert Schneider	378 jroballo
111 KarSol	258 RossHelen	379oben urf
114/115 RicoK69	263 traumschön	381 HorstGerlach
120 tamara_kulikova	283 hsvrs	389 sara_winter
129 villorejo	306 neirfy	390/391 tupungato
136 Oleg_Ivanov	308 matthes	404 compass
144 DaLiu	319 eska2005	429, 431 tupungato
151 master2	322 villarejo	491 Charles03
154 herraez	324 manvolste	517, 573 argalis
155, 156 MarKord	326 Ingenui	620 Angelika
163 Lindrik	327 LUNAMARINA	

Götz Kampmann/Teneriffa: Seiten 364, 396, 459
Dr. Lothar Mayring/Ulm: Seiten 468, 469, 510, 511, 512
Christoph Mersmann/Teneriffa:
Seiten 98, 118, 135, 142, 158, 167, 170, 172 unten, 173, 174/175, 176, 178, 181, 182/183, 185, 186, 239 links, 334, 402, 503, 527, 565, 570, 574
NASA USA: ISS 025 E11711 auf Seite 417 und 447
Siam Park/Teneriffa: Seiten 251, 252
Hermann Schmidt/Nürnberg: Seiten 171, 282, 453, 455, 461, 463, 464 (2), 465
Werner Schmidt/Oldenburg: 250, 266, 310 beide, 415, 418, 422, 423, 424, 425, 432/33, 438, 458, 460, 467, 492

Alle weiteren Fotos: Eyke Berghahn/Teneriffa und **Ursula Schulz-Favero**/Rom

ISBN 978-3-89662-742-1

Hans-R. Grundmann, Isabel Synnatschke

USA der ganze Westen

Der Westen der USA lockt nicht nur mit Highlights wie San Francisco und Los Angeles, Grand Canyon und Yellowstone Park, Las Vegas und dem Wilden Westen. Grandiose Landschaften und Naturwunder, präkolumbische Relikte und Indianerkultur, wildromantische Küsten, glasklare Seen und Flüsse machen das Reisen auch abseits der üblichen Pfade zum Erlebnis.

21. Auflage 2017 · 836 Seiten · € 26,50

ISBN 978-3-89662-292-1

Grundmann, Synnatschke, Hundt

Kalifornien mit Las Vegas

Dieser Individual-Reiseführer konzentriert sich auf Süd- und Zentral-Kalifornien. Denn: Man muss für eine abwechslungsreiche Amerikareise nicht unbedingt durch alle Südweststaaten düsen. Allein der in diesem Buch intensiv behandelte Teil Kaliforniens zwischen San Francisco/Lake Tahoe/Reno und der mexikanischen Grenze liefert attraktive Routen und Ziele für mehrwöchige Touren.

2. Auflage 2016 · 644 Seiten · € 23,50

ISBN 978-3-89662-296-9

Hans-R. Grundmann, Bernd Wagner

Florida

Wer seinen Urlaub im amerikanischen Sunshine-State individuell gestalten möchte, der liegt mit diesem Reiseführer richtig: Sowohl populäre als auch weniger bekannte Sehenswürdigkeiten und Urlaubsziele werden hier beschrieben. Vorschläge für touristisch ansprechende Reiserouten ermöglichen es, Florida auf eigene Faust zu entdecken.

Mit Atlanta, Charleston, New Orleans!

7. Auflage 2016 · 504 Seiten · € 22,50

Entdecken Sie die Inseln!

ISBN 978-3-89662-743-8

Hans-R. Grundmann

Reise Know-How **Bestseller**

Mallorca

Handbuch für den optimalen Urlaub

+ zwei Beileger – je 60 Seiten:
»Natur & Wandern«
»Optimal unterkommen«

Unser Bestseller!

Drei Beileger!

24. Auflage 2017!

524 Seiten!

Ein praktisch orientierter Reiseführer für Entdecker und Mallorcafans mit Komp

Mallorca – Hans-R. Grundmann

Das seit Jahren bewährte Mallorca-Handbuch des Reise Know-How Erfolgsautors Hans-R. Grundmann wurde für die neueste Auflage weitgehend neu konzipiert und auf den aktuellen Stand gebracht. Das Hauptgewicht dieses über 500 Seiten umfassenden, reich bebilderten Reiseführers liegt auf dem Teil „Mallorca entdecken auf eigenen Wegen", inklusive zweier Beileger mit je 60 Seiten:
• Wandern und Natur mit 16 Karten• Optimal unterkommen auf Mallorca

24. Auflage 2017 · 524 Seiten · € 22,50

ISBN 978-3-89662-291-4

Niklaus Schmid

Formentera
– ein Insellesebuch

Der etwas andere Reiseführer bietet eine Fülle an Informationen: zu Fähren und Transport, zu Unterkünften, Restaurants und Stränden, zum Leben auf Formentera auch außerhalb touristischer Zonen, über Landschaft, Geschichte, Kultur und Entwicklung. Dazu gibt es Rezepte, Anekdoten und wundersame Geschichten über Maler und Schriftsteller, über Lebenskünstler und die letzten Hippies.

4. Auflage · 336 Seiten · € 14,90

ISBN 978-3-89662-745-2

Daniel Krasa, Hans-R. Grundmann

Ibiza mit Formentera

Highlife und Altstadtnostalgie in Ibiza-Stadt, Aussteigertreff und letzte Hippies, lange Sandstrände, verschwiegene Buchten, romantische Berglandschaft und atemberaubende Steilküsten, Formentera und türkis glasklares Meer – das alles ist Ibiza!

Mit Nightlife-Kapitel und einem Serviceteil zu Flügen, Mietwagen, Restaurants, Aktivurlaub und Unterkünften.

5. Auflage 2017· 336 S. · € 17,50

ISBN 978-3-89662-293-8

Grundmann, Berghahn, Thomas, Opel

Kanada Ost / USA Nordost

Der grenzübergreifende Reiseführer für Reisen zwischen Atlantik und Großen Seen in beiden Ländern Nordamerikas. Dieses komplette Reisehandbuch beschreibt den Nordosten der USA und den Osten von Kanada als geographisch-historische Einheit und wendet sich an alle, die diese Region auf eigene Faust entdecken wollen. Mit Beileger ‚New York City extra'.

10. Auflage 9/2016 · 764 S. · € 25,-

ISBN 978-3-89662-744-5

Bernd Wagner, Hans-R. Grundmann

Kanada Westen mit Alaska

Dieses Buch wendet sich in erster Linie an Leser, die den Westen Kanadas auf eigene Faust entdecken und erleben möchten. Der Reiseteil bietet ein dichtes Netz von Routen im gesamten Westen und Alaska, außerdem Anfahrt von Toronto/Niagara Falls nach Westen auf dem Trans-Canada-, Yellowhead- oder Northern-Holiday-Highway.

17. Auflage 2017 · 620 S. · € 25,-

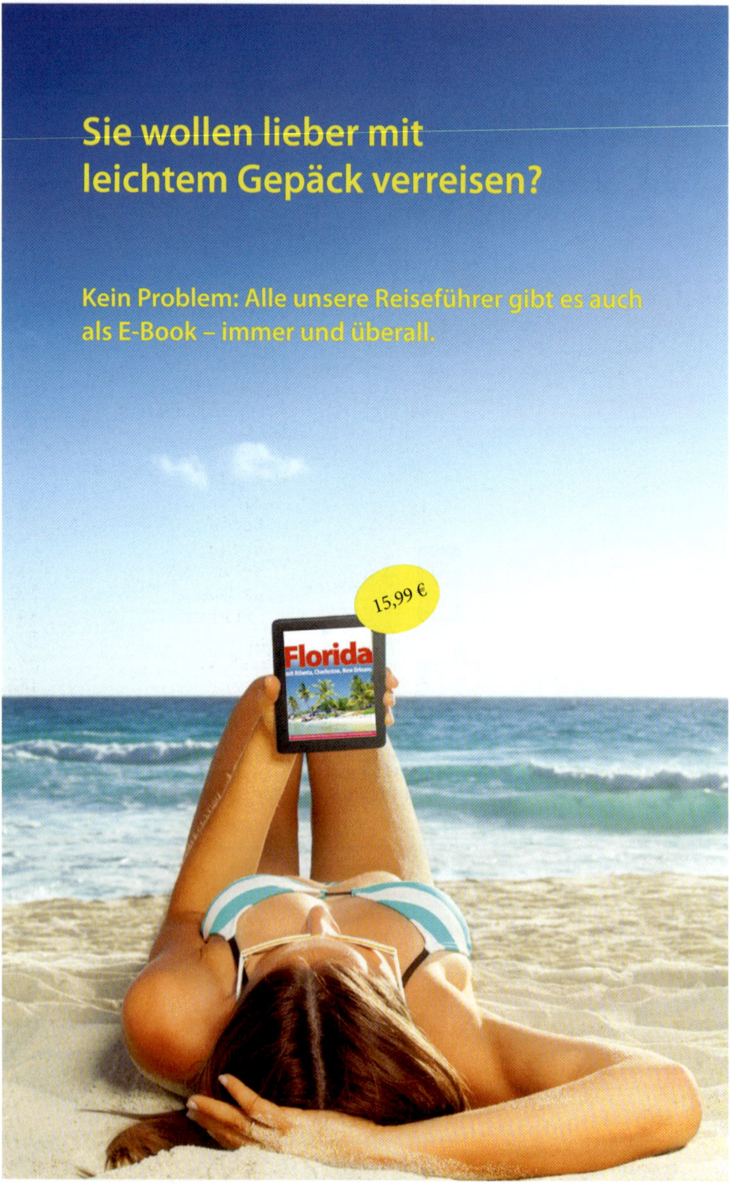
Sie wollen lieber mit
leichtem Gepäck verreisen?
Kein Problem: Alle unsere Reiseführer gibt es auch
als E-Book – immer und überall.
15,99 €
Florida

Alphabetisches Register - Index

Im Register finden sich alle Ortsnamen, Sehenswürdigkeiten und geographischen Bezeichnungen ebenso wie alle wichtigen Sachbegriffe. Die häufig anzutreffende Unterscheidung zwischen Sachregister und geographischem Index wurde hier aus praktischen Erwägungen aufgegeben. Egal, wonach man sucht, alles ist unterschiedslos alphabetisch eingeordnet, wobei heißt:

Fette Seitenzahl bei Angabe mehrerer Seiten: ausführlichste Nennung.

Dedo de Dios, der »Finger Gottes« beim Teide